"十三五"国家重点图书出版规划项目 ｜ 丛书主编 侯怀银

本书是国家社会科学基金"十三五"
规划 2018 年度教育学重点课题"中华
人民共和国教育学史"（课题批准号
A0A180016）的研究成果

U0580069

共和国
教育学 70 年

Pedagogy of the
People's Republic of China
for 70 Years

总 论 卷（上）

侯怀银　等著

北京师范大学出版集团
BEIJING NORMAL UNIVERSITY PUBLISHING GROUP
北京师范大学出版社

丛书编委会

丛书主编　侯怀银

编　　委　(以姓氏笔画为序)

马建强　王正青　王有升　王福兰

冯建军　孙　杰　张忠华　郑玉飞

侯怀银　桑宁霞

总　序

2019 年系中华人民共和国 70 华诞。站在 70 年的节点，我们需要对中华人民共和国教育学的发展历程进行回顾、反思与展望。据我们目力所及，从中华人民共和国成立至今（截至 2019 年年初），国人引进和自编的教育学著作（包括专著与教材）共计 4700 本，占 20 世纪以来中国教育学著作总量的 80%。其中，国人自编的教育学著作 4300 本，引进外国著作 400 本。新中国成立以来，中国教育学人在 20 世纪上半叶教育学发展的基础上，砥砺前行，取得了非凡的成就，形成了学科发展的经验。时至今日，我们需要梳理新中国成立 70 年来教育学学科建设的成就和经验并寻找其启示，我们更需要系统开展中华人民共和国教育学史的研究，把中华人民共和国教育学史作为中国教育学史研究的重要组成部分。

一、新中国成立 70 年来教育学学科建设的成就

新中国成立后，中国教育学人在中国共产党的领导下，自觉以马克思主义为指导思想，着力建设中国教育学。纵观 70 年来中国教育学的建设，主要取得以下五个方面的成就。

（一）由照搬照抄到本土化再到中国教育学的建设取得成效

70 年来，中国教育学学科建设取得的最大成就在于中国教育学的提出和建设。

    新中国教育学的建设是从照搬照抄苏联教育学开始的。叶澜教授认为"引进"是中国教育学从"娘胎"里带来的印记。这就是说 20 世纪上半叶中国教育学的发展是从引进日本、德国、美国等国家的教育学开始的。在引进其他国家教育学的过程中，中国教育学人在 20 世纪 20 年代就注意到仅仅引进其他国家的教育学并不能解决中国教育实际存在的问题，故而提出"教育学中国化"的问题。客观而言，那个时期的中国教育学人在探索解决中国教育实际问题的过程中确实创造了很有品质的教育思想和教育理论。随后的抗日战争和解放战争，使中国教育学人的探索被中断甚至被破坏。新中国成立后，中国教育学并没有在原有的基础上建设，而是直接取法苏联。当时，中国教育学人学习苏联教育学主要是通过译介苏联的教育学教材、邀请苏联教育学和心理学专家来华授课、派遣留学生和专家去苏联学习等途径。1956 年，中苏关系恶化，学习苏联教育学来指导中国的师资培养和教育实践的路径被中断，中国教育学人开始探索中国教育学。这一时期，中国教育学人虽然提出了"中国教育学"，但是具体的做法却是教育学的中国化（中国化的教育学）。

    中国化的教育学得到研究和发展，其不足之处也得到反思。在"向科学进军"的号召下和"双百方针"的指引下，我国教育学建设者以前所未有的热情，在对学习苏联教育学的经验和教训进行反思的基础上，开始了教育学中国化的初步探索。1957 年《人民教育》7 月号以《为繁荣教育科学创造有利条件》为题，发表了当时一些学者对我国教育科学研究工作的意见。这些意见直指学习苏联经验中的教条主义、机械主义倾向，鲜明地提出了教育学的中国化问题，从方法论的高度对如何建设中国的教育学提出了十分宝贵的意见。曹孚在《新建设》1957 年第 6 期上发表了以《教育学研究中的若干问题》为题的长篇论文，在教育观念上对以凯洛夫主编的《教育学》为代表的苏联教育理论提出了不同寻常的、有力的挑战，从而在教育学中国化的方法论上取得了理论思维上的进展。

　　然而，正当我国教育学研究者充满热情地为建设中国化的教育学科体系而努力探索时，反"右"斗争开始了。在此气氛中，曹孚1957年发表的《教育学研究中的若干问题》一文被错误地批判，作者被迫在《新建设》1958年第2期发表检讨文章。① 这一批判虽然是在内部进行的，但影响也波及全国高等师范院校和教育科研机构。由于反"右"斗争扩大化，高等师范院校一些教师和学者被错误地划成了右派，我国教育学科建设受到严重挫折。1958年至1960年，开始了以贯彻教育与生产劳动相结合为中心的"教育革命"运动，教育学领域开始了"大跃进"，开展了一系列的批判运动。这些在思想和学术领域的批判简单粗暴，压制了在学术上持不同观点的人，打击了很多有真才实学的学者，挫伤了当时教育科学工作者的积极性，严重地影响了我国教育学学科的建设和发展。

　　正是由于反"右"斗争的扩大化和"教育革命"中"左"的浪潮，我国教育学学科体系的建设出现了一种"左"的倾向。这主要表现在教育学的教材建设上出现了一种"教育政策汇编形式"的教育学。1958年4月23日，教育部发出通知，师范学校三年级教育学课原有教材停授，改授有关我国教育方针和政策的内容。② 这一切使"文革"期间教育学教材编写完全成为教育经验政策汇编，成为"语录学"和"政策学"的温床。

　　改革开放之后，中国教育学人再一次提出"中国教育学"，并对"建设具有中国特色的社会主义教育学""中国教育学本土化"的内涵、必然性、方法论和路径等进行了探索。这些研究指导了中国教育学的建设和发展，中国教育学人出版了不少具有中国特色的教育学著作和教材，培养了大批人才。但是，建设具有中国特色的教育学仅

---

　　① 即《对〈教育学研究中的若干问题〉一文的检讨》，同期还发表了批评曹孚的文章《怎样理解"教育中的继承性问题"》。

　　② 中央教育科学研究所：《中华人民共和国教育大事记 1949—1982》，219页，北京，教育科学出版社，1984。

反映在教育学学科建设的局部，还没有反映到教育学的整体建设上来。之所以这样讲，是因为改革开放之后，中国教育学人又开始大量译介国外的教育学成果，一些具有中国特色的教育学著作和教材也吸纳了国外教育学研究成果，但未能完全反映出中国教育实践的需要。

21世纪初，中国教育学人在反思20世纪中国教育学发展的基础上开始建设中国教育学。这一时期，中国教育学人发表并出版了不少反思20世纪中国教育学发展的成果，并对建设中国教育学提出了展望。一些反映中国教育实践需求的教育思想和教育理论得以创生，如主体教育思想、新基础教育、情境教育、情感教育、新教育，等等。尤其出现了以叶澜教授创建并持续领导的"生命·实践"教育学派。学派的形成既是教育学理论发展的重要途径，又是教育学理论的丰富性和长久生命力的不竭之源。学派的发展，从深层次上探索了学科发展的内在的可能性空间。从学科发展走向学派的形成，是实现我国教育学发展的有效途径，也是时代的必然要求。只有创建自己的教育学派，形成真正的教育学家，形成一套完整的教育学本土化的逻辑体系和思维方式，中国教育学才真正有可能与国外，尤其是西方的教育学进行对话与交流。

（二）马克思列宁主义、毛泽东思想的指导地位得以确立

学科建设必须有指导思想。在社会主义的中国，教育学学科建设的指导思想是马克思列宁主义、毛泽东思想。新中国成立后，马克思列宁主义、毛泽东思想成为指导社会主义革命和社会主义建设的理论基础，与此相适应，迫切需要确立马克思列宁主义、毛泽东思想在中国教育学建设中的指导地位。马克思列宁主义、毛泽东思想在教育学发展中指导地位的确立是从新中国成立后开始的。这种确立同社会科学其他学科研究领域，如历史学、文学等一样，经历了7年的历程（1949—1956年），也走了同样的道路，即学习、引进和批判相结合。其一，学习马克思列宁主义的基本原理。其二，引

进苏联教育学。诚如曹孚先生指出的那样:"马克思列宁主义教育学在短促的几年中,在中国教育学术界奠定了自己统治的地位,这是与教育学方面学习苏联分不开的。"①其三,开展对旧教育思想的批判。经过学习、引进和批判,我国教育研究工作者开始从思想上确立马克思列宁主义、毛泽东思想的指导地位,自觉树立辩证唯物主义和历史唯物主义的世界观,"开始用马克思列宁主义的观点去研究教育科学问题……马克思列宁主义观点与理论已经在教育学、心理学、教育史的研究与教学中初步建立了统治的地位"②。马克思列宁主义、毛泽东思想在中国教育学建设中指导地位的确立,为中国教育学的重建指明了方向并提供了理论基础。

(三)国外教育学的引进成为中国教育学发展的重要组成部分

70 年来,中国教育学的建设在处理中外关系的过程中,逐渐走出了一条既不是依附又可以相互借鉴的道路。中国教育学的起点是从引进国外教育学开始的。新中国成立后一段时期,中国教育学人又走上了引进国外教育学的道路。这两次引进不是学习借鉴式的引进,而是照搬照抄式的引进。改革开放后,中国教育学人在讨论教育学中国化、本土化和中国教育学建设的过程中,逐渐注意到我们既不能照搬照抄国外教育学(因为照搬照抄解决不了中国教育实践存在的问题),又不能闭门造车、闭关自守,而要开放。这就要处理好教育学建设过程中的中、外问题。通过考察 1949 年以来国外教育学著作和教材的引进情况,我们发现,引进所占比例并不低,尤其是 1977 年后,即便是以再建中国教育学为目标,也有近一半的国外教育学著作和教材被引进到国内。教育学研究者在一定程度上已把国外教育学的引进作为再建中国教育学的重要组成部分,已主动学习并借鉴国外教育学的研究成果,注重与国外教育学的发展接轨,其

---

① 瞿葆奎等选编:《曹孚教育论稿》,208 页,上海,华东师范大学出版社,1989。
② 同上书,688 页。

中以美国、苏联、日本为主。然而，对发展中国家教育学的发展成果，我们借鉴和吸收得还不够。1977 年以来国外教育学的译者数量占到整个 20 世纪译者总数的一半以上，这说明在教育学著作和教材的引进上我国已形成相对稳定的翻译队伍，这不仅为国外教育学的研究提供了人员上的保障，而且为形成中外融合的教育学研究队伍奠定了一定基础。

（四）中国教育学的学科群基本形成

70 年的中国教育学发展，促使其分支学科不断出现与发展，仅 1977—2000 年这一阶段就增加了 28 门教育学分支学科，教育学的学科门类基本形成。同时，教育学学科体系也基本形成并初具规模。中国教育学学科体系的建设在改革开放后基本上是沿着正确的轨道进行的，教育研究领域越来越宽广，教育研究成果已成为教育学建设的丰富资源。教育学的理论基础不断得到拓展，我国初步形成了较完备的教育学学科体系，从而结束了作为一门学科的教育学一枝独秀的局面。

教育学既有了综合性的发展，又有了分化性的发展。从其综合性方面来说，教育学同其他有关学科有了紧密的联系，许多边缘性、交叉性和新兴学科相继恢复、产生、充实和发展；从其分化性方面来说，教育学越分越细，作为一门学科的教育学、教育概论、教学论、课程论、德育原理、教育哲学等学科快速发展。我国已初步形成了教育学交叉学科、教育学专门学科与教育学元科学相结合，多种教育学分支学科相继独立的学科发展格局。我国教育学的建设和发展，不仅为有关决策的形成提供了一定的理论依据，为中国的教育教学实践提供了一定的理论指导，在一定程度上促进了学校教育教学质量的提高，而且也起到了一定的理论预测作用，促进了教育事业的繁荣和发展。

特别需要指出的是，教育学元研究的发展为中国教育学学科建设提供了坚实的基础。教育学元研究是对教育学元问题的研究，包括教育学的概念、教育学的性质、教育学的体系、教育学的逻辑起点、教育学的方法论、教育学的价值、教育学的功能、教育学的学科立场、教育学的学科地位、教育学史，等等。

（五）中国教育学的社会建制得到完善

一门学科的社会建制大体包括五个部分：一是学会；二是专业的研究机构；三是各大学的学系；四是图书资料中心；五是学科的专门出版机构。[①]　按照这个标准来看，新中国成立 70 年来，中国教育学的社会建制得到了完善。第一，在学会方面，中国教育学会、中国高等教育学会等成立，在这些学会之下还有若干分会，分会下还设专业委员会。第二，在专业的研究机构方面，国家层面有中国教育科学研究院，各个省市有本省市的教育科学研究院等。第三，在各大学的学系方面，综合院校、师范院校等多设立专门的学院，如教育学部、教育科学学院、教育学院、教师教育学院、教育技术学院等，一些教育学院还设立了各个研究所。第四，在图书资料中心方面，教育学的书籍在各大图书馆有专门的图书分类号。第五，在学科的专门出版机构方面，中国有专门的教育学出版机构，如人民教育出版社、教育科学出版社、高等教育出版社等；一些省市也有教育出版机构，如上海教育出版社、福建教育出版社、山西教育出版社等；一些大学的出版社也出版教育学方面的著作和教材，如北京师范大学出版社、华东师范大学出版社、广西师范大学出版社等。就以上方面而言，新中国成立 70 年来，中国教育学的社会建制得到完善。

二、新中国成立 70 年来教育学学科建设的经验

70 年来，几代中国教育学人就中国教育学的建设取得了诸多成就，形成了一些教育学学科建设的经验，具体来说，在于较好地处理了教育学学科发展中的几对关系。

---

① 费孝通：《略谈中国的社会学》，载《高等教育研究》，1993(4)。

（一）处理好马克思主义哲学与其他哲学流派促进教育学建设的关系

教育学与哲学有着天然的联系。在教育学学科化时，赫尔巴特就是以实践哲学和心理学作为教育学的学科基础的。再往前推，教育学首先是哲学家康德在大学的课堂上开讲的。新中国成立以来，中国教育学的建设以马克思主义为指导取得了辉煌的成就。但是我们需要警惕的是马克思主义不等于马克思主义哲学。马克思主义是我国各项事业建设的指导思想。马克思主义本身包含了马克思主义哲学、政治经济学和科学社会主义。马克思主义哲学是马克思主义的一部分。马克思主义哲学对其他哲学流派不是全盘否定的，其他哲学流派的观点也不是与马克思主义哲学水火不容的。在新中国 70 年教育学学科建设的过程中，有一段时间，我们将教育学的哲学基础完全确立为马克思主义哲学，对其他哲学流派实行全盘拒斥，阻碍了中国教育学的建设。改革开放之后，教育领域思想大解放，其他哲学流派不断译介和传播，教育学的学科建设逐渐兼容并纳各家哲学流派之观点，走上了快速发展的道路。这带给中国教育学人的经验就是处理好马克思主义哲学与其他哲学流派在促进教育学建设过程中的关系。

中国教育学人还需要吸取的经验是避免把马克思列宁主义、毛泽东思想在指导教育学学科建设时绝对化。马克思列宁主义、毛泽东思想是我们进行教育学建设的指导思想，中国教育学的建设必须确立马克思列宁主义、毛泽东思想的指导地位。然而，这并不意味着我们要把马克思列宁主义、毛泽东思想绝对化。在坚持把马克思列宁主义、毛泽东思想作为指导思想的前提下，如何还马克思列宁主义、毛泽东思想"智慧之友"的本来面目，充分发挥马克思列宁主义、毛泽东思想方法论意义上的指导功能，是我国教育学学科建设值得思考并需解决的重要课题。

（二）处理好批判和继承之间的关系

中国教育学的发展，在"文化大革命"的十年遭到严重的破坏和错误的批判。从这个意义上讲，如何正确认识批判的本质和功能，并处理好批判和继承的关系，对于我国教育学的建设和发展至关重要。就批判的本质来看，批判实际上就是分析，批判就是一个一分为二的分解过程。从马克思主义的观点来看，批判也就包含着继承，而继承又不是简单的肯定，是包含在否定中的肯定。从"文革"时期的"批凯"和"批孔"来看，这种"批判"是与马克思主义的批判观相违背的，它背离了批判的本质和功能，割裂了批判和继承的关系。正因为这种"批判"，才导致了对凯洛夫主编的《教育学》和孔子教育思想等的全盘否定，进而对整个教育学的批判否定，这个教训很值得我们吸取。我国教育学的建设必须在认真贯彻"双百方针"的基础上，正确地开展学术批判。我们应把学术批判作为繁荣我国教育学的基础、条件和动力，使其真正地推进我国教育学的建设和发展。

（三）处理好中国教育学建设过程中的中外关系

由于教育学从发生学意义上具有"舶来"的品性，其对国外教育学的"依附"自然难免。不过，纵观 20 世纪中国教育学的发展之路，我们可以欣喜地看到，在教育学的理论建设中，亦步亦趋的成分越来越少，独立创造的因子越来越多。叶澜教授曾在《中国教育学发展世纪问题的审视》一文中提出，政治、意识形态与学科发展的关系问题、教育学发展的"中外"关系问题、教育学的学科性质问题等，这些问题是影响教育学学科发展的根本性问题。[①] 新中国成立 70 年来，中国教育学人在建设教育学学科的过程中，不断地在处理教育学的中外问题。我们曾经有依附、有全面批判，当然，时至今日，我们已放弃了全盘接受和全面否定的态度。研究者多认同立足中国教育现实，寻找本民族与外来教育融会贯通的契合点是实现本土化、摆

---

① 叶澜：《中国教育学发展世纪问题的审视》，载《教育研究》，2004(7)。

脱对西方教育学的依附的根本途径。但也有研究者指出，本土化的过程仍然是对西方的"移植"过程，主要表现在本土化的途径仍然以译介为主，本土化的对象仍以借鉴为主，本土化的教育理论内容更是充斥着西方的思潮和思想。针对这种在认识论和方法论上存在的问题，研究者提出了本土化研究的重点和难点，乃是基于本土问题，研究本土性，寻找结合点，并开展具体研究。[①]"生命·实践"教育学派在处理教育学学科建设过程中的中外问题方面走出了一条具有特色的道路。该学派立足中国当代社会和教育中的具体问题，寻求中西方思想文化的滋养。

(四)处理好学科体系建设和知识体系构建之间的关系

在我国建立的教育学学科体系中，各学科的发展存在着较严重的不平衡现象。其中有些学科起步较早，已初步形成了较完整的体系；有些学科本身又分为若干分支，学科研究向着更加深入的层次、更加广阔的领域发展，处于成熟或继续发展期；有些学科是近几年才刚刚开始建设，处于汇总材料、构思体系、逐步创建阶段，正为学科体系建设创造条件；有些学科正处于初创阶段，趋于形成。教育学学科领域中的空白点较多，一些分支学科研究者甚少。这种不平衡性在一定程度上影响了教育学的学科建设和发展。我国教育学学科建设的水准不高，学科独立性尚差。一般来讲，教育学学科确认标准有三方面：其一，有明确的研究对象和研究范围，有相对独立的概念、范畴、原理，并正在或已经形成学科结构体系；其二，有专门的研究者、研究活动、学术团体、传播活动、代表作等；其三，该学科的思想、方法已经在教育实践中被应用、被检验，并发挥出特有的功能。[②] 以这三方面标准来衡量，我国教育学学科体系

---

① 吴黛舒：《繁荣背后的反思：中国的"教育学本土化"》，载《教育理论与实践》，2007(9)。

② 安文铸、贺志宏、陈峰：《教育科学学引论》，17 页，南昌，江西教育出版社，1997。

还不成熟和完善，仅仅初步确立起了应有的门类和框架，在一定程度上尚落后于其他学科的发展。从各门教育学学科建设来看，无论是从深度还是广度来说，都还不能按学科建设的严格原则和标准进行具体规划和落实。在整个科学体系中，教育学学科特别缺乏一整套独特的概念、范畴、命题和研究方法，学科的独立性不强。

之所以出现教育学的分支学科发展不平衡和学科独立性不强的状况，是因为中国教育学人在教育学学科建设过程中还没有处理好学科体系和知识体系之间的关系。我们强调教育学分支学科的繁荣壮大，但在一定程度上忽视了教育学说到底是教育知识的学问。学科建设不能用学科体系取代知识体系。知识体系决定着学科体系的样态，而不是学科体系规范着知识体系。

(五)处理好教育学学科建设和教育研究之间的关系

教育研究是教育学建设和发展的基础和前提。新中国成立初期，我国的教育研究工作，一方面是总结和发展自己的教育实践经验，特别是老解放区的教育实践经验，开创我国的教育研究工作；另一方面是翻译出版苏联教育学方面的研究成果，借鉴苏联的教育研究经验，以指导我国的教育实践。20 世纪 50 年代后期，我国着手建立教育研究机构，并开始进行教育研究的规划工作。20 世纪 60 年代初，我国教育研究机构的建立以及教育研究工作的指导方针和任务的确立，才使我国教育研究工作进入一个初步繁荣和发展期。20 世纪 80 年代后，随着解放思想在教育领域的深入，研究者针对教育学发展问题进行了不同层面、不同领域、不同角度的研究，推进了教育学理论的发展，对教育学理论体系的构建起到了重要作用。

由此可见，教育研究工作直接影响到教育学建设和发展的进程。我国教育学的建设和发展必须切实重视并加强教育研究工作。我们应把教育学的建设和发展置于雄厚的教育研究工作基础之上。

三、新中国成立 70 年来教育学学科建设的启示

通过对 70 年来中国教育学发展的回顾与反思，我们深深感受到，新时代中国教育学的建设，应以从中国出发的"世界教育学"和"大教育学"为根本追寻，赋予教育学以中国文化的特色，建设具有中国特色、中国气派的教育学，它服务中国社会和教育实践的发展，促进人的发展和社会的全面进步。我们应在对"人"的认识基础上，探索中国教育运行的特殊规律，形成我们的理论框架、研究方法和知识体系，处理好教育学发展中的引进和创新的关系、教育学的发展和教育实践的关系、教育学各分支学科之间的关系，确立教育学在整个科学体系中的地位，发挥中国教育学学科的系统功能，促进教育学的繁荣，并推动中国教育学走上世界舞台。为此，我们需要做到"六个坚持"。

（一）坚持教育学的学科自主

所谓教育学的学科自主，就是教育学研究者创生教育学学科、教育学理论。教育学虽是"舶来品"，但经过研究者多年的努力，其亦步亦趋的成分越来越少，独立创造的因子越来越多。因此，我们可以预料，中国教育学学科建设最终会走上独立创新的康庄大道。20 世纪国外教育学的输入，已经为我们独立地创造自己的教育学准备了足够丰富的"质料"，依靠中华民族五千年积累的智慧，我们有理由创造出具有中国特色的教育学学科。这需要教育学界的同仁通力合作。在此须指出的是，走这样的一条道路，是要摆脱教育学学科建设中仰人鼻息的窘境，而不是说拒绝对国外先进的教育学的吸收。在这样一个日益走向全球化的世界，除了无知的妄人之外，任何人都不会不承认学习他国的优秀理论成分对我们的理论创造的价值。

我们应在吸收与独立创造之间寻求一种合理平衡，扎根本土实践与教育传统，把西方的教育学理论作为"质料"来进行审视，以"重叠共识"为基点，进行理论整合。

我们要坚持教育学的学科自主，需要在教育学的学科建设上树立大教育学观，改变教育学的学科建设主要局限于学校教育的建设局面。学校教育应该是教育学研究的重要领域与对象。我们应该对学校教育内在规律做深入细致的分析研究，力争发现与揭示存在于学校教育现象中的普遍规律，通过对学校教育基本原理的探讨，去阐述教育活动的一般原理。但教育学仅仅以学校教育为研究对象，是对人作为完整生命发展主体的一种有意识的忽视，学校教育不是人的教育活动的全部，对学校教育内在规律的分析研究无法全面揭示存在于所有教育现象中的普遍规律，对学校教育基本原理的探讨不能代替对教育一般原理的探讨。因此，新时代中国教育学的建设，不仅要去关注学校教育，而且要超越学校教育，以终身教育为视野，把教育学学科建设拓展到人类教育活动的其他形式，特别要重视社会教育学的学科建设。

我们要坚持教育学的学科自主，更需要在教育学的学科建设上，把中国教育学史作为教育学中的一门基础理论学科去建设，对中国教育学史的学科性质、研究原则和方法等进行深入的思考，以促进中国教育学史的研究。我们需要梳理中国教育学历史发展过程中的重要事实，研究和了解中国教育学发展的全貌，对我国教育学的发展进行整体而深刻的反思，从中探寻出值得借鉴的启示，减少我们在教育学建设和发展中的盲目性，完整地把握已有的认识成果并进行创造性转化，进而提出真正能促进当前我国教育学发展的理论主张并付诸实践，以此促进中国教育学的建设。

（二）坚持教育学的学科自立

坚持教育学学科自立的一个必要前提是强调教育学的独立学术品质。既往的历史告诉我们，学科的意识形态化始终是教育学获得独立性、自主性的一个重要影响因素。我们既需要摆脱对政治的依赖，又需要摆脱对西方的依赖，还需要摆脱对其他相关学科的依赖。在总结历史教训的基础上，以探讨教育学的逻辑起点和教育学本身特有的概念、范畴、体系等为突破口，教育学将会一步步走上一条学科的自主、独立之路，实现学科自立。世界教育学发展的历史告诉我们，任何时代的教育学学科的自主性与独立性的获得，都是需要一定的社会文化条件支撑才能形成并长久存在下去的。教育学学科的独立、自主绝对不是一种普遍化、无条件的存在状态。因此，希望教育学完全摆脱政治、西方和其他学科的影响而实现学科的绝对自立是不可能的，新时代的中国教育学必须处理好与政治、西方和其他相关学科的关系。

新时代的教育学学科建设，特别要处理好教育学和其他相关学科的关系。教育学学术生产具有跨学科生长的特点，教育学知识体系不能脱离任何一门科学，需要其他科学的参与来发展教育理论和教育实践，教育学要借鉴其他学科的最新成果，以求形成促进教育学发展的巨大合力。教育学已与哲学、心理学、社会学、经济学、政治学、管理学、人类学、统计学、文化学、生态学等学科融合而生成了诸多新学科，大大地拓展了教育学可能的发展空间。这就需要我们积极开展跨界协同，打造中国教育学研究的学术共同体。

为了实现教育学的学科自立，我们要特别重视教育学研究方法的研究。教育属于社会现象和社会问题的范畴。教育中的许多问题需要借助科学的方法来研究，进而得出具有普遍性的科学结论。我们要规范并综合运用研究方法，提升中国教育学学科研究的科学性。当前，中国教育学的科学化水平有待进一步提高，我们需要积极引入定性和定量的多元研究方法，提高学科研究的信效度，注重方法运用的规范性，不仅体现出中国教育学研究的世界水准，而且要结合当代社会学科交叉发展的大背景，利用好与社会科学其他学科之间开展交叉研究的有利契机，通过研究手段和研究方法的大力创新，增强自身理论对当代社会复杂教育现象的解释能力，提升对新时代中国教育问题的解决能力以及指导人们教育实践的能力。需要明确的是，在教育学研究方法上我们要鼓励开展教育叙事研究、教育案例研究、教育统计研究等，但教育学以人的发展作为研究的起点和基础必然涉及伦理、价值、意义等层面的具体问题。因而，教育学研究不能简单以"叙事""案例""数据""统计"为标准，试图对教育现象做出深刻的新诠释、新判断和新建构。教育学学科建设必须要以事实为基础、以知识为核心、以思想为归宿。如果我们仅仅以事实为基准，那远离了教育学学科建设的最终目标。

（三）坚持教育学的学科自尊

教育学的学科自尊在于构建起完善的知识体系。从夸美纽斯的《大教学论》问世开始，中外的教育学研究者一直以来的一个理想追求便是构建科学的教育学体系。在当代中国，近年来教育学界的一个响亮声音便是构建科学的并具有中国特色、中国气派的教育学。①无论是一般化地呼吁构建科学的教育学体系，还是在特定的语境下呼唤"中国教育学"的创生，其实质都是在为教育学寻求一种确定的、刚性的知识体系。

这种追求如果追溯其哲学基础，可以还原到本质主义的认识论。在本质主义哲学被奉为经典、神圣的教条的年代，教育学理论和建构的确定性、刚性知识体系追求是唯一的努力方向。但是，近年来，随着后现代哲学的风行，鲜活的教育实践对封闭性知识的挑战，本质主义的哲学观在教育学领域受到了越来越多的质疑。作为一种非常有力的挑战，质疑本质主义的声音所持的哲学观往往被称为反本质主义、反普遍主义。可以预见，随着这股与本质主义、普遍主义相逆的思想潮流的涌动，即使教育学体系建构的堤坝不会被冲垮，中国的教育学界也会出现一种可以与教育学体系建构分庭抗礼的理论追求，那就是摆脱非历史的、非语境化的知识生产模式，追求教育学知识生产的历史性、地方性与语境性。教育学研究领域叙事潮流的蔚为壮观，在一定程度上就是这一趋势的反映。

对于这一趋势的出现，不少教育学研究者也许不无深深的忧虑：

---

① 侯怀银、王喜旺：《教育学中国化——一个世纪以来中国学者的探索和梦想》，载《教育科学》，2008(6)。

教育学是否会因此而完全失去其理论底色？事实上，在反本质主义者的头脑中，本质主义的对应词应该是"建构主义"。因为反本质主义给人的感觉是完全否认本质的存在，而建构主义则承认存在本质，只是不承认存在无条件的、绝对的普遍本质，反对对本质进行僵化的、非历史的理解。尤其不赞成在种种关于教育本质的理论中选择一种作为"真正"本质的唯一正确的揭示。在教育这样一个人文、社会世界，不可能存在无条件的、纯粹客观的"本质"，所有的本质都是有条件的，它必然受到社会历史等因素的制约。因此，我们对所谓教育的"本质"，应该采取一种历史的与反思的态度，把所谓教育原理、教育学知识系统事件化、历史化。原理、知识系统的事件化、历史化必然不是完全体系化的，但其丰富的理论内涵依然存在，只是其理论意蕴与特定的社会文化条件结合在一起了，绝不是完全丧失理论品格。

（四）坚持教育学的学科自强

教育学的学科自强主要从自身而言，是教育学学科分化和综合的过程中形成的强大体系。目前的教育学研究虽然出现了一定的分化趋势，但是，这种分化还不够，许多深层、细微的研究对象还有待我们从新的学科视角去发现、认识它们。因此，大范围的学科分化的保持与扩大是必要的。随着学科分化的进一步加剧，一些新的交叉学科、专门学科，如教育环境学、教育物理学等学科，会渐次出现在研究者的视野中。不过，这种大面积的学科分化并不排除在局部发生教育学学科综合的可能。随着学科分化的深入，当在某一层面研究者发现几门学科可以相互融通之时，学科的综合便会发生。只是学科的分化、深入没有达到一定程度的时候，这种学科之间的暗道相通不会被人发现，学科的综合就无从谈起了。

教育学的学科自强体现在教育学不仅要立于学科之林，而且要在中国教育实践中确立其应有的地位。中国教育学是根植于中国教育实践的教育学。我们的眼光既是世界的，又是民族的，我们应该在全球视野基础上，积极地关注、研究和解决中国教育的实际问题，进行基于中国立场、反映中国问题、凸显中国风格、汇聚中国经验的中国教育学建设。中国教育学前行的每一步都必须根植于反映独特国情的中国教育实践，结合新时代政治、经济、文化的变化，结合教育生态的变化，结合教育实践面临的新问题，扎根中国教育实践的沃土，生长出真正的中国教育学。特别值得指出的是，随着人工智能、信息技术的发展，教育变得更加无时不在、无处不在。同时随着技术化向纵深方向发展，信息技术从工具变成教育关系的一部分，教育的目的、内容和形式都在发生着改变，这就导致人机交互可能会在很大程度上改变传统的教育关系模式。基于教育实践活动的时代变化，新时代中国教育学的发展必须扎根新的教育实践，研究教育的新现象和新问题，构建顺应时代发展的新的理论体系，尝试从人工智能时代的研究视角探讨教育与社会、与人、与自然的关系，以发现新的教育基本规律。

（五）坚持教育学的学科自信

教育学的学科自信主要表现在教育学人的自信。首先，就中国教育学与国外教育学的对话方面，中国教育学人是自信的。我国教育学界在一系列重大的教育学理论问题上，有不同的见解和观点，形成了独特的中国风格的教育思想和理论。中国教育学人可以与国外教育学人互通有无、公平对话，而不是依赖国外教育学的发展而发展。其次，中国教育学人对教育学实践的发展是有发言权的。新中国成立 70 年来，中国教育学人依据中国教育实践的发展创造了很多本土的思想和理论，如主体教育、新基础教育、情境教育、生命教育、新教育，等等。再次，中国教育学人在其他学科的学人面前是自信的，因为中国教育学再也不是钱锺书先生笔下的被人瞧不起的学科了。教育学的综合复杂性决定了其与其他学科之间的密切关系。最后，中国教育学人在教育学的学习者面前是自信的。因为中国教育学人可以给学生讲清楚中国教育学，而且讲的是中国的教育学，而不是从其他国家照搬照抄来的教育学。这启示中国教育学人要坚持教育学的学科自信。

（六）坚持教育学的学科自觉

70 年来，中国教育学的发展历程就是一个学科建设从引进、建立到带着自觉的体系意识去建设的过程。从这一发展逻辑顺延，教育学理论建设的体系化是一个必然的路径。只是我们目前的教育学体系化建设，仍然存在着浮躁的不良倾向。我们不能忙于通过引进西方的相关学科或匆忙地移植其他学科以"填补空白""抢占阵地"，而应踏踏实实地对大的学科或某一学科的体系应如何构建进行创造性研究。抛弃浮躁之风，更为从容而扎实地对一个个子学科与大教育学的逻辑起点、建构的内在逻辑、体系构架等问题进行深入研究，将会成为中国教育学研究者未来努力的方向之一。特别需要指出的是，中国教育学不仅要突出"中国"两字，还要在新时代背景下，从人类命运共同体出发，通过缩小与西方之间的"话语逆差"，增强设置国际议题的能力等方式，建成世界一流教育学学科，在学科竞争力和学术话语权上进入世界前列，整体提升国际教育学界对中国原创和中国贡献的显示度、能见度、理解度、接受度、认同度和运用度。中国教育学既要为中国教育实践提供理论指导，又要在国际社会共同关注的教育问题上做出"中国贡献"，在世界教育学知识谱系中增添"中国智慧"，在国际学术标准和规则的制定中发出"中国声音"，最终促进教育学的整体进步。

四、中华人民共和国教育学史的研究价值和本丛书的研究宗旨

站在 70 年的节点，我们很有必要提出"中华人民共和国教育学史"。"中华人民共和国教育学史"这一概念和命题的提出，正是回顾、反思与展望中华人民共和国教育学 70 年发展历程的学术结晶。

中华人民共和国教育学史研究具有独到的学术价值：第一，有助于拓展中国教育学史的研究领域。第二，有助于推进中国教育学的学科发展。教育学史在教育学发展过程中的重要作用越来越凸显。研究中国教育学史既是为了镜鉴于现实，也是为了推动我国教育学术的传承发展。中华人民共和国教育学史，实际上给我们提供了一面镜子，让我们更清楚地认识到，中国教育学人以前做了什么，现在还需要做些什么。我们系统梳理前人之思，有利于进一步明确中国教育学发展方向，推进教育学在中国的建设和发展。第三，有助于中国教育理论的完善和教育改革的推进。第四，有助于推进中国人文社会科学的建设和发展。教育学与人文社会科学各个学科的发展都有着密切联系，中华人民共和国教育学史的研究涉及中国人文社会科学各学科发展史的研究。中华人民共和国教育学史的研究不仅从一个侧面反映出中国人文社会科学的发展历程，而且也有助于推进中国人文社会科学相关领域的探索。

中华人民共和国教育学史研究具有独特的应用价值：第一，有助于推进中国教育系科的改革。教育系科史是本丛书的重要研究内容，通过对中华人民共和国教育学史的研究，一方面可以提供中国教育系科改革的历史经验，另一方面可以推进中国大学教育系科对已有传统的传承创新，形成其发展特色。第二，有助于推进中国教育学教材的系统建设，特别是作为一门学科的教育学教材的建设。第三，有助于整体推进中国目前"双一流"大学建设背景下教育学的学科建设。在当下高校追寻"双一流"的背景下，教育学在大学中如何存在越来越受到重视。一流大学，应该有一流的教育学学科。中华人民共和国教育学史的研究，既有利于我们总结教育学曾经的发展状况，又可为当下教育学发展路径的寻求、学科地位的确立、发展危机的解决，提供基于历史的经验和策略。第四，有助于我们在梳理和总结中华人民共和国教育学史的基础上，让民众更好地认识教育学、走进教育学，提升教育学的社会地位，使教育学不仅成为教师的生命性存在，而且成为一切与教育工作有关的人的生命性存在。

纵观中华人民共和国教育学 70 年研究历程，虽然研究者对中华人民共和国成立以来的教育学分支学科发展史、教材史、课程史等进行了相关研究，但总体上看，研究还不够充分和深入。特别是中华人民共和国教育学史这一主题还未有人研究过，已有研究与之相似的也只是对 20 世纪中国教育学发展的梳理，尚未将 21 世纪初的教育学发展统整融合。21 世纪初的教育学发展有何变化，中华人民共和国的教育学发展至今有何特点，是否形成了自己的一套体系，教育学发展到了何种规模，已有研究都尚未论及。具体来讲，需要进一步探讨、发展或突破的空间主要有以下三个方面。

第一，历史研究需要拓展和深化。已有研究多是在回顾 20 世纪中国教育学史时，将 20 世纪下半叶的中国教育学史以改革开放为界限分为两个阶段进行研究的，但是对中华人民共和国成立以来，特别是 21 世纪初的中国教育学发展史尚未进行专门研究。国人在 20 世纪 20 年代就意识到，仅仅移植国外的教育学并不能解决中国的教育问题。有鉴于此，国人提出教育学中国化、本土化的口号，但是教育学真正的中国化是在中华人民共和国成立之后形成的。因此，我们认为有必要在研究国外教育学的引进及其影响的基础上，对中国教育学的发展历程及其特征进行专门研究，进而对教育学主要分支学科发展史和教育系科发展史进行研究。

第二，预测研究需要巩固和加强。历史研究的一个追求就是要预测未来。教育学在 21 世纪初的中国如何发展，需要根据教育学中国化以来的教育学发展进行前瞻式研究，在此基础上进行科学的预测。我们注意到，已有研究对教育学史进行历史研究的较多，但是对教育学的未来发展趋势进行预测研究的尚显薄弱。有鉴于此，我们认为应该在整理史料、理性反思的基础上进行未来学意义上的研究。

第三，研究方法需要深入理解和诠释。关于中华人民共和国教育学史的研究，最好的研究方法当然是历史研究，但是仅仅用历史研究法研究教育学史远远不够。我们需要突破收集和整理史料的局限，在理解、解释的基础上总结并反思教育学的发展规律。

正是基于中华人民共和国教育学史研究的不足，我们申报了国家社会科学基金"十三五"规划 2018 年度教育学重点课题"中华人民共和国教育学史"，并获立项（课题批准号 AOA180016），本丛书是该课题的结题研究成果之一。感谢全国教育科学规划领导小组办公室对本课题的支持。

中华人民共和国教育学史研究的核心关键词为"中华人民共和国"与"教育学史"，前者指明研究范围，后者明确研究对象。展开中华人民共和国教育学史研究，需要厘清的主题为：教育学史的性质、教育学教材的发展、教育学二级学科的演变、教育学课程的状况及教育学者的相关论争等。

正是在这个基础上，我们本着"为国家著史，为学科立传，为后世留痕"的信念，遵循历史与逻辑相统一的原则，准确定位逻辑主线，注重把握中华人民共和国教育学史与 20 世纪上半叶教育学发展的连续性，注重从学科史切入，并将学科史与思想史相结合，注重对重要的教育学专著、教材等进行深入研究，带着历史的厚重感与时代的责任感，开始了对中华人民共和国教育学史的研究和写作。

本丛书旨在对中华人民共和国成立以来教育学各分支学科的发展进行全方位的研究，梳理各学科 70 年来的发展历程、取得的进展与成就，分析出现的问题与不足，展望未来的建设与发展。本丛书一方面力图"全景式"呈现教育学体系内分支学科知识体系的全貌，另一方面力图"纵深式"探究教育学及其分支学科内在的逻辑理路。研究坚持逻辑与历史相统一、整体与部分相协调、事实与论证相结合的原则。各卷的研究，突出了中国教育学的发展过程，对其形成、特点和争论等进行了必要的讨论，并以此为主线确定了各学科的阶段划分、进展梳理与学科反思。特别是对 70 年来各学科的重要专著、教材和论文进行了梳理和评述，既在书中呈现中国特色社会主义教育学学科的发展状况，又要凸显研究者及其专著、教材和论文对中国特色社会主义教育学形成和发展做出的贡献。需要说明的是，由于各学科的发展现状及已有研究基础不同，因此，承担各卷写作任务的作者根据实际情况采取了相应的撰写方式。对于教育哲学学科、教育社会学学科这两个教育学原理学科下属的分支学科，作者在对学科历史发展做总体性叙述后，据学科理论思想采取专题撰写的方式展开；对于其他二级学科，采取了大体按历史分期的方式叙述。发展阶段的划分尽量按学科内在发展逻辑进行，不拘泥于社会历史分期。

在丛书撰写的过程中，我们提出了研究的要求，明确了三个方面的意识：各学科的 70 年发展史如果是前人没有或少有涉及的，那就要有明确的标杆意识，研究成果应该体现当代中国学者的最高水平；如果学术界已有先期成果，那就要有明确的超越意识，达到新的高度；如果作者曾有过相应成果，那就要有明确的突破意识，寻找新的角度，进行新的思考，突破自己，切忌重复、克隆自己。

具体来讲，本丛书确定了以下八个方面的要求。

第一，丛书各卷研究的时限为 1949—2019 年，不向前后延伸。研究中把握好重大时间节点。有的学科发展考虑到问题本身的连续性，必要时可适当向前延伸，但不宜过多。

第二，丛书各卷的撰述范围限于中华人民共和国内各学科的发展，以中国共产党领导下的教育学发展为主。

第三，不刻意回避教育学发展中的意识形态属性，撰写时不做主观评价，撰写的原则是立足史实、客观叙述。

第四，坚持"以史为主，史论结合"的研究宗旨。研究以史实为依据，在梳理清楚基本事实的基础上，做出准确分析和客观评价。书中所阐述的史实应经得起不同时代不同读者的推敲和质疑，在写作中应避免将历史和现实"比附"。

第五，充分掌握国外教育学学科的发展历史，以及国内外研究的最新动态，使自己的研究有一个高的起点。研究方法上以历史法和文献法为主，兼及访谈和数据分析。

第六，坚持广博与精深的结合。一方面，应立足中华人民共和国 70 年的发展，全方位呈现自己所写学科的发展进程，不宜只介绍某几个方面；另一方面，写作中要抓住重点，对于学科发展的主要方面，着重笔墨、深入研究，避免史料文献的盲目堆积，在撰写中对于还不成熟的资料与推理以不介绍为宜。

第七，梳理学科发展史，既要见人又要见事。对于在学科发展中做出突出贡献的代表人物及其思想，写作时需有体现。

第八，处理好教育学学科发展和教育事业发展的关系，把共和国教育学 70 年的研究与共和国 70 年教育事业发展的研究结合起来。特别是教育学原理、课程与教学论、学前教育学、高等教育学、成人教育学、特殊教育学学科的研究，要处理好学科发展史与基础教育事业、学前教育事业、高等教育事业、成人教育事业、特殊教育事业的关系，要分别以各领域教育事业的发展为基础进行阶段划分、进展梳理和学科反思。

本丛书的出版，对于中国教育学史研究和中国教育学的发展是大事，更是幸事，具有重要的学术价值和现实意义。

从学术价值来看，教育学史越来越凸显其在教育学发展过程中的重要作用。我们开展中国教育学史的研究，既是为了推动教育学术的传承，也是为了在传播中促进教育学的发展。

从现实意义来看，学习和研究教育学的人也需要很好地了解本学科的发展史，明确研究基础和学科定位。本丛书以教育学分支学科为经，以学科发展为纬，其研究成果可为学习、研究教育学的人提供阅读书目和参考资料。

本丛书成书之际，北京师范大学出版社推荐其申请了《"十三五"国家重点图书、音像、电子出版物出版规划》项目，在此表示感谢。

本丛书共 12 卷。总论卷分上、下两卷，由山西大学侯怀银教授等撰写；教育哲学卷由南京师范大学冯建军教授等撰写；课程与教学论卷由山西大学郑玉飞副教授撰写；德育原理卷由江苏大学张忠华教授撰写；教育史学卷由山西大学孙杰教授撰写；教育社会学卷由青岛大学王有升教授撰写；比较教育学卷由西南大学王正青教授撰写；学前教育学卷由山西大学王福兰副教授撰写；高等教育学卷由山西大学侯怀银教授等撰写；成人教育学卷由山西大学桑宁霞教授撰写；特殊教育学卷由南京特殊教育师范学院马建强教授等撰写。

　　本丛书得以出版，要感谢来自各个高校的专家学者，感谢每一卷的作者，感谢北京师范大学出版社郭兴举、鲍红玉等老师的支持和辛勤工作。由于水平有限，本丛书难免有疏漏，恳请专家和读者批评指正。

侯怀银

2019 年 9 月 26 日

目　录

上　卷

第一章

中华人民共和国成立 70 年来外国教育学的引进及其影响

近年来，关于中国道路的讨论高涨，其核心议题之一就是，虽然中国在经济发展上取得了成功，但始终面临文化与理论话语上的挑战和困境，建立中国社会科学主体性的任务凸显。中国社会发展中面临着如何实现"道路自信、理论自信、制度自信"的问题，这些理论任务都直接关乎社会科学的本土化建构。当下，试图超越西方社会科学内在困境，形成中国社会科学的基本理论论述，构建具有中国气派、中国风格的社会科学知识体系的要求愈加强烈。作为"舶来品"来到中国的教育学科，对"中国道路"的渴求更甚于其他学科。一个多世纪以来，中国教育学的学科发展一直背负着中外关系问题。中华人民共和国成立 70 年来，中国对外国教育学的引进几经波折，如何处理中外关系问题，至今仍是教育学学科发展必须考虑的重大问题之一。

叶澜教授曾提出，政治尤其是意识形态与学科发展的关系问题、教育学发展的"中外"关系问题、教育学的学科性质问题等，是影响教育学学科发展的根本性问题。[①] 中华人民共和国成立后外国教育学的引进及其影响与中国教育学发展的前两个世纪问题密切相关。

---

① 叶澜：《中国教育学发展世纪问题的审视》，载《教育研究》，2004(7)。

20 世纪 90 年代之前，中国教育学的"中外"关系问题通常与政治形态结合在一起。20 世纪下半叶的大部分时期，是意识形态对教育学强化的时期。1949—1956 年，新中国归属社会主义阵营，学术上亦"一边倒"。在这样的政治背景下，教育学学科自觉"站在无产阶级的立场研究教育现象，对待教育问题，反对客观主义地叙说教育理论和实践的发展"①。即便是 20 世纪 80 年代"拨乱反正"中的"再评价"，仍难以完全摆脱政治的影响。20 世纪 90 年代以来，中国社会主义政治民主建设为中国的科学与学术发展提供了更大的空间。21 世纪以来，是引进外国教育学的高峰期，同时也是中国教育学发展最繁荣的时期。外国教育学的引进扩展了中国教育学研究的视野，同时促进了二级学科的建设和发展。

70 年来，我们每一次引进外国教育学，皆有其特殊的时代情境，皆有其历史必然性。引进本身并不一定导致"言必称希腊"的学术心态。只有正确地处理引进外国教育学与建设中国教育学的关系，我们才能在全球教育学视野的基础上，真正开展基于中国立场、反映中国问题、凸显中国风格、汇聚中国经验的中国教育学建设。由此，盘点中华人民共和国成立以来引进外国教育学的历史，正可温故而知新。

第一节　苏联教育学在中国的引进(1949—1956 年)

1949—1956 年，我国的政治、经济发生重大变革，各领域选择向苏联学习，教育学界也开始学习苏联。这一时期，包括对旧教育学的改造和全面学习苏联教育学两个阶段，教育学呈现出新的气象。基于特定的社会背景，苏联教育学在中国的引进主体、引进目的、引进途径等方面具有鲜明的时代特征，并带来了重要影响。

---

①　罗炳之：《外国教育史(上)》，2 页，南京，江苏人民出版社，1962。

一、中国教育学学科建设的国内外背景

这一阶段苏联教育学在中国的引进，脱离不开当时的国际背景和中国社会发展的历史背景。中华人民共和国成立初期，采取了向苏联"一边倒"的外交政策，为苏联教育学在中国的引进和传播提供了历史条件。

（一）国际背景

1949 年中华人民共和国成立之际，世界处于两极分化状态。第二次世界大战之后，以美国为首的资本主义国家和以苏联为首的社会主义国家两大阵营对立，形成"冷战"态势。中华人民共和国成立后，坚持走社会主义道路，加入了社会主义阵营，这使得中国被资本主义国家孤立封锁，中国面临严峻的国际形势。以美国为首的多数资本主义国家排斥中国，在政治、经济和军事上采取各种方法和策略对中国施加压力。特别是美国，发动朝鲜战争，并且在军事上挑衅中国。在各项社会事业百废待兴的情况下，中国毅然选择了抗美援朝。

在既缺乏社会主义建设经验，又缺乏建设物资的背景下，为了冲破资本主义国家的孤立封锁，中国选择了向苏联学习，采取向苏联学习的政策。苏联对于中国也表示支持和欢迎。两国由于意识形态相似而建立起友好合作的外交关系。1949 年 10 月 5 日在北京举行的"中苏友好协会"总会成立大会上，总会会长刘少奇指出："苏联有许多世界上所没有的完全新的科学知识，我们只有从苏联才能学到这些科学知识。例如：经济学、银行学、财政学、商业学、教育学等。"[①]在外交上的"一边倒"方针和"全面学习苏联"系列方针路线为引进苏联教育学提供了可能。

---

① 《中苏友好协会成立大会上刘少奇会长报告全文》，载《人民日报》，1949-10-08。

(二)国内背景

早在 1945 年，毛泽东在《论联合政府》中就提出："中国国民文化和国民教育的宗旨，应当是新民主主义的；就是说，中国应当建立自己的民族的、科学的、人民大众的新文化和新教育。"[①]新中国的教育学学科是在清算过去的大批判中开始的。民国时期中国教育学的探索和积累被否定，随着全国范围内民主革命任务的完成以及社会主义经济建设的全面展开，新发展、新形势皆对社会主义教育事业提出了新的要求，亟须适应新的政治和历史形势的教育学教材。国内的教育学学科，"一是当时所编写的一些教育学教材缺乏系统性，难以用做高等师范院校的教材；二是即使以较系统形式编写出的教育学类书籍，但因编者缺乏马克思主义理论素养或其他原因，难以为教育理论工作者普遍接受，或难以用做教育学教材"[②]。在这种情况下，学习苏联成为必然选择。苏联教育学被认为"是建筑在马克思列宁主义哲学基础之上的，并且总结了苏联三十多年来的先进经验和科学成果，已经成为内容丰富、体系严密，且富有战斗性的真正科学"[③]。

二、以模仿为目标引进苏联教育学的过程

1949—1956 年，中国是以模仿为目标引进苏联教育学的。[④] 早在中华人民共和国成立以前，东北地区的一些教育刊物，如《东北教育》等就开始译介苏联教育的经验和理论。《人民日报》在 1949 年 11 月刊登了凯洛夫主编的《教育学》中的一章，苏联的教育学著作和教材被相继译为中文。此外，我国还邀请苏联专家讲授教育学，国内

---

① 《毛泽东选集(第 3 卷)》(第 2 版)，1078 页，北京，人民出版社，1991。
② 郑金洲、瞿葆奎：《中国教育学百年》，105 页，北京，教育科学出版社，2002。
③ 王焕勋：《对于师范学院暂行教育学计划中几个问题的认识》，载《人民教育》，1954(4)。
④ 侯怀银、史慧敏：《20 世纪下半叶苏联教育学在中国引进的回顾与反思》，载《教育学报》，2013(4)。

学者积极做辅导性或普及性的报告，引进苏联教育学研究的最新成果。

（一）苏联教育学著作引进

1949—1956 年，引进的苏联教育学著作共有 107 本。

表 1-1　1950—1956 年引进的苏联教育学部分著作

分支学科	著者	译者	书名	出版社	年份（年）
作为一门学科的教育学	凯洛夫	沈颖、南致善等	《教育学》	人民教育出版社	1953
教育原理	凯洛夫等	仲夏等	《论学前教育的基本问题》	大众出版社	1954
教学论	列姆比尔	雷鸣蛰	《论教学认识的过程》	正风出版社	1951
教学法	杜贺夫内伊	方德厚	《教学法原理》	作家书屋	1952
特殊教育	孜科夫等	李子卓等	《聋哑学校的课堂教学》	人民教育出版社	1956
家庭教育	马卡连柯	汪孟华	《家庭与学校的儿童教育》	中外出版社	1951
职业教育	斯卡特金	高晶斋	《综合技术教育与劳动教育》	正风出版社	1956
学校管理学	波波夫	北师大教育学教研室	《学校管理与领导》	人民教育出版社	1953
教育心理学	高纳波林	王燕春等	《苏维埃教师心理概论》	人民教育出版社	1953
教育卫生学	佛廖罗夫	南致善等	《学校卫生学》	人民教育出版社	1954

分支学科	著者	译者	书名	出版社	年份(年)
世界教育史	米定斯基	叶文雄	《世界教育史》	三联书店	1950
元教育学	凯洛夫	潘培新	《关于苏维埃学校和教育科学问题的几个报告》	人民教育出版社	1956
教育学史	哥兰塔等	柏嘉	《世界教育学史》	作家书屋	1951

依据《全国总书目》《中国教育书录》等，可统计这一阶段苏联教育学著作的引进情况，如表 1-2 所示。

表 1-2　1950—1956 年引进的苏联教育学著作数量及占

这一阶段引进总数的比例统计表

年份	1950	1951	1952	1953	1954	1955	1956
数量(本)	3	4	7	19	24	28	22
百分比(%)	2.8	3.7	6.5	17.8	22.4	26.2	20.6

由表 1-2 可以看出，这一阶段引进的苏联教育学著作数量总体上呈现上升趋势。1953 年作为一个关键时期，引进的数量增大。这一现象的出现的原因是：中苏两国关系发展良好，从 1953 年开始，苏联全面援助中国，承诺援建中国 304 项工业项目，并派遣大批专家和顾问，发展经济、军工、文化和教育事业。同时，中国全面学习苏联。[①] 中苏两国关系的这种阶段性变化，使得教育学界自 1953 年起，引进苏联教育学的力度更大、速度更快。

这一阶段共引进了 107 本苏联教育学著作和教材，启动了 13 个

---

① 李静杰：《中俄关系七十年》，载《俄罗斯东欧中亚研究》，2019(4)。

学科。教育学专门学科引进了 7 门，教育学元学科引进了 2 门，教育学交叉学科引进了 4 门。单从数量来看，教育学元学科只引进了 2 门学科、2 本著作，但和整个 20 世纪下半叶苏联教育学元学科的引进相比，占到了学科门类的 2/3，数量的 40%。因此，这一阶段是以教育学专门学科和教育学元学科的引进为主的。苏联教育学与其他学科一样，具有逐步分化的特点，这一阶段引进的正是苏联已经形成的教育学学科体系。这一阶段引进数量最大的是各科教学法，这一现象除了说明苏联教学法学科自身发展的程度较高之外，还说明了它的引进适应了当时的需要。教学法作为一门操作性较强的学科，对实践的指导最为直接，效果也最为明显，因而引进数量较大。

这一阶段教育类的杂志上虽然也不乏翻译介绍苏联教育学的文章，但大都是对某个章节的介绍或是对一本著作的评价。苏联教育学的引进主要还是通过出版社的正式出版进入研究者的视野的。作为一种外来的教育学，苏联教育学在中国的引进，并不是建立在对其充分研究的基础之上的。引进苏联教育学最主要的目的之一是满足当时教学的需要。在彻底批判西方资产阶级教育学的背景下，资产阶级教育学不能再进入课堂，即使进入，主要目的也是对其进行批判。在这样的背景下，急切地需要社会主义性质的教育学进入中国的课堂，为教学服务，因此，苏联教育学作为社会主义性质的教育学被引进了。从这一阶段引进的学科来看，教学法的引进数量最大，也可以体现出引进是为教学服务的特征。

(二)凯洛夫主编的《教育学》的引进

在引进的苏联著作中，凯洛夫主编的《教育学》是最具代表性的。1949—1956 年，我国掀起了学习凯洛夫主编的《教育学》的热潮，不少高师院校以之为教材或主要教学参考书，一些教育行政干部和中学教师也以之为业务进修读物。这本《教育学》基本上成为当时衡量与评价我国教育理论和教育实践的主要依据。在我国，凯洛夫主编

的《教育学》，1948 年版共印刷 10 次，印刷数量为 291516 册；1958
年版共印刷 8 次，印刷数量为 193897 册。①

1949 年 11 月 14 日，《人民日报》刊登了节译的凯洛夫主编的《教
育学》(1948 年俄文版)第 21 章《国民教育制度》②，这是我国对凯洛
夫主编的《教育学》的最早介绍。1950 年 1 月号和 2 月号的《中华教育
界》刊载了德厚译自该书的第 1、2 章。③ 1950 年 3 月 28 日，《人民
日报》刊登了节译的第 12 章《劳动教育》④。1950 年 4 月 3 日，《人民
日报》译载了第 1 章《教育学的对象和方法》的第 5 节《作为社会科学
的教育学》⑤。

1952 年 11 月，《人民教育》的社论《进一步学习苏联的先进教育
经验》指出："必须彻底地系统地学习苏联的先进教育经验：过去我
们在这方面做得还不够彻底，也不够系统……苏联的教材、教法以
及教育理论、教育制度，不只是社会性方面和我们最接近，并且在
科学性方面也是最进步的。"⑥1953 年 5 月号的《人民教育》刊载的《我
们是如何学习教育学的》指出："学期开始时，我们学习《教育学》的
方法是，'要搞什么工作了，就找凯洛夫'。"⑦可见对凯洛夫主编的
《教育学》学习的范围之广、内容之深。

有研究者认为凯洛夫主编的《教育学》在中国主要有三副面孔：

---

① 毛礼锐、沈灌群：《中国教育通史(第 6 卷)》，96 页，济南，山东教育出版社，
1989。
② 这一章是当时俄罗斯教育科学院院士麦丁斯基所写。《人民日报》发表时，题为
《苏联国民教育制度》，署名梅鼎斯基教授作，于卓节译。
③ 发表的题目为《教育学的课题和方法》《共产主义教育的目的与任务》，署名为凯洛
夫主编，德厚译。两篇都是全章翻译。
④ 第 12 章是俄教育科学院革系孟特所写。《人民日报》发表时，题为《苏联的劳动教
育》，蒋洪举节译。
⑤ 《人民日报》题为《论教育科学》，沈颖、南致善合译。
⑥ 郑金洲、瞿葆奎：《中国教育学百年》，105 页，北京，教育科学出版社，2002。
⑦ 周谷平、徐立清：《凯洛夫〈教育学〉传入始末考》，载《浙江大学学报(人文社会科
学版)》，2002(11)。

教育学教材的模板、资产阶级教育学、一本苏联的教育学教材。[①]
凯洛夫主编的《教育学》在中国的引进既有积极影响，又有一定的消极影响。其中，积极影响主要表现在：确立了马列主义、毛泽东思想在我国教育学发展中的指导地位，促进了我国教育学体系科学化的探索与构建；消极影响主要表现在：造成了对苏联教育学的过度依赖，影响了我国教育学的建设。[②] 还有研究者将凯洛夫《教育学》对中国思想政治教育产生的作用也总结为积极和消极两个方面。积极作用表现为：确立了马克思主义在中国思想政治教育学理论发展中的指导地位，促进了中国思想政治教育学体系科学化的探索与构建；同时带来了一定的消极作用：引进造成了中国过于依附凯洛夫《教育学》，影响了中国思想政治教育学的建设。[③]

（三）邀请苏联教育专家开设讲座

除翻译苏联的教育学著作之外，当时还邀请了不少苏联专家来我国讲授教育学。如中国人民大学、北京师范大学、华东师范大学等先后邀请苏联教育学专家讲学。召集师范院校老中青教育学教师办进修班请专家开班讲座，或办教育学研究班，直接听专家的讲授。

苏联教育学专家作为苏联教育学的直接来源，在中国的各种教育活动可以看作苏联教育学的活化。1950 年 9 月，最早来到中国的苏联教育学专家卡尔波娃和苏联学前教育专家戈林娜应邀在北京做了一系列关于小学教育的专题报告，报告的内容涉及苏联人民教育制度、初等学校教学大纲及教学计划、初等学校教育工作方法、初

---

①　侯怀银、史慧敏：《凯洛夫主编〈教育学〉的中国面孔》，载《当代教育与文化》，2015(2)。

②　席安娜：《凯洛夫主编〈教育学〉在我国的引进及其影响》，硕士学位论文，山西大学，2009。

③　阿西丽：《凯洛夫〈教育学〉对中国思想政治教育的影响》，硕士学位论文，兰州交通大学，2016。

等学校教育制度和管理制度、学校行政管理学和行政领导等。① 北京师范大学的档案记录中有一些关于苏联教育学专家的记载：苏联教育学专家普希金于1952年3月中旬来到北京师范大学，于1953年9月回国。他到北京师范大学后，为教育系专修班和本科四年级学生讲授教育学。同时，他还为本科生、大学教师进修班、教育系全体教师、教育专修班等教师讲课。与此同时，他每月到天津为天津市中小学教师作两次教育学的报告。苏联教育学专家的讲稿大多数已出版，这进一步推动了苏联教育学在中国的引进。在苏联教育学专家开设教育学讲座报告的同时，中国的学者也开设了大量学习苏联教育学的辅导课程和讲座。

表1-3　苏联教育学专家所作讲座和报告介绍②

报告者	翻译者	报告名称	出版社及出版时间	备注
波波夫	北京师范大学教育系学校教育教研室	《学校管理与领导》	人民教育出版社，1953	该书是根据波波夫1952年在中国人民大学及北京师范大学的讲稿翻译出版的
波波夫		《共产主义教育思想》	人民教育出版社，1953	
波波夫		《教育学理论讲稿》		北京师范大学内部铅印
普希金		《普希金教授教育学讲演录》	武汉教育社，1953	

---

① 毛礼锐、沈灌群：《中国教育通史（第6卷）》，87页，济南，山东教育出版社，1989。

② 根据中央教育科学研究所《中华人民共和国教育大事记（1949—1982）》，54—363页；郑金洲、瞿葆奎《中国教育学百年》，109—110页，等书编制。

续表

报告者	翻译者	报告名称	出版社及出版时间	备注
普希金		《普希金教授报告记录》	教师月报社，1953	
崔可夫	北京师范大学教育学教研室	《教育学讲义（上册）》	人民教育出版社，1954	该书是根据崔可夫在北京师范大学讲授的"教育学"讲稿翻译的。上册共 32 讲，包括教育学的总论部分
崔可夫	中央人民政府教育部人事处教育科整理	《教育科学讲座记录》		共 8 册 20 个专题。没有考察到该书具体的出版时间，只知道是 50 年代，根据崔可夫在我国的经历，应该是 1956 年之前
戈林娜	中央人民政府教育部幼儿教育处整理，于曦口译	《苏联幼儿教育讲座》	人民教育出版社，1953	教育资料

表 1-4　我国教育学专家开设讲座的情况①

报告者	内容	出版情况	备注
孟宪承	凯洛夫主编《教育学》第一编和第二编"教育学总论"和"教学理论"	《新教育》1951 年第 4 卷第 4 期和 1952 年 3 月号以《凯洛夫〈教育学〉第一编学习提纲》《凯洛夫〈教育学〉第二编学习提纲》为题刊载	时任华东行政区教育部部长孟宪承，这次辅导讲座是在华东教育部干部业务学习时举办的

---

① 根据郑金洲、瞿葆奎《中国教育百年》等编制。

续表

报告者	内容	出版情况	备注
张腾霄	教育学报告	在报告的基础上，出版了《小学教师业务学习讲座》，作为《教师月报》丛书之一，发行了七八十万册	张腾霄是当时中国人民大学研究部部长兼哲学系主任，1951 年春，受北京市文教局邀请，为北京市小学教师做了报告，并且应邀为天津市教育界作了多次报告
曹孚	"小学教育讲座"	曹孚所做的讲座，每次的讲稿《文汇报》都全文刊载，并且开辟了专栏，刊登"学习要求""讨论纲要""学习体会"。曹孚的讲稿后来集结正式出版，名为《中小学教育讲座》，后改名为《教育学通俗讲座》，两版发行量超过 10 万册	1952 年秋至 1953 年春，应上海教育局邀请，曹孚为上海市中小学教师作了四次讲座
张文郁、胡守棻	"上海市中等学校教育学广播讲座"		这次教育学广播讲座是在 1955 年至 1956 年由上海市教育局组织的，由二人在上海电视台分别播讲

（四）赴苏联考察访问或留学

根据中苏友好协会的统计，在中华人民共和国成立后的 5 年中，我国派出了教育、文化考察团 13 个，共计 700 多人次到苏联进行学习访问。1955 年 5 月，中国人民大学校长胡锡奎和北京大学教务长周培源一同参加了莫斯科大学建校 200 周年的大会。[1] 同年 10 月 9 日到 11 月 18 日，教育部副部长陈曾固作为团长率领中小学教师代

---

[1] 陈辛仁：《新中国对外文化交流史略》，78 页，北京，中国友谊出版公司，1999。

表团重点就苏联的综合技术教育、教学工作和师资教育进行了学习和访问。[①] 在派出访苏教育代表团的同时，我国还不断以政府的名义派遣留学生到苏联学习，这些留学生学成归国后，为新中国教育学的建设和发展做出了很大的贡献。

这一阶段，中国的教育学研究者、留学苏联的学生等在苏联教育学的引进中都做出了重要的贡献。但是，引进苏联教育学是在浓厚的政治背景和强烈的行政干预下展开的。强大的政治权威和计划经济体制使得苏联教育学的推广成为一种政府行为。这种自上而下进行推广贯彻的特点是这一时期引进数量之大、速度之快的重要原因。

中华人民共和国成立初期，引进苏联教育学的热情很高，学界态度严谨。个别学者，如高晶斋翻译的申比廖夫等著的《教育学》，翻译粗糙，讹误较多，被陈侠、马骥雄等对照原版指了出来，为此高晶斋本人作了自我检讨。

除了苏联教育学教材和著作，教育学界也介绍了苏联教育学最新的一些信息，例如，《人民教育》1952 年 5 月号及时介绍了苏联1952 年围绕 10 个教育和教育学问题的讨论。但是这种引进的程度还是较为初级的，主要以直接翻译、介绍苏联教育学著作、教材、论文为主，此时的中国教育学研究较少涉及本国现实的教育学问题，尚未直接研究教育理论问题。因此，这一时期的引进呈现出了"简单而初级、急切而热烈"[②]的状况。

三、苏联教育学对中国教育学的影响

1949 年到 1956 年，中国教育学界掀起学苏的热潮，表现为翻译

[①] 中央教育科学研究所：《中华人民共和国教育大事记(1949—1982)》，151 页，北京，教育科学出版社，1984。

[②] 史慧敏：《20 世纪下半叶苏联教育学在中国的引进和影响》，硕士学位论文，山西大学，2013。

苏联教育学著作和教材，邀请苏联教育专家做讲座，中国教育学研究者研读苏联教育学著作和教材并做辅导报告，介绍苏联教育学研究的最新信息，出版苏联教育学者的讲义和报告。这一时期苏联教育学对中国教育学界产生了重要影响。

第一，将马列主义作为指导教育学研究的基本原则。引进苏联教育学，最根本的原因就在于苏联是世界上第一个以马列主义为指导的社会主义国家，苏联教育学也是在马列主义的指导下建设发展的。苏联教育学的引进进一步确立了马列主义在中国教育学中的指导地位。正如曹孚先生在《中华人民共和国的教育和教育学》一文中指出的那样："需要发展的是马克思列宁主义教育学。所以，在发展教育学途程上的第一步就是学习苏维埃教育学……马克思列宁主义教育学在短促的几年中，在中国教育学界奠定了自己的统治地位，这是与教育学方面学习苏联分不开的。"①马列主义在中国教育学中指导地位的确立，为中国教育学的发展指明了方向，提供了哲学基础。

第二，丰富了中国教育学的学科体系。这一阶段，多本苏联教育学著作和教材被引进中国，有多个学科被引进：教育原理、教育史、教学论、家庭教育、学校管理学、教育学史、教学法、教育心理学、职业教育、学校卫生学、特殊教育、元教育学等。其中教育学专门学科引进 7 门，教育学元学科引进 2 门，教育学交叉学科引进 4 门，丰富了中国教育学的学科体系。中华人民共和国成立后，中国首先对旧教育学进行改造，全面学习苏联教育学学科体系的任务也提上了日程。从 1952 年开始，按照苏联经验，我国对旧的学科体系进行了全面、彻底的改造，从根本上废除了西方教育学影响下的旧中国教育学学科及体系，在教育学学科体系的建构上，是以引

---

① 瞿葆奎等：《曹孚教育论稿》，208 页，上海，华东师范大学出版社，1989。

进和学习苏联的教育学学科体系为起点和基础的，甚至可以说是在全盘照搬苏联教育学的基础上建设和发展起来的。引进苏联教育学，使教育学各学科完成了从"西式"向"苏式"的转化。

第三，提供了教育学教材编写的参考模板。在学习苏联教育学的基础上，教育部于1952年印发了供中等师范学校教学参考用的《师范学校教育学教学大纲》，规定教育学教材分十七章：第一章总论；第二章教育的性质、目的和任务；第三章学校教育制度；第四章幼儿教育；第五章学龄儿童身心发展的特征；第六章教学原理；第七章小学教学的内容；第八章课堂教学；第九章教学方法；第十章德育；第十一章体育；第十二章美育；第十三章小学生的集体组织；第十四章课外活动；第十五章人民教师；第十六章学校与家庭；第十七章小学组织和领导。这一体系基本仿照苏联的教育学体系，尤其是叶希波夫、冈察洛夫合编的苏联师范学校《教育学》的体系。由教育部师范教育司邀请张凌光、丁浩川、宋智贤、陈选善等14位专家学者据上述教学大纲撰稿，潘开沛、王铁校订，人民教育出版社于1953年出版了"师范学校课本"《教育学》。1954年印行第3版时，由王忠祥修改，曹孚校订。1956年印行第5版时合并为2册，由陈元晖等修改，曹孚校订。这部《教育学》在第5版的"出版者的话"中说："编写本书的目的是在学习苏联先进的教育理论和经验的基础上，试用马克思列宁主义的观点来通俗地论述教育科学问题，以供师范学校学生学习之用。"①

人民教育出版社出版的《教育学》对中国中师影响很大。同时，中国教育学研究者和教育者主要学习探讨凯洛夫主编的《教育学》，重点集中在学习方法和教学方法问题上，各大报刊上也刊载如何学习凯洛夫主编的《教育学》的文章。中国学习凯洛夫主编的《教育学》

---

① 陈元晖、曹孚等：《教育学（上、下册）》，出版者的话，北京，人民教育出版社，1956。

的高潮出现在 1953—1955 年①，以凯洛夫主编的《教育学》为模板出版了多种教育学教材。

这一阶段全面学习苏联教育学，既有积极意义，又有一定的不足之处。"历史地看，我国当时学习、移植苏联的教育学是有其积极意义的。从教育实践的角度看，苏联的教育学强调制度化教育，这种教育学对稳定中华人民共和国成立初期学校的教学秩序，提高教育质量，起了一定的推动作用。从教育学建设的角度看，苏联的教育学帮助国人完成了教育学理论模式的格式塔转化，填补了当年社会主义教育理论的空白。当然苏联的教育学本身有许多不足，如操作性较强，理论性较差；教条性较强，辩证性较差等等。"②在我国全面学习苏联教育学的同时，由于中美处于隔绝状态，阶级斗争扩大化，杜威的实用主义教育思想及其中国崇信者都遭到了全盘否定与严厉批判。

第二节　外国教育学在中国的批判引进(1957—1976 年)

1956 年我国社会主义改造基本完成，教育也步入了新的阶段，需要新的教育理论。1958 年"教育大革命"的发生使凯洛夫主编的《教育学》受到批判。1957 年至 1966 年，苏联教育学在中国的引进状况与上一阶段有了明显的不同，全方位"一边倒"的方针在这一阶段变成结合中国实际，使教育学"中国化"。这是一个承前启后的过渡阶段，它承接了上一阶段对苏联教育学的大规模引进，同时也是后一阶段"文化大革命"乃至"文化大革命"结束后两年内没有一本苏联教

---

① 侯怀银、史慧敏：《凯洛夫主编〈教育学〉的中国面孔》，载《当代教育与文化》，2015(2)。

② 郑金洲、瞿葆奎：《中国教育学百年》，114 页，北京，教育科学出版社，2002。

育学著作被引进的前兆。① 1967 年到 1976 年，教育学遭到破坏，外国教育学被全盘否定。

一、以教育学中国化为目标的引进(1957—1966 年)

1956 年至 1966 年，教育学在中国的发展可以分为两个阶段：一是 1956 年至 1960 年，以"教育大革命"为中心；二是 1960 年后开始的总结和调整。这一时期，苏联教育学的引进逐渐弱化，其他国家教育学的批判引进相对增加。

(一)逐渐弱化苏联教育学的引进

这一阶段，西方资本主义阵营对中国依然敌视，中苏关系出现了裂痕，矛盾逐渐加深，中苏关系不断恶化。1960 年，苏联单方面撕毁了与中国签订的专家合同和科技合同，取消了一切对中国的援助，并撤走了所有苏联专家。中苏关系的变化对苏联教育学在中国的引进进程产生了重大影响。这一阶段苏联教育学在中国引进、传播最重要的背景是教育学"中国化"的提出。

1956 年，毛泽东在《论十大关系》和《同音乐工作者的谈话》中都指出，学习苏联不能盲目地学，不能照抄照搬，必须有分析、有批判地进行学习；应该通过学习国外的长处来整理中国的，从而创造出具有独特民族风格的、中国自己的东西。1956 年 5 月，陆定一在中共中央宣传部举行的报告会上指出："学习苏联要结合我国的实际情况，采用教条主义机械搬运的方法会使我们的工作受到损失。"② 《人民教育》1957 年 7 月号发表《为繁荣教育科学创造有利条件》的笔谈，阐述了孟宪承、萧孝嵘、胡守棻、高觉敷、左任侠、杜佐周、廖世承、欧元怀、张耀翔、张文郁、陈科美、沈白英、李伯棠等学

　　① 史慧敏：《20 世纪下半叶苏联教育学在中国的引进和影响》，硕士学位论文，山西大学，2013。
　　② 何东昌：《中华人民共和国重要教育文献(1949—1975)》，625 页，海口，海南出版社，1998。

者对教育科学研究的意见。有学者认为，我国教育科学发展中最迫切的问题是教育学的"中国化"，只是简单地从苏联的教育学教科书中学习教育学，我们就永远也不会达到先进水平。还有学者进一步指出，资本主义国家的教育学中也有进步的成分，我们不能仅仅学习苏联教育学，也应该了解资本主义国家的一些情况；与此同时，还要批判地继承我国各个历史时期教育家们的教育遗产。[①]

教育学"中国化"的探索由此展开，1957 年，瞿葆奎先生在《华东师范大学学报（人文科学版）》第 4 期发表《关于教育学"中国化"问题》。曹孚在《新建设》1957 年 6 月号上发表了《教育学研究中的若干问题》。1958 年，孙陶林在《学术月刊》第 8 期发表《建立我国教育学，革新教育学的教学工作》等。批判苏联教育学的教条主义，我国学者试图建立自己的教育学。

1957 年至 1966 年，仍有 51 本苏联教育学著作和教材被引进，教育学各分支学科具有代表性的教育学著作和教材如表 1-5 所示。

表 1-5　1957—1966 年引进的苏联教育学代表性著作和教材

分支学科	著（编）者	译者	书名	出版社	年份
作为一门学科的教育学	申比廖夫等	陈侠等	《教育学》	人民教育出版社	1956
教育原理	凯洛夫等	人民教育出版社教育编辑室等	《苏联的国民教育》	人民教育出版社	1958
教学论	瓦祖罗等	吴生林等	《巴甫洛夫学说与教学及教育问题》	科学出版社	1957
教学法	波波夫	吕学礼	《小学口算教学法》	人民教育出版社	1956

[①]　王焕勋：《我对于今后发展教育科学的几点意见》，载《人民教育》，1957(10)。

续表

分支学科	著(编)者	译者	书名	出版社	年份
学前教育	拉季娜	程逢如	《幼儿园的教育与教学》	新知识出版社	1958
家庭教育	斯卡特金	田怡	《学校和家庭的合作》	新知识出版社	1958
职业教育	斯卡特金等	金世柏	《实施劳动生产教育的几个具体步骤和形式》	湖北人民出版社	1957
学校管理学	爱克捷姆普良斯基	王家驹	《学校教导工作心理学概论》	人民教育出版社	1957
教育心理学	列维托夫	北京编译社	《儿童教育心理学》	人民教育出版社	1961
教育卫生学	索维托夫	苗兰卿等	《学校卫生学》	人民教育出版社	1958
教育史	康斯坦丁诺夫等	李子卓等	《教育史》	人民教育出版社	1957
元教育学	彼得洛夫等	陈有信等	《苏联的教育科学》	人民教育出版社	1959

1957—1966 年中国引进苏联教育学著作和教材的总体情况见表 1-6。

表 1-6　1957—1966 年中国引进苏联教育学著作和教材的数量及占这一阶段引进外国教育学著作和教材总数的比例统计

年份	1957	1958	1959	1960	1961	1962	1963	1964—1966
数量	24	14	6	1	1	4	1	0
百分比(%)	47.0	27.4	11.8	2.0	2.0	7.8	2.0	0

这一阶段共引进了苏联教育学著作和教材 51 本，纵向看，我国引进苏联教育学著作和教材的数量呈现出了递减直至零引进的趋势；1960 年作为一个关键点，引进的数量急剧减少；1964 年作为一个关键点，开始进入零引进期。这一现象与中苏关系的破裂进程是直接相关的。在教育学界最显著的反映是对凯洛夫主编的《教育学》的批判。作为苏联教育学标准教科书的基础，凯洛夫主编的《教育学》是第一本被引进中国的社会主义性质的教育学著作。在这一阶段教育学"中国化"的背景下，凯洛夫主编的《教育学》受到质疑，直至 1964 年被定性为"资产阶级教育学"，事实上这也是对苏联教育学的彻底否定。从横向看，引进的学科门类与上一阶段基本相同，依然是以教育学专门学科和教育学元学科的引进为主，启动了学前教育和教育研究方法两门学科的引进。单从学科引进的数量来看，教学法的引进数量依然是最大的。

这一时期苏联教育学的引进体现了如下特征。

第一，引进主体的转换。这一阶段苏联教育学的引进依然受到政治的影响，受政府行为的影响，但是政府在引进过程中的干预程度有所降低，教育学研究者的能动性得到了发挥。

第二，引进的层次得到提高。与引进主体转换相联系的是，引进的层次得到了一定程度的提高。在教育学"中国化"的影响下，教育学研究者的自主意识在增强，自觉地将引进与中国教育实际相结合。正如 1958 年 3 月 30 日，柳湜在国务院科学规划委员会教育组召开的教育科学研究者座谈会上指出的那样，各级各类教育事业都必须建立在科学研究的基础之上，教育科学必须从实践中来，再到实践中去指导实践。① 然而，中国教育学研究者的这种努力刚一开始就随着社会形势的变化夭折了。

---

① 孟宪承：《为繁荣教育科学创造有利条件》，《人民教育》，1957(7)。

第三，引进的目的有所变化。上一阶段，引进苏联教育学的主要目的是为教学服务，随着中国教育学自身的发展，引进苏联教育学不再只是为教学服务，同时也为教育学研究服务，这一阶段，囫囵吞枣式的引进模式得到了改善。

除此之外，从引进的途径来看，这一阶段依然是以翻译出版苏联教育学著作、邀请专家开设讲座、派遣留学生等为主。但与上一阶段不同的是，这一阶段不论是邀请苏联教育学专家来华的人数，还是做报告的次数都在大大减少。1960 年，在华的苏联专家全部被撤走，派往苏联的留学生人数也大大减少。

就凯洛夫主编的《教育学》而言，这一阶段国内教育学者对其展开了笔伐。批判它不将教育与生产劳动相结合，批判它以书本、课堂和教师为中心。如《人民教育》于 1964 年 6 月号发表了《社会主义教育学中的一个重要问题》《资产阶级教育观点必须批判》等文章。1964 年，江西省教育学会在庐山举行讨论会，批判了凯洛夫主编的《教育学》。

(二)其他国家教育学的批判传播

1956 年中国社会主义改造基本完成后，教育迈向一个新的发展阶段，以探索中国社会主义教育发展道路为基本目标。1956 年 4 月 25 日，毛泽东发表《论十大关系》的讲话，提出在文学艺术和艺术研究领域实行"百花齐放、百家争鸣"方针。我国教育学研究者开始反思前一阶段向苏联学习的经验和教训，开始较为系统地思考教育学在中国的建设问题，提出要对西方教育学重新认识。同时，中苏关系开始发生变化，我国逐渐弱化了对苏联教育学的引进。在这种背景下，中国增加了对其他国家教育学的批判引进。

在"教育大革命"中，中央召开了教育工作会议，讨论了教育工作方针，批判了教育部门的教条主义、右倾保守思想和教育脱离生产劳动、脱离实际，并在一定程度上忽视政治、忽视党的领导等错误。有的学者指出："我国教育科学发展的最迫切问题是教育学'中国化'的问题，这是解决教育学的教学和研究中教条主义偏向的关键，只从几本苏联教育学教科书中学习教育学，是永远赶不上先进水平的，我们不仅仅要学习苏联及人民民主国家的教育科学，也应了解其他各国的教育学情况（包括一些材料），资本主义国家的教育科学也有较进步的，即使是反动的，也可以作为批判教材，于是被否定了的那套西欧资产阶级教育学'复活'了。"①

这一阶段从其他国家引进的教育学从无到有，据相关研究者的统计，主要有著作 7 本、论文 2 篇。②

［英］约翰·洛克：《教育漫话》，傅任敢译，人民教育出版社，1957。

［德］威廉·施乃勒：《德国民主学校》，柯菁译，人民教育出版社，1958。

郑晓沧译：《柏拉图论教育》，人民教育出版社，1958。

［瑞士］裴斯泰洛齐：《裴斯泰洛齐教育文选（第一卷）》，北京编译社译，人民教育出版社，1959。

［德］克拉拉·蔡特金：《论青年教育》，柯新译，生活·读书·新知三联书店，1960。

［英］赫伯特·斯宾塞：《教育论：智育、德育和体育》，胡毅译，人民教育出版社，1962。

［英］沛西·能：《教育原理》，王承绪等译，人民教育出版社，1964。

此外，我国教育学研究者还编写外国教育史教材，编译出版西

---

① 中央教育科学研究所：《中华人民共和国教育大事记（1949—1982）》，221—222 页，北京，教育科学出版社，1984；《中国教育年鉴》编辑部：《中国教育年鉴（1949—1981）》，81、939—940 页，北京，中国大百科全书出版社，1984。

② 杨琳：《20 世纪下半叶教育学在中国的引进及其影响研究》，硕士学位论文，山西大学，2007。

方教育论著选读。如张焕庭主编的《西方资产阶级教育论著选》于
1964 年由人民教育出版社出版，选译西方历史上著名教育家的教育
学说，"供高等师范学校教育系学校教育专业学生使用"，"使高等师
范学校和综合大学教育系的学生了解西方资产阶级最著名的教育家
的主要论著，理解他们的教育基本观点和主张，以扩大眼界和知识
领域，培养识别能力；并供教育工作者参考之用"。[1]

　　这一阶段，赫尔巴特教育学和杜威教育学作为"传统"和"现代"
西方教育学的代表被重新评价。

　　20 世纪 50 年代初，中国师范院校的教育学系开始全面采用苏联
的教育学教材，中国教育学界开始批判中华人民共和国成立前的"资
产阶级教育思想"，赫尔巴特被戴上了反动的帽子。1957 年 6 月，曹
孚在《新建设》上发表了《教育学研究中的若干问题》一文。该文从方
法论高度丰富了教育学"中国化"的理论基础，提出了教育学的继承
与共性问题。在有关如何认识教育学的政治立场和教育的观关系上，
曹孚指出："一个人的哲学观点、政治立场与教育思想之间并不永远
是'正面相关'的，一般地说，具有唯物主义思想的哲学家，作为教
育学家，一定是进步的。但一个具有唯心主义哲学思想的教育家可
以对教育思想做出积极的、重要的贡献，也是屡见不鲜的。"[2]曹孚
以教育史上赫尔巴特等人的情况说明，在哲学思想上是唯心主义、
在政治立场上趋于反动或保守的人，在教育理论方面仍然可以是有
贡献的人。

　　1958 年，常道直在《华东师范大学学报（人文科学版）》第三期发
表《赫尔巴特的教学论的再评价》一文，谨慎地提出"不妨大胆尝试一
下把赫尔巴特的哲学思想和教育观点予以分别处理"的观点，从宏观

---

　　[1]　张焕庭：《西方资产阶级教育论著选》，编者说明，北京，人民教育出版社，
1964。
　　[2]　曹孚：《教育学研究中的若干问题》，载《新建设》，1957(6)。

角度肯定了赫尔巴特教学论思想的历史地位与现实意义，明确指出：
"19 世纪后半叶，赫尔巴特学说确曾被某些统治者所利用，达成反
动目的；但在更多场合，他的教学理论对于帮助当时许多国家在资
本主义条件下提高学校教学效率，也产生了一定积极效果。"①他充
分肯定了赫尔巴特观念心理学思想的进步意义及积极影响，并且对
赫尔巴特强调教师的重要作用表达了赞赏。对于赫尔巴特的教学形
式阶段理论，以及对中国学校班级授课的影响，常道直也给予了较
为公允的评价。

　　1962 年，罗炳之编写的《外国教育史（上册）》出版，其中第十四
章以"德国赫尔巴特的反动教育理论"为题，批判了赫尔巴特的教育
理论。分为"赫尔巴特教育学的哲学基础—论教育的目的和任务—论
儿童管理和道德教育—论教学—赫尔巴特的反动教育理论批判"几个
部分，认为"赫尔巴特是德国反动的哲学家和教育家。他创立了一套
完整教育体系，为当时德国反动势力服务，欧美各国教育界都受了
他的影响"②。在这部分的结尾中，罗炳之转引常道直《赫尔巴特的
教学论的再评价》一文中德国教育学中央研究所发表的《德国教育学
基本问题》对赫尔巴特的褒贬，批判赫尔巴特教育学的机械主义和反
辩证法的倾向，肯定赫尔巴特在教学论方面的贡献。

　　1964 年，张焕庭的《西方资产阶级教育论著选》选译了赫尔巴特
的《论世界的美的启示为教育的主要工作》《普通教育学》和《教育学讲
义纲要》。在译文前介绍了赫尔巴特的生平，简介其在教育方面的主
要著作并进行评价。《论世界的美的启示为教育的主要工作》（1804
年）是用严格的演绎方式，从教育目的开始，讨论到它的假设，由假
设达到完成目的的手段，侧重于伦理学方面的发挥；《普通教育学》

---

①　常道直：《赫尔巴特的教学论的再评价》，载《华东师范大学学报（人文科学版）》，
1958(3)。

②　罗炳之：《外国教育史（上册）》，240 页，南京，江苏人民出版社，1962。

(1806 年)分管理、教学、训练三部分,反映他的主要教育思想,侧重于心理学方面的阐述;《教育学讲义纲要》是对《普通教育学》的补充,对于前书中的心理学基本思想有进一步的发挥。此外,还提到赫尔巴特的其他教育相关著作,如《裴斯泰洛齐的直观初步的观念》《公众协作之下的教育》《学校与生活的关系》《关于心理学应用于教育学的几封信》《理想主义对于教育的关系》等。在曹孚影响下,对赫尔巴特的评价较之前一个时期有所缓和。

　　1955 年 5 月,曹孚在南京市做了一次批判实用主义教育思想的报告。1956 年,曹孚又出版了《实用主义教育思想批判》一书,对杜威的教育作用论、教育目的论、教学理论和道德教育论展开了全面的批判,认为杜威所说的"教育应有个别的、特殊的目的"是为资本主义社会培养年青一代的资本家,只关注当前的目的,而忽视未来的目的;只承认个人的目的,而否认社会的目的,是一种错误的教育目的观。① 总体来说,在此期间,杜威的教育思想基本是以"反动"面貌出现的。

　　曹孚在《杜威批判引论》中指出,孔子的"学而不思则罔,思而不学则殆"是批判杜威的教育理论最好的话。以杜威的教学方法论为指导原则的学校教出来的学生,一定会犯"思而不学"的毛病。② 这段时间对杜威的批判"全方位"展开,出现了很多质疑性的文章,如车文博的《批判杜威实用主义教育学反科学反革命的本质——对杜威"明日之学校"一书的批判》(1956 年),傅统先的《反动的实用主义教育思想批判》(1957 年),陈元晖的《实用主义教育学批判》(1957 年)等。

　　这一时期,杜威被当作资本主义的拥护者,是站在马克思主义的对立面的,阻碍人民教育事业的发展。杜威认为的"教育即生长"

---

① 曹孚:《实用主义教育思想批判》,19 页,上海,新知识出版社,1956。
② 董远骞:《中国教学论史》,65 页,北京,人民教育出版社,1998。

被曲解为教育无目的论，被认为是要欺骗工人阶级。[①] 此外，中国教育批评家们还批评杜威过分强调儿童在教育过程中的兴趣和体验。[②] 到 20 世纪 50 年代，杜威在中国被完全否定，他被不加客观分析地认为代表西方资产阶级思想。

二、"革命大批判"中的外国教育学（1967—1976 年）

从 1966 年 5 月到 1976 年 10 月，在这场"文化大革命"中，教育学在中华人民共和国成立后取得的成就被全部否定，教育学的发展遭到了毁灭性的打击。1967 年 7 月 18 日，《人民日报》发表了题为《打倒修正主义教育路线的总后台》的文章。该文章认为中华人民共和国成立后 17 年的教育是封、资、修的一套破烂，全面否定了这 17 年教育工作的成就。1971 年 4 月 15 日至 7 月 31 日召开的全国教育工作会议，对前一阶段教育的否定达到了顶点。这次会议炮制了"两个估计"，即"文化大革命"前 17 年教育战线是资产阶级专了无产阶级的政，是"黑线专政"；知识分子的大多数世界观基本上是资产阶级的，这些知识分子是资产阶级知识分子。"文化大革命"十年间，我国教育学学科遭到了严重的破坏，教育学的建设和发展出现了严重的倒退。"在一定意义上说，从 1958 年的教育学'中国化'到'文革'时期教育学的'语录化'，中国教育学完成了意识形态化的过程，学科发展失却了它的原创力，学科的自立成了一句空话。"[③]

这一阶段虽然没有一本苏联教育学著作和教材被引进到我国，但对苏联教育学的批判却在客观上使得它继续产生影响。对凯洛夫主编的《教育学》的批判，在 20 世纪 60 年代末达到了高潮。《人民日报》《红旗》杂志、《解放军报》联合发表社论《抓紧革命大批判》。凯洛夫主编的《教育学》被全面围攻，批判主要集中在以下几个方面：其

---

① 李秉德：《清除实用主义教育思想在我国教育界的影响》，载《人民教育》，1956(2)。
② 阎国华：《批判杜威"儿童中心主义"的谬论》，载《文汇报》，1955-09-27。
③ 郑金洲、瞿葆奎：《中国教育学百年》，268 页，北京，教育科学出版社，2002。

一，凯洛夫主编的《教育学》是一个完整的修正主义代表作；其二，凯洛夫主编的《教育学》与无产阶级教育学是两种根本对立的教育观；其三，凯洛夫主编的《教育学》的认识论与马克思主义认识论是根本对立的；其四，凯洛夫主编的《教育学》所说的"全面发展"就是为资本主义培养接班人，是对马克思主义的可耻背叛；其五，所谓的"全面修养"，是为培养修正主义所设计的途径，是"越修越养"；其六，"全民教育"是凯洛夫为了欺骗人民、麻醉人民打出的一个幌子，让人民不知不觉地接受他们的资产阶级教育，掩盖他们对抗无产阶级教育路线，背叛无产阶级专政，复辟资本主义的反动本性；其七，臭名远扬的修正主义教育学"权威"凯洛夫炮制的《教育学》，其基本内容是黑"三论"，即"智育第一论""教学阶段论"和"教师中心论"。①②

1969 年 9 月，辽宁省开展了对凯洛夫主编的《教育学》的批判，这次批判的重点是"全民教育""专家治校""智育第一"。9 月 12 日，《辽宁教育》发表社论《凯洛夫〈教育学〉必须彻底批判》，提出彻底批判凯洛夫主编的《教育学》，是当前教育战线的一项极为迫切的任务。

这一阶段对凯洛夫主编的《教育学》的批判具体集中在全民教育论、人的全面发展与教学理论方面。对教学理论的批判是从"智育第一论""全民道德论""天才教育论""专家治校论""学生自觉性与积极性原则""教学过程是一种认识论"六个方面展开的。不论是哪个方面，最终都会将其归结为资产阶级教育学的翻版，是资产阶级的"黑货"。这一阶段虽然以著作和教材为载体的苏联教育学表现为零引进，但是作为一种政治任务，革命大批判的矛头指向了苏联教育学，凯洛夫主编的《教育学》作为苏联教育学的代表，更是受到了严重的批判。当然，这种批判只是一种政治任务，和学术完全无关。然而

---

① 郑金洲、瞿葆奎：《中国教育学百年》，190—196 页，北京，教育科学出版社，1999。

② 李洪海、王法洲、周义等：《"全民教育"是复辟资本主义的遮羞布》，载《黑龙江日报》，1969-10-12。

也是这种批判，使得苏联教育学在这样一个特殊的年代继续影响着中国教育学的发展。

1966—1976 年在"四人帮"大批特批"封资修"和"横扫一切牛鬼蛇神"的指令下，教育学学科作为"封资修"的大杂烩被完全否定，教育史上的一切教育遗产都被视为毒草，无论西方教育还是苏联教育皆遭到批判。这一时期，年轻的教育工作者不知道什么是教育学，更不知道夸美纽斯、赫尔巴特为何许人，仅有的自编的教育学教材、讲义也是语录、文件和政策的汇编，西方教育学思想被全盘否定。创刊于 1965 年的《外国教育动态》作为"文化大革命"后期中国唯一的教育期刊也仅从反帝反修出发对外国教育改革动态有所介绍，1972年创刊的《外国教育资料》也以批判资产阶级教育为主。

第三节　外国教育学在中国的重新引进(1977—1990 年)

粉碎"四人帮"后，邓小平同志恢复中央领导工作，并亲自负责科学和教育两大领域。他对教育战线上长期禁锢人们思想并成为人们沉重的精神包袱的"两个估计"率先进行批判，指出"两个估计"不符合实际，要教育工作甩掉"两个估计"的包袱。1977 年 11 月 18 日的《人民日报》和同年第 12 期《红旗》杂志发表《教育战线的一场大论战——批判"四人帮"炮制的"两个估计"》一文，教育战线上拉开了解放思想、拨乱反正的帷幕。1978 年 5 月 11 日，《光明日报》发表特约评论员文章《实践是检验真理的唯一标准》，从更高、更普遍的原则上为解放思想开辟道路。

随着我国政治局势开始重新稳定，意识形态领域也开始进行相应的拨乱反正。十一届三中全会以后，学术界从宏观层面对教育学相关研究指导思想和研究方法进行了检讨，并达成了共识。教育学研究应当以马克思主义的历史唯物主义为指导，以"实践是检验真理的唯一标准"为依据，实事求是地、客观地对待教育学的古今中外问题。1979 年 3 月 23 日至 4 月 13 日，教育部、中国社会科学院在北京联合召开全国教育科学规划会议。会议讨论了 1978—1985 年的《全国教育科学发展规划纲要（草案）》，明确了教育科学研究的方向和任务，提出了建立教育科学研究基地的初步设想，以及尽快建立一支又红又专的教育科研队伍的要求。会议还提出了解放思想，冲破禁区，向科学进军的号召，明确提出了教育科学体系问题。[1] 这次会议标志着我国教育学学科体系的发展进入了一个新的阶段，在我国教育学学科体系发展史上写下了重要的一页。

　　在改革开放的大背景下，中国教育学经历了新时期通过多种途径学习与引进外国教育学的浪潮。这次浪潮使相对于西方教育学而言封闭了近三十年的中国教育学界重新睁眼看世界，看到了自己的贫乏、僵化和差距。中华人民共和国成立前已形成的一些教育学基本科目，如教育哲学、教育社会学、比较教育学、教育评价学、教育统计学、教育测量学、教育研究方法等得以恢复。与此同时，从作为一门学科的教育学中分解出来的教育概论、教学论、德育原理和教育行政、学校管理学等多门学科也得到了恢复和发展，从而在内容更新的同时，使教育学学科呈现出由多门科目构成的学科群的结构形态。应该说，20 世纪 80 年代的这一次学习、引进热潮，对中国教育学界来说是不可避免的和必需的，它所产生的效应首先是打破了学科领域的僵化与贫乏化的状态，使教育学作为一个学科群重新呈现出生气与希望。

　　十一届三中全会之后，教育学界在一系列教育理论问题的讨论、争论中，开启了教育学学科的恢复重建。其中历时十年之久的"教育本质"的讨论最具代表性。在这种"解放思想、实事求是"的学术氛围中，中国重启了对外国教育学的引进。

一、"解放思想、实事求是"氛围中，教育学教材及著作的重新

---

　　[1]　于光远：《关于教育科学体系问题——在全国教育科学规划会议上的讲话》，载《教育研究》，1979(3)。

引进

在这一背景下，教育学几乎各学科领域都对本学科在国外的发展状况进行了传播。我国教育学研究者已经在以国外教育学学科的发展为参照系，建设和发展我国的教育科学。以教育学"中国化"为目标进行外国教育学的传播成为历史的必然。作为一门学科的大教育学，以及从中分解出来的教育概论、教学论、德育原理等多门学科，恢复后都注重从外国教育学的教材及著作的引介中更新内容，并以此来促进本国的教材建设。

（一）外国教育学著作及教材的引进概况

1978 年以后，我国的教育学依据"三个面向"的指导思想，博采众长，与西方各发达国家进行日益广泛的学术交流。翻译出版书籍的工作亦逐步进入正轨，此阶段出版了一些外国有影响的教育学著作，这些译著不仅为我国教育学教材的编写在方法论上提供了指导，而且其中若干有益的见解已被我国学者们吸收在教育学的著作中。

这一阶段翻译并出版的教育学著作和教材如表 1-7 所示。

表 1-7　1977—1990 年引进的部分教育学著作及教材

学科	著(编)者	译者	书名	出版社	年份
教育学	［美］A. C. 奥恩斯坦	刘付忱等	《美国教育学基础》	人民教育出版社	1984
	［美］理查德·D. 范斯科德、理查德·J. 克拉夫特、约翰·D. 哈斯	北京师范大学外国教育研究所	《美国教育基础——社会展望》	教育科学出版社	1984
	［联邦德国］弗兰克	安文铸	《未来教育科学入门》	中国世界语出版社	1986
	［德］赫尔巴特	李其龙	《普通教育学·教育学讲授纲要》	人民教育出版社	1989

续表

学科	著(编)者	译者	书名	出版社	年份
教育原理	[美]布鲁纳	邵瑞珍	《教育过程》	文化教育出版社	1982
	[美]罗伯特·梅逊	陆有铨	《西方当代教育理论》	文化教育出版社	1984
	[英]唐尼、凯利	王箭等	《教育的理论与实践——引论》	江西教育出版社	1989
教学论	[英]罗素	靳建国	《教育论》	东方出版社	1990
	[南斯拉夫]弗拉基米尔·鲍良克	叶澜	《教学论》	福建人民出版社	1984
	[美]R. M. 加涅	皮连生等	《学习的条件和教学论》	华东师范大学出版社	1999
	[美]莫里斯·L.比格	张敷荣等	《学习的基本理论与教学实践》	文化教育出版社	1983
	[美]保罗·D.埃金等	王维城等	《课堂教学策略》	教育科学出版社	1990
	[美]科兹马等	蔡振生	《大学教学法》	高等教育出版社	1987
	[美]克拉克、斯塔尔	赵宝恒等	《中学教学法》	人民教育出版社	1985
	[英]露丝·比尔德	陈友松等	《高等学校教学法》	春秋出版社	1989
	[英]托·亨·赫胥黎	单中惠、平波	《科学与教育》	人民教育出版社	1990
	[法]居伊·帕尔马德	王为民	《教学方法》	商务印书馆	1997

学科	著(编)者	译者	书名	出版社	年份
教学法	[英]劳伦斯·斯坦豪斯·宾特雷伊	诸平等	《课程研究与课程编制入门》	春秋出版社	1989
中国教育史	[美]李绍崑	张志怡	《墨子：伟大的教育家》	湖南教育出版社	1985
	[美]杰西·格·卢茨	曾钜生	《中国教会大学史：1850—1950年》	浙江教育出版社	1987
外国教育史	[英]博伊德、金	任宝祥、吴元训	《西方教育史》	人民教育出版社	1985
	[美]S. E. 佛罗斯特	吴元训等	《西方教育的历史和哲学基础》	华夏出版社	1987
	[英]奥尔德里奇	诸惠芳等	《简明英国教育史》	人民教育出版社	1987
	[德]鲍尔生	滕大春、滕大生	《德国教育史》	人民教育出版社	1986
	[法]安多旺·莱昂	樊慧英、张斌贤	《当代教育史》	光明日报出版社	1989
	[加]许美德、[法]巴斯蒂等	朱维铮等	《中外比较教育史》	上海人民出版社	1990
	[美]菲力浦·孔布斯	赵宝恒等	《世界教育危机——八十年代的观点》	人民教育出版社	1990

（二）外国教育学教材及著作的引进为我国教育学教材的建设提供借鉴

外国教育学的引进极大地促进了我国教育学教材的建设。随着教育学学科体系和各级师范院校教育系正常教学工作的恢复与开展，为满足教学急需，教育学教材的建设也开始恢复。早在 20 世纪 80

年代初，国家教委师范司教材处、全国教育学研究会等就已相继组织系列学术会议，涉及教育学教材建设相关问题的讨论。1982 年第 5 期《教育研究》专设教育学教材研究专栏，为学者们思考和探索教育学教材的建设提供平台。在这种活跃、求真的学术氛围下，我国出版了改革开放后教学急需的首批教育学教材，如 1979 年出版的刘佛年主编的《教育学》和 1980 年华中师大等五校合编的《教育学》，这本合编教材后由王道俊和王汉澜进行了大幅修改，于 1988 年出版了新编本的第 1 版，现今已出版第 7 版，成为发行量最大的教育学教材。其后，又相继出版了各种版本的教育学教材。这些教材的出版对于教育学教材的恢复、重建以及满足师范教育的需求起着至关重要的作用。但这些早期教材并没有实质突破学苏探索阶段的教材编写状况，内容体系仍仿效凯洛夫的《教育学》，既未吸收国外先进教育理论，也未联系实际教育工作。

此后，教育学者开始注重教材自身科学性与"中国化"的研究。1985 年 4 月 5 日至 11 日，教育部在武汉召开 1984—1990 年高校教育类专业教材编选计划（征求意见稿）讨论会，会上就有学者开始从理论层面对教材建设进行了探讨，涉及教材编撰的指导思想、教材体系、逻辑起点、理论和实践、研究对象等重要问题。会后，各级师范院校纷纷组织教材编写，形成了多样化、多层次和多规格的教材编写热潮，这一时期出版的教育学教材数量猛增，据不完全统计达 100 多种。

这些先声之作为带动我国教育学的迅速发展做出了自己的贡献。截至 1990 年 12 月，经中国版本图书馆核实，我国公开出版各个类别各种层次的《教育学》共 111 种（包括哈萨克文版、朝鲜文版），尤以 1986 年至 1989 年为高峰期。这表明教育学工作者力求在各种层次上使比较单一化的教材转向多样化。例如，教育学本科生和研究生、教育学公共课、教师教育专业或是在职教师培训等均有配套的教育学教材。可以说,这一时期教育学教材建设的盛况空前,也掀起了我国教育学教材建设史上的第四次热潮。①

二、"大教育学"分化背景下,教育学分支学科的引进与建设

在这个阶段,教育学研究中出现的另一重要趋势是大教育学的分化。20世纪80年代后,随着外国教育学科的引进,这种分化的趋势不可避免地影响到中国教育学学科的格局。中华人民共和国成立前已形成的一些教育学基本科目(如教育哲学、教育社会学、比较教育学、教育评价学、教育统计学、教育测量学、教育研究方法等)得到恢复;外国新兴教育学分支学科亦得到引介。

1983年5月24日至30日,教育部在北京召开了全国第二次教育科学规划会议。会议明确指出,要坚持以马列主义、毛泽东思想为指导,以研究我国教育事业的发展与改革过程中的重大现实问题为中心,逐步建立具有中国特色的社会主义教育科学体系。《教育研究》1983年第5期发表特约评论员文章《在党的十二大精神指引下开创教育科学研究新局面》,进一步明确提出,我国教育科学研究以马列主义、毛泽东思想为指导,以研究我国教育事业发展与改革过程中的重大现实问题和理论问题为中心,以建立具有中国特色的社会主义教育科学体系为目的。文章还具体指出,在全面系统研究的基础上,逐步编写出具有中国特色的社会主义教育学,高等教育学,普通教育学,职业教育学,成人终身教育学,幼儿教育学,教育心理学,古代、近代、现代、当代教育史,以及以苏、美、日、英、德、法为主,对我国有借鉴价值的比较教育学、教育经济学、教育统计学、教育哲学等理论书籍。

基于此,对教育学学科自身进行反思,探讨建立具有中国特色

---

① 王航:《教育学教材建设:历史、经验与展望》,博士学位论文,华中师范大学,2018。

的社会主义教育学学科体系成为教育学研究者这一时期着力探索的
热点问题。研究者从不同的角度，对如何构建我国新时期的教育学
学科体系进行了思考和探索①，在广泛探讨的基础上，取得了较为一
致的认识，即具有中国特色的社会主义教育学学科体系要体现三个
方面的内容：第一，"中国特色"，要从中国的国情出发，包括民族、
文化等特点，总结古今中外先进、有用的教育经验和研究成果；第
二，"社会主义"，要以马列主义、毛泽东思想为指导，研究社会主
义的性质和发展规律，以此作为教育学学科体系的基础；第三，"教
育学学科体系"，要突破传统、封闭的教育学学科体系，顺应科学发
展的趋势——分化与综合，建立宏观与微观相统一的教育学学科体
系。② 与此同时，各教育学学科领域，主要是普通教育学、中国教
育史、外国教育史、教育哲学、教育经济学、教育社会学、学校管
理学、教育行政学、教育心理学、教育技术学、教育统计学、比较
教育学、高等教育学、高等教育管理学、各学科教材教法、教育未
来学、教育社会心理学、教学论等，也开展了学科建设发展的探讨，
包括各学科的研究对象、任务、方法、学科体系，以及某些概念、
范畴、规律、观点等。③

　　1983 年 4 月 11 日，《教育研究》编辑部邀请部分教育科学工作者
座谈教育科学如何为四个现代化服务和自身如何现代化问题。21 人

---

　　①　仅以中国人民大学报刊复印资料《教育学》统计，1982—1984 年这方面的文章达 25
篇之多。主要有高时良：《教育科学面临的新挑战》，载《教育研究》，1983(5)；罗正华：《学
习系统科学，建立教育学的科学体系》，载《教育研究》，1983(11)；查有梁：《控制论、信息
论、系统论及其对于教育科学的意义(上、中、下)》，载《教育研究》，1984(5)(6)(7)。

　　②　徐毅鹏等：《当前我国教育学研究中的一些问题——全国教育学研究会第三届年
会讨论综述》，载《教育研究》，1983(11)。

　　③　参见以下刊物的有关文章：《教育研究》1982 年第 12 期，1983 年第 5、第 11 期，
1984 年第 2 期；《沈阳师院学报》1982 年第 3 期；《杭州师院学报》1983 年第 3 期；《黑龙江
高教研究》1983 年第 3 期；《河北大学学报》1983 年第 3 期；《南京师院学报》1983 年第 1
期；《天津师范大学学报》1984 年第 5 期；《华东师范大学学报(教育科学版)》1984 年第 2
期；《北京师范大学学报》1984 年第 1 期；《外国教育》1981 年第 4 期，1983 年第 6 期；等等。

在会上作了现场发言或书面发言。有的学者提出，要多方面、有重
点地了解一些外国教育的现状和发展趋势，关心各国新兴教育学学
科，包括多科性结构的边缘学科，需认识其哲学、文化人种学、心
理学、社会学、政治经济学的基础。有的学者更具体地提出要研究、
建立教育科学新门类，指出过去一谈到教育科学的门类，就是教育
学、教育史、教学法、心理学，其实，教育科学随着实践的发展不
断分化，又不断渗透，不断产生着新的分支学科和边缘学科；教育
学从哲学中分化出来，独立成为一门科学以后，就处于一种混沌的
综合状态；作为一种社会现象，教育与其他各种社会现象有不可分
割的联系，如果门类不分化，人们就无法深入了解教育现象的内在
规律性联系，也就很难承担指导教育实践的任务，因此，建立社会
主义教育科学的新门类，如教育哲学、教育经济学、教育社会学、
教育法学、教育工程学等，是十分必要的。

1981 年 1 月，中央教育科学研究所教育理论研究室和北京师范
大学教育系、教育科学研究所联合举行"进一步解放思想，搞好教育
科研"座谈会。不少学者提出，要搞好教育科学的基本建设，重视并
恢复研究教育社会学、教育心理学、教育测验、教育统计学、教育
科学研究方法、教学法等教育学学科。

（一）外国教育学分支学科的引进来源

这一阶段外国教育学的引进来源以欧洲、美国为主。1977—
1984 年我国引进的教育学著作及论文的国别统计分别见表 1-8
和表 1-9。

表 1-8　1977—1984 年引进的教育学著作国别统计①　单位：本

科目	国别						合计
	美	法	德	英	日	瑞士	
教育学	4	1	1	1	6	1	14
教学论(法)	1				1		2
课程论				1			1
教育研究方法				1	1		2
教育统计学	1						1
教育心理学	5			2	5	1	13
教育经济学	1			1			2
比较教育学					2		2
教育管理学	1				3		4
合计	13	1	1	6	18	2	41

表 1-9　1977—1984 年引进的教育学论文国别统计②　　单位：本

科目	国别							合计
	美	德	英	加	保	西	法	
教学论(法)	5	1	2	1			1	10
教育哲学	5							5
教育社会学	1		2		3	1		7
比较教育学	6		3			1		10
教育学史			1					1
合计	17	1	8	1	3	2	1	33

　　在教育学著作及论文引进的总数上，1977—1984 年比前两个阶段有所增加。在引进的国别上，共引进美国著作 13 本、论文 17 篇，

---

　　①　杨琳：《20 世纪下半叶教育学在中国的引进及其影响研究》，硕士学位论文，山西大学，2007。

　　②　同上。

日本著作 18 本。因此，美国和日本对中国的影响比其他国家对中国的影响大。

（二）外国教育学分支学科的引进概况

通过查阅有关资料，发现教育学分支学科引进的第一本著作或教材基本处于 1977 年至 1990 年这一时间段，可见表 1-10。

表 1-10   1977—1990 年教育学分支学科引进的第一本著作或教材

著（编）者	译者	书名	出版社	年份
	上海师范大学教育系《外国教育发展史资料（近现代部分）》编译组	《外国教育发展史资料（近现代部分）》	上海人民出版社	1976
［英］约翰·希恩	郑伊雍	《教育经济学》	教育科学出版社	1981
［英］阿什比	滕大春、滕大生	《科技发达时代的大学教育》	人民教育出版社	1983
［德］席勒	徐恒醇	《美育书简》	中国文联出版公司	1984
［美］达肯沃尔德、梅里安	刘宪之等	《成人教育——实践的基础》	教育科学出版社	1986
［意］阿达·黛拉·托列	陈丽娅等	《父母的错误》	中国妇女出版社	1987
［美］B.S.布卢姆等	邱渊等	《教育评价》	华东师范大学出版社	1987
［英］罗杰·弗里曼等	方廷钰等	《聋童教育指南》	华夏出版社	1989
［西德］冯·库贝	劳永光	《信息理论与教育学》	春秋出版社	1989
［美］D.E.奥洛斯基等	张彦杰、杨秀文等	《今日教育管理》	春秋出版社	1989

　　由表 1-10 大致可以确定出教育学各分支学科在中国最初引进的时间：外国教育史 1976 年，教育经济学 1981 年，高等教育 1983 年，美育原理 1984 年，成人教育 1986 年，家庭教育 1987 年，教育评价 1987 年，特殊教育 1989 年，教育信息学 1989 年，教育管理学 1989 年。[①]

表 1-11　1977—1990 年引进的教育学分支学科部分著作

分支学科	著(编)者	译者	书名	出版社	年份
美育原理	［德］席勒	徐恒醇	《美育书简》	中国文联出版公司	1984
学前教育	［美］波拉・波尔克・里拉德	刘彦龙等	《现代幼儿教育法》	明天出版社	1986
学前教育	［美］凯塞琳・里德、琼・派特申	黄人颂等	《美国幼儿教育的理论和实践》	江苏教育出版社	1990
高等教育	［英］阿什比	滕大春、滕大生	《科技发达时代的大学教育》	人民教育出版社	1983
	［南斯拉夫］德拉高尔朱布・纳伊曼	令华等	《世界高等教育的探讨》	教育科学出版社	1982
	［美］伯顿・克拉克	王承绪等	《高等教育新论——多学科的研究》	浙江教育出版社	1988
特殊教育	［英］罗杰・弗里曼等	方廷钰等	《聋童教育指南》	华夏出版社	1989

---

　　① 侯怀银：《西方教育学 20 世纪在中国的传播和影响》，20 页，长春，东北师范大学出版社，2011。

续表

分支学科	著(编)者	译者	书名	出版社	年份
成人教育家庭教育	[美]柯克、加拉赫	汤盛钦、银春铭	《特殊儿童的心理与教育》	天津教育出版社	1989
	[意]阿达·黛拉·托列	陈丽娅等	《父母的错误》	中国妇女出版社	1987
	[美]达肯沃尔德、梅里安	刘宪之等	《成人教育——实践的基础》	教育科学出版社	1986
	[美]保尔·朗格朗	周南照、陈树清	《终身教育引论》	中国对外翻译出版公司	1985
职业技术教育	[美]斯文·格雷贝	杨芳	《职业及技术教育中的环境教育》	中国环境科学出版社	1991
	[美]拜尔·R.休梅克	刘堃阎	《职业技术教育课程设计指南》	劳动人事出版社	1987
学校管理	[英]戴维·布莱克莱吉、巴里·亨特	王波等	《当代教育社会学流派——对教育的社会学解释》	春秋出版社	1989
	[美]丹尼尔·U.列文、罗伯特·J.哈维霍斯特	纪大海等	《社会与教育》	四川教育出版社	1991
	[美]托马斯·J.兰德斯、朱迪斯·G.迈尔斯	毛祖桓	《学校管理》	山东教育出版社	1983

分支学科	著(编)者	译者	书名	出版社	年份
教育管理学	[美]D.E. 奥洛斯基等	张彦杰等	《今日教育管理》	春秋出版社	1989
	[美]罗伯特·欧文斯	孙绵涛等	《教育组织行为学》	华中师范大学出版社	1987
	[美]罗尔德·F. 坎贝尔等	袁锐锷	《现代美国教育管理》	广东高等教育出版社	1989
教育人类学	[德]O.F. 博尔诺夫	李其龙等	《教育人类学》	华东师范大学出版社	1999
教育信息学	[英]大卫·霍克里奇	王晓明、王伟廉	《教育中的新信息技术》	中央民族学院出版社	1986
	[西德]冯·库贝	劳永光	《信息理论与教育学》	春秋出版社	1989
教育督导学教育视导学	[美]本·M. 哈里斯	李文权等	《教育视导行为学》	重庆出版社	1991
教育评价学	[美]B.S. 布卢姆等	罗黎辉等	《教育目标分类学(第一分册:认知领域)》	华东师范大学出版社	1986
	[美]B.S. 布卢姆等	邱渊等	《教育评价》	华东师范大学出版社	1987
	[美]D.R. 克拉斯沃尔等	施良方、张云高	《教育目标分类学(第二分册:情感领域)》	华东师范大学出版社	1989
	[美]A.J. 哈罗、E.J. 辛普森	施良方、唐晓杰	《教育目标分类学(第三分册:动作技能领域)》	华东师范大学出版社	1989

续表

分支学科	著(编)者	译者	书名	出版社	年份
比较教育学	[法]安多旺·莱昂	樊慧英、张斌贤	《当代教育史》	光明日报出版社	1989
	[加]许美德等	朱维铮等	《中外比较教育史》	上海人民出版社	1990
	[美]菲力浦·孔布斯	赵宝恒等	《世界教育危机——八十年代的观点》	人民教育出版社	1990
		吕千飞、张曼真等	《世界教育概览》	知识出版社	1980
	[美]菲利浦·G.阿特巴赫	符娟明、陈树清	《比较高等教育》	文化教育出版社	1995
	[加]约翰·范德格拉夫	王承绪等	《学术权力——七国高等教育管理体制比较》	浙江教育出版社	1989
教育研究方法	[英]J.D.尼斯比特、N.J.恩特威斯尔	张渭城等	《教育研究法》	教育科学出版社	1981
	[美]约翰·W.贝斯特、詹姆斯·V.卡恩	严正等	《教育研究方法概论》	春秋出版社	1989
	[比]G.德朗舍尔	王金波	《教育实验研究》	光明日报出版社	1989
		郝德元、周谦	《教育科学研究法》	教育科学出版社	1990

续表

分支学科	著(编)者	译者	书名	出版社	年份
教育测量学教育统计学	[美]D. 怀特	叶佩华	《教育统计附(数据处理)》	人民教育出版社	1980
	[美]Edward W. Minium		《教育统计学》	四川教育出版社	1987
	[美]罗伯特·L. 艾伯尔	漆书青等	《教育测量纲要》		1984
元教育学	[美]R. L. 桑代克、E. P. 哈根	叶佩华等	《心理与教育的测量和评价》(上、下册)	人民教育出版社	1985
	[法]G. 米阿拉雷	郑军、张志远	《教育科学导论》	光明日报出版社	1989
	[瑞士]让·皮亚杰	傅统先	《教育科学与儿童心理学》	文化教育出版社	1981

(三)教育哲学、教育心理学、教育经济学、教育社会学等分支学科对外国教育学的引进

1. 教育哲学

教育哲学作为一门学科，20 世纪初我国就有人对其进行研究和讲授。中华人民共和国成立以后，教育哲学由于全面学习苏联而被取消。中华人民共和国成立后的 30 年间，对教育哲学的研究虽不能说完全没有，但几乎没有展开。① 十一届三中全会后，教育哲学学

----

① 有学者认为，我国教育哲学到党的十一届三中全会前虽然经历了一个被否定的过程，但对教育问题的研究并未中止，不过不是以"教育哲学"的名义。参见黄济、陆有铨：《我国教育哲学建设的回顾与前瞻》，载《教育研究》，1998(11)。

科恢复和重建，并得到一定程度的发展。1985 年后，我国共引进教育哲学著作 3 本，论文 6 篇。其中较有代表性的如下。

［美］S. E. 佛罗斯特：《西方教育的历史和哲学基础》，吴元训等译，华夏出版社，1987。

［美］约翰·S. 布鲁贝克：《高等教育哲学》，王承绪等译，浙江教育出版社，1987。

［美］布鲁纳：《杜威教育哲学之我见》，伟俊等译，载《外国教育研究》，1985。

［美］约翰·杜威：《约翰·杜威论赫钦斯的高等教育哲学》，郭琳等译，载《外国高等教育资料》，1994(2)：12—15 页。

这些著作和论文对教育学学科中一些根本性的问题，从哲学与方法论的角度给予了理论上的阐明，并对教育史上和当时教育实践中的重大问题做出了科学的评价和分析。

2. 教育心理学

教育心理学作为研究教育过程中师生活动心理规律的应用学科，在我国引进得比较早。但是，由于种种历史原因，曾一度中断，直到 20 世纪 80 年代后，才得到迅速发展。1985—1990 年，我国共引进教育心理学著作 23 本，论文 4 篇。

其中较有代表性的如下。

［美］G. H. 鲍尔、E. R. 希尔加德：《学习论——学习活动的规律探索》，邵瑞珍等译，上海教育出版社，1987。

［美］罗伯特·欧文斯：《教育组织行为学》，孙绵涛等译，华中师范大学出版社，1987。

［英］N. 恩特威斯特：《学与教的风格——兼作教育心理学的综合评述》，于禾等译，春秋出版社，1989。

［美］詹姆斯·H. 麦克米伦：《学生学习的社会心理学》，何立婴译，人民教育出版社，1989。

[英]邓尼斯·恰尔德:《心理学与教师》,蔡笑岳等译,科学技术文献出版社,1992。

韩向前:《教育心理学的研究领域和发展趋势》,载《比较教育研究》,1986(3)。

这些著作和论文的出版与发表对开阔我国教育心理学界的视野和更新知识起了积极的作用,并引发了对"学习心理学"的研究。此外,有关报纸杂志还翻译或介绍了一些国外有影响的教育心理学理论或流派,如布鲁纳的发现学习理论、奥苏伯尔的认识结构同化说、布卢姆的掌握学习理论以及以马斯洛、罗杰斯为代表的人本主义学派等。

3. 教育经济学

教育经济学作为一门新兴的交叉学科,是 20 世纪 50 年代后期首先在西方兴起和发展起来的。我国对教育经济学的引进,使得人们开始认识到教育作为推动经济增长的重要因素所具有的不可忽视的作用,对教育经济学的基本构造有了比较全面的了解,并把它作为构建我国教育经济学学科体系的参照模式。这一阶段,我国共引进教育经济学著作 5 本,论文 10 篇。其中较有代表性的如下。

[美]E. 柯恩:《教育经济学》,王玉崑等译,华东师范大学出版社,1989。

[英]M. 布劳格:《教育经济学导论》,韩云等译,春秋出版社,1989。

[美]西奥多·W. 舒尔茨:《教育的经济价值》,曹延亭译,吉林人民出版社,1982。

[法]L. G. 卡斯特利亚诺斯:《教育经济学:比较研究》,祖良荣译,载《外国教育动态》,1991(6)。

[英]M. 伍德贺:《教育经济学(辞目释义)》,巴骊译,载《全球教育展望》,1988 (5)。

其中，舒尔茨的理论影响较大。这些著作和论文对我国教育经济学的人才培养和学科建设起了积极的作用。

4. 教育社会学

20 世纪 20 年代，教育社会学被引进中国。中华人民共和国成立后，教育社会学被宣布姓"资"并被打入冷宫。尽管其中的一些问题，包括教育与社会的关系问题，教育过程中的社会学、社会心理学问题也在研究，但作为一门学科，教育社会学已被取消。十一届三中全会后，随着社会学的重建，教育社会学也得到恢复和重建。这一时期，我国也引进了一批教育社会学的研究成果。

其中部分作品如下。

[英]弗雷德·马勒：《教育社会学范式发展的总模式》，马继森译，载《国际社会科学杂志》，1986(2)。

[美]珍妮·H. 巴兰坦：《美国教育社会学》，李舒驰等译，春秋出版社，1989 年。

[英]戴维·布莱克莱吉、巴里·亨特：《当代教育社会学流派：对教育的社会学解释》，王波等译，春秋出版社，1989。

[美]丹尼尔·U. 列文、罗伯特·J. 哈维霍斯特：《社会与教育》，纪大海等译，四川教育出版社，1991。

[美]E. 拉吉曼：《康茨及其教育社会学研究》，禾子译，载《国外社会科学》，1992(12)。

吴钢：《英国教育社会学研究主题之演变》，载《比较教育研究》，1992 (2)。

这些著作和文章对我国教育社会学理论和实际的研究产生了比较大的影响，如教育社会学中关于教育的社会化作用、教育与社会分层的关系、学生家庭的社会背景与学生学业成绩的关系，学生群体、学生亚文化，学校、班级社会学等理论，不仅对我国教育社会学研究课题的确定产生了较大的影响，而且在一定程度上影响了我国教育社会学研究者理论分析的思路和对实际调查结论的阐述。

十一届三中全会后，中外教育史与其他学科一样得到恢复、重建。从外国教育史来看，我国教育研究人员在资料的挖掘、翻译、整理方面付出了极大的努力，其间共引进教育史著作 12 本，论文 1 篇。此外，还重新翻译了夸美纽斯、洛克、卢梭、裴斯泰洛齐、斯宾塞、赫尔巴特、杜威、布鲁纳、皮亚杰等教育家的名著。这些资料的搜集、整理、翻译和出版，为深入开展教育史研究提供了坚实的基础。

这一阶段，针对我国教育学学科体系落后的现状，我国教育研究人员已在一定程度上摆脱了"左"的思想的影响，立足于世界教育学学科发展的趋势和社会主义四个现代化建设的需要，特别是教育事业发展的需要，去考虑我国教育学学科体系在新时期的建设和发展问题，具体考虑我国教育学学科体系的恢复和重建问题。他们不仅强调广泛吸收国外教育学学科发展的最新成果，揭示了教育学学科与其他科学的联系，而且明确提出了教育学学科体系建设的任务和内容，具体分析了教育学学科发展的特点和动力，初步提出了建立和发展我国教育学学科体系的方法论原则及途径。在这个基础上，教育研究人员不仅对教育学、教育史、教育心理学、各科教学法等在"文化大革命"前已有的传统学科进行了恢复和重建，而且对教育经济学、教育社会学、教育管理学（包括学校管理学、教育行政学）、教育哲学、比较教育学、成人教育学、高等教育学、教学论等学科开始了探索和研究，并开始重视对教育学、教育心理学、中国教育史、外国教育史、教育经济学、教育社会学等学科自身体系的探讨。因此，"文化大革命"后，特别是十一届三中全会至 1981 年，我国教育学学科已得到恢复和重建。但这种重建已不仅仅是对"文化大革命"前已有学科的重建，目的也不仅仅在于学科研究和教学的恢复，而在于尽早赶上乃至超过国际水平。受国外教育学学科发展的影响，我国教育研究人员在实际行动上已开始注意并重视引进国外教育学学科体系中的新学科，来重建我国的教育学学科体系。研究教育学学科发展的趋势，探索并构建中国教育学学科体系，已成为广大学科建设者的共同呼声。由于当时"左"的影响未彻底清除，这种探索与构建还只是初步的，但是一个良好的开始，为下一阶段我国教育学学科体系的建设和发展奠定了良好的基础。

第四节　外国教育学在中国的交流引进(1990 年至今)

20 世纪 90 年代以后，经济全球化将世界连成一个整体，各个国家之间的联系日益密切，知识共享已经成为不可逆转的趋势，各个国家都尝试借鉴、学习外国的理论知识经验，从而提升自身的文化水平。教育学的发展正面临着 21 世纪带来的巨大挑战和良好机遇。国家与国家之间互派留学生、召开国际学术会议、举办名师讲座，使得知识交往越来越频繁。20 世纪 90 年代之后，中国引进外国教育学的广度和深度超过以往任何时期；中国对外国教育学不再一味地模仿与借鉴，而是在交流的基础上更加具有选择性与批判性。

一、20 世纪 90 年代以来外国教育学引进的新形势

20 世纪 90 年代以来，以学术思想引进、学科互动、人才培养为特征的国际化和以国际学术共同体参与的方式进行的国际交流，在我国教育学学科的建设过程中扮演了重要角色。

（一）对权威教育学人物思想的再解读

这一阶段，外国教育理论的引进在二级学科建设中仍占重要地位。除邀请国际学者开展学术讲座以及译介学术著作外，对于教育学权威人物、学术领军人物的学术思想和实践进行再解读在这一时期发挥着重要的作用，目的在于搭建一个国内外学者进行学术交流的思想桥梁，促进学术思想的传播，缩小我国教育研究与国外研究

的差距，增进国内外学者间的交流与沟通，满足国内教育学研究者，尤其是青年学者渴望了解国外教育学术发展的思想基础与思想源泉。20 世纪 90 年代开始，我国教育界开始了对学科经典人物的再评价，如对赫尔巴特传统教育"三中心"理论、蒙台梭利感官教育活动进行了全面、客观的评价，使我国教育学学科的科学研究再上一个新台阶。

（二）学科交流、互动与协作

学科研究的交流、互动及协作是 20 世纪 90 年代以来国际交流的主体。越来越多的国际研究成果的发表和国际合作项目的参与成为促进学科研究交流的重要形式，例如，参加联合国教科文组织和世界经济与发展组织的联合项目，参与甚至承担教育技术国际标准的制定、认证和应用推广。

（三）国际学术共同体的参与

学术共同体是教育研究的核心力量，有助于凝聚教育专业的学术团队，提高研究人员的整体学术水平，形成学术研究的共识，发挥学术团队的国际影响力。学术共同体的形成与发展往往依赖于特定学科的研究传统、话语体系和研究人员的学科信念及思维方式。例如，在国际学前教育领域已形成了 11 个主要学术共同体派系，他们构成了多个高产学术机构和权威学者学术共同体，这对我国学前教育学术共同体的建设具有重大启示。在我国，大学是学前教育科研的主力军，一些以大学为基础的学术共同体在 20 世纪 90 年代之后也陆续建立起来，如首都师范大学成立了学前教育研究中心，中国学前教育研究会在 20 世纪 90 年代之后也进一步发展。我国通过积极参与现有学术共同体和新建国际学术共同体，并积极承办一些重要国际交流活动，促进了外国教育学在我国的引进。如 1997 年全球华人计算机教育应用大会的召开，在推动华人教育技术学的交流与合作方面发挥了积极作用；美国教育传播与技术协会召开的国际华人教育技术峰会，也为我国的国际学术交流及构建学术话语发挥了重要的作用。

从留学、访学，到合作办学，发展到目前招收国际学生的学科点开始出现，我国引进外国教育学的方式更加多元，学科发展也逐渐进入国际化阶段。

（四）引进国家更加多样

20世纪90年代以后，我国在对外国教育学引进的选择上，以欧美国家为主，同时逐渐注意到其他国家教育学理论对于我国二级学科建设的重要意义。比如近年来开始注重将日本、新西兰、加拿大等国的教育学理论引入我国，如首都师范大学与日本大阪综合保育大学和日本同志社大学社会学部共同展开对日本学前教育的研究、日本高等教育质量的结果评价体系研究，在我国高等教育领域产生极大的影响，新西兰的学习故事评价法在我国的本土化探索，苏霍姆林斯基著作的大量翻译与出版等都体现了我国在引进外国教育学时不再局限于欧美国家，而是以学科发展为导向，积极借鉴对二级学科建设有益的理论和方法。

二、"教育学"到"教育科学"的演变影响了外国教育学的引进方式

与此同时，教育学学科本身的发展，也影响了这一阶段的引进方式。进入20世纪90年代以来，教育学的学科地位成为研究者关注的焦点。教育科学在当代分化的日益精细给教育学的生存与自立带来了诸多新问题。有关教育知识的学科经历了由一门"教育学"到多门教育学学科的发展过程。从用词上说，"教育科学"概念也经历了从单数到复数的变化。复数"教育科学"的产生源于人们对教育学的理论基础的思考。第二次世界大战后，教育学与越来越多的学科结下了不解之缘。复数的"教育科学"也在慢慢消解着"教育学"概念。关于"教育学"与复数"教育科学"的关系，不同语种的国家做出的反应也不尽相同。在法语国家，学界几乎已完全承认"教育科学"的复

数形式，逐渐取代了"教育学"一词；在德语国家，"教育科学"的复数形式与"教育学"并存；在英语国家，学界较少采用"教育科学"的复数形式一词，但有自己的表达方式；在俄语国家，学界一般把"教育科学"与"教育学"作为同义词。[①] 中国并无两军对峙的局面，仍有以"教育学"为名称的大量著作出版发行。在两词的意义的处理上，与俄语国家类似，只是"教育学"是不折不扣的大"教育学"。在法语、英语国家，几乎不存在"教育学"。在这种情况下，中国以什么为载体承接"外国教育学"的概念，就成了一个需要特别说明的问题。

尽管不同的国家对教育学的关注有不同的形式、不同的思考角度，这一研究在当代似乎都纷纷驻足于"分析教育哲学""教育科学学""教育研究方法论""元教育学""元教育理论""教育理论的元研究"等概念。在这方面，最近二十几年布雷岑卡的元教育学及批判教育学的引入和传播可为代表。

教育学学科的分支学科反映到制度层面，即教育学二级学科的设置。国务院 1981 年批准实施的《中华人民共和国学位条例暂行实施办法》首次将我国的学科门类划分为哲学、经济学、法学、教育学、文学、历史学、理学、工学、农学、医学。此后几十年，上述学科门类的划分一直延续下来。在前后四份学科专业目录中，教育学门类高度稳定，其一级学科设置始终没变，变动的只是教育学一级学科下二级学科的设置。在 1983 年的学科专业目录中，教育学一级学科下面的二级学科有 14 个，分别是教育基本理论、教学论、德育原理、中国教育史、外国教育史、比较教育学、特殊教育学、幼儿教育学、成人教育学、高等教育学、教材教法研究、教育科学研究法、教育经济学、学校管理与领导。1990 年的学科专业目录对教育学二级学科进行了微调：教育基本理论调整为教育学原理，学校

---

① 唐莹：《元教育学》，6—7 页，北京，人民教育出版社，2002。

管理与领导调整为教育管理学，教材教法研究被撤销，新增了学科教学论、教育技术学和职业技术教育学 3 个二级学科。1997 年的学科专业目录中，教育学二级学科的数量缩减为 10 个，分别为教育学原理、课程与教学论、教育史、比较教育学、学前教育学、高等教育学、职业技术教育学、特殊教育学、教育技术学和成人教育学。教育管理学和教育经济学不再作为教育学二级学科，而是作为管理学门类下的公共管理一级学科下面的二级学科。二十几年来我国大学教育学科研究生人才培养主要以这 10 个二级学科为基础。①

每一个二级学科都有其研究对象、研究方法及理论体系，在实践层面都有相对稳定的研究人员、著作、学术组织及学术刊物。20世纪 90 年代之后，这些教育学二级学科的研究人员、学术组织及学术刊物，正是引入外国教育科学分支学科相关理论和方法的主流。

三、元教育学和批判教育学的引进和传播

20 世纪 90 年代以后，伴随着教育学研究人员的新老更替，80年代毕业的博士以及西方留学人员的回归，形成教育学各学科新的生长基础，80 年代形成的教育学引进局面大为改观，西方教育文献的译介大量增加。这一时期对"教育学"的关注，集中表现为元教育学及批判教育学的引进和传播。

（一）元教育学的引进和传播

由于对提升教育学学科意识和增强学科自觉的迫切需求，中国教育学研究者开始对学科的发展进行反思，他们越来越清醒地认识到，要想使一门科学摆脱发展的盲目与幼稚，必须对自身发展历史进行及时、深刻的反思。符合时代潮流的德国元教育学，吸引着众多教育学家。

① 王建华：《教育的意蕴与教育学的想象》，218—219 页，福州，福建教育出版社，2015。

　　早在 1984 年，雷尧珠于《华东师范大学学报（教育科学版）》上发表的《试论我国教育学的发展》一文，较早从历史的角度对教育学的学科发展进行反思。1987 年，叶澜在《华东师范大学学报（教育科学版）》上发表《关于加强教育科学"自我意识"的思考》一文，指出教育学学科"自我意识"落后的主要表现是没有建立自己的元科学群，没有形成对自身发展历史与现状、结构与机制的中肯评析。由此，在我国引发了构建教育学元科学群的深刻思考。此后，相继有一系列文章对教育学的历史与现状、结构及机制等进行了元层面的反思。

　　元教育学的主要代表人物为德国教育学家布雷岑卡，其教育理论在 20 世纪 90 年代初开始传入我国，对我国的教育学体系、教育学元研究等产生了重要影响。我国最早对布雷岑卡元教育学进行研究的教育学者为黄向阳，他不仅对布雷岑卡元教育学的观点进行了充分肯定，还在《教育研究的元分析》一文中，率先引入了布雷岑卡的元教育学，认为"德国教育学者布雷岑卡主要从认识论上分析教育学的学科性质和知识成分"。其后《全球教育展望》1993 年第 5 期刊登了黄向阳《布雷岑卡"元教育理论"述评》一文，对布雷岑卡的元教育学，特别是他对教育学学科性质的论述进行了系统介绍，这是布雷岑卡及其元教育学在我国首次见诸文献。该文认为，布雷岑卡元教育学作为西方元教育学的重要分支，是在教育学学科性质的论争中产生的，其思想受到了波普批判理性主义和美国经验主义、实证主义的影响。这一阶段，我国对元教育学的研究主要以期刊为载体进行介绍和传播，其中《华东师范大学学报（教育科学版）》是这一阶段布雷岑卡元教育学在我国传播的重要阵地。其中，1995—1996 年的《华东师范大学学报（教育科学版）》连续两年每年四期开设"元教育学"专栏，为布雷岑卡元教育学在我国的传播提供了较好的平台。我国教育学者以积极学习和辩证批判相结合的方法介绍布雷岑卡教育学"三分法"思想。在布雷岑卡教育理论"三分法"的基础上，陈桂生先生提出了教育理论的"四分法"，把教育理论成分区分为"教育科学""教育技术理论""教育价值理论"及"教育规范理论"。①

　　世纪之交，人们在回顾 20 世纪以来教育学发展历史的同时，也开始反思布雷岑卡理论传播过程中存在的不足，展望 21 世纪教育学发展的方向，布雷岑卡元教育学在我国的传播也进入了新的阶段。这一时期布雷岑卡元教育学的传播内容尽管有所扩展，但却多停留在简单的介绍上，未产生实质性影响。《华东师范大学学报（教育科学版）》的"元教育学"专栏暂停，国内关于元教育学的探究减少。虽然，有瞿葆奎主编的《元教育学研究》一书，但也只是对前期元教育学研究成果的汇编。赵婷婷在 1999 年发表了《国内元教育学缘何沉寂》一文，分析布雷岑卡元教育学与我国教育问题脱节的原因。随后开始出现对布氏教育基本概念的专门介绍。单中惠、杨汉麟主编的《西方教育学名著提要》②对布雷岑卡关于"教育""教育目的"和"教育需求"的研究进行了专门介绍。进入 21 世纪，人们在对教育学发展问题进行世纪性反思的同时，也注重提升教育学研究者的理论自觉。这一时期，布雷岑卡元教育学在我国的传播有了较大的进展，传播方式从间接研究发展为直接翻译布雷岑卡相关著作。2001 年，以胡劲松翻译的《教育科学的基本概念——分析、批判和建议》一书的出版为标志，国内开始对布雷岑卡元教育学进行系统、全面的传播。此后，布雷岑卡的著作，如《教育知识的哲学》《教育目的、教育手段和教育成功：教育科学体系引论》，也被译为中文并在国内出版。其间，关于元教育学的传播内容和影响也有了质的拓展和提升，出现了关于国内元教育学研究的系统回顾。如范涌峰、刘梅的《论元教育理论研究的"无效"现象——兼论教育学和教育学者的"真独立"》、崔春龙的《元教育学理论的本土化危机及其超越》。2019 年，侯怀银和

---

① 陈桂生：《"四分法"：教育理论成分解析的新尝试》，载《教育研究与实验》，1995(2)。
② 单中惠、杨汉麟：《西方教育学名著提要》，南昌，江西人民出版社，2000。

许丽丽的《布雷岑卡元教育学在中国的传播及其反思》对布雷岑卡元教育学进行系统研究，梳理布雷岑卡元教育学在我国传播的背景和历程，并对其进行系统反思。不仅如此，这一时期，传播主题更加集中，尤以比较教育学研究者最为突出。此前，布雷岑卡元教育学的传播主体广泛，身份复杂，凡是研究元教育学的学者，都直接或间接地推动了布雷岑卡元教育学的传播。这一阶段，布雷岑卡元教育学的传播主体则呈现出显著的集中性。比较教育学研究者及留德访德学者成为推进布雷岑卡元教育学在我国传播的重要主体。他们多曾到德国留学或访学，能够熟练掌握并运用德语，对德国的文化有着熟稔的体验与认知。以华东师范大学彭正梅为例，其不仅发表数篇文章对布雷岑卡元教育学思想进行介绍，如《理性的狡计：德国教育学发展中的五次危机及其因应》[《华东师范大学学报》（教育科学版），2009 年第 4 期]，《价值中立与价值灌输：布雷钦卡教育学思想研究》（《教育学报》，2009 年第 5 期），《重回教育之爱：德国精神科学教育学视野中教育关系论研究》（《全球教育展望》，2010 年第 5 期），而且还直接翻译布雷岑卡的元教育学著作《教育目的、教育手段和教育成功：教育科学体系引论》和《信仰、道德和教育：规范哲学的考察》，在布雷岑卡元教育学的传播过程中发挥了重要作用。

（二）批判教育学的引进和传播

批判教育学是建立在经典马克思主义和西方马克思主义的基础之上的教育理论，其批判的方法——阶级分析法就来源于马克思主义。[①] 由于"文化大革命"前后政治的影响，我国对批判教育学始终保持一种谨慎的态度。改革开放以后，我国开始逐渐接受西方教育理论的传播。20 世纪八九十年代以后，特别是 21 世纪以来，批判教

---

① 张卓远：《批判教育学在中国的传播及其影响》，硕士学位论文，山西大学，2016。

育学里的某些理论给中国教育改革带来了新的启示，批判教育学在中国越来越被重视。

1986 年 9 月，德国批判教育学家克拉夫基应邀到华东师范大学阐述了他的批判设计与教学论思想。这次讲座成为德国批判教育学在我国传播的开端。华东师范大学将克拉夫基的几次演讲内容全部翻译成中文，并于次年陆续发表于《外国教育资料》上，正式拉开了我国传播和研究批判教育学的序幕，也成为批判教育学的研究主体。但这一时期仅仅限于少数人开展研究，主要以翻译德国批判教育家的论文和对批判教育学的介绍和解读为主要方式。我国最早对德国批判教育学进行研究的学者是李其龙，其编著的介绍批判教育学的著作有 2 部，分别为《德国教学论流派》和《战后德国教育研究》。《德国教学论流派》一书是我国第一本介绍德国批判教育学的著作，该书介绍了批判教育学的前身、产生的背景，以及批判教育学的特征。1987 年，李其龙撰写文章《批判—设计教学论简介——联邦德国 W. 克拉夫基教授在华东师大的讲演之一》作为克拉夫基一系列演讲发表的前言。1994 年，李其龙发表文章《联邦德国的批判教育学流派》，介绍了德国批判教育的理论来源和教育目标，分析了德国批判教育学与批判理论。

从 1999 年开始，批判教育学的著作和论文在中国传播的数量有了明显上升，传播内容趋于全面，主要得益于批判教育学自身的发展与中国社会和教育的新形势。这一阶段我国对批判教育学的研究主要集中在三个部分：一是关注批判教育学的发展历程、困境和出路，主要代表作为彭正梅的著作《解放和教育——德国批判学研究》和阎光才的文章《批判教育研究的学术脉络与时代境遇》。前者对德国批判教育学的产生和发展过程，以及代表人物及其思想进行详细的解析，并阐释了德国批判教育学对我国的启示。后者梳理了批判教育学的发展历程、困境和出路。二是关于批判教育学家的主要思想，研究者主要介绍了莫伦豪尔、克拉夫基、布雷岑卡等几位德国批判教育家，并阐述了他们思想之间的继承与差别。传播内容虽然集中在德国批判教育学，也不乏对美国批判教育学的传播，其中包括对美国批判教育家阿普尔、吉鲁、鲍尔斯、金蒂斯思想的介绍。《华东师范大学学报（教育科学版）》发表了阿普尔撰写的《国家权力和法定知识的政治学》一文，由马和民翻译。1993 年，瞿葆奎先生在《教育学文集（第 25 卷）：国际教育展望》中对阿普尔的文章《2000 年的课程：张力与可能性》加以推介。1995 年 1 月，《华东师范大学学报（教育科学版）》发表亨利·吉鲁的《后结构主义者的争论及其对于教育学的几种影响：转向理论》。2003 年焦小峰的硕士论文《吉鲁的抵制理论及其批判》，2015 年祁东方的博士论文《吉鲁批判教育哲学思想研究》对吉鲁的批判教育哲学思想发展历程做了详细分析，并结合国内外对吉鲁的研究现状及不足提出意见和建议。对鲍尔斯、金蒂斯批判教育学思想加以传播和介绍的代表专著为 1990 年由上海教育出版社出版的《美国：经济生活与教育改革》（鲍尔斯、金蒂斯编著，王佩雄等译）。三是介绍批判教育学的理论来源，集中于钟玲的《后殖民主义与批判教育学：教育的目标在于培养批判精神》，该文对批判教育学理论来源的讨论，有助于我国研究者深入研究批判教育学，辨识不同风格的批判教育学。还有对巴西批判教育学家弗莱雷教育理论的研究，代表作为黄志成、王海燕、杨丽华的《保罗·弗莱雷教育思想产生的背景——弗莱雷教育理论与实践研究之一》，主要对弗莱雷的教育理论和实践进行阐述。华东师范大学出版社在这一阶段依旧承担了批判教育学在中国传播的主要工作：2001 年出版了阿普尔著的《意识形态与课程》，2002 年出版了麦克拉伦编著的《校园生活——批判教育学导论》、麦克·杨主编的《知识与控制：教育社会学新探》，2005 年出版了阿普尔等人主编的《教科书政治学》。

　　这一阶段，我国不再仅仅局限于对批判教育学的介绍和解读，而是已经开始将其大量运用于解决中国教育改革中遇到的问题和日常教育问题，如教育公平、教师地位、应试教育与素质教育之争。这类文章主要有：《批判教育学视角下的高等教育公平》《论教师的精神成长——批判教育学视野中的教师专业发展》《批判教育学视角下学生与课程不良关系研究》等。批判教育学进入了一个崭新的时期，以2008年阎光才在《教育学报》发表的《批判教育研究在中国的境遇及其可能》为标志，研究者开始思考批判教育学在中国的适用性以及与中国实践的结合。这一阶段，批判教育学在我国的传播媒介主要是期刊和学术论文。批判教育学开始面向小学教师，有一些研究批判教育学的文章出现在以中小学教师为主要读者的期刊上，如《中学地理教学参考》上刊载的《弗莱雷"解放教育"思想对地理教学的启示》和《教育研究与评论(中学教育教学)》上刊载的《作文教学：从"有情"之教起步——立足批判教育学视野》。

四、外国"教育科学"在教育学二级学科中的引进概况

(一)著作和教材的引进

就教育学学科的发展而言，20世纪90年代以来的主题是交流、共享与引进，教育哲学、教育原理、德育、课程与教学论、学前教育、中外教育史、比较教育等传统的教育学学科在中西交汇、新老交替的过程中逐渐复苏、缓慢生长；与此同时，以教育经济学、高等教育学、教育心理学、教育政策学等为代表的一批新兴学科后来居上，成为教育领域的强势学科。90年代以来，我国教育学迎合社会发展的迫切需求，教育经济学、高等教育学、课程与教学论等教育学二级学科如鱼得水，教育理论研究面貌发生了巨大变化。

这一阶段我国翻译了一批具有代表性的著作，且多以"丛书""译丛"为名对外国教育学进行系统性的介绍。例如，"外国教育名著丛书"(人民教育出版社)、"战后国际教育研究丛书"(江西教育出版社)、"当代世界教育名著译丛"(江西教育出版社)、"联合国教科文

组织教育丛书"（教育科学出版社）、"汉译世界高等教育名著译丛"
（浙江教育出版社）、"当代教育理论译丛"（华东师范大学出版社）、
"比较教育译丛"（人民教育出版社）、"教育与国家发展译丛"（教育科
学出版社）等相继出版。其特点：一是比较系统和深入地介绍某一分
支、领域的学术状况；二是大致与国外著作出版同步，涉及比较新
的研究领域。欧美，尤其是美国的学术影响显著增加，皮亚杰、布
鲁纳、加德纳等成为当代教育科学的新标志。[①]

　　这一阶段，就教育学各分支学科引进的著作与教材而言，在 12
门二级学科中，我国共引进了 57 部外国教育学著作。其中，教育学
原理引进 4 部，教育史 10 部，课程与教学论 7 部，特殊教育学 4
部，学前教育学、职业教育学、教育技术学各 1 部，成人教育学、
教育经济学各 3 部，教育管理学 6 部，比较教育学 5 部，高等教育
学 12 部。这一时期引进著作数量最多的是高等教育学，这一现象除
了说明我国愈加重视高等教育学学科的发展之外，还反映了强劲的
现实需求。情况可见表 1-12 和表 1-13。

表 1-12　1990 年至今各学科引进的外国教育学

著作数量及占总数的百分比统计

学科	数量（部）	占该阶段总数的百分比（%）
教育学原理	4	7
教育史	10	18
课程与教学论	7	12
特殊教育学	4	7
学前教育	1	2
成人教育学	3	5

---

①　苏力、陈春声：《中国人文社会科学三十年》，592 页，北京，生活·读书·新知
三联书店，2009。

续表

学科	数量（部）	占该阶段总数的百分比（%）
职业教育学	1	2
教育管理学	6	11
教育经济学	3	5
教育技术学	1	2
比较教育学	5	9
高等教育学	12	20

表 1-13　1990 年至今各分支学科引进的代表性著作

分支学科	著（编）者	译者	书名	出版社	出版时间
教育学原理	［美］迈克尔 · W. 阿普尔	曲囡囡等	《教育与权力》	华东师范大学出版社	2008
	［美］Richard Kahn	张亦默、李博	《批判教育学、生态扫盲与全球危机：生态教育学运动》	高等教育出版社	2013
学前教育	［美］凯塞琳 · 里德、［美］琼 · 派特申	黄人颂等	《美国幼儿教育的理论和实践》	江苏教育出版社	1990
教育技术学	［美］罗伯特 · M. 加涅	张杰夫等	《教育技术学基础》	教育科学出版社	1992
课程与教学论	［美］拉尔夫 · 泰勒	施良方	《课程与教学的基本原理》	人民教育出版社	1994
	［美］迈克尔 · W. 阿普尔	黄忠敬	《意识形态与课程》	华东师范大学出版社	2001
高等教育学	［美］詹姆斯 · 杜德斯达	刘彤等	《21 世纪的大学》	北京大学出版社	2005

续表

分支学科	著(编)者	译者	书名	出版社	出版时间
特殊教育学	[美]多恩·布罗林、[美]罗伯特·洛依德	张顺生等	《生涯发展与衔接教育》	江苏教育出版社	2009
	[美]迈尔斯	李顺兴等	《智残儿童的特殊教育》	人民教育出版社	1991
成人教育	[美]诺克斯	邢志强等	《成人教育探幽》	河北人民出版社	1991
职业教育学	[德]Erich Thies、刘立新		《当代德国职业教育研究》	上海外语教育出版社	2018
教育管理学	[英]托尼·布什	强海燕	《当代西方教育管理模式》	南京师范大学出版社	1998
教育经济学	[美]Martin Carnoy	闵维方等	《教育经济学国际百科全书》	高等教育出版社	2000
教育史	[澳]W.F.康纳尔	孟湘砥、胡若愚	《二十世纪世界教育史》	湖南教育出版社	1991
比较教育学	[美]D.亚当斯	朱旭东译	《比较教育与国际教育》	西南师范大学出版社	2011

(二)外国教育学在二级学科期刊中的引进

实际上，更丰富更灵活的引进体现在各个二级学科的期刊论文中。依据 1997 年的学科专业目录中规定的教育学二级学科，我们对其相对应的中文期刊进行简要分析和概括。由于资料众多，我们主要以现有二级学科的核心期刊及其他相关刊物为考察载体，据这些刊物最近 30 年的目录，对相关二级学科及相关教育学分支学科的外国教育理论引进情况，做粗略、简单的概括。

1. 教育学原理

20 世纪 90 年代以来，我国大量翻译和出版有关教育学原理的著作，其中影响比较大的是罗素的《教育论》、雅斯贝尔斯的《什么是教育》、联合国教育发展委员会编著的《学会生存：教育世界的今天和明天》，这些著作在论述教育本质、教育规律（教育与社会发展、教育与人的发展）、教育目的、课程、教学、德育、教师和学生等方面尤为全面，在这些著作思想的影响下我国也开始自编教育学原理方面的著作和教材，如成有信主编的《教育学原理》，叶澜主编的《教育学原理》，王道俊、扈中平主编的《教育学原理》，柳海民主编的《现代教育学原理》等，这些著作推进了教育学原理学科的形成和发展。

2. 课程与教学论

《课程·教材·教法》是关于课程与教学论学科最权威的期刊之一。自 20 世纪 90 年代以来，教育学者试图将建构主义、多元智力理论、归因理论、图式理论等外国教育理论直接导入课堂教学。教育学者将中国特色教育理论与外国教育理论进行比较，分析其发展过程及两者关系与差异，从而重构和扩展其结构，唤起其新的探索生长点，最终为其学习理论加强理论支撑，使其在课堂教学中应用更广泛和促进教学更有效。

3. 比较教育学

比较教育学是一个比较特殊的学科，它的学习和研究内容是对不同国家的教育思想、教育理论等进行对比研究，因此这个学科本身就包含外国教育学的理论，但是也有其独特的研究方法和著名的教育家。关于这个学科的期刊主要是《比较教育研究》，研究范围涉及美国、法国、日本等国家。

4. 学前教育学

关于学前教育学学科的期刊主要是《学前教育研究》，主要包含儿童学习与发展、学前教育课程与教学、学前教育基本理论、学前教育管理与政策等内容。在 20 世纪 90 年代之后，我国主要引入国外先进的儿童教育心理学理论、学前教育教学评价和理论，如皮亚杰的儿童认知发展理论、维果茨基的社会认知发展理论等。除此之外，国际学前教育研究方法也开始出现了明显的转向，开始从注重社会科学研究方法在学前教育研究中的应用转换到学前教育研究方法的多元化发展和独特研究方法范式的构建。在这一研究潮流下，我国学前教育在已形成的调查研究法、实验研究法、行动研究法、思辨研究法、内容分析法、历史研究法、混合研究法等较为规范的常规研究方法的基础上，又借用了社会科学的多种研究理论与技术，如人类学与民俗志、深度访谈、现象学的解释学、叙事研究等。

5. 高等教育学

关于高等教育学学科的权威期刊主要有《中国高教研究》《北京大学教育评论》《高等教育研究》，研究范围涉及美国、英国、日本、德国、韩国、南非和加拿大等国家，主要介绍高等教育的评价和排名体系、学生质量评价体系、学科评价三个方面。在这些文章中，运用范围最广的教育理论为"AHP 法"，即"层次分析法"。该理论以其定性分析与定量分析相结合处理各种决策因素的特点及其系统灵活简洁的优点，迅速在我国得到了广泛的重视和应用。还有论文涉及外国高等教育教学模式，包括美国的产学研教学模式、德国的研究型大学模式、印度和美国的创业教育模式等，这些都与我国现当代社会环境密切相关，对我国高等教育有一定的借鉴意义。

6. 成人教育学

成人教育基本理论是成人教育学发展的基础，没有成人教育基本理论的更新，成人教育学是无法发展前进的，只有通过对成人教育基本理论的学习，才能真正地理解成人教育学的内涵，才能促进成人教育学的发展。《中国成人教育》与《成人教育》两个杂志对诺尔斯成人教育思想和林德曼成人教育思想介绍最为广泛，除此之外还

有成人教学中的转换性教学模式、库伯的经验学习理论、麦基罗的
转化学习理论、丹麦的成人学习行动计划以及毛姆福特的成人学习
观等理论。

7. 职业技术教育学

职业技术教育理论是职业教育学的基础，对职业技术教育学的
发展具有重要的作用。《职教论坛》《职业技术教育》《教育与职业》等
专门性的职业教育学术期刊成为专门讨论、研究职业教育学的阵地。
这三个期刊主要涉及斯内登的职业教育思想、路易·艾黎的创造性
职业教育思想，也介绍了澳大利亚、英国、美国等国家的职业教育
理论。被教育学者追捧的教育理论有德国职业教育的"双元制"、美
国斯派蒂的"OBE"理念、英国"BTEC"教学模式、澳大利亚"TAFE"
模式、加拿大"CBE"教学模式，以及瑞士、英国和加拿大现代学
徒制。

8. 特殊教育学

特殊教育学学科的成果主要汇集在《中国特殊教育》和《现代特殊
教育》，其中《中国特殊教育》汇集众多外国教育理论，设有"全纳教
育"专栏。全纳教育理念主张教育应当满足所有儿童的需要，每一所
学校都应该接纳对应辖区的所有适龄儿童，包括普通儿童和特殊儿
童，并为这些儿童提供发展所需要的教学资源和教学用具，确保他
们能够愉快地成长和发展。不仅全纳教育理念被特殊教育普遍关注，
关怀理论、社会认知领域理论、多元智力理论、图式理论、最近发
展区、布迪厄的资本理论、自我决定理论、激励主义、要素主义、
建构主义等也受到了广泛关注。最受特殊教育学界关注的外国教育
理论为 PASS 理论。中国引入 PASS 理论主要应用于具有智力落后
和阅读障碍的儿童，帮助特殊儿童解决在学习过程中遇到的困难。

9. 教育技术学

在查阅《中国电化教育》《电化教育研究》《开放教育研究》《现代教

育技术》等期刊的过程中，我们发现 20 世纪 90 年代以来教育学家在教育技术学的研究中注重借鉴心理学理论，特别是认知心理学的两个流派，即建构主义和信息加工，又将混合学习纳入研究，开始走向跨学科。

10. 教育管理学

关教育管理学学科的期刊主要为《高校教育管理》和《现代教育管理》，外国教育管理理论主要集中于 2000 年以后发表的文章，期刊设有学生管理、教师管理、教师与行政人员管理制度、学生资助体系、教学质量保障体系、教育经费管理、学业指导、教学质量评估体制等专栏。在这两本期刊中，我们根据年代顺序，把中国教育学研究者发表的外国教育管理学研究论文题目的关键词排列如下：消费主义、自由教育、哈钦斯的通识教育、人文主义、建构主义、三元智力理论、班杜拉的社会学习理论、终身教育理念、科学主义、实用主义、认知结构理论、维果茨基的最近发展区理论、马克思关于人的全面发展学说等。教育学者日渐关注美国费德勒提出的权变理论，教育学者戚洪首先在国内提出权变理论，并剖析其性质特点，提出权变理论可以在环境诊断及适应、管理者权变素质培养方面提供借鉴。在学科建设管理中，完善权变理论的应用，可以实现学科建设管理绩效的最优化。①

11. 教育经济学

通过查阅《教育与经济》，我们发现 20 世纪 90 年代以来我国对教育经济学学科的引进主要集中在理论和方法两方面，而且逐渐开始了多元整合的研究。教育经济学在坚持"人力资本理论"的同时，注重"信号筛选假设理论""教育消费理论""社会关系资本理论""文化资本理论"在教育研究中的运用，构成了教育经济学学科发展的新的

---

① 戚洪：《权变理论在高校学科建设管理中应用的思考》，载《辽宁教育研究》，2006(9)。

增长点，它是对传统人力资本观的补充和发展，是教育综合发展的必然要求。在数据资料的占有和运用上，我国学者早期主要集中于二手数据资料的收集，如从各种统计年鉴和机构报告中获取数据。随着外国教育学在中国的传播，中国教育经济学者开始大量运用问卷调查、深度访谈、田野观察、教学实验和元数据分析来开展实证研究，取得了可喜成绩。

第五节　外国教育学引进对中国教育学学科的影响

中国的教育学理论，自 20 世纪 50 年代开始全盘移植复制苏联模式，几乎与西方隔绝。80 年代开始，我国重新引进、译介西方思想学术，逐渐打破了 50 年代形成的以苏联教育学为主的知识结构和学术生态，以及以苏式辩证法为特征的话语和文风。90 年代以后，教育理论研究面貌发生宏观的改变。伴随着人员的新老更替，80 年代毕业的博士以及西方留学人员的回归，形成各学科新的生长基础，西方教育文献的译介大量增加，改变了 20 世纪 80 年代西学引进零碎、单薄的局面。一系列外国教育学相关丛书的译介，比较系统和深入地介绍某一分支、领域的学术状况，并且大致与国外著作的出版同步。欧美，尤其是美国的学术影响力显著增大。

无论是我国的教育研究，还是教育研究以外的领域，都主张既要重视汲取西方理论的精华，又要重视西方教育理论是否适应中国的教育实践。这是继改革开放以来在教育研究领域一直被坚持的研究思路和方式，这一研究思路和方式加速提高了中国自身教育研究的水平，极大地改变了中国教育学学科的面貌，但同时，教育学引进的"中国范式"所带来的一系列问题仍然存在。

一、外国教育学的引进促进了中国教育学学科体系的建设

借鉴可以分为简单借鉴和超越借鉴。简单借鉴是对其他学科采

用简单的"拿来主义"，最终的结果是"形像而神非"。超越借鉴是指在理性分析引入对象的基础上有所取舍的借鉴，最终的结果是"脱胎换骨"。很多时候，学科之间的借鉴容易使"一门学科的局限变成了另一门学科的局限"，因此教育学学科建设研究要有所发展、有所突破，就必须对国外相关经验和其他学科研究的相关成果进行超越借鉴，取其精华、去其糟粕，最终内化为教育学独特的研究成果。

我们对于国外教育学理论、教学方法的学习与借鉴，能够为我国教育学学科体系的构建提供一定的理论支持，因为我国教育学学科发展的各个阶段及其所面临的问题等都跟国外有很多相似之处。但在对教育发展的对比研究中，我们不能满足于找出相同之处或迥异之处，而应该从其他国家那里挖掘可贵的经验，为我所用。不同学科的方法论是不一样的，有其独特的研究方法。不同方法的使用和借鉴会对某门学科有特殊的影响，且这一影响不是单一的和纯粹的，方法的选择与运用是多样性和统一性、普遍性和特殊性的有机结合。换言之，任何学科都必须借鉴其他学科的研究方法，都必须形成一个以多样化、普遍性为基本特征的方法论体系。不同学科在方法上的相互借鉴、移植、改造，是司空见惯的。一种方法从一门学科中诞生后能否移植到另一学科，取决于这种方法能否与植入学科的研究对象的基本属性相适应。如果不适应，方法的移植是不成功的；如果相适应，植入学科的知识体系就会在新方法的建构下呈现出一种新的样式，形成一套新的"话语系统"，它或者取代原有的"话语系统"，或者与之共存。所以通过对外国教育学方法、理论的引进，我们将各国科学的、有益于我国教育学发展的理论进行适当转化之后，与我国国情相适应，从而为我国学科体系的建设提供借鉴。

教育学在我国的发展必须追踪世界教育学的发展趋势以促进教育实践的发展。对此，我国的教育学者们已经有了较为深刻的认识，我国在对苏联、美国、德国、英国、法国、日本、瑞典、瑞士、捷克、澳大利亚、意大利、加拿大等国家教育学引进的基础上自主探索，深化对教育实践的指导作用。而在诸多国家中，被引进门类最多的国家是美国，囊括了教育学、高等教育学、课程与教学论、特殊教育学、教育学原理、教育经济学、教育史、比较教育学、教育管理学、成人教育学等学科。

20 世纪 90 年代以来是引进外国教育学的高峰期，同时也是中国教育学发展最繁荣的时期。外国教育学的引进，一方面扩展了中国教育研究的视野，另一方面也促进了教育学二级学科的建设和发展。

外国教育学的引进，给中国教育学研究注入了新的活力，对其前沿研究思想和方法的批判地借鉴，为教育学在中国的发展，由"引进式加工"向"原创性发展"的转化提供了丰富的经验、思想、理论和实践的源泉，使中国教育学研究在新时期的深化发生了"扎根本土"的变化。

二、外国教育学的引进促进了中国教育学学科与世界的交流

20 世纪 90 年代以来，中国教育学界以理论译介、访学留学、国际研讨等多种方式，在学习吸收中努力走入国际前沿。我们以自身教育学学科的发展为基点，积极引进外国教育学的理论，这使得我们对于教育学基本理论进行了重新认识，教育学分支学科与专题研究得到深化，教育研究的方法意识和运用水平有所提高，有了全球视野和全球思维的研究角度。同时创建研究机构，依托组织平台积极吸取外国教育理论与实践经验，如海外中国教育研究中心、教育学中国话语体系研究中心等。留学访学以及人才培养的多元化、全球化也成为中国学习外国教育理论的手段和力量。20 世纪 90 年代以来，外国教育学对我国教育学分支学科的发展起到了积极的促进作用，使我国能积极融入世界学术潮流，对于我国学科建设起到了推动作用。

在学习、理解、借鉴和运用外国教育学理论的基础上，我国教育学得到迅速的发展，逐渐在西方教育学占据主导的情况下，建构起中国教育学独特的形象，显现出一种中国独有的贡献能力和创生能力。

三、外国教育学的引进促成了中国教育学学科的创生

近年来，面临文化与理论话语上的挑战和困境，建立中国社会科学主体性的任务凸显。如何超越西方社会科学内在困境，形成中国社会科学和社会学的基本理论论述，构建具有中国气派、中国风格的社会科学知识体系，是包括教育学学科在内的中国社会科学面临的共同任务。作为"舶来品"的教育学，背负着学科发展中西关系的"世纪问题"，在众多外国教育学、教育科学的理论与实践经验中，对教育学学科发展"中国道路"的渴求更甚其他。

（一）加强原创研究，建设中国特色的教育学学科

叶澜教授曾在《中国教育学发展世纪问题的审视》一文中提出教育学"引进"的中国范式。教育学在中国的百年历程中，形成了对国外教育学翻译、介绍到述评、编纂、自编等一系列消化吸收的"中国范式"，并随着吸收对象的更替而多次循环。[①] 中华人民共和国成立以后，教育学发生了"引进"对象转换和内容的巨变，但教育学中"引进"的"中国范式"，几乎不变地又上演了一遍。凯洛夫《教育学》虽被称为马克思主义的、社会主义的教育学，但其核心部分"教学论"的基调还是赫尔巴特的。粉碎"四人帮"之后，经历了 20 世纪 70 年代末至 80 年代初的短暂恢复期，我国掀起了新一轮的翻译、编译、综述、自编教育学学科的教科书和著作的高潮。中国教育学界对国外教育理论的心态开始走向成熟，但并未改变中国教育学界与国外教

---

①　叶澜：《中国教育学发展世纪问题的审视》，载《教育研究》，2004(7)。

育学界相比的弱势状态，学术流向的单向性意义。①

　　20 世纪 90 年代之后，文化交流中的冲突、误读、食洋不化或南橘北枳的异变，也是令人关注的教育主题。在当今经济全球化与信息化的时代背景和学术界国际交流加快、加强的环境中，教育学界向外看、从外取、以外为准的心态与学风还在盛行。高等教育大众化理论与新课程理论，是典型的两例。

　　从 2001 年起，教育部在全国中小学推行新课程改革，2005 年扩大到高中阶段。新课程改革的设计者是以华东师范大学钟启泉教授为首的专家团队。新课程理念来自皮亚杰的建构主义，认为学习是在一定的情境下，借助他人的帮助，通过人际的协作活动而实现的意义建构过程。建构主义学习理论强调以学生为中心，学生是知识意义的主动建构者；教师是教学过程的组织者，意义建构的帮助者、促进者；教材所提供的知识不再是教师传授的内容，而是学生主动建构意义的对象等。甚至援引后现代主义理论，从课程理论中"文本"与"对话"的概念出发，将教学活动定义为"沟通"和"合作"；要求教师"理解文本"，使理解的成果构成学生"头脑中的内部知识结构"。新课程的理念立意高远，旨在改变知识本位、单纯灌输的传统教学。这一强烈西方化的新的教育理念、课程体系和教学模式，在中国遭遇了严重的水土不服，尤其在广大的农村地区，使许多教师无所适从。新课程改革自面世之后一直争论不断。2004 年以来，一批资深教授猛烈抨击新课程改革不顾国情，轻视知识，以及突变式、运动式、大跃进式的操作过程。钟启泉团队回应认为"孤立地看待国情是愚不可及"，"全球视野"与"本土行动"是统一的而不是对立的。双方观点尖锐冲突而难以调和。

　　美国社会学家马丁·特罗的高等教育大众化理论在美国、欧洲

---

　　① 叶澜：《中国教育学发展世纪问题的审视》，载《教育研究》，2004(7)。

并未引起重视，1980 年后，在日本、韩国等国家得到强力传播。20世纪 90 年代传入中国之后迅速走红，给扩张的高等教育提供了强劲的洋理论支持，成为直接影响高等教育政策的主流理论。现在人们已经认识到，马丁·特罗的理论主要依据的是发达国家高等教育的经验，对中国这样"后发外生型"现代化国家并不适用。中国高等教育的扩张并非量变促成质变的过程，在很大程度上是有量变而无质变。我们按照自己的喜好将高等教育大众化理论简化为支持单纯数量增长的理论，兴趣仅在"阶段论"的划分上，对模式改变缺乏应有的重视。20 世纪 90 年代末，马丁·特罗明确指出，该指标体系是在发达国家的基础上提出的，发展中国家的高等教育大众化进程呈现质变与量变的不平衡性，应另当别论。[①]

科学研究的本质是创新，是发现，是要走以前学者没有走过的路，想前人所未想，做前人所未做。我国在自我创新方面相对于其他国家来说是比较落后的，以前只能照搬照抄，直接"拿来"运用，没有真正与我的国情相结合，缺乏原创性的理论基础研究。就教育学学科而言，我国高校里面所学习的教育学学科，除了中国教育史之外，几乎全部原创性的理论都是"进口"于国外，就是中国教育史的研究也是学习外国的研究体例，没有真正地创造一个属于我国本土的研究方式。直到现在，我国教育专家还是在不停地研究国外教育思想理论、教育制度和教育政策，希望能够通过直接的嫁接给我们的学科发展提供借鉴或启示。我国提倡国际化的目的是相互交流、相互补充、相互增进优势方面，没有原创性的教育学基础理论是无法与外国的教育学平等交流的，注定在教育学学科国际化交流的天平上面失去了平衡，导致现今我国教育基础理论的"入超"，只能是借鉴学习。

----

① 苏力、陈春声：《中国人文社会科学三十年》，598—599 页，北京，生活·读书·新知三联书店，2009。

由于我国缺乏教育学学科的原创性基础理论，而国外的教育事业以及教育学理论又相对比较先进，因此我国教育学研究专家从 20 世纪初，就特别注重对国外理论与经验的引进，我国教育学学科的发展史其实就是一部"引进史"，就是在不断地学习各个国家的先进理论。

引进外国的教育学，固然有一定的积极意义，能够促进我国教育学的发展，但凡事都要讲求一个度，不能只是一味单纯引进，单纯学习，而不去思考在我国国情的基础上应该如何运用，如何与我国的实际情况相结合。因此我们需要加强我国教育学的原创性研究，打破遇事就"学习"的惯性，要将"中国制造"真正地变成"中国创造"，让我国也有能拿出手的理论，与外国进行双向平等的交流，从而改变"入超"的状态，成为"出超"，成为一个真正的理论强国、创新强国。

如今我国的教育学学科国际化的天平倾向了"引进"的一端，失去了国际化的灵魂。因此，我们要改变研究的思路，要提高自身的研究水平，不能只是从表面学习外国已经发表和创新的理论，而是要学习他们的思维方式，他们提出的理论是基于什么样的背景，是在什么实践条件下产生的，我们的研究者在同样的情况下是否能够运用同样的思维去思考，从而创造出属于我们自己的教育学，其中最重要的就是要提高我们国家研究者的水平。教师转变教学观念，学生转变学习观念，学校转变评价人才的观念和制度，营造民主自由的研究学习氛围，注重学生的个性发展，保护学生的兴趣与选择权，让更多有创造性的、高水平的优秀学生涌现出来，完成知识型人才向学习创新型人才的转变，为高校学生提供更多的国际学习交流机会，了解学术前沿，开阔眼界。

要建设一个具有中国民族精神、中国文化品格、中国哲学底蕴的，充分开放的，吸收了包括西方在内的世界教育理论精华的多样化的中国教育学学科,提倡建设有中国特色的教育学学科的根本宗旨是坚持走中国特色教育学的发展道路。明确这一点,可以帮助我们把马克思主义的普遍真理同中国的比较教育实践结合起来,学习外国教育学理论,立足中国,放眼世界,与时俱进,开拓创新,以科学化的研究实践和重大理论成果迎接中国教育学学科的新时代的到来。

(二)强化主体意识,理性对待外国教育学

一方面,我们引进和研究教育学一定要立足于中国教育学的坚实基础之上。对外国教育学不加分析地全盘接受,同盲目地排斥、否定外国教育学一样,都将给中国教育学的发展带来严重的危害。我们广泛地引进和认真地研究外国教育学的根本目的,是要通过系统的介绍和研究,取其精华,去其糟粕,经过成熟的消化改造,使其成为当代中国教育学的有机组成部分。对外国教育学生搬硬套、囫囵吞枣,或浅尝辄止、乱发议论,甚至数典忘祖,借夸大外国教育学的意义和作用,以贬低甚至否认中国传统教育学,绝不是严肃的、实事求是的态度。中国教育学作为西学东渐的产物,在产生之初便被打上了"舶来品"的标志,在今天经济全球化的大背景下,中国教育学要积极发挥主体意识,注意吸取西方国家教育学的精华,为我所用,并积极参与国际对话。在引进的过程中要以中国为本位,以中华民族优良传统为基础,吸收西方国家的先进经验,化为中国的需要。

另一方面,我们必须立足中国的教育实际,依靠中华民族优良的教育传统,开展中国教育研究,最终形成有独特个性的中国式的教育学,这种研究哪怕是初级的,也是具有中国特色的,是能解决中国教育实践问题的。"以我为主,为我所用",借鉴其他学科的研究成果但又不依附于其他学科,应体现教育学研究的特性,在教育学语境下研究教育问题,且这种教育学语境应是中国教育学所特有的具有其独特性的语境，是我国主体意识增强的语境，而不是把外国教育学中国化。

中国教育学界对引进外国教育学的心态自 20 世纪 90 年代后期开始走向成熟，但并未改变中国教育学界与外国教育学界相比的弱势状态。要想彻底改变长期以来形成的依赖心理，中国教育学人及教育学界在加强主体意识、生发原创思想的道路上还有很长一段路要走。

目前，相关学者运用国外哲学、经济学和社会学等学术理论探讨中国教育问题，虽然常常能给人以某种教育启示，但并不能解决根本问题，有时甚至解释问题都很困难。这种情况如果仅限于研究生的学习过程，不但无可非议，还应视为一个必要的理论学习和学术训练过程。然而，如果资深学者或者推动中国教育改革的改革者也习惯于以同样的方式撰写文章和专著，那就非常值得反思了。这种思维方式可简化为：寻找一个或多个西方哲学、经济学和社会学等领域的理论或观点，将其视为理论定论、逻辑基础和方法论的分析框架，对中国当下教育现实进行讨论，从而得到一些"发现"和结论，提出一些批评和建议。① 此类论著虽学术形式尚属完备，但实质上并不能给读者提供解决中国教育问题的真正启发。

汲取西方教育理论精华来解决中国教育实践问题，有其高屋建瓴、开阔视野的一面，但也有其罔顾现实、仅以中国实践为西方理论做"注脚"的一面。作为教育研究，后一种情况对教育知识的生产和教育问题的解决并无实质助益。如果说改革开放初期全面学习和引入西方理论是首要任务，那么在今天，从中国教育实践问题出发并以解释和解决实践问题为旨归，基于中国教育故事、创生中国教育理论，应被视为基本的时代要求。

---

① 郅无己：《西方理论与中国故事》，载《教育科学研究》，2018(8)。

　　经历了抄日、学苏、仿美以后，我们应坚持扬弃与创新相结合的原则，即抛弃中西对立、体用二元的思维模式，以开放的胸襟、兼容的态度，对外国教育学特别是西方教育学的组成要素和结构形式进行科学的分析和审慎的筛选；并根据我国教育的实际需要，发扬教育理论工作者和实践工作者的主体意识，经过辩证的综合，创造出既有中国特色又充分体现时代精神的新教育学。[①] 当然，要想彻底改变百年来形成的自卑情结和依赖心理，当代中国教育学界在独立、原创的意义上还有很长一段路要走。[②]

---

　　①　郑金洲、瞿葆奎：《中国教育学百年》，265 页，北京，教育科学出版社，2002。

　　②　叶澜：《中国教育学发展世纪问题的审视》，载《教育研究》，2004(7)。

第二章

中华人民共和国成立 70 年来教育学的发展历程及其特征

中华人民共和国教育学是在中国教育的现实环境中生成的教育学，按照中国社会的发展和中国教育学自身逻辑的发展，可以将中华人民共和国教育学的发展划分为中国教育学的重建、中国教育学的破坏和中国教育学的再建三个阶段。

第一节 中国教育学的重建

中华人民共和国成立到 1966 年"文化大革命"爆发的这段时期通常被称为中华人民共和国成立后 17 年。中华人民共和国成立后 17 年的中国教育学，不仅因为恰恰处在 20 世纪整个中国百年历史的时间中段，而且也因这一时期是中国社会发展的一个重要转型期，因而具有浓厚的分水岭象征意义。中国教育学通过重建实现了中国教育学发展模式的转换，开拓了新的教育学研究范式，对中国教育学的发展产生了深刻的影响，具有深刻的历史内涵和开端意义。本节将对中华人民共和国成立后 17 年中国教育学的重建进行相对系统的研究，厘清重建的过程，梳理重建的结果，并且对中国教育学的重建进行一些反思。

中华人民共和国成立后 17 年，中国教育学的重建大体通过改造旧中国教育学、学习苏联教育学、教育学中国化探索这三种途径进行。这种重建经历了三个阶段：旧中国教育学的改造（1949—1951年）、学习苏联教育学（1952—1956 年）、教育学中国化的探索(1957—1966 年)。这三个阶段大体反映了中华人民共和国成立后17 年中国教育学重建的历程。

一、旧中国教育学的改造

(一)旧中国教育学改造的方向

在中华人民共和国成立后，如何审视旧中国的教育学成为新中国教育学发展亟待解决的一个问题。

新中国在成立前夕，曾制定了《中国人民政治协商会议共同纲领》。它规定"中华人民共和国的教育为新民主主义的，即民族的、科学的、大众的文化教育"。1949 年 12 月，中华人民共和国成立之初，第一次全国教育工作会议召开。这次会议提出当时教育工作的方针是"以老解放区教育经验为基础，吸收旧教育有用经验，借助苏联经验，建设新民主主义教育"[①]。这个方针实际上明确指出了新中国教育的三个主要来源和三种参照。但这一方针在随后的实践中又迅速发生了变化。新民主主义的教育方针不久就被社会主义的教育方针所取代，从而导致了对"旧教育"的全面否定。这直接影响了对旧中国教育学的审视。

新中国教育性质的变化要求建立与之相适应的教育，这也成为审视旧中国教育学的基本标准。教育系课程是旧中国教育学的重要载体，对旧中国教育学的审视自然聚焦在教育系的课程设置。通过审视，当时的教育系课程设置者提出旧中国教育系的课程远远不能

---

① 高等教育部办公厅：《高等教育文献法令汇编(1949 年—1952 年)》，14 页，北京，1958。转引自高奇：《中国教育史研究(现代分卷)》，374－375 页，上海，华东师范大学出版社，1994。

适应新形势的需要，存在四个方面的严重不足。

第一，旧课程是从外国（尤其是美国）抄袭和贩卖来的，具有严重的半殖民地色彩。第二，为教育而教育，课程根本超脱于政治之外，不能很好地为新民主主义政治服务。第三，理论与实践脱节，许多课程的设立，仅仅是为了理论的探讨，而未曾考虑到实际的应用。第四，课程繁多，且内容重复，等等。①

这四个方面的不足实际上是从教育学类课程设置的角度，对旧中国教育学进行了比较深刻的反思。它提出了旧中国教育学存在的问题，同时确立了旧中国教育学改造的基本方向。它在一定意义上成为中华人民共和国成立后 17 年中国教育学重建的任务。

首先，从教育学的建设模式上看，旧中国教育学是对美国教育学的抄袭和贩卖。这种抄袭和贩卖反映了中国教育学建设上的半殖民地性质。如何清除以美国教育学为代表的西方教育学在中国教育学界的影响，形成中国教育学的发展模式，自然成为这一时期中国教育学重建的重要方向和任务。

其次，从教育学的建设性质上看，旧中国教育学脱离了政治，不能很好地为新民主主义政治服务。如何使教育学为政治服务，自然成为中国教育学重建必须解决的一个问题。教育学与政治的关系被提升为中国教育学发展的主题。如何处理好教育学发展和意识形态的关系，成为中国教育学发展难以绕过的一个话题。它在本阶段成为越来越敏感和尖锐的问题。

最后，从教育学建设的内容和途径看，旧中国的教育学建设不仅偏重了理论，忽视了应用，而且没有处理好教育学发展和教育实践的关系。此外，教育学的学科门类太多，各学科之间缺乏严格的界限，这导致学科内容上的重复。如何使教育学为教育实践服务，

---

① 董渭川：《教育系课程修改的经过与意义》，载《中华教育界（复刊）》，1949(20)。

减少学科门类和严格规范各学科内容，自然也成为新中国教育学自身要重建的任务。

综观中华人民共和国成立后 17 年中国教育学的发展历程，这 17 年中国教育学研究者主要是围绕以上这三方面对中国教育学进行重建。

(二)对旧中国教育学的具体改造

旧中国教育系课程所存在的不足，引发了教育系课程的改造。由这种改造，我们可以管窥当时教育系课程设置者对旧中国教育学的改造。

1949 年 4 月 23 日，北京师范大学教育系邀集了一个大规模的教育学课程修订座谈会。① 会议重点讨论了教育系的课程改革问题。在会上决定成立"大学教育系课程座谈会"②，每星期座谈一次，共开了 6 次座谈会。这 6 次座谈会的结果被整理成《大学教育系之办法与课程草案》，送交华北高等教育委员会。该委员会邀集了一个小组③讨论并修改这个草案，讨论结果提交给华北高等教育委员会全体会议讨论，1949 年 10 月 11 日，华北高等教育委员会正式颁布了新课程规定。

1949 年 10 月 11 日华北高等教育委员会公布的《各大学专科学校文法学院各系课程暂行规定》确定教育系的任务是"根据新民主主义

---

① 出席座谈会的有华北人民政府教育部长晁哲甫、副部长孙文淑，北京大学教育系的教授张天麟、邱椿、陈友松、汤茂如，辅仁教育系的教授欧阳湘、杨成章，清华心理系的教授沈屦，燕京大学教育系的教授史国雅，北京师范大学教育系的教授鲁世英、陈兆衡、汪莫基、薛鸿志、董渭川，上海沪江大学教育系的教授沈体兰，香港达德学院教育系的教授朱智贤等 51 人。

② 该会由北京大学、燕山大学、辅仁大学、北京师范大学、华北大学五校的教育系主任，文教接管委员会教育部、华北人民政府教育部、北平市教育局三方面的代表以及外地来的民主教授共同组成。

③ 小组成员有徐特立、林砺儒、陈其瑗、张宗麟、丁浩川、张凌光、郝人初、董渭川等。

的教育方针及马克思主义的理论与方法，培养为人民服务的中级教育工作者的知识与技能"。从这个任务出发，教育系的基本课程被规定为 13 门，即新民主主义教育概论、教育方法、教育心理学、中国近代教育史、西洋近代教育史、教育行政、教育测验与统计、现代教育学研究、职业教育概论、实习、政策法令、政治经济名著选读、苏联及新民主主义国家教育研究。[①] 这是 1949 年后教育系课程的第一次改革。

当时的教育系都据此进行了改革。在具体实施的过程中，新民主主义教育概论后改设为教育学。职业技术教育概论因其内容不完整，教学有困难，后被取消。教育测验与统计起初因为测验多是些旧材料，而且是资产阶级的，遂改为教育调查与统计，后来索性被并入教育行政中，意为教育行政课程需要统计。现代教育学研究被合并到中、外教育史。有的教育系还增加了小学各科教材教法等。[②]

(三)对旧中国教育学改造的结果

纵观旧中国教育学的改造，我们可以得出以下结论：

第一，通过教育系课程的改造，旧中国教育学得到彻底的改造。原有的教育学学科仅剩下教育学、教育史、教育心理学、教育行政、教学法等。教育哲学、教育社会学、比较教育等旧中国传统的主干学科被取消。旧中国的教育学学科体系基本上被否定，在教育学学科建设上，我们推倒重来，20 世纪上半叶的中国教育学遗产没有得到合理继承。

第二，教育测验与统计被改为教育调查与统计，后来又合并到教育行政中。以这个学科为代表，说明西方教育学在中国的影响开始逐渐淡化。在中国教育学的发展上，我们失去了一个重要的坐标

---

① 华北人民政府高等教育委员会：《各大学专科学校文法学院各系课程暂行规定》，载《中华教育界》复刊，1949("参考资料")。

② 董渭川：《教育系课程的进一步改订》，载《中华教育界》复刊，1950(6)。

系。至此，长达 28 年，以美国为代表的西方教育学一直处于被批判和否定的地位，甚至在中国基本"绝迹"。

第三，对旧中国的教育学的改造虽然征求了 20 多位著名学者的意见，但主要采取了制度化的行政推进方式。新中国教育学的建设由此开始自上而下进行。

第四，这次改造没有开展对旧中国教育学的批判，而是直接采取了弃而不用的方式。①

第五，这次改造更多停留在教育学学科门类的变革上，还没有真正进入学科内容。因而，这次改造还是初步的，更为全面、彻底的改造是从 1952 年后开始的。

第六，这次改造为下一阶段全面学习苏联教育学，进行教育学中国化探索奠定了基础。

二、学习苏联教育学

1949 年初期，我国仍处在新民主主义阶段。为适应新中国教育的需要，朱智贤的《论新民主主义教育》和常春元的《新民主主义教育教程》于 1950 年出版，作为师范生和教育工作者学习"新民主主义教育概论"课程的教材和参考书。这两部著作以马列主义、毛泽东思想为指导，以毛泽东同志《新民主主义论》的观点，阐明教育的性质、任务、内容和方法，对于教育工作者认清新中国教育的性质和方向，

---

① 据笔者目力所及，中华人民共和国成立后的批判主要是在教育思想层面进行。由于苏联教育学的发展是在 20 世纪 30 年代批判实用主义教育思想中建立起来的，故在苏联教育学的影响下，我国也开始了对杜威实用主义教育思想的批判。曹孚：《杜威批判引论》，载《人民教育》，1950(6)。文章指出，要批判旧教育思想，首先应该批判杜威。要充分批判杜威，必须批判他的教育思想基础——哲学体系。文章对杜威的生长论、进步论、无定论、智慧论、知识论、经验论等一系列的哲学、教育思想进行了分析批判，并于 1951年人民教育出版社汇集成册出版。[苏]弗·斯·谢弗金：《为美国反动派服务的杜威教育学》，陈友松、邵鹤亭译，北京，商务印书馆，1950。1955 年 11 月 4 日，中共中央转发教育部党组《关于实用主义思想在中国教育中的影响和批判实用主义教育思想的初步计划》。陈元晖：《实用主义教育学批判》，北京，人民教育出版社，1956。

懂得新民主主义教育的方针和政策，起到了一定的积极作用。①

然而，随着全国范围内民主改革任务的完成以及社会主义经济建设的全面发展，新民主主义教育学显然已不能满足社会主义教育事业的需要。要掌握社会主义的教育理论和经验，亟须引进和学习苏联教育学。正是在这种情况下，苏联教育学被大量引进我国，它对我国教育学发展产生的影响至今都难以磨灭。②

《人民教育》1952 年 11 月号发表社论《进一步学习苏联的先进教育经验——迎接中苏友好月》。社论强调了学习苏联教育经验的原因及重要性，提出建设新民主主义教育，首先必须彻底、系统地学习苏联的先进教育经验。该文揭开了教育领域全面、彻底学习苏联教育经验的序幕。学习苏联教育学，全面改造旧中国教育学是我国教育学建设和发展的重要任务。

借助苏联经验，对旧中国教育学进行全面改造，是在 1952 年以后进行的。随着苏联教育学引进，旧中国教育学从根本上得到改造。这种改造主要反映在教育部 1952 年所颁发或修订的一系列教学计划中，特别具体反映在教育部 1952 年 11 月 5 日颁发的《师范学院教学计划（草案）》③和 1954 年 4 月重新颁布的《师范学校暂行教学计划》④中。从中华人民共和国成立初期教育部所颁发的上述计划中，我们

---

① 雷尧珠：《试论我国教育学的发展》，载《华东师范大学学报（教育科学版）》，1984(2)。

② 关于苏联教育学在中国的引进及其影响，笔者已做过相对系统的研究。由于本书主要是梳理并总结中国教育学研究者对中国教育学的建设，这里不再赘述。据统计，这一阶段共引进了苏联教育学著作和教材 46 本。

③ 《当代中国》丛书教育卷编辑室：《当代中国高等师范教育资料选（上册）》，286—371 页，上海，华东师范大学出版社，1986。

④ 《当代中国》丛书教育卷编辑室：《当代中国高等师范教育资料选（上册）》，400—444 页，上海，华东师范大学出版社，1986。这个草案由教育部委托北京师范大学在苏联专家直接指导下，根据苏联高等教育部 1951 年批准的苏联师范学院教学计划（其中教育系和学前教育系的计划是 1948 年批准的）起草，1952 年 7 月由教育部师范教育司印发给各师范学院讨论，于 11 月 5 日正式颁发，供各校试行。这是中华人民共和国成立后颁发的第一个师范学院教学计划。

可以明显看到，对旧中国教育学的改造，无论是在教育学学科体系的构建上，还是在每门学科的建设上，都完全倒向了苏联。

从教育学学科体系的构建来看，在对旧中国教育学学科体系改造后，我国构建了几乎与苏联完全一致的教育学学科体系。这个体系主要包括教育学、教育史、教育心理学、各科教学法等学科。曹孚在其起草的《关于 1956—1967 年发展教育科学的规划草案（初稿）》的"前言"和章节名为"教育学"的部分中，明确指出："教育科学包括教育学、心理学、教学法、教育史等部门"①，"我们的教育科学研究工作，要分教育学（包括教学法）、心理学、教育史三方面进行"②。

每门教育学科的建设，我们几乎都参照苏联相应的模式进行了改造。这特别表现在教育学和外国教育史的学科建设方面。

从教育学的学科建设来看，当时许多师范院校以凯洛夫主编的《教育学》作为学生学习的教材或主要参考书。教育部 1952 年曾印发了供中等师范学校教学参考用的《师范学校教育学教学大纲（未定稿）》，这个大纲基本上是借鉴了苏联教育学的体系，尤其是叶希波夫、冈查洛夫合著的苏联师范学校教育学教材体系。③ 教育部 1954 年 9 月组织编订的《初级师范学校教育学教学大纲（草案）》，1956 年组织编订的《师范学校教育学教学大纲（试用）》和《师范学院、师范专科学校教育学试行大纲》都是参照苏联教育学的一般体系而编写的。这一时期，虽然出版或发行了我国学者编写的教育学教材，如张凌光、丁浩川等人编著的《教育学》，北京师范大学教育系教育学教研所组编的《教育学讲义》等，但这些教材几乎都是在学习苏联先进教育经验和理论的基础上，根据苏联教育学体系，参照苏联教育学教

①　瞿葆奎等：《曹孚教育论稿》，687 页，上海，华东师范大学出版社，1989。
②　同上书，689 页。
③　陈侠：《新中国第一部教育学课本出版的前后》，载《课程·教材·教法》，1991(2)。

材而编写的。① 因此，这一时期我国教育学的建设就是学习和移植苏联的教育学。②

从外国教育史学科的建设来看，这一时期我国外国教育史的建设也是学习、移植苏联的外国教育史教材。如引进了麦丁斯基编著的《世界教育史》、康斯坦丁诺夫主编的《世界教育史纲》、沙巴也娃主编的《教育史》等。当时我国高等师范院校的学校教育专业、学前教育专业和中等师范学校全部参考和采用苏联外国教育史教材进行教学。中华人民共和国成立前翻译的、主要反映西欧和美国教育发展史的外国教育史教材和教学参考读物被全部停用。

总之，在这一阶段，通过学习苏联的教育学，我们基本上完成了对旧中国教育学的改造任务，初步构建起了新中国的教育学学科体系。教育学、教育史、教育心理学、教学法等学科的建设，无论在体系上还是在具体内容上都得到根本改造。从学科建设上看，这些学科模式的转化基本完成。然而，苏联教育学科体系本身存在不足，我们在学习苏联教育学科体系时又存在缺点和毛病（如存在机械照搬、结合中国实际不够等不足），20 世纪 50 年代末以后教育学的进一步建设，以及如何探索中国化的社会主义教育学，逐步成为这一阶段中国教育学重建的目标和任务。

三、教育学中国化的探索

1957 年到 1966 年，中国教育学的重建进入了一个新的阶段。从国际上看，1956 年中苏关系开始发生变化，这在一定程度上成为新

---

① 如当时在全国高师较有影响、由北京师范大学教育系教育学教研所组编的《教育学讲义》上册的"前言"就明确指出，这部讲义"企图在几年来学习苏联先进教育理论的基础上，根据苏维埃教育学科学体系，编写一套能够初步适合要求的教育学讲稿"。

② 当时有的学者就指出，无论是公开出版或内部交流的教育学教材，"都不过是一个人或由少数人根据几种苏联教育学课本，做些抄录，或通俗化的工作，最多也不过引用些中国的例证而已"。孙陶林：《建立我国教育学，革新教育学的教学工作》，载《学术月刊》，1958(8)。

中国教育学重建的催化剂。从国内来看，1956 年社会主义改造基本完成之后，我国教育的改革和发展迈入了一个新的阶段，其基本目标是探索中国社会主义教育发展的道路，其间又分为两个阶段：一是以 1958 年"教育大革命"为中心的时期（1957—1960 年），二是从 1961 年开始的调整、总结和继续改革的后期（1961—1966 年）。① 与此相应，中国教育学的重建在这一时期也分为教育学中国化的初步实践（1957—1960 年）、教育学中国化的总结和反思（1961—1966 年）两个阶段。从总体上看，这两个阶段都是教育学中国化的探索阶段。

（一）教育学中国化的初步实践

在 1956 年社会主义改造基本完成后，党和国家提出主要任务是集中力量发展生产力，实现国家工业化，逐步满足人民日益增长的物质和文化需要。我国进入了全面的社会主义建设阶段。1956 年 1 月 14 日，中共中央在京召开全国知识分子会议，周恩来发出了"向科学进军"的号召。会议最后一天，毛泽东到会讲话，号召全党努力学习科学知识，同党外知识分子团结一致，为迅速赶上世界先进科学水平而奋斗。根据会议的建议，成立了以陈毅为主任的国家科学规划委员会，集中了一大批优秀科学家编制了 1956—1967 年全国科学发展远景规划及若干方面的具体规划。全国迅速掀起了向科学进军的热潮。

当时的舆论认为，我国的教育学状况"远远落在我国社会主义建设后面，也远远落后于世界先进国家的水平"，全国教育事业突飞猛进的发展，已日益迫切地提出了许多需要教育学指导与帮助的理论与实际问题，但"教育科学远远不能满足这种需要"，"资产阶级教育思想在教育工作中间还存在着影响；马克思列宁主义教育科学理论

---

① 郭笙：《曲折前进的历程——我国教育发展与改革四十年述略》，见《中国教育大系·马克思主义与中国教育（下）》，1309 页，武汉，湖北教育出版社，1994。

队伍还没有很好地形成","全国的教育科学研究工作还仅仅开始,在数量上与质量上都比较薄弱",全国的教育科学研究机构尚未成立;直到 1956 年,"我们还没有能够写出供高等师范学校应用的教育学、心理学、教育史等教科书;即在一般教育、心理等著作方面,我国作者自著的极少。各教育刊物上所发表的论文的质量一般不高"。① 正是基于这种状况,有的学者明确提出:"我们不能容忍教育科学的长期落后现象","教育科学千头万绪,要有专人或小组去分头研究","应大力把教育科学作一番分类,按照门类指定全国高等师范学校的教师们负责去研究"。② 加强教育科学研究的组织与开展,成为教育部落实"向科学进军"号召的重要措施。

1956 年,由教育部董纯才副部长主持制定的《关于 1956—1967 年发展教育科学的规划草案(初稿)》颁布。该草案对教育学(包括教学法)、心理学、教育史等教育学科的研究提出了具体要求:"要大力开展教育科学研究工作,使我们的教育科学能在十二年内,赶上社会主义建设的需要,同时也达到接近苏联的水平。"③1958 年 3 月 30 日,国务院科学规划委员会教育组召开教育科学规划座谈会,号召在实践中建立教育科学。教育部部长杨秀峰、副部长董纯才在会上指出,教育科学应该有计划地进行安排,从理论上研究新形势下出现的新问题。国务院科学规划委员会教育组组长柳湜在会上说,各级教育事业必须建立在科学研究的基础上,必须建立从教育实践中来又回到教育实践并能指导实践的教育科学,要在两三年内建立我们的教育科学。④ 教育科学在全国范围内受到了前所未有的重视。

几乎与此同时,1956 年 4 月 25 日,毛泽东发表《论十大关系》的

① 瞿葆奎等:《曹孚教育论稿》,688—689 页,上海,华东师范大学出版社,1989。
② 陈友松:《怎样拿出最大的力量来报答党的恩情》,载《人民教育》,1956(2)。
③ 瞿葆奎等:《曹孚教育论稿》,689 页,上海,华东师范大学出版社,1989。
④ 中央教育科学研究所:《中华人民共和国教育大事记(1949—1982)》,220 页,北京,教育科学出版社,1984。

讲话，提出学习外国经验不能"一切照抄，机械搬运"，随后提出在文学艺术和学术研究中应实行"百花齐放、百家争鸣"的方针。1957年 2 月 27 日，毛泽东又发表了《关于正确处理人民内部矛盾的问题》的重要讲话。1956 年 9 月，党的第八次全国代表大会召开。这次大会的召开标志着党中央和毛泽东主席开始探索摆脱苏联的僵化模式和适合我国国情的独立自主的发展道路。

在"向科学进军"的号召下和"双百方针"的指引下，我国教育学科建设者以前所未有的热情，在反思上一阶段学习苏联教育学的经验和教训的基础上，开始了教育学中国化的初步探索。这主要体现在作为一门学科的教育学的重建上。

早在 1955 年夏，教育部在上海召开的一次高等师范教育学教学大纲的讨论会上，就曾明确提出要"创建和发展新中国教育学"①。但教育学中国化问题的提出是从 1957 年开始的。1957 年《人民教育》7 月号以《为繁荣教育科学创造有利条件》为题，发表了当时一些学者对我国教育科学研究工作的意见。这些意见直指学习苏联经验时出现的教条主义、机械主义倾向，鲜明地提出了教育学的中国化问题，从方法论的高度对如何建设中国的教育学提出了十分宝贵的意见。有的学者发表了专论教育学中国化问题的文章。② 有的学者还专门撰文，就如何建立中国自己的教育学作了较具体的论述。③ 除此之外，有些谈教育学教学大纲方面的文章，也涉及教育学中国化问题。④ 值得重视的是，在哲学、法学、伦理学等学科领域进行的有关继承性问题讨论的影响下，曹孚在《新建设》1957 年第 6 期上发表

---

① 程淌凡：《对教育学教学大纲的意见》，载《光明日报》，1956-11-26。
② 瞿葆奎：《关于教育学中国化问题》，载《华东师范大学学报（人文科学版）》，1957(4)。这是中华人民共和国成立后我国学者发表的第一篇关于教育学中国化问题的文章。
③ 孙陶林：《建立我国教育学，革新教育学的教学工作》，载《学术月刊》，1958(8)。
④ 鲍兆宁：《把教育学教学大纲改得更完善》，载《光明日报》，1956-12-24；卢显能：《我所看到的"教育学试行大纲"的一些问题》，载《争鸣》，1957(4)。

了长篇论文《教育学研究中的若干问题》，在教育观念上对以凯洛夫主编的《教育学》为代表的苏联教育理论提出了不同寻常的、有力的挑战，从而在教育学中国化的方法论上取得了理论思维上的进展，反映了当时我国教育学重建的成就。

然而，正当我国教育学研究者充满热情地为建设中国化的教育学科体系而努力探索时，反"右"斗争开始了。在此气氛中，曹孚1957 年发表的《教育学研究中的若干问题》一文被错误地批判，他被迫在《新建设》1958 年第 2 期发表检讨文章。① 这一批判虽然是在内部进行的，但影响也波及全国高等师范院校和教育科研机构。由于反"右"斗争扩大化，高等师范院校一些很有才干的教育学科教师及一些有名望的学者被错误地划成了右派，我国教育学科建设受到严重挫折。

与此同时，适应当时"高举三面红旗"（"总路线""人民公社""大跃进"），"多快好省"地建设社会主义的形势，在 1958 年至 1960 年开始了以贯彻教育与生产劳动相结合为中心的教育革命运动，教育学领域开始搞"大跃进"，开展了一系列的批判运动。心理学被作为"伪科学"受到批判。凯洛夫主编的《教育学》也受到了批判。此外，还开展了以批判"现代修正主义"为中心的学术批判，主要锋芒针对"人道主义""人性论""和平主义"和学术自由等，要求挖 18、19 世纪资产阶级学术思想的"老祖坟"。教育史上许多教育家论述过的"量力性原则"因与"大跃进"精神不相符合，也遭到了批判和否定。这些在思想和学术领域的批判简单粗暴，压制了在学术上持不同观点的人，打击了很多有真才实学的学者，挫伤了当时教育科学工作者的积极性，严重地影响了我国教育学科的建设和发展。

正是由于反"右"斗争的扩大化和"教育革命"中"左"的浪潮，我

---

① 即《对"教育学研究中的若干问题"一文的检讨》，同期还发表了批评曹孚的文章：《怎样理解"教育中的继承性问题"》。

国教育学科体系的建设出现了一种"左"的倾向。这主要表现在教育学的教材建设上出现了一种"教育政策汇编形式"的教育学。当时主管中央宣传工作的领导人提出，教育学是社会科学，一切社会科学都要跟政治走，教育学也不例外，信心百倍地认定资产阶级思想和教条主义思想正在被铲除，新的适合于我国国情的马克思主义的教育学理论、教育制度、教育方法、课程、学制等正在被创造出来。[①]在这种思想指导下，一些"以毛主席教育思想为纲，以党的教育方针政策为依据"编写的教育学教学大纲和教材出现了。1958 年 4 月 23日，教育部发出通知，师范学校三年级教育学课原有教材停授，改授有关我国教育方针和政策的内容。[②] 这一切使"文化大革命"期间教育学教材编写完全成为教育经验政策汇编，成为"语录学"和"政策学"的温床。

通过教育学重建上的这种"左"的倾向，我们不难发现，在这种"左"的背后是把教育学视为教育方针政策学的指导思想。这实际上是对教育学这门学科的否定。这种否定在"文化大革命"中走向了极致。

(二)教育学中国化的总结和反思

1961 年至 1966 年上半年这一阶段，我国的教育工作主要是贯彻调整方针，恢复以教学为主的正常秩序。在总结中华人民共和国成立以来教育工作正反两方面经验的基础上，教育部制定并颁布了大、中、小学三个工作条例(即"高校六十条""中学五十条""小学四十条")。这既为提高我国社会主义教育水平创造了条件，也为教育学中国化探索进一步奠定了基础。我国教育学的重建进入了一个新的阶段，其标志是 1961 年 4 月 11 日至 25 日全国高等学校文科和艺术

---

① 陆定一：《教育必须与生产劳动相结合》，载《红旗》，1958(7)。
② 中央教育科学研究所：《中华人民共和国教育大事记(1949—1982)》，219 页，北京，教育科学出版社，1984。

院校教材编选计划会议的召开。

这次会议总结了文科教学的状况以及经验教训，讨论了文科教学中一些带有方针性的根本问题，强调要坚决贯彻以教学为主的方针，正确处理教材编选中红与专的关系、论与史的关系、书本知识和活知识的关系、古今中外的关系等。当时的中央宣传部部长陆定一在会上还批评了一个时期以来流行的"乱贴标签"的做法，使学者们的思想得到一定程度的解放。在这一年制定的《关于自然科学研究机构当前工作的十四条意见（草案）》和《教育部直属高等学校暂行工作条例（草案）》对当时高等师范院校教师和科研工作者致力于各门学科的建设和科学事业的发展起到了激励作用。我国教育学学科建设和发展的一个小高潮就是在这样的形势下到来的。

在全国高校文科和艺术院校教材编选计划会议召开后，教育学、外国教育史、中国教育史、教育心理学、各科教学法领域的专家和教师相继组成编写组，编写教材和讲义。这一阶段我国教育学科体系的建设和发展集中反映在各学科领域的教材建设和有关教学参考资料的翻译、编写和出版上。

这些教材和参考资料的编写、翻译和出版，反映了当时我国教育学研究者对教育学中国化的探索，自然也反映了中华人民共和国成立后 17 年我国教育学的重建水平。然而，不幸的是，随着"文化大革命"的爆发，我国教育学研究者重建教育学的愿望和他们为此做出的巨大努力被空前突变的政治风云所粉碎。

四、中国教育学重建的结果

在对这个问题研究前，我们先看以下三个方面的数字：

第一，1949—1966 年共引进国外教育学教材和著作 48 本，占整个 20 世纪引进数的 9.1%。1949—1966 年引进 3 个国家，其中苏联 46 本，占 95.8%；英国 1 本，占 2.1%；美国 1 本，占 2.1%。1949—1966 共有 48 位外国著者，有 36 位译者，外国著者占整个 20

世纪总数的 10.1%；译者占 7.0%。

第二，1949—1966 年共编写了 55 本教育学教材和著作，分别占 1949—2000 年和 1901—2000 年国人编写数的 2.4% 和 1.8%。

第三，1949—1966 年教育学教材和著作引进数和编写数共计 103 本，分别占 1949—2000 年引进数和编写数以及 1901—2000 年的引进数和编写数的 3.99%、2.9%。

通过这三个方面的数字，我们可以看到中华人民共和国成立后 17 年不仅教育学著作和教材的引进数和编写数、引进的国家数以及外国著者和译者数都在下降；无论是教育学著作和教材的引进，还是教育学著作和教材的编写，在整个 20 世纪，除"文化大革命"十年外，所占比重都不大。这自然带来一个问题：我们应该如何去评价中华人民共和国成立后 17 年中国教育学的发展？如何在 20 世纪中国教育学发展的历史长河中给其合理定位？

这是一个很复杂的问题，其中也涉及我们对中华人民共和国成立后 17 年教育的基本评价。限于篇幅，笔者对这个问题的研究在本书不能系统展开。笔者在这里只是强调，对中华人民共和国成立后 17 年中国教育学的发展，我们不能仅仅从"量"上去考量，而应考察其对中国教育学发展"质"的影响。我们不能因为"量"的减少，而影响对中华人民共和国成立后 17 年中国教育学的基本评价。从"质"的角度考察，中华人民共和国成立后 17 年中国教育学的最大成就就在于"重建"。"重建"形成了新中国教育学的"原型"。这种"原型"既成为"文化大革命"十年的破坏对象，又成为"文化大革命"后中国教育学研究者的反思对象和再建中国教育学的基础。本章的研究实际上带有一定的新中国教育学"原型"意义的考察。正是基于这个原因，笔者把 1949—1966 年中国教育学的发展阶段称为"重建"阶段。

在笔者看来，中华人民共和国成立后 17 年中国教育学的重建集中表现在以下五方面。

（一）马克思列宁主义、毛泽东思想的指导地位得到确立

马克思主义作为科学的世界观和方法论，在 20 世纪 20 年代就开始在中国传播。随着这种传播，李大钊、陈独秀、恽代英、毛泽东等就运用马克思主义的一些基本观点去分析和考察教育问题，指导革命实践。杨贤江在 20 世纪 20 年代就写出了中国第一部用历史唯物主义观点研究教育史的著作《教育史 ABC》，同时写出了中国第一部运用马克思主义哲学观点阐述教育原理的著作《新教育大纲》。在新民主主义革命时期，已有一大批革命的教育理论工作者学习运用马克思主义进行教育研究。在苏区和解放区的教育工作中，马克思列宁主义已取得了指导地位。

中华人民共和国成立后，马克思列宁主义、毛泽东思想成为指导社会主义革命和社会主义建设的理论基础，与此相适应，迫切需要确立马克思列宁主义、毛泽东思想在中国教育学建设中的指导地位。马克思列宁主义、毛泽东思想在全国教育研究中指导地位的确立是从中华人民共和国成立后开始的。这种确立同社会科学其他学科研究领域，如历史学、文学等一样，经历了 7 年的历程（1949—1956 年），也走了同样的道路，即学习、引进和批判相结合。其一，学习马克思主义的基本原理。其二，引进苏联教育学。诚如曹孚先生指出的那样，"马克思列宁主义教育学说在短短几年中，在中国教育学术界奠定了自己的统治地位，这是与教育学方面学习苏联分不开的"[①]。其三，开展对旧教育思想的批判。经过学习、引进和批判，我国教育研究工作者开始从思想上确认马克思列宁主义的指导地位，自觉树立辩证唯物主义和历史唯物主义的世界观，"开始用马克思列宁主义的观点去研究教育科学问题……马克思列宁主义观点与理论已经在教育学、心理学、教育史的研究与教学中初步建立了

---

① 瞿葆奎等：《曹孚教育论稿》，208 页，上海，华东师范大学出版社，1989。

统治的地位"①。马克思列宁主义在中国教育学建设中指导地位的确立，为中国教育学的重建指明了方向并提供了理论基础。

(二)教育学中国化的目标得到确立

从中华人民共和国成立到 1955 年，我们对学习苏联的教育学倾注了极大的热情。就是在这样的热情学习中，教育学中国化被逐渐确立起来。

1951 年《人民日报》发表了钱俊瑞为纪念中国共产党成立 30 周年而作的论文《学习和贯彻毛主席的教育思想》。接着《人民教育》以这篇文章为代社论；《新华月报》在转载时加了"编者按"："这篇论文对毛主席教育思想的特点、内容做了系统的介绍和阐述。我们号召全国教育工作者研究和讨论这篇文章，以便在毛主席教育思想基础上逐步建立新中国的教育科学。"也许可以认为这是中华人民共和国成立后教育学中国化的早期信息。

从某种角度说，新中国教育学中国化的确立是从对凯洛夫主编的《教育学》的学习进行反思入手的。这种确立最初的本意是在马克思列宁主义指导下，建设适合我国国情的社会主义的教育学。

1. 教育学学者提出教育学中国化

1957 年 7 月号的《人民教育》发表了《为繁荣教育科学创造有利条件》的笔谈。在这一笔谈中，华东师范大学的张文郁先生明确地提出了"教育学的中国化"问题。他说："我国教育科学的发展方向，最迫切的是教育学的中国化问题。教育学中国化，是解决存在于教育学的教学和研究中的教条主义偏向的关键。我并不否认学习苏维埃教育学的重要，但是认苏联而不能结合中国教育实践的教育论著，这实际价值就不很高了。有些论著，套用了苏联的教育理论加进一些中国的实际材料，这样也是不能满足广大的教育工作者的实际需要。

---

① 瞿葆奎等：《曹孚教育论稿》，688 页，上海，华东师范大学出版社，1989。

中国教育学的方法基础当然是马克思列宁主义，同时也要吸取苏维埃教育学的成就。但是，对于中国各个时期的教育家的教育思想和教育实践的遗产，不应当完全抛弃，而应当批判地继承。在教育学中不仅能够引用夸美纽斯、马卡连柯等人的材料，而且也有孔仲尼、陶行知等人的材料……在教育学中国化的发展过程中，总结教学和教育工作的先进经验是丰富教育科学内容的重要一环。"在这里，张文郁将批评的矛头直指学习苏联中的教条主义倾向，并且提出了要实现教育学的中国化，应当借鉴中外教育史的思想精华与总结当代我国教育的先进经验等重要观点。

大约与张文郁同时，曹孚在1957年6月号的《新建设》上发表了《教育学研究中的若干问题》一文。他在这一篇文章中虽没有像张文郁那样提出教育学的中国化问题，但是在思想的基本旨向上如出一辙。曹孚提出，我们今天的马克思主义教育学可以而且应该从过去的教育学与教育思想中吸取与继承一些东西。资产阶级教育学即使不是一门严格意义上的科学，至少也算得上是一门学问，我们可从资产阶级教育中吸取与改造的东西要多过于我们从资产阶级哲学与经济学方面所吸取与改造的。他们都把批评的矛头指向了学习苏联的马克思主义教育理论中的教条主义倾向，并提出了继承中外教育史上的一切有价值思想遗产的观点。他们的反思是有客观针对性的，指出了当时教育学中国化应该持有的正确态度，这对破除人们思想中的教条主义坚冰，开辟教育学中国化的新航路起到了振聋发聩的作用。但这种认识后来遭到了批评。瞿葆奎最早对教育学中国化问题进行了系统的理论反思和阐释。在《华东师范大学学报》1957年第4期上发表的《关于教育学"中国化"问题》一文中，他最早对"教育学中国化"这一概念的含义进行了辨析。他的基本观点是，教育学的中国化从内容上来说就是苏维埃教育学或马列主义教育学与中国教育实践相结合。

具体来讲，教育学"中国化"至少应包含以下几点：第一，教育学"中国化"，首先要求我们认真地学习马克思列宁主义、学习马克思列宁主义关于年青一代共产主义教育的学说，要求我们认真地学习苏维埃教育学。第二，教育学"中国化"的第二个内容，是要求我们认真地研究中国教育的实践。中国教育的实践，是指我国教育的历史实践和我国教育的当前实践。第三，学习马克思列宁主义教育学，研究中国教育的实践，不但是教育学"中国化"的内容，而且是教育学"中国化"的条件。在这两个条件的基础上，同时在创造这两个条件的过程中，才能够使马克思列宁主义教育学与中国教育实践相结合，才能够使教育学"中国化"。第四，中国教育的历史实践，尤其是中国教育的当前实践，为我们提供了丰富的材料，需要我们从理论上加以概括。而且这些历史的、当前的教育实践，都是和我们民族特点与历史条件相联系的。我们只有善于就自己教育的民族特点和历史条件运用马克思列宁主义教育学的普遍真理，才能作正确的"结合"，才能使教育学"中国化"走上正确的道路。第五，马克思列宁主义教育学与中国教育实践相结合，它的产儿就是新中国的教育学。

此外，孙陶林在《学术月刊》1958 年第 8 期发表的《建立我国教育学，革新教育学的教学工作》一文，借用了陆定一的话说："要有自己的教育学，完全应该。六亿人口，是一条'巨龙'，自己的教育学都没有，说不过去。"他还就怎样编写中国化的教育学教材提出了自己的建议。

从这一阶段教育学者对教育学中国化问题的思考来看，其思考的焦点集中在两个方面：一是克服学习苏联教育学中的教条主义；二是继承中国的历史与实践的教育经验。

2. 教育学方针政策提出教育学中国化

1956 年 7 月号《人民教育》发表文章《略论教育科学中的百家争鸣》指出，"凯洛夫《教育学》也就是总结这一时期(指 20 世纪三四十年代)经验所得的结果"，"对于苏联的教育学有不同的意见可以争论"。但是，对于苏联教育学有不同意见并无否定其在马克思主义教育学中的权威地位之意，反对的只是学习中的教条主义。

1958 年 4 月召开的全国教育工作会议上，宣传部门有关人士对凯洛夫主编的《教育学》有评论，大致是：它是一本"社会主义"的教育学，其缺点是"九个指头与一个指头的问题"，即"九个指头"是好的。采用凯洛夫主编《教育学》的好处是代替了杜威教育理论，坏处是教条主义严重。同年 6 月，又指出凯洛夫《教育学》从反对"教育即生活"走向另一极端，强调基础课，却不注意教育与生产劳动结合，特别是忽视了党的领导。在这种情况下，过去被否定了的那套资产阶级教育思想(指所谓"大陆派"的教育思想)复活了，如学生不能批评教师、课堂教学是唯一的教学组织形式等。同年 9 月，中共中央、国务院《关于教育工作的指示》指出教育工作在一定时期内，曾经犯过教育脱离生产劳动、脱离实际，并且在一定程度上忽视政治、忽视党的领导的错误，并把这种"错误"的性质定为"资产阶级教育工作方针"。20 世纪 50 年代末 60 年代初"教育经验政策汇编式"的"教育学"，正是在这种指导思想下编写出来的。

3.《教育学》教材编写实践教育学中国化

1955 年夏，教育部在上海召开了一次高等师范教育学教学大纲的讨论会，明确提出要"创建和发展新中国教育学"。以此为契机，新中国"教育学"教材的编写进入了一个新的历史时期，开始对学习苏联教育学中的教条主义展开了反思。1958 年对凯洛夫主编的《教育学》的反思，对中国教育学影响甚大，至少起到以中国长期形成的教育价值取向与教育规范取代苏联教育价值规范的作用。从一种特殊角度对僵硬的"制度化教育"的否定，导致了一种粗率的非制度化教育的出现，造成当时教育工作的严重混乱。这种非制度化教育把中国的某些缺点视为优点，也就把苏联的某些优点贬为缺点；它更把中国尚待实践检验的若干基本教育方针、政策绝对化，贬低教育历史经验与外国教育经验的价值，甚至以"两条教育道路斗争"的方式把这种观点强加于人，使中国教育学界别无选择。于是，在 20 世纪 50 年代末 60 年代初，"教育政策汇编式"的"教育学"产生了。

1959 年下半年，由华东师范大学、上海师范学院、上海市教育局、共青团上海市委员会和上海市教育学会等单位组成上海教育学编写组，日夜兼程，编写出了《教育学》，初稿于 1960 年 4 月铅印，供内部讨论。

这本书不仅在第一编专门介绍毛泽东教育思想，而且在其余各编反复引用毛泽东的各种论断。它把研究对象从普通教育扩及职业教育，从全日学校教育扩及半日制学校教育、业余教育，是 1949 年以后罕见的"大"教育学。

这本《教育学》最显著的特征是概念政治化，如把智育的基本原则概括为：加强党对教学工作的领导，确保教学的共产主义方向性；贯彻群众路线，大搞群众运动；理论联系实际、全面发展与因材施教相结合。究其实质而言，它是中国共产党的一般政策和一般工作原则在教育工作中的生硬套用。

这本《教育学》从表面上看确实"突破"了苏俄《教育学》的框架，相当"中国化"了。其主要的区别为：第一，后者是"苏俄化"的教育学，前者是"中国化"的教育学；第二，后者表述的是正规化教育，前者兼及非正规化教育；第三，后者基本上近似于"教育工作手册"式的教育学，前者堪称以"教育政策汇编"式教育学样板。不过，教育学变成经验化或政策化的形态，那是教育学的自我否定。这说明，教育学的"中国化""化"掉了教育学。

1961年4月，周扬在中央宣传部召开的高等学校文科教材会议上做了报告，指出："要编出一本好的教材首先要总结自己的经验，整理自己的遗产，同时要有选择有批判地吸收外国的东西，只有这样，才能编出具有科学水平的教材，才是中国的教育学、中国的文艺学。"

在1961年高等学校文科教材会议思想的指导下，教育学教材编写的中国化进入了一个新的阶段。其主要标志是刘佛年教授主编的《教育学(讨论稿)》问世。这本《教育学(讨论稿)》表明，中国学者吸取了在"中国化"化掉了"教育学"的教训，试图把"中国化"拉回到正确轨道上，力求从理论上体现"中国化"。

第一，它实际上以拨正"政策—理论"和"理论—经验"关系、提高理论水平为方法论原则，力争从"政策汇编"与"工作手册"式的教育学模式束缚下解放出来，谋求教育学的复归。

第二，它以"古今中外法"为另一方法论，谨慎地向人类教育文明大道靠拢。

然而，1960年上半期，中国社会与中国教育境况相当复杂。起初针对1958年的混乱，出现变相回到20世纪50年代中期的动向，随后又以阶级斗争为纲，出现对50年代中期教育工作的更为粗暴的讨伐，把"教条主义"帽子换成"修正主义"帽子，走向更为深重的危机。刘佛年教授和他周围的学者并没有实现教育学中国化。在那种政治对教育学研究的高度挤压下，教育学的真正中国化步履维艰。

(三)教育学学科建设理论的探索

在教育学学科的建设方面，中华人民共和国成立后17年，我国一些教育学研究者已开始对教育学的自身发展问题进行探索和研究。对这些探索和研究，我们还缺乏足够的注意和重视。

这种探索和研究是从1957年开始的。《人民日报》1957年6月发表刘梦华的文章，从教育学的学科体系和具体内容两方面对1953年后出版的师范学校教育学教科书进行了评述。这是中华人民共和国成立后我国发表的第一篇专门研究教育学体系的文章。文章对改进从苏联搬来的教育学体系提出了许多具体意见，并对教育学的"学科体系"与"教材体系"加以区别，提出教科书体系与教育学作为一门学科的体系是可以考虑有所不同的。随着 20 世纪 50 年代中后期教育学"中国化"口号的提出，有的学者发表文章，专门论述了教育学中国化问题[①]，也有学者就如何建立我国教育学，革新教育学的教学工作发表了文章。[②] 1958 年 8 月 4 日至 14 日，华东师范大学还举行了一次空前热烈的教育学科教学大纲讨论会。[③] 当时出版或印行的《教育学》教材，对教育学的对象、性质、任务、研究方法，特别是如何建立新中国的教育学作了初步探索。[④] 60 年代初，教育理论界又展开了有关"教育学体系"的学术讨论。[⑤] 这充分说明，50 年代中期后，我国教育学科建设者已开始了对教育学自身问题的思考和探索。

对教育学自身问题进行较全面又深入思考和探索的，是我国当代著名教育学家曹孚。曹孚除发表《教育学研究中的若干问题》一文外，还撰写了《中华人民共和国的教育和教育学》和《关于 1956—1967 年发展教育科学的规划草案（初稿）——"前言"和"教育学"部分》；

----

① 瞿葆奎：《关于教育学"中国化"问题》，载《华东师范大学学报（人文科学版）》，1957(4)。

② 孙陶林：《建立我国的教育学，革新教育学的教学工作》，载《学术月刊》，1958(8)。

③ 上海教育科学协作组办公室：《建立教育科学的两条道路的斗争——关于教育学科教学大纲的一场大辩论》，载《学术月刊》，1958(9)。

④ 河北北京师范学院教育教研室：《教育学讲义》，"说明"，石家庄，河北人民出版社，1959；华南师范学院教育系教育学教研组：《教育学讲义（初稿）》，第一章"教育学的对象和方法"，广州，华南师范学院，1959；南京师范学院：《教育学》，1—11 页，南京，江苏人民出版社，1959；上海教育学编写组：《教育学（初稿）》，绪论，上海教育学编写组，1960；等等。

⑤ 王泰然：《关于教育学学术讨论中的一些主要问题》，载《文汇报》，1963 年 6 月 24 日。

1963 年 6 月 13 日和 14 日他在吉林师范大学(1958 年 10 月东北师范大学更名为吉林师范大学，1980 年恢复原校名)分别作了《教育学的性质和任务》和《教学改革的历史观》的学术报告，6 月 19 日在吉林师范大学召开的关于《教育学》教材编写的座谈会上，又作了《关于教育学的编写问题》的发言。这些文章、报告和发言反映了曹孚对教育学自身问题的独特思考探索。这种探索集中表现在以下七方面。

1. 教育学的研究对象

曹孚认为，教育学是研究对年青一代进行教育的规律的科学。它所研究的问题包括教育的目的与任务、内容与方法和工作的组织；从中国的实际出发，教育学研究的中心问题应该有马克思主义经典作家的教育学说、苏联以及中国党与政府的教育政策，共产主义道德教育，教学过程，普通学校课程，各科教学法，基本生产技术教育等；教育学研究的任务是以有关教育科学理论指导广大教师，做好他们的实际教育工作。

在曹孚看来，教育学既可以普通中小学教育为对象，也可以包括工农、成人教育在内的全民教育为对象。它包括普通教育学、特殊教育学、学前教育学等多方面内容。在对高等教育进行研究的基础上，开设高等教育学是必要的，因为培养科技人才主要靠高等学校，高等教育的研究很值得做，如基础课和专业课的关系、大学教学的方式方法等，都可以研究。①

2. 教育学的性质

在讨论教育学的性质这个问题时，曹孚首先回答了教育学这门学科的来源问题。他认为教育学有三个来源：第一是哲学；第二是历代的教育——主要是学校教育——的工作经验的总结；第三是近代的教育家，如夸美纽斯、裴斯泰洛齐、赫尔巴特等。曹孚认为，

①　瞿葆奎等：《曹孚教育论稿》，399 页，上海，华东师范大学出版社，1989。

教育学的学科性质既有理论，也有方法与技术，教育学总是包括两方面：既讲理论，也讲方法与技术，不限于教学法，不是教学方法与技术的汇编，除了教学方法与技术，还阐述指导教学方法与技术运用的原理、原则。

关于教育学是一门科学还是一门艺术的问题，曹孚指出，这个问题一直是有争论的。他指出，如果教育学还走这个路子，那么它存在的必要性就值得怀疑了，"教育学要在理论上阐明方针政策，但与方针政策不同；教育学不能脱离实际经验，但必须高于经验，否则教育学的存在就成问题了"①。在这里，他明确指出，教育学既是一门科学，又是一门艺术。他反对教育学完全讲方针政策或经验总结。

3. 教育学的任务

在曹孚看来，教育学的任务是回答教育学的内涵、教育学的作用，以及教育学的价值等问题。学过教育学与没学过教育学有什么区别？他认为，教育学的任务有三个：第一是给予学生基本的教育方面的理论知识，包括教育的性质、方针和目的以及教育教学的指导思想和一些基本规律；第二是给予学生方法与技术方面的原则指导；第三是提高学生从事教育工作的信心和决心，也就是巩固学生的专业思想。

4. 教育学的基础

在探讨了教育学的研究对象、教育学的性质以及教育学的任务的基础上，曹孚进一步论述了教育学的基础。他认为教育学有五个基础。

第一是哲学基础，就是马克思列宁主义、毛泽东思想。一个是马克思列宁主义经典作家对教育工作的直接指示；另一个是虽未直

---

① 瞿葆奎等：《曹孚教育论稿》，444 页，上海，华东师范大学出版社，1989。

接谈到教育，但对教育工作有重要指导意义的理论。

第二是党和国家的教育方针政策。方针政策不同于教育学，但教育学理论不能违反方针政策。因为方针政策一般是比较原则的规定，在执行时可能有这样或那样的理解，教育学就需要阐明怎样做才算执行了这些方针政策。

第三是学校教育工作的经验总结。他认为外国的经验可供参考，但是不能搬用。要在总结自己的经验的基础上，吸收借鉴外国的经验，并指出，这吸取不是全盘接受，而是有选择、有批判地进行；在吸取的过程中，还应该将其放在我们的教育学体系中加以改造，将外国的经验与我国教育工作的实践结合起来。

第四是历史遗产，包括中国的和外国的。同时他也指出，在这些历史遗产中，哪些遗产可以继承，哪些遗产不能继承，这是很有困难的。他详细论述了在什么意义上，在哪些方面，在哪种程度内，资产阶级教育学，乃至帝国主义时代的资产阶级教育学中的某些成就，还是可以吸取的。

第五是心理学基础。曹孚重视心理学对教育学的重要作用，他认为心理学在教育方法、技术方面对教育学都有很大的贡献。

5. 教育科学与教学改革的关系

曹孚认为，教育科学的发展与教学改革是统一的。教学改革是产生，至少是发展教育科学的源泉，而不是教育科学产生教学改革。他明确指出了教育科学应当而且可能服务于教学改革，服务于教学质量的提高这一观点。他认为，如果教育科学的发展不为教学改革服务，就否定了自身存在的必要性。在此基础上，他还提出了教育科学应该在哪些方面为教学改革服务。教育科学不仅要在方法论方面为教学改革服务，为教学改革提供一套教学方法与技术方面的知识，而且要在教育理论方面为教学改革服务。

与此同时，他还指出了开展教育学在教育和教学工作方面的实验和研究的重要意义，这不仅有助于教学质量的提高，也有助于教育科学的发展。

6. 教育学的体系

曹孚认为，虽然到 1956 年为止，中国的教育学在借鉴苏联教育学的基础上已经有了一定的发展，但还是很幼稚与落后的。在《关于1956—1967 年发展教育科学的规划草案(初稿)》教育学部分中，他明确提出，"今后十二年中教育学研究的主要努力目标是建立一个中国化的教育学体系；为国家教育建设与学校实际工作中所发生的重要问题，提供理论的指导"[1]。

曹孚对建设"中国化的教育学体系"进行了一系列的思考和探索。他提出，我们应该把教育学的科学体系与教学法体系区别开来。在他看来，分编和分章，章的前后顺序，某一问题是分一章还是分两章写，"教学原则"是否放在"教学内容"前面等，都是教学法体系，而不是教育学的科学体系。

关于教育学的体系，曹孚认为，教学法体系可以有很大的伸缩性，可以按照学生的不同情况、不同程度予以变动。教的人也可以予以变动。然而教育学要讲什么，外国有自己的体系，苏联也有自己的体系，但是概括起来，他认为不外是这七个题目：什么是教育；为什么而教育；教育什么，以什么东西教育学生；怎样教育；教育谁；谁来教育以及教育工作怎样组织领导。曹孚用通俗易懂的语言对教育学的体系进行了论述，同时他认为我国的教育学体系还应该有自己的特点，比如说"德育"部分，资产阶级讲得少，苏联自成一编。他认为，我们应该讲得多一点，而且和苏联的提法也不能完全一样。[2]

---

[1] 瞿葆奎等：《曹孚教育论稿》，695 页，上海，华东师范大学出版社，1989。

[2] 同上书，444—451 页。

关于教育学体系的建立，曹孚曾认为，要经过一段时间，不能一下子建立，要求也不能高。他对现代教育学体系的建立过程进行了考察，提出主要分三个步骤：第一是定方向；第二是找办法；第三才是立体系。在他看来，苏联教育学体系的建立就经历了这样三个步骤：1934 年年初，苏联在斯大林领导下，苏共中央做出决议，进行教学改革，这是"定方向"；在 20 世纪三四十年代是教育工作者们"找办法"；40 年代以后，才出现凯洛夫主编的《教育学》，至少教学论部分是如此。曹孚指出，我国建立教育学体系也需经历这三个步骤。在他看来，我们党决定教育方针政策，第一步是定方向；第二步就是找办法，应当在方法（广义的）方面进行研究并具体提出，我国的教育学体系应建立在科学试验的基础上，以教育实践为基础，认为凯洛夫主编的《教育学》优点在此，缺点也在此；总结自己的经验，建立我国自己的教育学体系。从当时的实际情况看，要编出这样的教育学体系，反映 13 年来我国的教育面貌，似乎要求还过高。

然而，随着我国社会主义教育实践的发展，曹孚的思想认识有了新的变化，认为当时的教育学已能初步体现中国的特点。特别是"中学 50 条""小学 40 条"公布以后，人们明确了党的方针政策，总结了过去的经验，增强了建立教育学体系的信心。在他看来，当时已能初步写出一本突出我国特点，以马克思列宁主义、毛泽东思想为指导的教育学，为此，亟须总结自己的经验，加快教育科学研究工作。

7. 中国教育学建设路径

曹孚在《中华人民共和国的教育和教育学》一文中提出："教育学在旧中国是极不发达的，与旧中国不发达的教育事业相顺应。中国共和国成立以后，全中国教育事业的发展突飞猛进，这对教育学提出了越来越多的要求，也为教育学的发展提供了有利条件。"[1]

在《教学改革的历史观》一文中他也提出，在学习外国教育史的过程中，要注意"古为今用""外为中用"的原则，把教育史与当前的教学改革、提高教学质量的问题联系起来。他还指出，不同的历史阶段有不同的情况，教育史上的一些规律，并不一定适用于社会主义阶段。外国的经验对我们也并不是完全适用的。

阅读《曹孚教育论稿》，笔者发现曹孚在多处都提到了中国教育学的建设问题，并提出了以下五个方面的具体途径。

第一，整理中国的教育学遗产。曹孚认为，中国有着悠久的教育历史、丰富的教育经验，在教育理论方面也有相当高深的造诣，但是这些理论过去没有得到很好的整理和总结，因此在教育学"中国化"的进程中必须注重整理中国的教育学遗产，吸收其中的精华，以丰富教育学的内容。

第二，总结老解放区的新民主主义教育经验。老解放区在干部教育、群众教育、思想政治教育以及理论联系实际的教育方法方面都积累了许多宝贵的经验，但是中国近百年来的新教育基本上是学的西方资产阶级国家的那一套，曹孚认为模仿永远不是完全的，必须总结这些创造性的教育经验，这对于教育学的中国化也有很大的帮助。

第三，总结中国当前的教育经验。曹孚说道："在旧中国，教育理论工作者一般与中小学的教学、教育实践很少接触，这个严重的缺点在新中国已经得到了一定的扭转。教育科学工作者开始下学校去，对教师的教学、教育工作进行系统的调查研究，从而总结出他们的经验。这类工作对帮助教师提高教学、教育工作质量，对丰富

---

[1]　瞿葆奎等：《曹孚教育论稿》，209 页，上海，华东师范大学出版社，1989。

教育学的内容都有重要的意义。"①所以在教育学"中国化"的进程中，我们要不断总结中国当前的教育经验，包括先进教师的教育教学工作经验。

第四，借鉴外国教育智慧。外国的教育智慧也是构建中国教育学的重要资源，曹孚在当时已经意识到了这一点。他指出：我们今天的马克思主义教育学可以而且应该从过去的教育学与教育思想中吸取与继承一些东西；资产阶级教育学即使不是一门严格意义上的科学，至少也算得上是一门学问，我们可从资产阶级教育学中吸取与改造的东西要多过于我们从资产阶级哲学与经济学方面所吸取与改造的。他详细论述了在什么意义上，在哪些方面，在哪种程度内，资产阶级教育学乃至帝国主义时代的资产阶级教育学中的某些成就，是可以吸取的，并指出这吸取不是全盘接受，而是有选择，有批判的；在吸取的过程中，还应该将其放在我们的教育学体系中加以改造。在这里，曹孚指出了教育学"中国化"的实质不是完全抛弃外国的、资产阶级的一切，而是要有选择地借鉴、吸收外国教育的精华为我所用。

第五，研究党和国家的教育与文化的指示。曹孚提到，在苏联教育著作的有关章节中，都有关于马克思、恩格斯、列宁、斯大林的学说与苏共的指示。但苏联教育界人士认为这方面的研究工作还有待加强，并把这种工作列为今后苏维埃教育科学研究的首要任务。因此曹孚建议中国的教育科学研究者一方面要接受苏联科学研究的成果，另一方面自己在这方面也应该进行认真的研究。

由上可见，曹孚对教育学的对象、性质、任务、基础、体系以及建设路径等问题都进行了独特的思考和探索。这些探索和思考，由于受时代的局限，有些尚不深入，但在当时那种时代背景下是极

———————————

①　瞿葆奎等：《曹孚教育论稿》，209 页，上海，华东师范大学出版社，1989。

为可贵的，显示了其非凡的胆识、勇气和智慧，在一定程度上反映了当时我国教育学学科建设者对教育学中国化的执着追求，代表了当时我国教育学学科建设者对教育学自身的思考和探索的水平，也反映了当时我国教育学学科建设的程度和水平，很值得我们研究并借鉴。

(四)教育学学科体系的重建

中华人民共和国成立后中国教育学学科体系的重建由于被纳入制度化轨道，集中反映在当时师范学院的教学计划中，主要是教育部颁布的《师范学院教学计划(草案)》①《师范学院暂行教学计划》等教学计划中。

教育部 1952 年 11 月 5 日颁布了《师范学院教学计划(草案)》，规定师范学院各系(教育系除外)公共必修的教育学科为教育学、心理学、教育史、学校卫生学。《高等师范教育系学校教育组教学计划(草案)》规定必修的专业课程有心理学(包括普通心理学、儿童心理学、教育心理学)，教育学，教育史，中华人民共和国教育政策和制度，教育学教学法，心理学教学法，小学各科教学法，等等。这个计划中的《教育系学前教育组教学计划(草案)》规定专业必修课有心理学(包括普通心理学、儿童心理学、教育心理学)，教育学(包括普通教育学、学龄前教育学)，教育史以及学龄前教育史、学龄前教育组织与领导等。②

该计划(的草案)在执行中被认为不够结合中国的实际情况，于是教育部就组织有关专家于 1953 年 3 月开始对该计划(的草案)进行

---

① 这个草案由教育部委托北京师范大学在苏联专家直接指导下，根据苏联高等教育部 1951 年批准的苏联师范学院教学计划(其中教育系和学前教育系的计划是 1948 年批准的)起草，1952 年 7 月由教育部师范教育司印发给各师范学院讨论，于 11 月 5 日正式颁发，供各校试行。这是中华人民共和国成立后颁发的第一个师范学院教学计划。

② 《当代中国》丛书教育卷编辑室：《当代中国高等师范教育资料选》，287—298 页，上海，华东师范大学出版社，1986。

修订。1954 年 4 月重新颁发的《师范学院暂行教学计划》规定师范学院公共必修的教育学科包括心理学、教育学、教育史以及各科教学法①；教育系学校教育专业的专业必修课程有普通心理学、儿童心理学、学校卫生学、教育史、小学各科教材及教学法、教育学教学法及专题课堂讨论等。② 1956 年 2 月 20 日，教育部又专门颁发《关于颁发师范学院教育系幼儿教育专业暂行教学计划及其说明的通知》，规定幼儿教育专业的专业必修课程包括普通心理学、幼儿心理学、教育学、幼儿卫生学、幼儿教育学、教育史与学前教育史等。

从中华人民共和国成立初的教育部所颁发的上述计划中可以看到，我国当时的教育学科体系主要包括教育学、教育史、教育心理学、教学法等学科，这是移植苏联教育学学科体系的结果。根据前文资料，1949—1956 年所引进的苏联教育学著作和教材所涉及的学科基本都是教育学、教育史、教育心理学和各科教学法等分支分科。

这种情况除在教育系课程体系的变化中凸显之外，还表现在科研中。曹孚在他起草的《关于 1956—1967 年发展教育科学的规划草案（初稿）》中的"前言"和"教育学"部分中，把"教育科学"分为教育学、心理学、教学法、教育史等部分，提出教育科学研究工作可以分教育学（包括教学法）、心理学、教育史三方面进行。③

由此可见，中华人民共和国成立后中国教育学学科体系的重建

---

① 教育学的目的在于以马列主义的教育科学武装学生，使其掌握教育、教养与教学的基本规律并能应用于实际，培养其研究教育的兴趣和能力，并巩固其献身于人民教育事业的专业思想。教育史的目的在于以历史唯物主义的观点，阐述教育理论与实际的发展及其规律，重点批判各个时代唯心反动的教育思想及设施，吸取历代进步思想家，特别是近代民主教育家的思想和学说，使学生认识教育的阶级性与历史性以及教育在社会发展中的作用和意义，并培养和巩固其专业思想。教育史包括世界史和中国教育史（鉴于当时条件不够，中国教育史暂缓开设）。

② 《当代中国》丛书教育卷编辑室：《当代中国高等师范教育资料选》，401、441—444、567—661 页，上海，华东师范大学出版社，1986。

③ 瞿葆奎等：《曹孚教育论稿》，687—689 页，上海，华东师范大学出版社，1989。

实际上是从根本上废除了西方影响下所形成的旧中国的教育学学科体系，而照搬了苏联的教育学学科体系。

（五）教育学分支学科的重建①

1. 作为一门学科教育学的重建

中华人民共和国成立后 17 年，我国教育学是在翻译和引进苏联教育学著作的基础上，通过批判资产阶级教育学，尤其是实用主义教育学以及 1958 年后批判凯洛夫主编的《教育学》而重建的。据笔者的目力所及，这一阶段出版和印行的著作和教材共 28 本。这些著作和教材分别是：

曹孚：《教育学通俗讲座》，人民教育出版社，1953。

陈侠、胡毅、许椿生：《教育学》，人民教育出版社，1953。

曹孚：《教育学通俗讲座》，人民教育出版社，1955。

丁浩川、杨铭、王静：《教育学》，人民教育出版社，1953。

北京师范大学教育系教育学教研组：《教育学讲义（上、下册）》，1955；北京出版社，1957 年再版。

开封师范学院教育教研室：《教育学讲义》，湖北人民出版社，1957。

郭人全：《教育学基本问题讲话》，浙江人民出版社，1958。

河北北京师范学院教育教研室：《教育学讲义》，河北人民出版社，1959。

南京师范学院教育系：《教育学》，江苏人民出版社，1956。

华东师范大学教育学教研组、上海师范学院教育学教研室：《教育学讲义（初稿）》，1959。

华南师范学院教育系教育学教研组：《教育学讲义（初

---

① 金林祥：《20 世纪中国教育学科的发展与反思》，第四章第三节，上海，上海教育出版社，2000。该节由笔者撰写。

稿)》，1959。

华中师范学院教育系：《教育学(初稿)》，1959 年铅印。

湖南省教育厅教研室：《教育学讲授提纲》，湖南人民出版社，1962。

辽宁省教师进修学院：《师范学校试用教育学讲义》，辽宁人民出版社，1963。

北京师范大学教育系教育学教研组：《教育学讲授提纲(初稿)》，1961。

《师范学校教育学讲义(初稿)》，江西教育出版社，1962。

《教育学讲义(试用本)》，福建人民教育出版社，1962。

华中师范学院教育系教育学教研室：《教育学》，1962、1963。

刘佛年：《教育学提纲(初稿)》，1962 年第 1 次印刷；《教育学(讨论稿)》，1963 年第 2 次印刷；《教育学(讨论稿)》，1963 年第 3 次印刷；《教育学(讨论稿)》，1964 年第 4 次印刷。①

北京市教育局师范教材编写组：《教育学》，北京师范学校试用课本，1972 年 6 月印行。

北京师范大学教育系短训班：《教育学专题(内部使用、征求意见稿)》，1976 年 3 月印行。

在上述教育学教材中，最富有典型性且产生重要历史作用的，是刘佛年主编的《教育学(讨论稿)》。

---

① 这本教材由刘佛年主编。该书曾四度内部印刷试用，四度修改补充，历时三载。试用补充版本是：上海师范大学《教育学》编写组：《教育学(讨论稿)》，1978；上海师范大学《教育学》编写组：《教育学(讨论稿)》，北京，人民教育出版社，1979；上海师范大学《教育学》编写组：《教育学(讨论稿)》，北京，人民教育出版社，1979 年。直至 1978 年，当时因教学上急需而重印，后应人民教育出版社的要求，稍加修改，1979 年才公开问世。人民教育出版社累计印刷近 50 万册。1981 年函请停印。此处的"上海师范大学"是"文化大革命"中的华东师范大学、上海师范学院、上海教育学院、上海半工半读学院、上海体育学院合并后的名称，并非现在由上海师范学院改名的"上海师范大学"。参见瞿葆奎：《建国以来教育学教材事略》，载《华东师范大学学报(教育科学版)》，1991(3)。

1961 年 4 月的全国高等学校文科和艺术学院校教材编选计划会议确定由刘佛年主编《教育学》。1961 年 8 月，周扬还专门对编写组初步讨论、整理的《教育学提纲（初稿）》提了意见。他先就政策与理论、共同规律与特殊规律、阶级观点与历史观点统一、史论结合、正反面问题、共性与特殊性等一般问题提了意见，然后逐章提出建议。他认为，应以探索特殊规律为主，但不能忽视共同规律；要历史地看问题，并把历史的方法和逻辑的方法结合起来；教科书应以正面论述为主，要注意教育学的学科特点。

剖析这本教材（重印前的讨论稿），不难看出它有如下特点：

第一，清除了 1958 年以后一段时间内流行的否定教育有共同规律的观点和以教育方针政策代替教育理论的极左观点，比较系统地反映了教育学的基础知识，对教育学中的一些基本理论问题，如教育中的两个基本规律问题（即教育与社会的关系和教育与人的发展的关系）、教学过程与思想教育过程的规律问题，都一一进行了论述。

第二，克服了 1958 年以前学习苏联教育学时的教条主义倾向，吸取了外国（主要是苏联）教育学的研究成果，并注意到结合中国实际，反映了我国教育学由引进到逐步结合中国实际的发展过程。

第三，贯彻了中央制定的几个大、中、小学工作条例，概括了20 世纪 50 年代中小学教育工作的主要经验，如德才兼备、体力劳动与脑力劳动相结合的培养目标；以教学为主，全面安排的学校工作方针；教学中既重视基础知识教学，又重视基本技能训练，既发挥教师的主导作用，又调动学生的学习积极性等。

第四，教材的章节安排和内容表述，在一定范围内突破了以凯洛夫主编的《教育学》为代表的苏联教育学四大块的框架①，初步体现了自己的特色。

上述特点表明，这本书对理论与实际、论与史、古与今、中与外等方面的关系都做了就当时而言可能达到的比较全面的考虑和妥善的处理。因此有的学者认为，这本书以提高理论水平为方法论，力求从"政策汇编"与"工作手册"式的教育学模式下解脱出来，力图以"古今中外法"为方法论原则，但所表述的体系是 20 世纪 50 年代中期与后期教育折中的产物，因而它的体系以及它在对集体教育规律表述方面的成就，远不如其方法论重要。② 60 年代上半期，中国社会与教育状况相当复杂。当时，中国教育工作针对 1958 年"教育大革命"引起的混乱，出现变相回到 50 年代中期的动向，但随后在"以阶级斗争为纲"的形式下，又出现了对 50 年代中期教育工作更为激烈的批判，把"教条主义"帽子换为"修正主义"帽子，中国教育走向更严重的危机。在这种背景下，该书不可避免地烙上了以阶级斗争为纲的一些时代痕迹。诚如该书 1979 年版的"前言"中指出的那样，该书对许多教育问题的阐述，"往往只从社会阶级关系方面去说明原因，而没有从社会生产力的发展方面去寻找联系"，在表述上，

---

① 凯洛夫主编的《教育学》第一章第五节提出了教育学的体系："（一）一般之部，说明教育底本质，学校底目的和任务；儿童成长和发展底体系；（二）教育和教学底理论，又名为教学法。在这一部分里叙述教学过程底本质，教学底内容和方法，教学过程（授课）底组织以及考察教学过程效果底方法；（三）教育理论，在这里说明德育、体育和美育底任务、内容、方法和组织；儿童集体、课外与校外活动，以及学校与家庭部分合作底组织问题；（四）学校行政和领导。在教育学底最后一部分里叙述学校事业底一般组织原理、校长、教务主任和全体教师和领导学校工作之方法、教师教学工作底组织以及政府机关对于学校的一般管理。"[苏]凯洛夫：沈颖、南致善译，《教育学》上册，42~43 页，北京，人民教育出版社，1951。中华人民共和国成立初，我国教育理论工作者把苏联的这个体系进一步概括为四部分：教育学的一般原理或教育学总论；教学论；教育论；学校行政（或学校管理）与领导。瞿葆奎等：《曹孚教育论稿》，724 页，上海，华东师范大学出版社，1989。张文郁：《教育学一般原理五讲》，17 页，武汉，湖北人民出版社，1956。

② 陈桂生：《教育学的迷惘与迷惘的教育学——建国以后教育学发展道路侧面剪影》，载《华东师范大学学报（教育科学版）》，1989(3)。

"从概念、从方针政策出发多，从实际出发，提出问题、分析问题少"①。这本书尚存在一定的历史局限性和不足。

然而，此书毕竟在当年教育学中国化的道路上迈开了一步，反映了中华人民共和国成立 17 年风风雨雨后我国教育学重建所达到的成就。它说明，20 世纪 60 年代初期，我国教育学研究者已能"努力学习马克思列宁主义、毛泽东思想，本着古为今用、洋为中用的原则，总结本国教育经验，吸取外国的研究成果。编写出了初步联系中国实际、适合中国国情的教育学论著"②。

与教育学重建密切相关，当时的报刊上曾对新中国教育学中的某些重要问题进行公开的学术讨论，以期有所突破，找出规律，指导工作。有关教育学问题的学术讨论③，主要有以下几方面的内容：全面发展与因材施教、"红"与"专"的关系、教学竞赛、过渡时期教育的性质④、教学中的师生关系、教学中的理论与实际联系问题、美育、循序渐进原则、启发式教学、量力性原则等。这些论题所涉及的范围较广，有较强的实践性。从讨论规模来看，有的论题(如全面发展与因材施教)参与讨论的人数规模较大，讨论持续时间较长，参与讨论的人员除教育理论工作者以外，还有教育实际工作者(包括

---

① 上海师范大学《教育学》编写组：《教育学(讨论稿)》，2—3 页，北京，人民教育出版社，1979。

② 中国大百科全书出版社编辑部：《中国大百科全书·教育》，183 页，北京，中国大百科全书出版社，1985。

③ 有关这方面讨论的详情，参见董远骞：《一条曲折的路——教学论发展的四十年》，载《华东师范大学学报(教育科学版)》，1989(3)。瞿葆奎：《社会科学争鸣大系教育学卷》，83—90 页，上海，上海人民出版社，1992。郭笙：《新中国教育四十年》，585—601 页，福州，福建教育出版社，1989。

④ 《人民教育》1954 年 6 月号开始发表讨论过渡时期教育性质的文章，9 月号继续以"问题讨论"的形式，发表讨论文章。关于这方面问题的讨论，参见柳维光：《关于过渡时期教育性质和任务的意见》，载《人民教育》，1954(6)；颜默的《国家政权性质是确定教育性质的基本因素》、王戈丁的《从政治，经济与教育的关系来考察过渡时期教育的性质》、王铁的《关于〈新民主主义教育和社会主义教育的关系〉的补充意见》等(均见《人民教育》1954 年 9 月号)。

教育行政人员、学校管理人员和教师），学生以及非从事教育实际工作的人。这些讨论活跃了学术气氛，对于当时教育学中国化的实践产生了一定影响和作用。当时我国学者编写的《教育学》实际上已反映了这些讨论的成果。

当然，这些学术问题的讨论，特别是 20 世纪 50 年代中期后进行的讨论，是在阶级斗争的弦绷得很紧的情况下进行的。因此，有些问题名为讨论，实则批判，不少学术问题的论争目的往往不在于搞清楚教育理论与实践的问题，而在于搞清楚政治思想问题，有些问题的讨论习惯性地与当时的政治运动紧密结合，使学术之争由学术讨论始而以政治定性告终。上述讨论的许多问题虽然是从教育实践中提出来的，争论双方都力图从理论与实际的结合上去阐述，但并没有带来教育理论的突破性进展。

2. 外国教育史的重建

同教育学一样，1949 年后我国外国教育史的建设，也是始于引进和学习苏联的教育史教材。苏联的教育史教材和论著提出了以马克思主义的立场、观点与方法考察人类的教育实践和教育理论遗产问题，并取得了某些成就。特别是马克思、恩格斯、列宁教育论著和克鲁普斯卡娅、马卡连柯、加里宁等教育家的著作被翻译出版，以马克思主义方法论和苏联教育理论武装了我国广大师生和教育工作者，对我国外国教育史的重建和发展起了推动作用。通过学习苏联的教育史教材和论著，我国的外国教育史教师和科研队伍得到了培养。在此基础上，我国自编的外国教育史教材和论著开始印行或出版。主要有以下 8 本：

毛礼锐、张鸣岐：《古代中世纪世界教育史》，湖北人民出版社，1957。

戴本博：《夸美纽斯的教育思想》，湖北人民出版社，1958。

北京师范大学、华东师范大学、东北师范大学教育史教研室：

《外国教育史讲义》，年份不详。

南京师院和河南师院：《世界教育史》，年份不详。

任宝祥：《外国教育史提要》（学前教育专业用），西南师院教育系教育史教研组，1958。

张安国：《教育史》，湖南师院，年份不详。

曹孚：《外国教育史》，人民教育出版社，1962。

罗炳之：《外国教育史（上册）》，江苏人民出版社，1962。

与此同时，有关报刊还发表了不少由我国学者撰写的有关柏拉图、夸美纽斯、乌申斯基、马卡连柯和克鲁普斯卡娅等外国教育家思想的论文。1957 年，我国还热烈响应世界和平理事会关于纪念世界文化名人、17 世纪捷克教育家夸美纽斯的号召，开展了一系列的纪念活动：中国人民保卫世界和平委员会、中国人民对外文化协会、中国科学院、中央教育科学研究所和中国作家协会五家单位联合举行了纪念世界文化名人、伟大的捷克教育家夸美纽斯《教育论著全集》出版三百周年纪念会；各地报刊发表文章介绍夸美纽斯的生平、教育思想及论著；师范院校组织专题报告；人民教育出版社重新出版了夸美纽斯的教育论著《大教学论》。新中国的外国教育史学科建设已在这时起步。然而，由于反"右"斗争的扩大化，特别是"教育大革命"期间一系列思想、学术领域的批评，外国教育史学科建设受到严重挫折，几乎中断。

20 世纪 60 年代，特别是 1961—1964 年，外国教育史学科的建设和发展出现了一个小高潮，开始了新中国的外国教育史教材建设。1961 年 4 月的全国高等院校文科及艺术院校教材编选计划会议，确定了外国教育史教材的编写任务。这一任务由曹孚承担。曹孚根据有关方面的指示精神，先据麦丁斯基的《世界教育史》和康斯坦丁诺夫等的《教育史》编出了一部"借用"教材，以应高等师范学校教学急需。这部教材于 1962 年 8 月由人民教育出版社出版。同年，江苏人民出版社出版了罗炳之编著的《外国教育史》上册。

为加强外国教育史的教材建设，教育部教材编选办公室设立了以曹孚为主编的外国教育史编写组（成员还有滕大春、马骥雄和吴式颖），着手编写外国教育史教材。经过一年多的努力，编写组在广泛阅读原著，搜集、整理史料和深入讨论的基础上，拟订和修改了《外国教育史编写提纲（初稿）》，并写出了部分章节的初稿。[①] 这一工作后因编写组成员（包括曹孚）先后参加"四清"而中断。[②] 与此同时，人民教育出版社于 1962 年出版了由张焕庭主编的《西方资产阶级教育论著选》，北京师范大学和华东师范大学教育史教研室也翻译和编译了部分外国教育史资料。曹孚在当时中央教育科学研究所编的《教育资料》上发表了《美国的职业教育》《现代资产阶级教育理论的几个流派》《美国"教育改革"剖析》《教育史上的资产阶级人道主义》等有关外国教育史的文章。[③]

值得指出的是，在这一时期外国教育史学科的建设上，有的学者已开始思考和探索外国教育史学科自身的一些问题。如曹孚 1963 年 6 月 20 日在吉林师范大学关于外国教育史问题的座谈会上，就外国教育史的科学研究方向与方法、编写外国教育史教材的指导思想和外国教育史的体系结构、如何处理教育思想与制度的关系、外国教育史的教学目的与任务等问题做了发言。这个发言反映了曹孚对外国教育史学科建设自身问题的独特思考和探索。

3. 中国教育史的重建

中华人民共和国成立后 17 年，就中国教育史而言，教育史没有

---

① 瞿葆奎等：《曹孚教育论稿》，741—783、512—595 页，上海，华东师范大学出版社，1989。

② 金锵、吴式颖：《四十年来的外国教育史》，载《华东师范大学学报（教育科学版）》，1989(4)。

③ 瞿葆奎等：《曹孚教育论稿》，463—511、454—462 页，上海，华东师范大学出版社，1989。

受到应有的重视，但也进行了重建。这主要表现在以下五个方面：

第一，发掘、整理和出版了一些资料。这一阶段，中国教育史学科做了历史遗产整理的基础性工作。出版的综合性资料有《中国古代教育史资料》《中国近代教育史资料》《老解放区教育资料选编》《老解放区教育工作经验片断》《老解放区教育工作会议录》等，教育家著作有《中国古代教育家语录类编》《鲁迅论教育》《蔡元培选集》《陶行知教育论文选集》等。

第二，开始编写新中国的中国教育史著作和教材。1952 年，教育部颁发了《高等师范教育系学校教育组教学计划（草案）》，明确规定了教育史为教育专业的必修科目，在本科三、四年级开设。1954年 4 月，教育部又颁发了《教育系暂行教学计划》，同样把教育史列为必修课程。[1] 从教育部的相关文件中可以看出，中国教育史仍是大学、师范院校教育系学生的必修科目。课程的设置要求相应教材的配套。在马克思主义理论和历史唯物史观的指导下，中国教育史教材"以老解放区新教育经验为基础，吸收旧教育有用经验，借鉴苏联经验"。一些大学、师范院校努力运用马克思列宁主义、毛泽东思想的立场、观点和方法来整理、研究中国教育史，编写中国教育史教材。其中代表性的教材有祁焕森编著《中国教育史》（山西师范学院，1953）、关正礼与何寿昌合编的《中国近代教育史》（东北师范大学，1954）、沈灌群《中国古代教育和教育思想》（湖北人民出版社，1956）。其中前两本没有公开出版，沈灌群《中国古代教育和教育思想》是中华人民共和国成立后我国第一本中国教育史著作。它也是 20世纪 50 年代末至 70 年代末中国唯一公开出版的中国古代教育史著作，被一些高校长期用作教学用书。[2]

---

[1]　刘立德：《中国教育史学科教材沿革及改革初探》，载《课程·教材·教法》，1997(9)。

[2]　杜成宪、崔运武、王伦信：《中国教育史学九十年》，5、6－10、60 页，上海，华东师范大学出版社，1998。

　　第三，对中国教育史的一些领域或教育家的思想和活动进行了专题性研究。中国教育史研究者在这方面出版或发表了不少的小册子和论文。论述的范围比较广泛，有中国古代唯物主义教育思想、中国古代教育家的教学方法和治学方法、太平天国教育、老解放区教育经验、中华人民共和国成立 10 周年教育经验总结等；也有专门论述孔丘、墨翟、孟轲、荀况、董仲舒、王充、韩愈、王安石、朱熹、王守仁、王夫之、颜元、康有为、蔡元培、鲁迅、杨贤江、陶行知等古代、近代和现代教育家教育思想的。此外，还出版了古代教育论著，如《学记》《师说》的研究和注释等。上述这些专题的研究使中国教育史的学术水平得到了提高和发展。①

　　第四，对中国教育史教材体系进行了初步探索。早在 1949 年后不久，因高等师范院校教育系中国教育史学科教学的客观需要，如何以历史唯物主义为指导去构建中国教育史教材体系这一问题，引起了新中国教育史研究者的思考，他们开始尝试新的路径。1952 年，沈灌群为华东师范大学教育系中国教育史学科教学拟订了一个"中国教育史教学大纲（草案）"，按历史发展阶段，把中国教育史划分为古代（原始社会至鸦片战争）、近代上（鸦片战争至五四运动）和近代下（五四运动至中华人民共和国成立）三部分。② 这是 1949 年后第一个明确提出以历史唯物主义为指导的中国教育史教学大纲，对我国中国教育史教材体系的构建和发展产生了一定影响。

　　第五，创办中国教育史研究班。华东师范大学、北京师范大学等均创办了中国教育史研究班。1955 年华东师范大学教育史研究班是中华人民共和国成立以来第一个中国教育史研究班。中国教育史研究班的开设，为我国培养了一批中国教育史方向的学术人才，也

---

　　①　王越、周德昌：《中国教育史研究三十年》，载《教育研究》，1979(4)。
　　②　孙培青、李国钧：《沈灌群教育论稿》，236—241 页，上海，华东师范大学出版社，1993。

改变了之前只注重知识传授而不注重专业人员培养的不利局面。同时，中国教育史不再仅仅作为一门课程而开设，它已发展为一个专业，制度也日益规范。中国教育史通过培养专业人才拓宽了之前依靠著作、课程进行发展的路径。

4. 教育心理学的重建

1949 年后，我国教育心理学同教育学、教育史学科一样，也面临着重建的任务。1949—1956 年，我国主要是翻译、引进并学习苏联的心理学和教育心理学，并在此基础上以马克思主义为指导，批判资产阶级的心理学思想，改造与建设中国的心理学，先后编写了高等师范学校的教育心理学教材和参考书，编写了《课堂教学心理分析》和《怎样了解学生个性心理特征》等学习材料。在学习苏联心理学的过程中，我国心理学工作者形成了学习辩证唯物论哲学和巴甫洛夫学说以及苏联心理学的热潮，他们认为学习苏联心理学就可以建立起唯物主义的心理学，提出了在马列主义思想指导之下，在巴甫洛夫学说基础之上改造心理学的口号。我国心理学工作者开始初步掌握条件反射实验方法，建立了动物和人类条件反射实验室验证巴甫洛夫学说的经典实验，并开展了一些基本理论问题的评论和试探性的研究，如在儿童心理学和教育心理学领域开展关于儿童两种信号系统相互关系的实验研究。

1957 年，我国心理学工作者针对心理学教学和科研工作中理论脱离实际的倾向，开展了心理学如何联系实际为经济建设服务问题的讨论，使科研工作者意识到理论联系实际的重要性。虽然讨论也产生了偏向，如对基础理论研究的重要性有所忽视，但心理学工作者纷纷到工厂、医院、学校等部门开展了心理学理论联系实际的研究工作，推动了教育心理学等应用心理学科的发展。然而，1958 年 8 月，一场波及全国的"批判心理学资产阶级方向"的运动，用行政命令的方法支持"心理学是社会科学，有阶级性"的看法，批判"心理学是中间科学或自然科学"的观点，认为这是把人的心理"抽象化""生物学化""不要人的阶级性"，是"资产阶级的伪科学"。这场批判把心理学老专家当作"白旗"拔掉，混淆学术问题与政治问题，引起思想混乱，打击了心理学工作者的积极性，阻碍了教育心理学学科的发展。1959 年，心理学界纠正了这一错误，开展了关于心理学对象、任务、方法和学科性质等基本理论问题的学术讨论。1960 年 1 月，中国心理学会第二次会员代表大会对此进行总结，提高了认识，得出了如下结论：心理学研究的方向是贯彻理论联系实际的方针，重点解决实际问题，同时不忽视基础理论问题的研究，既要研究阶级的特殊心理活动规律，也要研究人类心理的共同规律；任务是人的心理形式或反映过程而不是内容；研究方法除阶级分析外，还须并用其他方法；学科性质是介于社会科学与自然科学之间的中间科学。这时，我国心理学界经过澄清"批判运动"造成的思想混乱，根据中国心理学会第二次会员代表大会的总结精神，全面开展教学和科研工作①，我国心理学又逐渐恢复了正常发展，教育心理学也进一步受到重视。

1959 年 9 月至 1960 年 7 月，中国科学院心理所与 17 个省 20 多个师范院校协作，以"全日制中小学学制改革问题"为中心，广泛开展儿童心理，语文、数学教学心理和劳动教育心理等方面的研究；在此基础上，1960 年 9 月继续进行第二期协作。1962 年 2 月 20 日到 28 日，中国心理学会在北京召开教育心理专业会议，中心议题是如何积极开展教育心理学（包括一部分儿童心理学）研究，以配合当时教育事业发展的需要。潘菽在会上做了《关于开展教育心理学研究工作的意见》报告，就教育心理学研究工作的必要性、积极开展教育心理研究工作的有利条件和已有基础、教育心理学今后的主要研究

---

① 赵莉茹：《心理学在中国的发展及其现状（下）》，载《心理科学进展》，1996(4)。

任务、怎样开展教育心理学研究工作四个问题做了阐述。[①] 会议共收到论文和资料 104 篇，选编了其中的 17 篇，以《教育心理论文选》为书名，由人民教育出版社于 1962 年 8 月出版。上述协作研究和会议对促进我国教育心理学的重建和发展起了重要作用。

中华人民共和国成立后 17 年我国教育心理学的重建主要表现在以下三个方面。

第一，各高等院校陆续开设教育心理学课程。由于开设教育心理学课程，潘菽主编的中华人民共和国成立后第一本适合当时中国教学需要的《教育心理学》于 1963 年印行。

第二，进行了适应教育改革需要的心理学研究。研究的主要内容有：儿童 6 岁入学问题，小学语文的集中识字与分散识字，四则应用题的结构，学生在教学过程中对教材（如汉字、算式、几何图形等）的感知和理解，学生掌握知识和技能的问题，学生掌握知识过程中的记忆和思维特点等。此外，还有人翻译介绍了国外程序教学的理论，并结合学校教学进行了语文、外语、数学等学科的实验研究。实验中采用过直线式和分支式程序，编写了一些程序教学用的教材，制造了一些简易的教学机器等。[②] 这些研究，促进了教育心理学的中国化。

第三，对教育心理学的结构和体系进行了初步探索。随着教育心理学在我国的重建和发展，20 世纪 60 年代初，我国学者就开始对教育心理学的结构和体系进行了探讨。有的学者针对当时教育心理学的三种体系（普通心理学体系、年龄发展体系、"五育"体系）提出了异议，初步提出了包括总论、学习心理、品格心理、品格培养心

---

①　潘菽：《关于开展教育心理学研究工作的意见》，载中国心理学会教育心理专业委员会：《教育心理论文选》，1—15 页，北京，人民教育出版社，1962。

②　朱智贤：《中国儿童教育心理学三十年》，载《教育研究》1979（4）。中国大百科全书出版社编辑部：《中国大百科全书·教育》，544—545 页，北京，中国大百科全书出版社，1985。

理、教师心理学四部分的新教育心理学体系。[①]

5. 各科教学法的重建和发展

1949 年后我国重视各科教学法的建设，重点引进并学习了苏联的各科教学法教材。随着教育制度和课程教材改革的开展，我国把各科教学法作为独立学科加以研究，并就有关问题开展了学术讨论。如中学语文教学中"文"与"道"的关系，历史教学中的智能培养问题，外语教学听说读写的地位和关系问题、本族语在外语教学中的地位问题，体育教学中的教学目的和任务问题，小学低年级语文教学的重点、集中识字与分散识字、小学应用题教学、"三算结合"等问题。这些研究和讨论对我国各科教学法的建设和发展起了重要作用。这一阶段，有以下 11 本我国学者编写的著作和教材出版。

王祝辰：《小学语文教学法研究》，吉林人民出版社，1957。

江苏省教育厅：《小学语文教学法》，江苏人民出版社，1958。

李大方：《小学历史教学法研究》，新知识出版社，1958。

杨清波：《小学地理教学法》，湖北人民出版社，1958。

金昆年：《小学自然教学法》，人民教育出版社，1957。

人民教育出版社：《师范学校小学自然、历史、地理教学法》，人民教育出版社，1958。

人民教育出版社：《小学体育教学法》，人民教育出版社，1960。

管听石：《中学历史教学法》，浙江人民出版社，1957。

刘开达：《中学数学教学法》，商务印书馆，1949。

蔡宾牟：《中学物理教学法》，人民教育出版社，1957。

段天煜：《中学物理教学法》，江苏人民出版社，1958。

这些教材或著作的出版，说明我国分科教学法已得到重建和发展。

---

① 章志光：《教育心理学的结构和体系初探》，载《北京师范大学学报（社会科学版）》，1963(2)。

　　值得指出的是，曹孚在他 1956 年起草的《关于 1956—1967 年发展教育科学的规划草案(初稿)》的"前言"和"教育学"部分，曾把各科教学法作为教育学的一个重要分支，认为各科教学的研究结果将丰富"教学论"的内容，并确定了 29 个各科教学法的研究题目。在他看来，中小学教师迫切需要的是一套中国化的各科教学法教科书，要加强小学语文、算术和自然三科教学法的建设和中学语文、数学、物理、化学、生物等学科教学法的建设。他认为，编写这套教科书是一项巨大的教育科学研究工作，为了编写它们，必须广泛而深入地总结中国教师的先进经验，同时对一些重要的教学问题进行一系列的专题研究。[①]

第二节　中国教育学的批判与否定

　　1966 年 5 月至 1976 年 10 月，我国经历了"文化大革命"。中华人民共和国成立后 17 年我国教育学重建的成就被全部否定，我国教育学遭到了严重破坏。"文化大革命"给我国教育学建设所带来的损失深深地刻在了当代中国教育学建设和发展的历史进程中。认真而又全面地总结这个阶段中国教育学被破坏的惨痛教训，对于中国教育学的建设有着重要意义。

一、中国教育学重建成果被否定

　　当我国教育学研究者满怀信心地去进行中国教育学重建时，"文化大革命"开始了。"文化大革命"期间，中华人民共和国成立后 17 年教育学的重建成就被全盘否定，"文化大革命"的 10 年实际上就是中华人民共和国成立后 17 年教育学的重建成就被全盘否定的 10 年。

---

　　①　瞿葆奎等：《曹孚教育论稿》，701—705 页，上海，华东师范大学出版社，1989。

（一）否定的历史背景

中华人民共和国成立后 17 年教育学的重建成就被全盘否定，这有深刻的历史背景。

正是在这种背景下，1967 年 7 月 18 日，《人民日报》发表《打倒修正主义教育路线的总后台》一文。文章全面否定中华人民共和国成立后 17 年的教育工作。9 月，《红旗》第 10 期发表了与此相似的文章《沿着毛主席的无产阶级教育革命路线胜利前进》，鼓动对中华人民共和国 17 年的教育路线进行大批判。

对中华人民共和国成立后 17 年的教育的否定，在 1971 年 4 月 15 日至 7 月 31 日召开的全国教育工作会议上走向了极端。这次会议由张春桥、迟群等控制。会议全盘否定中华人民共和国成立 17 年来的教育工作。8 月 13 日，中共中央批转了这次会议的纪要。《全国教育工作会议纪要》不仅否定了中华人民共和国成立后 17 年的教育工作，做出了"两个估计"，而且还将"全民教育""天才教学""智育第一""洋奴哲学""知识教育""个人奋斗""读书无用"等称为 17 年资产阶级统治学校的精神支柱。[1]"两个估计"成为林彪、江青反革命集团在"文化大革命"中镇压广大师生的两根大棒。在"两个估计"的幌子下，"文化大革命"以前，在党的领导下广大教育工作者长期奋斗取得的成果被全盘否定，认为教育领域必须进行"彻底砸烂"的"教育大革命"，广大的为社会主义教育事业呕心沥血的教师、干部，都成为这场"革命"的对象，成为必须"彻底改造"或"彻底专政"的对象。

在上述极端荒谬极"左"思想、理论和方针路线的指示下，"文化大革命"前教育学重建所取得的成果被全盘否定。

（二）教育学重建成果被否定

从作为一门学科的教育学来看，当时我国的教育学刚要在马克

---

[1] 袁振国：《中国当代教育思潮》，227—236 页，北京，生活·读书·新知三联书店，1991。

思主义指引下，走上总结本国教育经验的道路，就遭到无情的打击和批判。它们被诬为"封、资、修的大杂烩""中国的凯洛夫""修正主义黑货"等。教育学一度被判了"死刑"。"文化大革命"期间，大约在 1967 年 2 月后的所谓"复课闹革命"后，有些地区的"教育学"又开始"复生"，但它是以教育大批判的面貌出现的。当时教育学课的内容是"批判凯洛夫修正主义教育思想""批判杜威实用主义教育思想""批判孔子封建主义教育思想"。有的学校虽开设了教育学课，但它是政治课的一个组成部分，被称为"毛泽东教育思想课"。其实，在学生的心目中它是"毛泽东思想教育课"。"文化大革命"前初建起来的教育学几乎被破坏殆尽。[①]

（三）其他学科重建成果的被否定

1. 中国教育史

中国教育史的研究工作在"文化大革命"中备受践踏和摧残。中国教育史的研究机构和教学组织或被撤销，或被拆散；中国教育史的课程被砍掉；有些研究人员和教学人员只好改行；大量研究资料散佚。在"文化大革命"中，虽然也开展了有关孔子教育思想等教育史问题的研究，发表并出版了有关文章和书籍[②]，但这些研究实际上是对中国教育史学科的破坏。"四人帮"为了篡党夺权的政治需要，炮制了一些如"儒法斗争史""教育史上的儒法斗争"等研究，曾盛行一时。1974 年，当时的《教育革命通讯》从第 6 期起开辟"教育史上的儒法斗争"专栏，发表评介"教育史上儒法斗争"的文章。7 月，该刊编辑部在北京师范大学召开研究法家教育思想的座谈会。天津师范

[①] 雷尧珠：《试论我国教育学的发展》，载《华东师范大学学报（教育科学版）》，1984(2)。

[②] 主要有：辽宁人民出版 1974 年出版的《孔丘的教育思想与"克己复礼"》；内蒙古人民出版社 1974 年出版的《孔丘：反动的奴隶主阶级的教育家》；河北人民出版社 1974 年出版的《孔子是怎样利用教育进行反革命复辟活动的》；湖北人民出版社 1975 年出版的《孔丘教育思想批判》；等等。

学院、内蒙古师范学院等七院校教育史、教育学教师和工农兵代表二十余人参加。会议提出，要抓住儒法两种教育思想在一系列问题上的对立，批判儒家的反动教育思想，研究法家的进步教育主张，总结历史经验，为当前斗争服务。12 月，该刊第 12 期发表了北京师范大学教育系、广东师范学院教育学教研室、河南南阳地区教育干部学习班编写的《教育史上的儒法斗争概况》一书。① 这场"教育史上的儒法斗争"，把中国教育史的学科体系搞得面目全非。

2. 外国教育史

在"否定一切，打倒一切"的思想指引下，甚至连苏联著名的马克思主义文艺理论家和教育家卢那察尔斯基也因在十月革命后当过 12 年教育人民委员，而被定名为苏联教育领域中最大"走资派""实用主义门徒"，他的教育思想遭到批判。马卡连柯的教育思想也被全盘否定。外国教育史的许多研究者在"文化大革命"中都被当作"反动学术权威"批斗过。一些中青年教师和科研工作者也受到冲击。"文化大革命"末期，虽然也有《外国教育发展史资料（近现代部分）》编写出版，但其目的在于"有重点地、批判地介绍一些国家的教育制度和教育思想的发展概况，为我国教育战线深入、持久地批判资产阶级，批判修正主义、开展教育革命提供一些资料"②。

3. 教育心理学

"文化大革命"前夕"四人帮"之一的姚文元从对一个儿童心理学的实验报告的批判开始，袭用 1958 年"心理学批判"的腔调和手段，对心理学发动了新的围攻。"文化大革命"开始后，姚文元攻击心理学的文章被当作批判心理学的法典，与之意见不同的人被排斥打击。

---

① 此书由人民教育出版社于 1975 年出版。同类书籍还有：湖北人民出版社 1975 年出版的《春秋战国时期儒法教育思想的斗争》；黑龙江人民出版社 1975 年出版的《教育史上的儒法斗争》；等等。

② 上海师范大学教育系《外国教育发展史资料》编译组：《外国教育发展史资料（近现代部分）》，上海，上海人民出版社，1976。

他全盘否定过去的心理学工作，诬蔑心理学是"九分无用，一分歪曲"的"伪科学"，因而"心理学必须彻底砸烂"。于是，中国科学院心理研究所以及各大专院校的心理学教研室被撤销，中国心理学事业完全处于停滞状态。

各科教学法也被取消。由此可见，举凡"文化大革命"前所建立起来的教育学、教育史、教育心理学和各科教学法普遍受到严重破坏。

与此相联系，大多高校的教育系被停办，或停止招生。如笔者所在的山西大学教育科学学院原是山西大学教育系，1972 年 2 月受"文化大革命"的消极影响被撤销了，教育系的教师被安排到政治系、编译室、校党政部门、山西大学附中、附小工作。教育系的图书资料、心理学仪器、设备和办公用具等也被分散转给其他系。直到1980 年教育系才恢复招生，笔者荣幸地成为第一届被招收的学生。

二、教育学领域的大批判和语录化

在彻底否定中华人民共和国成立后 17 年中国教育学重建成就的同时，"文化大革命"时教育学领域所做的工作大体就是两个方面：教育学领域的大批判和语录化。

（一）教育学领域的大批判

"文化大革命"期间，对教育学的破坏采取的主要形式就是所谓的"革命大批判"。1970 年 1 月 1 日，《红旗》第 1 期发表上海市革命大批判小组写的思想评论《文科大学一定要搞革命大批判》。该评论提出："革命大批判既是社会主义文科大学的基本任务，又是当前改造旧文科大学的迫切的战斗任务。不仅应该批判社会上的资产阶级，还应该把革命大批判深入到文科各个学科，批判哲学、历史学、文学、政治经济学、新闻学、教育学等领域内的反动的资产阶级思想体系。只有这样，旧的文科大学才能在批判中获得新生。"这种"革命大批判"，实际上意味着要否定人类发展的历史成就。

这篇文章在当时影响很大。随后，文科各学科领域几乎都开展了大批判。在教育学领域，这种"革命大批判"主要表现在两个方面：其一，批判凯洛夫主编的《教育学》；其二，批判孔子教育思想。以下简称"批凯"和"批孔"。

1. 对凯洛夫主编的《教育学》的批判

早在1969年9月，辽宁省就组织学校师生和工人、农民一起批判凯洛夫主编的《教育学》，以响应文教战线的斗、批、改。这场批判的重点批判对象是"全民教育""专家治校""智育第一"等观点。12日的《辽宁日报》为此还发表了社论《凯洛夫的〈教育学〉必须彻底批判》。社论指出，辽宁省是过去推行凯洛夫主编的《教育学》的重点区之一，彻底批判凯洛夫主编的《教育学》是当前教育战线的极为迫切的任务。辽宁省的批判点燃了"批凯"之火。

全国范围内的"批凯"是在《红旗》1970年第2期发表《谁改造谁？——评凯洛夫的〈教育学〉》一文以后开始的。这篇署名为"上海革命大批判写作组"的所谓"深入开展革命的大批判"的文章，实际上是为"两个估计"的出笼开路。它表面上高唱"批凯"的调子，但实际上对凯洛夫主编的《教育学》中的实质性错误一个也没有触及。它通过"两种根本对立的教育观""两种根本对立的认识论""核心是一个资产阶级的'私字'"等问题的论述，否定了学校的首要任务是传授知识，也否定了学校教学工作应以传授书本知识为主。这篇"文化大革命"中难得的多少有点"理论"味道的文章，实际上是借"批凯"来批判教育中所谓的"反革命修正主义路线"，为否定"文化大革命"前的教育成就作舆论上的准备。这篇文章指出，谁改造谁，是以毛主席的无产阶级教育思想来改造资产阶级的旧学校，还是让凯洛夫的《教育学》来统治我们的学校，这是教育战线上无产阶级和资产阶级的严重斗争。因此，用马克思列宁主义、毛泽东思想来分析批判凯洛夫主编的《教育学》，是深入开展教育革命必须做的工作。

随着这篇文章的发表，在全国范围内开展了对凯洛夫主编的《教育学》的批判，形成了"批凯热"。耐人寻味的是，当时的一些学校也开展了"批凯"。如上海市闸北区永兴路第一小学，"在毛主席的教育思想的光辉照耀下，在工宣队的领导下，校园里到处摆开了革命大批判的战场。从一、二年级的小学生到老年教师，个个拿起笔作刀枪，狠批凯洛夫《教育学》"①。

从"文化大革命"期间对凯洛夫主编的《教育学》的批判来看，随着阶级斗争的不断升级，这一时期对凯洛夫主编的《教育学》的总体评价是：它以"全民教育论"为纲，以"智育第一论"为核心，基本上是资产阶级传统教育思想的翻版，是资产阶级反动教育思想的大杂烩。② 比较具体的批判主要集中在以下七个方面。

第一，批判了关于教育本质问题的全民教育论。批判者指出：凯洛夫从"阶级斗争熄灭论"出发，竭力鼓吹"全民教育论"，强调教育以"全民"为对象，教育是"全民的事情"，教育是"完全符合全民利益的"。这种"全民教育论"根本抹杀了教育的阶级性，否认了教育战线上的阶级斗争，彻底背叛了列宁关于"学校应当成为无产阶级专政的工具"的伟大教导。"全民教育"的实质是资产阶级教育。批判者还认为，在阶级社会里，教育是阶级斗争的现象，甚至"教育从来就是出于阶级斗争的需要，而不是抽象的'人'的需要"。因而，教育不仅不应该也不能以全民为对象，而且其传授的一切知识都必然渗透着深刻的阶级性。

第二，批判了凯洛夫主编的《教育学》中提出的"苏维埃学校教育的基本目的是培养全面发展的人"的观点。批判者认为凯洛夫阉割了

---

① 《无产阶级教育革命的明媚春天：记永兴路第一小学批判凯洛夫高潮中出现的新现象》，见上海师范大学教育系：《无产阶级教育革命万岁（上海市中小学教育革命经验选）》，25～32 页，上海，上海人民出版社，1976。

② 上海师范大学教育系《外国教育发展史资料》编译组：《外国教育发展史资料（近现代部分）》，387 页，上海，上海人民出版社，1976。

马克思列宁主义关于"人的全面发展"的学说中最核心、最根本的前
提——"彻底消灭阶级和阶级对立"和"废除私有制"等观点，却剽窃
了"全面发展"这个词句，塞进资产阶级黑货，与马克思列宁主义关
于"人的全面发展"的学说根本对立。凯洛夫盗用"全面发展"的口号
的实质是发展资产阶级个性。

第三，延续了 1964 年对凯洛夫主编的《教育学》中有关智育论述
的批判，全面否定了凯洛夫主编的《教育学》中的教学理论。

第四，批判了凯洛夫主编的《教育学》中的"全民道德论"。批判
者认为凯洛夫从地主、资产阶级人性论出发，竭力宣扬所谓"全体苏
维埃人民的道德"，并把反映在道德教育过程中的阶级斗争归结为
"新的东西跟旧的衰颓着的东西的斗争"，根本抹杀了道德的阶级内
容。此外，批判者还批判了凯洛夫在所谓"全面道德论"基础上所提
出的"人道主义"教育和"全民的爱国主义"教育学观点，认为凯洛夫
把资产阶级个人主义作为了道德的核心。

第五，批判了凯洛夫主编的《教育学》中提出的所谓"天才教育
论"，批判者认为凯洛夫一面宣扬"全民教育"，一面又鼓吹"天才教
育"，主张把选拔和培养少数"天才"学生作为教育工作的重点的"天
才教育论"是建立在唯心主义的先验论基础之上的。

第六，批判了凯洛夫主编的《教育学》中提出的所谓"专家治校"。
批判者认为凯洛夫是"专家治校"路线的狂热鼓吹者，"专家治校"是
凯洛夫整个反革命修正主义教育理论体系中的一个重要组成部分。
其实质是反对党领导学校，把学校领导拱手让给"专家"，即资产阶
级知识分子，由他们来统治学校，实行资产阶级专政。"专家治校"
是在教育领域复辟资本主义所采取的组织手段。

第七，指出引进凯洛夫主编的《教育学》的目的是刘少奇及其在
文教战线的代理人意欲对抗毛主席的教育路线和复辟资本主义的手
段。批判者把所谓"苏联修正主义教育'权威'凯洛夫主编的《教育学》

作为所谓"刘的反革命修正主义教育路线"的"理论依据"。

可见，"文化大革命"期间的"批凯"，实际上是对凯洛夫主编的《教育学》的全盘否定。从其实质来说，它是以批判凯洛夫主编的《教育学》为幌子，为炮制"两上估计"和全盘否定中华人民共和国成立后17年教育战线的成绩制造理论根据，是一场政治骗局。[①]

2. 对孔丘教育思想的批判

"文化大革命"期间，对孔丘教育思想的批判主要反映在人民出版社 1975 年出版的《孔丘教育思想批判》等书中。《孔丘教育思想批判》一书明确指出："我们批判孔丘的教育思想，便是刨林彪推行的修正主义教育路线的'祖坟'，这是批林批孔斗争的一个不可缺少的组成部分。"在炮制的所谓"儒法斗争史"中，孔丘的教育思想被全盘否定。"文化大革命"期间的"经典之作"《孔丘教育思想批判》一书与当时出版的《中国古代思想史》《简明中国哲学史》《论孔丘》《关于孔丘杀少正卯问题》等书，在所谓的批林批孔运动中先后被推荐供人们学习，产生了恶劣的作用和影响。《孔丘教育思想批判》明显是从"挖祖坟"的政治目的出发，编造观点的，它将孔子的"因材施教""举一反三""学而不思则罔，思而不学则殆"等观点都片面地一概否定。

(二)教育学领域的语录化

1.《毛泽东论教育革命》的发行

在教育学领域，坚持马克思列宁主义、毛泽东思想的指导是非常必要的。然而，在"文化大革命"期间，马克思列宁主义、毛泽东思想被绝对化到登峰造极的地步。在教育领域，这种状况主要是在《毛主席论教育革命》一书发行后达到极致的。

1967 年 12 月 7 日，中共中央、国务院、中央军委和中央"文化大革命"小组指出，要以陈伯达等摘编的《毛主席论教育革命》一书作

---

① 鲁洁等：《他们究竟要改造什么——评〈谁改造谁〉》，载《教育研究》，1979(1)。

为进行无产阶级教育革命的纲领，号召所有学校立即掀起一个学习和执行这一纲领的群众运动。此书包括 1927 年至 1967 年毛泽东关于教育工作的书信和语录共 51 条，其中大量选用的是毛泽东在"文化大革命"前有关教育工作的指示。此书发出后，在教育领域就掀起了学习的热潮，不仅对"文化大革命"期间的"教育革命"产生了重要影响，自然也对"文化大革命"期间教育学教材的编写产生了重要影响。

2. 教育学教材编写的语录化

在当时"左"倾思潮的影响下，教育学教材的编写仅仅表现在对马克思主义经典作家有关教育的语录和教育方针政策的汇编与注解上。这一阶段编写的教育学教材主要有以下两本。

北京师范大学教育系短训班：《教育学专题（内部使用、征求意见稿）》，1976 年 3 月印行。

北京市教育局师范教材编写组：《教育学》，北京师范学校，1972 年 6 月印行。①

有的教育学讲义，就是"以马、列著作和毛主席著作中有关教育革命的论述为基本教材。同时选编了一些辅助教材"②。有的教育学讲义，虽然不是这种形式，但从其体系来看，有的分为九部分内容，即学校应当成为无产阶级专政的工具、党的教育方针、"五七指示"的办学道路、思想政治教育工作、教学工作、学校的体育、卫生工

---

① 此外，还有以下几本：内蒙古师范学院教育教研室：《共同教育理论课专题讲义（征求意见稿）》；上海师范大学教育系《教育学》公共教学小组：《凯洛夫修正主义教育思想批判（讲稿，修改稿）》，1972 年；广西师范学院教育革命理论教研组：《教育学讲义（试用稿）》，1973 年；广东师范学院教育学教研室：《教育学讲义（讨论稿）》，1974 年。

② 该讲义共分六讲。如在第五讲"教学工作"中，基本教材是"马、列和毛主席关于教育革命的论述"。辅助教材有四部分：一是学习毛主席关于学制、课程、教材改革的指示；二是上好社会主义文化课；三是认真贯彻毛主席倡导的教学原则和方法；四是建立新的考试制度。详见北京市教育局师范教材编写组：《教育学》，北京师范学校，1972 年 6 月印行。

作、教师、党对教育事业的领导[1]；有的分为七个专题，即社会主义条件下教育是无产阶级专政的工具、无产阶级教育事业必须由党来领导、党的教育方针、思想政治教育工作、教学工作、体育工作、忠诚党的教育事业[2]。无论是哪种体系，教育学实际成了"教育经典注释学""教育政策解释学""教育文件汇编学"。从"文化大革命"期间有的学校开设的教育学课来看，甚至就是"毛泽东教育思想课"。其教学纲目是"教育要革命""无产阶级的教育方针""坚持'五七指示'道路""学校的一切工作都是为了转变学生的思想""启发式教学"和"教改的问题，主要是教员问题"等。如果说教育学在"左"的影响下变成"语录学"的话，那么这段时期的"教育学"可以说是"语录学"的典型。[3] 教育学的研究实际上被毛泽东教育思想的学习所代替，这不是对教育学的建设，而是对教育学的破坏。

三、中国教育学被破坏的恶果及教训

从中国教育学的发展来看，"文化大革命"10 年根本谈不上教育学的建设。"文化大革命"10 年实际上就是对中华人民共和国成立后17 年所建立起来的教育学破坏的 10 年。这种破坏的最大恶果就是我国教育学时空上的断裂，严重地阻碍了我国教育学的建设和发展。当国外教育学正飞速发展的时候，我国的教育学却因"文化大革命"而停滞不前，使本来就落后的中国教育学更远远地落在了后面。更深层次的影响是，"文化大革命"10 年对我国教育学的破坏，给广大教育学研究者带来了心灵上的极大创伤，直到"四人帮"被粉碎后，人们还心有余悸。随着教育战线上一系列的拨乱反正，"实践是检验真理唯一标准"的讨论，广大教育学研究者才逐渐焕发出巨大的热

---

① 　北京师范大学教育系：《教育学专题（内部使用、征求意见稿）》，北京师范大学教育系短训班，1976。

② 　内蒙古师范学院教育教研室：《共同教育理论课专题讲义（征求意见稿）》。

③ 　雷尧珠：《试论我国教育学的发展》，载《华东师范大学学报（教育科学版）》，1984(2)。

情，去奋力探索并建设我国新时期的教育学。

因此，"文化大革命"10 年谈不上教育学的建设，更无教育学建设经验可言。"文化大革命"10 年留给我们的仅仅只有惨痛的教训。当我们梳理和总结"文化大革命"10 年我国教育学的状况时，甚感"文化大革命"10 年教育学领域一片荒凉！为了使我国教育学不再面临这样的灾难，我们需要对其教训进行深刻的反思和总结。

(一)必须正确认识马克思列宁主义、毛泽东思想的指导地位

毋庸置疑，马克思列宁主义、毛泽东思想是我们进行教育学建设的指导思想，中国教育学的建设必须确立马克思列宁主义、毛泽东思想的指导地位。然而，这并不意味着我们要把马克思列宁主义、毛泽东思想绝对化。在"文化大革命"中，不仅马克思列宁主义、毛泽东思想被视为绝对真理，而且用革命导师的观点或理论代替了各教育学科领域具体问题的研究，如"把学校传授书本知识为主"与"实践第一"对立起来，把"教学过程"完全等同于"认识过程"，把"教育学"变成"语录学"，采用"我注六经"的形而上学方法，把中华人民共和国成立后 17 年在一定程度上就存在的唯心主义、形而上学的"左"的做法发展到了极端，导致了教育学几乎被全面破坏，这个教训是极其深刻的。在坚持把马克思列宁主义、毛泽东思想作为指导思想的前提下，如何还马克思列宁主义、毛泽东思想"智慧之友"的本来面目，充分发挥马克思列宁主义、毛泽东思想方法论意义上的指导功能，确是当前我国教育学建设值得思考并需尽快解决的重要课题。

(二)必须确立起学科的专业独立意识

在"文化大革命"中，教育学、教育史等学科都不再对自身规律进行探求，学科的自主意识逐渐丧失。教育政策、领袖人物的讲话成为教育学的内容，教育学更成为"语录学"和"方针政策学"，变为教育政策的附庸和工具；教育史成为政治斗争的工具，教育史几乎成为"儒法斗争史"。这样，无论教育学，还是教育史，实际上都丧

失了自身的价值、自我的品格和尊严。教育学无学，教育史也无史，都丧失了自身存在的基础，造成了各自学科发展史的时空断裂。历史决定了教育学在这一时期的命运，但历史不能再重铸这样的命运。为此，我国教育学的建设必须重视对各学科自身的研究，通过研究，尽快明确并确立起本学科的研究对象、任务、体系、范畴、内容、范围和研究方法等，并把本学科的根深深扎根于教育改革实践中。只有这样，教育学才能具有自己的品格，保持本学科的尊严，不失本学科的本来意义和价值。

(三)必须处理好批判和继承的关系

如何正确认识批判的本质和功能，并处理好批判和继承的关系，对于我国教育学建设和发展至关重要。就其本质来看，批判实际上就是分析，批判就是一个一分为二的分解过程。用恩格斯的话来讲，批判即是"剥取"那些被裹在唯心主义形式中的"成果"的过程。用毛泽东同志的话来讲，批判"如同我们对于食物一样……把它分解为精华和糟粕两部分，然后排泄其糟粕，吸收其精华"①。从哲学角度来讲，批判不应是形而上学的否定，而应是辩证法的否定。对此，列宁曾作过精辟的论述："辩证法的特征和本质的东西并不是单纯的否定，并不是徒然的否定……而是作为联系环节、作为发展环节的否定，是保持肯定的东西的、即没有任何动摇、没有任何折衷的否定。"②

由此可见，从马克思主义的观点来看，批判也就包含着继承，而继承又不是简单的肯定，是包含在否定中的肯定。从"文化大革命"时期的"批凯""批孔"来看，这种所谓的"批判"是与马克思主义的批判观相违背的，它背离了批判的本质和功能，割裂了批判和继承

①　《毛主席选集(第二卷)》，383 页，北京，人民出版社，1991。
②　中国马克思主义哲学史学会：《列宁哲学思想研究》，176 年，北京，人民出版社，1985。

的关系。正因为这种"批判"，才导致了对凯洛夫主编的《教育学》和孔子教育思想等被全盘否定，进而对整个教育学的批判否定，这个教训很值得我们吸取。我国教育学的建设必须在认真贯彻"双百方针"的基础上，正确地开展学术批判。我国教育学急需这种批判精神。我们应把学术批判作为繁荣我国教育学的基础、条件和动力之一，使其真正地推进我国教育学的建设和发展。

（四）必须全面审视中华人民共和国成立后 17 年中国教育学的重建

"文化大革命"10 年也是对中华人民共和国成立后 17 年初建起来的教育学全盘否定的 10 年。这种否定割裂了历史的联系，是一种缺乏历史唯物主义态度的表现，也是现实政治在教育学上的反映。

我们深深地感受到，中华人民共和国成立后 17 年我国教育学的建设是经验和教训并存的，虽然有一定的教训，但也有宝贵的经验。"文化大革命"10 年对中华人民共和国成立后 17 年我国刚刚建立起来的教育学进行全盘否定是完全错误的。我们应在世界教育学发展的背景下，把中华人民共和国成立后 17 年我国教育学置于当时的历史背景下，以理性的目光去进行全面审视，总结其经验，借鉴其教训，以推进当前中国教育学的创建。这既是历史的要求，又是现实的需要。对此，我们在上一节已进行了相对系统的阐述。

第三节　中国教育学的再建

1976 年 10 月，"四人帮"反革命集团被粉碎，中华人民共和国的历史掀开了新的一页。以 1978 年 12 月党的十一届三中全会为标志，中国开始了改革开放，这次全会是中华人民共和国成立以来中国共产党历史上具有深远意义的伟大转折。此后，我国的政治、经济、文化都得到了新的发展，教育工作也出现了前所未有的大好形势。

与此同时，中国教育学也得到了前所未有的发展，进入中国教育学的再建阶段。我们很有必要对中国教育学的再建历程、中国教育学再建已取得的成就以及呈现出来的趋势进行比较系统的研究，为中国教育学的继续发展提供历史启示和思想资源。

1977 年至今，中国教育学的再建，大致经历了以下四个阶段：第一，以中国式教育学①为目标的建设阶段（1977—1981 年）。在这一阶段，教育学得到了较全面的恢复和建设。第二，以中国特色教育学为目标的建设阶段（1982—1984 年）。在这一阶段，中国教育学研究者对如何构建具有中国特色的教育学学科体系进行了比较广泛的思考和探索，在此基础上，教育学得到了初步的建设和发展。第三，以中国教育学本土化为目标的建设阶段（1985—2000 年）。在这一阶段，中国教育学研究者对教育学的本土化或中国化进行了系统的思考，以二级学科衍生为主流的教育学学科体系建设加快了步伐，大量二级学科出现，教育学学科体系基本形成。中国教育学的再建无论是在广度上还是深度上都取得了长足的进步。第四，以中国教育学为目标的建设阶段（2001 年至今）。中国教育学研究者以中国教育学为目标，对中国教育学进行了建设。

一、以中国式教育学为目标的建设阶段

（一）两次反思

“文化大革命”后，我国教育学在一片废墟中开始恢复重建。这种恢复重建是在我国教育学研究者经历两次反思的基础上逐步开展起来的。

第一次反思，以粉碎“四人帮”为起点。对“四人帮”否定中华人民共和国成立后 17 年教育，编造所谓资产阶级统治学校的“八大精

---

①　当时的提法是“教育科学”，而不是教育学。所谓教育科学即指作为教育学科群总称的教育学。为全书统一，本章除引号中的原话外，都用“教育学”。

神支柱"以及鼓吹"上、管、改","开门办学","打破老三段、三中心"等一系列谬论展开批判,揭露其对教育事业造成的严重危害。

通过批判和反思,我国教育学研究者在一定程度上摆脱了被称为"两个估计"的紧箍咒,思维从窒息中获得初步解放。与此相应,教育研究开始初步恢复。建立起以马克思列宁主义、毛泽东思想为指导,符合我国国情特点的、完整的无产阶级教育科学。

随着教育研究的初步恢复,教育学也得到初步恢复和重建。1978 年 6 月 8 日至 29 日,教育部在武汉召开全国高校文科教学工作座谈会,在肯定 1961 年确定的文科教学方针及其取得的经验的基础上,1978 年 8 月 28 日颁发并试行了《高等师范院校的学校教育专业学时制教学方案(修订草案)》。该方案规定学校教育专业培养德、智、体全面发展的教育学科师资、教育科学研究人员和教育行政工作者,开设了与教育学科相关的课程有教育学、教育心理学、中国教育史、外国教育史和小学教材教法等必修课以及教育哲学、教学论、比较教育学、教育统计、学前教育学和教育行政与学校管理等选修课。① 这个方案显然从制度化的角度对中华人民共和国成立后 17 年的教育学课程门类进行了扩充,重庆开设了 20 世纪上半叶已经形成的教学论、比较教育学和教育统计学等课程。虽然是恢复重建,但起点较高,不仅仅就是对中华人民共和国成立后 17 年教育学的简单重复。诚如当时有的学者所指出的那样,"我们要像自然科学建立一个门类齐全、布局合理的体系那样,社会科学、教育科学也要建立一个门类齐全、布局合理的科学研究体系,而且要有相当的规模"。②

随着教育学门类的初步恢复和重建,教育学的教材编写及其内

---

① 当代中国丛书教育卷编辑室:《当代中国高等师范教育资料选》,767—770 页,上海,华东师范大学出版社,1986。
② 于光远:《重视培养人的研究》,载《学术月刊》,1978(3)。

容的确定也成为教育学发展的重要问题。华中师范学院等五院校受教育部委托编写《教育学》教材，人民教育出版社于 10 月在开封举行了《教育学》初稿讨论会暨学术研讨会，并就共同关心的教育理论问题，如教育是不是上层建筑、教育与生产劳动相结合、教育过程、思想教育过程等方面的问题开展了讨论，这些讨论为教育学内容的更新奠定了基础。

可见，经过第一次反思，教育学被初步恢复和重建起来，这不仅表现在提出要建立门类齐全、布局合理和相当规模的教育学，而且体现在以制度化的方式扩充了教育学的课程门类，尝试进行教育学教材编写内容的改革。

第二次反思，是指以 1978 年 12 月召开的党的十一届三中全会为起点，以克服所谓"两个凡是"的思想束缚为先导，重新审视进入社会主义阶段以来的教育历史，开展教育本质问题的讨论。

党的十一届三中全会的召开，确定了进一步解放思想、拨乱反正、实事求是的思想路线，并决定把工作重点转移到"四化"建设上来，进一步推动了教育学研究者解放思想、拨乱反正向更深入的方向发展。同第一次反思相比，解放思想涉及与毛泽东同志的批示和指示有关的思想理论问题，乃至于马克思主义创始人的一些有关教育的论述。对于教育学来说，马克思主义仅仅提供了科学的世界观、方法论以及某些教育方面的一般性原理，至于教育学的理论体系还需要在教育实践中进行探索和总结。[①] 随着我国教育学研究者思想的进一步解放，1979 年后，开展了教育本质的大讨论。讨论促使我国教育学研究者重新认识教育的各种社会功能。人们基于教育在现代社会中与政治、经济、文化等方面的发展的直接和间接的联系，

---

① 诸晓：《革命导师的论述能代替教育科学研究吗？》，载《新华文摘》，1980(1)。本刊特约评论员：《补好真理标准讨论这一课 教育问题要来一次大讨论》，载《教育研究》，1979(4)。

改变了以往把教育社会功能绝对政治化的片面观点。讨论不仅为确立教育在我国社会主义现代化建设中的地位和作用提供了理论依据，而且对改变"文化大革命"前十几年我国教育学仅仅局限于教育学、教育史、教育心理学和各科教学方法的局面奠定了思想认识基础，促进了教育经济学等学科在新时期的崛起。在对教育本质探讨不断深入的同时，有的研究者突破教育是上层建筑的结论，研究教育的发生和发展关系，提出了"现代教育是现代生产的产物""教育与生产劳动相结合是现代教育的普遍规律"这样一个新观念，从而说明社会主义教育与资本主义教育同属于现代教育范畴，它们之间既有区别，又有联系，是可以互相学习、互相借鉴的。[①] 这个观点的提出对我国教育学的再建产生了重大作用，为我们引进国外，主要是西方资本主义国家已经发展起来的新型教育学学科奠定了思想基础，引进西方教育学于是成为历史的必然。

(二)教育学的恢复和建设

正是在第二次反思的基础上，我国教育学得到了再建。这具体表现在以下三个方面。

第一，我国教育学研究者不仅提出了要广泛吸收国外教育学发展的最新成果和揭示了教育学与其他科学的联系的主张，而且明确提出了中国教育学创建的基本目标——建立中国式的教育学。1979年3月23日至4月13日，教育部在北京召开全国教育科学规划会议。这次会议讨论了1976—1985年的《全国教育科学发展规划纲要(草案)》，明确了教育科学研究的方向和任务，进一步提出了解放思想、冲破禁区，向科学进军的号召，并明确提出了教育学体系问题。[②] 这次盛会标志着我国教育学的发展进入了一个新的阶段，在

---

① 《红旗》1980 年第 19 期。
② 于光远：《重视培养人的研究》，载《学术月刊》，1978(3)。

我国教育学发展史上写下了重要的一页。会议期间,《教育研究》编辑部于 4 月 11 日邀请部分教育学研究者进行座谈,并于 1981 年第 2 期开辟"进一步解放思想,繁荣教育科学"专栏,发表有关专家学者的笔谈记录。1981 年 1 月,中央教科所教育理论研究室和北京师范大学教育系、教育科学研究所联合举行了以"进一步解放思想,搞好教育科研"为题的座谈会。在这些座谈会和笔谈中,学者们普遍就这些问题阐述了自己的看法。学者们已普遍感到教育学是一门多科性的边缘科学,是一门综合科学,须认识其哲学、心理学、社会学、政治经济学等基础。当代教育研究几乎涉及教育的所有领域,参与教育研究的学科极其广泛。除了哲学、心理学、伦理学、生理学之外,还有社会学、人类学、民俗学、医学、语言学、法学、经济学、统计学以及控制论、信息论、系统论等。教育学不仅以哲学社会科学为基础,而且以自然科学、技术科学为基础。这样就产生了教育学的分支,如教育心理学、教育社会学、教育人类学、教育经济学、教育生理学、教育统计学、教育技术学、教育科学研究方法、教育法学、教育工程学、教育管理学、成人教育学、职业教育学和特殊教育学等。过去我们一谈到教育科学的门类就是教育学、教育史、教学法和心理学,这是不全面的。我国教育科学缺门太多。这种状况不改变,就不能使我国的教育学赶上世界先进水平,不能建立我国教育学的完整体系,势必影响教育事业的发展和提高。因此拾遗补阙,建立一个适应我国教育事业建设需要的完整的教育学体系是非常有必要的。

第二,我国教育学研究者具体分析了教育学发展的特点和动力,初步提出了建立中国式教育学的方法论原则及途径。在 1981 年 4 月全国教育学研究会(现名中国教育学会教育学分会)的第二届年会上,学者们就如何建立我国教育学学科体系进行了具体讨论,提出要建立我国的教育学体系,必须遵循以下五个途径:其一,要认真加强马列主义、毛泽东教育理论的研究，为建立中国式的教育科学奠定坚实的理论基础；其二，要实事求是地研究 1949 年以来办社会主义教育的经验教训，从中探索、揭示教育规律，为建立具有我国特色的教育学提供真实无误的历史根据；其三，要踏踏实实、坚持不懈地进行各个方面的教育科学实验，为建立中国式的教育学提供大量的、系统的、翔实可靠的事实根据；其四，要批判地继承祖国的历史教育遗产，取其精华，去其糟粕，择其善者纳入社会主义的教育学体系，做到古为今用，对祖国的教育历史遗产，应批判地继承；其五，要广泛地研究外国的教育理论和经验，做到洋为中用。[①]

第三，适应国外教育学发展趋势，探索并构建中国式教育学，越来越成为广大教育学研究者的共同呼声。我国教育学研究者在对教育学、教育史、教育心理学和各科教学法等"文化大革命"前已有的传统学科继续进行恢复和重建。同时，对教育经济学、教育社会学、教育管理学(包括学校管理学、教育行政学)、教育哲学、比较教育学、成人教育学、高等教育学和教学论等学科进行了一定程度的探讨和研究。特别应该指出的是，我国教育学研究者已开始重视对教育学、教育心理学、中国教育史，外国教育史、教育经济学和教育社会学等学科自身体系的探讨。

由于当时"左"的影响尚未彻底清除，本阶段对中国式教育学的探索毕竟还是初步的，但它是好的开始，为下一阶段中国特色社会主义教育学的创建奠定了很好的基础。

二、以中国特色教育学为目标的建设阶段

党的十二大关于把教育列为经济发展战略重点之一的决策推动了我国教育事业和教育学的发展，具体有以下六个方面的工作。

第一，深刻分析了我国教育学落后的原因。1983 年，《中国社会

---

① 《教育研究》1981 年第 6 期。

科学》杂志社为了活跃学术思想和繁荣教育学，召集有关教育学家以及社会科学家们讨论了中国教育学的现状和发展问题。学者们认为教育学的现状远远不能适应教育事业发展的需要，并就如何发展教育学提出了具体意见。① 与此同时，一些学者在有关文章中也对我国教育学的现状和发展问题进行了思考，指出长期以来我国把教育学搞得很狭窄，作为一门学科的教育学代替了所有的教育学学科，教育研究内容仅局限于中小学教育教学过程这一狭窄的领域，教育学在我国长期不受重视，甚至遭到歧视和打击。近 20 年内处于被批判、被取消的地位。这些原因导致了我国教育学的落后。②

第二，明确提出建设中国特色社会主义教育学。1983 年 5 月 24 日至 30 日，教育部在北京召开了全国第二次教育科学规划会议。1983 年 5 月胡乔木在第二次全国教育科学规划会议期间关于教育研究"要有一点思想解放"的谈话，引起了我国教育学研究者的强烈反响，激发了我国教育学研究者建设教育学的热情。会议明确提出要坚持以马列主义、毛泽东思想为指导，以研究我国教育事业发展与改革过程中的重大现实问题与理论问题为中心，逐步建立具有中国特色的社会主义教育科学体系。正是在这种背景下，教育科学自身进行反思，探讨建立中国特色的社会主义教育科学体系成为我国教育科学工作者对这一阶段着力探索的热点问题。

第三，不少学者从不同的角度，对如何构建我国新时期的教育学科体系进行了思考和探索③，并获得了初步的一致认识，即中国特色的社会主义教育科学体系涉及三方面。其一，"中国特色"。学者们认识到，要从中国的国情出发，包括民族、文化等特点，总结

① 《教育科学应该有一个大发展——〈中国社会科学〉杂志召开的"教育科学的现状与发展"座谈会发言摘要(上)》，载《中国社会科学》，1983(5)。

② 顾明远：《对制订教育科学研究规划的意见和希望》，载《教育研究》，1983(5)。

③ 仅以中国人民大学报刊复印资料《教育学》统计，1982—1984 年发表这方面的文章达 25 篇之多。

古今先进的有用的教育经验和研究成果。其二，"社会主义"。学者们认识到要以马列主义、毛泽东思想为指导，研究社会主义的性质和发展规律，以此作为教育科学体系的基础。其三，"教育科学体系"。学者们认识到要突破传统的、封闭的教育科学体系，顺应科学发展的趋势—分化与综合，建立宏观与微观相统一的教育科学体系，同时借鉴自然科学，特别是数学与"三论"的方法来构造教育科学的体系，使之更科学化、现代化。[1]

第四，各教育学学科领域，主要是普通教育学、中国教育史、外国教育史、教育哲学、教育经济学、教育社会学、学校管理学、教育行政学、教育心理学、教育技术学、教育统计学、比较教育学、高等教育学、高等教育管理学、各学科教材教法、教育未来学、教育社会心理学和教学论等学科领域也开展了学科自身建设和发展的探讨，其中包括各学科的研究对象、任务、方法、学科体系，以及某些概念、范畴规律和观点的研讨。此外，各学科领域几乎都对本学科国外的发展状况进行了引进和介绍，教育科学出版社 1982 年还出版了由张渭城主编的《国外教育学科发展概述》一书。这说明我国教育学研究者已进一步立足于国外教育学的发展，去建设和发展我国教育学。

第五，教育系科全面恢复，教育学类课程建设越来越受到重视。许多高师院校结合教育系课程改革，着手教育学的研究、建设。经过几年的努力，除开设了教育学、教育心理学、中国教育史、外国教育史、学校管理学、教育行政学、教学论等学科外，还开设了教育哲学、教育社会学、比较教育学、教育统计学等课程，而且有些学科已相继写出一批著作和教材。虽然这些著作和教材还有不够成熟的地方，但它填补了我国教育学学科领域的某些空白，为这些学

---

[1] 　徐毅鹏等：《当前我国教育学研究中的一些问题》，载《教育研究》，1983(11)。

科的进一步建设打下了基础。

第六，我国教育学研究者不仅重视教育学与其他学科的联系、交叉、渗透，还在初步认识教育学与自然科学及其他社会科学联系的基础上新建了教育哲学、教育社会学、教育经济学、教育管理学和教育统计学等教育学交叉学科，而且改变了"文化大革命"前我国教育学建设仅仅囿于普通中小学教育研究领域的状况，教育学专门学科开始得到建设和发展。教育学已初步向两个方面分化和发展：其一，分化出教学论等学科；其二，形成了学前教育学、普通教育学、高等教育学和成人教育学等分支学科。如高等教育学即作为教育学的分支学科，于 1983 年正式列入国务院学位委员会的学科专业目录，这标志着学科的体制化。

三、以中国教育学本土化为目标的建设阶段

继经济体制改革决定、科技体制改革决定颁布之后，1985 年 5 月中共中央又颁布了《关于教育体制改革的决定》(以下简称《决定》)，我国进入全面深化改革的时期。《决定》指出了我国教育体制改革的正确方向，确定的根本目的、指导方针，提出了新时期我国教育事业发展的战略目标。《决定》的贯彻实施标志着我国教育事业的发展进入了一个新的阶段，自然也标志着中国教育学的创建进入了一个新的阶段。在邓小平同志南方谈话后，中共中央又做出了《关于建立社会主义市场经济体制的决定》，颁布了《中国教育改革和发展纲要》。这一切大大推进了我国新时期教育事业的发展，促进了我国教育研究事业的繁荣和发展，进而也带动了我国教育学的繁荣和发展。从 1985 年到 2000 年，这是我国教育学迅速发展阶段，特别是以叶澜发表的《关于加强教育科学"自我意识"的思考》[《华东师范大学学报(教育科学版)》1987 年第 3 期]和鲁洁发表的《试论中国教育学的本土化》(《高等教育研究》1993 年第 1 期)等为标志，中国教育学发展进入了以中国教育学本土化为目标的再建阶段。这一阶段具有以下五

个方面的特点。

第一，由实践的探索走向理论的深入讨论。从"中国式教育科学"和"中国特色社会主义教育科学"发展到本阶段的"中国教育学本土化"或者说"教育学中国化"，中国教育学建设目标日趋明确，随着目标的明确，越来越需要从实践层面的感性思考，走向理论上深入系统的讨论。① 一些学者在本阶段对中国教育学的本土化、教育学中国化进行了有一定深度的研究。②

第二，由开放引进走向综合创新。在积极引进并借鉴国外教育学发展成果的基础上，我国教育学研究者结合我国的实际，植根于教育改革实践，在教育学的园地上辛勤地耕耘，比较重视教育学新分支学科的创建，创立了学习学③、教育政策学、农村教育学和教育情报学等学科。

第三，高度综合与分化趋势并存。适应世界教育学既分化又综合的发展趋势，这一阶段我国教育学进一步呈现出既高度综合又高度分化的趋势。一方面，教育学与哲学、社会科学、自然科学、思维科学和系统科学等有关学科进一步结合，在原有的教育哲学、教育心理学、教育史、教育管理学、教学经济学和教育社会学等交叉学科的基础上，又创建了教育政治学、教育文化学、教育生态学、教育法学、教育伦理学、教育传播学、教育美学和教育人类学等交叉学科。原有的交叉学科在这一阶段得到进一步的丰富和发展。另

---

① 侯怀银、王喜旺：《教育学中国化——一个世纪以来中国学者的探索和梦想》，载《教育科学》，2008(6)。

② 鲁洁：《试论中国教育学的本土化》，载《高等教育研究》，1993(1)；丛立新：《关于"建立有中国特色的教育学"口号的争议》，载《中国教育学刊》，1993(2)；陈桂生：《略论教育学"中国化"现象》，载《教育理论与实践》，1994(4)。

③ 学习学是国内20世纪80年代以来一些研究者一直在呼吁并试图独立创建的一门学科。参见林明榕：《建立学习学的构想》，载《山西大学学报(哲学社会科学版)》，1987(1)；林明榕、魏峰：《中国学习科学的特色》，载《中国高教研究》，1992(1)；林明榕：《全国第四届学习科学学术研讨会在北京召开》，载《教育研究》，1995(12)。

一方面，教育学自身进一步向两个方面分化和发展。我国教育学研究者不仅在原有的教学论基础上创建了教育概论（或称教育原理）、课程论、德育原理等学科，而且在原有的高等教育学、学前教育学、普通教育学、成人教育学的基础上，创建了职业技术教育学、农村教育学等学科，原有的学科也得到进一步的丰富和发展。与此同时，教育学与自然科学、社会科学、思维科学、系统和学交叉所形成的交叉学科自身也在不同维度分化，形成了一系列分支学科。我国教育学研究者还创建了高等教育管理学、高等教育哲学、高等教育史、高等教育经济学、教育管理心理学、教育社会心理学、职业技术教育管理史、职业技术教育史、学前教育管理学、学前教育史、教育管理哲学、电化教育管理学等学科。我国教育学学科体系在这个阶段已基本形成，体系已初具规模，并呈现出以二级学科衍生为主流的发展特点，大量二级学科出现。

第四，向宏观和微观两方面发展。本阶段，我国教育学已逐步向宏观与微观两方面发展，即向宏观拓展，向微观延伸。研究教育外部规律（教育与外部关系）的分支学科越来越多。我国教育学研究者进一步加强了教育经济学、教育社会学、教育文化学等学科的建设。与此同时，研究教育内部规律（教育内部关系）的分支学科，如分科教学法、分学科教学论、分学科教育学等学科也受到我国教育学研究者的重视。

第五，研究方法成为一些新学科建立的先导，教育科学研究方法已初步形成一门多支的体系。本阶段，我国教育学研究者构建的学科体系中，方法系列的学科占有重要的地位，有的学科实际上就是根据应用的方法特征而命名的。如教育实验学、教育测量学等。方法系列的学科实际上已初步形成一门多支的体系，包括了教育科学研究方法、教育统计学、教育测量学、教育实验学等学科。

第六，注重教育学的元科学研究，努力创建教育科学学。随着大量国外教育科学学科专著、教育学科研究论文的引进和对我国教育学发展现状的深刻反思，我国教育学研究者开始把目光转向对教育学自身的研究。有的学者明确提出要加强教育科学的"自我意识"，并具体提出在教育科学的内部学科群中，还应有一个相对独立的学科群，即以教育科学本身为研究对象的元科学群。在这个群体中，至少应包括三方面的学科：教育科学发展史（包括总的教育科学发展史和教育科学内的基础学科的发展史）、教育科学学（对教育科学结构及发展机制的研究）和教育科学方法学（包括研究的方法论与方法体系）。[①] 有的学者还具体探讨了教育科学学这门学科的构建。[②] 在诸多研究的基础上，张诗亚和王伟廉于 1990 年 12 月推出了我国关于教育科学学的第一部专著《教育科学学初探——教育科学的反思》。该书探索性地提出了建立教育科学学理论体系的标准以及教育科学学的定义、研究范围及其性质等，为教育科学学这门学科的建立进行了大胆的尝试。20 世纪 90 年代后，我国部分教育科学工作者，又在元教育学名义下，对教育科学的发展进行反思。[③] 对元教育学的研究，标志着对教育学的反思走向了一个新的阶段。在对我国教育学整体进行反思的基础上，各学科领域，特别是普通教育学、高等教育学、教学论、比较教育学、外国教育史、教育哲学、教育社会学、教育经济学、学科教育学等学科几乎都开展了本学科自身建设的思考和探索。思考和探索的问题有本学科的研究对象、任务、范围、方法、逻辑起点和学科体系等。

四、以中国教育学为目标的建设阶段

21 世纪初，中国教育学建设呈现出了以下几方面特点。

---

① 叶澜：《关于加强教育科学"自我意识"的思考》，载《华东师范大学学报（教育科学版）》，1987(3)。

② 肖川：《建立"教育科学学"刍议》，载《教育研究》，1989(11)。

③ 《华东师范大学学报（教育科学版）》从 1995 年第 1 期起，专门开辟了"元教育学"讨论专栏，至 1996 年第 4 期，该讨论暂告一段落。

（一）教育学体系不断分化并出现了新的分支学科

随着教育学在中国的建设和发展，教育学已不断分化成为一个包含多个分支学科的学科群。按照国家层面的教育学学科建制，根据教育部颁布的《学位授予和人才培养学科目录》中的划分，教育学包括 10 个二级学科，分别是教育学原理、教育史、课程与教学论、比较教育、高等教育学、学前教育学、成人教育学、职业技术教育学、教育技术学、特殊教育学。各二级学科之下又包括了若干的研究方向。在 21 世纪初，在 10 个二级学科之外，又出现了多个新的二级学科，如研究生教育学和教师教育学。

20 世纪八九十年代，虽有研究者提出研究生教育学，但并未将其上升到一门学科的角度去研究，而 21 世纪初，田逸平等的《研究生教育学》和薛天祥的《研究生教育学概论》出版，标志着研究生教育学开始成为一门教育学分支学科。2015 年，天津大学、北京理工大学率先自设目录外二级学科，招收研究生教育学方向的研究生。[①]

就教师教育学而言，20 世纪存在的师范教育在 21 世纪成为教师教育，特别是《高等师范教育研究》更名为《教师教育研究》。2002 年，北京师范大学开始设立教师教育方向的博士点，开始招收与培养教师教育政策、比较教师教育和教师专业发展三个研究方向的博士研究生。首都师范大学、上海师范大学、四川师范大学相继在教育学一级学科下属自主设置教师教育学二级学科博士点，招收与培养教师教育原理、教师教育政策、教师专业发展等研究方向的博士研究生。种种迹象表明研究生教育学和教师教育学是教育学一级学科不断分化新出现的二级学科。

除了新出现的二级学科之外，原有的一些二级学科也分化出了

---

① 侯怀银、王耀伟：《研究生教育学学科的研究：历程、进展和趋势》，载《研究生教育研究》，2018(6)。

新的研究方向。我们以教育学原理为例。教育学原理学科在 20 世纪 80 年代与教育基本理论、教育原理、教育概论、教育通论等混用。① 到了 21 世纪初，其学科名称已稳定，即教育学原理。在教育学原理学科之下还有若干的研究方向，如教育基本理论、教育哲学、德育原理、教育社会学等。在 21 世纪初出现的新的研究方向有少儿组织与教育、学生发展、终身教育、家庭与社区教育、多元文化教育理论与实践、科学教育原理等。

值得注意的是，这个阶段教育学学科的发展突破了学校教育学框架，重视了社会教育学等学科的构建。有的研究者指出，以往的社会教育研究，大多是从对社会教育实施指导的角度进行。特别在民国时期，社会教育研究的主要目的在于指导实践，以改变我国当时社会现状，并试图通过对全体民众的教育来改良社会。虽然民国时期出版的社会教育著作和教材在编写体系和内容上体现了社会教育学学科建设的努力，1989 年北京春秋出版社引进了日本社会教育学家新崛通也著、张惠才译的《社会教育学》，1992 年教育科学出版社出版了王冬桦、王非主编的《社会教育学概论》，但从总体上看，中国学者对社会教育的研究尚缺少学科层面的探讨，对于社会教育学学科的建设不够重视。从学科层面对社会教育进行探讨，进行社会教育学的学科建设，应该是世纪初我国教育学学科建设的重要任务。社会教育学的研究不仅对于社会教育的整体研究和进展具有重大的推动作用，而且必将给我国教育学学科建设带来新的生机和活力。

教育学科体系的不断分化以及出现新的分支学科，一方面表现出中国教育学发展的繁荣局面，另一方面也反映出中国教育学面对新的时代课题做出的回应。但是教育学学科如何去合理分化，这个

---

① 柳海民、邹红军：《教育学原理：历史性飞跃及其时代价值——纪念改革开放 40 周年》，载《教育研究》，2018(7)。

问题需要妥善解决。教育学在不断分化的过程中也要注意适当的综合。

（二）教育学元研究得到进一步研究

教育学元研究是以教育学自身为研究对象，对教育学发展过程中的一些基本问题，从理论和历史结合维度，作批判性反思和建设性探索。① 教育学的元研究包括教育学的概念、教育学的性质、教育学的体系、教育学的研究对象、教育学的逻辑起点、教育学的学科独立性等问题。

21 世纪初，教育学的概念、教育学的研究对象、教育学的学科独立性等问题进一步受到教育学研究者的重视，认识在日趋一致。关于教育学的概念，研究者一般认为教育学是研究教育现象和教育问题，揭示教育规律的学科。关于教育学的研究对象，研究者虽然未进行深入的探索，但是基本上认为教育学的研究对象就是教育现象和教育问题。关于教育学的学科独立性问题，研究者一般认为教育学是一门独立的学科。中国教育学的发展不再依赖国外教育学的引进和移植，而是走向了独立发展的道路。

21 世纪初，教育学的性质又进一步受到研究者的重视，并开展了讨论。这种讨论既把教育学作为学科，又把教育学作为一个研究领域。有研究者在综合已有研究者观点的基础上，提出教育学的学科性质应是研究教育艺术的科学，教育学的学科性质呼唤其应精加工出解决教育实践问题的教育科学理论。② 还有研究者认为教育学是一种探究教育者的行事依据与有效性、合理性的"事理研究"。③

① 叶澜：《回归突破："生命·实践"教育学论纲》，137 页，上海，华东师范大学出版社，2015。

② 李宜江：《教育学是研究教育艺术的科学——对教育学学科性质的再思考》，载《当代教育论坛》，2013(4)。

③ 卜玉华：《论教育学的"事理研究"性质》，载《南京社会科学》，2014(2)。

故而，教育学的性质就是"事理研究"性质。除此之外，研究者还对教育学到底属于社会科学还是人文学科进行了探索。有研究者认为教育学属于人文学科①，有研究者认为教育学属于人文社会科学②，也有研究者认为教育学是以人文学科为学科原点的社会科学③，还有研究者认为教育学是一门研究教育现象的科学④。关于教育学性质争论的观点还有很多，我们在此不一一列举。纵观已有研究者对教育学性质的争论，基本上围绕教育学是不是科学，教育学是社会科学还是人文学科进行探讨。在争论的过程中，我们注意到在研究者研究教育学性质的过程中出现了两个问题：其一，教育学的性质和教育学的学科性质的区别，教育学的学科性质是研究教育学的学科归属的问题，其答案不是教育学的性质；其二，研究教育学性质本身的意义，也就说探索教育学的性质能怎么样的问题。教育学的性质直接决定了教育知识的生产方式，也可以说教育知识的不同生产方式本身决定了教育学的性质。

关于教育学的体系、教育学的逻辑起点等问题，21 世纪初国内研究者较少有探索。诚如我们前面所说，我国教育学学科体系在中华人民共和国成立后 17 年，得到了初步的建设和发展。但在"文化大革命"期间，中华人民共和国成立后 17 年教育学学科体系建设的成就被全部否定，教育学学科体系建设被迫中断，在学科体系发展史上形成了时空上的断裂。"文化大革命"后，经过拨乱反正，我国教育学学科体系在一片废墟上开始恢复重建，不仅恢复了教育学、教育心理学、教育史、各科教学法等"文化大革命"前就有的学科，

---

① 张楚廷：《教育学属于人文科学》，载《教育研究》，2011(8)。
② 王鉴、姜振军：《教育学属于人文社会科学》，载《教育研究》，2013(4)。
③ 余小茅：《教育学：以人文学科为学科原点的社会科学》，载《山西大学学报(哲学社会科学版)》，2014(6)。
④ 周兴国：《论"教育学是一门研究教育现象的科学"》，载《山西大学学报(哲学社会科学版)》，2016(1)。

而且还提出要建设教育哲学、比较教育、教育统计、教育行政、学校管理等 1949 年以前就已有的学科，进一步扩充中华人民共和国成立后 17 年所建立起来的教育学学科体系。[①] 经过多年的努力，我国教育学学科体系已初具规模；初步形成了多类型、互相渗透、动态的学科发展格局；教育学科各项功能呈加强趋势。到 21 世纪初，教育学在中国已形成了一个以教育学为中心、科目门类多样、内容涵盖丰富、较为完整并具有自己组织结构的学科体系，形成了一个由近百门二、三级分支学科构成的丰富的庞大教育学学科群。

（三）中国教育学越来越成为教育学学科建设目标

作为一门近代学科的教育学，是在 20 世纪降临到中国的。说其是"降临"而不是"诞生"，只因为教育学由国外"引进"，并非国内自生。[②] 面对教育学的"降临"，中国教育学人试图使教育学"中国化""本土化"。20 世纪 20 年代，国人就提出了"教育学中国化"，20 世纪 50 年代，国人进一步反思了"教育学中国化"，改革开放之后，建设中国教育学在众命题和口号中脱颖而出，并越来越成为中国教育学人的追求。[③]

一直以来，教育学中国化是中国教育学者的追求和梦想，但中国教育学的旨归应该是走"中国教育学"之路。[④] 重建当代中国教育学的实践典范当首推"生命·实践"教育学。华东师范大学叶澜教授首创并持续领导的"生命·实践"教育学在 21 世纪之前已走过了孕育期（1983—1991 年）、初创期（1991—1999 年），在 21 世纪初则走过了发展期（1999—2004 年）、成型期（2004—2009 年）以及渐至佳境的

[①]　侯怀银、刘光艳：《中国教育学学科体系的构建及其特征——以 20 世纪下半叶为中心》，载《华中师范大学学报（人文社会科学版）》，2006(2)。

[②]　叶澜：《中国教育学发展世纪问题的审视》，载《教育研究》，2004(7)。

[③]　郭建斌：《由"教育学中国化"到"中国的教育学"》，载《现代教育科学》，2017(4)。

[④]　侯怀银、王喜旺：《教育学中国化——一个世纪以来中国学者的探索与梦想》，载《教育科学》，2008(6)。

通化期(2009 年至今，尚在进行中)。叶澜教授认为，"生命·实践"教育学是属人的、为人的、具有人的生命气息和实践泥土芳香的教育学。[①]"生命·实践"教育学极为重视的便是回归中国优秀的文化传统、直面当代鲜活的教育实践，视此二者为攸关其"生命"的两条命脉，与学科史、马克思主义和当代科学、哲学互融互通维系着其健康发展，这是"古今中外法"的现实践行；就相关教育基本命题在回归中实现突破，给出了学派独特的回答，如"教育是点化生命的人间大事""教天地人事，育生命自觉"等，这是中国式话语的当代声音；形成了独特教育学理论建构路径：基因式核心概念的探寻，理论人的"主动深度介入"和实践人的"研究性变革实践"，理论与实践的双向建构和交互滋养，"回归式汲取""批判式内化""创造性突破"……这是摆脱以西方为本的学科自立。[②]

在构建中国教育学的过程中，"中国教育学"的"中国性""中国感""中国味"进一步得到明确。也即"中国"是一种"态度"，"中国"是一种"立场"，"中国"是一种"视角"，"中国"是一种"方法"，"中国"是一种"典范"。[③] 叶澜教授曾提出创建中国教育学，并认为中国教育学是指中国学者应为教育学发展做出世界性的贡献，教育学的世界宝库中应该也有中国的原创性成果，中国教育学人为此也要为中国教育学界与世界其他国家教育学界交流时能平等对话、交互影响作出努力。[④] 叶澜教授提出的殷切期望在 21 世纪初得到了一定程度的实现，一些中国学人的著作被翻译成英文、日本等出版，一些国际会议上出现了中国教育学人的声音，中国一些高校承办了相应的国际会议，中国的中小学与国外的中小学以高校中的教育学人为中

---

① 叶澜：《"生命·实践"教育学派——在回归与突破中生成》，载《教育学报》，2013(5)。
② 张旭、皇甫科杰：《走向中国教育学——"生命·实践"教育学的当代践行》，载《教育导刊》，2018(2)。
③ 李政涛：《走向世界的中国教育学：目标、挑战与展望》，载《教育研究》，2018(9)。
④ 叶澜：《中国教育学发展世纪问题的审视》，载《教育研究》，2004(7)。

介建立起了联系……可以说中国教育学正在走向世界。2015 年，叶澜教授主编的"生命·实践"教育学系列丛书正式发布，以及《回归突破："生命·实践"教育学论纲》英文版的发布，是当代教育学人追求原创成果，并走向世界发出中国教育学声音的阶段性成果，这意味着中国教育学的定位更加科学，发展趋势和发展前景更加清晰。

（四）教育学的中国话语构建被提上日程

任何思想都需要用语言来表达。随着创建中国教育学成为教育学学科建设的目标，中国教育学的话语体系问题被中国教育学人提上日程。

话语不仅是一种思想表达的工具，而且还代表着一个民族的文化与思维，以及代表着一个国家的权力与地位。中国教育学应该具有中国的话语体系，构建具有中国特色、中国风格、中国气派的教育学话语体系，这既是中国教育学的内在要求，又是改变中国教育学对西方的依附状态，使中国教育学走向世界并在世界舞台上发出中国声音的有效途径。中国表达、中国实践、中国经验、中国文化，是教育学中国话语的四个要素。确立马克思主义的指导思想，深入教育改革与实践，立足传统文化精神，寻求与西方理论的对话，是建设中国教育学话语体系的基本策略。[①] 也有研究者认为构建具有中国特色的教育学话语体系是教育学学科建设的重要时代课题。以往学科化的教育学话语体系远离教育实践本身，存在去情境化、以偏概全、抹杀丰富性、空疏无用等问题，导致教育学失却话语权，学科地位衰微。受其影响，自身的文化立场不够鲜明、脱离实践、缺乏对个人体验和反思的关注、不加批判地"接着说"等是我国教育学话语体系的顽疾。为了改变这个状况，我们在构建中国特色教育学话语体系的过程中，要更加自觉地从丰厚的传统文化中获取营养、

---

① 冯建军：《构建教育学的中国话语体系》，载《高等教育研究》，2015(8)。

积极开展具有首创精神的教育实践、更加全面和准确地反映教育的时代精神、以批判的目光和思想方法学习借鉴西方教育学话语体系。[①]

虽然让教育学说中国话尚在路上，但是中国教育学人已意识到这个问题，并正在探索构建中国教育学话语体系的路径、原则等，相信在不久的将来，教育学将会说中国话，也即将会出现汉语的教育学，也就是中国教育学。

(五)中国教育学对时代提出的问题不断做出回应

当前，中国社会实践处于转型升级的关键阶段，且科学技术、脑科学等方面也在迅速发展，其他学科对教育学的影响也在逐渐加大。教育学的建设和发展面临着新的机遇和挑战，中国教育学对此做出了积极的回应。在回应时代提出的问题过程中，中国教育学的教育学的学科独立性更为凸显，教育学的学科科学性更为强化，教育学的学科实践性进一步深入。

信息技术影响下教育实践的开展，丰富了教育学的原创性理论成果，教育学实现了逐渐摆脱依赖国外教育学输入的局面，走上以我为主的生成之路。中国教育学建设步伐加快。中国教育学的发展突出地强调自身的中国立场，中国教育学学派林立的局面将渐次呈现。这种学科独立性，即是教育学学科发展中"自我意识"的增强，其实就是教育学人的学科意识的增强。无论是社会以及技术等对教育学发展的影响，还是其他学科对教育学发展的影响，核心都是教育学人自我发展的结果。

人工智能、脑科学等现代科学技术的发展引入教育学领域，拓宽了教育学的研究领域，加深了教育学的研究深度，使教育学研究者对学科知识系统内在逻辑的探寻、知识体系的搭建、研究结果的呈现形式都进入科学精神的统御，凸显出教育学的学术品质，提升教育学的科学性内涵。

---

① 刘旭东：《我国教育学话语体系的反思与重构》，载《中国教育学刊》，2016(7)。

第三章
教育学主要分支学科的
发展（上）

    顾明远先生在总结中华人民共和国（以下简称"共和国"）改革开放 40 年的教育成就时，曾经说过："中国教育可以用四句话来概括：一是观念的转变，二是事业的发展，三是制度的创新，四是科学的繁荣。"[1]科学研究具有历史继承性，研究中华人民共和国教育学[2]分支学科发展史，严格说来，时间应该界定在 1949 年 10 月 1 日以后。但为了学术研究的衔接性，我们不得不简单回顾 1949 年以前的教育学学科在中国的发展概况。有的研究者认为，20 世纪中国教育学学科发展史的宏伟历史画卷，可以由两种途径展开：一是教育学在中国的发展史；二是中国教育学的发展史。这些认识都比较中肯地说明了中国教育、中国教育学学科发展的真实状态。

---

[1] 刘华蓉：《纵论教育改革开放 40 年，顾明远先生对话许美德教授——中国教育发展的全球意义在哪里》，载《中国教育报》，2018-09-27。

[2] 教育学在中国有多种理解，一种是作为学科分类的教育学（指教育学一级学科）；一种是指一种专业的教育学（高校专业的设置）；一种是指作为师范院校一门课程的教育学（公共课的教育学）；一种是指教育科学的教育学。这里主要是指一级学科的教育学。

第一节　教育学主要分支学科的形成和发展

继承与发展是学科发展的基本逻辑，探索中华人民共和国教育学分支学科发展史的基本情况，我们不得不回顾 1949 年以前教育学在中国的发生与发展情况。革命导师列宁曾说："为了解决社会科学问题，为了真正获得正确处理这个问题的本领而不至于纠缠在许多细节或各种争执意见上面，为了用科学眼光观察这个问题，最可靠、最必需、最重要的就是不要忘记基本的历史联系，要看某种现象在历史上怎样产生，在发展中经过了哪些主要阶段，并根据它的这种发展去考察它现在是怎样的。"①

一、1949 年以前教育学主要分支学科的发展

自鸦片战争以来，闭关锁国的清政府被外国的坚船利炮打开了国门，一些有识之士清醒地认识到中国的落后，开始了"师夷长技以制夷"的洋务运动。1894 年的甲午中日战争，清政府惨败，被迫于 1895 年签订了丧权辱国的《马关条约》。为了革新图强，1898 年清政府启动了"戊戌变法"（亦称"百日维新"），但很快失败。尽管"戊戌变法"失败，但它作为一次思想启蒙运动，促进了人们的思想解放。1900 年 5 月至 1901 年 9 月，八国联军发动了侵华战争，北京沦陷，《辛丑条约》的签订使中国彻底沦为半殖民地半封建社会，给国家和人民带来了空前深重的灾难。在此背景下，清政府决定实施新政，改革教育。

1901 年，《教育世界》杂志第 9、10、11 号上，连续刊载日本立花铣三郎讲述、王国维翻译的《教育学》，这是中国引进"教育学"的开端，也是教育学在中国发生的开端。随后国人掀起了学习日本教

---

① 《列宁全集》（第 29 卷），430 页，北京，人民出版社，1956。

育学及教育学分支学科的高潮，大量翻译日本的教育学及教育学分支学科著作。当然，在学习日本教育学及其分支学科的基础上，结合学习体会和本国的教育实践经验，开始编写中国的教育学及其教育学分支学科。这一时期引进日本的教育学，既是中国教育迈向教育现代化的需要，也是西学东渐的必然结果，同时还是满足师范学校开设教育学课程的需要。

1916 年，当时最有影响力的教育刊物《教育杂志》开始刊登杜威(John Dewey)的实用主义教育学说。1917 年，胡适、蒋梦麟、陶行知、晏阳初等人留学归来，开始介绍杜威的教育思想，再加上1919 年杜威来华讲学，教育学的学习和引进发生重大转向，由原来学习日本的教育学开始转向学习欧美的教育学，这种引进与学习一直持续到中华人民共和国成立①。在学习欧美教育学时期，教育学及其分支学科的发展是相当开放的。我们不仅学习美国的教育学，而且德国的教育学也被引进，例如国家主义教育学、文化教育学等。当然，这一时期美国的教育学思想占据主导地位。据考证，20 世纪引进外国 476 名著者的教育学及分支学科著作和教材，共有 530 本。引进的教育学及其分支学科的门类约有 44 种。其中，20 世纪上半叶共引进 245 本。在引进国外教育学学科的同时，国人结合学习与教学，也编写了大量的教育学及其教育学分支学科的著作与教材。这里以出版发表时间为序，罗列出教育学及主要分支学科的发展情况。

(一)翻译与编译国外的教育学及分支学科著作与教材情况②

[日]田中敬一：《学校管理法》，周家树译，载《教育世界》，

---

① 张忠华：《教育学中国化百年反思》，载《高等教育研究》，2006(6)。

② 这些书目主要是根据以下书目整理而成。侯怀银：《20 世纪中国教育学发展问题研究》，2—9 页，北京，北京师范大学出版社，2011；侯怀银：《中国教育学发展问题研究——以 20 世纪上半叶为中心》，253—192 页，太原，山西教育出版社，2008；郑金洲、瞿葆奎：《中国教育学百年》，1—100 页，北京，教育科学出版社，2002；周谷平：《近代西方教育理论在中国的传播》，广州，广东教育出版社，1997。

1901 年 5－8 月，第 1－7 号。

〔日〕三岛通良：《学校卫生学》，汪有龄译，载《教育世界》，1901 年 5－8 月，第 1－8 号。

〔日〕立花铣三郎：《教育学》，王国维译，载《教育世界》，第 9、10、11 号。

〔日〕汤本武比古：《教授学》，载《教育世界》，1901 年 10－11 月，第 12、13、14 号。

〔日〕藤泽利喜太郎：《算术条目及教授法》，王国维译，载《教育世界》，1901 年 12 月－1902 年 2 月，第 14－18 号。

〔日〕原亮三郎：《内外教育小史》，沈弘译，载《教育世界》，1901 年 12 月－1902 年 2 月，第 15－18 号。

〔日〕木场贞长：《教育行政》，陈毅译，1902 年(出版者不详)。

〔日〕久保田贞则：《心理教育学》，上海广智书局，1902。

〔德〕格露孟开伦：《格氏特殊教育学》，京师大学堂译书局，1903。

〔日〕中岛半次郎、尺秀三郎：《教育学原理》，季新益译，东京教科书辑译社，1904。

〔日〕高岛半三郎：《教育学史》，张宗哲编述，载《直隶教育杂志·直隶教育官报》1908 年 1 月，丁未年第 19 期；1908 年 3 月－1908 年 4 月，戊申第 1、3、4、5 期。

〔美〕柯培楷：《蒙学原理》，吕复译，载《直隶教育杂志·直隶教育官报》，1908 年 4 月－1909 年 1 月，戊申年第 5、10、16、19、20 期；1909 年 3 月，己酉年第 3 期。

朱景宽：《职业教育论》，商务印书馆，1916。

世界社：《旅欧教育运动》，旅欧杂志社，1916。

余寄：《德英法美国民教育比较论》，中华书局，1917。

余寄：《社会教育》，中华书局，1917。

[美]史密斯:《教育社会学导言》,刘著良译,载《安徽教育月刊》,1918年1月,第15期;1919年1月,第12期。

[美]杜威:《德育原理》,元尚仁译,中华书局,1921。

[美]豪恩:《教育哲学》,周从政译述,中华书局,1924。

[美]吉特:《教育之科学的研究》,郑宗海译,商务印书馆,1924。

[美]麦柯:《教育实验法》,薛鸿志译,求知学社,1925。

美国中等教育改制委员会:《中等教育的基本原理》,胡志智译,北京文化学社,1927。

杜佐周:《麦柯教育测量法撮要》,民智书局,1927。

[美]塞斯顿:《教育统计学纲要》,朱君毅译,商务印书馆,1928。

[美]波比忒:《课程》,张师竹译,商务印书馆,1928。

郑冠兆:《美国成人教育之面面观》,中华印刷局,1931。

雷宾南:《成人教育丛论·第1集》,江苏省立教育学院研究实验部,1931。

[日]富士川游:《教育病理学》,李任仁编,三友书店,1935。

美国内务部教育署全国教育财政调查团:《教育财政学原论》,陈友松译,商务印书馆,1936。

教育部社会教育司:《电化教育法规》,1936。

[日]细谷俊夫:《教育环境学》,雷通群译,商务印书馆,1938。

[美]谷德:《教育研究法》,李相勖、陈启肃译,商务印书馆,1939。

赵光涛:《电化教育概论》,商务印书馆,1948。

从以上这些材料可以看出,当时引进的教育学及主要分支学科有:教育学、教育学原理、学校卫生学、学校管理学、教学法、教育史、教育学史、教育行政、心理教育、蒙学教育(学前教育)、职业教育、社会教育、比较教育、教育社会学、教育哲学、德育原理、教育科学研究方法、教育实验法、教育基本理论、教育测量、教育统计、课程、教育病理学、教育财政学、教育环境学等。本书所要研究的 10 个学科的研究内容，基本上都有所涉及，具体时间如下。

教育学原理(1904)、课程论(1928)、教学论(1901)、教育史及教育史学(1901、1908)、比较教育学(1917)、学前教育学(1908)、高等教育学(1916)、成人教育学(1931)、职业技术教育学(1916)、特殊教育学(1903)、教育技术学的前身电化教育(1936)①。

（二）国人编写的教育学及其教育学分支学科的情况

国人编写的教育学及分支学科的相关著作与教材，主要有：

冯世德：《实用教育学》，载《大陆》1903 年，第 3、4、5、6、8、9、10、11、12 期。

朱孔文：《教授法通论》，时中学社，1903。

云窝：《教育通论》，载《江苏》1903 年，第 3、4、6、9、10 期。

蒋维乔：《学校管理法》，商务印书馆，1910。

谢荫昌：《社会教育》，商务印书馆、中华书局、文明书局，1913。

张学年：《家庭教育学》，载《湖南教育杂志》，1913 年，第 10 期。

俞庆恩：《学校卫生讲义》，江苏省教育会，1915。

周维城：《特别教育》，商务印书馆，1916。

蒋拙诚：《道德教育论》，商务印书馆，1919。

舒新城：《教育心理学纲要》，商务印书馆，1922。

张秉洁、胡国钰：《教育测量》，北京高等师范，1922。

---

① 关于电化教育，在 1949 年以前没有查到翻译的书籍。但国人编写出这方面的著作与教材。

常道直:《成人教育论》,载《教育杂志》1922 年,第 14 卷第 8 号。

薛鸿志:《教育统计学大纲》,高等师范编译部,1922。

陶孟和:《社会与教育》,商务印书馆,1922。

范寿康:《教育哲学大纲》,中华学艺社,1923。

孟宪承:《教育社会学讲义》,1923 年在江苏省师范讲习所联合会的讲演词。

孙贵定:《教育学原理》,商务印书馆,1923。

廖世承:《中学教育》,商务印书馆,1924。

余家菊:《教育原理》,中华书局,1925。

余家菊:《课程论》,载《中华教育界》,1925 年,第 14 卷第 9 期。

黄绍箕,柳诒征:《中国教育史》,出版者不详,1925。

王诲初:《西洋教育小史》,商务印书馆,1926。

庄泽宣:《职业教育概论》,商务印书馆,1926。

余家菊:《师范教育》,中华书局,1926。

舒新城:《教育通论》,中华书局,1927。

庄泽宣:《教育概论》,中华书局,1928。

王骏声:《幼稚园教育》,商务印书馆,1927。

张宗麟:《幼稚教育概论》,中华书局,1928。

庄泽宣:《各国教育比较论》,商务印书馆,1929。

廖世承:《新中华教育测验与统计》,中华书局,1932。

丘景尼:《教育伦理学》,世界书局,1932。

罗廷光:《教育科学研究大纲》,中华书局,1932。

孟宪承:《大学教育》,商务印书馆,1934。

史襄哉:《教育卫生学》,中华书局,1933。

朱智贤:《教育研究法》,正中书局,1934。

吴俊升：《德育原理》，商务印书馆，1935。

罗廷光：《教学通论》，中华书局，1940。

张栗原：《教育生物学》，文化供应社，1947。

舒新城：《电化教育讲话》，中华书局，1948。

赵光涛：《电化教育概论》，商务印书馆，1948。

从上述这些书籍来看，1949 年以前中国教育学主要分支学科建设是相当丰富的。前期主要以日本为蓝本，建设教育学主要分支学科；后期主要以欧美为参照，建设教育学主要分支学科。从这些图书资料来看，国人开始建设的教育学分支学科的时间大体上如下：

教育学(1903)、教育学原理(1923)、教育通论(1903)、教育原理(1925)、教育概论(1928)、德育原理(1919)、课程论(1925)、教学论(1903)、教育史(1925)、比较教育学(1929)、学前教育学(1927)、高等教育学(1933)、成人教育学(1922)、职业技术教育学(1926)、特殊教育学(1916)、教育技术学(1948)。

(三)马克思主义教育学及其分支学科的发展

当然，这一时期还有个别教材与著作以苏联为学习榜样，以辩证唯物主义和历史唯物主义为指导，撰写教育学相关著作，试图建立马克思主义教育学及分支学科，主要代表作有：

杨贤江：《教育史 ABC》，世界书局，1929。

杨贤江：《新教育大纲》，上海南强书局，1930。

钱亦石：《现代教育原理》，中华书局，1934。

这些教育学及教育学分支学科的发展都为中华人民共和国成立以后，特别是改革开放以来教育学主要分支学科的恢复与重建提供了重要的基础作用。

二、教育学分支学科分类标准

要想明确学科的分类，就必须探究学科的基本内涵。"学科"这一概念是从英文单词"discipline"翻译而来。学科的基本内涵有两个方面：一是学术的分类，二是教学的科目①。两者是有区别的，所有的知识分支都可以成为教学科目，但并非所有的教学科目都是知识的分支②，我国通常混同使用。《现代汉语词典》把学科释义为"按照学问的性质而划分的门类"。由此可见，学科的基本内涵就是指知识的分门别类，学科是知识分类的结果，学科是相对独立的知识体系，学科是专门化的学术组织或学术单位，人才培养是学科可持续发展的关键③。

教育学作为一级学科，中华人民共和国对其学科分类有三个官方文件可供参考：一是 1992 年国家颁布的《中华人民共和国学科分类与代码国家标准》(GB/T 13745—92)，教育学学科共分为 19 个具体的二级学科。尽管国家在 2009 年对《学科分类与代码表》进行修订，但教育学的学科分支数目没有变化，只是把学科代码的中间"·"符号删除，如表 3-1 所示。

表 3-1　教育学学科分类与代码(国标 1992/2009)

GB/T 13745—92			GB/T 13745—09		
代码	学科名称	说明	代码	学科名称	说明
880	教育学		880	教育学	
880·11	教育史	包括中国教育史、外国教育史	88011	教育史	包括中国教育史、外国教育史
880·14	教育学原理		88014	教育学原理	
880·17	教学论		88017	教学论	
880·21	德育原理		88021	德育原理	

---

① 辞海编辑委员会：《辞海》，2577 页，上海，上海辞书出版社，1979。
② 王伟廉：《高等教育学》，135 页，福州，福建教育出版社，2001。
③ 齐梅、马林：《学科制度视野下的中国教育学学科发展研究》，3 页，北京，人民出版社，2012。

GB/T 13745—92			GB/T 13745—09		
代码	学科名称	说明	代码	学科名称	说明
880	教育学		880	教育学	
880·24	教育社会学		88024	教育社会学	
880·27	教育心理学			教育心理学	见 19070
880·31	教育经济学		88031	教育经济学	
	教育统计学	见 910·4010		教育统计学	见 9104010
880·34	教育管理学		88034	教育管理学	
880·37	比较教育学		88037	比较教育学	
880·41	教育技术学		88041	教育技术学	
880·44	军事教育学		88044	军事教育学	
880·47	学前教育学		88047	学前教育学	
880·51	普通教育学	包括初等教育学、中等教育学	88051	普通教育学	包括初等教育学、中等教育学
880·54	高等教育学		88054	高等教育学	
880·57	成人教育学		88057	成人教育学	
880·61	职业技术教育学		88061	职业技术教育学	
880·64	特殊教育学		88064	特殊教育学	
880·99	教育学 其他学科		88099	教育学 其他学科	

　　二是中华人民共和国的学位制度，即《授予博士、硕士学位和培养研究生学科、专业目录》。关于学位制度的探索，中华人民共和国成立后，曾进行过一些探索，一次是在 1964 年，在聂荣臻的推动下

制定了《中华人民共和国学位授予条例(草案)》，但由于种种原因，没有实施。由于 1977 年恢复高考制度，1978 年 4 月，邓小平在全国教育工作会议上指出："学校和科学研究单位培养、选拔人才的问题，要建立学位制度，也要搞学术和技术职称。"①这样，1980 年 2 月，第五届全国人民代表大会常务委员会第十三次会议表决通过《中华人民共和国学位条例》，自 1981 年 1 月起执行。1981 年 10 月，国务院学位委员会第三次会议通过《学科评议组试行组织章程》，并通过中国首批博士和硕士学位授予单位及学科、专业名单。此后，1983 年、1986 年、1988 年(1990 年通过)，先后通过了第二批、第三批、第四批博士、硕士授予单位及学科、专业名单②。在 1988 年国务院学位委员会办公室和国家教育委员会研究生司联合颁布的《授予博士、硕士学位和培养研究生的学科、专业目录(修订草案)》中，教育学学科专业共有 16 个，即教育学原理、德育原理、教育科学研究方法、教学论、学科教学论、中国教育史、外国教育史、比较教育学、幼儿教育学、高等教育学、成人教育学、职业技术教育学、特殊教育学、教育技术学、教育经济学和教育管理学③。1977 年，国务院学位委员会、国家教育委员会颁布新修订的《授予博士、硕士学位和培养研究生的学科、专业目录》，这次把教育学(0401)整合为 10 个二级学科，即教育学原理(040101)、课程与教学论(040102)、教育史(040103)、比较教育学(040104)、学前教育学(040105)、高等教育学(040106)、成人教育学(040107)、职业技术教育学(040108)、特殊教育学(040109)和教育技术学(040110)。

　　三是高等学校专业设置的相关文件。1952 年 7 月 16 日，教育部

---

　　①　《邓小平文选》(第 2 卷)，109 页，北京，人民出版社。

　　②　王战军:《中国学位与研究生教育 40 年(1978—2018)》，286－290 页，北京，中国科学技术出版社，2018。

　　③　齐梅:《教育学原理学科科学化问题研究》，50 页，北京，中国社会科学出版社，2007。

颁布《关于高等师范学校的规定（草案）》，要求高等师范学校应根据中等师范学校教学计划设置教育（学校教育及学前教育）等系科①。1955 年，高等教育部发出《1955—1956 年高等师范学校院系调整有关事项的通知》，到 1957 年，全国 58 所高等师范学校，设置专业 21 种，教育学类专业有 3 个，即学校教育、学前教育和教育学。1963 年修订的《高等学校通用专业目录》，规定高等师范院校设置学校教育、学前教育两个专业，教育学专业被删除②。改革开放以后，随着高等教育的发展，教育系招生专业开始恢复与重建，1981 年统计，全国 186 所高等师范学校，教育学类专业有 4 个，即学校教育、学前教育、电化教育技术、教育学。1987 年，修订后的专业目录中，教育学类专业有 5 个，即学校教育、学前教育、特殊教育、教育管理、电化教育。如今的教育学类专业主要有：学校教育、学前教育、教育技术、教育管理、小学教育、特殊教育等。

除了上述三个国家层面的学科专业分类标准以外，一些学者还依据不同的标准对教育科学进行分类研究。其中最有影响的是唐莹、瞿葆奎先生的分类法，如表 3-2 所示。

本书的研究主要基于培养研究生学科、专业目录的标准，同时结合"学科分类与代码国家标准"，尝试对教育学主要分支学科发展史进行梳理与研究，即 10 个二级学科：教育学原理（040101）、课程与教学论（040102）、教育史（040103）、比较教育学（040104）、学前教育学（040105）、高等教育学（040106）、成人教育学（040107）、职业技术教育学（040108）、特殊教育学（040109）、教育技术学（040110）。

---

① 《当代中国》丛书教育卷编辑室：《当代中国高等师范教育资料选（上册）》，22 页，上海，华东师范大学出版社，1986。

② 郑金洲、瞿葆奎：《中国教育学百年》，317—318 页，北京，教育科学出版社，2002。

表 3-2 教育科学分类框架①

以教育活动为研究对象；以不同方式运用其他学科	把被运用学科作为理论分析框架	分析教育中的形而上问题	教育哲学 教育逻辑学 教育伦理学 教育美学
		分析教育中的社会现象	教育社会学 教育经济学 教育政治学 教育法学 教育人类学 教育人口学 教育生态学 教育文化学
		分析教育中个体的"人"	教育生物学 教育生理学 教育心理学
	采用被运用学科的方法	运用方法直接分析教育活动	教育史学 比较教育学 教育未来学
		研究如何运用方法来分析教育活动	教育统计学 教育测量学 教育评价学 教育实验学 教育信息学
	综合运用各门学科，解决教育的实际行动问题	分析与其他领域共有的实际问题	教育卫生学 教育行政(管理)学 教育规划学 教育技术学
		分析教育领域独有的实际问题	课程论 教学论
以教育理论为研究对象			元教育学 教育学史

之所以采用这样的标准进行分类，是因为这种分类比较符合学科的内涵和中华人民共和国教育学及分支学科发展的实际情况。这10个学科都有相对独立的研究领域，经过70年的发展都有较为独立的知识体系，都有相应的学会组织、研究基地、学术平台(期刊)，各个二级学科点都有博士、硕士人才培养，能够支撑学科持续发展。

① 唐莹、瞿葆奎：《教育科学分类：问题与框架》，载《华东师范大学学报(教育科学版)》，1993(2)。唐莹：《元教育学》，代序，18页，北京，人民教育出版社，2002。

三、教育学分支学科发展历程

"20 世纪是中国教育学科艰难创生、曲折发展的世纪。伴随着中与西的文化激荡，传统与现代的思想交融，中国教育学科逐渐地从译介走向编著，从移植走向创生，从草创走向发展。教育学者们百年来以执着的精神、笃实的态度、开放的思维，成就了中国教育学科发展史的世纪篇章。"①

有关共和国教育学分支学科发展的情况，不少学者对此问题进行了探索。例如，瞿葆奎、郑金洲、程亮的《中国教育学科的百年求索》(《教育学报》，2006)；刘燕楠、涂艳国的《中国教育学科的历史演进与价值选择》(《教育理论与实践》，2016)；谢武纪、汪伟的《困扰中国教育学学科的三对矛盾论略》、侯怀银的《试论建国后十七年中国教育学科体系建设和发展的历史启示》(《高等师范教育研究》，1997)；侯怀银的《建国后十七年中国教育学科体系建设和发展的基本历程初探》(《山西大学学报》，1998)；侯怀银的《我国新时期教育学科体系建设和发展的基本历程初探》(《教育理论与实践》，1998)；侯怀银、刘光艳的《中国教育学学科体系的构建及其特征——以 20 世纪下半叶为中心》(《华中师范大学学报》，2006)；侯怀银的《我国新时期教育学科体系建设和发展的回顾与展望》(《教育研究》，1998)；等等。此处主要在学习上述文献的基础上，综合学者的观点，把共和国教育学分支学科发展历程概括为以下几个阶段。

(一)教育学分支学科的改造与学习苏联阶段(1949—1956 年)

1949 年 10 月 1 日，中华人民共和国成立，教育学及其分支学科的发展进入了一个新的阶段。从 1949—1956 年，历史上常常称这一阶段为社会主义改造时期。此阶段内，首先是对旧教育的接管和改革，这集中表现在对 1949 年以前的师范院校教育系科的改革，特别

---

① 瞿葆奎、郑金洲、程亮：《中国教育学科的百年求索》，载《教育学报》，2006(3)。

是对教育系开设课程的改革，因为教育学及其分支学科的发展是与师范院校的兴起密切相关的。1949 年以前师范院校教育学课程的不足主要表现在：原来的课程是移植美国的，具有严重的半殖民地色彩；课程超脱于政治之外，不能为新民主主义政治服务；课程注重理论探讨，严重脱离实际；课程科目繁多，内容重复陈旧；等等。①为此，在 1949 年 4 月 23 日，北京师范大学教育系发起一次大规模的座谈会，重点讨论教育系课程改革，后被整理成《大学教育系之办法与课程草案》，于 1949 年 10 月 11 日由华北高等教育委员会正式颁布。对大学教育系课程改革的意见体现在同日颁布的《各大学专科学校文法学院各系课程暂行规定》中，认为教育系的任务是"根据新民主主义的教育方针及马克思主义的理论与方法，培养为人民服务的中级教育工作者的知识与技能"。为此，规定教育系课程十三门，主要是新民主主义教育概论、教育方法、教育心理学、中国近代教育史、西洋近代教育史、教育行政、教育测验与统计、现代教育学研究、职业教育概论、实习、政策法令、政治经济名著选读、苏联及新民主主义国家教育研究②。这是中华人民共和国成立后第一次教育系课程改革。但在具体的实施过程中，新民主主义教育概论改为教育学，职业教育概论有内容不完整，教学有困难，后被取消。教育测验与统计因为测验内容都是旧材料，而且是资产阶级的，改为教育调查与统计，后来并入教育行政中，现代教育学研究被合并到中外教育史中，后来有的教育系增加了各科教材教法课程。

　　从这次课程改革中，我们可以看到，教育哲学、教育社会学、比较教育学等课程被取消，原来开设的课程，后经合并取消，仅剩

---

　　①　转引自侯怀银：《建国后十七年中国教育学科体系建设和发展的基本历程初探》，载《山西大学学报(哲学社会科学版)》，1998(3)。

　　②　详见《各大学专科学校文法学院各系课程暂行规定》，9 页，载《中华教育界》复刊第 3 卷，"参考资料"。

下教育学、教育史、教育心理学、教育行政、教学法等。从这次课程改革来看，基本上清除了西方教育学科体系对共和国的影响。

到 1951 年年底，共和国对旧学校、旧教育的接管与改造基本完成。与此同时，随着苏联教育学及其分支学科的引进，我国开始转向全面学习苏联经验。在学习苏联的过程中，共和国的教育学及其分支学科得到彻底改革，这主要表现在 1952 年教育部颁布的一系列教学计划中，特别是《师范学院教学计划（草案）》和 1954 年颁布的《师范学校暂行教学计划》。从这些文件的内容来看，共和国的教育学及其分支学科完全倒向了苏联模式。教育系开设的课程仅剩下教育学、心理学、教学法、教育史、学前教育学、学校卫生等。

（二）教育学分支学科的中国化曲折探索（1957—1976 年）

1957—1976 年，共和国的教育学及其分支学科的发展进入了一个曲折的探索期。1956 年中苏关系发生变化，我国由原来学习苏联开始转向批判苏联。当时中国传统的教育思想被批为封建主义的东西，西方国家的教育学是资本主义的教育学，传统和外援都被屏蔽，只有当下的自己创造，所以此时我们提出了"教育学中国化"的命题，开始了教育学及其分支学科中国化的探索。教育学中国化问题是在 1957 年提出的，其实这种思想在共和国成立之时就引起人们的注意。1951 年教育部副部长钱俊瑞在《人民日报》上撰文，就提出要逐步建立新中国的教育科学。1955 年教育部在上海召开的高师教育学教学大纲讨论会上，再次提出创建和发展新中国的教育学。1957 年年初，朱典馨也提出，我们需要一本中国的教育学[①]。1957 年，《人民教育》7 月号发表了《为繁荣教育科学创造有利条件》的笔谈，学者们再次谈到教育学中国化，瞿葆奎先生专门撰文对教育学中国化问题进行探讨。随后，我国学者结合时代需要，开始建构中国的教育学及

----

① 朱典馨：《需要一本中国的教育学》，载《文汇报》，1957-01-23。

分支学科。此阶段还有一个亮点，就是潘懋元先生对建构中国高等教育学学科进行了初步的尝试。但这种探索受到当时社会变革和意识形态的影响，时间不长。尽管 20 世纪 60 年代初期进行调整，在总结 1958 年以来正反两方面经验的基础上，于 1961 年召开了文科教材会议，使得教育学科发展出现转机，但教育工作中的"左"倾思想没有得到扭转。侯怀银教授总结中华人民共和国成立后 17 年中国教育学科体系建设和发展的历史启示，认为教育学科体系的建设必须确立马列主义、毛泽东思想的指导地位；教育学科体系的建设必须认真贯彻"百花齐放、百家争鸣"的方针；教育学科体系的建设必须重视和加强教育科学研究；教育学科体系的建设不能局限于参照一种范式，必须适应世界教育科学发展的趋势；教育学科体系的建设必须注意体现中国特色；教育学科体系的建设必须突破普教研究的樊篱，全面推开。这是比较中肯的总结。

"文化大革命"期间，教育学科的探索中断，教育学科的科学性遭到破坏。总体来看，这一阶段由于在师范院校教育系中，主要有学校教育专业、学前教育专业，教育系的课程主要有教育学、心理学、教学法、学前教育学、教育政策、毛泽东教育思想等。

(三)教育学分支学科的恢复、重建与探索发展阶段(1977 年至今)

1976 年 10 月，"文化大革命"结束。经过拨乱反正和真理标准的大讨论，人们的思想逐步解放。1978 年，党的十一届三中全会的召开，把国家工作重心转移到经济建设上来，确定改革开放的新政策，极大地刺激了人们的工作热情，再加上改革开放初期，各行各业都急需人才，教育成为社会发展的中心。随着学校教育教学秩序的正常化，教育事业与教育科学都迎来了快速发展的春天。

如果说 1919—1949 年是中国教育学科的初创期，那么这一时期则是中国教育学科的发展期。与初创期相比，处在发展期的中国教育学科不仅在分支数量上有大幅增加，而且呈现出一些"辩证"的特点；在领域上呈现出分化与整合的统一，在内容上呈现出"西学"与"中学"的会通，在方法上呈现出定量与定性的互补。①

1978 年 6 月 8 日至 29 日，教育部在武汉召开全国高等学校文科教学座谈会，大家肯定了 1961 年确定的文科教学方针和此后获得的经验，颁布了《高等师范院校的学校教育专业学时制教学方案（修订草案）》，主张开设教育学、教育心理学、中国教育史、外国教育史、小学教材教法等必修课，开设教育哲学、教学论、比较教育学、教育统计、学前教育学、教育行政与学校管理等选修课②，教育学科的恢复与重建初现端倪。

1979 年 3 月 23 日至 4 月 13 日，教育部、中国教育科学院在北京召开全国教育科学规划会议。讨论了 1976 年至 1985 年的《全国教育科学发展规划纲要（草案）》，明确了教育科学研究的方向和任务，并提出了教育科学体系问题③。这次会议标志着我国教育科学体系的发展进入了一个新的阶段。

1981 年 1 月，中央教育科学研究所教育理论研究室和北京师范大学教育系、教育科学研究所联合举行"进一步解放思想，搞好教育科研"为题的座谈会。人们已普遍感到教育学是一门多科性的边缘科学，是一门综合科学，须认识其哲学、心理学、社会学、政治经济学等的基础。当代教育科学研究几乎涉及教育的所有领域，参与教育研究的学科极其广泛。教育科学不仅以哲学社会科学为基础，而且以自然科学、技术科学为基础。这样就产生了教育科学的分支，如教育心理学、教育社会学、教育人类学、教育经济学、教育生理学、教育统计学、教育技术学、教育科学研究方法、教育法学、教

---

① 瞿葆奎、郑金洲、程亮：《中国教育学科的百年求索》，载《教育学报》，2006(3)。
② 《当代中国》丛书教育卷编辑室：《当代中国高等师范教育资料选（上册）》，767—770 页，上海，华东师范大学出版社，1986。
③ 于光远：《关于教育科学体系问题——在全国教育科学规划会议上的讲话》，载《教育研究》，1979(3)。

育工程学、教育管理学、成人教育学、职业教育学、学前教育学、特殊教育学等。过去我们一谈到教育科学的门类就是教育学、教育史、教学法、心理学，这是不全面的。我国教育科学缺门太多。如果这种状况不改变，我国的教育科学就不能赶上世界先进水平，不能建立完整的教育科学体系，势必影响我国教育事业的发展和提高。

1981年4月，全国教育学研究会的第二届年会具体讨论了如何建立我国教育科学体系的问题。会议提出建立我国的教育科学体系，必须遵循以下五个途径：一是要认真加强对马列主义、毛泽东教育理论的研究，为建立中国式的教育科学奠定坚实的理论基础；二是要实事求是地研究中华人民共和国成立以来办社会主义教育的经验教训。从中探索、揭示教育规律，为建立具有我国特色的教育科学提供真实无误的历史根据；三是要踏踏实实、坚持不懈地进行各个方面的教育科学实验，为建立中国式的教育科学提供大量的、系统的、翔实可靠的事实根据；四是要批判地继承祖国的教育历史遗产，取其精华，去其糟粕，择其善者纳入社会主义的教育科学体系，做到古为今用，对祖国的教育历史遗产，应批判地继承；五是要广泛地研究外国的教育理论和经验，做到洋为中用。[1]

1983年5月24日至30日，教育部在北京召开了全国第二次教育科学规划会议。会议明确提出要坚持以马列主义、毛泽东思想为指导，以研究我国教育事业发展与改革过程中的重大现实问题与理论问题为中心，逐步建立具有中国特色的社会主义教育科学体系。正是在这种背景下，对教育科学自身进行反思、探讨建立具有中国特色的社会主义教育科学体系成为我国教育科学工作者这一阶段着力探索的热点问题。与此同时，各教育学科领域，如普通教育学、中国教育史、外国教育史、教育哲学、教育经济学、教育社会学、

---

① 《全国教育学研究会第二届年会讨论全面发展等问题》，载《教育研究》，1981(6)。

学校管理学、教育行政学、教育心理学、教育技术学、教育统计学、比较教育学、高等教育学、各学科教材教法、教育未来学、教学论等都开展了学科自身建设和发展的探讨。例如，张渭城主编的《国外教育学科发展概述》（教育科学出版社，1982）一书，说明我国教育科学工作者已进一步立足于国外教育学科的发展，去建设和发展我国教育学科体系。

1985 年，我国进入全面深化改革的时期。继经济体制改革决定、科技体制改革决定颁布之后，中共中央又颁布了《关于教育体制改革的决定》。我国教育改革持续开展，至今方兴未艾。此时期内，教育学科的发展由开放引进走向综合创新；高度综合与分化并驾齐驱；教育学的元研究开始重视，努力创建教育科学学。到目前为止，共和国教育学科已发展出近百门二级、三级分支学科，从而形成了一个庞大的教育学科群。

四、教育学分支学科发展概况

由于中华人民共和国 70 年发展历程的曲折性和复杂性，也就决定了教育学及其分支学科发展过程的曲折性、复杂性，正如瞿葆奎等人所说，百年中国教育学科是"在异域理论的'驱动'下，在其他学科的'挤压'下艰难行进，努力挣脱依附的生存处境，谋求自主的发展空间"①。由于学科分类使用的标准不同，对教育学科的划分种类就不同，本部分主要从教育学分支学科发展总体情况、本书研究的 10 个二级学科发展研究概况两个层面描述共和国教育学分支学科的发展概况。

（一）教育学分支学科总体发展概况

在教育学分支学科发展的总体概况中，涉及的分支学科比较多，由于文字所限，这里列举的教育学分支学科以出版较早的个别著作

---

① 瞿葆奎、郑金洲、程亮：《中国教育学科的百年求索》，载《教育学报》，2006(3)。

与教材为例，特此说明。

毛礼锐、张鸣岐：《古代中世纪世界教育史》，湖北人民出版社，1957。

曹孚：《外国教育史》，人民教育出版社，1962。

罗炳之：《外国教育史(上册)》，江苏人民出版社，1962。

上海师范大学《教育学》编写组：《教育学(讨论稿)》，人民教育出版社，1979。

潘菽：《教育心理学》，人民教育出版社，1980。

华中师范学院教育系等：《教育学》，人民教育出版社，1980。

陈震东：《教育科学研究方法》，人民教育出版社，1980。

雷克啸：《中国教育史话》，江苏人民出版社，1982。

游正伦：《教学论》，教育科学出版社，1982。

黄济：《教育哲学初稿》，北京师范大学出版社，1982。

吴式颖、姜文闵：《外国教育史话》，江苏人民出版社，1982。

单传英：《幼儿教育学》，湖南教育出版社，1983。

叶佩华：《教育统计学》，人民教育出版社，1982。

潘懋元：《高等教育学讲座》，人民教育出版社，1983。

全国教育经济学会(筹)《教育统计学概论》编写组：《教育经济学概论》，青海人民出版社，1983。

王承绪、朱勃、顾明远：《比较教育》，人民教育出版社，1982。

张济正、吴秀娟、陈子良：《学校管理学导论》，华东师范大学出版社，1984。

陶增骈：《高等教育行政管理》，辽宁人民出版社，1984。

厉以宁：《教育经济学》，北京出版社，1984。

郑其龙等：《家庭教育学》，湖南教育出版社，1984。

邓品珊、康尔珪：《现代普通教育管理学》，甘肃人民出版社，1985。

徐国棨:《教育概论》,人民教育出版社,1985。

《德育原理》编写组:《德育原理》,北京师范大学出版社,1985。

南国农:《电化教育学》,高等教育出版社,1985。

华南师范大学基本教育理论导师组:《教育基本理论研究》,广东高等教育出版社,1986。

常春元:《教育原理》,湖北教育出版社,1986。

中央电化教育馆、卫星电视教育教材办公室:《小学教育学》,北京师范大学出版社,1986。

刘鉴农:《职业技术教育学》,山东教育出版社,1986。

裴时英:《教育社会学概论》,南开大学出版社,1986。

陈列、陆有德、袁君毅:《大学教学概论》,浙江大学出版社,1987。

崔振风:《继续教育学》,兵器工业出版社,1987。

童立亚等:《学校卫生学》,上海教育出版社,1987。

王汉澜:《教育测量学》,河南大学出版社,1987。

厉以贤:《现代教育原理》,北京师范大学出版社,1988。

仇春霖:《美育原理》,中国青年出版社,1988。

北京师范学院学科教育学研究研究中心:《学科教育学初探》,北京师范学院出版社,1988。

王伟廉:《课程研究领域的探索》,四川教育出版社,1988。

南京师范大学教科所教育系:《农村教育学》,人民教育出版社,1988。

王正平:《教育伦理学》,上海人民出版社,1988。

程方平:《教育情报学简论》,四川教育出版社,1988。

张诗亚:《教育的生机:论崛起的教育技术学》,四川教育出版社,1988。

刘本固:《教育评价学概论》,东北师范大学出版社,1988。

温梁华：《教育未来学》，云南大学出版社，1989。

林熹：《教育逻辑》，西南财经大学出版社，1989。

庄孔韶：《教育人类学》，黑龙江教育出版社，1989。

陈侠：《课程论》，人民教育出版社，1989。

劳动部培训司：《幼儿园各科教材教法(试用)》，劳动人事出版社，1989。

沈明德：《校外教育学》，学苑出版社，1989。

秦向阳：《成人教育学》，江苏教育出版社，1989。

宋正友等：《教育督导学》，吉林教育出版社，1989。

孙若穷：《中国少数民族教育学概论》，中国劳动出版社，1990。

吴鼎福、诸文蔚：《教育生态学》，江苏教育出版社，1990。

张诗亚、王伟廉：《教育科学学初探——教育科学的反思》，四川教育出版社，1990。

田玉敏：《马克思主义教育原理》，天津社会科学院出版社，1991。

范广仁：《中学教育学》，辽宁人民出版社，1991。

叶立安：《社区教育新探》，华东化工学院出版社，1991。

王焕武等：《教育美学》，黑龙江教育出版社，1992。

王冬桦、王非：《社会教育学概论》，教育科学出版社，1992。

成有信：《教育学原理》，河南教育出版社，1992。

成有信：《现代教育引论——现代社会·现代教育·现代人》，河南教育出版社，1992。

高蕴琦：《教育传播学》，上海教育出版社，1992。

杨学谅等：《教育政治学导论》，辽宁教育出版社，1992。

李晓燕：《教育法学》，武汉工业大学出版社，1992。

刁培萼：《教育文化学》，江苏教育出版社，1992。

朴永馨：《特殊教育学》，福建教育出版社，1995。

张燕镜：《师范教育学》，福建教育出版社，1995。

虞永平：《学前教育学》，江苏教育出版社，1996。

袁振国：《教育政策学》，江苏教育出版社，1996。

石鸥：《教学病理学》，湖南教育出版社，1999。

朱家雄：《教育卫生学》，人民教育出版社，1999。

郑金洲：《教育通论》，华东师范大学出版社，2000。

王坤庆：《教育学史论纲》，湖北教育出版社，2000。

(二)改革开放后本书研究的分支学科发展研究概况

在描述教育学分支学科发展情况之前，还有必要梳理一下教育学学科总体发展研究情况。这方面的代表性成果主要有：

瞿葆奎：《社会科学争鸣大系(1949—1989)·教育学卷》，上海人民出版社，1992。

金林祥：《20 世纪中国教育学科的发展与反思》，上海教育出版社，2000。

王坤庆：《20 世纪西方教育学科的发展与反思》，上海教育出版社，2000。

郑金洲、瞿葆奎：《中国教育学百年》，教育科学出版社，2002。

郑金洲：《中国教育学 60 年(1949—2009)》，华东师范大学出版社，2009。

张斌贤、楼世洲：《当代中国教育学术思想研究(1949—2009)》，中国社会科学出版社，2011。

侯怀银：《20 世纪中国教育学发展问题研究》，北京师范大学出版社，2011。

侯怀银：《西方教育学在 20 世纪中国的传播和影响》，东北师范大学出版社，2011。

由于各个二级学科著作与教材比较多，这里选择一些比较有代表性的著作与教材进行了列举，粗略认识一下教育学各个分支学科发展研究情况。

1. 教育学原理发展研究情况

瞿葆奎：《教育基本理论之研究(1978—1995)》，福建教育出版社，1998。

齐梅：《教育学原理学科科学化问题研究》，中国社会科学出版社，2007。

叶澜：《基础教育改革与中国教育学理论重建研究》，经济科学出版社，2009。

冯建军：《教育基本理论研究 20 年(1990—2010)》，福建教育出版社，2012。

施克灿、林钧等：《中国教育改革开放 40 年·义务教育卷》，北京师范大学出版社，2019。

王炳照：《中国教育改革 30 年·基础教育卷》，北京师范大学出版社，2009。

2. 课程与教学论发展研究情况

胡克英：《教学论研究》，教育科学出版社，1981。

王策三：《教学论稿》，人民教育出版社，1985。

钟启泉：《现代课程论》，上海教育出版社，1989。

陈侠：《课程论》，人民教育出版社，1989。

董远骞：《中国教学论史》，人民教育出版社，1998。

徐继存：《教学理论反思与建设》，甘肃教育出版社，2000。

李定仁、徐继存：《教学论研究二十年(1979—1999)》，人民教育出版社，2001。

蔡宝来：《现代教学论的发展与构建》，甘肃人民出版社，2001。

李定仁：《教学论研究》，甘肃教育出版社，2002。

李定仁、徐继存：《课程论研究二十年(1979—1999)》，人民教育出版社，2004。

裴娣娜：《现代教学论》（第 1－3 卷），人民教育出版社，2005。

王鉴：《课程论热点问题研究》，广西师范大学出版社，2008。

王鉴：《教学论热点问题研究》，广西师范大学出版社，2008。

裴娣娜：《现代教学论生成发展之思》，人民教育出版社，2012。

张传燧：《课程与教学问题研究》，大象出版社，2013。

彭泽平：《嬗变与超越：新中国基础教育课程改革史》，电子科技大学出版社，2014。

于康平：《中国课程论现状研究》，南京大学出版社，2017。

王本陆、王永红等：《中国教育改革开放 40 年·课程与教学卷》，北京师范大学出版社，2019。

3. 教育史学发展研究概况

杜成宪：《中国教育史学九十年》，华东师范大学出版社，1998。

杜成宪、邓明言：《教育史学》，人民教育出版社，2004。

周洪宇：《教育史学通论》，人民教育出版社，2018。

郭娅：《反思与探索：教育史学元研究》，山东教育出版社，2010。

刘来兵：《视域融合与历史构境：中国教育史学实践范式研究》，华中科技大学出版社，2013。

刘正伟：《规训与书写：开放的教育史学》，浙江大学出版社，2013。

史静寰：《西方教育史学百年史论》，人民教育出版社，2014。

周采：《当代西方教育史学流派研究》，上海交通大学出版社，2018。

4. 比较教育学发展研究概况

成有信：《比较教育学》，中国文化书院，1981。

王承绪、朱勃、顾明远：《比较教育》，人民教育出版社，1982。

王承绪：《比较教育学史》，人民教育出版社，1999。

康有金、李晓红：《中外教育思想史比较》，黑龙江美术出版社，2005。

生兆欣：《二十世纪中国比较教育学史》，高等教育出版社，2011。

王长纯、万建平：《中国比较教育学科研究史》，人民教育出版社，2016。

陈时见：《比较教育学》，西南师范大学出版社，2012。

袁利平：《比较教育本体引论》，陕西师范大学出版社，2018。

5. 学前教育学发展研究概况

何晓夏：《简明中国学前教育史》，北京师范大学出版社，1990。

唐淑、钟昭华：《中国学前教育史》，人民教育出版社，1995。

卢清：《中外学前教育史研究》，贵州人民出版社，2008。

周玉衡、范喜庆：《学前教育史》，复旦大学出版社，2009。

刘彦华：《中国学前教育史》，光明日报出版社，2010。

于冬青：《中外学前教育史》，东北师范大学出版社，2013。

王宜鹏、夏如波：《中外学前教育史》，南京大学出版社，2013。

田景正：《学前教育史》，湖南大学出版社，2015。

冯晓霞：《中国教育改革大系·学前教育卷》，湖北教育出版社，2016。

虞永平：《中国教育改革40年·学前教育》，科学出版社，2019。

洪秀敏等：《中国教育改革开放40年·学前教育卷》，北京师范大学出版社，2019。

6. 高等教育学发展研究概况

潘懋元：《中国高等教育百年》，广东高等教育出版社，2003。

李均：《中国高等教育研究史》，广东高等教育出版社，2005。

潘懋元：《现代高等教育思想的演变——从20世纪到21世纪初

期》，广东高等教育出版社，2008。

王英杰、刘宝存：《中国教育改革 30 年·高等教育卷》，北京师范大学出版社，2009。

别敦荣、杨德广：《中国高等教育改革与发展 30 年》，上海教育出版社，2009。

张应强：《精英与大众：中国高等教育 60 年》，浙江大学出版社，2009。

王建华：《高等教育学的建构》，广东高等教育出版社，2009。

余风盛、董泽芳：《高等教育 60 年回顾与展望》，华中师范大学出版社，2010。

刘小强：《学科建设：元视角的考察——关于高等教育学学科建设的反思》，广东高等教育出版社，2011。

方泽强：《高等教育学的学科建设研究》，广东高等教育出版社，2014。

陈浩、马陆亭：《中国教育改革大系·高等教育卷》，湖北教育出版社，2016。

王英杰、刘宝存等：《中国教育改革开放 40 年·高等教育卷》，北京师范大学出版社，2019。

7. 成人教育学发展研究概况

熊华浩：《成人教育的理论与实践》，湖北教育出版社，1987。

王茂荣、朱仙顺：《成人教育学基础（上册）》，职工教育出版社，1988。

秦向阳：《成人教育学》，江苏教育出版社，1989。

张维：《成人教育学》，福建教育出版社，1995。

叶忠海：《成人教育学通论》，上海科技教育出版社，1997。

王北生、姬忠林：《成人教育概论》，河南大学出版社，1999。

董明传：《成人教育史》，海南出版社，2002。

杜以德、韩钟文、何爱霞等:《中国成人教育学科体系结构及其分类研究》,高等教育出版社,2006。

董明传、谢国东等:《中国成人教育改革发展三十年》,高等教育出版社,2008。

曾青云:《当代成人教育发展研究》,江西高校出版社,2009。

叶忠海:《现代成人教育学研究》,同济大学出版社,2011。

高志敏:《成人教育学科体系论》,上海教育出版社,2017。

8.职业技术教育学发展研究情况

高奇:《职业教育概论》,天津职业技术师范学院职业技术教育研究室,1984。

刘鉴农、李澍卿、董操:《职业技术教育学》,山东教育出版社,1986。

卢鸿德、罗明基:《职业技术教育学》,辽宁大学出版社,1988。

门振华:《职业技术教育概论》,重庆大学出版社,1988。

王金波:《职业技术教育学导论》,黑龙江教育出版社,1989。

张正身、郝炳钧:《中国职业技术教育史》,甘肃教育出版社,1993。

纪芝信:《职业技术教育学》,福建教育出版社,1995。

张家祥、钱景舫:《职业技术教育学》,华东师范大学出版社,2001。

米靖:《中国职业教育史研究》,上海教育出版社,2009。

谢长法:《中国职业教育史》,山西教育出版社,2011。

王继平:《中国教育改革大系·职业教育卷》,湖北教育出版社,2016。

中华职业教育社、天津职业技术师范大学:《中国职业教育改革20年:1980—2000》,科学出版社,2016。

石伟平:《中国教育改革40年·职业教育》,科学出版社，2019。

和震、刘六波、魏明等：《中国教育改革开放 40 年·职业教育卷》，北京师范大学出版社，2019。

9. 特殊教育学发展研究情况

张文郁：《小学特殊儿童的教育》，商务印书馆，1950。

连健生：《特殊儿童的特点和教育》，江苏教育出版社，1986。

朴永馨：《特殊教育概论》，华夏出版社，1991。

陈云英、沈家英、王书荃：《特殊教育的理论与实践》，教育科学出版社，1992。

朴永馨：《特殊教育学》，福建教育出版社，1995。

方俊明：《当代特殊教育导论》，陕西人民教育出版社，1998。

朴永馨：《特殊教育概论》，华夏出版社，1999。

张福娟：《特殊教育史》，华东师范大学出版社，2000。

朱操：《特殊教育研究》，中国林业出版社，2000。

陈云英等：《中国特殊教育学基础》，教育科学出版社，2004。

陈丽如：《特殊教育论题与趋势》，心理出版社，2004。

方俊明：《特殊教育学》，人民教育出版社，2005。

肖非、王秀琴、李晓娟：《共享阳光：共和国特殊教育报告》，湖南教育出版社，2009。

丁勇：《当代特殊教育新论：走向学科建设的特殊教育研究》，南京师范大学出版社，2012。

王培峰：《特殊教育哲学：本体论与价值论的研究》，山东人民出版社，2012。

黄培森：《中国特殊教育史略》，西南交通大学出版社，2015。

马建强：《中国特殊教育史话》，新华出版社，2015。

夏峰：《中国特殊教育新进展：2012—2013 年》，中国人民大学出版社，2015。

刘全礼：《中国特殊教育发展报告：2014 年》，中国轻工业出版社，2016。

彭霞光：《中国特殊教育发展报告：2013》，教育科学出版社，2016。

李拉：《我国特殊师范教育制度研究》，南京大学出版社，2016。

刘全礼：《2015 年中国特殊教育发展报告》，中国轻工业出版社，2017。

刘全礼：《中国特殊教育发展报告：2016 年》，南京师范大学出版社，2018。

10. 教育技术学发展研究情况

南国农：《电化教育基础》，甘肃教育出版社，1984。

李运林，李克车：《电化教育导论》，高等教育出版社，1986。

尹俊华：《教育技术学导论》，高等教育出版社，1996。

章伟民、曹揆申：《教育技术学》，人民教育出版社，2000。

刘美凤：《教育技术学学科定位问题研究》，教育科学出版社，2006。

焦建利：《教育技术学基本理论研究》，广东教育出版社，2008。

何克抗、李文光：《教育技术学》，北京师范大学出版社，2009。

蔡建东：《现实、历史、逻辑与方法：教育技术学研究范式初探》，科学出版社，2010。

南国农：《中国电化教育（教育技术）史》，人民教育出版社，2013。

马启龙、李文卫、何玲：《教育技术学学科体系基本问题研究》，甘肃人民出版社，2013。

张立国、郑志高：《教育技术学理论问题研究》，西安交通大学出版社，2014。

宋灵青、赵兴龙：《回眸与反思：中国教育技术研究 35 年

（1980—2015）》，东北师范大学出版社，2016。

陈瑜林：《中国教育技术学可视化知识图谱构建研究》，四川美术出版社，2016。

邓国民：《国际教育技术学研究知识图谱：理论、技术与实践应用》，复旦大学出版社，2018。

余胜泉等：《中国教育改革开放 40 年·教育技术卷》，北京师范大学出版社，2019。

从上面这些学科的代表作可以看出，教材编写是其主流，一些是学术思想史或学科思想史的研究，更多的是一些学科教育发展史，但真正从学科建设的视角，或者从元研究的视角来建构与探讨学科建设的著作不多。当然，高等教育学学科除外，相对于其他分支学科来说，高等教育学学科建设的学术著作较为丰富。有鉴于此，在中华人民共和国成立 70 周年之际，全面梳理中华人民共和国成立以来，教育学主要分支学科发展史，无疑具有重大的现实意义，一是可以弥补国内在该方面研究的不足，二是向共和国献礼。这也是我们撰写本著作的主要原因之一。当然，撰写中华人民共和教育学主要分支学科发展史也是出于课题研究的需要，本研究成果是国家社会科学基金"十三五"规划 2018 年度教育学重点立项课题"中华人民共和国教育学史"（AOA180016）子课题三"中华人民共和国教育学主要分支学科发展史"的研究成果。

为了加强教育学学科建设，更好地梳理教育学及其主要分支学科发展情况，现在国内学者比较重视这一方面的研究，也形成了一些团队，专门从事这方面的工作。华东师范大学的部分专家学者继承元研究的传统，在教育基本理论和高等教育研究领域，自 2000 年起，每年根据学科发展情况，出版一本系统总结上一年教育研究的报告。例如，瞿葆奎、郑金洲主编的《中国教育研究新进展》（华东师范大学出版社），谢安邦教授每年主编的《中国高等教育研究新进展》

(华东师范大学出版社)，叶澜先生每年主编的《中国教育学科年度发展报告》(上海教育出版社)等。内容涉及总论、教育学原理、德育原理、教育哲学、教育社会学、课程论、教学论、教育管理学、中国教育史、外国教育史、比较教育、教育经济学等教育学分支学科，这些图书的出版，有力地促进了中国教育学学科的发展。

此外，《教育研究》编辑部近年来每年发表一篇"中国教育研究前沿与热点问题年度报告"，全面总结上一年各种期刊教育研究的发展情况，内容涉及教育学的主要分支学科。再就是中国人民大学复印报刊资料中心，以复印资料《教育学》转载论文为依据，总结每年教育学研究的热点问题，这些研究对于反思教育学及其分支学科的发展、加强学科建设具有重大意义。

第二节　教育学原理学科的发展

教育学原理作为教育学一级学科下面的一个二级学科，是教育学学科最基础的一门学科，是学习与认知教育学学科的入门学科，它主要以研究教育基本理论问题、探求教育一般原理、为教育理论发展和教育实践改革提供综合性研究指导为鹄的。[1] 中华人民共和国成立后，在继承老解放区的教育经验基础上，一方面接管、改造旧教育，创建中华人民共和国的新教育，另一方面开始全面学习苏联的教育学。

一、教育学原理学科的进展

从中华人民共和国成立到 2019 年，教育学原理学科，由"孕育期"到学科建制期以至走向独立发展期，其 70 年的发展历程十分坎

---

[1] 柳海民、邹红军：《教育学原理：历史性飞跃及其时代价值——纪念改革开放四十年周年》，载《教育研究》，2018(7)。

坷，经过几代教育学人不断探究，最终走向今日的辉煌。诸如教育学原理的学科建制，庞大的教育学科群的形成，这些成就主要归功于改革开放以来社会的进步、人们的思想解放和宽松的学术氛围，归功于教育实践的改革与发展，归功于教育理论研究者不辞辛劳的探索和努力。回顾 70 年来共和国教育学原理研究的主题，便于我们总结成就，看到问题，以利于学科今后更好地发展。

(一)教育学原理的研究对象问题

关于教育学原理研究对象问题，中华人民共和国成立后，我国主要是学习苏联的教育学，所以学者们基本上认可苏联教育学教材的描述。但最有影响力的凯洛夫主编的《教育学》在不同年代的版本中，其表述也有一些差异。1950 年版本这样描述：教育学的研究对象是培养青年一代人，是研究社会主义条件下对青年一代人实现共产主义教育的科学。[①] 这种描述基本上把教育学的研究对象界定为教育。但 1956 年版本又说：教育学是一门科学，它要研究和总结教育的实践，去认识新生一代的教育规律。这里认为教育学的研究对象是教育规律。[②] 在当时全面学习苏联教育学的情境下，国内学者编写的《教育学》都继承了这种说法，即教育学是研究青年一代人的教育规律的科学。[③] 但也有教材提出，教育学是研究儿童和青年教育的科学，继承了凯洛夫《教育学》(1950 年版)的观点。[④] 1978 年改

①　[苏]凯洛夫：《教育学》，沈颖、南致善等译，5 页，北京，人民教育出版社，1950。

②　[苏]凯洛夫：《教育学》，陈侠等译，1 页，北京，人民教育出版社，1957。

③　开封师范学院教育教研室：《教育学讲义》，1 页，武汉，湖北人民出版社，1957；东北师范大学教育系教育学教研室：《教育学》(内部使用)，1 页，长春，1955；北京师范大学教育系教育学教研室：《教育学讲义》，2 页，北京，北京出版社，1957；华东师范大学教育系教育学教研组、上海师范学院教育学教研室：《教育学讲义》(内部使用)，1 页，上海，1959；南京师范学院教育系：《教育学》，4 页，南京，江苏人民出版社，1959。

④　师范学校课本：《教育学》(第 1 册，共 4 册)，13 页，北京，人民教育出版社，1953。

革开放以后，我国正式出版的第一本《教育学》，明确提出了教育学的研究对象是教育现象及其规律①，这种观点迅速被人们所接受，改革开放初期出版的许多教材都持该种观点②。随后，学者们对教育学的研究对象进行了深入探讨，但到目前为止还没有形成统一观点。目前国内主要有：教育现象与教育规律说、教育现象与教育问题说、教育问题说和教育活动说等几种观点。

1. 教育现象与教育规律说

持这种观点的著作与教材，一般对教育学研究对象的表述是：

"教育学是研究教育现象及其规律的一门科学。"③

"教育学是研究教育现象，揭示教育规律的一门科学。"④

"教育学是研究人类教育现象及其一般规律的学科。"⑤

"现代教育学原理就是研究现代社会中的教育现象及其教育规律。"⑥

反对意见则认为教育现象不能成为教育学的研究对象，这是因为教育现象是指存在于社会中的有关教育活动的一种客观实在。教育现象作为一种客观实在是融合在社会现象之中的，当有些教育现象和其他社会现象没有区别时，人们并不把它当成教育现象，也就谈不上是教育学的研究对象。只有进入人们研究视野中的教育现象才有可能成为教育学的研究对象。

---

① 上海师范大学《教育学》编写组：《教育学(讨论稿)》，1 页，北京，人民教育出版社，1979。

② 华中师范学院等院校：《教育学》，1 页，北京，人民教育出版社，1980；南京师范大学《教育学》编写组：《教育学》，1—2 页，北京，人民教育出版社，1984。

③ 华中师范学院教育系等五院校：《教育学》，1 页，北京，人民教育出版社，1982。

④ 中等师范学校课本：《教育学》，北京，人民教育出版社，1982；金一鸣：《教育原理(第 2 版)》，4 页，北京，高等教育出版社，2002。

⑤ 顾明远：《教育大辞典(1)》，81 页，上海，上海教育出版社，1990；柳海民：《现代教育学原理导论》，7 页，北京，高等教育出版社，2013。

⑥ 柳海民：《现代教育学原理导论》，7 页，北京，高等教育出版社，2013。

有学者认为，教育规律也不能成为教育学原理的研究对象，因为教育规律是不以人的意志为转移的。一般说来，教育规律是隐藏在教育活动中的本质关系或必然联系，这些关系或联系是通过长期的探索研究发现的，人们不可能第一步就以规律的探索为研究对象，因为规律具有内隐性。所以规律的研究和探索是教育学的研究任务或研究目的，而非是教育学的研究对象。此外，如果教育规律是指教育的科学规律，那它就不是教育学的对象。因为作为教育的科学规律，它是已知的，是教育学研究的结果，而不是教育学的研究对象。如果教育规律是指教育的客观规律，它就可能成为教育学的研究对象，也就是说，只有当这个教育的客观规律已被人们认识到它的存在，但还不了解它并决定去研究它时，此时的教育规律才可能成为教育学的研究对象。事实上，此时的教育规律也就转化为教育问题了。

2. 教育问题说

教育问题说认为，并不是所有的教育现象都能成为教育问题。只有当某些教育现象成为人们关注的焦点，被人们议论、认识、探究或评价时，抑或要求解决的时候，这种教育现象才转化为教育问题。有些教育现象可能永远停留在现象的性质上，有些则可以由现象发展成问题。较早认为教育学研究对象是教育问题的是日本学者村井实，他曾对教育学的研究对象进行了较全面和系统的分析，得出了教育学的对象是"教育问题"的结论①。我国一些学者继承了这种说法。例如，孙喜亭教授曾对苏联、日本和我国学者关于教育学研究对象问题进行了研究和分析，提出了"教育学的对象应是以教育事实为基础的教育中的一般问题"②。同样，还有学者认为："教育

---

① ［日］大河内一男、海后宗臣等：《教育学的理论问题》，曲程、迟凤年译，32 页，北京，教育科学出版社，1984。
② 孙喜亭：《教育学问题研究概述》，13 页，天津，天津教育出版社，1989。

学研究的对象是以教育事实为基础的教育中的一般问题。教育学是研究教育中的一般性问题的科学。"①

3. 教育现象与教育问题说

这种观点在国内也颇有市场,如"教育学是研究人类教育现象、教育问题,揭示教育规律的科学"②。教育现象有三个规定性:一是教育现象是一种可以感知、可以认识的古今中外已经存在或正存在于现实中的存在物;二是教育现象是教育实践的表现物,或正从事着的教育实践,它包括各种类型、各种形式、各种模式的教育事实、教育活动、教育问题、教育理论研究等;三是教育现象是以教与学为主体形式的客观存在,不以教与学为主体形式出现的活动便不能称为教育活动,与此相适应,也就不能称其为教育现象。教育现象是复杂的。人的一生所受到的教育有家庭教育、学校教育、社会教育及自我教育等各种形式。在学校教育中又有初等教育、中等教育、高等教育等不同层次,以及普通教育和专业教育等不同性质的教育。在这多种教育活动中,必然会出现各种各样的教育现象与教育问题。

4. 教育活动说

这种观点认为,教育学原理的研究对象是人的教育活动。例如,"教育学以人的教育活动为研究对象"③;"教育学以培养人的教育活动为研究对象,是一门研究教育现象、问题,揭示教育本质、教育规律和探讨教育价值、教育艺术的学科"④。再如,"教育学是以教

---

①　扈中平:《教育学原理》,4页,北京,人民教育出版社,2008;成有信:《教育学原理》,16页,郑州,河南教育出版社,1993;郑金洲:《教育通论》,355页,上海,华东师范大学出版社,2000;柳海民:《教育学原理》,3页,北京,高等教育出版社,2011。

②　班华:《中学教育学》,1页,北京,人民教育出版社,1992;袁振国:《当代教育学(第3版)》,14页,北京,教育科学出版社,2004;陈理宣:《教育学原理——理论与实践》,1页,北京,北京师范大学出版社,2010;蒲蕊:《教育学原理》,2页,武汉,武汉大学出版社,2010。

③　《教育学原理》编写组:《教育学原理》,1页,北京,高等教育出版社,2019。

④　王道俊、郭文安:《教育学(第7版)》,3页,北京,人民教育出版社,2016。

育活动为研究对象的，而教育活动是人为的社会实践活动，是以人为直接对象，以影响人的生命成长与发展为直接目的的，因此，教育活动是促进人的生命发展的一种独特的实践活动，即生命实践活动"①。

(二)教育学原理的学科性质问题

人们论述"教育学原理"的学科性质时，首先建立了一个基本的前提假设，就是教育学原理是一门学科，否则其他论述则无意义。

1. 教育学终结的讨论

在20世纪90年代中后期，出现了教育学终结与否的讨论，对深化认识教育学的学科性质具有一定的影响。1995年，吴刚在《教育研究》第7期上发表了《论教育学的终结》一文，论述了教育学在赫尔巴特之前，没有"科学"的含义，赫尔巴特本人也是以哲学和心理学为依据建构科学的教育学。这样就出现了一个悖论：独立的科学教育学有自身独特的理论形态，教育学必须建立在哲学和心理学基础上，因而哲学和心理学的震荡必然引起教育学的眩晕。再就是教育学学科本身不断分化，把原来的教育学剥离得体无完肤，在各学科与教育学分化与脱离的同时，教育学也失去了学科发展的理论动力，走向其历史必然性的终结。对此观点，一些学者进行商榷。依照上述观点来看，教育学从来就不是一门学科，尚未出现，也就无所谓"终结"了。另外，有学者认为，教育学分支学科的发展意味着教育学终结的看法也值得商榷。这种观点一是把教育科学发展所需要的分析与综合对立起来，二是没有正确认识教育科学中各学科所处的层次，三是没有较好地区分作为一门学科的教育学与作为理论研究对象的教育学的界限②。也有学者对上述两种观点进行了讨论，认

---

① 叶澜：《教育学原理》，44页，北京，人民教育出版社，2007。
② 郑金洲：《教育学终结了吗？——与吴刚的对话》，载《教育研究》，1996(3)。

为赫尔巴特型的教育学应该终结,是因为教育学的任务可以由新的研究所代替,在本质上是消解传统教育学的框架结构。因为培养什么样的人的问题是一个价值判断,这是需要哲学研究的;教育研究必须告诉教师等实践人员如何做,赫尔巴特依据心理学对教师行动提出的技术性指导,这一研究方式今天依然如此。可见,赫尔巴特的传统研究是不可替代的,在这个意义上说教育学"终结"是不成立的。同时,企图通过"综合"来达成高一级知识体系来为教育学辩护,表面上看似合理,但实际上行不通,因为分支研究的逻辑在于采用了母学科的分析框架来关照教育,并获得种种事实判断。所以,简单地说"综合""整合"是肯定不行的①。

2. 教育学原理学科性质的讨论

关于教育学的学科性质问题,自教育学被引进至今,一直是一个颇有争议的话题。在中华人民共和国成立初期,我们主要是学习苏联的教育学,凯洛夫把教育学界定为一门社会科学,是一门具有党性和科学性的学科。这种观点被我国学者继承。20 世纪 50 年代末至 60 年代中期,由于我国政治路线比较激进,对教育学的学科性质的研究主要着眼于阶级性的讨论。改革开放以来,随着人们思想的解放,对教育学学科性质问题的研究出现了多元化的局面。在改革开放初期,人们对教育学的学科性质展开了是解释理论还是应用理论的讨论。后期人们讨论此问题的焦点是科学性与人文性②。有人认为,教育学的性质是指教育学这种知识所具有的内在特征,主要由研究方法和研究对象决定,尤其研究方法对教育学的性质影响重大,以此分析得出:体悟、总结赋予教育学经验性质;反思、批判赋予教育学哲学性质;实证、实验赋予教育学科学性质;价值、沉

---

① 周浩波:《论教育学的命运——与吴钢、郑金洲商榷》,载《教育研究》,1997(2)。
② 张楚廷:《教育学属于人文科学》,载《教育研究》,2011(8)。

思赋予教育学文化性质。[1] 石中英认为教育学是一门价值科学、主观性科学和文化科学。[2] 还有学者认为，教育学既是一门理论学科，又是一门应用学科，同时还是一门专业思想教育学科。陈桂生教授对这种"三栖学科"现象进行了分析，指明了人们对教育学的"厚望"与"薄待"的反差现象。[3] 此外，还有科学说与非科学说[4]等。看来，教育学的学科性质问题还值得深入探讨。

(三)教育学原理的逻辑起点问题

教育学原理走向科学化，需要建构科学的理论体系。要建构科学的理论体系，就要探讨教育学原理的逻辑起点。逻辑起点是一门科学或学科的理论体系的起始范畴，教育学的逻辑起点是教育学中最简单、最抽象的规定，它是与教育学的研究对象相互规定着的，逻辑起点蕴含着教育学范畴体系展开的"胚芽"，逻辑起点同时也应该是历史的起点。[5] 逻辑起点有五个规定：一是它由该学科或理论的最基本的概念以及反映这些概念之间的关系的最基本的公理所构成，非本学科所独有的概念则不能算为逻辑起点的要素；二是逻辑起点中的概念不能定义或不需要定义，逻辑起点中的公理不能证明；三是公理间是相容的；四是公理间相互独立(不能由此推出彼)；五是由逻辑起点可推演出本学科的基本内容。[6]

在此问题的讨论中，形成了众多的观点，概括起来有两大类：

---

[1]　刘庆昌：《论教育学的性质》，载《太原师范学院学报》，2002(1)。

[2]　石中英：《教育学的文化性格》，315 页，太原，山西教育出版社，1999。

[3]　陈桂生：《"教育学"辨："元教育学"的探索》，381 页，福州，福建教育出版社，1998。

[4]　许丽丽、侯怀银：《教育学学科性质在中国的研究：历程、进展和展望》，载《教育理论与实践》，2016(12)。

[5]　郑金洲：《中国教育学 60 年(1949—2009)》，180 页，上海，华东师范大学出版社，2009。

[6]　冯建军：《教育基本理论研究 20 年(1990—2010)》，7 页，福州，福建教育出版社，2012。

一类是单一起点论，认为教育学逻辑起点只有一个，如人本起点论、体育起点论、管理起点论、知识起点论、生活起点论、目的起点论、本质起点论、教师起点论、儿童起点论和教学起点论等。① 另一类是多重起点论，认为教育学的逻辑起点有多个。有学者认为，任何科学都有两个起点，即叙述起点和认识起点(研究起点)。二者之间是有区别的，研究起点是现实的感性具体的东西，而叙述起点则是抽象的东西。研究起点是整个研究过程的直接前提，逻辑起点是作为研究结果的整个逻辑体系的开端。② 一切科学体系都有两个起点，除了逻辑起点之外，还应该有一个研究起点。在某种意义上说，研究起点比逻辑起点更重要，因为它是逻辑起点的基础和前提。③

多重起点论比二重起点论更受认可。一些学者认为，某一门科学的逻辑起点并不是唯一的，一门科学可以采取不同的逻辑起点来建构不同的理论体系。不同的逻辑起点对应着同一门科学的不同理论，这些理论不必是同一的，也不是等价的。④ 还有学者认为，现代教育学研究的逻辑起点不会只有一个，教育学研究起点应该是决定教育系统各要素关系的那些点，既是如此，它们必然多于一点。从这一角度看，凡是决定现代教育各要素间存在的相互关联的逻辑结构的点，都是现代教育学研究的源泉，都可以作为现代教育学研究的逻辑起点。⑤

对教育学逻辑起点的研究，就是为了建立严谨的教育学理论体系，构建教育学体系的起始范畴，这种研究是建构具有中国特色的教育学体系的一个新的突破口。⑥ 但也有学者持反对态度，认为教

---

① 瞿葆奎、喻立森：《教育学逻辑起点的历史考察》，载《教育研究》，1986(11)。
② 程少堂、邵涌：《教育学二重起点论》，载《教育研究与实验》，1992(3)。
③ 张奎良：《论历史唯物主义的二重起点》，载《学习与探索》，1982(3)。
④ 孙宏安：《学科教育学的一个逻辑起点》，载《教育科学》，1995(3)。
⑤ 李小融：《现代教育学研究应该有多个逻辑起点》，载《教育理论与实践》，1987(1)。
⑥ 钱立群：《论经验是教育学的逻辑起点》，载《北京师范大学学报(社会科学版)》，1997(2)。

育学逻辑起点的研究对教育学学科建设没有任何的积极意义，企图通过寻找一个逻辑起点来建构教育学理论体系是行不通的，后现代知识观启示我们，教育学理论体系的发展正面临着一个范式的转变。[1] 对于教育学逻辑起点的研究，学术界认识不一，有些问题还需要进一步探讨。[2]

(四)教育学原理中国化与中国教育学的问题

回顾中华人民共和国 70 年的教育学原理发展史，教育学中国化与中国教育学的关系，始终是学者们关注的问题。在中华人民共和国成立初期，我们学习苏联教育学的时期，当时我们就提出了"逐步建立新中国的教育科学"的问题。到了 20 世纪 50 年代中后期，凯洛夫主编的《教育学》开始遭到批判。1956 年，教育部在上海召开了教育学教学大纲研讨，会上提出了要"创建和发展新中国的教育学"。1958 年 4 月，在中央召开的教育工作会议上，讨论了教育方针，主张中国要有自己的教育学。北京师范大学 1958 年 9 月编写的《教育学教学大纲》中说："过去教育学的教学，不是从毛主席的教育思想出发，不是从党的教育方针出发，不是从我国的教育实际出发……"这几乎成了许多教育理论工作者"深刻反思"的共同说法。[3] 在这种形势下，50 年代末出版的一些教育学教材，就具有明显的"中国化"特征。

20 世纪 60 年代初，中央宣传部召开了高等学校文科教材编写计划会议，总结了共和国成立以来的经验，为编写中国化的教育学提供了一些条件。但中国的教育走向了意识形态化、政治化的道路，

---

[1]　何菊玲：《教育学逻辑起点研究之质疑——兼谈教育学理论体系的发展》，载《华中师范大学学报(人文社会科学版)》，2007(6)。

[2]　详见瞿葆奎、郑金洲：《教育学逻辑起点：昨天的观点与今天的认识》，载《上海教育科研》，1998(3—4)。

[3]　郑金洲：《中国教育学 60 年(1949—2009)》，227 页，上海，华东师范大学出版社，2009。

教育学变成当时教育方针和政策的汇编与解说。从表面上看，这一时期以至后来"文化大革命"期间的教育学，其理论体系突破了苏联教育学的框架，教育学的面貌相当"中国化"了，但却变成了经验化、政策化、语录化的形态，实质上是教育学的自我否定。这种"教育学中国化"，实际上并没有真正实现中国化，而是对教育学科学性的否定，是"化"掉了科学的教育学。[①]

改革开放以来，教育学中国化与中国教育学问题再次成为人们研究的热点问题，总结这一时期的研究成果，可以看出主要有以下几种价值取向：一是内容取向。认为教育学中国化就是把苏联的教育学或马列主义教育学与中国教育实际相结合。它的内容必须符合中国实际，它的理论要能够指导解决中国的实际问题，它的语言要使中国人看懂并感到亲切。[②] 二是形式取向。形式取向的学者们认为，建构具有中国特色的教育学，其特点是采用中国语言风格，体现中国传统特点的教育学。[③] 三是目标取向。教育学中国化有两层不同含义：第一层是建立中国的教育学，即要赋予教育学中华民族的特殊性格；第二层是引进教育学并在中国充分发展，使它与中国的社会实际相联系，为中国所用。但在相当长的时间内，我们主要做了第二层含义的努力，不断地引进与转化。四是问题取向。教育学中国化主要解决两个问题，其一是中国没有教育学，要向外国学习，要经过外化到内化的过程，使中国有教育学，把外国的教育学中国化；其二是在内化的基础上，结合中国教育传统和中国教育国情，借鉴国外教育学理论，形成自己的教育学。这是在中国本土、

[①]　张斌贤、楼世洲：《当代中国教育学术思想研究(1949—2009)》，98 页，北京，中国社会科学出版社，2011。

[②]　瞿葆奎：《关于教育学"中国化"问题》，载《华东师范大学学报(人文科学版)》，1957(4)。

[③]　侯怀银、王喜旺：《教育学中国化——一个以世纪以来中国学者的探索和梦想》，载《教育科学》，2008(6)。

由本土人、就本土问题、以本土的方式自主创生的一种教育学，这才是真正的中国教育学，它既有教育学中国化的成分，又超越教育学中国化，实现本土化的教育学诞生①。

关于建立"有中国特色的教育学"（或中国教育学），理论界存在争议。有学者不赞成这种提法，认为教育学作为一门科学是没有国籍的。教育学研究的是教育中的普遍规律，结果应具有普遍性，若是根据规律提出一些操作层面的策略、途径，则谈不上"特色"，因为提出策略、途径的根本依据依然是基本规律，这是普遍性的规律。还有学者认为"有中国特色的教育学"的提法完全是口号，不能把"特色"同"学"割裂开来。有学者认为"有中国特色的教育学"的说法是科学的，它以中国社会主义建设新时期的教育为基点，研究中国社会主义教育的规律，回答中国教育的理论与实践的实际问题。② 对于建设有中国特色的教育学，学者们提出了多种建议，诸如注重中国的文化与社会境脉，研究者应有中国话语的特征，最宝贵的资源在于研究者的本土境脉和本土实践。③ 还有学者提出建立中国特色的教育学，要回归自身的文化原点、对外来理论的批判性借鉴和回归中国教育的现实来进行等。④

（五）教育学的学科立场与研究范式问题

2005 年，全国教育基本理论专业委员会在内蒙古师范大学召开了第十届学术年会，会议围绕教育学学科立场、教育学危机、教育学个性化和教育学展望等具体问题展开讨论，由此引发了教育学人关于"教育学学科立场"的讨论。

① 张忠华、贡勋：《教育学"中国化""本土化"和"中国特色"的价值取向辨析》，载《高校教育管理》，2015(6)。
② 梁廉玉：《"有中国特色的教育学"辨析》，载《中国教育学刊》，1995(1)。
③ 吴康宁：《"有意义的"教育思想从何而来——由教育学界"尊奉"西方话语的现象引发的思考》，载《教育研究》，2004(5)。
④ 刘黔敏：《建设中国特色的教育学：挑战与应答》，载《教育理论与实践》，2004(11)。

　　学科立场是由学科的研究主体确立的，是观察、认识、阐明与该学科建设相关的一系列前提性问题的基本立足点。[①] 学科立场是学科发展到一定阶段的必然要求，它是一个学科独特的认识论方式和价值立场，是该学科区别于其他学科的重要标志。在知识融合的学科发展阶段，要对学科进行区分，就必须依靠学科的独特立场。[②] 因此，学科立场是突破研究对象、方法、体系、归属等表层问题的局限性之后，对学科个性、品质等深层次问题探讨，是学科对自身更加清醒的认识的结果。[③] 为什么提出教育学立场问题，学者认为，教育学出现了合法性危机，包括学科独立危机、话语危机、"无人"危机[④]等；再就是教育研究者和教育学科主体意识觉醒，也是研究者对中国教育学本土成长的期待与信心等。[⑤]

　　教育学的学科立场就是教育学看待问题的方式，依据的立场不同，就有不同的看待问题的方式。既然教育学有立场，那么它的立场是什么？是有一个立场还是有多个呢？所以许多学者基于自己的立场提出了教育学不同的立场，如教育学的生命立场、实践立场、责任立场等，还有学者提出了教育学的立场是多元的。有学者提出教育学首先应该坚持马克思主义哲学的人学立场，其次要坚持科学人文主义立场，还要坚持教育学的跨学科立场等；有学者提出教育学研究坚持的四个立场，即中国立场、本学科立场、实践立场和个人立场。还有学者提出教育研究应该坚持回归教育生活世界、坚持

　　① 叶澜：《当代中国教育学研究"学科立场"的寻问与探究》，见叶澜：《立场》，2页，桂林，广西师范大学出版社，2008。
　　② 吴黛舒：《论"教育学"的学科立场——探索"教育学"学科独立性问题的另一个思路》，载《华东师范大学学报(教育科学版)》，2004(3)。
　　③ 冯建军：《教育基本理论研究20年(1990—2010)》，45页，福州，福建教育出版社，2012。
　　④ 申卫革：《教育学立场：教育学走出困境的路径》，载《保定师范专科学校学报》，2006(3)。
　　⑤ 靖国平：《从"学科立场"到"学派立场"——论中国教育学的学派意识及其实践路向》，载《高等教育研究》，2006(1)。

实践取向、坚持本土原创的立场等。[①]

　　教育学原理的发展总是与教育研究方法、教育研究范式的变革密切相关的。对于任何一门学科而言，方法论是非常重要的。中华人民共和国成立后，我们对于教育学研究的方法是比较缺乏的，基本上是马克思主义哲学统领教育学研究。尽管有些学者认识到教育学研究方法的重要性，如曹孚、周扬等，但在当时的社会背景下，并没有受到应有的重视。1978年改革开放以后，随着哲学思潮的兴起，教育学研究方法论问题才引起人们的关注。改革开放初期，由于受到系统科学的影响，教育控制论、教学信息论、一般系统论与教育学等研究比较兴盛。在20世纪80年代，教育实验法受到广泛的重视。进入90年代和21世纪，随着哲学和技术科学的发展，后现代主义、复杂理论、现象学与解释学成为教育学领域的热点问题，行动研究、叙事研究等成为热门的研究方法，教育学研究思想与研究方法日趋多元化，出版了多部教育科学研究方法、教育研究方法论等著作与教材。

　　在教育学研究范式方面，由于受到库恩(Thomas Kuhn)的影响，许多学者开始尝试探索教育学研究范式问题。在教育学研究范式探讨方面，有人认为教育学研究范式可以分为哲学研究范式和自然探究范式；有的认为可分为逻辑演绎研究范式、自然类比研究范式、实证分析研究范式和人文理解研究范式；有的则分为思辨研究范式、批判研究范式、行动研究范式和实证研究范式。[②] 还有学者认为，20世纪的教育研究主要是科学与人文两大范式的争论，20世纪后出现并可能成为21世纪主导的复杂科学，将改变教育研究范式的这种二元对立，走向多元整合的复杂性研究范式，实现教育研究方法论

[①]　冯建军：《教育基本理论研究20年(1990—2010)》，48—49页，福州，福建教育出版社，2012。

[②]　王洪才：《教育研究的基本方法论》，载《北京师范大学学报(社会科学版)》，2006(6)。

的根本性转换。① 不过，在论述各种教育学研究范式中，定量研究范式、定性研究范式以及力图整合和超越上述两种范式的混合方法研究范式成为主导的研究范式。针对国内教育学原理的研究情况，学者们主张大力开展实证研究，对教育学学科走向科学具有深刻的意义。②

二、教育学原理学科发展的反思

中华人民共和国成立 70 年，随着我国社会主义事业的发展，教育学由原来的一门主干学科，通过自身的不断分化和与其他学科的交叉融合，逐步走向一个由众多子学科组成的一个庞大的学科群。在教育学分化过程中，教育学原理作为教育学一级学科的一个二级学科诞生了。研究教育学原理学科发展史，不得不从教育学原理的"母学科"开始，特别是在教育学原理还没有分化为一门独立的学科以前，中华人民共和国的教育学发展史，即教育学原理的发展史。

1992 年，教育学原理获得真正独立学科地位以后，才得以快速发展。尽管这些年来教育学原理学科研究取得了一些成就，但由于学科发展史比较短暂，依然存在一些问题。

(一)关于教育学原理的名与实问题

在教育学一级学科分类中，教育学原理(88014)作为一个二级学科；在研究生培养专业目录中，教育学原理(040101)作为教育学学科的第一个专业研究方向，这是众所周知的。但是在现实的教育世界里，教育学原理的学科边界是相当模糊的。例如，教育学原理与教育学(概论)的关系、教育学原理与教育原理关系、教育学原理与教育概论(或教育通论)的关系，尽管人们知道二者之间不能画等号，

---

① 冯建军：《教育研究范式：从二元对立到多元整合》，载《教育理论与实践》，2003(10)。
② 袁振国：《实证研究是教育学走向科学的必要途径》，载《华东师范大学学报(教育科学版)》，2017(3)。

但很难说清楚上述概念之间的关系。在学理上，这些概念（或学科）之间是相互联系的，但它们之间还是有区别的，不同称谓本身就承认其存在差异，否则，没有必要有那么多称谓。看来，教育学原理的名与实问题有待进一步的澄清。

1. 教育学原理的研究对象

胡德海教授认为，教育学原理是关于教育观、教育思想的学问，是对人类教育知识、教育实践、教育理论的成果，基于一定的哲学世界观理论和某些相关基础学科的成果所做的理论概括和总结。① 柳海民认为，现代教育学原理就是研究现代社会中的教育现象及教育规律。② 这种定义，基本上等同于"教育学"的研究对象，教育学与教育学原理无法区分。冯建军教授认为，教育学原理表示的是"教育学"的原理，它应当以"教育学"为研究对象，而不是以"教育"为研究对象，这样，教育学原理应该是对教育学的陈述，而不是对教育的陈述，它应该属于元教育理论。③ 还有学者把教育学原理理解为：是研究教育现象、总结教育经验、揭示教育规律、指导教育实践的学科。④ 针对教育学原理研究对象的混乱现象，金一鸣教授曾进行总结，他认为，将教育学的研究对象定义为教育现象，把教育学的研究任务定义为把握教育规律，其目的是指导教育实践，应当是合乎逻辑的。⑤ 如此看来，人们对教育学原理的研究对象主要有两种看法：一是教育学的研究对象是教育；二是教育学的研究对象是教育学。对第二种认识，俄罗斯学者弗·弗·克拉耶夫斯基（В. В. Краевский）进行了初步的探索，在其所著的《教育学原理》一书中，

① 胡德海：《教育学原理》，42 页，兰州，甘肃教育出版社，1998。
② 柳海民：《现代教育学原理导论》，7 页，北京，高等教育出版社，2013。
③ 冯建军：《关于"教育原理"的学科称谓与内容现状的研究》，载《教育理论与实践》，2007(4)。
④ 全国十二所重点师范大学：《教育学基础（第 2 版）》，25 页，北京，教育科学出版社，2008。
⑤ 金一鸣：《教育原理（第 2 版）》，4 页，北京，高等教育出版社，2002。

就认为教育学是科学，是专门研究教育的科学。[①] 该著作共有四章内容，主要是：教育学是科学、教育科学与实践的相互联系、教育学与其他学科的联系、教育学方法论和教育研究的方法。全书紧紧围绕"教育学"的问题展开研究，是一门比较地道的教育学原理。若以此为标准衡量教育学原理，国内还没有类似的著作。

2. 教育学原理与相关学科的关系

如今，当人们提到教育学原理，一般可以从四个方面来理解：一是作为一门学科的教育学原理；二是作为研究生的研究方向的教育学原理；三是作为一门课程的教育学原理；四是作为一本著作或教材的教育学原理。

第一，教育学原理与教育原理(或教育概论)的关系。对此问题，冯建军认为，长期以来，教育学原理、教育原理、教育概论等存在称谓的混乱和内容的重叠的问题，严重影响了教育学学科的自身建设，他主张把教育学原理改为理论教育学，教育原理是关于教育的一般的科学原理。主张取消"教育概论"这一学科称谓，或改造为"教育学概论"或者"教育学科概论"，或改造为一种教育常识。[②] 也有学者认为，教育学原理不等于教育原理，教育学原理研究与教育原理研究本属于不同界域的两类教育研究形态，前者更为关注教育学的学科形态(形象)的研究，后者则注重教育活动这一社会事实的研究。[③] 由此可见，教育学原理是研究教育学，而教育原理是研究教育；先有教育原理，只有教育知识系统化、学科化，才可能出现教育学原理，没有教育研究，就不可能有教育学研究。教育原理的研

① ［俄］弗·弗·克拉耶夫斯基：《教育学原理》，张男星、曲程等译，1 页、3 页，北京，教育科学出版社，2007。

② 冯建军：《关于"教育原理"的学科称谓与内容现状的研究》，载《教育理论与实践》，2007(4)。

③ 余小茅、曹玉娜：《试论教育学原理不等于教育原理》，载《上海教育科研》，2017(8)。

究成果是教育知识，教育学原理的研究成果是教育知识的学科化①，教育学原理是在教育原理成熟之后的一门学科。还有学者认为，教育学原理是上位学科，而教育原理是下位学科，教育原理是教育学原理的一个组成部分。②

第二，教育学原理与教育基本理论的关系。这两个概念也是经常混用的，在共和国研究生培养专业目录中，早期的"教育学原理"就被称为"教育基本理论"，至今在中华人民共和国教育学会中仍有"教育基本理论专业委员会"。近年来，一些大学还专门设立"教育基本理论研究院"，教育学学科的研究生招生实行大类招生，有些学校在"教育学"学科下仍然设"教育基本理论"研究方向。这种现象的存在进一步造成教育学原理与教育基本理论的混同使用。所谓教育基本理论就是对教育基本问题做出根本的回答，其研究范畴包括教育本质、教育价值、教育功能、教育目的、教育规律等内容，其内容基本上和教育原理相同。看来教育基本理论仍然是研究教育的基本问题，关注的对象依然是教育，而教育学原理的研究对象是教育学。

第三，教育学原理与教育学（概论）的关系。综观共和国学者的教育学原理著作与教材，一般都有教育学概论的章节，似乎教育学原理包括教育学概论。为了更直观地说明此问题，笔者整理了国内主要教育学原理教材中关于教育学概论的内容，见表 3-3。

表 3-3　教育学原理教材中有关"教育学概论"一章的内容

出版信息	教育学概论的章节内容
成有信：《教育学原理》，郑州，河南教育出版社，1993。	第一章 教育学（教育学的形成和发展；教育学的对象；教育学的方法）

---

① 侯怀银、郭建斌：《教育学原理学科在中国的发展及反思》，194 页，见《第二届中国教育学史论坛——改革开放后中国教育学学科发展的回顾与展望》，太原，2018。
② 柳海民：《序》，见齐梅：《教育学原理学科科学化问题研究》，2 页，北京，中国社会科学出版社，2007。

续表

出版信息	教育学概论的章节内容
胡德海:《教育学原理》,兰州,甘肃教育出版社,1998。	第一编 教育学概论(教育学的对象、性质、任务和体系;教育学的基础;教育学发展的历史过程;教育科学研究)
王道俊、扈中平:《教育学原理》,福州,福建教育出版社,1998。	第八章 教育学研究(教育学的历史;教育学研究方法论;教育学发展前瞻)
丁瑜、何东亮:《教育学原理》,上海,上海交通大学出版社,1998。	第一章 教育与教育学(教育学的研究对象;教育学的历史发展;学习教育学的意义和方法)
柳海民:《现代教育学原理》,长春,东北师范大学出版社,2002。	第一章 教育学的历史和未来(教育学的历史;教育学的基本问题;教育学的发展趋势;教育学的元研究与元理论)
姚俊、杨兆山:《教育学原理》,大连,辽宁师范大学出版社,2003。	绪论(教育学原理的学科性质及内容;教育学的产生与发展;教育学的基本问题;教育学原理的理论基础;学习教育学原理的意义和方法)
汪刘生:《教育学原理》,杭州,浙江大学出版社,2007。	第一讲 教育学概述(教育学的研究对象;教育学的研究任务;教育学的产生与发展)
蒲蕊:《教育学原理》,武汉,武汉大学出版社,2010。	第一章 教育学概论(教育学的研究对象;教育学的历史演进;教育学的若干基本概念;教育学研究的方法论)
柳海民:《现代教育学原理导论》,北京,高等教育出版社,2013。	第一章 现代教育学原理的研究对象(教育学的定义与诠释架构;现代教育学原理的研究对象;现代教育学的思想根源与贡献;现代教育学的逻辑起点;现代教育学原理的若干理论范畴)
王作亮、张典兵:《教育学原理》,徐州,中国矿业大学出版社,2015。	第一章 绪论(教育学的研究对象;教育学的形成与发展;教育学的研究意义;教育学的研究范式)

由此可见,教育学原理中关于"教育学概论"的内容大同小异,

都是对教育学这门学科做些简单介绍。教育学原理是教育学的一个分支学科，教育学概论仅仅是师范生学习教育理论的一门课程，是对初学者进行教育学学科的常识性教育。但是，教育学原理不仅是一门学科，而且是作为一门课程表现出来的，它的服务对象一般是教育学专业的本科生或研究生，是深入学习教育学学科的入门课程。此外也有学者认为，教育学原理与教育学（概论）既有相同的内容，又有不同的内容，教育学原理、教育学概论都有共同的"教育学"内容，所不同的是教育学（概论）是以一定的教育观为指导而阐述教育教学艺术的应用学科，而教育学原理是阐述教育观及教育教学一般规律的理论学科①。

（二）关于教育学原理的知识体系问题

教育学原理作为一门独立的学科，这是教育界人士没有异议的，但教育学原理学科知识体系结构是什么，它应当包括哪些内容，恐怕一下没有人能够说得清。以当今教育学原理教材与著作的知识体系为例，为了便于比较与总结，笔者将国内主要的教育学原理教材的知识体系汇成表格，如表 3-4 所示。

表 3-4　国内教育学原理教材知识体系一览表

出版信息	主要章节目录
成有信：《教育学原理》，郑州，河南教育出版社，1993	教育学；教育的产生和发展；教育概念与教育本质；教育和社会；教育与发展；教育目的；教育制度；教学论的历史和现状；我国教学论建设的基本理论问题；教学结构和课外活动；人的价值·教育价值·德育价值；人的身心发展过程·教育过程·德育过程；体育；美和美育；劳动教育、综合技术教育和职业教育

---

① 柳海民：《序》，见齐梅：《教育学原理学科科学化问题研究》，2 页，北京，中国社会科学出版社，2007。

续表

出版信息	主要章节目录
胡德海:《教育学原理》,兰州,甘肃教育出版社,1998	第一编　教育学概论(教育学的对象、性质、任务和体系;教育学的基础;教育学发展的历史过程;教育科学研究);第二编　教育基本理论(教育的起源;教育的存在和发展;教育的形态和本质;自我教育是人类文化另一传承手段;教育功能的基本理论;教育对人的作用;教育对社会的作用及其地位);第三编　教育活动(教育者;受教育者;教育目标和教育内容;教育形式和教育手段);第四编　教育事业(教育事业及其目的与结构;教育与社会;教育事业的管理;教育事业管理的法制化;教育评价)
王道俊、扈中平:《教育学原理》,福州,福建教育出版社,1998	教育所面临的基本矛盾;教育与社会发展;教育与人、社会的历史统一;教育目的;教育活动;教育过程;教育模式;教育学研究
柳海民:《现代教育学原理》,长春,东北师范大学出版社,2002	教育学的历史和未来;教育的概念;教育与社会;教育与人的发展;教育目的;教育制度;学校;教师与学生;课程;教学;德育
叶澜:《教育学原理》,北京,人民教育出版社,2007	教师的教育学之旅;当代社会转型与教育改革;当代儿童成长与教育改革;学校教育价值取向与培养目标重建;课堂教学的原理与策略;学校组织建设的原理式透析;学生校外生活的教育内涵;学校教育改革与教师发展
扈中平:《教育学原理》,北京,人民教育出版社,2008	教育学概述;教育及其产生与发展;教育与社会发展;教育与人的发展;教育目的、培养目标;教育制度;课程;教学;德育;教师与学生
蒲蕊:《教育学原理》,武汉,武汉大学出版社,2010	教育学概论;教育的历史形态;教育本质;教育与人的发展;教育与社会发展;教育目的;教育制度;教育内容;教育活动;教育过程;教师与学生;学校
陈理宣:《教育学原理——理论与实践》,北京,北京师范大学出版社,2010	教育学概述;教育的产生与发展;教育的本质;教育与社会和人的发展;教育目的;教育制度;教师与学生;课程;教学;德育与班主任工作;学校教育研究;教育管理;当代教育改革与发展

续表

出版信息	主要章节目录
柳海民:《教育学原理》,北京,高等教育出版社,2011	教育学概述;教育及其产生与发展;教育与社会发展;教育与人的发展;教育目的与培养目标;教育制度;课程;教学;德育;教师与学生
张忠华:《教育学原理》,上海,上海世界图书出版公司,2012	教育学概论;教育的本质;教育与人的身心发展;教育与社会发展;教育目的;教育制度;教育主体;教育内容;教学;德育
柳海民:《现代教育学原理导论》,北京,高等教育出版社,2013	现代教育学原理的研究对象;教育对象论;教师论;学校发展论;教育功能论;教育目的论;教育制度论;教育活动论;课程与教学论;现代德育论;教育规律论;素质教育论;教育先行论;教育改革论;教育研究方法论
康永久:《教育学原理五讲》,北京,人民教育出版社,2016	教育的概念与理想;教育的历史发展;人的发展与教育;教育与社会发展;历史情境与教育学

从表 3-4 的内容可以看出,教育学原理研究的主要内容包括:教育学概述、教育历史发展与本质、教育与人、教育与社会、教育目的、教育主体(教师与学生)、教育制度、教育功能、课程、教学、德育等。这与师范院校开设的公共必修课程"教育学"的内容体系基本一致。

再来看看国内主要的教育原理(含概论、通论)著作与教材的知识体系,如表 3-5 所示。

从表 3-5 中可以看出,教育原理研究的内容与教育学原理研究的内容大同小异。

此外,在中华人民共和国的培养研究生专业目录中,最早把教育学原理称作"教育基本理论",以至于今天我国还没有"教育学原理专业委员会",只有"教育基本理论专业委员会"。再看有关"教育基本理论"的著作与教材的知识体系,如表 3-6 所示。

表 3-5　国内教育原理著作与教材知识体系一览表

出版信息	主要章节目录
徐国榮:《教育概论》,北京,人民教育出版社,1985	第一篇　教育的本质及其规律(教育的起源与发展,教育与生产力的关系,教育与经济基础的关系,教育与政治的关系,教育的本质特点与基本规律);第二篇　教育的目的、对象和机构(教育目的,儿童的发展与教育,学校教育制度);第三篇　教学论(教学过程和教学原则,教学内容、方法和组织形式);第四篇　教育论(德育,体育,劳动技术教育,美育);第五篇　课外活动(课外活动);第六篇　学校教育工作者(人民教师和班主任,学校领导);第七篇　教育的科学研究(教育学的对象、任务和方法)
厉以贤:《现代教育原理》,北京,北京师范大学出版社,1988	现代社会与现代教育;现代教育的功能;教育与经济发展;教育与文化建设;教育与新技术革命;教育与人口;教育与人的身心发展;教育目的;教育体制;家庭教育、学校教育、社会教育;教师;教育法与教育立法;教育决策、教育预测和教育评价
叶澜:《教育概论》,北京,人民教育出版社,1991	教育——复杂、开放的社会系统;教育与社会(上、下编);教育与人的发展(上、下编);社会、教育、人之相互关系;结束语:教育的基本特征
陈桂生:《教育原理》,上海,华东师范大学出版社,1993(该著作在2000年、2012年进行了修订)	第一部分(教育的简单要素;教育过程中的两级:教育主体与客体;教育资料的构成;教育组织型式的演变;制度化教育的形成);第二部分(教育与传播媒介;教育与社会生产力;教育与社会经济结构;教育与政治;教育与闲暇;教育的"自我保存"与"自我更新"的属性);第三部分(教育的本质;教育目的;教育的构成;学校的职能;教育与家庭);第四部分(中国社会主义初级阶段教育理论问题)
孙喜亭:《教育原理》,北京,北京师范大学出版社,1993	教育原理研究的对象、任务和方法;教育的起源与教育的历史发展;教育的本质;教育与社会生产;教育与经济、政治及其他社会意识形式之间的关系;教育与儿童的发展;教育价值问题;教育目的与人的全面发展学说;教育与生产劳动相结合的理论与实践;学校教育制度;课程;教学的任务与教学过程;德育的意义、任务和内容;德育过程;体育;美育;教师

续表

出版信息	主要章节目录
黄济、王策三:《现代教育论》,北京,人民教育出版社,1996	第一编　现代教育的基础(现代教育的社会基础;现代教育的哲学基础;现代教育的心理学基础);第二编　现代教育的基本问题(现代教育的概念;现代教育的目的;现代教育制度;现代教育管理;现代教学、现代德育);第三编　现代教育的研究方法(现代教育发展趋势及研究方法特点;现代教育研究的结构体系及研究过程);第四编　现代教育的展望(现代教育的展望)
郑金洲:《教育通论》,上海,华东师范大学出版社,2000	什么是教育;教育的演进;中西教育传统;教育的心理基础;教育的社会基础;教育目的;教育制度;课程与教学;教师与学生;教育学与教育科学
金一鸣:《教育原理(第 2 版)》,北京,高等教育出版社,2002	教育科学的研究对象及其功能;"教育本质之争"引发的思考;教育与经济;教育与政治;教育与文化及其他;中国社会主义教育的轨迹;教育与人的发展;教育目的;课程;教学;德育;体育与美育;教育评价;教育科学研究
柳海民:《现代教育原理》,北京,人民教育出版社,2006	第一编　教育总论(教育认识的历史演进;教育实践的历史发展;教育概说);第二编　现代教育与现代人的发展(教育与人的身心发展;教师;学生);第三编　现代教育与现代社会发展(教育与社会发展;教育目的;教育制度;教育内容;教育形态;教育途径)
王枬等:《教育原理》,桂林,广西师范大学出版社,2007	什么是教育——探寻教育本质;什么是学校——解剖狭义教育;教育为什么——揭示教育目的;教育有什么用——追溯教育功能;谁有资格当教师——了解教师职业;学生是谁——透视教育对象;怎样保证教育的实施——审视教育法规;教育如何成为可能——鸟瞰教育实践;教育将走向何方——展望教育趋势
冯建军:《当代教育原理》,南京,南京师范大学出版社,2009	当代教育应该是什么;人类的发展与教育;个体生命发展与教育;教育目的;教育主体;教育系统的产生与发展;社会发展与教育发展;当代社会与当代教育
刘家访:《教育原理》,武汉,武汉大学出版社,2011	教育是什么;作为一种职业的教师;作为教育对象的学生;教育功能;教育的目的;教育的理论基础;当代教育改革

表 3-6　国内教育基本理论教材的知识体系

出版信息	主要章节目录
张楚廷:《教育基本原理:一种基于公理的教育学》,长沙,湖南师范大学出版社,2009	Z—系统;本质主义评论;教育的起源;教育的功能;教育的特性;教育的目的;教育与社会;德的演化;美育的命运;体育的意蕴;全面发展——人的天赋权力;课程问题;教育实践批判
靳玉乐、易连云:《教育基本理论问题专题研究》,重庆,西南师范大学出版社,2012	第一部分　教育学的本质及功能(教育学是什么,教育学科学性与价值性的统一,教育人性化思潮论略,教育导向人生的精神幸福:至善·和美·快乐·自足);第二部分　教育学的研究方法(田野考察法及其在教育研究中的运用,质性研究伦理审查之文化适应性分析,职前教师教育运用叙事研究的国际经验,我国教育研究自主创新的入口——艺术取向教育研究方法综论);第三部分　变革与挑战(教育变革的背景与走向;网络中的教育变革与影响,新媒体时代下的学校德育危机与应对);第四部分　当代学校德育改革(中国传统道德教育研究中的范式转换与现代诠释,传统道德的生命内涵与"生命·实践"道德体系的现代构建);第五部分　课程与教学理论改革(后现代主义视野下的中国课程改革,试析三类教学目标的实践意义及实现策略,超越教学中的二元对立,论教学知识);第六部分　教育经济与法律(价值·资源·效率——教育研究的经济学视野,尊重和保障公民学习权是全面实施素质教育的制度基础,改革中小学教师职务制度促进教师质量提升)
王北生:《当代教育基本理论论纲》,北京,人民教育出版社,2012	上编:教育的基本问题(教育的意蕴与教育学立场,教育本质的争鸣与评述,教育功能的驳辩与转向,教育价值的冲突与整合,教育目的的评析与调适,教育制度的演进与创新);中编:教育的基本关系(教育与人的发展,教育与社会进步,教育与生活结合);下编:教育研究与当代思潮(后现代主义与教育研究,复杂理论与教育研究,现象学与教育研究,解释学与教育研究)

出版信息	主要章节目录
周险峰:《教育基本问题研究:回顾与反思》,武汉,华中科技大学出版社,2016	教育本质论;教育目的研究;教育价值研究;教育与知识的关系研究;教育产业化问题研究;教育与人的发展关系研究;教育与生活的关系研究;教学过程研究;教师专业发展研究;教育评价研究;教育改革研究

可见,教育基本理论教材与著作的研究主题内容也是与教育学原理的知识体系基本一致。这就难怪国内把这"三种名称"混为一谈,不加以区分使用。尽管我国学者的学科意识很强,但在建构科学的学科知识体系方面还不够严谨。

通过上面的比较和相关思考,笔者认为,教育学原理的研究对象是教育学。从目前来看,我国多数教育学原理的著作与教材基本上属于教育原理,还不是真正意义上的教育学原理。教育学原理应以"教育学"为研究对象,探究教育学的产生与发展、教育学的研究对象、教育学的学科性质、教育学的范围、教育学的理论知识体系、教育学的价值、教育学的理论基础、教育学的逻辑起点、教育学的研究方法论、教育学的发展趋势等问题。

(三)开展教育学原理的原创性研究问题

教育学原理作为一门学科已有 20 多年的历史,其间也出版了不少名曰"教育学原理"的教材与著作,但真正反思教育学原理学科建设的文章很少。笔者以"教育学原理"为"篇名",在"中国知网"进行文献检索,共查到 161 条文献;以"篇名"为"教育原理"进行文献检索,可得到文献 172 条,综合两项研究文献,纯粹属于学科建设与学科反思的文献不到 30 条。正是这种研究现状,使得人们对教育学原理这门学科的认识还存在误解与不解。看来,开创教育学原理的原创性研究,是发展教育学原理的必由之路。

其实，在教育学学科领域，不仅教育学原理需要原创性研究，其他子学科都需要原创性研究。这是因为教育学这门学科在中国的出现，是"西学东渐"的结果。在引进教育学的同时，教育学中国化的研究就一直受到人们的关注。教育学在其发展过程中，不缺乏对其他学科研究成果的借鉴，但缺少对各种不同学科知识的整合，缺少理论间的汇通融合，缺乏史与论的结合，特别是缺少对教育自身问题的研究，结果造成教育学的名声不好，以至于学者发出"教育学终结"的感叹。

为了使教育学成为教育之学，教育学原理成为教育学之学，就必须开展教育学原理的原创性研究。原创性研究就是"最初或最早的创造性研究"或"原始或原初的创造性研究"。它是言前人所未言的研究，是不断拓展新领域、新思想、新方法的研究。为什么这么讲呢？是因为教育学原理这门学科在我国还相当的不成熟，其研究对象的界定、学科性质的规定、理论知识体系的建构都没有现成的成果可供继承，需要依据教育原理研究成果，对教育知识进行系统化、科学化的研究，使之成为教育学原理建构的基本素材。至于怎样展开教育学原理的原创性研究，有学者提出原创性研究的三重意蕴，即回到事物本身，回到现实本身，回到最基本的问题；不断回溯对基本问题的反思。开展原创性研究要把握创造性、基础性、实践性、原始性、原发性的标准，不断增强教育学的问题意识，不断提高教育学的批判意识[1]，增强教育学研究的想象力，超越功利，注重科学精神[2]，要大力强化元教育学研究与教育学元研究。还有学者对教育学原理学科发展提出关注现实问题，在选题上除了关注教育学

---

[1]　郑金洲：《中国教育学 60 年(1949—2009)》，239—242 页，上海，华东师范大学出版社，2009。

[2]　冯建军：《教育基本理论研究 20 年(1990—2010)》，71—72 页，福州，福建教育出版社，2012。

学科自身建设的重大理论问题，还应将研究视野转向教育实践，以
微观、实践的具体教育问题为研究选题，教育学原理研究应将"问题
转向"与"实践转向"作为重心，使之成为教育学原理学术研究新的生
长点。在研究视角上，多学科研究带来研究成果的繁荣，但教育学
原理研究面临着学科立场与专业话语的丢失，怎样用教育学原理的
学科立场，来整合多学科研究成果，提炼出教育学原理的学科语言，
是今后需要关注的问题。在研究方法上，采用多学科的视角，采用
多种研究方法关照教育学问题，为解释和诠释教育学理论问题与实
践问题提供了一些借鉴，但也面临着一些新问题，如忽视研究方法
与研究内容的适当贴切性，使得研究结论客观性减弱。同时，在研
究方法方面，缺乏实证研究，也使得研究结论既无法证实也无法证
伪，理论的可信度降低。①

　　总之，未来的教育学原理学科建设，要立足国情，走自己的路，
加强教育学原理研究的规范性和科学性，创建中国的教育学，建构
具有自身特质的学科体系、学术体系和话语体系。②

第三节　课程与教学论学科的发展

　　根据我国国家标准《学科分类与代码》(GB/T 13745—2009)，课
程与教学论是教育学一级学科下设的二级学科。从中华人民共和国
成立至今，课程与教学论学科在共和国学术"苗圃"、学科"大家庭"
中茁壮成长。以史为鉴，可以知兴替。值此中华人民共和国成立 70
周年之际，我们回顾其历史嬗变，总结其成绩与不足，是一件非常

---

① 柳海民、徐海娇：《推进学科反思 促进理论创新——近年来教育学原理学科发展概观》，载《教育研究》，2016(1)。
② 本刊编辑部：《2018 年中国教育研究前沿与热点问题年度报告》，载《教育研究》，2019(3)。

必要亦是很有意义的事情。

一、课程与教学论学科学术交流概览

《吕氏春秋》云：流水不腐，户枢不蝼。中华人民共和国成立初期，我国与苏联有着小范围的学术交流，主要是互派学者进行参观、学习与讲座。但随着中苏关系破裂，我国基本上关闭了课程与教学论的对外交流大门。改革开放以来，为了可持续地提高科研实力和学术影响力，我国课程与教学论学科开始注意加强同国内外同行间的学术交流，积极承办国内外学术会议，鼓励学者积极参与国内外重大的学术会议或学术年会，举办学术讲座，参加学术团体和学术组织，以便更好地了解科研和学术前沿动态，提高学术影响力和学科整体实力。

1979 年 4 月 12 日，在教育部和中国社会科学院联合召开的全国教育科学规划工作会议上，中国教育学会正式成立，董纯才任会长，张健、戴伯韬、刘佛年、朱智贤等人任副会长。翌年，中国教育学会秘书处开始出版《中国教育学会通讯》(1988 年改为《中国教育学刊》)，刊载教育理论和实践研究成果，传播和分享最新教育学术成果。虽然初期该刊涉及课程与教学论的文章并不多，内容深度也有限，但为课程与教学论思想的传播提供了"阵地"。

(一)教学论领域的学术交流

20 世纪 80 年代，我国教育学研究处于快速发展和不断分化的时期。改革开放初期，由于相关教育学研讨会吸引了一批教学论与课程论学者参与，他们深入交流和讨论了教学论学科发展、教材建设以及人才培养等多方面问题，课程与教学论专业力量开始集聚，这为课程与教学论学术交流的兴起和快速发展创造了充分条件。中国教育学会成立后，课程与教学领域的专业委员会虽然没有出现在第一批成立的分会名单上，但 1985 年 6 月，中国教育学会教育学分会便下设了"教学论专业委员"，即"中国教育学会教育学分会教学论专业委员会"，也称"全国教学论学术委员会"，标志着我国教学论学科建制迈上更高台阶的同时，亦表明我国课程与教学论的学术交流开始兴起。

1985 年 6 月 22 日至 28 日，全国教学论专业委员会召开了第一次学术研讨会，会议回顾了改革开放以来教学理论研究的基本进展，就教学论的学科性质、理论基础等问题进行了热烈讨论。虽然仅有 20 余位学者代表参加，但会议还是成立了学会的理事机构，推选哈尔滨师范大学的唐文中教授为第一届专业委员会主任，华中师范大学的旷习模、华东师范大学徐勋、杭州大学裴文敏、北京师范大学裴娣娜、沈阳师范学院刘云翔等为副主任委员。同年 11 月在南京大学举办了全国高校教学理论与教材建设学术讨论会，成立全国教学论教材编写委员会。

1987 年 9 月 26 日至 30 日，全国教学论专业委员会主办了第二届全国教学论学术研讨会。会议围绕教学理论与教学实践结合这一主题，分析了以往教学理论研究中存在的一些问题，就教学论的基本理论问题进行了全面探讨，认为要加强高师院校的教学论教材建设，强化院校之间科研课题的协作，进一步开展教改实验，加快扶持教学论专业青年教师和研究生的培养，以使教学论研究的力量更集中、研究更扎实、队伍更壮大。会议的另一重要贡献是举办了"现代教学论"讲习班，邀请与会的教学论专家给来自全国 20 多个省市的教育管理者和一线教师进行集中培训，扩大了教学论的学术影响，提升了教学论学科的社会影响力。此后，学会根据当时我国教学研究与实践状况确定会议主题，大概每两年就举行一届全国教学论学术研讨会，见表 3-7。

表 3-7 历届全国教学论学术年会一览表

届次	时间	承办单位	会议主题
1	1985 年 6 月	哈尔滨师范大学	教学论的理论体系建设
2	1987 年 9 月	华中师范大学	加强教学理论与实际结合,深化普通教育改革
3	1989 年 4 月	广西师范大学	大面积提高教学质量
4	1991 年 8 月	天津师范大学	教学理论与教学实践管理,教学论学科体系
5	1994 年 5 月	西南师范大学	改善教学论研究方法,提升教学理论研究水平
6	1997 年 5 月	陕西师范大学	我国教学论学科面临的重要问题及其发展选择、学校按教育课程改革和课程理论的建设。主体教育的理论与实验研究、教学活动理论与活动课程
7	1999 年 8 月	西北师范大学	面向 21 世纪我国基础教育课程与教学改革的基本问题
8	2001 年 10 月	湖南师范大学	全球化与中国教学论发展的走向。现代教学论发展的理论基础问题,课程改革的理论与实践
9	2004 年 4 月	北京师范大学	我国教学论反思、基础教育课程与教学改革反思
10	2006 年 6 月	西南大学	教学基础理论与教学论学科建设
11	2008 年 6 月	福建师范大学	教学改革与学校创新
12	2010 年 11 月	南京师范大学	本土教学思想的发展和当代教学改革
13	2012 年 7 月	东北师范大学	教学质量和教学改革
14	2015 年 5 月	河南大学	数字化时代的教学理论与实践
15	2017 年 4 月	陕西师范大学	学生发展与教学改进

值得一提的是,鉴于我国新课程改革实践当时状况,教学论专业委员会第十二届学术年会既有对教学论研究的理论反思以及教学

本质与价值的探寻，又有对课程理论与课程改革的反思，更有对教学改革与教师发展、学校创新等问题的密切关注，表明了教学论研究的实践意识、务实意识和与课程论的整合意识。2017 年第十五届学术年会考虑到学生核心素养提升这一学界研究热点与实践诉求，因而确立了"学生发展与教学改进"这一主题，旨在探讨基于学生核心素养发展的全方位教学改进，重新检视课堂教学变革与学生发展的关系，反思教学论研究对中小学教学实践的影响，交流教学理论研究的新进展与新问题。显示出教学论专业委员会不仅试图进一步提升教学论的学术研究质量和研究水平，而且还密切关注教育呼声和时代与社会要求。

（二）课程论领域的学术交流

1990 年 10 月 16 日至 19 日，国家教委在上海召开课程发展与社会进步国际研讨会，来自美国、日本、英国、法国、澳大利亚、韩国及中国等地的学者、专家及中国专家、学者参加研讨会，会议收到 62 篇学术论文。这是我国第一次在课程领域主办的国际性学术研讨会，课程改革问题受到了空前的重视。

20 世纪 90 年代，课程论成为一个迅速兴起的研究领域，理论研究成果不断涌现，课程论学科队伍也逐渐形成。1997 年 3 月，中国教育学会教育学分会批准成立全国课程论专业委员会（后称为"全国课程学术委员会"），这是我国第一个专门从事课程研究的学术性团体，标志着一支由老中青学者相结合、理论工作者与实践工作者相结合的课程研究队伍已在中国建立起来，亦标志着我国课程与教学论学科学术交流由此开始进入了一个新时期。

1997 年 11 月 13 日至 18 日，首届全国课程学术研讨会在华南师范大学召开。来自全国高校和科研单位的近百位课程理论工作者和实践工作者参会。围绕"课程现代化"这一主题，就"课程现代化的实质""课程理论与课程实践的关系""课程编制与课程评价""义务教育课程教材和普通高中课程教材""综合课程的理论与实践""活动课程的理论与实践""课程论的学科建设"等问题进行了多层次、多方面的充分交流和深入探讨。大会推选吕达为全国课程学术委员会第一届理事长，黄甫全、白月桥、施良方、靳玉乐等为副理事长。这次会议是全国课程专业委员会成立后的第一次大型学术研讨会，在凝聚全国课程理论研究者、推进课程领域的学术交流和引领基础教育课程改革等方面都发挥了不可替代的作用。①

1999 年第二届全国课程学术年会在广西师范大学举办，由于彼时我国第八次新课程改革已经启动，故而会议主题确定为"21 世纪中国课程研究和改革发展"。进入 21 世纪后，全国课程学术委员会也开始注重加强组织建设，完善运行机制，不断扩大理事会的规模，理事单位和会员(理事)数量快速扩充。在新一轮基础教育课程改革酝酿、启动和推行过程中，全国课程学术委员会与全国教学论学术委员会密切参与，协同并进，积极主办多种研讨会，学术影响随之扩大。2004 年，云南师范大学承办了第四届全国课程学术年会。鉴于新课改已实施五年，全国课程学术委员会确定该届年会的主题为"基础教育课程改革的反思与评价"。

2006 年 8 月 16 日至 19 日，第五次全国课程学术研讨会暨中国教育学会教育学分会课程专业委员会第二届第二次年会在新疆师范大学举行，主题为"课程理论发展与实践进展"。其主要议题为：课程与教学论的学科建设与发展方向；国际课程与教学论的发展方向与进展；新课程改革以来我国课程理论的创新与进展；课程设计、实施、评价管理理论研究与实践进展；综合课程形态设计与开发。2008 年 10 月 15 日至 18 日，第六次全国课程学术研讨会暨中国教育学会教育学分会课程专业委员会第三届第一次年会在聊城大学召开。

① 吉标：《改革开放 40 年我国课程与教学论学术交流的历程、问题与应对》，载《课程·教材·教法》，2018(7)。

会议主题为"课程理论与实践创新"。会议围绕如下主要议题进行研讨：课程研究领域的拓展与学科发展；课程的哲学、文化学、社会学、心理学研究；我国课程改革实践反思与评价；校本课程设计与校本教研的新进展；课程设计与考试评价的关联研究；高中新课程改革专题研究。

近十年，全国课程专业委员会分别在华中师范大学、福建师范大学和上海师范大学举办了第七、第八、第九届全国课程学术研讨会。2017 年第十届全国课程学术年会首次与全国教学论学术研讨会同年举行，而且会议主题都关注了核心素养这个研究热点。2019 年 4 月 19 日至 20 日，由人民教育出版社主办，河南大学承办了第十一次全国课程学术研讨会。来自北京师范大学、华东师范大学、华中师范大学、西南大学、东北师范大学、山西大学等多所高校以及人民教育出版社、中国教育科学研究院、北京教育科学研究院等科研教研部门和《课程·教材·教法》《中国教育学刊》《教育发展研究》等共 120 余家单位，近 500 人参加了会议。会议的主题为"未来课程变革的挑战与方向"，众多学者围绕核心素养及落实、学科课程与教师、校本课程与综合实践、课程教材与教学、未来课程与评价五个方面进行了深入讨论，剖析了课程变革中存在的挑战，阐明了未来课程变革的发展方向。审视历届全国课程学术研讨会主题（如"新课程改革十年：进展与突破、争议与困惑""课程改革再出发——下一个十年""课程改革在路上——向着《国家中长期教育改革和发展规划纲要》迈进"，见表 3-8）表明，课程研究者密切地关注了新课改实践，彰显了良好的理论与实践互动的意识与情怀。

表 3-8　历届全国课程学术研讨会一览表

届次	时间	地点	主题
1	1997 年 11 月	华南师范大学	课程理论与课程改革
2	1999 年 12 月	广西师范大学	21 世纪中国课程研究和改革发展

续表

届次	时间	地点	主题
3	2001 年 9 月	东北师范大学	新一轮基础教育课程改革的理论与实践
4	2004 年 6 月	云南师范大学	基础教育课程改革的反思和评价
5	2006 年 8 月	新疆师范大学	课程理论发展与实践进展
6	2008 年 10 月	聊城大学	课程理论与实践创新
7	2010 年 11 月	华中师范大学	新世纪课程改革十年——趋势与愿景
8	2012 年 10 月	福建师范大学	课程改革再出发——下一个十年
9	2014 年 11 月	上海师范大学	课程改革在路上——向着《国家中长期教育改革和发展规划纲要》迈进
10	2017 年 9 月	广州大学	核心素养与中小学课程教学变革
11	2019 年 4 月	河南大学	未来课程变革的挑战与方向

　　须指出的是,上述国内举办的全国教学论学术年会、课程学术研讨会多数都有国际知名课程与教学论研究专家到会交流。随着改革开放进程的加快,我国课程与教学论领域的国际学术交流也日渐繁荣。下面仅以近 10 年部分师范院校举办的国际学术会议为例,以管窥课程与教学论国际学术交流的"一斑"。

　　始办于 2003 年的"上海国际课程论坛",每年都在华东师范大学举办一次年会,迄今已连续举办了 16 次,产生了越来越大的学术影响。2008 年 12 月 12 日至 15 日北京师范大学教育学院主办"继承与创新——21 世纪的课程与教学"国际学术论坛首届研讨会。会议主要议题为:21 世纪课程与教学的任务与使命;信息时代的课堂教学;21 世纪课程与教学的继承与创新。众多专家学者们围绕教学基本理论、教学论的国际借鉴与本土关怀、新课程改革、现代教育技术在课程与教学中的应用以及教学实验五项主题,展开了热烈的对话。2009 年 6 月 12 日至 14 日,首都师范大学教育科学学院主办"课程与教学研究的实践取向:对话施瓦布及芝加哥学派的传人"国际学术研讨会。会议议题有施瓦布(Schwab)实践课程思想及其贡献；教师是课程设计者；校本课程开发与校本化课程实施；课程审议；课程决策的政治学与文化学基础；大学研究者与中小学教师的合作研究(教师个人实践知识、教师叙事研究、行动研究等)。

2011 年 12 月 2 日至 4 日杭州师范大学教育科学学院、浙江省教育学会教育学分会和中田纳西州立大学联合举办第一届"课程教学改革与教师发展国际研讨会"，会议议题有：教师参与课程开发的理论与实践；课堂教学改革与教师研究；农村教师专业成长；课程理论新进展。来自国内外有关单位 120 余名专家、学者与研究生出席了会议，对当前我国的课程教学改革、教师发展与课程理论研究的基本问题和最新进展进行了研讨与交流。此后几年，杭州师范大学教育科学研究院又连续主办了几届"课程教学改革与教师发展国际研讨会"。

这些高校的教育学院试图通过举办国际研讨会促成学院走向国际化发展，即期望通过"借用外脑"，重在吸取与借鉴国外先进的教育理念，澄清与分析课程改革与教师研究的进展与问题，挖掘我国传统教育思想中的富有生命力的资源，最终在国际化与本土化的互动过程中，实现学院事业乃至我国课程与教学论学科的持续发展。

除承办国际学术会议外，国内课程与教学论界日益注重与国外高校和研究机构建立合作关系，邀请国际知名课程学者前来讲授短期课程或开设专题讲座。近年来，美国的小威廉姆·多尔、威廉·派纳(William F. Pinar)、坦纳(Tanner)，加拿大的马克斯·范梅南(Max Van Manen)，英国的迈克尔·W. 阿普尔(Michael W. Apple)，日本的佐藤学(Manabu Sato)等，就曾多次受邀做客国内多所高校，开展讲座介绍国外课程与教学论领域最新学术思想和研究成果。同时，我国一批课程与教学论学者也频频走出国门，或应邀参加学术会议，或到境外知名大学进行访学、交流，传播中国课程与教学论学术成果,推进了中西方课程与教学论学术的双向交流。

总之,随着改革开放尤其是新课程改革的深入推进,我国越来越多的研究者参与到课程与教学理论研究中,课程与教学论学科的社会影响力大大提升,学术交流日渐繁荣,呈现出如下两大趋势与特点。

其一,学术交流纵深化、协作化日趋明显。近年来,全国多个省市(重庆、山东、广东、江西等)的教育学会陆续批准成立"课程与教学(论)专业委员会"。有的地方和高校还成立了学科联盟。地方性专业学会和区域性学科联盟的建立,既加强了地方高师院校课程与教学论学术群体之间的交流,推动了学科的区域协作,也强化了地方高师院校与省内中小学之间的联系,促进了区域高等教育与基础教育的协同发展。

其二,学术交流国际化、规模化日益加强。国际学术交流是学术活动国际化和拓展学会活动的重要方式。近年来,华东师范大学和北京师范大学等全国重点高师院校,连同人民教育出版社、中国教育科学研究院等机构和一批省属高师院校都在积极承办相关国际会议,推动课程与教学论学术的国际交流。当前此类国际学术会议已经形成相对成熟的机制,在国际化程度和人数规模上都有所加强与提升。相关高校及机构凭借其学科优势和雄厚的学术资源,不断开拓与国外的交流与合作,较好地助推了我国课程与教学论学科的发展。

二、课程与教学论学科学位点建设

学科学位点建设情况可一定程度反映该学科建设水平高低或成熟状况。相较于其他学科,我国课程与教学论学科学位点建设并不算晚。当然,溯源课程与教学论学科学位点,它最先是以教学论的名目开始进行学位点申请与建设的。这一时期可视为前课程与教学论学位点建设阶段。

（一）前课程与教学论学位点建设

《中华人民共和国学位条例》颁布的第二年，即 1981 年 1 月我国便开始实行学位制度。西北师范大学、西南大学（原西南师大）两所高校先后于 1981 年和 1984 年获准设立教学论专业博士点；华东师范大学（1981）、北京师范大学（1982）、东北师范大学（1984）等高校也获准开设教学论专业硕士点①，率先在全国范围内正式招收和培养教学论专业研究生，这也是我国最早一批正式招收和培养教学论专业研究生的高校。

1983 年，在国务院第二届博士、硕士授予点学科评议会议期间，决定把各学科教学理论的研究称为"学科教学论"，作为教育学的二级学科，研究生毕业授予教育学硕士学位，于是各学科教材教法也就随之改为"学科教学论"。截至 1996 年，全国已有各专业方向的学科教学论硕士授予点 19 个，此后硕士授予点继续增加。

（二）名副其实的课程与教学论学位点建设

1997 年 6 月，国务院学位委员会、国家教育委员会颁布《授予博士、硕士学位和培养研究生的学科专业目录》。把课程论、教学论、学科教学论都纳入"课程与教学论"中，课程与教学论正式成为教育学的二级学科。这种学科规范为课程与教学论提供了良好的归属，提升了课程与教学论的学科地位，使课程与教学论开始焕发勃勃生机。

1997 年，南京师范大学各院系的学科学术力量统合为一个研究中心，在国内率先以多方向联合申报课程与教学论专业博士授权点，并获得批准。同年，浙江师范大学设立课程与教学论硕士点，并被确定为浙江省省级重点扶植学科。沈阳师范学院课程与教学论专业

---

① 吉标、徐继存：《我国课程与教学论专业研究生培养 30 年：历史、现状与思考》，载《中国高教研究》，2012(10)。

硕士学位点，是我国重新恢复学位制以后由国务院学位委员会第二批授权的硕士学位点之一。1998 年开始，华东师范大学利用其独特的优势，在课程与教学论学科建设和研究生培养方面飞速发展。1999 年，陕西师范大学开始招收课程与教学论专业学生。[①]

2003 年，南京大学、宁波大学"课程与教学论"硕士学位授予权获批；新疆师范大学获批自治区首个课程与教学论学科硕士授权点；华东师范大学的课程与教学论学科被批准为当时国内唯一的课程与教学论国家重点学科[②]；上海师范大学在 2003 年获得课程与教学论博士学位授予点，10 年后即 2013 年浙江师范大学也获得了课程与教学论博士学位授予点。教育部 2017 年增列了一批博士、硕士学位授权点名单，安徽师范大学、江西师范大学、曲阜师范大学、广西师范大学、云南师范大学、广州师范大学为新增教育学一级学科授权点，其中，安徽师范大学、江西师范大学、广西师范大学、云南师范大学设有课程与教学论博士点。

截至 2019 年，我国课程与教学论硕士学位授权点发展到 87 个，其中师范类院校的课程与教学论硕士学位授权点为 45 个，辐射我国 22 个省，4 个直辖市与 5 个自治区。博士学位授权点发展到 19 个，分别是：北京师范大学、华东师范大学、西南大学、山东师范大学、东北师范大学、华南师范大学、陕西师范大学、浙江大学、哈尔滨师范大学、华中师范大学、上海师范大学、湖南师范大学、南京师范大学、西北师范大学、浙江师范大学、安徽师范大学、江西师范大学、广西师范大学、云南师范大学。其中，北京师范大学、华东师范大学、西南大学拥有课程与教学论学科的国家重点学科。我国

---

①　东立：《陕西师范大学课程与教学论学科简介》，载《陕西师范大学学报(哲学社会科学版)》，2005(5)。

②　吉标、徐继存：《我国课程与教学论专业研究生培养 30 年：历史、现状与思考》，载《中国高教研究》，2012(10)。

课程与教学论学科拥有博士生导师近百人，华东师范大学拥有该学科博士生导师人数最多，达 20 余人。纵观硕博士点在全国各省（区、市）的分布状况，总体呈现均衡发展的态势。

从历史进程看，我国课程与教学论专业硕博士点授权单位的建设以 1997 年学科调整为起点，随着 21 世纪初期高等教育大众化进程的推进而猛增，硕博士点授权单位的性质也从单一的师范性高校扩大至非师范性、综合性高校。各高校课程与教学论专业的研究方向也逐步分化与细化，研究方向从单一的课程论、教学论的基本理论，发展到包含教学论、课程论、小学教育、脑认知与教学、学习科学等多个研究方向。

从地理分区看，我国课程与教学论专业硕博士点的建设以地区中心师范大学为核心源，以地方省属师范大学和地方师范院校为开拓点，以一些综合性大学为补充力量。总体看来，目前我国课程与教学论专业硕博士点的建设与发展仍旧是集中于部属师范大学、省属师范大学等一些老牌师范类强校。

综观我国课程与教学论 70 年发展历程，它有过辉煌，也有过低潮。改革开放后的快速发展是适应高等教育大众化、教育学学科发展精深化的教育转型之需要，这使得课程与教学论专业硕博士点迅速增加。根据我国课程与教学论专业硕博士点的发展与规划，未来我国注重从以下两方面进行调整：一是注重提升已有授权单位的教育教学质量，以此推进课程与教学论专业的学科建设和人才培养；二是着重提升西藏、宁夏、海南及一些中南地区等薄弱地区的学科建设，以此推进课程与教学论专业在我国中西部地区的发展，从而实现该专业在全国的均衡发展。

根据费孝通的观点，高校相关"系科建设"亦是透视某一学科建制的"窗口"。检视我国众多高校尤其是师范院校，我们有理由说，课程与教学论可谓是"朝阳"学科或专业——近年来，课程与教学论学科在高师院校的地位愈加突出，高校课程与教学论学科制又获得进一步发展，实体性的课程与教学论学科机构设置开始出现新的整合，数量上也进一步增加。有些教育学科实力比较强的高校，如北京师范大学、西南大学、东北师范大学、华东师范大学等，都对教育学科的组织结构进行了较大调整，整合了全校教育学科力量和资源，组建"教育学部"，同时也对课程与教学论学科进行了结构性调整。例如，北京师范大学成立教育学部后，将原来的课程与教学系升格为"课程与教学研究院"。另外，一大批高校相继设立了"课程与教学研究中心""课程与教学(论)研究所"(据不完全统计，此类机构不下 30 所)，对课程与教学论学科团队进行整合，进一步强化了课程与教学论学科在高师院校的地位。

综上，我国课程与教学论学科自成立至发展壮大有着艰难转进的历史。在高层次综合发展以及学科专门化研究理念的指导下，该领域研究正朝着新的方向不断发展。

三、课程与教学论学科的进展

课程与教学论着重探索先进的课程与教学理念，研究学校课程与教学的基本问题，关注现行的课程教学改革。共和国成立以来，我国课程与教学论本体研究主要围绕如下议题进行，并取得了一些理论成就。

(一)本质问题

从哲学角度看，本质是事物内在的、相对稳定的联系。本质由事物的特殊矛盾构成，代表着事物的根本性质。或许受本质主义思维的影响，不少学者乐于探究教学本质、课程本质，使得此类问题成为当代课程与教学理论研究所关注的重大问题之一。

1. 教学本质

审视教学本质问题研讨历程，20 世纪末，学界曾广泛而热烈地讨论教学本质问题。有研究者对 40 年教学本质问题研讨从阶段论、类型说、争鸣观这三个角度进行回顾与梳理①：从阶段论看，将我国教学过程本质研究前 30 年基本历程可划分为"质疑、辩驳阶段，多角度探讨阶段，综合创新阶段"②；在近 10 年的多元发展阶段提出了诸如"育人为本说"③"思维对话说"④"文化成人说"⑤"复合型特殊交往说"⑥"教学即领导说"⑦等新观点。从类型说看，有"九类型说"，即"殊认识说、认识发展说、传递说、学习说、实践说、交往说、关联说、认识实践说和层次类型说"⑧；有"十类型说"，即"认识说、发展说、层次类型说、传递说、学习说、统一说、实践说、认识—实践说、交往说和价值增值说"⑨；也有"三角度类型说"，即"现象描述角度、学科出发点和师生着眼点"⑩。从争鸣观看，主要是"特殊认识说"⑪和"交往说"⑫。对教学本质问题的探讨不应停留在追求某一新提法或大破大立其表层，未来或许会将研讨重点转向关于教学本质研究的内在层面，因而，关于教学本质问题的探讨与研究仍有待深入。

2. 课程本质

作为课程论研究的逻辑起点、"课程论的中心和基调"（靳玉乐

① 曹周天：《教学本质研究 40 年：回顾与展望》，载《当代教育与文化》，2018(1)。
② 杨斌：《教学过程本质研究 30 年：回顾与反思》，载《当代教育与文化》，2009(4)。
③ 廖哲勋：《我的教学本质观》，载《课程·教材·教法》，2005(7)。
④ 徐建敏：《教学的本质是思维对话》，载《中国教育学刊》，2009(6)。
⑤ 李纯：《教学本质的文化哲学之思》，载《天中学刊》，2010(4)。
⑥ 杜尚荣等：《再论教学本质：复合型特殊交往说——兼论基于人文关怀的教学价值取向》，载《现代教育管理》，2013(3)。
⑦ 马健生、饶舒琪：《论教学即领导：一种教学本质的新解》，载《教育学报》，2017(3)。
⑧ 李定仁、张广君：《教学本质问题的比较研究》，载《华东师范大学学报(教育科学版)》，1997(3)。
⑨ 郭华：《"教学认识论"在中国的确立及其贡献》，载《山西大学学报(哲学社会科学版)》，2015(4)。
⑩ 和学新：《教学的本质究竟是什么》，载《宁夏大学学报(人文社会科学版)》，2001(1)。
⑪ 王策三：《教学论稿》，2 页，北京，人民教育出版社，2005。
⑫ 袁维新：《教学交往：一个现代教学的新理念》，载《上海教育科研》，2003(4)。

语),课程本质问题亦曾受到诸多学者的关注与热议。有学者指出,"课程定义问题实际就是课程本质问题"①。夏正江总结了国外各式各样的课程定义,认为有两种看法最为典型,一种是把课程定义为"有组织的教学内容""书面的学习计划"或"预期的学习结果",如在塞勒(J. G. Saylor)看来,课程是为受教育者提供一系列学习机会的计划;另一种是把课程定义为学生在学校所获得的有意义的学习经验,包括学习的经历、历程以及从中获得的各种经验与体验,如卡斯威尔(H. L. Caswell)和坎贝尔(D. S. Campbell)认为"课程是儿童在教师指导下所获得的一切经验",吕达认为我们通常所指的课程是学习者在学校的指导下所获得的全部经验等。廖哲勋从课程作为育人规划的角度出发,把课程界定为"由一定育人目标、基本文化成果及学习活动方式组成的用以指导学校育人的规划和引导学生认识世界、了解自己、提高自己的媒体"。

施良方在《课程理论——课程的基础、原理与问题》一书中概括性地指出课程分为六种类型:课程即教学科目;课程即有计划的教学活动;课程即预期的学习结果;课程即学习经验;课程即社会文化的再生产;课程即社会改造。② 丛立新认为国内研究界主要有三种课程本质观:课程是知识、课程是经验、课程是活动。③ 事实上,学者们对课程是什么的问题基本上没有明确的界定,而且多数研究者试图通过"主客二分"的认知模式界定课程本质,而且有的将课程本质观等同于课程观。对此,有学者倡导少些"本体论思维方式",多彰显"实践论思维方式"而追问"课程不是什么"。④ 其实,课程是

---

① 黄甫全:《课程本质新探》,载《教育理论与实践》,1996(1)。

② 施良方:《课程理论——课程的基础、原理与问题》,3—7页,北京,教育科学出版社,1996。

③ 丛立新:《知识、经验、活动与课程本质》,载《北京师范大学学报(社会科学版)》,1998(4)。

④ 李定仁、徐继存:《课程论研究二十年》,13页,北京,人民教育出版社,2004。

否存在本质连同课程本质即课程定义，仍未有公认，甚或说仍存质疑。

(二)研究对象

经典的、公认度高的学科都有其独特的研究对象。换言之，研究对象是一门学科的安身立命之本。目前，关于课程与教学论的研究对象主要形成了如下几种认识。

"规律说"——受大教学论的影响，早先不少研究者倾向于认为课程与教学论的研究对象就是教学最一般的规律，这种观点在 20 世纪比较流行。

"现象说"——认为课程与教学论首要任务就是认识课程与教学现象，亦即认识课程与教学活动所表现出来的外部的形态和联系。[①]还有学者指出应特指"中小学课程与教学现象说"。即课程与教学论是研究"普通中小学课程与教学现象，该现象亦可划分为课程与教学活动、课程与教学制度、课程与教学思想"[②]。

"问题说"——认为科学研究是发现问题和解决问题的过程。以此类推，可以把课程与教学论的研究对象界定为课程问题和教学问题[③]。这种观点在近 20 年的国内学术界比较流行。

"现象及其问题说"——也有研究者对以上诸多观点提出质疑，认为课程教学现象司空见惯，只有现象中存在问题才会引发人们去研究。此外，不提"研究课程教学规律"而提"揭示课程教学规律"，其理由是规律本身是客观的，但人们对规律的认识和反映却是主观的。规律只能是科学研究的目的，而不是科学研究的对象。故而，其根据相关定义提出，学校情境中的课程教学现象及其基本问题才

---

① 李允：《课程与教学论》，25 页，北京，北京大学出版社，2015。
② 潘洪建：《课程与教学论的对象与旨趣》，载《当代教育与文化》，2011(6)。
③ 王本陆：《课程与教学论》，4 页，北京，高等教育出版社，2004。

是课程与教学论的研究对象。①

(三)学科基础

课程与教学论学科可以以哪些学科作为基础，或者说哪些学科已经成为课程与教学论的学科基础？学界对课程与教学论之学科基础的界域看法莫衷一是，尚未形成统一的观点。审视各方观点，我国学者主要从影响因素和理论基础角度提出学科基础。

1."三元论"学科基础

我国不少学者认为制约课程的主要因素是社会因素、知识因素和学生因素。还有的学者认为"古今中外众多教学体系都有其哲学和心理学基础，特别是社会基础，深刻地影响着教学体系的科学性和力量"②。这些学者无论从影响因素角度(如陈侠、廖哲勋)还是从理论基础角度(如王策三、施良方)，都把哲学、社会学、心理学视作课程与教学论的主要学科基础，认为课程与教学论不仅要彰显哲学研究视域中的实用主义、存在主义和后现代主义，还要寻求用社会学研究领域中的结构功能主义、冲突论和互动理论来阐述课程与教学领域的诸多问题，更要体现心理学研究范畴中的形式训练说、行为主义、认知学派、建构主义和人本主义。

随着社会的发展以及人们对课程与教学论研究对象和研究任务认识的不断加深，不少研究者开始突破传统的"三元"学科理论基础认识，横向拓展课程与教学论的"四元"与"五元"学科理论基础。

2."四元论"学科基础

从"四元论"阵营看，"靳玉乐认为，课程与教学论的学科基础不仅有哲学、心理学、社会学，而且有历史学"③；黄炳煌提出，除了

---

①　张传燧：《课程与教学论》，22—23 页，北京，人民教育出版社，2008。

②　王策三：《我国十年来教学理论的进展》，载《高等师范教育研究》，1995(5)。

③　徐继存、徐文彬：《课程与教学论》，35 页，北京，高等教育出版社，2009。

传统"三元"学科理论基础外，还有"知识之结构"①。对于"第四元"学科基础，有研究者认为科学学应是课程论的学科基础②。还有的研究者认为文化学应是课程论的学科基础——"因为文化学至少可以为课程理论提供两方面的学科价值和学科意义：第一，提供课程研究的文化学范式，第二，文化学的基本原理、基本范畴为课程理论构建提供基本依据和基本范型"③。

3."五元论"学科基础

"五元论"阵营以张传燧为代表。他主编的《课程与教学论》在阐明了解课程与教学论的理论基础之价值后指出，"综合国内外学者的研究以及课程与教学论的发展发现，课程与教学论的理论基础主要有哲学、文化学、心理学、社会学和科学技术学"④。虽然研究者们并没有就此达成较为一致的观点，但是在某种程度上扩大了课程与教学论的学科基础，有利于研究者及教育工作者正确把握课程与教学论与其他基础理论学科的关系，进而丰富和提升自身的综合理论素养。

(四)课程论与教学论的关系

"课程论与教学论的关系，是学术界一个颇有争议的问题"⑤。时至今日，学界仍未就这个问题达成共识(或许永远也不会有)。与国外流行的四种关系模式即二元独立模式、相互交叉模式、包含模式和二元循环模式略有区别的是，国内主要提出了"大教学论""大课程论""融合联结论"和"二元独立论"。

"大教学论"——受凯洛夫《教育学》的影响，诸如黄济、王策三

---

① 黄炳煌：《课程理论之基础》，11 页，台北，文景书局，1991。
② 廖哲勋、田慧生：《课程新论》，82 页，北京，教育科学出版社，2003。
③ 胡斌武、吴杰：《试论课程的文化学基础》，载《西南师范大学学报(人文社会科学版)》，2002(3)。
④ 张传燧：《课程与教学论》，28 页，北京，人民教育出版社，2008。
⑤ 王本陆：《课程与教学论》，15 页，北京，高等教育出版社，2004。

等我国老一辈教育学者普遍倾向于认为教学包含课程，课程只是教学的一个方面，同样的教学论包含着课程论。

"大课程论"——以黄甫全为代表的学者认为课程包含着教学的大课程观，课程论包含着教学论的大课程论。具体内容为：课程论及其下位学科、教学论及其下位学科分支课程论及其下位学科、分支教学论及其下位学科以及教育技术学及其下位学科，相互联系、相互作用，形成了一个具有有机结构的大课程论学科体系。[①]

"融合联结论"——廖哲勋否定大教学论、大课程论，认为这两种说法曲解了课程论和教学论的关系，认为二者是密切联系、相互制约、相互促进的关系，应深入研究和准确理解两学科的横向联系，透视两学科在各个横向联结处所展示的一致性和差异性，避免两者之间不必要的重复[②]；杨小微批判二元对立论，认为课程论和教学论在实际的教育活动中关系是十分密切、几乎不能分开的，必须真正超越二元对立的立场，开展课程与教学的一体化研究，并指出它们之间的关系目前看是交叉的，但最终是整合的[③]；王敏勤认为教学与课程相互转化，相互促进，彼此有机融为一体，课程与教学不再是并列的关系，而是整合为一体[④]；王光明认为由于课程论发展较晚，因此目前较为注重课程论的独立性，但未来可能会实现理论层次上的"整合"与"交叉"[⑤]。

"二元独立论"——刘要悟认为课程论和教学论有着各自的研究对象和研究目的，因此前者只研究"方案设计"，后者只研究"方案实施"，则各自的研究可能更加具体深入，对研究成果的提炼升华才可

① 黄甫全：《大课程论初探——兼论课程(论)与教学(论)的关系》，载《课程·教材·教法》，2000(5)。
② 廖哲勋：《论当代课程论与教学论的关系》，载《教育研究》，2007(11)。
③ 杨小微：《教学论是一门什么样的学问?——兼论教学论与课程论的关系》，载《课程·教材·教法》，2002(12)。
④ 王敏勤：《课程与教学的关系与整合》，载《中国教育学刊》，2003(8)。
⑤ 王光明：《也谈课程论与教学论的关系》，载《教育理论与实践》，2003(2)。

能达到更高级的水平。^① 陈侠教授认为应该将课程论和教学论独立研究，指出课程和教学的关系虽很密切，但这并不妨碍课程论和教学论这两门学科都从教育学中分化出来。^② 洪明在《课程论与教学论关系的历史嬗变》一文中亦表达了类似观点。

上述争论说明学者对教育问题的认识逐渐深化并呈多元化，是研究意识彰显的表现。其实，无论是分化还是整合，只要顺应时代、遵循学科建设的逻辑和彰显育人旨趣，都是可以接受的。

（五）研究范式及其转型

学界围绕研究范式和范式转型这两大主题进行了深入研讨，且多数单独从课程论或教学论的视域进行探讨，总结、形成了不少关于课程与教学论研究范式及范式转型的论断。

1. 研究范式

我国课程论研究范式主要有人本主义课程范式、主导的课程范式、学科课程范式、综合课程范式、整体课程范式、现代主义课程范式、经验课程范式、协商课程范式、后现代课程范式等；教学论研究范式主要有人文主义教学范式、科学教学范式、学习范式教学范式研究、科学主义教学范式、科学人文主义教学范式等。综合起来，主要有哲学思辨范式、量化研究范式（科学主义研究范式或实证研究）和质性研究范式（定性研究或解释性研究）三大类范式。也有学者认为，在课程与教学论范式体系中，还有教育范式、思维范式和心理教育范式等。其中，现代课程与教学论视野中的教育范式有三种：实证主义范式、建构主义范式和批判—解放范式，三种范式在本体论、认识论和方法论上都存在区别。^③ 总体上，课程与教学论总体研究范式较为倚重理论思辨，而相对忽视实践研究。

---

① 刘要悟：《试析课程论与教学论的关系》，载《教育研究》，1996(4)。
② 陈侠：《课程论的学科位置和它同教学论的关系》，载《课程·教材·教法》，1987(3)。
③ 刘艾清：《课程与教学论范式研究综述》，载《教育学术月刊》，2016(5)。

2. 范式转型

以课程论为例，学界提出了诸多课程论研究范式变革的观点。

"逻辑路向说"——提出课程论研究范式转型的逻辑路向：确立研究范式—研究重心转向—重大课题预设—实现知识创新①。

"趋势转变说"——认为课程研究内容由"课程开发"向"课程理解"转换；课程研究的哲学基础由"现代主义"让位于"后现代主义"；课程研究的方法论因"文化研究"的繁荣而渐次涵盖了"科学研究"；课程研究的文化语境由"单一封闭"逐渐走向"多元开放"；课程研究的场域由封闭的"象牙塔"走向开放的"田野"；课程研究的主体由旁观的"族外人"转变为直接参与的"族内人"②。

"方法统整说"——认为未来课程研究应当把各种研究方法统整起来，表现出鲜明的特征，如微观分析与整体理解相结合、逻辑与直觉相结合、定性描述与定量分析相结合、科学与艺术相结合、结果研究与过程研究相结合等。③

"学科研究范式的变革和转型是学科发展的突破口与生长点，是学科知识增长的领头羊。"④作为一个新兴的二级学科，课程与教学论学科的研究范式较为多元、分散，还处于完善与探讨的阶段。

(六)学科理论体系及学科群

关于课程与教学论学科理论体系的认识主要有以下几种观点。

"并列论"——把课程论和教学论视为两个相对独立的学科，是互相联系又相对独立的两个学术领域……把课程与教学论这一科目视为课程论和教学论的合称，在内容安排上采取课程问题和教学问

---

① 蔡宝来：《我国教学论研究范式转型的时代境遇与逻辑路向》，载《教育研究》，2010(8)。

② 李广、马云鹏：《国际课程研究范式的多维转换》，载《外国教育研究》，2008(12)。

③ 靳玉乐、师雪琴：《课程论学科发展的方向》，载《课程·教材·教法》，1998(1)。

④ 蔡宝来：《我国教学论研究范式转型的时代境遇与逻辑路向》，载《教育研究》，2010(8)。

题相对分开的论述方式，先讲课程，再讲教学，同时注意两者之间的"内在关联性"和"互相嵌入关系"。①

"合分论"——提出"课程"与"教学"在课程与教学论学科体系中时合时分。认为课程与教学这两个研究领域之间"相互交叉，相互影响，又在某种程度上相互融合"。所以将课程与教学进行适当整合，课程与教学论的体系建构采取"有分有合的方式：一些共同性比较强的内容，尽量将其合并；而对一些独立性相对比较强的内容则分开阐述"②。

"融合式"——指出"课程"与"教学"在课程与教学论学科体系中整合为同一概念存在。认为课程与教学是一个有机的、共生的整体，因为基于"课程教学"的视角，"教学作为课程开发过程"与"课程作为教学事件"是一个问题的两个方面。提出打破课程论与教学论原有的独立体系，从整体上设计和思考课程与教学问题，采取完全整合即二者融合的方式建构课程与教学论的学科新体系。③

值得一提的是，从学科制度上看，目前我国课程与教学论学科下设课程论、教学论和学科教学论三个三级学科方向。王策三认为教学论的分化和综合在其外部形成的学科群有着多种路向："上向，跟哲学等学科综合，分化出新的领域或学科，如教学认识论、教学辩证法、教学逻辑学、教学科学学、教学系统论、教学信息论、教学控制论等。向下，跟各种应用技术学科综合，分化出新的领域或学科，如课程论、教学模式论、教学方法学、教学技术学、教学艺术论、教学评价学、教学管理学等。横向，跟多得不可胜数的其他有关学科综合，分化出诸如教学伦理学、教学社会学、教学论史、

---

① 王本陆：《课程与教学论》，16 页，北京，高等教育出版社，2004。
② 马云鹏：《课程与教学论》，11 页，北京，中央广播电视大学出版社，2002。
③ 张华：《课程与教学论》，7 页，上海，上海教育出版社，2000。

比较教学论、教学生态学、教学病理学、教学实验论……"①

　　廖哲勋亦曾提出"课程论由三个层次的一系列子学科有机构成：①课程基础理论子学科群，包含课程概论、课程发展史、比较课程论和课程原理四大子学科；②课程工程理论子学科群，包括课程设计论、课程实施论、课程评价论与课程管理论；③课程应用理论子学科群，分为课程开发、课程介绍以及课程标准解读等类别"②。

　　学科教学论现在已经实然转合，构建了语文课程与教学论、数学课程与教学论、英语课程与教学论等。总之，课程与教学论学科的学科群仍处在不断分化、综合过程中，且子学科群构建进程和分化程度不一。

四、课程与教学论学科发展的反思

　　我国课程与教学论学科的形成与发展有着一个艰难、曲折的过程。但自改革开放以来，我国课程论与教学论学科进入了新的时期并快速发展，无论是理论的深化或是学科体系的构建等都有了一定的突破。但总体而言，国内的课程论与教学论学科仍显"稚嫩"，无论体系还是功能都面临一些"诘问"。在这样一个机遇与挑战并存的时代，审视我国课程与教学论学科发展存在的问题继而展望未来改进方向，无疑是一件很有意义的事情。

　　(一)我国课程论与教学论学科发展存在的问题

　　笔者认为，从一个事物本体的内容、结构与功能层面去观测、认识与评判，或许更为合理。基于此，当前我国课程与教学论发展过程中存在如下有待解决的问题。

　　1. 逻辑起点混乱

　　学科的逻辑起点至关重要。"一个新兴的研究领域或是一个理

① 王策三：《教学论学科发展三题》，载《北京师范大学学报(社会科学版)》，1992(5)。
② 廖哲勋：《论课程论学科建设的规律性》，载《课程·教材·教法》，2007(3)。

论，要成为一门科学的理论或被尊称为一门学科，首先要建立起自身的一整套严密的、符合规范的理论体系及理论框架。而要形成这个理论体系或理论框架，就必须确定一个最基本的范畴作为其逻辑起点。因为一门学科的逻辑起点是人们正确认识这门学科从发生到发展整个演绎过程的出发点和最初的认识起点。"①课程与教学论作为研究学校情境中的课程教学现象及其基本问题的一门新兴学科，其本质决定了它的逻辑起点。换言之，研究课程与教学论的前提是理解课程与教学论的本质，理解课程与教学论本质的前提是厘清课程与教学论内在的逻辑。那么课程与教学论的逻辑起点是什么？无论是从本质主义抑或从行动主义，现有研究成果并没有给出权威的、公认的答案——"价值论"与"发展论"又没有体现学科特性。所以说，课程与教学论理论体系略显混乱、不严密的原因，很可能源于学界没有找到正确的课程与教学论逻辑起点。

2. 学科概念模糊

课程论与教学论的关系是从属还是并列，一直以来都存在争议。课程论受英美等国家的思潮影响，主张课程包含教学；而受苏联影响，认为课程是包含在教学之中的。当然也有学者主张两者是并列关系，课程离不开教学，教学也离不开课程。但不可否认，"课程论"和"教学论"是两个不同的学科体系，具有不同的研究视角、研究问题及研究对象等。当人们提及"课程与教学"时是基于何种学科背景之下的定义，这不得而知，似乎研究界也尚未得出明确的结论。除此之外，我国所发展的"课程论"和"教学论"是以引入国外研究成果为起点的，在翻译过程中，对于"本质""本性""特征"等存在理解上的偏差与歧义，进而影响后期研究的严谨性。在这样的模糊化的概念之下，"课程与教学"的学科性质、学科特征等无法得到统一定

① 刘若泳：《大学教学论的逻辑起点探析》，载《教育与教学研究》，2011(10)。

义，不利于后期研究的深化与探索。

3. 理论与实践分离

纵观近 30 年来我国课程论与教学论的发展，可以发现我国研究重在深入挖掘理论基础，对于理论与实践的融合之研究却少之又少，更多的研究热点在于遵循理论内部的逻辑来评价实践，提出观点。实践是检验真理的唯一途径，一方面我们应当根据理论去指导实践；另一方面我们需根据实践寻找规律、概括规律，进而去丰富理论、改善理论。但令人遗憾的是，研究主题往往聚焦在理论指导实践一方。可以想象，当一味追求课程与教学论的理论性成了主流的研究范式时，课程与教学的研究对象已然变成了"课程论"和"教学论"，而不是"课程"和"教学"，有学者称之为研究对象的偏离。[1] 与此同时，也存在为了追求理论创新和深度而故意引用"经院哲学"的现象，借用其他学科理论阐述已然白话的道理，或是运用新名词而使其晦涩难懂。这样发展的结果实然造成了该研究领域的混乱，忽略了实践的真实性，使得理论失去了实践的支撑而显得华而不实，流于泛泛。

4. 研究方法单一

研究方法的单一与理论和实践的分离是存在必然联系的。缺乏实践的探索，必然会导致所研究的灵感仅是对教学文本的研读，将教学问题当作一种教学观念和理念，而非一种真实的存在进行客观的研究。这显示在研究方法之上，便呈现出方法单一，从理论到理论，从概念到概念，从理解到理解。教育研究法主要有三类：哲学思辨、量化研究(实证研究)和质性研究(定性研究)。由于上述理论与实践的分离，加之该学科专业化程度偏低、研究者研究的自觉自为意识、方法论意识和创新意识整体上不尽如人意，不可避免地导

---

[1] 王鉴：《教学论的表述危机与研究转型问题》，载《北京大学教育评论》，2004(2)。

致了研究方法多为思辨或是质性研究的局面。如此重思辨和质性研究，轻量化研究或是质性与量化研究的综合，导致不少课程理论和教学理论放置于学科逻辑之下来考察，不过是一种常识或者纯粹的理论推演，而难以对课程与教学实践提供有力的指导、支撑与引领——有时这些理论内部甚至还自相矛盾，无法自圆其说，也就无法在课程教学实践中有效应用。

5. 本土化与国际化不彰

虽然我国拥有世界上最古老的教育文章《学记》，孔子、朱熹等人的教学思想也源远流长、影响至深，毋庸讳言，但当今课程与教学论体系中诸多思想仍属于西方舶来品（课程论尤其如此）。学习、吸收、借鉴国外相关理论、理念或许是中国课程论学科建设必然经历的发展阶段，但大量的"洋"理论陆续涌入中国，容易令我国课程与教学研究界和实践工作者无所适从，既无暇筛选、鉴别理论，也难以理解、消化理论，以至于出现了机械照搬、生搬硬套的不良倾向。这说明我国学者对外来课程与教学思想、理论缺乏本土意义层面上的扬弃与改造。同时，我国课程与教学论学科的国际化程度（水平）不高——表现在两大方面：一是本土研究成果缺乏国际认可度与影响力。本土的教学理论总体呈现出固守不前、偏居一隅的倾向，导致其缺乏生机与活力，也因而缺乏对外输出的动力与保障，进而致使本土的教学理论缺乏国际市场与影响力。二是国内学术交流国际化程度不够。审视多届课程论学术年会、教学论学术年会及一线重点师范大学举办的相关学术研讨会，国外学者的参会面和参与度还不够理想。

正因为存在上述种种问题，导致了一个不容忽视的后果——课程与教学论常常不被当作科学，而是被当作艺术（因为它不像医学、生物学、数学、物理学、化学那样必须经过严谨的科学规训才能够掌握）。相当一部分教学一线的普通教师对课程教学理论的忽视甚至不屑(至少在他们看来，根据其教学实践体会得出的课程与教学经验比一系列干枯的理论更鲜活、更重要)表明，课程与教学论的科学性和功能还不尽如人意。

(二)我国课程与教学论学科发展展望

福柯曾言，任何一门学科都是一种社会的规范。① 按其观点，学科本身镂刻有"规训""规范"甚至可以说自带"制度"属性。就整个学科制度化而言，我国的课程与教学论早已完成了学科设置、学科建制等方面的工作，现在要做的便是变革、优化学科研究及其理论体系，进而得到学科同人及社会的认可。笔者认为，基于学科制度的视角去探讨学科的优化发展问题，是必要的亦是可行的。所谓学科制度也就是"规范特定学科科学研究行为准则体系和支撑学科发展和完善的基础结构体系"②。从学科制度的视角剖析学科体系及其发展的规范性与功能性问题，有利于揭示与夯实学科发展的内在支撑和外在保障。因而下面我们基于学科制度视角，探讨我国课程与教学论学科发展的未来着力点。

1. 严密推导，明确逻辑起点

任何一个学科都是概念的逻辑体系，而这个体系是围绕着一系列概念群的初始论证点即逻辑起点展开的。课程与教学论理论体系唯有"从逻辑起点出发，借助逻辑手段，层层推导，逐步展开，从抽象上升为具体，构成严密的逻辑系统"③，才能消减"研究对象的偏移现象"④——课程与教学研究替换为对"课程论"和"教学论"的研究，而不是对"课程"与"教学"的研究，才能成为一个成熟的、认可

① 转引自鲍嵘:《学科制度的源起及走向初探》，载《高等教育研究》，2002(4)。
② 方文:《社会心理学的演化:一种学科制度的视角》，载《中国社会科学》，2001(6)。
③ 潘懋元:《关于高等教育学科建设的若干问题——在全国高等教育学科建设研讨会上的报告》，载《高等教育研究》，1993(7)。
④ 王鉴:《教学论的表述危机与研究转型问题》，载《北京大学教育评论》，2004(2)。

度高的学科。逻辑起点作为学科研究域中最一般的抽象规定，据其可以推演出学科的理论范畴。虽然课程与教学论很可能跟高等教育学甚至教育学一样，其逻辑起点亦是众说纷纭、莫衷一是的。但唯有通过深入、集中地探讨，方有可能达成一定程度的共识。

虽然笔者暂时不能就课程与教学论的逻辑起点提出一个非常有说服力的观点，但我们知道，要弄清楚一门科学的逻辑起点，就必须从逻辑线索和历史线索两个方面来分析，进而通晓事物的内在联系和规律性。为此，一个首要问题必须弄明白：课程与教学是围绕着什么展开的，即课程与教学逻辑中最重要的问题是什么，究竟来自哪里，这不能用主观臆想式的逻辑去"想当然"，而是寻求"逻辑与历史的统一"，运用严密的、高阶的思维逻辑去假设、研判、推导和论证。

2. 变革整合，完善学科建制

如前所述，关于课程与教学的关系，存有"包含论""独立论"和"融合论"等，关于课程论与教学论的学科地位亦存有"包容说"[①]"并列说"[②]以及"交叉并列说"[③]等，学者们对此尚没有形成共识。但经过多年的探究，学界形成了如下三点共识：一是教学与课程是相互依存的交叉关系；二是两者都有共同的取向即服务于人和社会的发展；三是两者可以分开研究但必须辩证理解它们之间的关系。[④] 笔者认同课程与教学是可以整合的——当教育的核心由"制度课程"为"体验课程"所取代的时候，当课程与教学的价值取向由"工具理性"为"解放理性"所取代的时候，当课程与教学的研究不再局限于获致普遍性的、价值中立的课程开发或教学设计的程序、规则、模式，

---

① 廖哲勋：《课程学》，20 页，武汉，华中师范大学出版社，1991。
② 刘要悟：《试析课程论与教学论的关系》，载《教育研究》，1996(4)。
③ 崔允漷：《课程与教学》，载《华东师范大学学报(教育科学版)》，1997(1)。
④ 裴娣娜：《教学论》，390 页，北京，教育科学出版社，2007。

而把重心置于理解活生生的教学情境的时候，课程与教学的界限再一次模糊、二者再一次融合起来。①

此外，虽然"科学发展的历史表明，只有分化才能深化，也才能进化"②，但从课程(论)与教学(论)分开研究而形成的理论视点和构建的子学科群看，两者确有较大重合和明显同一。对于这么一对具有内在必然性的联系的领域、范畴、体系或概念，跳离辩证统一的框架进行分化和独立研究，看似形成了累累"硕果"，但更像是一种重复"建设"，对作为一个二级学科的课程与教学论的系统构建和长足发展助益不大。有鉴于此，笔者认为，应以整合为导向和旨趣，完善学科建制。

例如，将二级学科的"课程与教学论"改为"课程教学论"，并下设两个三级学科，即课程教学原理、学科教学论。前者注重探究课程教学的一般原理，后者探讨课程教学原理与学科专业的结合。这既是基于对"课程视作教学事件"和"教学作为课程实施过程"理念的理解所做出的研判，又是满足顺应与协同当今中外"大课程论"氛围和课程改革新发展的需要，也是认同美国学者韦迪(R. Weade)提出"课程教学"③这一术语来表示课程与教学整合的新的理念及相应的实践形态之结果。不要小看这一字之差，因为"与"字一去，分化、并列意味便会随之消减。

又如，将课程学术委员会和教学论专业委员会整合为中国教育学会教育学分会——课程教学论专业委员会。笔者之所以提出这一观点，不仅是基于对前述见识的综合研判，而且是审视当今我国相关学术团体设立现状的反思结果——笔者今尚未发现其他学科仅设

①　张华：《课程与教学整合论》，载《教育研究》，2000(2)。
②　裴娣娜：《教学论》，389 页，北京，教育科学出版社，2007。
③　See Weade, Regina. Curriculum 'n' instruction: The Construction of Meaning. *Theory into Practice*，1987(1).

三级学科学术团体而缺失二级学科学术团体的情况。在当下中国设课程教学论专业委员会，有利于学界进一步统合力量、聚焦主题和深化研究。在这个二级学科的研讨领域，学者们只要在课程教学的概念框架下进行交流与探讨，无论从课程抑或是从教学出发，其实只是个研究视角的问题，都是值得肯定的。

3. 兼容并包，优化研究范式

作为二级学科的课程与教学论，其学科历史并不悠久。从未来改进的角度而言，"其意蕴在于完善学科自身的内部建制"①。如同其他学科一样，课程与教学论学科在大学这一学术场域之中取得学科身份之后，需要不断扩展其知识空间与边界，夯实其学术话语体系。要达成上述目的，首先需要优化当下课程与教学论的研究范式。

相较于课程论或教学论，寻求两者整合的课程与教学论算是新兴学科，有学者认为学界对其的研究"始终没有摆脱课程论和教学论的研究范式和话语系统，一些概念和理论则是机械套用了教学论或课程论中的阐释，并未根据整合后的课程与教学论做出新的界定和论述。由于缺乏体现学科特色的概念范畴和言说方式，难以形成相对统一的逻辑结构，致使课程与教学论学科体系较为混乱，影响了学科内容的科学性和学科结构的系统性"②。面对当下简单相加或拼盘式的传统逻辑演绎范式研究，我们须在明确课程与教学论的逻辑起点、学科性质基础上，抓住课程与教学论的关键问题，通过综合研究范式，形成课程与教学论的概念范畴和研究视域，进而构建科学的课程与教学论学科体系架构。

要变革当前课程与教学论主流研究范式重理论思辨阐释而轻实

---

① 刘楠、侯怀银：《论教育学的学科规训功能》，载《湖南师范大学教育科学学报》，2014(2)。

② 李群：《课程与教学论学科体系建构的思考》，载《山东师范大学学报(人文社会科学版)》，2011(4)。

践实证分析、研究方法较为单一的缺陷，起码以下两方面须有所作为：一是加强研究的方法论意识，多维、综合地选用研究范式。要拓宽研究视域，促成研究融入辩证精神与科学精神，灵活、恰切地运用人文主义教学范式、科学教学范式、学习范式、现代主义课程范式、后现代课程范式、协商课程范式和理解课程范式等，对学校课程教学实践问题进行多学科研究、一体化研究、微观研究和行动研究。二是彰显研究的问题意识，提升研究的理论自觉。问题意识本是一个哲学命题，是指人们对客观存在的矛盾的敏锐感知和认识，是发现问题、解决问题的一种思想自觉。[1] 将问题意识置于课程与教学论研究场域，就是要寻求研究基于问题、始于问题和为了问题，杜绝理论研究与教学实践的"两张皮"现象，并"避免观察归纳和思辨演绎的割裂"。[2]

4. 立足本土，促成原创理论

当今我国课程与教学的研究界充斥着许许多多的外来理论，然而，这些外来理论并非从中国学校教育情境的实际出发，因而无法与中国学校教学实践相结合，更遑论解决中国课程教学场域的实际问题。其实，课程教学是境域性、文化性十分突出的活动。因而，通过催生和形成系列的、原创的本土理论果实，以全面、完美地达成阐释、指导课程教学实践之目的，是我们必然的选择。

一方面，要发掘中国传统教育思想的文化根基，研制本土的课程教学理论。中华民族博大精深的传统文化蕴含着丰富的教育教学思想，这是课程与教学论研究非常宝贵的资源。回归中国传统，回溯本土文化，重新评估我国传统教学理论的潜在价值，深挖其中的理论活力，确定传统教学理论的现实生长点，激活传统教学理论的

---

① 崔禄春：《增强问题意识 推动改革发展》，载《光明日报》，2019-04-15。

② 杨丽、温恒福：《近30年来我国教学理论研究的主要特点分析》，载《教育研究》，2011(3)。

独特价值，让传统教学理论话语成为我国现代课程与教学理论话语体系的重要基石，这是未来我国课程论学科建设的新路径。要达成此目的，就必须培植学术研究的本土意识，彰显"一种基于研究者自身地域、历史、文化传统及其思维方式的理性自觉"①，让研究者对特定地域中的时代主题、文化传统、社会现实、课程教学等领域时刻保持高度关注，开展具有"针对性""具体性""问题性"和"原创性"的学术研究，凸显原创化，形成我国课程与教学论的原创性成果，这是当代中国课程与教学论研究者的社会责任和历史使命。

另一方面，要克服理论研究中的无"根"倾向，做好外来理论的本土化研究。未来很长一段时期，学习、引进、借鉴、评介国外课程教学理论与实践模式仍是我国课程与教学论建设的应有之义和重要环节。相关研究者和管理者不应该盲目引介、"以外比中"，而应彰显文化自觉、理性自觉，强化学科建设的主体意识和主体性，正确处理好传统文化与现代文化、民族文化和世界文化之间的关系，在批判中继承，在继承中发扬，在发扬中发展，少些盲从和移植，多些借鉴和对话。换言之，唯有对外来理论、思想进行本土意义层面上的扬弃与改造，批判地、持续地、开阔地和整体地进行外来理论研究，我国课程与教学论才能走向丰盈、富有生命活力。

总之，我国课程与教学论学科发展的愿景，或许可以是创建中国气派的课程教学论。它既合理弘扬了优秀传统文化，又批判地吸收了先进外来文化，彰显出当代中国课程教学论研究者的新眼界、新思维、新主张和新智慧。要实现这一宏愿，研究者做"象牙塔"学术、在书斋文献中皓首穷经是不行的——毕竟进行孤立、纯粹理论上的学术研究，难以得出真正具有实践意义和创新价值的研究成果，背离了创建中国特色的课程教学论的根本旨趣与价值追求。

---

① 沈小碚、王天平、张东：《对中国课程与教学论流派构建的审思》，载《西南大学学报（社会科学版）》，2010(1)。

第四节　教育史学科的发展

　　中华人民共和国成立以来，教育史学科在我国的发展经历了从最初的模仿借鉴苏联到建立中国的教育史学科，取得了丰硕的成果。回顾近70年的发展，一方面有利于我们看到学科发展的潜力和趋势，另一方面也有助于我们发现学科发展存在的问题。我国教育史学界对教育史学科建设颇为重视，近年来已出版和发表了不少回顾与展望教育史学科的作品，但是，对这一领域的研究还需加强。目前，关于这一领域的研究，主要集中在教育史学科体系建设、教育史学科的危机和挑战、教育史学家与教育史学科建设、教育史研究的理论探讨及教育史研究方法革新等方面。[1]　本章在此基础上，尝试从学科发展的概况和研究的主要问题两个方面对共和国成立70年

---

　　① 近年来国内学界关于教育史学科建设的讨论和研究主要有：张斌贤、杜成宪、肖朗等：《教育史学科建设六人谈》，载《华东师范大学学报(教育科学版)》，2016(4)；张斌贤：《探寻教育史学科重建的出发点》，载《北京大学教育评论》，2016(4)；张斌贤：《从"体系时代"转向"问题时代"：我国外国教育史学科振兴的路径》，载《云南师范大学学报(哲学社会科学版)》，2017(6)；陈锋：《外国教育史学科在中国的危机》，载《高等教育研究》，2016(5)；黄书光：《张瑞璠先生与教育史学科建设》，载《华东师范大学学报(教育科学版)》，2019(1)；朱季康：《论马克思唯物史观与中国教育史学科学术研究》，《河北师范大学学报(教育科学版)》，2018(2)；程斯辉：《学科自信与教育史学科建设》，载《河北师范大学学报(教育科学版)》，2018(1)；王耀祖：《中国教育史学科百年演进特征析论》，载《淮北师范大学学报(哲学社会科学版)》，2017(6)；施克灿：《王炳照教育史学思想及其对教育史学科的贡献》，载《山东高等教育》，2016(9)；郭法奇：《教育史学科建设：新时期、新征程》，载《中国社会科学报》，2018-01-04；侯怀银、王喜旺、李艳莉：《中国教育史学科建设的百年求索》，载《陕西师范大学学报(哲学社会科学版)》，2015(4)；李忠、周洪宇：《中国教育史学科研究取向的三次转换》，载《陕西师范大学学报(哲学社会科学版)》，2015(4)；杨捷：《我国外国教育史学科的发展与回顾探究》，载《河北师范大学学报(教育科学版)》，2015(5)；王保星：《知识变迁与我国外国教育史学科改革的新思维》，载《南京师大学报(社会科学版)》，2014(2)；朱季康、胡金平：《对当今教育史学科危机及出路的思考》，载《现代大学教育》，2014(1)；刘来兵：《视域融合与历史构境——中国教育史实践范式研究》，武汉，华中科技大学出版社，2013；易琴：《知识传授与学术探究：中国教育史学科的发展图景》，博士学位论文，华东师范大学，2010。

我国教育史学科的发展进行回顾，在此基础上思考学科发展的问题，展望教育史学科发展的未来方向。因篇幅所限，本章中国教育史学科仅指内地的教育史学科。

一、教育史学科的进展

中华人民共和国成立初期，在"批判资产阶级唯心史观"的影响下以及在"以俄为师"的氛围中，我国教育史学者对教育史学科体系进行了重新思考，并赋以中国教育历史的叙述框架，探索中国教育史研究的理论体系。

（一）教育史学科体系的构建

"形成独立的体系是一门学科建立的重要标志。这是因为，我们所研究的任何事物都存在各种不同的属性和关系，而这种属性和关系都是相互联系的，构成一个统一体。反映在理论上，就不能不是由许多相互联系着的概念、范畴所构成的一个体系。"[①]共和国成立至 20 世纪 80 年代，我国高等师范院校组织学者自编了很多教材，开始尝试构建我国教育史学科体系，如祁森焕的《中国教育史》、沈灌群的《中国教育史教学大纲(草案)》和《中国古代教育和教育思想》、朗奎第的《中国近代教育史》、关正礼和何寿昌的《中国近代教育史》、沈灌群和张瑞璠的《中国教育史纲要》、毛礼锐等的《中国古代教育史》、顾树森的《中国历代教育制度》等。这些教材和著作几乎首篇就说明了研究教育史的目的和任务，即"在于了解中国教育发展的历程，批判地继承中国的教育遗产"[②]，"建立真实的科学的教育学"[③]。这些作品为我国教育史学科发展奠定了基础，开启了对教育史学科体系研究与构建的潮流。学者们认为教育史研究有其自身的特殊性，

---

① 《南京师范大学教学》编写组：《教育学》，5 页，北京，人民教育出版社，1984。

② 杜成宪、崔运武、王伦信：《中国教育史学九十年》，55 页，上海，华东师范大学出版社，1998。

③ 祁焕森：《中国教育史》，1 页，太原，山西师范学院印，1953。

教育阶段的划分应该依据教育发展的变化，教育史学科体系主要包括教育制度史和教育思想史两部分。教育制度史研究主要指对我国学校的建制、教学内容、功能，以及书院，学科教育(数学、艺术与医学教育)等进行历史分析和研究。教育思想史研究主要指对孔子、孟子、王充、王安石、朱熹、王守仁等伟大思想家或著名思想流派的研究。不难看出，这一时期，教育史研究对象仅涉及正规教育的发展历史，还没有涉及正规教育之外的教育活动历史。

1980年12月，全国教育史研究会在华东师范大学以"中国教育史学科体系"为主题举行专题研讨会，首次就教育史学科建设问题进行讨论。1983年，全国教育史研究会在黄山以"外国教育史学科体系"为议题召开专题研讨会，就外国教育史学科的建设进行了讨论。尽管这两次会议主要讨论的是教育史教材体系和教学问题，但依旧推动了学者们进一步思考教育史学科体系问题，开启了新一轮的教育史研究。学者们就教育史研究的目的和任务、教育史研究的对象与范围、教育史的发展阶段和分期、教育史学科体系等问题展开了研究，如韩达的《关于中国教育史学科体系问题的讨论》、张惠芬的《教育史中的批判与继承》、孙培青的《中国教育史学科体系问题》、杜成宪的《中国教育史学科体系问题》、毛礼锐和郭齐家的《中国教育史研究十年的回顾与展望》、张瑞璠的《中国古代教育史的发展阶段》、朱正贵的《也论外国教育史学科体系的若干问题》、赵祥麟的《关于外国教育史学科体系的几个问题》等，为之后我国教育史学科体系的构建奠定了基础。

20世纪90年代后期以来，我国教育史学科体系建构的研究逐渐增多，教育史学科体系的讨论在每年中国教育学年会教育史分会中都多少被涉及，如"中外教育史科学建设问题"(1996)、"挑战与应对：教育史学科在新世纪的发展"(2000)、"我国教育史学科建设百年回顾与反思"(2004)、探索外国教育史研究的新领域和新方法

(2007)、"国外教育史学科新进展"(2008)、"教育史：学科建设与人才培养"(2017)等。21 世纪之后，教育史学科体系构建成为中国教育史学界的热点问题之一。周洪宇教授认为"将教育史的实质研究仅仅分为教育制度史与教育思想史两个部分，显然不能全面概括教育历史的全部内容。因为任何教育历史，如果缺乏人的参与活动，都不可能是真正意义上的教育历史"①。而"长久以来，教育史学研究均以教育思想史和教育制度史为研究对象，忽视了对教育过程中人的活动的研究，使得教育史学研究由于缺乏教育活动史研究这一前提，变成了一门'只见物不见人'的学科"②。因此，周洪宇教授提出中国教育史学科体系的构建应该打破过去教育史研究对象的两分法，增加对教育活动史的研究。教育活动史在教育史学科体系中有着重要的地位，是教育制度史和教育思想史的基础和前提，三者联系紧密，缺一不可。在《学术新域与范式转换：教育活动史研究引论》和《教育活动史研究与教育史学科建设》等著作和一系列文章中，周洪宇教授及其团队就教育活动史研究的意义、价值、方法、内容等做了较深入的研究。2011 年，经国务院学位委员会教育学科组和全国教育科学规划办公室审议通过，《全国教育科学规划课题指南》将教育活动史列为教育史学科课题申报项目正式立项，这标志着"教育活动史研究"得到了我国教育研究体制的认可、回应和接受。2018 年，周洪宇主编的《中国教育活动通史》(8 卷本)出版，"形成了教育活动史、教育制度史、教育思想史三足鼎立、相辅相成的新的教育史研究新格局，是一项填补教育史学术空白的开创性工作，有助于更新教育史的研究视角，有助于促进教育史学理论与方法的创新，有利于完善

---

① 周洪宇：《重论教育史学的学科体系》，载《中国教育科学》，2013 年第 2 辑。
② 周洪宇：《加强教育活动史研究构筑教育史学新框架》，载《湖北大学学报(哲学社会科学版)》，2013(3)。

教育史学科体系"①。

随着教育记忆史、教育情感史、教育心态史、教育史学史、教育史学、教育史编纂、教育史学评论、教育史料学、教育史学科史等领域研究成果的不断涌现,我国教育史学科体系不断完善和丰富,教育史学科体系的分支逐渐多元化。

(二)教育史学科属性的探讨

教育史的学科属性是什么? 教育史与相邻学科之间的关系是什么? 始终是教育史学者思考和关注的问题。这关系到教育史学科的学术生存状态,以及对热火朝天的教育改革做出更具有价值的知识贡献,同时,也密切关系着如何构建我国特色的中国教育史学科体系。中华人民共和国成立以来,我国教育史学者一直为教育史学科属性的确立问题努力。早在1955年的《教育学研究中的若干问题》一文中,曹孚就提出教育史与教育学之间的关系密切程度超过一般科学与其相应科学史之间的关系。……在撰写教育思想家的教育思想时,既不能将其写成其哲学思想和政治思想,也不能写成宏大的思想史,而应该依据其在教育领域做出的思想贡献来做具体分析。②在这里,曹孚将教育史研究与思想史、哲学史、政治史研究区分开来,提出教育史学科应该有其自身学科的特点和属性。在《中国古代教育和教育思想》一书中,沈灌群将教育史视为历史学的分支学科,借鉴现代中国史学方法分析了中国自古以来到清前期的学校教育和教育思想。1962年,北京历史学界和教育学界的部分学者对中国教育史中的一些问题进行了讨论。此次讨论由时任北京师范大学校长的陈垣主持,范文澜、翦伯赞、林砺儒、瞿菊农等著名历史学者和教育学者参加。这是中华人民共和国成立后,我国历史学界、教育

---

① 黄宝权:《一部"以人的教育活动为中心的教育史研究"力作——评〈中国教育活动通史〉》,载《中国出版》,2018(7)。

② 曹孚:《教育学研究中的若干问题》,载《新建设》,1957(6)。

学界和教育史学界的第一次讨论和对话。在这次讨论上，林砺儒认为教育史研究与哲学史研究不同，采用唯物主义和唯心主义的写法，会显得太空。翦伯赞则认为不能将教育史写成思想史或者文学史，教育史中应该提到自然科学，应该写科学家。① 这一时期，学者们主要明确了教育史的研究对象和教育史学科的特殊性，将其与哲学、政治学、文学等学科进行区分。

改革开放之后，我国教育史学科建设进入了新时期。学者们就教育史的学科属性问题进行了较深入的探讨。在《关于外国教育史学科体系的几个问题》一文中，赵祥麟开篇就指出"外国教育史是一门历史科学，也是高等师范院校的一门基础课程"②。学者们认为教育史学科是教育学一级学科下的二级学科，教育学是其母学科。因此，教育史学科具有教育学学科所有的人文性、社会性、综合性等学科属性；在教育史与教育学之间的关系方面，学者们持两种观点："一是教育学的发展形成了教育史；一是教育历史发展的结晶，构筑成了教育基本理论的体系"③。教育学为教育史研究的发展提供理论指导，同时，也需要教育史学为教育学理论探索提供历史的理论素材。除了教育学之外，教育史学科与历史学科又有着千丝万缕的联系。教育史是历史的一部分，所以历史学科亦是教育史学科的母学科。那么，它理当具备历史学科的科学性和人文艺术性，求真向善和经世致用自然成为教育史学科的核心素养。因此，教育史具有双学科性，即有教育学母学科的特点，也有历史学科的特点。

随着社会科学的发展，跨学科成为学界关注的议题。原因主要有两个方面：一是教育史学科内部缺乏新环境下的创新机制，危机

① 杜成宪：《关于中国教育史中的一些问题的讨论》，载《文汇报》，1962-01-25。
② 赵祥麟：《关于外国教育史学科体系的几个问题》，载《华东师范大学学报（教育科学版）》，1984(2)。
③ 晓杜：《谈教育史学与教育学的内在关系》，载《教育评论》，1988(4)。

重重；二是经济全球化带来的巨大挑战，让学者们不得不思考如何在后现代主义的冲击和碎片化的困境中重新确立教育史的学科属性问题。在西方关于教育史与教育学、历史学和社会科学之间的关系进行热火朝天的讨论时，我国学者也积极回应和发声。20世纪90年代，由华东师范大学丁钢教授主编的《中国文化与教育》丛书出版。该套丛书尝试通过跨学科研究力求"给读者提供一个关于中国文化与教育关系的研究的分类轮廓，从不同角度探索中国教育在中国文化的传递与嬗变中的地位和作用以及两者之间的关系"①。20世纪90年代以来，中国教育史学界已经认识到"教育史研究必须全面深入地把握各种社会因素，从不同层面、不同角度进行全方位的分析综合，才能真正揭示教育演变、发展的客观规律"②。从跨学科视角研究教育史的作品不断涌现，如章开源教授主编的《文化传播与教会大学》和《社会转型与教会大学》，作者从历史学、文化传播学等学科视角研究教会大学；2003年，在《废除科举制与社会的中国现代转型》一文中，厦门大学徐辉教授不再从教育史的视角，而是从中国社会现代转型的背景下对废除科举制的历史必然性和社会效应进行了分析。③ 这些研究"表明了当今人文社会科学的研究不能再局限于传统的学科领域内孤芳自赏了，必须打破传统学科界域，强调跨学科研究，才能使教育史学研究不断走出困境，才能使教育史学研究不断有所突破"④。2007年，郭娅教授在其博士论文《元教育史学研究》第五章"教育史学的跨学科研究"中，从教育史学跨学科研究的内涵、现状、重要性、可能性、本质、基本范畴和规范等方面阐明了教育

① 杜成宪等：《中国教育史学九十年》，234页，上海，华东师范大学出版社，1998。
② 田正平、肖朗：《教育史学科建设的回顾与前瞻》，载《教育研究》，2003(1)。
③ 徐辉：《废除科举制与中国近代社会的转型》，载《厦门大学学报(哲学社会科学版)》，2003(5)。
④ 郭娅：《元教育史学研究》，261页，博士学位论文，华中师范大学，2007。

史跨学科研究的意义、途径和方法，并以此为基础提出了教育史学科跨学科研究与范式转换之间的关系。[①] 2018 年，中国教育学会教育史分会第十九届年会以"跨学科视野下的教育史研究"为主题在南京师范大学召开。来自全国教育学、历史学、教育史、社会学等多学科领域近 500 人与会，呈现跨学科视野下教育史研究的最新成果，打开了教育史研究的新视角，也表明了我国学界对教育史学科跨学科属性的最新认识。

（三）教育史学科的逻辑起点

逻辑起点是学科研究对象质的规定性，是学科研究的基本要素和细胞，是学科生存的根底，是学科理论发展的内核，始终贯穿于理论建设的全过程，决定着完整的、科学的、系统的学科理论体系的构建，是学科繁荣和地位提升的枢纽。因此，准确把握教育史学科的逻辑起点是我们掌握教育史学理论的精髓、完善教育史学理论体系和进行学科建设实践的先决条件。教育史学科作为教育学学科的二级学科，必须有一个清晰的、客观的逻辑起点。1981 年，国务院颁布了《首批硕士学位授予单位及其学科、专业名单》和《首批博士学位授予单位及其学科、专业名单》，教育史学科位列其中。经过 30 多年的发展，教育史学科建设的内涵、知识体系、课程体系等问题都逐渐明晰。

确定教育史学科的逻辑起点首先需要阐释什么是教育史，进而才能准确具体地定位教育史学科。教育史的内涵一般有四个。

一是客观教育史：过去发生的关于教育的那些事。

二是主观教育史：人们对教育历史的认识，记录教育发展的过程，形成的成果，是人们对客观教育历史过程进行重新构建的主体化教育历史。

---

① 郭娅：《元教育史学研究》，261 页，博士学位论文，华中师范大学，2007。

　　三是教育史学科：教育学学科下的二级学科，是研究人类社会发生过的各种教育现象和教育活动，探寻教育发生发展规律的一门科学。

　　四是教育史学：人们对教育史学科发展的反思，形成一套学科自身的系统理论，包括教育史学本体论、教育史学认识论和教育史学方法论。教育史学本体论包括教育观、教育史观和教育史学观以及教育历史发展的动力；教育史学认识论包括是否存在客观的教育历史以及教育史认识过程中主体性和客观性问题；教育史学方法论包括教育史史料学和教育史编纂学两个方面。

　　要认识教育史学科的逻辑起点，还需要弄清逻辑起点的科学内涵。逻辑起点作为哲学领域的概念，具有自身内在的规定性。黑格尔认为："必须把抽象的东西造成是开端和原素，在它之中，并且从它出发，便散播出特殊性和具体物的丰富形态。"[①]那么，依据黑格尔的观点，逻辑起点应是最初的、最简单的元素，却又是绝对的最抽象的范畴，对研究对象进行质的规定，并且与对象的历史起点相一致。在《资本论》一书中，马克思借鉴了黑格尔关于逻辑起点的合理因素，对逻辑起点有了新的认识和规定。他认为：逻辑起点是最抽象的东西，最简单的东西，是构成体系的细胞、元素的形式，起点和终点是辩证统一的，历史和逻辑是一致的。[②] 据此可见，确定一门学科的逻辑起点需要满足以下几个要求。

　　一是一门学科中最初的、最常见的、最简单的、最抽象的元素。

　　二是规定了学科的研究对象，能够标志着学科独立存在的东西。

　　三是应包括学科的基本矛盾，核心矛盾，贯彻学科发展始终，是学科理论体系的萌芽。正如列宁所说："全部发展就在这个萌

①　[德]黑格尔：《逻辑学(下卷)》，杨一之译，505 页，北京，商务印书馆，1977。
②　冯振广、荣今兴：《逻辑起点问题琐谈》，载《河南社会科学》，1996(4)。

芽中。"①

四是历史与逻辑的统一，逻辑起点与历史起点的一致。既要遵循学科内在的规律和逻辑，又要符合历史发展的事实。

五是逻辑起点和逻辑终点辩证统一。只有确定起点和终点之间的辩证关系，才能真正抓住这三点，进而真正弄清学科理论体系的"要义"。

纵览我国教育史学科百余年的发展历程，对这一问题的研究随着学科危机的产生而受到关注。20 世纪末和 21 世纪初，学者在寻找摆脱教育史学科危机的策略时，提出应该在教育史研究中坚守"历史与逻辑的统一"②，提出了教育史发展的多个规律，以此作为教育史研究的逻辑切入点。有学者从中国教育史教材的编写中分析教育史研究中的历史逻辑。③ 还有学者对邓小平教育思想的逻辑起点、杜威教育思想的逻辑起点、荀子教育思想的逻辑起点、儒家教育学说的逻辑起点等进行了分析，探讨了教育家教育思想和教育思想流派的逻辑起点问题。这些研究成果对于我们探讨教育史学科的逻辑起点问题具有重要的启示，丰富了对教育史逻辑起点的认识。但是，对教育史学科逻辑起点的认识还处于具体的、个案的认识，还没有对其进行抽象的概括，明确的界定，清晰的阐述，还处于模糊不清的状态。

（四）教育史学科的反思研究

中国教育史学科自建立之初至 20 世纪 80 年代，虽然对教育制度、教育思想的历史问题进行了许多具体的详细研究，研究成果相

---

① 《列宁全集(第55卷)》，79页，北京，人民出版社，1990。

② 申国昌、周洪宇：《论教育史研究中历史与逻辑的统一》，载《湖北大学学报(哲学社会科学版)》，2007(1)。

③ 王俊明：《〈批判地继承〉的历史逻辑——以 20 世纪 60 年代初北师大编写〈中国古代教育史〉为例》，载《教育学报》，2004(3)。

当丰富，但是，对于教育史学科反思的研究却一直被忽视。80 年代中期，学者们开始呼吁进行教育史学研究。在《关于"教育史学"的构想》一文中，张斌贤认为为了摆脱教育史学科的困境，提高教育史学科的科学性，应"大力开展对'教育史学'理论的研究工作"[1]，并对教育史学应研究的主要问题进行了详细的阐释。吴小平则希望通过把握西方教育史学发展的总趋势，来分析教育史学科发展的科学规律，为我国教育史学科发展提供某些借鉴意义。[2] 晓杜从历史过程和逻辑顺序两个层面分析教育学与教育史学之间的内在关系，提出中国教育史学界要有独立的学科理论和方法体系[3]。

20 世纪 90 年代，学者们继续为建立独立的教育史学科理论体系进行努力和探索。杜成宪教授认为中国教育史学科是否能够享有"科学"的美名，取决于我们是否已经建立了中国教育史学理论。杜成宪教授认为中国教育史学理论应包括两部分：一是以中国教育史研究本身为研究对象，包括中国教育史学史、中国教育史学、中国教育史编纂学和中国教育史学评论；二是以中国教育史史料为研究对象，包括中国教育史史料的辨伪、中国教育史史料的辑佚、中国教育文献的版本与校勘学、中国教育史史料的考据。[4]

沿着这样的思路，1998 年，杜成宪、崔运武、王伦信三人所撰写的《中国教育史学九十年》由华东师范大学出版社出版。该书是我国第一本教育史学史著作，分析了我国教育史学科自 1904 年至 1994 年的发展历史。该书提供了中国教育史学发展历程的详细概貌，推动了学者们进一步构建中国教育史学理论体系的尝试。之后，在《教育史学》一书中，杜成宪、邓明言撰写了中国教育史学和西方教育史

---

[1]　张斌贤：《关于〈教育史学〉的构想》，载《教育研究与实验》，1987(3)。
[2]　吴小平：《西方教育史学的形成与发展》，载《外国教育动态》，1984(1)。
[3]　晓杜：《谈教育史学与教育学的内在关系》，载《教育评论》，1988(4)。
[4]　杜成宪：《中国教育史学科能不能分享"科学"的美名》，载《教育评论》，1996(6)。

学两篇内容，是我国第一部涵盖中西方教育史学发展历程的著作。
2010 年，郭娅教授在《反思与探索：教育史学的元研究》一书中，从
元理论视角出发，探讨了教育史学的学科性及学科体系研究，教育
史学的功能与价值研究，教育史学认识论研究、教育史学方法研究、
跨学科研究以及未来发展趋势等方面，全面系统地分析了教育史学
科的基本理论问题，并提出了自己的教育史学理论体系。2018 年，
周洪宇教授主编的《教育史学通论》一书出版。该书分为上卷和下卷
两部分，上卷包括教育史学的学科性质与学科体系、教育史学的多
维视野与跨学科研究、教育史学的功能与价值、教育史学认识论、
教育史学研究方法、教育史料学六章内容。下卷包括教育史编纂学、
教育史学评论、教育史研究者的素养、中国教育史学史、外国教育
史学(上)、外国教育史学（下）、教育史学的未来发展七章内容。该
书汇聚了周洪宇教授团队多年来从事教育史学理论学习、研究与教
学的经验和心得，全面梳理了教育史学的基本问题，堪称我国教育
史学领域的集大成之作。

在我国的西方教育史学研究方面，早在 1997 年，史静寰教授就
为她的第一届外国教育史博士生开设了"当代西方史学理论与外国教
育史研究"专业课，目的是提升学生的史学理论素养。"这可以说是
新中国教育史专业博士生教育的首创。"①21 世纪初，史静寰教授带
领自己的团队开始对 20 世纪西方教育史学理论与研究范式进行研
究，指导博士对英美教育史学进行了较为系统的研究，如周采教授
的《从卡伯莱到克雷明——美国教育史学的形成与嬗变》和延建林老
师的博士论文《布莱恩·西蒙与二战后英国教育史学》。这两篇博士
论文也标志着我国学者开始对国别教育史学的发展及民族特征进行
深入分析。之后，史静寰老师带领团队成员撰写了《西方教育史学百

---

① 吴式颖：《我们需要这样的外国教育史学建设——读〈西方教育史学百年史论〉有
感》，载《教育学报》，2016(1)。

年史论》一书，从国别、人物、专题、比较和启示探索五个部分论述
了新教育史学的内涵和发展历程，这"是对我国外国教育史学科做出
的巨大贡献"①。2006 年，周采教授在其博士论文的基础上修改而成
的《美国教育史学：创立与嬗变》一书出版，这是我国第一本对美国
教育史学进行系统研究的著作，以翔实的史料、丰富的史学理论，
分析探讨了美国近 300 年来教育史研究的历程，诠释了教育史学科
与历史学科的母子关系，"是一部十分卓越的国别教育史学研究成
果"②。在此之后，周采教授系统阐述了西方教育史学发展概括、流
派、理论等问题，并指导博士对英国教育史学、美国女性主义教育
史学、美国城市教育史学、美国课程史学、美国多元文化教育史学、
美国高等教育史学等主题做了系统研究。在此基础上，多本关于国
别教育史学和教育史学流派的著作出版。③ 2018 年，周采等人撰写
的《当代西方教育史学流派研究》④一书出版，呈现了其团队多年的
研究成果，是我国西方教育史学研究领域的学术前沿作品。

　　至此，不难看出，我国教育史学者对教育史学科的反思研究成
果越来越多，已不再仅仅局限于对教育历史和教育史学的研究，开
始对教育史学自身进行反思，探寻中外教育史学科兴起、发展及演
变的规律，预测其未来发展的方向，属于反思的反思。学者们已清
晰地认识到教育史学史的内涵、研究价值和研究路径，认为"教育史
学史涵盖学说史与学科史两方面的内容"⑤，"旨在促进中国教育史
学在研究主体、研究视角、研究方法、研究对象和学科创新等方面

---

① 吴式颖：《我们需要这样的外国教育史学建设——读〈西方教育史学解史论〉有
感》，载《教育学报》，2016(1)。

② 同上。

③ 武翠红：《英国教育史学：创立与变革》，北京，中国社会科学出版社，2015；诸
园：《美国女性教育史学史》，北京，中国社会科学出版社，2017。

④ 周采等：《当代西方教育史学流派研究》，上海，上海交通大学出版社，2018。

⑤ 刘来兵：《学说史与学科史：教育史学史研究的两个维度》，载《教育学术月刊》，
2013(9)。

寻找新的突破"①。教育史学史研究成果的逐渐增多，也预示着我国教育史学理论研究水平的不断提升，教育史学理论体系的逐渐完善和发展。

二、教育史学科发展的反思

回顾我国教育史学科近 70 年发展历程，我们可以清晰地看到学者们为提升教育史学科的地位所做的不断的努力及取得的卓越成绩。但近年来，随着教育史课程课时的缩减，刊发教育史类文章期刊的减少，教育史专业硕博生招生难和就业难，教育史学科的地位依旧让人堪忧。我国教育史学科，在"要按照立足中国、借鉴国外，挖掘历史、把握当代，关怀人类、面向未来的思路，着力构建中国特色哲学社会科学，在指导思想、学科体系、学术体系、话语体系等方面充分体现中国特色、中国风格、中国气派"②的新时代背景下，重新思考教育史学科的发展路向问题变得尤为重要。

（一）教育史学科发展存在的问题

随着知识生产理论的新发展以及日益缩减的教育史课程等带来的新挑战，教育史学科制度存在的问题也日渐凸显。例如，教育史学科功能的学术取向与职业取向如何平衡，教育史学科组织制度封闭性与知识生产的开放性之间的矛盾如何解决，等等。

1. 教育史学科发展的根基不稳

教育史课程缩减、刊发教育史类科研成果的期刊较少、各级各类课题中教育史类课题立项数量少、教育史研究在教育研究中的边缘地位、教育史学人在教育改革中话语权的丧失等，这些问题都可以归结为质疑教育史学科的功用。那么到底教育史学科有什么用？这是学科生存必须解决的元问题，是每一位教育史学人必须弄清楚

---

①　郑刚：《教育史学史：中国教育史研究的新兴领域》，载《教育研究与实验》，2013(2)。

②　习近平：《在哲学社会科学工作座谈会上的讲话》，载《人民日报》，2016-05-19。

的，是教育史学科建设和发展的根基。

教育史学科基本功能围绕"是什么、为什么、有什么用"来展开。"是什么"即求真，阐明教育历史事实的真相，是教育史学科的基本品质和首要功能，是探寻和揭示教育发展规律的前提和基础；"为什么"指揭示和剖析教育发生发展的规律，教育历史的发展没有那么简单，存在就有其背后的理由和原因，分析历史上教育现象和教育活动背后的因素才是教育史研究的最终成果；"有什么用"即追溯教育历史的源头、探寻教育历史发展的规律，其目的是从教育历史中总结经验教训，服务于当前教育实践；同时，还从教育演进过程中凝练教育理论，为当前教育政策的制定和教育改革的开展提供借鉴。这是教育史学科的终极功能。三个基本功能中，求真是教育史学的基础功能，是开展教育史研究的前提和基础；实用是教育史学科的生存根基，是解决学科危机的关键。"历史只有一个目的或任务，就是实用，而实用只有一个根源，那就是真实。"[1]在《历史学家的社会责任》一书中，康尼尔·李德(Conyors Reed)以幽默的方式也论述了历史到底有什么用的问题。他提出如果给出的答案不能得到纳税人的认可，那么历史学科的生存就危险了。[2] 换言之，历史学科必须对普通公众来说是有用的，具有社会价值和意义，能够适应时代的需求。教育史学科亦然。

教育史学科的三个基本功能需要在对人类教育历史进行整体和长时段把握基础之上，对教育历史进行整体分析，从中提炼教育发展的规律、总结教育改革的经验教训、概括抽象的教育理论和教育思想。这就需要教育史学人具备教育史研究的基本素养。

第一，知识储备。它是指有助于搜集、整理和分析人类长时段

---

[1]　[古希腊]卢奇安：《论撰史》，章安琪译，见《缪灵珠美学译文集(第1卷)》，195页，北京，中国人民大学出版社，1987。

[2]　张文杰：《现代西方历史哲学译文集》，249页，上海，上海译文出版社，1984。

的教育历史史实的知识，包括研究教育史的理论、方法和知识结构。要求教育史学者既要有科学的教育史观，具备完善的学科理论和方法体系，还要掌握多学科知识，熟练运用多学科研究方法。

第二，历史洞察力。要求教育史学者能够透过现在理解过去的教育，又要能通过过去理解现在，具备融汇古今的能力。

第三，甘坐冷板凳的思想准备。研究教育史，需要具有教育史史料考证的能力，而史料考证费时费力。老一辈的教育史学家具有很强的教育史史料考证的能力、很高的学术热情和激情，愿意花费多年时间对教育史史料进行考证和整理。而在当前学术考核制度、职称评定制度面前，越来越少的青年学者能够坚守教育史领域。如果没有坚定的学科信念和研究兴趣、甘坐冷板凳的思想准备，是不可能成为一个有所为的教育史学者的。

充分发挥教育史学科的功能，就要求教育史学者具备上述三种基本的素养，当前学科制度下培养的专业人才很难具备这三类基本素养，致使教育史学科发展的人才资源缺乏。目前，我国教育史学科属于教育学一级学科下的二级学科。而在历史学科里，尽管近年来有历史学者研究教育史，但是教育史还不能算作历史学科下的二级学科中国史和世界史的研究方向。教育史专业的硕博生的本科专业是历史学的也很少，加之在研究生培养的课程开设中，历史学课程的开设比重也不高，有一些学校仅仅开设一门历史学理论与方法，有的甚至就不开设历史学类课程，缺乏史料考证等学术训练。这就使得我国教育史学科专业所培养的硕博士缺乏探求教育历史史实的能力，缺乏专业的教育史史料考证的学术训练。没有了求真的能力，更不用谈分析教育历史、解决教育问题了。现行的教育史学科制度影响了教育史学科人才的培养，反过来，没有经过专业训练的教育史学人才，教育史学科建设也就缺乏了根基和力量，最终禁锢了教育史学科的发展，带来学科的无用论、课缩减、人缩减、课题缩减、经费缩减等问题。

2. 教育史学科制度发展滞后

由于教育史学科的逻辑起点不清楚，教育史学科发展的根基不稳，所以在整个学科发展过程中的中介显得力量薄弱，致使教育史学科在面临当今科技迅速发展，人工智能时代的来临时，未意识到新时代对教育史研究、教学、课程、交流等制度化过程所带来的挑战，更没有为此做好制度改革的准备。因此，制度危机成为教育史学科新的危机。

在过去一百多年的我国教育史学科发展历史中，教育史的知识生产方式按照其自身学科逻辑和历史迅速发展，呈现高度的细化和高度的概括两个特点。教育史学科的发展一开始就带有学科制度自身的局限性——强调分工和规训，学科之间割裂明显，处于自我封闭状态。尽管我国教育史学界在 20 世纪 60 年代组织过哲学、历史学和教育学、教育史学界之间的对话，但次数也是屈指可数。即使就与教育学科下的其他二级学科之间的关系而言，教育史学科也始终保持着若即若离、若隐若现的状态。教育史学者对教育哲学、教育社会学、课程与教学论、高等教育学等学科的发展动态关注不多，更不用谈深度对话和合作了。近年来，教育史学科对历史学的发展关注较多，但对整个人文社会科学和自然科学的发展关注仍然欠缺。过于专注自己的封闭领域，也必然带来教育史学人的研究能力"被束缚在他们能进行理论阐述的部分、能运用的方法等局限内"[1]。

20 世纪 90 年代之后，随着全球史、后现代史学的发展，教育史知识生产的个人化和地方化特征逐渐被全球化所取代。一方面，是后现代史学带来的教育史知识的过度细化和碎片化。正如哈耶克所说，"知识的分工特性，会扩大个人的必然无知的范围，亦即使个人

---

[1] ［英］马克·史密斯：《文化——再造社会科学》，张美川译，168 页，长春，吉林人民出版社，2005。

对这种知识中的大部分知识必然处于无知的状态"①。后现代主义史学认为，过去与现在之间存在差异性。因此，历史学家在进行历史研究中人为地"将过去划分为重要的部分和不重要的部分"②。在这里，历史经验被描述或者叙述变得很难，史学著作若和具体的历史事实无关，那么也必将带来教育史知识的不确定性。另一方面，全球史带来了教育史知识的再融合和再综合，超越了传统教育史学家的民族国家教育史的领域，质疑和挑战国家公立学校建立的历史的研究模式，在全球维度内重新书写教育历史，阐释历史上教育影响的双向性和相互性，教育史知识生产的互动模式出现。新知识生产、传播、应用的方式不断出现，使得原有的教育史学科制度的地位受到冲击。

教育史学科的危机也不仅仅停留在 20 世纪末的层面，而是向纵深发展，速度快，覆盖面较广。教育史学科的边界在哪里？与教育学、历史学、社会科学、自然科学之间的关系是什么？教育史研究方法是采用质的方法还是应该采用量的方法？智能化时代教育史史料学又该如何发展？教育史知识的生产取向是该尊重学术取向还是交由市场来决定？教育史学科组织制度是一如既往地坚守学科自闭状态还是敞开大门，包容万千？教育史编纂学是坚守叙述取向、问题取向还是理论取向？教育史研究需要理论吗？这些学科发展难题无法用单一的教育史学科知识解答，需要从不同的角度、多学科考虑才能真正找到答案。教育史学科发展的困境以及教育史知识的生产方式都需要打破或者超越现有的学科制度的教学和研究活动。倡导从多学科、跨学科、多角度来研究教育史，但是学科制度的排他

---

① ［英］冯·哈耶克：《自由秩序原理》，邓正来译，249 页，北京，生活·读书·新知三联书店，1997。

② Frank Ankersmit, Historism and Postmodernism: A Phenomenology of Historical Experience, in Frank Anker-smit, History and Tropology: The Rise and Fall of Metaphor. University of California Press, 1994, p. 202.

性以及以教育史学科为基础的教育史知识的生产方式日益阻碍了教育史学科的发展。换言之，当前教育史学科制度的发展与当前知识生产方式的变化不相符合，滞后于知识生产方式的改革。因此，在知识生产方式发生急剧变革的新时代，应呼唤教育史学科制度的变革。

(二)教育史学科发展未来的展望

在新时代背景下，我国教育史学科发展需要进一步提升学科制度的内在建设，进一步提高教育史学者的建构力，进一步凝练学科的中国话语体系，进而在国际教育史学舞台上呈现中国教育史学科的改革方案，彰显学科的国际影响力。

1. 应对学术性和制度性危机，明确教育史学科的地位

教育史学科危机主要体现是学术性危机和制度性危机。学术性危机指各界对教育史学科作为一门学科的价值的质疑、对教育史功能的质疑、对教育史和日常生活联系的质疑等。应对教育史学科的学术性危机，需要教育史学者明确教育史学科研究对象的特殊性，论证教育史学科的知识分类不同于其他知识分类，教育史学科具有自身的学科属性，符合学科标准的知识划分；还需要构建教育史学科研究方法体系，论证研究方法契合教育史学科研究对象的特殊性，阐释教育史与教育学、历史学、社会科学和自然科学之间的关系，提出教育史学科的跨学科性。最后，还需要论证教育史学科理论体系的独特性。目前我国教育史学科理论体系的构建还处于摸索阶段，还没有形成中国特色的教育史学科理论体系，更谈不上论证教育史学科理论体系的特殊性了。所以，应对教育史学科的学术性危机的策略是对标补差，即对照学科标准来寻找教育史学科所缺。学科特殊的研究对象、特殊的研究方法和完善的学科理论体系是学科存在的三个核心指标。如果教育史学科符合了这三个核心指标的要求，那么也就摆脱了学术性危机。

而制度性危机主要体现在国家学科制度调整对教育史学科身份和生存状态的影响。"大学存在的事实本身，就说明了所有知识门类的统一性与整体性……但大学的院系划分在表面上看起来是为了完成这个任务，但其实并没有完成。"①教育史学科的制度化，致使在实践中其体系从来没有实现统一的科学一元论，教育史知识的整体性只是存在于理论上或者逻辑上，或者说只是一种理性的假设罢了。除此之外，还体现在相对于其他人文学科，教育史学科获得的外部社会资源较少。例如，在人才培养方面，教育史专业硕博士招生人数较少、青年教育史学者迫于高校考核机制不得已转向其他方向的研究等；在学术共同体方面，教育史学会获得的资源有限，《教育史研究》会刊获得的经费支持不多；在课题申报和论文发表方面，国家对教育史学科项目的立项较少，刊发教育史类的期刊不多；等等。我国教育史学科发展的路径是从外部制度到内部学术的，在教育史学科的学术性研究并没有成熟时，便被国家纳入学科发展体制内。一方面，获得国家的经费和制度支撑有利于教育史学科内部学术研究的发展；但另一方面，教育史学科内部还处于稚嫩状态，无力应对这样的制度危机。所以，只有教育史学科的内部制度建设好了，教育史学科的地位才能牢固，教育史学科的危机才能解除。换言之，解决教育史学科的学术性危机是重中之重，只要教育史学科的根基打牢了，任由外界如何变化，教育史学科都将傲然矗立于人文学科之列。

2. 开设研究性课群，改变人才培养模式

教育史学科制度的基础不稳，不能充分发挥教育史学科的三大基本功能，而究其原因是缺乏学科专业人才。在当前双一流大学建设背景下，数字化的史料和海量信息时代，教育史专业人才培养如

---

① [德]雅斯贝尔斯：《大学之理念》，邱立波译，122 页，上海，上海人民出版社，2007。

何能够为一流教育史学科的建设发挥作用。教育史学科制度如何改革才能为学科培养出所需要的拔尖、创新型教育史学人才。笔者认为其关键在于改变人才培养的模式，应由研究性课程改为开设研究性课群，培养具备较强技能的教育史专业人才，以此来夯实教育史学科制度建设的基础。

第一，研究性课群开设的首要原则是聚焦教育史边界。教育史专业研究性课群开设需要紧扣教育史专业课程培养目标，确定课程对课程目标和培养目标的支持程度，以此获得教育史专业研究性课程群建构和课程体系优化的依据。教育史学者应该具备什么样的专业技能，教育史学者应为实现教育史学的应然状态如何开展工作，教育史学者如何能够在漫长的历史时段中做出瞬时性的思考……要解决这些课程目标和培养目标所涉及的关键问题，需要弄清楚教育史的边界是什么。教育史是关于人的教育，是"复数人的教育"。[借用马克·布洛克(Marc Bloch)所说的"时间中的不同的人"①]，教育史是关于"时间中不同人的教育"。这就带出了教育史研究对语言呈现方式的探讨，是叙述还是分析，是科学还是艺术。教育史学者在追求教育历史真实性的同时，如何保留教育史研究的一份诗意，如何体悟教育历史，从教育历史的脉络中感悟教育的发展，如何做到由古知今，由今知古，力求通古今之变。因此，时间就成了教育史研究的载体和具体的原始材料。"历史中的时间是个体具体鲜活且不可逆转的事实，它就是孕育历史现象的原生质，是理解这些现象的场域。"②

第二，研究性课群的开设要紧扣教育史专业人才的技能要求。明确了人的教育和时间成了教育史的边界后，接下来就是明确教育

---

①　[法]马克·布洛克：《历史学家的技艺》，黄艳红译，12 页，北京，中国人民大学出版社，2011。

②　同上。

史学者的工作有哪些，这些工作要求具备什么样的技能。教育史学者确定了研究边界，就进入了教育历史考察阶段。人类的教育历史是至为复杂的现象，教育历史考察需要借助于"所有科学都提供了各种范例的'重构'步骤"①。教育文献的收集和整理技术需要建立在文献的多样性和技术的多样性的基础上，需要运用不同的工具来鉴别，这样教育历史才能被建构。除了教育历史的考察之外，教育史学家要做的第二件工作是教育历史的分析和评价。教育历史的分析和评价的最终目标是理解而非评判，需要寻找到众多教育现象之间的联系，提出可信的解释。在教育历史分析中，需要能够清楚地掌握和运用教育专业词汇和术语。既要能运用所分析的那个时代的语言，还需要能够运用研究者当下的语言。这样才能在古今之间"穿梭和转换"，才能将教育历史的分析更准确地呈现在普通人面前。在完成教育历史的分析之后，接下来就是教育历史的解释。需要弄清楚教育历史出现的原因，不能将原因问题仅仅简化一元论，或为动机，或为观念，等等。教育历史出现的原因问题是复杂的，不能靠推想和想象，需要教育史学人下一番苦功夫去教育历史背后挖掘。最后，教育史学者还需要"对历史的深入思考中，汲取智慧，走向未来"。

第三，研究性课群以整合和优化教育史课程体系来实现人才培养模式的改变。所谓研究性课群是指改变以前以单门课程的开设方式，以"群"的形式设置课程模块，即整合和优化不同方向的教育史课程，推动教育史学科与相关学科的融合发展，改变以前传统教育史专业人才培养模式，以"整体的教育"课程体系来培养拔尖、创新型教育史学人才。首先，确立"课群"的组成部分以及各组成部分之间的关系，建构课程之间的链条，紧扣教育史的边界和教育史专业人才所需技能。其次，依据"课程时序"组合课程，打破课程之间的

---

① ［法］马克·布洛克:《历史学家的技艺》，黄艳红译，12 页，北京，中国人民大学出版社，2011。

壁垒，形成教育史专业特色的课程体系，以满足学生发展的需要。课程群既要重视学生对教育历史发展的脉络和主要问题掌握，打好教育史研究的博和通的基础，又要在此基础上精学教育史的相关问题。最后，研究性课群要凸显"研究"的特色，即教师要能够引领学生积极探究，深入思考，进入科学研究的状态。

3. 提升教育史学者的建构力，构建中国教育史学科理论体系

我们不仅要用不同的方式解释教育现象和阐释教育历史的发展，还需要解决教育问题，改变教育现状。而改变教育现状和解决教育问题需要具备批判思维能力和建构能力。正如维科(Giambattista Vico)所说，"人的真理也是由人类行为的建构和塑造才得以认识的"；康德(Immanuel Kant)也认为"知识不是调节性的，而是建构性的"[1]。教育史学科是一门基础学科，它不仅要为教育现实中的问题与改革提供历史的声音，还要为教育改革做出合理的预测。因此，教育史学者需要提升对教育史的理解力、批判力，并在此基础上提升建构力。

何谓建构力？笔者认为是具备学科反思的能力，能够构建中国教育史学科理论体系。在中国教育史学科理论体系中呈现它的中国特色。除了凸显中国特色之外，构建中国教育史学科理论体系还应基于学科发展的学理依据、教育史学史和比较史学的视域。第一是依据学科发展的学理，从教育史学科制度和教育史学科体系两个方面、六个主题来展开，即围绕大学教育史专业的发展、人才培养体系的构建、中国教育学会教育史分会、《教育史研究》期刊、具体教育史学研究和抽象教育史学研究来回顾我国教育史学科的发展历程，进而分析和明确我国教育史的学科属性、学科地位、学科价值。在此基础上，提出教育史研究的基本理论和方法。第二是基于教育史

---

[1] 赵万里：《科学的社会建构》，30 页，天津，天津人民出版社，2002。

学史的视域，呈现我国教育史研究中史观、教育史编纂学、教育史史料学等方法论的变迁，对我国教育史学方法论进行历史的审视和思考，提出我国的新教育史学理论。第三是基于比较史学的方法，将中国教育史学科的发展置于世界教育史学科发展的大背景下进行分析，以呈现我国教育史学科理论体系的民族特征。

"十三五"国家重点图书出版规划项目 | 丛书主编 侯怀银

本书是国家社会科学基金"十三五"
规划 2018 年度教育学重点课题"中华
人民共和国教育学史"(课题批准号
A0A180016)的研究成果

共和国
教育学 70 年

Pedagogy of the
People's Republic of China
for 70 Years

总 论 卷(下)

侯怀银 等著

北京师范大学出版集团
BEIJING NORMAL UNIVERSITY PUBLISHING GROUP
北京师范大学出版社

目　录

下　卷

第四章

教育学主要分支学科的
发展(中)

第三章主要从整体上概括描述了教育学分支学科的发展情况，并分别对教育学原理、课程与教学论、教育史学科发展情况进行了详细的阐述。本章主要介绍比较教育学、学前教育学、高等教育学、成人教育学学科的发展情况。

第一节　比较教育学学科的发展

中华人民共和国成立以来，我国教育学学科和教育改革取得了巨大的发展。比较教育学虽是教育科学的一个分支学科，但却有着其特殊的作用，即本着"洋为中用"的原则，借鉴外国的教育理论与实践，推进我国教育事业的发展。[①] 本部分在教育学学科视阈下全面梳理我国比较教育学学科近 70 年的发展状况。

一、比较教育学学科的学术交流

在比较教育专业人员及相关研究机构的共同努力下，筹备研究会的各方面条件逐渐成熟。1978 年 7 月 5 日至 15 日，第一届学术年

---

① 梁忠义：《比较教育四十年》，载《高等师范教育研究》，1989(1)。

会在北京师范大学召开。当时参加会议的代表有 50 人左右，分别来
自北京师范大学、华东师范大学、吉林师范大学、河北大学、华南
师范学院 5 所高校，与会学者提交学术论文 20 余篇，为中国教育学
会比较教育分会的正式成立做出了奠基性工作。① 1979 年 10 月 24 日
至 11 月 3 日，来自全国各院校机构共 90 余名代表参加了在华东师
范大学召开的第二届学术年会。在此次会议上正式成立了外国教育
研究会(1983 年更名为中国教育学会比较教育分会)，隶属于中国教
育学会。② 此后，大约每两年举行一次会议。1978—2018 年共十九
届的中国教育学会比较教育分会的主题如表 4-1 所示。

表 4-1   中国教育学会比较教育分会(1978—2018)

时间 (年)	主题	地点
1978	文理分科、天才教育、能力分组教学	北京
1979	外国教育研究会近期工作任务	上海
1981	教育与经济的关系；教育结构改革等	保定
1983	比较教育如何为我国教育新局面服务等	长春
1986	借鉴国际经验，探讨教育体制的改革问题	武汉
1990	中外教育改革与反思	天津
1993	面向 21 世纪的比较教育	北京
1995	亚太地区教育和经济文化发展	济南
1997	民族文化传统与教育现代化	黄山
1999	跨世纪创新人才培养的国际比较	重庆
2001	终身学习在中国	桂林
2004	全球视野下的中国教育改革	珠海

---

① 李文英、王薇：《中国教育学会比较教育分会的发展、组织及作用》，载《比较教育研究》，2014(2)。

② 同上。

续表

时间 (年)	主题	地点
2006	国际视野与本土行动	上海
2008	中国教育改革与比较教育研究	温州
2010	国际视野下的教育均衡发展	杭州
2012	教育改革创新与比较教育的时代使命	长春
2014	全球视野下的教育治理	广州
2016	扩大教育对外开放与比较教育的时代使命	海口
2018	人类命运共同体构建与比较教育新使命	西安

　　此外，20 世纪 80 年代以后，中国比较教育逐渐融入了世界比较教育大家庭，1980 年我国比较教育学会就应邀出席了在日本埼玉县举办的第四届比较教育大会。[①] 同时，我们申请加入世界比较教育学会联合会(WCCES)，并于 1984 年第五届比较教育大会得到世界比较教育学会联合会执行委员会批准，正式成为世界比较教育学会联合会的成员。这些表明，比较教育学科已经在中国重新建立起来，且进入了全面发展的阶段。从 20 世纪 90 年代中期开始，我国比较教育研究则扩展到许多发展中国家，特别是我国周边国家的教育，研究内容也从教育制度发展到课程、教育思想观念、培养模式和方法、国际教育、环境教育、比较教育方法论等诸多方面，可谓百花齐放。到了 90 年代末，比较教育学的分支研究已经开始走向细化与深入，其他学科的从业人员也广泛加入比较研究的行列中，比较教育学开始呈现出多样化发展的局面。[②]

　　另外，从这一时期比较教育承担的全国教育科学规划课题可以

---

　　① 　顾明远、阚阅、乔鹤：《改革开放 30 年中国比较教育的重建和发展》，载《比较教育研究》，2008(12)。

　　② 　高益民：《改革开放与中国比较教育学三十年》，载《清华大学教育研究》，2008(6)。

看出，我国比较教育研究开始向两个方向延伸：一个方向是宏观的教育发展战略比较研究，另一方向是微观的基础教育课程和教学的理论与方法的研究。[①] 至此，我国比较教育学科进入了全面蓬勃发展的阶段。

当前的国际形势也发生了很大的变化，国际竞争日益激烈，各国都在进行教育改革，习近平总书记到北师大讲话时讲到各国的政要都在关注中国的教育，因为中国是一个大国也是一个大的市场，而且他们也都在进行教育改革。特别是上海参加了两次 PISA 得到第一名，自此以后西方发达国家开始学习中国的教育教学方式，我们也有很多经验可以向世界输出，如从 2014 年开始英国和上海的中小学互派教师相互学习交流经验。相比于以往的借鉴，我们开始和世界平等对话，开始学会讲中国的故事，并将中国的经验介绍到世界。现在的情况发生了变化，我们不是单方面地借鉴而是双向地交流，我们要把我们的经验介绍出去，所以比较教育的任务也是艰巨的，我们有这个使命感在互相学习中真正研究出教育的一些最重要的基本规律和基本原则，一方面促进我们自己教育的发展，另一方面把我们的经验介绍到国外去。

2016 年世界比较教育大会在中国北京举办，王英杰教授担任世界比较教育学会联合会副会长、亚洲比较教育学会会长、国际比较教育研究组长。在 2018 年 9 月底召开的第十九届中国教育学会比较教育分会上，王英杰教授发言指出，"以前我们研究和学习欧美发达国家，现在我们要研究非洲、中东、中亚、阿拉伯、太平洋岛国以及拉美地区的教育问题和教育制度"。至此，可以看出我国比较教育学科进入了多元化发展的阶段。以下，对世界及欧美比较教育学会以及亚洲各地区比较教育学会及其活动进行整理。

---

① 顾明远、阚阅、乔鹤：《改革开放 30 年中国比较教育的重建和发展》，载《比较教育研究》，2008(12)。

(一)世界及欧美比较教育学会

第一，世界比较教育学会。世界比较教育学会联合会(WCCES)成立于 1970 年，是当今比较教育学界最重要的全球性组织机构，是世界各国和各地区比较教育学会及研究人员的核心组织，素有"比较教育学科奥运会"之称。现有会员单位 39 个，中国教育学会比较教育分会在 1985 年以"中国比较教育学会"的名称加入 WCCES。大会每三年举办一届。

第二，北美比较与国际教育学会。北美比较与国际教育学会(CIES)，是世界比较教育联合会的重要组成单位，成立于 1956 年，该学会在推动北美乃至全世界比较教育学术研究中发挥了重要作用，在比较教育学界享有很高的威望和声誉。

第三，欧洲比较教育学会。作为区域性的比较教育，欧洲比较教育学会(CESE)成立于 1961 年，该组织的成立极大地推动了整个欧洲比较教育的发展。

(二)亚洲各国和各地区比较教育学会

第一，亚洲比较教育学会。亚洲比较教育学会(CESA)是世界比较教育联合会的分会，在联合国教科文组织支持下，于 1995 年成立。该学会每两年举行一次学术年会，来自世界各国的学者共聚一堂，就亚洲各国教育的实际问题和学术发展前沿问题开展交流和讨论。

第二，日本比较教育学会。日本比较教育学会成立于 1965 年，该学会旨在推动比较教育学的发展和普及、促进该领域学术研究的蓬勃发展。该学会每年举行一次学术年会，截至 2018 年该学会拥有大约 1000 名会员，每年两次发行全国性质的学术性刊物《比较教育学研究》，担任该学会第 16 届会长的是上智大学的衫村美纪教授。

第三，香港比较教育学会。香港比较教育学会(CESHK)，成立于 1989 年，该学会的成员主要来自香港和亚洲地区的教育机构。该学会对社会发挥着多样的作用，旨在促进比较教育学领域的成员间交流意见、发展伙伴关系以及推进教育的新改革和创新。该学会是世界比较教育学会理事会的成员，也为其发展做出了自己的贡献。因此，也使香港在更广泛的舞台上引人注目。该学会每年举办一次年会。

此外，一些国际组织也积极参与比较教育研究，如联合国教科文组织和世界银行的下属研究机构也开展了许多政策方面的比较研究。

联合国教科文组织（UNESCO），全称联合国教育、科学及文化组织，是联合国（UN）旗下的专门机构之一，该组织于 1945 年 11 月 4 日成立，总部设在法国巴黎，其宗旨是促进教育、科学及文化方面的国际合作，以利于各国人民之间的相互了解，维护世界和平。其关注的教育主题是教育改变生活。

经济合作与发展组织，简称经合组织（OECD），是由 36 个市场经济国家组成的政府间国际经济组织，旨在共同应对全球化带来的经济、社会和政府治理等方面的挑战，并把握全球化带来的机遇。经合组织的研究主题包括来自 36 个成员国的代表在专业委员会上提出看法并评论有关政策领域的发展，包括经济、贸易、科学、就业、教育以及金融市场等。其中，教育领域包括按照国别和专题进行分类，他们关注对成员国和非成员国家的教育体系进行定期的平行评估，如国际学生评估项目（PISA）就是对 15 岁学生的成绩水平（阅读、科学、数学）进行三年一次评估，为我们比较教育研究界提供了大量的基础数据和统计资料。

比较教育应该研究国际组织参与国际教育治理的策略和规则，如联合国教科文组织、世界银行、经济合作与发展组织、儿童基金会等国际组织都有专家队伍，研究教育的发展趋势，几乎每年都会发布教育报告，我们应关注他们的动向，研究他们的观点及其背景，更好地把握世界教育改革和发展的走向。①

国际组织的研究是国际与比较教育学科的一片新天地，上海师范大学国际与比较教育研究院张民选教授团队长期关注和研究国际组织对世界教育发展的贡献，于 2010 年出版了专著《国际组织与教育发展》，被王承绪先生誉为"我国系统研究国际教育组织的第一部"著作，该团队重点研究了联合国教科文组织、世界银行、经合组织、联合国儿童基金会、东南亚教育部长组织和国际非政府教育组织，以及对培养选送国际组织人才的研究。目前国际组织中缺少中国籍员工，缺少中国声音。虽然比较教育研究机构不是培养国际人才的教学机构，但是其有责任介绍国际组织在参与国际教育治理方面的情况，探讨国际人才的标准和规则，为国际人才培养提供参考。

二、比较教育学学科的学位点建设

根据中国研究生招生信息网站，2019 年全国高校计划招收比较教育学专业的高校有 30 所。整体来看，比较教育硕士学位授予点和博士学位授予点空间分布不均衡，大多集中在东部沿海或者经济较为发达的地区。其中，北京市有 3 所，吉林省 3 所；辽宁省、上海市、浙江省、福建省、重庆市、云南省各 2 所；天津市、河北省、江西省、山东省、黑龙江省、河南省、湖北省、湖南省、广东省、海南省、陕西省各有 1 所高校计划招收比较教育学硕士研究生。

目前，我国拥有比较教育学学科博士点的单位有 9 所，分别是：北京师范大学、华中师范大学、浙江大学、东北师范大学、南京师范大学、华东师范大学、西北师范大学、华南师范大学、西南大学。

其中，北京师范大学国际与比较教育研究院前身是 1961 年创立的外国教育研究室，是 1964 年经高教部批准设立的外国问题研究机

---

① 顾明远：《新时代比较教育的新使命——纪念改革开放 40 周年》，载《比较教育研究》，2018(8)。

构之一。1979 年以外国教育研究室为基础成立了外国教育研究所。为了适应学科发展趋势和我国社会发展需要，1995 年更名为国际与比较教育研究所，2009 年更名为国际与比较教育研究院，是目前中国成立最早、规模和影响较大的比较教育研究机构之一。研究院的奋斗目标是：建成国内领先、国际上具有较大影响的比较教育专门人才培养基地、国际与比较教育研究中心、国外教育信息交流中心和中外教育咨询服务中心。

华东师范大学国际与比较教育研究所的前身，即西欧北美教育研究室，是 1964 年经周恩来总理指示、教育部批准在我国重点院校中最早建立的外国问题研究机构之一，以为国家教育发展提供具有国际视野的战略咨询为目标；1980 年发展成为比较教育研究所；1996 年改名为国际与比较教育研究所。华东师范大学国际与比较教育研究所下设全纳教育研究中心、跨文化交流与研究中心，十分重视与国际及区域间的学术对话、合作与交流，与各国高等院校教育研究机构建立起密切关系。

目前，通过统计我国历年来招收比较教育学硕士研究生的高校数量来推算，我国已获得的比较教育学科授予单位大概是 37 所。具体如下：北京师范大学、华东师范大学、华中师范大学、浙江大学、东北师范大学、南京师范大学、西北师范大学、华南师范大学、西南大学、浙江大学、厦门大学、天津师范大学、首都师范大学、四川师范大学、山东师范大学、辽宁师范大学、沈阳师范大学、河南大学、广西师范大学、福建师范大学、河北大学、陕西师范大学、湖南师范大学、中南民族大学、重庆师范大学、西安外国语大学、淮北师范大学、吉林师范大学、渤海大学、哈尔滨师范大学、云南大学、云南师范大学、大连理工大学、南昌大学、中央民族大学、延边大学、西华师范大学。

三、比较教育学学科的进展

70 年来我国比较教育学科研究的主要问题，大致包括以下 7 个方面：学科体系建设问题、研究方法论和范式问题、国别研究和区域研究、国际教育和发展教育、教育国际化与比较教育、国外和世界比较教育研究现状，以及全球化与比较教育问题。

(一)学科体系建设问题

1. 比较教育学自身定位

比较教育学科体系建设问题一直都是我国乃至世界范围内比较教育学者非常关注且困惑的问题。法国学者黎成魁(Lè Thành Khôi)认为："比较教育不是一门学科，而是一个研究领域。"[①]美国比较教育学家阿尔特巴赫(Philip Altbach)也认为"比较教育无论如何都不是一门学科，而是一个对教育进行跨文化背景研究的多学科领域"[②]。学科体系建设问题以及由此衍生出来的比较教育学科身份危机问题已成为国内外比较教育研究者共同关注的重要问题之一。我国比较教育学奠基人顾明远先生早在 20 世纪 90 年代初就已经指出了这一问题，他认为比较教育作为一门学科还很不成熟，而关于比较教育的理论体系也尚未真正建立起来。我国学者一直在探讨的问题包括：比较教育到底有没有独立存在的必要以及有没有其他学科可以替代它。比较教育的身份危机只是一部分从事比较教育学科本身研究的学者提出来的，比较教育学科建设一直是值得我们深入探讨和交流的问题。此后，为摆脱比较教育学科危机，我国比较教育学人做出了许多探索与思考。

2. 研究对象

关于研究对象问题的探讨也是我国比较教育学科体系中的一个重要问题，一般情况下，我们将比较教育研究对象分为以下三个方面，即国别教育、国际组织对世界教育问题的评论和报告、世界教

---

① 牛淑雅：《试论比较教育的跨学科性及其限度》，载《比较教育研究》，2015(9)。
② 崔随庆、李长江：《比较教育身份危机之病理、表征及其消解——后现代视阈下对比较教育身份危机的解读》，载《黑龙江教育学院学报》，2008(5)。

育发展面临的共同问题。目前，我国比较教育学研究对象也在不断扩展。由于比较教育学的发展一直以来和社会学的发展密切相关，且随着社会学研究对象和范围逐渐由宏观层次转向微观层次，比较教育在发展过程中也逐渐从传统的对国民教育系统或亚系统的比较研究，转向了微观的学习系统的比较研究。① 近年来，西方比较教育的研究内容出现了不断扩展和深化的趋势。此外，研究范围也不再局限于少数几个西方发达国家，而是触及了世界每个地区；学科研究领域出现越来越分化的趋势，并且在分化的基础上又出现综合；研究主题不断调整与扩充，且与各国政治、经济、文化发展紧密结合，与人类共同关心的问题密切联系。相比较而言，目前我国的比较教育学者在研究对象和研究方向选择上仍旧是以西方和日本等少数几个发达国家为主，关于非洲、拉丁美洲、中东等欠发达国家和地区的研究涉及较少。

2018 年在第十九届中国教育学会比较教育分会上，王英杰教授也指出了今后比较教育学者需要扩大研究对象，不要仅仅集中在对西方少数几个发达国家的教育制度和教育问题上，另外今后也要加强对一带一路沿线国家和地区教育问题的关注和研究。

3. 研究生培养

自我国开始招收比较教育学硕士研究生以来，研究生培养问题已经成为我国比较教育学科建设的重要组成部分和研究队伍的主要来源。王建梁和姚林在《比较教育学科建设的检视与反思》一文中，通过对比较教育学硕士和博士学位授权点布局以及研究生培养方向的分析，指出了我国比较教育硕士和博士学位授权点分布地区之间不均衡，多分布于沿海或经济较为发达的地区，呈现出学位授权点"中部塌陷"的特征；存在部分学位授权点培养目标不明确，培养方

----

① 文雯：《比较教育的研究方法和方法论》，载《外国教育研究》，2006(4)。

向不均衡等问题。①

第一，学位授权点分布地区不均衡。我国高等教育的发展受制于社会经济发展水平情况，由于我国东西部地区经济发展的差异以及传统上关于各高校的办学条件和师资力量等原因，使得我国比较教育学科的发展多集中于东部地区或者说是经济较为发达的地区。由于目前我国学位授权点分布不均衡，使得人才培养也主要集中在了少数几所大学中，尤其是关于比较教育学博士生的培养非常不均衡。

第二，部分学位授予单位培养目标不明确。有学者研究表明，目前我国比较教育学科在人才培养方面，存在不设置研究生培养方向以及培养方向过多等问题，这些都不利于我国研究生培养在质量上的提高，也容易造成学生在学习过程中的困惑和迷茫，导师在指导上也缺乏相应的标准。因此，无论是从学生的角度还是从教师的角度或者说从学科发展的角度而言，都应该合理并明确科学地设置研究生培养方向。使得教师在指导学生，以及学生在自我学习上都能够做到目标明确，发挥自己的特长和优势，真正做到为我国比较教育学科队伍建设做出一份贡献。

第三，研究生培养方向不均衡。相对于比较教育中教育政策研究、教育制度研究和教育实践的研究而言，关于比较教育的教育理论研究以及文化与教育、国际与发展教育等研究培养方向的比例较少。另外，国别和区域研究中也存在不均衡，多集中于少数几个发达国家的教育问题和教育制度的研究，而关于发展中国家的教育制度和教育问题的研究少之又少。最后，是关于基础教育、高等教育、教师教育等正规教育的研究较多，但是关于公民教育、性别教育、终身教育、成人教育、民办和私立教育等的研究方向较少。由于在

① 王建梁、姚林：《比较教育学科建设的检视与反思》，载《重庆高教研究》，2017(5)。

研究生培养环节中，各研究主题发展不均衡，也影响了我国比较教育学科整体在研究主题选择和研究方向上发展的不均衡问题。

(二)研究方法论和范式问题

我国学者对比较教育学科的研究方法和研究视角的分类有很多，如历史－因素分析法、实证主义分析范式、霍姆斯的问题法、世界体系分析理论、案例研究法、其他社会科学和自然科学的研究方法。20 世纪 90 年代以来，比较教育学科与领域之争出现概念化和表面化的特征，关于比较教育研究方法论的论述和争论也常常受到关注，却很少有人注意到比较教育及其方法论的发展历史其实一直与社会科学及其方法论的发展直接联系在一起。①

时至今日，比较教育与比较教育学的争论仍然没有结束，争论焦点始终为比较教育由于方法论缺乏独特性而存在学科身份危机和属于社会科学的比较教育学并不一定需要自身的方法论。在比较教育的发展史上，众多的比较教育学者一直都在利用社会学、政治学、经济学、历史学等社会科学作为研究的手段，比较教育的发展自始至终都忽明忽暗地闪烁着社会学的踪影，因此，从一定意义上讲，比较教育的发展史是借用社会学的概念、理论和方法论的历史。②

现在，大量新的理论或范式已被运用于比较教育研究，如批判理论、现象社会学、历史社会学、合法化理论、批判人种学、世界体系论等。也有一些学者指出，和其他学科相比而言，比较教育作为一门新兴学科或者研究领域，尚处于发展阶段，在这个阶段各种理论之争、方法论之争都是正常和必需的。③ 当代的比较教育研究，其分析单位不断拓宽，研究对象和数据的可比性不断得到加强，这

---

① 项贤明:《从比较教育走向比较教育学》，载《全球教育展望》，2013(9)。
② 杨丽茹:《2006 中国比较教育学科建设研究年度报告》，载《外国教育研究》，2007(6)。
③ 文雯:《比较教育的研究方法和方法论》，载《外国教育研究》，2006(4)。

些都为研究方法的发展提供了基础。

(三)国别研究和区域研究

1. 国别研究和比较教育

虽说作为国别教育的比较研究是比较教育研究的重要组成部分,同时国别教育也是比较教育研究最基本的单位,但是目前国家作为主要的分析单位已经受到了严厉的挑战。事实上,比较教育的大多研究仍然是世界各个国家的教育发展方面的研究,真正进行对比的比较研究较少,其主要原因是学者们对国别教育的研究主要停留在了收集介绍和翻译国外教育资料的层面。关于这方面的批判也越来越多,因此比较教育也在不断扩展自己的研究对象和研究单元。

事实上,关于国别教育研究也不是单一的一类,而是可以划分为单一民族国家教育比较研究、国别间教育比较研究、国际教育比较研究和发展教育研究。其中,单一民族国家教育比较研究,主要是指针对某个单一国家,对其教育制度或者教育问题进行系统深入以及全面的探讨,如以美国为对象国,探讨美国的学前教育、基础教育、高等教育、职业教育等各级各类教育制度和教育问题。通过对这些国家的教育问题进行全面系统的研究来满足研究者或者研究国家的各种目的和需要。

再有是国别间的教育比较研究。国别间的教育比较研究,是指针对两国或者两国以上的对象国进行比较分析,可以是发达国家之间的比较研究,也可以是发达国家和发展中国家的比较研究。也就是我们常说的两国比较研究和多国比较研究。在国别间比较研究中,值得关注和思考的问题主要是比较的参照物以及比较的框架是否符合研究对象国的国情,即关于"可比性"这一难题的探讨是必不可少的。

某些研究者已经开始质疑比较教育研究中经常使用的国家之间的比较,主张世界体系与区域的分析能够使比较教育研究更为深入,应精通合力，求全面发展。这里的区域首先是一个空间概念，无论何种类型的区域都表现为一定的地理单元，另外区域还是一个历史范畴，即社会生产与地域分工发展变化的产物，并随着生产分工的变化而变化。

2. 区域研究和比较教育

全球视阈下的区域研究，例如，日本比较教育学会的众多学者一致主张加强区域研究，让区域研究逐渐成熟。随着经济全球化进程的不断推进，当今的区域研究早已超越了个别地域的框架，比较教育学研究的对象早已不再仅限于国家的范畴，而且不再仅限于欧美等处于中心的发达国家，而是扩大到了亚洲、大洋洲、非洲、拉丁美洲等地区。[①] 金香花、孙启林提出，经济全球化为教育的区域研究提供了可能和前提，经济全球化和资本、技术的全球流动，使得知识和科学技术的生产者、传播者以及资本和技术的经营和管理者也是全球流动的，人才的培养和就业也是自由的和国际化的，智力资源市场也是国际化的。[②]

学者指出，经济全球化时代我国比较教育区域研究应该在继续深入进行国别研究的基础上超越单一民族国家的视阈，开展跨文化、跨学科、多方位的联合公关，关注全球共同面临的时代教育问题，发展比较教育区域研究的方法论，突破跨国性界限。目前，我国区域研究是以综合、全面的理解某一区域的人类集团所创造的政治、经济、文化的整个体系为目的，存在诸多问题：介绍、描述的研究多，真正的跨文化和比较的研究少；研究单位比较单一；研究对象不相称；探讨外国的教育多而研究本国的教育少。因此我国比较教

---

① 杨丽茹：《2006 中国比较教育学科建设研究年度报告》，载《外国教育研究》，2007(6)。

② 金香花、孙启林：《全球化时代中国比较教育区域研究现状与课题》，载《全球教育展望》，2006(8)。

育研究中的区域研究距离全面、系统深入且跟踪研究还有待进一步
发展和完善。

(四)国际教育和发展教育

1. 国际教育

国际教育是比较教育的一个新的分支，一个理论流派，这里的
国际教育理论正是以国际教育成为比较教育的分支。国际教育在比
较教育学成立之初，就发挥了作用，因为比较教育在其成立之初就
有着国际性，且伴随着对其他国家的教育问题不断深入研究，它的
国际理解和国际交流功能也不断凸显。比较教育研究中密不可分的
概念除了国际性，另外一个就是跨文化性或者叫跨民族性。研究者
们通常是对他国的教育制度和问题进行系统深入分析时最终落脚到
对于这个国家的文化层面的探讨。

目前，越来越多的研究者将视野转向到了基础教育、职业教育、
高等教育等，但是却没有过多的研究者对成人教育和学前教育展开
研究，这就导致了研究的片面性，并在一定程度上制约了当前国际
教育的研究发展。另外，不少研究者将过多的注意力集中到了发达
国家中的国际教育，而没有把目光聚焦到发展中国家和相对来说不
发达的国家上面，这样也会导致得出的研究数据代表性不强。① 伴
随着全球化的发展和国家之间不断加深的联系与合作，一个国家的
教育受到其他国家的影响逐渐扩大，其他国家的教育水平以及教育
改革都会对本国产生较大的影响。因此，中国的国际教育应当学习
"引进来、走出去"的观念，一方面学习其他国家先进的教育经验，
改进本国教育策略；另一方面将自身的教育带到世界中去，不断积
极地加入世界的教育竞争行列之中。项贤明指出，自 20 世纪 90 年
代以来，国际教育改革主要是围绕以下主题展开：一是在新的意义

---

① 何帆：《当前国际教育研究现状与实践发展》，载《科学与财富》，2017(35)。

上全面提高教育质量；二是重新调整教育公平与效率的关系；三是协调政府与市场在教育管理中的作用及其相互关系；四是调整中央与地方在教育发展中的作用及其相互关系；五是积极采取应对教育国际化的措施；六是建设学习化社会。①

2. 发展教育

广义的发展学研究全球范围内经济发展和社会变迁的一般规律，总结包括发展中国家和发达国家在内的世界各国社会经济发展的历史过程，分析其现状，预测人类社会的未来；狭义的发展学则是第二次世界大战后专门研究发展中国家由不发达向发达过渡和转化的条件、动力、方法和途径的学说。② 发展教育学就是研究教育和发展之间的关系，20 世纪 60 年代以来，新的教育研究领域用来专门研究欠发达国家教育与国家各方面关系的理论，比较教育研究的主题是教育和推动发展中国家的发展和现代化。发展教育既作为比较教育的重要组成部分，也是比较教育的重要目的之一，即作为比较教育视阈下的发展教育的研究能大大增进国际理解和世界和平，能为逐渐消除种族主义、民族主义、沙文主义和帝国主义意识观念做出决定性贡献，此外，比较教育也是援助发展中国家教育技术的有效手段。70 年代，现代化理论开始盛行，比较教育研究者的研究将现代化理论作为自己的重要研究理论框架和基础，提出了当代世界都是围绕现代化理论发展的，无论是欧美发达国家还是发展中国家，都从现代化理论中受益匪浅。

随着社会的不断发展，关于发展教育研究的理论也不断丰富，如人力资本理论、依附理论和现代化理论、发展理论以及世界体系

---

① 项贤明：《当前国际教育改革主题与我国教育改革走向探析》，载《北京师范大学学报(社会科学版)》，2005(4)。

② 顾明远、薛理银：《比较教育导论——教育与国家发展》，142－143 页，北京：人民教育出版社，1998。

理论等。总而言之，在发展教育比较研究中，教育与国家的发展成为主流和主要目的，与此同时关于教育与经济的关系、教育与文化、政治以及人力资本的关系问题、教育和可持续发展的关系等问题也成为重要的研究课题。

（五）教育国际化与比较教育

教育国际化是世界教育发展在近年来出现的一种趋势，教育国际化对比较教育的影响主要表现在以下几个方面：比较教育研究领域的扩大、比较教育研究目的的扩展、国际主义精神的发展、比较教育研究本身的国际化现象。[①]

首先，对于教育国际化的理解，至少包括了四个方面的内容：第一，在世界范围内，教育的国际交流与合作日益增加，各国教育的相互联系普遍增强；第二，各国在教育思想、教育内容、教育方法和教育模式等方面的相互交流和相互影响也更加频繁和深刻，一种世界范围的共性正在教育的各个方面不断形成和加强；第三，世界各国所面临的教育问题也出现了一种世界范围的一致性，各国的教育似乎正面临一种共同的挑战；第四，各种国际性的教育组织和机构的产生，以及它们对世界教育发展的积极介入，从社会结构上标示着教育国际化的潮流。

其次，教育国际化形成的原因，包括以下几个方面：第一，世界经济的一体化趋势对教育的影响；第二，科学技术的迅速发展及其在社会生产和生活中的作用日益增强，促使各国教育内容中相互一致的成分不断增加，并占据了全部教育内容的绝大部分；第三，信息社会的到来使得世界各国在知识和教育方面的联系更加便捷，也日益紧密，从而为教育的国际化提供了重要的条件。

最后，教育国际化对比较教育的影响非常巨大。近年来，为了

---

① 项贤明：《教育国际化与比较教育研究》，载《比较教育研究》，1999(6)。

适应教育国际化发展的实际情况，比较教育中已经分化出一个专门的研究领域，即国际教育。

(六)国外和世界比较教育研究现状

1. 区域研究：从"中心"走向"边缘"

张伟、刘宝存指出了，比较教育研究在区域研究中从"中心"走向"边缘"，发展中国家与地区成为研究的重点。[①] 对于美国比较教育评论的分析得出，20 世纪 80 年代后期以来，比较教育的重点地区研究开始出现了明显转向，亚非拉地区成为比较教育研究者的关注重点。对于单一国家的研究中，关于中国的教育很受关注，发展中国家成为关注的焦点，尤其是中国、墨西哥和印度等国。此外，少数西方发达国家，如美国、日本、以色列等仍然在比较教育研究中占有着重要的位置。

2. 持续关注"国际教育"和"发展教育"

国际教育和发展教育正是经济全球化背景下基于语境差异形成的比较教育研究领域，未来国际教育研究的重点需要包括以下四方面：关于国际组织和机构的教育政策研究；关于新形势下全球性教育问题的现状以及发展走向研究；关于多元化文化交互背景下的跨国及跨境教育问题研究；关于国别及区域的教育合作与交流。尤其是面向发展中国家的教育实践及问题的研究。[②]

发展教育的研究，应该关注如下两个方面的内容：一是国际教育援助研究；二是加强发展中国家教育的研究，特别是不发达国家教育研究。[③] 国际教育援助主要是援助方，即发达国家政府、多边国际组织、非政府机构及其他私人部门或私人，对受援国在教育领

---

① 张伟、刘宝存：《六十年来世界比较教育研究的回顾与省思——基于美国〈比较教育评论〉的文献分析》，载《教育研究》，2017(1)。

② 胡瑞、刘宝存：《世界比较教育二百年回眸与前瞻》，载《比较教育研究》，2018(7)。

③ 同上。

域的发展提供贷款、无偿赠款或其他资源，如教师、专业技术、知识、设备、奖学金等方面的资助，用以帮助这些国家和地区改善教育，并最终促进生产、经济、卫生和公共福利的改善。国际援助教育中所涉及的援助方和受助方以及援助过程中的各个环节和相关要素都可以成为比较教育学领域的研究问题。

国际教育援助过程中不仅包含了援助方和受援方之间资金和硬件资源方面的转移，同时也意味着知识和技术及教育等相关软件资源的再分配和转移。事实上，援助方开展国际教育援助主要出于三个缘由，第一是服务于援助方的政治、经济和文化利益；第二是促进受援方的经济和社会发展；第三是合作解决全球共同面临的问题。

3. 方法论研究：多元成为研究趋势

比较教育学从诞生之日起就是跨学科的研究领域，需要运用多种方法互为补充，以期对所研究的教育问题获得更全面和深入的理解。胡瑞、刘宝存指出，比较教育研究方法将迎来以下几个方面的变革：第一是注重多种社会科学研究方法在比较教育领域的综合运用，也就是说需要包括教育学之外的如哲学方法、政治学方法、经济学方法、社会学方法等用来开展比较教育对于不同区域和不同时期教育现象和教育问题的研究；第二是探索定量研究方法在比较教育研究过程中的科学化操作过程；第三是将社会科学方法和定量研究方法有机结合。[①] 简言之，今后比较教育研究方法应大力朝着多元化发展的趋势迈进。

(七)经济全球化与比较教育

20 世纪 70 年代以来，经济全球化进程的加速对教育所产生的影响最为重要的是，引发了人们对技能与学历资格需求的增长。比较教育最初起源于对国家教育问题的考虑，历来都是以国家制度作为

---

① 胡瑞、刘宝存：《世界比较教育二百年回眸与前瞻》，载《比较教育研究》，2018(7)。

其主要的研究对象，国家特性一直都是作为其主要的解释元素。这种囿于国家层面的思考的确已经过时了，从国家特性和文化的角度来解释教育结构和教育结果总是带有一种本质主义倾向。但是，如今随着不断激增的社会多样化，比较教育中传统的以单一国家作为研究单位的做法需要进一步扩展。因此，今天，比较教育学者不应该仅仅以国家作为其唯一或者主要的比较单位，而是需要基于全球的视野，在国家层面以下进行跨地区和跨社区的比较。另外，也可以在跨地区之间做出更多的"超国家层面"的比较研究。

比较教育学者在方法论上所面临的最大挑战并非在于分析的层面，而在于比较分析本身，以及我们是否真正做到了比较研究。迄今，比较分析依然是对教育过程中所涉及的各个方面社会因素做出因果解释最强有力的工具。当今，比较教育所面临的最大挑战本质上是双重的，即首先是我们要使该领域的研究实现真正意义上的比较，其次是我们要将比较教育从其所处的相对孤立状态重新带回比较社会科学或历史社会学主流当中。

四、比较教育学学科发展的反思

比较教育学科在过去 70 年的发展历程中，取得了显著的成绩和长足的发展，无论是学科体系建设方面还是人才队伍培养方面以及国际化交流上都有了很大的进步，但是今后关于比较教育身份危机问题以及大数据时代背景下的比较教育发展问题还有待我们进一步分析和思考。

(一)比较教育学学科发展面临的问题和挑战

1. 比较教育的身份危机

项贤明指出："自 1817 年到今天比较教育学已经走过了 180 余年的历史，然而作为教育科学一个分支，它至今仍然是一个步履蹒珊的学步儿，它甚至连自己的身份也尚未弄清。"①顾明远提出，比较教育近年来逐渐衰落下来的原因在于其自身的身份危机：比较教育是不是一门学科，比较教育有没有自己的研究方法，比较教育起什么作用？② 顾明远指出，比较教育学科建设面临的问题或者挑战有三个：其一是关于比较教育的研究对象的问题，其二是关于比较教育研究方法论的问题，其三是比较教育研究走向的问题。③ 陈时见提出，比较教育正面临一个现实的问题：近 200 年来的比较教育真的会成为没有学科基础和信念，而只是研究者体现各自研究兴趣的公共领域吗？④ 陈时见同时指出，在庞大的教育学科体系中，比较教育学是何以存在的呢？是基于比较研究方法还是基于特定的知识领域？是基于国际交流的论坛还是基于教育的公共知识领域？⑤综上所述，本书将比较教育学科建设所面临的问题和争议归纳如下。

对于比较教育和比较教育学二者的概念，迄今为止国内仍在使用的基本权威教材是如此定义的：比较教育是用比较分析的方法，研究当代外国教育的理论和实践，找出教育发展的共同规律和发展趋势的一门学科。1985 年法国比较教育家黎成魁提出，比较教育不是一门学科，而是一个领域，一门学科是由其目的、概念和方法限定的，然而尽管比较教育的确有一个目的，但它却没有自身的专门方法。

陈时见指出，比较教育作为学科，而不是作为单纯的方法，这在比较教育诞生之始就得到了强调。它试图超越国家、民族、语言、文化和学科界限的理想企图，又使比较教育进入一种无所不包的范围……但今天，比较教育的贡献方式正越来越多地被其他学科所分

---

① 项贤明：《比较教育学科同一性危机及其超越》，载《比较教育研究》，2001(3)。
② 顾明远：《比较教育的身份危机及出路》，载《比较教育研究》，2003(7)。
③ 顾明远：《关于比较教育学科建设的几个问题》，载《比较教育研究》，2005(3)。
④ 陈时见：《论比较教育的学科属性与学科体系》，载《比较教育研究》，2008(6)。
⑤ 陈时见：《比较教育学的现实境遇与前景》，载《外国教育研究》，2010(2)。

解，比较教育的现实需求也正越来越多地被其他学科所满足，比较教育无所不包的研究范围着实让人们感受到这门学科在很大程度上缺乏根底。[①]

有学者认为，比较教育是一个涉及所有学科的研究领域，是一种跨学科领域的研究，这种研究欢迎来自其他领域能够运用比较的背景下关注教育问题的学者。当下，国际形势已经发生了巨大变化，经济全球化程度提高，国际竞争增强，各国对教育越发重视。随着我国国际地位的不断提升，我国的比较教育需要改变过去比较被动的状态，走出借鉴国外教育的单向活动的限制，以更加积极主动的姿态，进行多维度借鉴学习、双向借鉴学习，以推动我国的教育改革向世界传播。在这样的期许下，比较教育内部应挣脱"学科"与"领域"的争论束缚，综合运用二者对教育问题和知识的整合作用，推动比较教育知识的发展。比较教育学从诞生之日起就是跨学科的研究领域，需要运用多种方法互为补充，以期对所研究的教育问题获得更全面和深入的理解。目前，世界范围内的比较教育学科全面进入新时代，互联网和大数据等使得比较教育学科的研究方法和研究单元都发生了巨大的调整和改变。

2. 大数据与比较教育研究的发展

随着计算机互联网、移动互联网、物联网等的急速发展，数据资料的增长也正发生着巨大的变化，大数据兴起的第一原因就是数据量越来越多、越来越大。在教育行业中，随着慕课(MOOC)的流行，大数据对教育领域的影响也越来越大。大数据在教育领域中的应用，主要是指在线决策、学习分析、数据挖掘三大要素，其主要作用是进行预测分析、行为分析、学业分析等的应用和研究。学业分析中大数据的含义是指对学生在学习过程中产生的大量数据进行

---

① 陈时见：《论比较教育的学科属性与学科体系》，载《比较教育研究》，2008(6)。

分析，大数据模型以及显示的数据能够为学校和教师教学提供参考，及时且准确地评估学生的学业情况，发现学生的潜在问题，进而预测学生未来可能的表现。对于研究人员来说，大数据可以作为研究网络学习过程的工具和研究个体化学习的工具；对于管理人员和教师来说，大数据能够改善现有的学校考核方式，用来评估课程和机构，并提供更多的教学分析数据，方便教师在分析数据的基础上，为学生提供更多更有针对性的教学干预；对于技术开发人员来说，大数据可以为学习管理系统的开发提供更多参考数据；对于学生来说，基于学习行为数据的分析，大数据分析让学生以学习者的角度了解学习过程发生的机制，以此来优化学习，并展开自我导向学习和适应性学习。在比较教育领域中，对他国或者其他地区的教育问题的研究，可以借助公开的大数据平台对教育问题进行分析。我国比较教育学科的快速发展得益于三大传统优势：政策优势和语言优势和资料数据优势。然而，这些传统优势目前都面临国际化和信息化带来的巨大挑战，特别是大数据和可视化技术的快速发展，给世界比较教育学科的发展带了许多新的可能和问题。刘宝存指出，在大数据时代，我国比较教育研究范式面临两大挑战，一是如何确立科学的研究范式，二是如何适应大数据时代的要求，加强大数据的采集、处理和分析，提高研究的效率和意义建构水平。为此，比较教育研究范式转型也就有了多方面的要求：第一，深度挖掘既有的公共教育数据资源(如美国教育统计中心的各种数据，日本文部科学省的各种统计数据，联合国教科文组织和综合组织等国际组织提供的教育数据)；第二，运用多种研究方法收集数据资料；第三，确立清晰的理论基础和分析框架；第四，重视对知识的原创性贡献；第五，规范研究成果的表述形式。

(二)比较教育学学科发展展望

虽然我国比较教育学科近年来发展迅速，但是展望未来，我们仍需要继续努力。关于我国比较教育学科研究的未来发展，顾明远先生指出了今后需要努力的四个方面的内容：第一，结合我国教育改革和发展任务，深入研究国际教育的新经验；第二，深入研究发达国家教育改革的动向和趋势；第三，重视对新兴大国及发展中国家教育改革的研究；第四，进一步强化比较教育方法论的研究。①

1. 结合我国教育改革和发展任务，深入研究国际教育的新经验

我国比较教育学科最初以介绍和引进外国教育制度为中心，或者介绍某一国家教育体系和思想，这是比较教育研究必不可少的阶段，时至今日我国比较教育亟须结合我国教育改革和发展任务和问题来展开。以往的研究内容主要是机械地照搬国外教育的理论和制度，缺乏对国外教育现状和问题密切相关的政治、经济、文化等体制和要素的深入分析，同时也较少有基于我国国情的、符合教育规律的、中国特色和中国本土的比较教育研究。顾明远先生指出，就未来中国比较教育学科而言，我们不能空谈学科危机，而是应该根据我国的国情，根据我国发展的形势和不断高涨的国际地位来转变我们的研究对象和研究工作。② 目前我国教育正处于转变时期，即从量的发展到质的发展的转变，从注重单一发展到促进公平、提高质量的内涵式发展。尤其是在《国家中长期教育改革和发展纲要（2010—2020年）》颁布之后，国家和教育界对教育问题和国家现代化发展有了全新而详尽的思考。与此同时，关于教育改革问题也成为全民关注的课题，为了更好地推进我国教育的质量和现代化发展，促使比较教育学界对国外先进的教育经验进行系统而详尽的研究。

2. 重视对新兴大国及发展中国家教育改革的研究

近年来，随着第三世界的崛起和发展中国家地不断发展，我国比较教育学者也要逐渐转变原有以借鉴为目的地研究西方发达国家

---

① 顾明远：《我与比较教育学科建设》，载《中国教育科学》，2016(3)。
② 同上。

的教育经验，转向研究拉丁美洲以及非洲等发展中国家的教育问题和教育制度，以此来促进教育和文化的交流和对话，为世界的多元化发展奉献自己的力量。也就是说，今后我国比较教育研究对象国，不仅包括欧美发达国家，新崛起的大国以及正在发展的拉美国家和非洲国家等也将成为研究的主要组成部分。顾明远先生明确指出，中国的国际地位日益提高，对国际的影响也日益增大，特别是近几年来随着"金砖"国家、"一带一路"沿线国家及非洲、拉美的一些国家的密切合作，中外文化教育交流日益频繁。① 比较教育研究者今后也要重视对新兴大国及发展中国家教育制度和教育改革问题的系统研究。

3. 进一步强化比较教育方法论的研究

我国比较教育研究，一方面要借鉴自然科学和社会科学的研究方法，另一方面又要坚持自己的国际视野和比较的视角。顾明远先生指出，关于学科建设、比较教育方法论等的学科理论研究，今后仍然是我国比较教育研究的重点，需要借鉴其他学科，如哲学、社会学、人类学等方法深入探讨。② 金香花和孙启林等学者指出，随着比较教育学科的长足发展，其研究方法也呈现出了多元化和综合化发展的趋势。③ 日本著名的比较教育学者马越彻先生提出了要重视区域研究，且把区域研究作为一个整体来把握，采用跨学科的方法，选择现代的主题作为研究对象，并重视田野研究。受此启发，金香花和孙启林认为，我国比较教育需要进一步努力的方向之一就是在区域研究中要引入人类学的田野研究方法，深入异国或者异域中，进行长期地观察和参与研究，才能获得真实可靠的一手材料，

---

① 顾明远：《我与比较教育学科建设》，载《中国教育科学》，2016(3)。
② 同上。
③ 金香花、孙启林：《全球化时代中国比较教育区域研究现状与课题》，载《全球教育展望》2006(8)。

才能进一步理解异文化，从而通过文化层面来进一步理解教育的实质。① 新时代比较教育有着广阔的发展前景，巩固我国比较教育学科，尤其是方法论方面的研究，既是新时代比较教育学科发展的需要，也是比较教育研究者自身对教育存在及自身研究水平的提高。

4. 提高研究人员的综合素质

从我国比较教育研究者的整体情况来看，以往主要以教育理论和外语水平为基础的知识储备和技能已经略显不足了。事实上，教育学科中其他分支学科也在向比较教育研究领域渗透和扩张，这使得研究比较教育的学者越来越多，而研究参与者的成分发生了很大的变化，多学科和交叉学科的优势逐渐呈现。因此，在经济全球化和跨学科发展盛行的今天以及未来，我们比较教育学者自身应该扩展视野，更新自己的知识结构，为各个学科参与到我们比较教育研究中做好充分可能对话的准备。也就是说，今后的比较教育研究者需要综合的跨学科知识结构和综合素质。关于外语的学习，也更加倾向于非英语国家的小语种以及"一带一路"沿线国家语言的学习，为更深入的文化和教育合作交流做好准备。

第二节　学前教育学学科的发展

中华人民共和国成立以来，我国已经有学前教育学士授权单位354 个，学前教育学术型硕士学位授权点 55 个，专业型硕士学位授权点 75 个，博士学位授权点 11 个。学科建设主要关注了学科内涵、学科国际比较与中国化、学科专业人才培养等相关问题，研究者们循序渐进地进行了学科基本理论体系的建设。在未来，学前教育学的研究者应在学科元研究、本土化学前教育理论构建和学科科研队

----

① 金香花、孙启林：《全球化时代中国比较教育区域研究现状与课题》，载《全球教育展望》2006(8)。

伍建设等方面给予更多的关注，早日建构完善的学前教育学学科
体系。

一、学前教育学学科的进展

学前教育学作为一门独立的学科，拥有多个学术研究领域，学
术研究的成果也不断丰富着学前教育学这门学科。70 年来，学前教
育学的学者们关注了学科内涵、学科国际比较与中国化、学科专业
人才培养等相关问题，研究客观上表现出由浅显到深入、由零散到
系统、由借鉴到创新的整体趋向。这些研究有力地促进了中国学前
教育学学科的发展与壮大。

（一）学科内涵研究的有关问题

"学前教育学就是专门研究学前教育的规律的科学。"[1]"学前教
育学是教育学科中的一个年龄分支学科，这是一门研究学前教育的
产生与发展、目的与内容、途径与方法的特性与规律的科学。"[2]"学
前教育学是研究和探讨学前儿童教育现象及其规律的一门学科。"[3]
我国最为主要的数本《学前教育学》教材均认为学前教育学是指向学
前教育研究的一门学科或科学，落脚于学科或是科学。对中国学前
教育学学科内涵的讨论主要有两个落脚点：一是学前教育的范围包
含什么，二是学前教育学的"身份地位"何在。

1. 学前教育内涵的演变

自清末至今，0～6 岁的幼儿教育从单一的家养发展到兼纳公育，
从单一的 3～6 岁幼稚教育发展到包含 0～3 岁婴幼儿教育，学前教
育这一概念本身经过了一个不断演变的过程，"学前教育""幼儿教
育"的年龄指向一直是争论的焦点（见表 4-2）。中华人民共和国成立

---

① 黄人颂：《学前教育学》，1 页，北京，人民教育出版社，1989。
② 虞永平：《学前教育学》，5 页，南京，江苏教育出版社，1996。
③ 阎水金：《学前教育学》，2 页，上海，上海教育出版社，1998。

后，教育领域开启了全面"苏化"的进程，苏联的学前教育话语体系迅速占据了主导地位。1952 年、1953 年《全国总书目》中书名中含有"学前教育"的书籍被收录在"幼儿教育类"。这一时期在苏联的"学前教育"定义中，先学前期与学前期处于并列的地位。苏罗金娜编写的《学前教育学》第一章第六节专门界定了苏维埃学前教育学："儿童可根据其年龄的不同，分为三个时期：先学前期（三岁前），学前期（三岁至七岁），学龄期（又分初期、中期和晚期三期）……即分为先学前教育学、学前教育学和普通教育学三类……苏维埃学前教育学是关于三岁至七岁儿童的共产主义教育的科学。"[1]1959 年，北师大整理的马努依连柯《学前教育学的几个问题》中如此表述："学前教育学是关于三岁至七岁的儿童教育的科学。在儿童入小学前的教育叫作学前教育，而这种年龄的儿童就叫作学前儿童。"[2]苏联"学前教育"的定义为我国的学前教育打上了深深的烙印：近 40 年我国话语体系中的"幼儿教育"和"学前教育"的内涵相同，均指对 3 至 6、7 岁的幼儿的教育。1961 年编订的《辞海（试行册）》和 1979 年《辞海》[3]中将"学前教育"等同于"幼儿教育"。"学前教育同幼儿教育，为幼儿入小学前在教养机关所受的教育。"对"幼儿教育"的释义为"即'学前教育'，旧称'幼稚教育'，我国实施幼儿教育的组织为幼儿园，收三足岁到七足岁的幼儿，使他们在入小学前的身心获得健全的教育"[4]。直到 1981 年引进《学前教育学》（亚德什科和索欣主编）和 1984 年译介的《学前教育学原理》（查包洛塞兹和马尔科娃主编）方再次改变。两书

---

① ［苏］苏罗金娜：《学前教育学》，高天浪译，10 页，北京，人民教育出版社，1953。

② ［苏］马努依连柯：《学前教育学的几个问题》，1 页，北京，北京师范大学出版社，1959。

③ 据研究者考证，1961 年至 1980 年的 20 年里，我国没有公开发行过名为《幼儿教育学》或《学前教育学》的著作，因此以这期间编纂的《辞海》为词源考据依据。

④ 辞海编辑委员会：《辞海（1979 年版·缩印本）》，1126 页，上海，上海辞书出版社，1989。

认为"学前教育"是"学前(由出生到七岁)儿童的教育、教养"①"关于儿童出生头几年,即从出生到入学这一时期的教育"②,这两本书的首印发行量分别达到 2 万册和 1.35 万册,被用作我国学前教育专业和幼儿教育专业的教科书,传播广泛。因为苏联学前教育的内涵更替,加之西方国家理论的引入,在 1989 年首部国人编著的《学前教育学》中,黄人颂老师概括:学前教育泛指初生至六岁前儿童的教育,我国的学前教育学是研究在我国社会主义初级阶段条件下对出生至六岁前儿童进行教育的规律的科学。③ 梁志燊老师的《学前教育学》中也使用了相似的界定标准。④ 这两本教材(含再版、修订版)的发行量均超过 20 万册,是我国受众面最广的《学前教育学》教材。学前教育终于演变成为今人所理解的学前教育。在这之后诸位学者的论著中,学前教育的狭义和广义之分也日趋清晰:专指学前教育机构中的教育抑或是泛指一切有目的地对学前儿童产生影响的活动。指向入学前的所有儿童这一点已经得到公认。近代以来,我国教育界效仿西方,建立了面向低龄幼儿的公共教养机构,先后产生了"幼儿教育""幼稚教育""学前教育"等概念。诸种概念发展至今,简言之,"学前教育"涵盖"幼儿教育"已成学界的共识。此外,学前教育学与学前教育原理之间的关联与区分同样得到了讨论。

2. 学前教育学学科身份的讨论

通俗语境中,学前教育学既被理解为一门学科,又被认为是一个专业,还被视作一门科学。在我国,学科一词往往与专业一词并列出现,学界也多有混淆使用的情况,而科学则因为其客观性和非

---

① 〔苏〕亚德什科、〔苏〕索欣:《学前教育学》,北京师范大学外国教育研究所译,19 页北京,人民教育出版社,1981。

② 〔苏〕查包洛塞兹、〔苏〕马尔科娃:《学前教育学原理》,李子卓等译,22 页,北京,人民教育出版社,1984。

③ 黄人颂:《学前教育学》,2 页,北京,人民教育出版社,1989。

④ 梁志燊:《学前教育学》,3 页,北京,北京师范大学出版社,1990。

表 4-2 幼儿教育、学前教育关系一览①

时期	幼儿教育		学前教育		两者关系
	内涵	实然指向	内涵	实然指向	
清末民初	在社会机构中对低龄幼儿的教育	蒙养院幼稚园	概念尚未形成	/	
民国时期	在社会机构中对 3～6 岁幼儿的教育	蒙养园幼稚园保育院	在社会机构中对学龄前（0～6 岁）儿童的教育	托儿所蒙养院幼稚园保育院	学前教育包含幼儿教育
20 世纪 50～80 年代	对 3～6 岁幼儿的教育	幼儿园	对学前期（3～6 岁）儿童的教育	幼儿园	等同
20 世纪 80 年代以来	对 3～6 岁幼儿的教育	家庭幼儿园	对学龄前（0～6 岁）儿童的教育	家庭早教机构（托儿所等）幼儿园	学前教育包含幼儿教育

组织性，处于无涉的位置，在日常语境中被解读为无组织化的研究领域。对于专业的解释分为两种，一种指专门的职业或专长，另一种指高等学校教学设置的基本单位。教育学的语境一般选取后一种解释，指向于人才的培养，是学科进行知识再生产的基础。实然状态中，"专业"和高校部—院—系建制中的"学系"大体等同或略小于"学系"的概念范畴。《教育大辞典》对专业的定义则是"专业译自俄文，指中国苏联等国高等教育培养学生的各个专门领域……"②我国幼儿园教师的培养工作长期由中等师范层次的幼儿师范学校承担，学前教育学长期被认为是一个专业名称，而非一门在高等教育研究

---

① 幼儿教育相关概念参考 1959 年南京师范学院教育系学前教育专业编《幼儿教育学》、1982 年全国幼儿师范教材编写组编《幼儿教育学讲义》、1999 年李季湄主编《幼儿教育学基础》。

② 顾明远：《教育大辞典 3》，26 页，上海，上海教育出版社，1991。

中有正式建制的学科。

表 4-3　中华人民共和国高等学校本科教育专业设置目录

年份	学科门类	学科类	专业	专业代码
1954	教育部门	师范院校类	/	/
1963	师范部分	/	学前教育	050008
1988	师范	/	学前教育	0002
1993	教育学	教育学类	幼儿教育	040102
1998	教育学	教育学类	学前教育	040102
2012	教育学	教育学类	学前教育	040106

表 4-4　中华人民共和国学科分类与代码国家标准

年份	国标码	一级学科分类	二级学科分类	学科代码
1992	GB/T 13745—1992	教育学	学前教育学	88047
2009	GB/T 13745—2009	教育学	学前教育学	88047

"学科"一词本身并没有多少歧义,一指"学术的分类",是一定科学领域或一门科学的分支,指向高等教育层次的研究;二指"教学科目",而"科目"则是教学内容的基本单位。中华人民共和国成立后,规范全国高等教育的建制和组织命名规则,研究生学科专业目录分为学科门类、一级学科、二级学科。迄今为止教育部四次修订研究生学科专业目录,形成了相对清晰的学科分类体系,与学前教育学相关的二级学科名称也从幼儿教育学演变为学前教育学。如果说"专业"暗含人才培养的导向,"学科"指向知识的创新和再生产,那么"科学"则扮演一种中立的角色:客观的、无涉的普遍规律。对于教育学能否被称为科学这一问题,陈桂生等学者自 1995 年起便不断探讨、商榷,但至今尚无定论。作为教育学分支的学前教育学是不是严格意义上的科学,也难以界定清晰。因为除却严谨定义的科学,学前教育学更多是作为通俗语境中的一门科学的学术研究领域

来理解。只要是与学龄前幼儿相关的研究，无论是教育机构还是师资力量，无论是教育内容还是孩童的心理发展，都可以被纳入学前教育学当中。当今的学前教育学界，隐隐之中接受了这种定位。值得注意的是，因为教育学与普通教育学的关系混乱，学前教育学名义上是教育学的分支学科，但实质上与教育学的学科建设同时进行①，苏联和我国的学前教育学始终作为一门独立学科而存在，1979 年成立的中国教育学会幼儿教育研究会更是于 1992 年分置为中国学前教育研究会，成为国家一级学会。

　　就我国学前教育学发展史而言，话语体系过于混乱。我国的学前教育学诞生于何时，长期没有确切答案，固然这是因为"学科"一词作何种解释并无定论，但也反映出我国学前教育学学者未能对学前教育学的边界有清晰认识，学界同人在含混模糊中从事学前教育学研究。虽然学前教育学的概念基本上已有共识，但是具体的细节又多有争议，相关概念还有待进一步的论证，当下学前教育学的研究边界急需学前教育学的研究者们去明确。我国缺乏专门研究学前教育学本身的"学前教育学元研究"，学前教育学需要对自身的发展加以研究、总结。

　　(二)学科国际比较与中国化的问题

　　我国和国外学前教育的接触始于清末，国外基督教会来华创办了幼稚园和幼稚师范，输入了国外学前教育的教育教学思想。国人也前往外国考察学前教育，国人自办的幼稚园也多有外籍教师任教②，中国学前教育学在早期也大量参考、借鉴西方成果。随着留

---

　　① 王建华：《学前教育学、普通教育学、高等教育学与教育学关系刍议——兼论教育学的未来》，载《学前教育研究》，2007(4)。
　　② 如严修 1902 年 9 月 2 日前往日本考察爱珠幼稚园，1905 年在天津创办严氏女塾，1908 年设蒙养院和保姆讲习所。1903 年创办的湖北武昌蒙养院，聘请户野美知惠(一说户野美知慧)等三名日本保姆经办，由户野美知惠担任园长。张謇 1903 年举办通州民立师范、筹办通州女子师范，同年 6 月 1 日考察日本大阪爱珠幼稚园并为其题字。

洋人数的增多，更多的国外思想被引入，陈鹤琴、陶行知等教育家留学回国则结合中国国情，将国外学前教育思想进行中国化。中华人民共和国成立初期，与政治外交上的"一边倒"原则相一致，教育界主要学习苏联和东欧社会主义国家的先进经验，建立起"苏式"的学前教育学。改革开放后，对国外学前教育的研究呈现出爆发式增长的态势，研究的国家和地区更广阔，除继续研究苏联学前教育外，也对美国、日本、英国、德国等国家的学前教育展开研究。目前，外出留学人数激增，留学地区扩大到欧洲和亚太各国，国外学前的新思潮引发了国内学者们激烈的讨论。

1. 对国外学前教育学研究成果的介绍一以贯之

中华人民共和国成立初期，主要对苏联的学前教育模式进行研究、学习，1958 年年末中苏交恶后，对苏联的研究陷于停滞。世界各国学前教育在 20 世纪六七十年代飞速发展，儿童权利得到前所未有的重视，相关的研究如雨后春笋般出现。在改革开放后的 10 余年间，国内学者迅速对国外新近研究成果展开研究，并将国外优秀成果介绍、引进到国内。这一时期相关研究成果的表现形式为各类参考资料、文献汇编以及学术论文，如外国教育丛书中的《学前教育》分册(人民教育出版社，1980)，赵寄石的《外国幼儿教育参考资料》(南京师范大学教育系，1984)，卢乐山的《蒙台梭利的幼儿教育》(北京师范大学出版社，1985)，这一时期学前比较教育的研究者还有周采①、吴晓艳②、邓鲁萍③、张胜勇④等。90 年代后随着我国学术出版行业逐渐发展成熟，研究成果的表现形式更新为各类学术论文和

---

①　周采：《十九世纪美国学前教育发展概况》，载《教育研究与实验》，1985(3)。
②　吴晓艳：《我所看到的英国幼儿教育》，载《学前教育研究》，1987(2)。
③　[苏]B. H. 阿凡涅索娃：《智力教育和教学的组织形式——作业的理论基础》，邓鲁萍译述，载《学前教育研究》，1989(6)。
④　张胜勇、顾丽娅：《苏联合作教育学对我国幼教改革的几点启示》，载《学前教育研究》，1990(1)。

学术著作、译著，研究对象则集中到美国、英国、日本、澳大利亚等发达国家①，尤以对美国学前教育的介绍和研究最为成熟、丰富。21 世纪后，伴随着中国成为世贸组织成员，到境外留学、贸易、旅游的人数急剧增加，丹麦、意大利、瑞典等北欧国家的学前教育开始为学者们关注，如汤成麟②、江夏③等。同时，信息技术的发展也使得对各国各类学前教育的介绍更为全面多样，不同行业的有心之人都乐于将各国学前教育的模式、研究成果介绍到国内。对国外学前教育各种形式的介绍在客观上推动了我国学前教育事业的各项改革，开拓了学界同人的视野，为我国学前教育学学科的发展带来了新鲜思路，为学前教育学学科建设提供了多种可能性模式。

2. 系统化与中国化的研究

1982 年，联合国儿童基金会(以下简称"儿基会")与我国教育部开展学前教育师资培训方面的合作④，从最初的南京师范学院独自承担到 20 世纪 90 年代全国 37 所相关院校参与其中。在儿基会的合作架构中，一些世界一流的学前教育专家来华讲学，教育部则选送一批教师出国学习、进修，组织一批幼儿教育考察团出国考察访问等，这使得我国专家学者除开零散的介绍外，有机会、有资源对世界各国的学前教育进行成体系的研究，研究能力与系统性恢复到了"文化大革命"之前的水平。其实自 1981 年起，我国学界已经有系统研究分析国外学前教育的成果零星发表，如将日本文部省编制的《幼儿园教育指南》全文翻译出版(教育科学出版社，1981)，引发了众多学者的讨论，但直到 1982 年后，系统化的研究成果才在数量上呈现

① 苏联 1991 年 12 月 26 日解体，17 个加盟共和国宣布独立。
② 汤成麟：《丹麦学前教育师资培养体系的现状及其启示》，载《河北师范大学学报(教育科学版)》，2015(2)。
③ 江夏：《儿童福利视角下瑞典学前教育公共支出政策内容、特征及启示》，载《学前教育研究》，2018(3)。
④ 1979 年是国际儿童年，联合国儿童基金会与我国正式开始合作。

出明显的上升趋势，曹筱宁教授是该领域的先行者，她曾在苏联留学，后又两度赴美，对世界两个主要国家学前教育的认识深刻，剖析细致。1986 年，中央教科所教育情报研究室编纂了《当代外国教育发展趋势》，内含《新技术革命与学前教育》，从政府政策、学前教育办学机构、智力发展与幼小衔接、师资培养、早期教育与科研五个方面系统地对世界各国学前教育发展动态进行了总结，此后，我国对国外学前教育的研究基本因循类似架构，并持续至今。在课程研究方面，屠美如老师编著的《向瑞吉欧学什么〈儿童的一百种语言〉解读》(教育科学出版社，2002)，从历史、环境设施、课程与教学法、哲学等角度全方位地为幼教同人展现了意大利瑞吉欧的教育。[1] 我国幅员辽阔、国情复杂，国外优秀经验的中国化问题在 20 世纪 80 年代初便为人所关注，如何使国外优秀经验能根植于我国学前教育的文化传统之中，成为有"中国味"的学前教育学，朱家雄[2]、姜勇[3]等学者做出了诸多思考。国门开放的程度日益增加，在实践层面上，为数众多的幼儿园引进了国外课程，如森林教育、华德福教育等，这将促使学界在系统化与中国化研究中更加着力，进而加快构建有中国本土特色的学前教育学学科体系的进程。

(三)学科专业人才培养的有关问题

学前教育学学科专业人才按照工作单位可以被粗略分为两类：在高校、研究所等机构中专门从事学前教育学学科建设的研究人员和在幼儿园、教育局等部门中专门从事教学和研究的教师、教研员等。从 1949 年起，对学前教育专业人才培养的研究便蹒跚起步，屡

---

① 屠美如：《向瑞吉欧学什么〈儿童的一百种语言〉解读》，1 页，北京，教育科学出版社，2002。

② 朱家雄的《学前教育的文化适宜性问题》等一系列文章刊载于《幼儿教育》2015 年多期。

③ 姜勇、邓素文：《本土困境与学前教育学的文化转向》，载《学前教育研究》，2008 (4)。

遭挫折而连绵不绝。1978 年教育部颁布《关于加强和发展师范教育的意见》，开始逐步恢复学前教育专业人才的培养工作，但一直到 1995 年，对学科人才培养的研究才逐渐丰富起来。

1. 学前(幼儿)教育师范生职前培养的问题

20 世纪我国幼儿师范生的主要培养单位是各幼儿师范学校和中等师范学校，1980 年，教育部颁布《幼儿师范学校教学计划试行草案》，在此基础上 1985 年教育部颁布《幼儿师范学校教学计划试行草案》，"三学六法"自此定型，背向幼儿师范生培养的研究开始出现。此前，有零星对外国教师教育的译介和极个别对中师学生培养的研究，涉及了幼儿师范生的培养问题，如《外国教育动态》刊载的《法国学前和小学教师的培养》，但均不深入、不系统。1985 年至 2003 年，付梓的研究成果年均不足 25 篇(本)，这一阶段是师范生职前培养研究的起步期，研究主题集中在幼儿师范学校的教学方案与课程设置、幼儿师范生的心理健康两个领域，主要的研究者有周树森[1]、李琥[2]、顾荣芳[3]等，发文量位居前列的单位有长沙师范学校、湖北武昌幼师、运城幼师学校、福州幼儿师范学校。从 1987 年总第二期起，《学前教育研究》杂志开辟栏目"办好幼师学校"，成为师范生职前培养研究成果的主要展现平台。1991 年 12 月，"全国幼师教育改革研讨会"在河北召开，对幼儿师范课程方案的讨论持续不断。此后，因《三年制中等幼儿师范学校教学方案(试行)》的研制以及"中国特色的师范教育体系"概念的提出，起步期的研究于 1995 年、1996 年达到高潮，年发文量达到 30 篇，尔后略有减少，直到 2004 年又重新呈现出上升态势。2001 年，《国务院关于基础教育改革与发展的

---

[1] 周树森：《认真抓好学生的专业思想教育》，载《学前教育研究》，1989(3)。
[2] 李琥、李芸英、邱清敏：《专业技能课考试办法的改革》，载《学前教育研究》，1987(2)。
[3] 顾荣芳：《幼师生心理的现状分析与正确引导》，载《学前教育研究》，1990(6)。

决定》提出师范教育体系将从三级师范向二级师范过渡，对学前(幼儿)师范生的培养体系的研究进入学者们的视野，探索高等专科与本科层次学前(幼儿)师范生培养方式的研究开始出现。研究涉及的主要方面有师范生专业情感的形成、师范生基本技能的训练以及学前教育专业的办学目标等。随着师范生毕业分配机制的逐步消逝，2007 年后，学前(幼儿)师范生的职业观与职业规划问题得到了重视，除此以外，学前免费师范生与男幼师的培养也成为研究的热点话题。2010 年后，影响力较大的研究成果有《专科层次学前教育专业全程实践教学的模式建构》《陕西省高校学前教育专业教学存在的问题及其解决策略》《高校本科学前教师教育课程设置的研究》和《高校学前教育专业本科人才培养中的利益相关者分类与特点》等。2014 年，教育部发文实施卓越教师培养计划，南京师范大学、北京师范大学、长沙师院等 20 所单位参与到卓越幼儿园教师培养计划当中，在实践中生成了丰硕的研究成果，举办了诸如"卓越幼儿园教师教育"等专门论坛，探讨高校如何进行卓越幼儿园教师的职前培养。2015 年，普通高等学校师范类专业认证试点工作在江苏、广西、河南三个省级行政区展开，2016 年南通大学成为全国首家通过学前教育专业认证的高校，拉开了学前师范生培养与专业认证相关研究的序幕。2017 年 10 月，教育部正式印发《普通高等学校师范类专业认证实施办法(暂行)》，2018 年 10 月，又发文推进实施《卓越教师培养计划 2.0》，标志着关于学前(幼儿)师范生培养的研究步入了一个新的高度。

2. 幼儿园教师职后专业发展的问题

幼儿园教师质量不高、数量不足始终阻碍着我国学前教育事业的发展，学界从未停止过对提升幼儿园教师综合素质水平的各项研究。1950 年起，教养员的培训工作已经展开，也因此对幼儿园教师职后再教育的研究延续不断，研究的主体是各地的幼教辅导员。《人民教育》《安徽教育》和《天津教育》等刊物也以通讯的形式介绍幼儿园教师职后专业发展的案例，给一线教师带去职后专业发展的经验。2003 年前研究的主要内容集中在职后中等层次的继续教育，着眼于提升幼儿园教师队伍中非专业出身的教师工作水平。2002 年年末，"幼儿园教师专业成长"多次见诸研究成果之中，成为新时期幼儿园教师职后专业发展研究的起点。[①] 研究者着重关注了幼儿园教师教育科学研究、幼儿园教师心理压力和教师专业成长支持体系等问题。冯晓霞教授是该阶段的核心作者，影响力较大的研究成果有《北京市幼儿教师职业倦怠的状况及成因研究》和《幼儿教师职业幸福感研究》。2007 年起，研究者开始关注我国本土幼儿园教师专业标准的建立，2011 年 12 月，庞丽娟教授领衔制定的《幼儿园教师专业标准（征求意见稿）》公开征求意见，引发学界近两年的讨论与思考。研究者们开始基于《幼儿园教师专业标准（试行）》的视角探讨幼儿园在职教师专业成长的路径与发展策略，其中关注幼儿园教师专业理念与内在情感的研究者有秦金亮[②]、易凌云[③]等。可喜的是，目前也有不少幼儿园一线教师以自身专业成长个案为切入点，研究幼儿园教师的职后专业发展，如高美霞的《爬上豆蔓看自己——辛黛瑞拉的教育日记》（北京师范大学出版社，2008），记录自己的专业发展。2010 年后，随着各地三年行动计划的开展，对农村幼儿园教师发展现状的调查与研究数量增多，研究的主题包含农村幼儿园教师的生存状态、发展支持体系、工作满意度等。近年来，在实证研究的视域内对幼儿园教师职后专业发展实效性的研究更为丰富，针对研究发现的问题，研究者们从教研机制、培养激励机制等数个维度提出了多种解

---

① 参见许卓娅：《幼儿教师在岗自我培训模式初探》《幼儿教师在岗自我培训模式初探（续）》系列文章，载《学前教育研究》2002 年第 2、第 3、第 4 期。

② 秦金亮：《〈幼儿园教师专业标准〉的功能定位——兼谈幼儿园教师专业觉醒》，载《学前教育研究》，2012(8)。

③ 易凌云：《幼儿园教师专业理念与师德的定义、内容与生成》，载《学前教育研究》，2012(9)。

决对策。

3. 学科专业建设人才培养的问题

如果说对师范生培养效果的研究严重滞后,对教师职后培养主体机制的研究存在被忽视的现象,那么学界对学前教育学学科专业建设人才培养的研究可以被视作长期缺位。我国学前教育学学科建设人才主要由两个部分组成:在读的学前教育学硕士研究生、博士研究生和在职的高校学前教育教师、科研机构研究人员。1984年北京师范大学开始招收、培养学前教育学硕士研究生,1997年我国第一位幼儿教育学博士刘晶波在南京师范大学被授予博士学位。截至2018年12月,确定2019学年度招收学前教育硕士研究生的单位有83家,其中仅招收学术型硕士的有5家,仅招收专业型教育硕士的有26家。然而对于学前教育研究生培养的研究,直到2009年才真正出现。截至2018年12月,以硕士学位论文形式呈现的研究成果占已发表成果的50%,CSSCI检索收录的期刊论文仅有个位数。对于研究生培养的研究重点关注学前教育硕士(即专业型教育硕士)群体,研究的切入点有实践教学模式、硕士培养方案等,而着眼高校学前教育教师、科研机构研究人员培养的研究,至今依旧屈指可数,切入点为"双师型"教师培养的研究占总数的60%以上,导向帮助高校教师深入认识幼儿园现状。导致这种局面的原因,一是我国本科层次的学前教育发展时间短,研究生后备生源不多;二是相对其他学科而言,我国学前教育学研究生招生单位数量较少,60%的硕士学位点成立于2010年后,研究生导师储备不足,研究实力尚有欠缺。总的说来,有关学科专业建设人才培养的多数成果,发表的期刊影响力较低、受众群体稀少,不利于研究成果的现实转化,阻碍了我国学前教育学学科的发展。

二、学前教育学学科发展的反思

学前教育学在70年的发展历程中,既有百花齐放的多元化发展时期，也有辗转反复的曲折探索阶段，学界同人积累了丰富的研究经验，但在一些关乎学科发展的基本问题，如学前教育学的元研究上，还需要进一步深入探讨。

(一)70 年学前教育学学科发展的经验

70 年筚路蓝缕，学前教育学这门学科从式微到兴旺，学前教育学的研究者们旁采泰西，着眼实践，在学科建设过程中积攒了丰富的经验。

1. 对学前教育实践的关注与剖析

劳动人民掌握了教育的权利后，创办了大量的学校、幼儿园、托儿所，学前教育成为社会大众都可以接触到的教育资源。学前教育是一门实践性很强的专业，学前教育学因此既保有基本理论学科的特色，亦具有应用型学科的特征。一般认为，学前教育学的研究对象是学前教育现象和规律，最终都指向学前儿童的发展，虽然学前教育学的研究对象随着研究的深入而不断扩大，但我国学前教育学在发展中始终坚持关注实践、基于实践。

自 1951 年中央人民政府颁布《政务院关于改革学制的规定》，确立学前教育在我国学制上的基础地位后，教育部又借鉴苏联学前教育理论，制订施行《幼儿园暂行规程(草案)》和《幼儿园暂行教学纲要》，尔后，北京师范大学学前教育教研室受教育部委托编写《幼儿园教育工作指南(初稿)》。这一系列政策、指南的制定和编写都凸显出中华人民共和国第一代学前教育研究者们对学前教育实践的关切。教育部则在 1956 年发布《关于组织幼教工作者收集和总结经验的通知》，建议各省、区、市结合本地区实际，组织幼儿教育工作者总结梳理学前教育实践中的优秀经验，并加以适度推广。待到改革开放后，赵寄石老师与南京市实验幼儿园的教师们一起，进行幼儿园综合教育结构探讨，幼儿教育研究会成立"幼儿园课程结构改革"课题组……步入 21 世纪，越来越多的幼儿园教师以教研活动为抓手，总结教育经验，将幼儿园教育实践和理论联系起来。学前教育学理论工作者们也一直注重从实践中生发理论，在研究方法上做到了思辨研究与实证研究相结合，深入幼儿园等学前教育机构，观察儿童、体察教师，将学前教育学架构于学前教育实践的坚实基础之上。

70年的学术研究既有对国家宏观政策的诠释说明，也有中观层次省级面板数据的剖析解读，还有微观层面某个园所某个幼儿的深入观察分析，这些都建立在关注学前教育实践的基础之上。但在学前教育人才的培养当中，理论与实践相脱离的现象屡见不鲜。"轻实践重理论"和"轻理论重实践"看似相互矛盾的两片"乌云"，却同时遮蔽学前教育学知识再生产的天空，姜勇、郭忠玲等学者发出了"学前教育学应当注重实践转向"的呼吁。在今后学前教育学的发展中，关注学前教育实践的经验无疑应当被继承，同时也应关注理论如何落实到实践的问题，避免出现理论与实践失衡的现象。

2. 对国外先进经验的学习和反思

学前教育学作为一门"舶来"的学科，1949年以前经历了"抄日"和"仿美"两个阶段。1949年后开始向苏联学习，苏联专家戈林娜、马努依连柯等来华指导，我国翻译出版了《我的儿童教育经验》《幼儿园教养工作指南》《论学前教育的基本问题》和《学前教育学》等著作。在苏联专家的帮助下，我国初步建立起社会主义特色的学前教育系统和学前教育学理论体系，自行整理了《幼儿教育学》和《幼儿生理及卫生学教学大纲》等教材。1958年后，因为受一系列政治运动的影响，陈鹤琴、陶行知的思想被认为是杜威改良主义的遗毒，苏联的学前教育思想被认为带有修正主义的错误倾向，欧美国家的学前教育理论则被认为是帝国主义、资本主义的"毒草"隔绝于国门之外。但我国学前教育学并没有完全停止对国外先进经验的学习，朝鲜以及一些东欧国家发展学前教育、建设学前教育学的经验通过各种渠道被介绍到国内，这为日后我国恢复学前教育学学术研究起到了一定作用。

改革开放后，学前教育学的研究者们迅速恢复了对国外先进学前教育成果的研究，翻译了为数众多的参考资料，除了继续研究苏联等社会主义国家的学术成果外，还对美国、加拿大、英国等国家的学前教育加以译介，以单方面的对外学习为主。高宽课程、蒙台梭利教学法、瑞吉欧课程等世界知名的学前教育实践模式被引入中国，引发学者们的探究。随着我国加入世界贸易组织，国际经济文化交流日益频繁，学前教育的比较研究也得到关注。学前教育学的研究者对国外先进经验也不再是单纯的学习，更增添了中国化的深入思考，研究的范围也从儿童观、课程模式拓展到学前教育师资供给、学前教育法律法规、学前教育机构管理等领域，研究对象从美国、日本等经济大国拓展到瑞典、芬兰、挪威等小型发达国家。朱家雄等学者更是从教育人类学的视角，探讨了学习国外学前教育模式的利与弊，展现了中国学前教育学学术研究者对国外先进经验的深刻见解。我国也于 2013 年承办世界学前教育组织（OMEP）国际学术会议，进一步深化了国内学者对国外学前教育学的学习和反思。

70 年的学前教育学学术研究之路，落脚于实践、取法于海外是最显著的成功经验，学者们秉持着"实践是检验真理的唯一标准"和"摸着石头过河"的理念，促使我国学前教育学学科体系基本成型，学术研究有条不紊地相继展开。当然，还有诸多研究和发展经验值得今人去发掘、整理，随着国家和社会对学前教育的进一步重视，我国学前教育学学科建设也必将更上一层楼。

（二）学前教育学学科发展展望

从广义的范围看，学前教育学在 19 世纪中期建立起自身独特的理论体系，有了相对明确的研究范畴，从普通教育学中分化出来，开始成为一门独立的学科。中华人民共和国成立至今，学前教育学始终是一门拥有独立建制的学科，但我国学者对学前教育学的研究对象、概念体系等元研究问题缺乏足够深入的探讨；本土化的学前教育理论有待进一步丰富；对科研队伍建设的相关研究需要进一步加强。

1. 学前教育学的元研究有待加强

学前教育学的元研究即对学前教育学进行的学术研究。学前教育学与高等教育学不同，并非是中华人民共和国成立后才从教育学中独立出的一门学科，我国学前教育学独立学科的地位在民国时期便已经得到学界的广泛认同。但不得不承认，学前教育学很类似于吉登斯国家形态理论中的传统型国家，有"核心区域"而无"疆界"，即只有疆域的概念而无严格的边界线。而学科边界是学科间的研究范畴的区别，是一学科和他学科间的区分界线(限)。[①] 学科边界圈定了一门学科的研究范畴。厘清学前教育学的边界不仅需要明晰"学前"的年龄段所指，更需要明确哪些研究领域是"学前教育学"的实然所有，又有哪些研究领域是"学前教育学"的应然所有。1980 年起由华东师范大学推动的教育学学科元研究并没有在学前教育学领域掀起波澜，学前教育学元研究的成果寥寥，这少数成果也多是教育学学者和高等教育学学者的兼带研究，学前教育理论工作者在学科元研究领域处于"失声"的境地。目前学前教育学的研究领域主要有：学前教育事业的发展研究与政策研究、学前教育课程研究、游戏和教玩具研究、学前儿童发展科学研究、幼儿园教师专业发展研究、学前教育质量监测研究以及学前儿童家庭教育等。教育管理学、教育社会学、教育史乃至人口学、法学等学科关于学前教育的研究任务都被认为是学前教育学的研究任务，成为学前教育学研究内容的一部分。一些与学前教育学学科建设密切相关的研究，如学科科研队伍培育的研究被认为是高等教育学的专属范畴，甚少有学前教育

---

① 石鸥：《艰难的发展——被边界困住了的教育学》，载《教师教育研究》，1999(2)。

学的学者关注于此。学前教育学的研究者显然更关注于具体的学前教育现象或学前教育问题，学前教育和学前教育学被等而视之，对学前教育学本身的关注是远远不够的。

学前教育学元问题包括了学前教育学的性质、研究对象、结构（体系）、任务和理论基础等。元学前教育学的研究应该在这几个方面展开：梳理学前教育学的学科发展历程，探讨学前教育学的研究方法、研究对象，解决学前教育学学科发展所遇到的问题，总结学前教育学学科发展的经验和教训，整理学前教育学和其他兄弟学科的关系。学前教育学的元研究应当具有鲜明的反思性和目的性，学前教育学元研究的加强，意味着学前教育学对自身有了更加清晰的认识，走向成熟、完善。不难发现，学前教育学的研究者们尚未就学前教育学的学科概念达成共识：学前教育学是一门基础理论学科，是一门教学科目，抑或是一个研究领域，众说纷纭。学前教育学的研究对象并未统一：是学前教育问题，还是学前教育现象，抑或学前教育规律，学界尚无定论，很多学者对这个话题缄默不言，往往以"指向学前儿童"一笔带过。学前教育学史的研究成果更是鲜见：学前教育史的研究成果众多，但对学科发展历程的梳理却难以寻觅……上述的基础性问题得不到解决，学前教育学的研究边界便难以确定，学前教育学的学科独立性就难以得到更广泛的承认，学前教育学的"能指"和"所指"，"应然"与"实然"便始终是割裂的。因此，学前教育学的研究者们在下一阶段应该重视起学前教育学的元研究，维护好学前教育学学科存在的合法性。

2. 本土化学前教育理论有待丰富

20 世纪上半叶的中国饱受战乱之苦，中华人民共和国成立后又经历数次曲折探索，教育理论研究缺乏良好的社会环境支持。我国的学前教育理论基本来自境外学者，本土化的学前教育理论缺乏足够的影响力。有足够影响力的学前教育学家仅有张雪门、陈鹤琴、陶行知等少数前辈，其各自学术理论的诞生时间也多是 1949 年之前。中华人民共和国成立初期，苏联的学前教育思想深刻地影响到我国，但中苏交恶后，苏联学前教育思想被认为带有修正主义的流毒而受到批判，一时间中国学前教育理论丧失了可以借鉴的来源，国内学者只能以讲义、教学笔记等形式，依照苏联学前教育理论的体系和教材架构，进行我国学前教育理论建设的探索。改革开放后，我国学前教育界广泛引入皮亚杰、维果茨基、蒙台梭利等教育学家、心理学家的学前教育理论，学习美国、加拿大、芬兰、意大利、新西兰等发达国家的学前教育发展经验。必须承认的是，外国先进学前教育理论极大地促进了我国学前教育事业的发展。但是一个国家必然有这个国家本土的现实情况和特有的社会文化环境，与之对应，每个国家都应当拥有基于本国实际的教育思想理论。在我国教育学领域，以叶澜老师为核心的"生命·实践"教育学派已经贡献出"教天地人事，育生命自觉"的中国智慧，而在学前教育学范畴内，我国也应当拥有与中国文化相适应的学前教育理论，发出学前教育理论的中国声音。值得注意的是，本土化学前教育理论是源于我国本土学前教育实践的，是生发于中国文化传统之中的，并非是某一国外学前教育理论在我国实际运用之后的中国化。放眼全球，我国学前教育学学科理论体系尚不成熟，缺乏本土特色的学前教育理论，伴随着世界舞台上中国话语的增多，我国本土化的学前教育理论将在学前教育学研究者们的努力下日益丰富。

3. 学科科研队伍的建设有待重视

相较于学前教育从业人员的数量，学前教育学学科科研队伍可以用人丁单薄来形容，至今我国学前教育学术型硕士学位授权点仅55 个(不包含联合培养单位)，专业型硕士学位授权点仅 75 个，学前教育学博士年均毕业人数不足 40 人。以专业型硕士学位授权点为例，省级行政区层面辽宁省和吉林省的数量最多，均拥有 6 个授权点。海南、西藏、青海和宁夏 4 个省级行政区则没有该类型学位授权点，天津、山西、内蒙古、上海、江西、湖南、陕西和甘肃 8 个省级行政区仅各拥有 1 个授权点，这其中不乏天津、上海、湖南、陕西等传统意义上的高教大省。我国学前教育学学科研究人员的培养远远满足不了现实需求。许是队伍规模不大的缘故，学前教育学学科科研队伍的建设并没有引起研究者们自身的关注：对学前教育科研的专门研究首次出现于 2008 年，是对美国学前教育科研保障制度的介绍，而对学前教育学研究生培养的研究直到 2009 年方首次出现，对于高校学前教育学教师的研究则多集中于"双师型"教师的培养，研究成果实际影响力不高。

学前教育学学科科研队伍的建设是学前教育学得到持续稳定发展的必要保证，但目前学前教育学学界暂时缺乏这一领域的研究，专职科研队伍建设的现实价值和意义没有得到重视。长此以往，一方面学前教育学学科科研队伍建设质量将始终缺乏监测体系，人才培养质量难以得到保证，专职科研人员数量少的状况难以缓解；另一方面，科研队伍之间的学术交流也得不到质量保证，限制了学前教育学学科科研工作的同行交流。我国学前教育学学科科研队伍以 6 所高校为核心：北京师范大学、南京师范大学、华东师范大学、华中师范大学、西南大学和东北师范大学。目前绝大多数的学前教育学硕士生导师和博士生导师都有在上述 6 所高校求学或工作过的经历，科研队伍的合作则主要以同师门或师徒关系为纽带，科研队伍的建设缺乏系统性，科研队伍建设急需科学指导。在可以预见的未来，学前教育学的研究者们将会在科研队伍规模特点、岗位设置与经费投入、科研人才的再生产等方面研究学前教育学的科研队伍建设，从发展规模、建设模式、制度体系以及现实困顿等维度上促进学前教育学学术研究的进一步深入发展，完善现有的学前教育学学科体系。

第三节　高等教育学学科的发展

中华人民共和国成立 70 年来，高等教育走过了一条不平凡的发展道路，开创了中国特色高等教育体系的新时代。"以史为鉴，可以知兴替。"在中华人民共和国成立 70 周年之际，全面回顾中华人民共和国高等教育学学科的发展历程，从理论视角来总结经验，反思问题与教训，对于深化认识共和国高等教育学发展的规律与特点，全面开创未来中国特色高等教育学学科建设具有重大的历史意义和现实价值。

学科的发展逻辑是继承与创新的统一。学者哈罗德·珀金(Harold Perkin)曾说："一个人如果不理解过去不同时代和地点存在过的不同的大学概念，他就不能真正理解现代的大学。"[1]众所周知，广义上说自有人类便有教育，教育是一个永恒概念，高等教育是一个历史概念。[2] 作为教育领域的最高层次，高等教育是人类社会发展到一定历史阶段的产物。一般说来，自从高等教育现象产生，人们就开始研究高等教育问题，思考怎样办好高等教育等问题。

关于高等教育在中国的发展情况，许多学者都是从高等教育发展或高等教育研究的视角进行分期，提出了种种分期观点。例如，李均认为中国高等教育研究史可以分为：前学科时期(清末至 1977年)、学科建立时期(1978—1984 年)、规模扩充时期(1985—1991年)和稳步提高时期(1992 年至今)。[3] 也有学者把共和国高等教育发展划分五个时期：中华人民共和国成立至"文化大革命"前的 17 年阶

---

[1]　[美]伯顿·克拉克：《高等教育新论：多学科的研究》，王承绪等译，45 页，杭州，浙江教育出版社，1988。

[2]　潘懋元：《多学科观点的高等教育研究》，25 页，上海，上海教育出版社，2001。

[3]　李均：《中国高等教育研究史》，目录，1—3 页，广州，广东高等教育出版社，2005。

320

共和国教育学 70 年·总论卷

段(1949—1966 年);"文化大革命"10 年的高等教育阶段(1966—1976 年);高等教育的恢复、调整、改革、整顿和提高阶段;探索适应社会主义市场经济体制的高等教育阶段和高等教育走向大众化阶段。① 最近,作为高等教育学学科的奠基人和开创者,潘懋元先生接受专访时提到,中华人民共和国高等教育改革与发展应该分为 3 个时期:第一个时期是中华人民共和国成立后的 7 年,学苏联;第二个时期是从"教育大革命"到"文化大革命",共 22 年;第三个时期是改革开放至今。② 顾明远先生把新中国教育也划分为 3 个时期:"文化大革命"前 17 年、"文化大革命"10 年和"文化大革命"以后 40 年。③

总体来看,学者们基本上是对中华人民共和国高等教育事业发展或高等教育研究进行了阶段划分,很少使用学科的标准划分阶段。

一、高等教育学学科的进展

全面回顾中华人民共和国 70 年来高等教育学学科的建设成就,是我们今天发展高等教育学所必需的。因为继承与创新是学科发展的必然逻辑。严格意义上,在高等教育学还没有成为独立学科之前,我国高等教育事业的发展,对于一些高等教育问题的探索,形成了一些高等教育思想,这些都为后来高等教育学走向独立、成为一门学科奠定了基础。总体来看,若以学科的视角来总结 70 年来高等教育学学科研究的主要问题,主要有以下几个方面。

(一)建立高等教育学学科

为什么单独强化这一点,因为高等教育学在中华人民共和国有

① 张应强:《精英与大众:中国高等教育 60 年》,目录,杭州,浙江大学出版社,2009。
② 潘懋元:《中国高等教育改革发展 70 周年:回顾与前瞻》,载《重庆高教研究》,2019(1)。
③ 顾明远、蔡宗模、张海生:《中国教育改革发展的昨天、今天和明天——顾明远先生专访》,载《重庆高教研究》,2019(2)。

其特殊性。在美国，一般不承认高等教育学是一门学科，只把高等教育作为一个研究领域。学者们认为，高等教育是一个理论匮乏的领域，没有产生类似心理学、经济学等一般性理论。还有学者认为，根据通行的学科标准，虽然高等教育研究(主要是指院校研究)虽然历史悠久，但高等教育不是一门学科，突出的问题是缺乏理论。阿特巴赫也认为，高等教育没有学科基础、学术归属，也没有自属的方法论和理论，因此，高等教育是一个多学科的研究领域，而不会成为一个学科。[①] 在欧洲，也存在与美国类似的观点，认为高等教育只是一个研究领域，而非一个学科。马尔科姆·泰勒认为："说它是一门学科也好，说它是一个研究领域也好……在欧洲，关于高等教育研究一直处于探索自身角色和地位的过程。"[②]可见，高等教育在欧洲也大都被认为是一个研究领域。

在中华人民共和国，高等教育学一开始就是被作为一门学科来建构的。从 1957 年，潘懋元先生提出建立高等学校教育学开始，就用了"高等学校教育学"的名称。尽管在 1983—1984 年，我们对高等教育学的认识还是比较粗糙的，人们还没有弄清楚高等教育学的研究对象，但它作为一门学科率先登场了。从现实来看，高等教育学作为一门学科建制具有重大的意义与价值。一方面，从社会需求的趋势来看，未来构建现代大学制度和创建高等教育强国都需要高等教育学研究的支持；另一方面，从高等教育学科自身的发展来看，高等教育领域产生了众多的分支学科和交叉边缘学科，需要一门研究高等教育的基础学科来统领这些子学科，以便高等教育学学科走

[①]　方泽强：《高等教育学学科建设基本理论问题研究述评》，载《西南交通大学学报(社会科学版)》，2013(5)。

[②]　[英]马尔科姆·泰特：《高等教育研究进展与方法》，侯定凯译，5 页，北京，北京大学出版社，2007。

向系统化与科学化，这也是学科走向成熟的理性选择。①

总体来看，我国的高等教育学走了一条外在建制催生内在成熟的道路。我们先是建立高等教育研究机构，开展高等教育研究，而后通过成立学会组织呼吁建立学科，学科诞生之后开始人才培养、体系建构。但直到目前其学科的科学性还有待提升，其中原因是多学科研究的引入还停留在学科视角、方法论视角层面②，缺乏深层次的融合。

(二)高等教育学是学科还是研究领域的争论

正如上文所述，高等教育在国外一般被视为一个研究领域，而在我国一开始就被作为一门学科来建构，并且获得了合法性地位，但这并不是说高等教育学就是学科了。因为学科的建立不仅体现在学科建制上，更体现在自身的逻辑知识体系上，尤其体现在高等教育学理论体系的成熟上。由此，在国内引起了"学科论"与"领域论"的争鸣。

在这场旷日持久的论争中，主要形成了三种观点。

一是坚持学科论，认为高等教育学是一门发展迅速并正在走向成熟的新学科，③ 认为判断学科标准有成立标准和成熟标准之分，高等教育学符合一门学科成立的条件，但还没有达到学科的成熟标准，它是一门"应然学科"而不是一门"实然学科"。④

二是坚持研究领域论。持这种观点的学者多引用欧美学者的观点，把高等教育看成一个研究领域，而不是一门学科，原因在于对

---

　　① 李均：《作为一级学科的高等教育学——基于学科政策与学科历史的视角》，载《高等教育研究》，2011(11)。

　　② 陈金江、许晓东：《高等教育多学科研究之反思——从学科性视角到方法论视角的转向》，载《高等教育研究》，2007(12)。

　　③ 薛天祥：《高等教育理论创新的四种主要形态》，载《江苏高教》，2004(6)。

　　④ 刘小强：《学科建设：元视角的考察——关于高等教育学学科建设的反思》，27页，广州，广东高等教育出版社，2011。

高等教育活动的研究，难以形成确定性的知识及完善的学科理论体系。[1]

三是坚持既是学科又是研究领域论。这是一种折中的观点，认为高等教育学作为一门学科虽不是一种必然，但至少是一种选择，不同国家在高等教育学研究上，可以有不同的选择。潘懋元认为："高等教育既是一个研究领域，也是一门正在走向成熟的学科。"[2]刘海峰认为，在中国，高等教育学既是自成体系的学科，同时也是高度开放的研究领域。即使西方永远不出现"高等教育学"的提法，中国的"高等教育学"也可以理直气壮地称为学科。[3] 王建华也认为，高等教育可以作为一个研究领域，也可以作为一门学科存在。研究领域与学科是对同一事物的两种描述、两种选择。二者之间不仅存有一种线性的"进化论"关系，更多情况下还是一种共时、共生的关系，是可以和平共处的两种状态，是不同国家、不同学科专业制度下对同一种研究的两种不同选择。[4]

2011 年，高等教育学术界再次对"学科论"与"领域论"进行讨论，研究文献主要刊发在《北京大学教育评论》第 4 期和《大学(学术版)》第 9 期、第 11 期上，其中的观点基本上是上述三种观点的再论述。当然也出现一些新的研究视角。例如，认为高等教育依旧是一个制度化的研究领域，而不是一门学科，建构观念层面上的范式将是其学科化要完成的重要任务。高等教育研究在将来会在制度化的框架

---

[1]　赵炬明：《学科、课程、学位：美国关于高等教育专业研究生培养的争论及其启示》，载《高等教育研究》，2002(4)；王建华：《高等教育作为一门学科》，载《高等教育研究》，2004(1)。

[2]　潘懋元：《关于高等教育学学科建设的若干问题》，载《潘懋元文集(卷二·理论研究·上册)》，424—425 页，广州，广东高等教育出版社，2010。

[3]　刘海峰：《高等教育学：在学科与领域之间》，载《国内高等教育教学研究动态》，2009(11)。

[4]　王建华：《领域、学科之争与高等教育概念体系的建构》，载《现代大学教育》，2006(2)。

下向学科化的方向发展，保持其作为制度化和学科化之间的一个研究领域的特征。① 张应强认为，我国高等教育学是在经典学科框架下建设和发展的，这种取向有其作用，但带来了发展方向上的问题，因而研究者应超越学科与研究领域之争，把高等教育学作为现代学科进行建设。② 还有学者从本质主义与非本质主义之间寻求平衡来获得突破，重新认识此问题③；还有学者以范式理论研究此问题，认为高等教育学研究有学科范式与研究领域范式，两种范式相互补充，共存共生④。

（三）高等教育学的研究对象

尽管学术界对高等教育学是一门学科，还是一个研究领域存在争论，但毕竟在我国的学科建制上，无论是在"研究生专业培养目录上"（高等教育学 040110），还是在国家的"学科专业分类与代码"中，高等教育学（88054）都是一个二级学科。我国学者一般都是在学科意义上研究高等教育学，还出版了相当数量的"高等教育学"著作与教材。那么，高等教育学的研究对象是什么？这是一门学科必须首先回答的问题。有关此问题，在国内的高等教育学著作与教材中，有着多种说法。

第一，"本科教育"说。例如，潘懋元认为高等教育学的主要研究对象是全日制普通高等教育的本科教育。⑤

---

① 袁本涛：《在学科与领域之间——制度化的高等教育研究》，载《北京大学教育评论》，2011(4)。

② 张应强：《超越"学科论"和"研究领域论"之争——对我国高等教育学学科建设方向的思考》，载《北京大学教育评论》，2011(4)。

③ 王洪才：《高等教育研究的两种取向：本质主义与非本质主义》，载《高等教育研究》，2012(2)。

④ 方泽强：《高等教育研究的反思和展望——范式的视角》，载《中国高教研究》，2011(12)。

⑤ 潘懋元：《关于高等教育学科建设的若干问题：在全国高等教育学科建设研讨会上的报告》，载《高等教育研究》，1993(2)。

第二，"规律、特殊规律"说。例如，高等教育学是一门以高等教育为研究对象，以揭示高等专业教育的特殊规律，论述培养专门人才的理论与方法为研究任务的新学科①；高等教育学是在一般教育理论的基础上，专门研究高等教育所特有的矛盾，揭示高等教育发展的客观规律②；高等教育学研究的对象是高等教育产生和发展的规律及其在教育实践和管理实践中的应用③；高等教育学是研究高等教育规律的一门科学，是研究高级专门人才培养的科学④；高等教育学的研究对象是高等教育的特殊矛盾和发展规律⑤；高等教育学的研究对象是高等教育发展规律，这里的规律既指高等教育的内外部各因素之间的关系，也指高等教育学与其他学科之间的关系。⑥

第三，"三层次现象"说，指高等教育学要研究高等教育活动、高等教育事业和高等教育观念三个层次的现象。⑦

第四，"高等教育现象及其规律"说，认为高等教育学研究对象是高等教育现象。有学者还专门对"高等教育现象"进行解说，认为高等教育现象的主体部分是普通高等本科教育现象，高等教育现象既包括人才培养现象，也包括科学研究和社会服务现象，高等教育现象是指高等教育学"学科之眼"影射到的现象，是集"分离与统一、

①　潘懋元：《高等教育学(上册)》，2 页，北京，福州，人民教育出版社，福建教育出版社，1984。

②　郑启明、薛天祥：《高等教育学》，5 页，上海，华东师范大学出版社，1985。

③　中央教育行政学院：《高等教育原理》，22 页，北京，北京师范大学出版社，1987。

④　田建国：《高等教育学》，4 页，济南，山东教育出版社，1990。

⑤　胡建华、周川、陈列等：《高等教育学新论》，5 页，南京，江苏教育出版社，1995。

⑥　李晓阳：《高等教育研究：从多学科到跨学科》，载《辽宁教育研究》，2008(10)。

⑦　林兆其：《高等教育学》，1—2 页，贵阳，贵州教育出版社，1995。

实体与关系"为一体的现象。①

第五，"多维理解"说，指高等教育学应当以全日制普通高等教育的本科教育作为它的主要研究对象。高等教育涵盖了人的发展和现实社会的科技、文化、政治、经济等以及未来社会对人才素质的要求，它是复杂动态的系统，因此高等教育学要多维地理解高等教育学的研究对象，这既是繁荣和丰富高等教育学理论的动力源泉，也是加速学科成熟的有效途径。②

第六，"高等教育的运行形态及其规律"说，认为高等教育学研究这一特殊的教育现象，研究高等教育的运行形态（包括高等教育活动、高等教育事业和高等教育思想），研究高等教育规律（包括高等教育必须适应和促进社会发展的规律、高等教育必须适应大学生身心发展特征和促进大学生德智体美等方面全面发展规律、高等教育系统内部协调发展规律）。③

第七，"高等教育"说。持这种观点的学者认为，高等教育学以高等教育为研究对象，运用社会科学的一般研究方法和教育学的特殊研究方法，通过对高等教育现象的描述、解释和预测，探索高等教育的内在规律。④

此外，有学者还提出，高等教育学有两种存在方式：一是以高等教育的教学过程和教育实践为依托的高等教育活动论；二是以高等教育系统与其他社会系统为依托的高等教育事业论。前者是狭义

---

① 持这种观点是主流，主要代表有：《辞海》编辑委员会：《辞海》，5799 页，上海，上海辞书出版社，1999；戚万学：《高等教育学》，3 页，济南，山东大学出版社，2008；顾建民：《高等教育学》，25 页，杭州，浙江大学出版社，2008；韩延明：《高等教育学新论》，20 页，济南，山东人民出版社，2012；方泽强：《高等教育学的学科建设研究》，68—69 页，广州，广东高等教育出版社，2014；等等。

② 许庆豫：《对高等教育学对象的再认识》，载《教育评论》，1994(1)。

③ 钟玉海：《高等教育学》，15—19 页，合肥，合肥工业大学出版社，2005。

④ 周川：《简明高等教育学》，1 页，南京，河海大学出版社，2006。

的高等教育学，后者是广义的高等教育学。① 王冀生认为高等教育学，可以分为微观高等教育学和宏观高等教育学，前者主要研究高级人才培养、成长和办好高等学校的规律；后者主要研究如何建设与一定社会需求和环境相适应的高等教育制度、体系。② 也有学者对两种高等教育学提出质疑，认为两种高等教育学"都属于分支高等教育学，都不能在其研究对象上反映出高等教育的整体性和一般性，所以也取代不了作为高等教育科学中最基本的一门学科的高等教育学"③。

（四）高等教育学的学科性质

关于高等教育学的学科性质，有研究者从三个方面总结了高等教育学的学科性质问题。

一是从学科功能分类的视角看，高等教育学的学科性质有"应用学科说""主要是应用学科说""应用理论学科说""应用基础学科说""基础理论学科说"等。④

第一，"应用学科说"。该学说认为高等教育学是一门实践性、综合性很强的应用学科。尽管高等教育学存在许多"特有"的基本理论问题，但它终究是普通教育学的一个分支学科，其二级学科的特性就决定了它只能是一门实践性、综合性较强的应用学科。⑤ 因此，高等教育学的发展目标在于解决实际问题。如果高等教育学与普通教育学一样，都把探讨基础理论作为主旨，就会出现重复研究的问

———————

①　何云坤：《高等教育学的逻辑起点和研究规范问题新探》，载《上海高教研究》，1995(3)。

②　王冀生：《要重视和加强宏观高等教育学的研究》，载《上海高教研究》，1995(3)。

③　朱国仁：《关于高等教育学的研究对象、体系与方法的思考》，载《教育研究》，1997(2)。

④　方泽强：《高等教育学学科建设基本理论问题研究述评》，载《西南交通大学学报（社会科学版）》，2013(5)。

⑤　杨德广、谢安邦：《高等教育学》，38页，北京，高等教育出版社，2009。

题。① 有学者指出，高等教育学不是纯理论科学，而是一门应用科学。②

第二，"主要是应用学科说"。该学说认为高等教育学基本上属于应用性学科。高等教育学的任务在于应用教育学的基础理论、技术理论以及相应的方法去认识和解决高等教育中的问题。但由于支撑高等教育学的各门基础学科的不成熟性和不完善性，同时高等教育学还要进行一部分基础理论研究，用以指导高等教育活动和高等教育改革。③

第三，"应用理论学科说"。该学说既承认高等教育学的应用性质，又强调其理论性质。"高等教育学作为教育学的一门分支学科，是在纵向上将教育的一般原理应用于高等教育研究领域之中而产生的对高等教育的特殊认识结果"，"高等教育学的学科建设逻辑起点是教育基本理论，其逻辑终点是高等教育的基本理论，即是关于高等教育的概念、原理体系，是在高等教育认识领域中对教育基本理论的扬弃和动态发展"。④

第四，"应用基础学科说"。该学说认为，相对于教育学来说，高等教育学是应用学科；相对于其他的高等教育分支学科来说，高等教育学是一门基础理论学科。⑤

第五，"基础理论学科说"。该学说认为，高等教育学的上位学科——普通教育学，是以中小学教育为研究对象的，并不涉及高等教育的相关问题，因此，普通教育学不能为高等教育学提供理论基础。高等教育学应以高等教育的特殊矛盾和一般规律为研究对象，

① 王冀生：《关于构建有中国特色的宏观高等教育学的思考》，载《高等教育研究》，1997(6)。
② 孔杰：《关于构建高等教育学理论体系的基本问题》，载《中国高教研究》，1994(4)。
③ 潘懋元、王伟廉：《高等教育学》，343—346 页，福州，福建教育出版社，1995。
④ 方展画：《对高等教育学学科建设的若干理论思考》，载《高等教育研究》，1996(3)。
⑤ 杨德广：《关于建立现代高等教育学的思考》，载《高等教育研究》，1996(2)。

独立建构专属的理论体系，这就决定它应该是一门基础理论学科。①

有研究者不同意上述五种学科性质论，理由是它们对高等教育学学科性质的分析是基于学科的功能而进行的，是围绕着高等教育学是"为了什么"或"能干什么"而展开的。高等教育学的学科属性应围绕"是什么"而非围绕"能干什么"或"为了什么"进行探讨。按照知识的分类性质，学科可划分为"常规学科"和"制度学科"两大类。根据此标准，高等教育学应是一门制度学科，因此制度学科是高等教育学的学科性质。②

二是从自然科学和人文社会科学分类的角度看，高等教育学的学科性质十分明确，毫无疑问是人文社会科学，而不是自然科学。这一点已成共识，无须赘言。

三是有学者从理论来源、研究内容等视角分析高等教育学的学科性质。他们认为高等教育学从理论来源来说，具有多科性和开放性；从研究内容来说，具有复杂性和系统性；从研究目的来说，具有普适性和践行性。③

而在欧美国家，学者对高等教育研究的性质总体上形成了较统一的认识，争论不多，一般认为高等教育研究是应用导向的，属于"应用软科学"，具有实用性强、注重实践等特点。④

总体来看，由于学者们研究视角的不同，对高等教育学的学科性质认识就不同，这种多视角的研究有利于丰富人们对高等教育学的学科性质的认识。但问题是缺乏整合的视角，难从整体上概观高等教育学的学科性质。

---

① 李硕豪：《元高等教育学研究介评》，载《现代教育科学》，2002(7)。
② 李志峰：《高等教育学学科研究：反思与批判》，载《黑龙江高教研究》，2006(7)。
③ 胡钦晓：《高等教育学研究与高等教育研究关系辨析——兼论高等教育学的学科性质》，载《南通大学学报(教育科学版)》，2005(2)。
④ ［英］托尼·比彻、保罗特·罗勒尔，唐跃勤等译：《学术部落及其领地：知识探索与学科文化》，181页，北京，北京大学出版社，2008。

（五）关于高等教育学的学科体系

学科之所以不同，根本在于有独立的研究对象，有不同于其他学科的学科体系。所谓学科体系，即表达学科理念的概念系统与框架结构，它是一门学科建立的重要标志，也是学科研究的主要任务之一。[①] 我国高等教育学研究一开始就以学科创建为目标指向，建构高等教育学的学科逻辑体系，对高等教育学学者具有强大的吸引力。[②]

1984年，潘懋元主编出版了全国第一本《高等教育学》，开高等教育学知识体系建设和探索之先河。该书提出教育内外部关系规律，并对高等教育的性质和任务、高等学校的培养目标、大学生身心发展一般特征、大学教师、教学过程和原则、教育制度、高等教育发展历史、高等教育学研究方法等进行了探讨。该书是论述高等教育学知识体系的开山之作，标志着高等教育学作为一门学科已具有专属的、不同于教育学的知识体系。此后，1995年、1996年和2009年，潘先生先后对《高等教育学》进行修改、再版，进一步充实了高等教育学知识体系的内容（按：1996年和2009年版的书名均改为《新编高等教育学》）。胡建华等的《高等教育学新论》（江苏教育出版社，1995）根据"范畴"思路对高等教育学的知识体系进行了探索和建构。薛天祥先生以"高深专门知识的教与学"为逻辑起点对高等教育学知识体系进行建构，出版的专著《高等教育学》（广西师范大学出版社，2001）从专业、高等教育、高等教育基本规律、高等教育原则、高等教育目的与途径、德育论、教学论、课程论等方面探讨了学科的知识体系。还有学者提出问题系统论，即建立高等教育学的理论体系首要任务是确立这门学科的基本问题，通过对基本问题的表述，引

---

① 胡建华等：《高等教育学新论》，21页，南京，江苏教育出版社，2006。

② 祝爱武：《我国高等教育学科发展的特点分析》，载《中国高教研究》，2009(2)。

申出与之相关的问题，最后建立一个多层次连接的逻辑严密的问题系统，构成完整的高等教育学学科体系。① 还可以依据高等教育现象之间的联系，建立由高等教育活动论、体制论和观念论三大系统构成的学科体系；还可以从宏观、中观、微观三层次来建构高等教育学的学科体系等。②

还有学者通过对国内 26 本高等教育学著作与教材内容的分析，看到高等教育学的主要内容包括高等教育史、高等教育本质、高等教育规律、高等教育目的、高等教育结构、高等教育功能、高等教育体制、高等教育主体、专业与课程、高等学校教学论、高等学校的科研、高等教育评价、大学德育、高等教育发展趋势等，得出高等教育学更多是被作为一门课程来看待的，重视学科理论体系的探讨和建构学科体系是高等教育学发展的重要目标，学科理论基础比较薄弱，体系构建方式基本上是"普通教育学"知识体系的移植等结论。③

此外，蔡克勇、杨德广、田建国、王冀生、张楚廷等也对高等教育学知识体系进行了探索，出版了各自不同知识体系的高等教育学。

(六)高等教育学的逻辑起点、研究范式与研究方法

受普通教育学逻辑起点研究的启发，在高等教育学领域也展开了逻辑起点问题的讨论。在讨论中主要形成了高深专门知识的教与学活动、高深学问、知识、办学育人、教师、大学生、课程、媒体或影响(泛指联结师生的各种材料或关系)、学科、专业、教育基本

---

① 王伟廉：《学科基本问题与高等教育学的发展》，载《中国高教研究》，1995(2)。

② 朱国仁：《关于高等教育学的研究对象、体系与方法的思考》，载《教育研究》，1997(2)。

③ 侯怀银：《高等教育学》，7—9 页，太原，山西人民出版社，2014。

理论等多种观点。① 到了后来还有学者依据自然科学的方法理论，提出了公理化方法论；也有学者将高等教育学的基本体系划分为主体、客体和教学三大系统；还有学者提出实践经验论的理论体系等。② 总体来看，研究者主要围绕三个核心来建构高等教育学的学科逻辑体系。一是以知识为核心，强调学科的知识取向；二是以人为本，建构以人为中心的实践活动体系；三是以社会发展为目标，强调社会发展的社会取向。

高等教育学在不同的发展时期，人们对其研究采用的范式不同。学科建立初期，以构建学科体系为目标，形成了"体系范式"；在提倡应用研究的时代，高等教育研究又采用"实效范式"；在对高等教育进行反思的时期，高等教育研究又出现了"文化范式"，以解决学科的归属问题；在高度关注个性发展的时代，高等教育研究又以"个性范式"为主。③ 2001 年，潘懋元先生主编的《多学科观点的高等教育研究》出版，此后，多学科研究范式成为高等教育研究的主导方式。有学者认为，多学科范式无疑适合当下高等教育研究，但放眼高等教育的未来，随着知识的"链变"与"裂变"以及学科的分化与融合，高等教育研究范式必将从"多学科范式"转向"跨学科范式"。④

高等教育学要想成为一门独立的学科，有没有独特的研究方法也成为人们关注的焦点。对此问题，学者们由两种不同的认识：一是主张高等教育学自身没有独特的研究方法；二是认为高等教育学应当有特殊的研究方法。⑤ 对此问题，潘懋元先生认为，高等教育

---

① 李硕豪：《一种高等教育学理论体系建构说——逻辑起点论述评》，载《教育理论与实践》，2005(2)。

② 文雯：《高等教育学学科建设理论研究述评》，载《江西教育科研》，2005(7)。

③ 王洪才：《论高教研究的四种范式》，载《北京师范大学学报(人文社科版)》，2002(3)。

④ 徐红：《我国高等教育研究范式的回溯与前瞻》，载《中国高教研究》，2011(9)。

⑤ 朱国仁：《关于高等教育学的研究对象、体系与方法的思考》，载《教育研究》，1997(2)。

学的独特研究方法可能就是多学科的研究方法。^① 也有学者认为，在建立高等教育学的过程中，我们过分追求研究方法，可能被实用主义和功利主义心态所俘虏，使得高等教育学反而离科学越来越远，使得高等教育学的想象力与解释力大打折扣，这也是社会科学诸多学科走过的弯路。^② 在高等教育学的学科建设中，移植其他学科的研究方法是不可避免的，但要体现出自身的特殊性，在表达方式上需要有原创精神，创造出具有学理性、专业性的适当贴切的新术语。^③ 还有学者借助现象学的方法，从具体高等教育问题入手，对高等教育具体"实事"进行描述分析，以此理解高等教育本质和高等教育主体的意义、情感和兴趣。^④ 这些方法无疑对于我们提升高等教育学的研究品位、拓宽高等教育学的研究视域、深化高等教育学的研究具有重大意义与价值。

（七）中国特色的高等教育学科的建构

中华人民共和国成立以来，随着我国高等教育事业的发展，建构中国特色的高等教育学一直是一些高等教育学者的夙愿。1984年，我国第一部《高等教育学》问世，标志着中国高等教育学的诞生。从高等教育学学科诞生开始，学者们就十分重视高等教育学的学科建设之路，积极探索中国特色的高等教育学学科体系的建构。他们认为中国的高等教育学建设，必须从中国实际出发，解决本土问题，包括对高等教育学的基本概念、基本原理进行深入研究，学会通过多次专题讨论学科建设问题，组织专家从多学科研究高等教育的基本理论问题。^⑤ 在学科建设上，应从我国的文化传统及国情现状出

① 潘懋元：《多学科观点的高等教育研究》，4页，福州，福建教育出版社，2001。
② 李海龙：《高等教育学的常识、传统与想象》，载《高等教育研究》，2017(10)。
③ 卢晓中：《高等教育学的学科性质及相关问题》，载《中国高教研究》，2016(11)。
④ 刘志忠：《现象学：高等教育学学科建设的方法论突破口》，载《高教探索》，2017(5)。
⑤ 潘懋元：《高等教育学科建设的回顾与前瞻》，载《高等教育研究》，1995(3)。

发，立足本国的高等教育改革与实践，充分借鉴国外经验教训，努力建构具有中国特色的社会主义高等教育学。[①] 有研究者专门从指导思想、研究对象、特征、背景、底蕴、研究素材、参照体系和品质八个方面进行论述应该如何建构有中国特色的高等教育学。[②] 在经济全球化背景下，中国高等教育学学科的建设，要避免"西方中心主义"，避免主体意识的丧失。中国的高等教育学科建设要走自主创新之路，创造中国话语，避免沦为发达国家的附庸。[③] 如今，高等教育学学科已经发展为一个"大家族"，出现了众多的高等教育子学科，高等教育科学的概念逐步形成，难怪有人提出要建立一级学科的高等教育学。

二、高等教育学学科发展的反思

中华人民共和国的 70 年，是我国各项事业都得到快速发展的 70 年。中华人民共和国的高等教育历经了从小到大、从弱到强的发展过程，特别是 20 世纪末到 21 世纪的前 10 年，是中华人民共和国高等教育事业取得辉煌发展的时期，我们实现了高等教育大国的梦想。伴随着高等教育事业的发展，高等教育学由前学科走向独立学科，今天高等教育学研究呈现出异彩纷呈的局面。在中华人民共和国由教育大国走向教育强国的时期，我们更应该深刻反思高等教育学学科发展的成就与问题，在总结经验教训的基础上，锐意改革，大胆创新，使中华人民共和国的高等教育学走向辉煌灿烂的明天。

（一）要充分认识到高等教育学学科建设任重而道远

1984 年，潘懋元先生《高等教育学》的出版，标志着高等教育学的诞生。中华人民共和国"授予博士、硕士学位和培养研究生的学

---

① 方展画：《对高等教育学学科建设的若干理论思考》，载《高等教育研究》，1996(3)。
② 刘尧：《论中国特色的高等教育学》，载《云南高教研究》，2001(1)。
③ 潘懋元：《中国高等教育学学科建设之路》，载《中国教育报》，2004-09-03。

科、专业目录"、国家颁布的《学科分类与代码》都把高等教育学列为一个二级学科,高等教育学具有了合法化的学科地位。但由于这门学科成立比较晚,至今发展仅有 30 多年的时间,相对来说,高等教育学的学科成熟度不高,学科存在的众多问题还没有得出较好的解决。例如,高等教育学知识体系问题,具有明显移植普通教育学知识体系的痕迹。尽管高等教育学是普通教育学的分支学科,应当具有母学科的"胎记",但在母学科的关照下,总要成长为有自己个性的知识体系,这一点需要我们继续探索。如今,随着共和国高等教育事业的大发展,高等教育学已由原来的一个二级学科发展成为一个学科群,出现了高等教育科学的概念,是否能够建立一个独立的高等教育学一级学科,值得我们深入探讨。在高等教育学学科建立初期,高等教育学的创始人潘懋元先生曾说:"教育学同各门分支学科的关系,是一般与特殊的关系。教育学研究的是教育活动一般的、共同的规律。学前教育学……高等教育学等等,应当是研究各自的特殊规律。"[1]把高等教育学作为教育学的一个二级学科是应然行为。但随着高等教育的发展,有学者认为现代大学不再是一个"单纯的教育实体",而是一个"复杂的社会实体",高等教育学的研究对象变得更为复杂。[2] 王建华教授通过考察与论证,指出高等教育学与(普通)教育学完全是并列关系。[3] 2010 年,张应强教授提出了建立一级学科的高等教育学的设想,他认为,高等教育学与教育学在知识体系、研究对象、研究方法方面差别比较大,而且在研究旨趣、问题意识、话语方式等方面也存在明显差别。[4] 看来高等教育学要想成为一级学科,怎样建设一级学科,这一问题有待进一步探究。再就

---

① 潘懋元:《高等教育学(上册)》,2 页,北京,人民教育出版社,1984。

② 张祥云:《论高校对教育范畴的突破及其认识意义:对高等教育学研究的对象特殊性的理论探讨》,载《上海高教研究》,1991(2)。

③ 王建华:《论教育学与高等教育学的关系》,载《教育研究》,2004(8)。

④ 张应强:《论高等教育学的学科定位》,载《教育研究》,2010(1)。

是高等教育学的理论体系建构，其逻辑起点是什么，是否存在逻辑起点，逻辑起点是一个还是多个，哪一个起点更合适，还需要人们探索尝试并提出新的思路。

(二)依据学科发展理论推进高等教育学的发展

学科的建立无疑需要学科理论的支持。学科理论的发展对于任何一门具体学科的建立具都有方法论意义。潘懋元先生曾说，现在中国已经出版多部高等教育学的系统专著，除个别专著涉及理论体系的设想外，绝大多数都是根据高等教育工作经验所提升的理论知识的积累与系统化，这种高等教育学的知识体系(经验体系)并不是作为一门学科的理论体系。传统学科建构的范式，是在复杂事物的现象中，抽象概括出反映该事物的本质的核心概念，然后以核心概念作为逻辑起点，形成逻辑严密的理论体系。[①] 在学科发展理论研究方面，国外一些学者进行了探讨，提出在传统知识生产模式之外，产生了新的知识生产模式，科学和学科应顺应新知识生产模式进行发展。[②] 现代科学正在转型，科学在本体论、认识论、方法论等方面都在发生变革，科学的转型必然带来学科建构思路的变化，过去要求的客观、独特的研究对象，唯一、独特的研究方法和线性、单向度的知识体系已经转变为今天相对、系统的研究对象，多元化的研究方法和球形、多向度的知识体系。这些思路和方法对于我们今天研究高等教育学、建构高等教育学的理论体系具有重要的启发意义。

---

① 刘小强：《学科建设：元视角的考察——关于高等教育学学科建设的反思》，2页，广州，广东高等教育出版社，2011。
② 这方面的著作主要有：［英］迈克尔·吉本斯等：《知识生产的新模式——当代社会科学与研究的动力学》，北京，北京大学出版社，2011；［瑞士］海尔格·诺沃特尼等：《反思科学——不确定性时代的知识与公众》，上海，上海交通大学出版社，2011；［美］朱丽·汤普森·克莱恩：《跨越边界——知识、学科、学科互涉》，南京，南京大学出版社，2005；等等。

在高等教育学理论体系的建构中，国内学者比较注重学科发展的动力、方向和途径。例如，有学者提出高等教育学的研究要转变研究思路，把理论与实践结合起来。就是要有"关照实际问题的理论研究"和"关照理论建设的实际问题研究"。① 还有学者在考察高等教育研究之后，认为推动高等教育学研究的动力主要有四个来源：政策和实践的需要、大学学术人员接受适当的培训、学者个体的大力倡导、其他学科的贡献。② 还有一些学者提出了一些高等教育学的发展方向和途径，如实施国际化战略，走出去，在世界舞台上占据一席之地。③ 今后的高等教育学学科建设，要深入研究高等教育在传统知识生产模式下是怎样发展的，在新的知识生产模式下，高等教育学又将怎样发展，通过深化学科发展理论的认知，来逐步提高高等教育学学科建设水平。

(三)高等教育学的发展必须结合教育实践

高等教育学自创立以来，其研究路径大体有两条：一是部分学者致力于学科理论体系建设，以建构学科为主要任务；另一部分学者以当下高等教育发展与改革中的实际问题为志趣，展开应用研究。总体来看应用研究占了上风。因为这种研究属于短、平、快的项目，比较容易做，也容易出成果，故受青睐。实践研究热潮的出现也与我国的高等教育政策导向密切相关，特别是改革开放以来，国家和政府的政策在高等教育学研究中发挥了主导作用。在社会主义市场经济建立初期，高等教育学界展开了市场经济与高等教育关系的研究，形成了"产业说"与"非产业说"的论争；在高等教育规模扩张时期，人们对大学的合并与发展、地方高校的特色建设等方面进行探

---

① 王伟廉：《从实践的视角看高等教育研究应如何创新》，载《教育研究》，2003(3)。
② 侯定凯：《象牙塔是平的：国际高等教育研究新进展》，5—6页，上海，华东师范大学出版社，2010。
③ 潘懋元、方泽强：《论高等教育研究的社会责任》，载《高校教育管理》，2012(6)。

讨，对高等教育大众化理论进行长期讨论；国家提出重点大学建设政策，"211"工程大学、"985"工程大学建设成为研究的热点，国家推出教育现代化政策后，高等教育现代化成为学术界的关键词；"双一流"建设战略提出后，"双一流"建设成为时髦词汇；如今的教育工作会议提出加强本科教育，"以本为本"成为新的流行语。如此等等，可以看出高等教育学研究密切关注教育实践，大力开展实践改革研究是人们的长期兴奋点，这在理论上说是正确的。因为实践是第一性的，实践出真知，实践是检验真理的唯一标准，而高等教育学理论也建立在实践基础上，失去实践依托的理论是空洞的、无价值的。但是，仅有实践的热情是不够的，学科建立与发展要立足实践，但又要高于实践，是对实践经验的总结和概括，是对具体的抽象。只有把理论研究和实践改革紧密结合起来，相得益彰，二者才能共同发展。所以，今后在高等教育学研究中，要在关注教育实践的基础上，加强理论研究，不断提高高等教育学的学术理论品质，才能更好地促进中国特色高等教育学的学科发展。

（四）高等教育学的研究要在国际化进程中彰显中国特色

当今的世界是一个开放的世界，信息化、国际化是时代发展的潮流。高等教育学学科建设水平要想得到提高，扩大学术影响力，就必须不断走向世界，增强国际影响力。这就要求高等教育学研究者积极开展国际学术交流与合作[1]，一方面学习国外先进的高等教育理论与方法，使之本土化；另一方面要主动宣传自己本土研究的高等教育研究成果，在国际交流与合作中，把自己的研究成果推向世界，发出我们的声音，形成有中国特色的高等教育话语，以赢得国际同行的认可。

高等教育学研究要彰显中国特色，就必须坚持中国立场。例如，

---

① 杨德广、谢安邦：《高等教育学》，46 页，北京，高等教育出版社，2009。

关于高等教育学是一门学科还是一个研究领域的探讨，国外一般把高等教育当作一个研究领域，中华人民共和国自成立后一开始就是把高等教育学当作一门学科来创建的，突出其学科性，重视理论体系的建构，这本身就是中国立场。在高等教育学学科的建设过程中，我们要立足于"中国立场"，不论是理论体系的建构还是研究方法的选择，都应该紧密结合中国高等教育的实际，结合中国的国情，这样研究出的结论才具有中国特色，才是中国的高等教育学。教育学学科的发展历史告诉我们，过分引进依赖他国的教育理论会给中国教育实践带来不少的消极影响。因为教育所面临的现实情况不同，各国的教育文化传统不同，所以，坚持自己的学科立场，立足本土、研究本土、创建本土理论，指导本土教育实践，是我们最明智的选择。

（五）加强团队建设提高高等教育学研究的学术品质

学科理论体系的形成与学科群的出现，标志着一门学科正在走向成熟。如今的高等教育学形成了众多的子学科，高等教育学自身不断分化，出现了高等教育原理、高等学校教学论、高等学校课程论、高等学校德育论、高等教育管理学、研究生教育学等。高等教育学与其他学科交叉互动形成一些交叉学科和边缘学科，如高等教育经济学、高等教育哲学、高等教育社会学、高等教育心理学等，高等教育科学概念已经形成。所以有些学者主张建立一级学科的高等教育学，这有一定的合理性，当然这里还有学科分类的问题。正如前文所述，共和国70年来，特别是高等教育学学科独立以来，我们出版了众多的"高等教育学"著作与教材，但总体来看，著作类比较少，教材类比较多。学者们编写的《高等教育学》基本上是供学生，特别是研究生学习使用，当然也供高等学校的教师和干部学习。① 高等教育学的学科理论体系有待深入发展，其学科理论体系的科学性有待提升。

当然，影响学科发展的因素很多，如国家政策、学术环境等，但其中最核心的要素是人才，是学科团队建设。高等教育学的发展离不开高素质的高等教育研究人才的支撑。从目前现实情况来看，我国从事高等教育学学科研究的人员、机构都是世界之最，几乎所有高校都有高等教育研究机构，高等教育学学科恐怕也是教育学学科设点最多的一个研究方向。但也出现了一些研究人员专业性不高，许多高等教育研究机构是学校的职能服务部门，没有真正从事"高等教育学研究"的现象。今后的高等教育学研究，一定要加强学术团队的建设，或重点打造一些"高等教育学学派"。学派的形成是理论发展的重要源泉，"一门学科内部的学派形成过程，也是这门学科自身发展的过程，学派是一门学科自身结构的重要内容，不论从一个国家来看一门学科，还是从世界范围来看一门学科，如果没有形成几个学派，这门学科就缺乏支撑力量"②。为此，国家和政府要积极鼓励各个高等教育学学位点，积极申报和培育"高等教育学学派团队"，通过委派课题研究项目，给予政策支持、经费帮扶，使之攻坚克难，形成一些具有原创性、高品位的研究成果，以提高高等教育学的学术声望。

第四节　成人教育学学科的发展

中华人民共和国成立后，百废待兴，百业待举，虽然那时还没

---

① 潘懋元：《在〈高等教育学〉教材听取意见座谈会上的发言》，载《高等教育研究》，1984(1)。
② 叶澜：《关于加强教育科学"自我意识"的思考》，载《华东师范大学学报(教育科学版)》，1987(3)。

有出现成人教育的名称，但作为一种特殊的教育形式，成人教育以函授教育、社会教育、业余教育、工农教育、扫盲教育等不同形态，融入我国教育发展的洪流之中。新中国成人教育实践的逐步深化和丰富，必然催生了成人教育学从教育学学科体系中的脱颖而出，成人教育有了自己的"学"，有了自己独特的研究领域、研究范式、话语体系和学科体系。正如有学者所说："依据判定学科独立性和成熟度的标准，成人教育逐步发展成为一门能够反映成人教育本质和内在规律的独立学科，即具有韵味独具的研究范式、发育成熟的学科体系以及健全完善的学科组织。"[1]成人教育学学科体系的科学建构和日臻成熟，反过来又能够指导与规范成人教育实践功能的有效发挥，成为推动中国成人教育深化改革和高质量发展的理论支撑和根本保障。

一、成人教育学学科的进展

中华人民共和国成立 70 年来，成人教育学学科研究的领域和内容是非常广泛的，既有对学科性质与学科定位的本质探讨，也有对学科结构体系的深入分析；既有对成人教育学学科发展过程中问题及其原因的剖析，也有对成人教育学学科建构原则和策略的概括总结；既有对国外成人教育学学科优点的借鉴，也有对成人教育学学科中国化和本土化的创造性研究。具体分析，我国成人教育学学科研究的主要问题表现在以下一些方面。

(一)成人教育学学科性质研究

学科性质问题是成人教育学学科的根本问题和核心问题，它在很大程度上决定着成人教育学学科体系的建构和发展方向。我国关于成人教育学学科性质问题的研究主要取得了以下成果。

---

① 杜以德、韩钟文、何爱霞：《中国成人教育学科体系结构及其分类研究》，57 页，北京，高等教育出版社，2006。

姚远峰认为，中国成人教育学学科所面临的现实困境主要在于成人教育自身"合法性"的让渡，它从根本上抑制了成人教育学学科的发展需求和内部动力。立足于教育学科的反思和争论，借鉴当代西方成人教育学学科的发展路向，中国成人教育学学科必须聚焦和提升其"成人性"特质，才能促进成人教育学学科的健康发展。①

杜以德等人认为，成人教育学属于终身教育学的下位学科，从教育实践活动的形态上来看，成人教育作为与基础教育、高等教育、职业教育等并列的一种教育活动，共同构成了整体的终身教育体系。成人教育与上述这些教育之间存在交叉关系，但这种交叉关系是以并列的位置为前提的交叉关系，各类教育的职能、作用都不能相互替代。②

刘南认为，人的生命是教育的基石，生命是教育学思考的原点。成人教育学作为教育学的一个分支学科，在伴随着教育学发展整体推进的过程中，成人教育学学科的生命化走向越来越受到人们的关注，成人教育学的生命化特质越来越得以凸显。③

程艳峰基于学科功能分类及其内涵界定，认为成人教育学学科性质可以从以下三个维度加以界定：其一是应用性学科说，即将成人教育学看成是一门综合性、实践性很强的应用性学科；其二是应用理论学科说，即作为教育学的一门分支学科，成人教育学学科是把一般的教育学原理应用于成人教育学研究领域的一门应用学科；其三是应用性较强的基础学科说，即成人教育学学科既是一门研究成人教育特殊规律的、理论性较强的应用性学科，也是一门应用性

---

① 姚远峰：《提升"成人性"：成人教育学肩负的使命》，载《河北师范大学学报（教育科学版）》，2006(5)。
② 杜以德、韩钟文、何爱霞：《中国成人教育学科体系结构及其分类研究》，21 页，北京，高等教育出版社，2006。
③ 刘南：《走向生命化的成人教育学》，载《成人教育》，2006(6)。

较强的基础性学科。①

桑宁霞等人认为，成人教育学从分析研究成人教育过程中的诸多现象入手，揭示成人教育作为一门独立的社会科学的特有规律，因而成人教育学是一门独立的社会科学，这种定位在尊重学科自主性和独立性的基础上，肯定成人教育学在社会系统中的独特作用，强调成人教育学具有同其他社会科学比肩的价值和意义。②。

陈正和曾青云认为，应当从理论分类、理论作用和理论优势的广阔视野，在成人教育实践中充分彰显现代成人教育学的学科本质和属性，这就是现代成人教育学学科所独具的科学性、理论性和实证性。③

(二)成人教育学学科价值研究

任何一门学科的产生，都源自实践和理论的需要；任何一门学科的发展和完善，都离不开对其所具有的价值及所能发挥的功能的不断深入的认识。成人教育学学科的产生和发展也是如此，只有明确其学科价值和功能，才能使其发展获得源源不断的动力。我国关于成人教育学学科价值问题的研究主要取得了以下成果。

张红艳和张夫伟认为，成人教育学学科最突出的价值就是其所具有的实践价值，它不仅能够调控和指导成人教育实践，而且能够拓宽和深化成人教育研究；不仅能够实现成人教育学科人才的培养，而且能够促进终身教育体系的构建。④

郑确辉认为，如果从价值取向来看分析，成人教育学学科除了

---

① 程艳峰：《对成人教育学学科建设若干问题的当代反思》，4页，硕士学位论文，山西大学，2007。

② 桑宁霞、张晓瑞：《成人教育学学科定位存在的问题及破解》，载《中国成人教育》，2015(3)。

③ 陈正、曾青云：《现代成人教育学的本质探究》，载《成人教育》，2017(11)。

④ 张红艳、张夫伟：《我国成人教育学学科建设的价值分析与目标定位》，载《湖北大学成人教育学院学报》，2003(6)。

具有政治学、经济学及其他社会科学学科所具备的"实用功利性"之外，还表现出一种"自足过程性"，也就是说它本身就是一种文化创造，是一个民族文明水平和智慧程度的重要标志之一。即"通过教育思维的精神活动过程，可以展现思维者卓尔不群的个性生命，以及所属民族的崇高智慧，进而可以显示人类精神的伟大，以开拓人类的心灵空间，以培育整个人类的文化品性"①。

桑宁霞和赵苏婉认为，作为一项公共服务，成人教育在教化公民、提高整个国民素质的过程中发挥着至关重要的作用，政府认识到其公共价值将给予更多公共服务，社会民众认识到其公共价值将有更多参与和监督。由此，成人教育学学科也应充分彰显和发挥自身所具有的公共价值，由此才能更好地促进成人教育学学科与其他学科的相互融合，才能有力推动终身教育体系的构建并发挥其作为普适性学科的特色和优势。②

桑宁霞和张慧萍认为，当代发展中的成人教育应更具有历史的使命感和责任感，去关注现实社会，回归生命体内在的价值吁求，使人类成熟和归正，实现成人教育"博大、宽宏、自由、平等、共享、可持续和乐生的伟愿"。由此，成人教育学学科的价值"也正是在实现公平、自由和民主的普适中；在索隐共享、包容的公共中；在映涵可持续发展、乐生幸福的伦理视域中，予以更加丰富多彩的显示"③。

傅雷鸣、王兆烨和陈一飞在分析和批评当前成人教育学科建设存在价值取向错位的基础上，提出要重建成人教育学的学科价值："创新学科发展理念，突出'成人'的主体地位；从成人现实需求出发调整教学内容和教学方法，回归成人生活世界；面向广大社区、农

---

① 郑确辉：《成人教育学研究价值取向探讨》，载《成人教育》，2007(3)。
② 桑宁霞、赵苏婉：《成人教育学的公共价值》，载《中国成人教育》，2014(11)。
③ 桑宁霞、张慧萍：《当代成人教育学的视域与价值》，载《中国成人教育》，2017(23)。

村和企业，实现学科建设重心下移。"①

(三)成人教育学学科逻辑起点研究

任何一门学科都有自己特定的理论体系，也都各自具有自己独特的逻辑起点。"学科的逻辑起点问题，实质是学科的构建从哪里开端、以什么为基本概念、范畴并作为学科构建的出发点，或者说对学科体系的构建应该从什么概念、范畴的分析为起点的问题。"②不同的逻辑起点决定着一门学科不同的研究方向和学术范围，标志着一门学科区别于其他学科的分界线和操作模式。成人教育学学科要想获得完全独立，并真正走向成熟，就必须认真研究并确立自身的逻辑起点。我国关于成人教育学学科逻辑起点问题的研究主要取得了以下成果。

王北生认为，成人教育学学科理论体系的构建，应当从教育科学的逻辑起点(元教育学)出发，运用逻辑手段，进行推导并加以扩展，由抽象到具体，构成严密的逻辑系统。同时，要从具体事件中对成人教育实践进行总结和概括，将其上升为抽象的理论，使科学的理论源于成人教育的实践活动，又能指导成人教育的实践活动。③

杜以德主张，应当把"成人学习"作为成人教育学学科的基本逻辑起点，因为成人学习是成人教育学学科体系中最简单、最基本的起始范畴，成人学习作为逻辑起点同时也是成人教育实践及其理论研究的历史起点，成人学习标志着成人教育的直接存在。④

此外，张品茹在其论文《我国成人教育学学科体系构建研究》、李金在其论文《我国成人教育学学科体系建设研究的回望与前瞻》、

---

① 傅雷鸣、王兆烨、陈一飞：《错位与重建：我国成人教育学科建设的价值取向探究》，载《中国成人教育》，2018(14)。

② 杜以德、韩钟文、何爱霞：《中国成人教育学科体系结构及其分类研究》，90 页，北京，高等教育出版社，2006。

③ 王北生、姬忠林：《成人教育概论》，317 页，开封，河南大学出版社，1999。

④ 杜以德：《成人教育学科体系的逻辑起点》，载《教育研究》，2006(10)。

张丽玲等人在其论文《我国成人教育学学科结构优化研究》中，也都主张成人教育学学科的逻辑起点是"成人学习"。

由此可见，我国成人教育研究者普遍倾向于把"成人学习"作为成人教育学学科结构的逻辑起点，考察其中的原因，主要在于：首先，成人学习是成人教育学学科体系最基本、最简单的起点，因为成人学习不仅关联着成人教育学学科体系中的几乎全部信息，而且成人教育的目标、构成、方法、手段等都是从这一最原初、最简单、最基本的概念展开的。其次，成人学习是成人教育及其理论研究的历史起点，因为成人学习是成人教育实践活动的来源，成人教育实践是成人学习需求满足并不断展开成人学习活动的积淀，成人教育研究是以成人学习为核心概念加以进行的。最后，成人学习标志着成人教育的直接存在，只有从成人学习出发，才能将成人教育学学科的理论体系与成人教育实践密切结合，进而抽象出对成人教育的一般规律性认识，把人们对成人教育的感性认识上升为理性认识，才能促使成人教育学学科不断规范化和科学化。

（四）成人教育学学科体系研究

一门学科走向成熟，最重要的标志就是要形成自己的话语体系和学科体系，它关涉该门学科的科学性、学术性和规范性。成人教育学学科体系是指由学科基本概念、基本原理、基本方法等按照一定的逻辑结构所组成的一个学术研究框架系统，是由成人教育个体学科构成的成人教育群体学科的范畴与框架。成人教育学学科体系的发展和形成是一个长期的、复杂的历史过程，离不开研究者所进行的多视角、多方法的深入探索。我国关于成人教育学学科体系问题研究取得的成果主要表现在以下三个方面。

1. 成人教育学学科体系的系统建构

杜以德、韩钟文和何爱霞从 7 个序列对成人教育学学科体系进行了建构：第一序列孕育在成人教育的实践活动中，一般是以经验

性的"成人教育问题"形态存在的成人教育学科的"胚芽"；第二序列
是介于问题与学科之间的成人教育研究的专题；第三序列是成人教
育基础性研究学科或成人教育主干性学科；第四序列是成人教育学
的分支学科；第五序列是成人教育学科群中的边缘学科、交叉学科；
第六序列是成人教育的跨学科、综合性或科际整合性的研究；第七
序列是以成人教育理论体系与学科体系自身为研究对象的元研究，
亦即元成人教育学的研究。[1]

　　高志敏对成人教育学学科体系的形成和发展进行了细致的梳理
与探索，首先以异域追踪和本土寻迹为主线，对外国教育及教育学
的萌芽和发展进行历史考察；其次从异域回溯和本土回望两条主线
出发，对成人教育学学科体系的形成与拓展展开追溯；最后对异域
智慧和本土研究进行串联、归结、比较和整合，再从伦理与纲领、
性质与目标、意义与作用、源点与路向、内容与边界、空间与方法
等角度，以批判的眼光对成人教育学科体系及其未来发展进行思考
与展望。[2]

　　2. 成人教育学内容结构的深入研究

　　秦向阳主编的《成人教育学》(江苏教育出版社，1989)是我国成
人教育学学科体系研究中出现的比较早的著作，全书包括导论、现
代社会与成人教育、成人教育的特点与规律、成人教育的结构、成
人教育的教学原则、组织形式和教学方法、成人学习的特点与方法、
成人思想政治教育、成人教育管理、成人教育评估、成人教育经费
的投入与使用、成人教育师资队伍的建设、成人教育研究、国外成
人教育等内容，对成人教育学体系进行了全面的建构，对我国出版
的成人教育学著作发挥了重要的引领作用。

　　[1]　陈乃林：《成人教育学科研究的一项创新成果——〈中国成人教育学科体系结构及
其分类研究〉读后》，载《中国成人教育》，2007(7)。
　　[2]　高志敏：《成人教育学科体系论》，1页，上海，上海教育出版社，2017。

张维主编的《成人教育学》(福建教育出版社，1995)的内容结构主要包括绪论、成人教育科学理论的发展、成人教育学的研究对象和任务、成人教育的目的与任务、成人教育的性质和功能、成人教育结构、成人教育的特点和规律、成人教育教学论、成人教育的思想政治教育、成人教育科学研究、成人教育工作者、成人学校管理、成人教育行政管理13章。①

叶忠海等著的《成人教育学通论》(上海科技教育出版社，1997)，包括绪论，成人教育的内涵、属性和特征，成人教育体系，成人教育的功能，成人教育目的，成人教育德育论，成人教育教学论，成人教育课程发展理论与实践，成人教育教员岗位培训，现代企业教育，社区成人教育，农村成人教育，自学考试，面向21世纪成人教育发展的特点和趋势。该书把企业教育、社区成人教育、农村成人教育、自学考试等内容纳入成人教育学之中，是其一大创新和亮点。

王北生和姬忠林主编的《成人教育概论》(河南大学出版社，1999)包括绪论、成人教育体系制度论、成人教育目的论、成人教育德育论、岗位培训论、社区成人教育论、农村成人教育论、自学考试论、终身教育论、成人教育科研论、成人教育学科论、成人教育如何迎接知识经济。概述采用"论"的形式进行内容架构和编写，使得成人教育学更具创新性和独特性。②

叶忠海主编的《现代成人教育学原理》(中国人民大学出版社，2015)，将"以成人为本"理念作为指导，以成人的终生发展为最终价值取向，沿着"成人的成长和发展"的主线展开研究，在此基础上构筑现代成人教育学理论体系；同时从教育社会学视角对成人教育类型作了新的划分，分为学校形态的成人教育、组织形态的成人教育、社会形态的成人教育。作为我国成人教育学研究最新的著作，该书

---

① 张维：《成人教育学》，前言，福州，福建教育出版社，1995。
② 王北生、姬忠林：《成人教育概论》，前言页，开封，河南大学出版社，1999。

无论是编写理念和指导思想，还是内容架构和逻辑结构、研究方法和编写体例，都体现了一定的创新性，也综合反映了我国近年来在成人教育学研究方面所达到的高度和水平。

3. 成人教育学学科体系建设策略研究

陈清洲认为，我国成人教育学学科体系经过 20 年的建设已基本形成，今后进一步科学构建需要面对充满变动的成人世界，对我国具体而生动的成人教育实践进行批判性反思和创造性建构，重建学科研究范式，重廓学科研究边界，回归成人的生活世界，构建全新的成人教育学科理论体系、知识体系和课程体系，唯其如此才能实现我国成人教育学科体系建设的跨越式发展。①

李金对我国成人教育学学科体系研究进行了回顾和前瞻，指出近年来我国成人教育理论界关注热点主要集中于成人教育学科体系的发展脉络、逻辑起点、建设原则、结构及分类、建设障碍等几个方面，但成人教育学学科体系建设因受主客观因素的影响仍存在一些问题和弊端，由此他认为成人教育学学科体系的构建必须注意更新学科研究理念，明确学科研究对象，完善学科研究架构，整合现有研究力量，充实学科研究基础，优化学科研究方法。②

张品茹认为，我国成人教育学科体系的科学构建必须遵循以下几个基本原则：其一是反思性原则，即加强对成人教育实践活动和理论知识的批判性反思，进而形成新经验、新价值和新观点，增进学科知识贡献；其二是独立性原则，即坚持独立自主原则，务必以我国具体、丰富、生动的成人教育实践活动为立足点，以"成人"为中心，突破普通教育理论和西方教育理论的束缚；其三是创新性原

---

① 陈清洲：《成人教育学科体系的构建与发展》，载《湖南师范大学教育科学学报》，2006(2)。

② 李金：《我国成人教育学科体系建设研究的回望与前瞻》，载《中国成人教育》，2015(13)。

则，即既需要成人教育理论以及研究方法论的创造性突破，也需要研究者敢于在未知领域内探索、开拓与创新的科学精神气质。①

王宝琴和许建宝在全面分析了我国成人教育学学科体系存在的远离"成人"，学科发展依附性严重，过程发展不均衡，体系结构不合理，学科研究薄弱，理论与实践脱节等问题的基础上，指出：成人教育学学科体系建设需要注重学科结构的整体性发展，促进学科建设多元互动；加强学科品牌建设，形成学科发展的拳头产品；加强成人教育"元理论"研究，提升学科研究水平。②

（五）成人教育学学科发展研究

成人教育学学科的发展绝不是一帆风顺的事情，总会遇到各种困难和障碍，只有直面这些伴随着学科研究出现的问题，深入剖析这些问题产生的根本原因，在此基础上提出促进学科发展的原则、路径和策略，才能更好地促进成人教育学学科的不断成熟和完善。我国关于成人教育学学科发展问题的研究主要取得了以下成果。

张夫伟认为，应当用推动成人教育学独立发展的进程来追求成人教育学的学科独立，这已经成为 21 世纪成人教育发展的关键问题和焦点问题；要提升成人教育学的学科独立地位，就必须坚持正确的指导思想与基本原则，即内部建设与外部支持相结合；基础研究与应用研究相结合；立足自身与加强沟通相结合；放眼现实与反思历史相结合；体系建构与问题研究相结合。③

高志敏和纪军认为，正如人们对成人教育现象认识尚显稚嫩一样，成人教育学学科在中国的发展面临着研究范式的缺失、学科边界的模糊、专业文献的不足、研究人员的匮乏等诸多现实困境。未

---

① 张品茹：《我国成人教育学科体系构建研究》，载《中国成人教育》，2016(15)。
② 王宝琴、许建宝：《我国成人教育学科体系建设的有效策略》，载《中国成人教育》，2018(2)。
③ 张夫伟：《论成人教育学发展的指导思想与基本原则》，载《成人教育》，2004(6)。

来成人教育学学科发展必须注意重建学科的研究范式，重廓学科的研究边界，回归成人的生活世界，建构完善的课程体系。①

姚远峰认为，我国自改革开放以来，成人教育学科建设虽然取得了较大进步，但也存在基本概念尚未廓清、研究对象认识肤浅、流于问题分析、研究边界泛化、研究方法简单、研究队伍薄弱等问题。展望未来，我国成人教育学学科建设需要对以下一些问题做出更深入的思考和回答：学科建设的最终价值在哪里，研究对象和研究边界如何确立，研究方法遵循的"范式"是什么，研究者之间应该如何合作与分工。②

李中亮认为，中国成人教育学发展必须遵循科学有效的指导原则，否则就有可能误入歧途。成人教育学学科发展的指导原则应当包括：中国化研究原则、成人研究原则、社会弱势群体研究原则、体系化研究原则、跨学科研究原则。③

孙龙存认为，成人教育学学科建立与发展有其历史的、逻辑的和必然的联系，对成人教育学学科体系的研究能从一个侧面反映出成人教育学"自我意识"的水平和自身的成熟程度。目前我国成人教育学学科研究的发展特点表现为从零散走向系统的研究取向、从前提走向本体的研究内容、从"包干到户"走向"集约经营"的研究规模。今后成人教育学学科研究的重要趋向必须集中在：为何研究；如何研究；具体框架怎样成为研究热点；成人教育体系结构的合法性、合理性及分支学科研究等方面。④

---

① 高志敏、纪军：《在"成人"与"教育"之间——成人教育学科发展的回顾与展望》，载《教育研究》，2005(2)。

② 姚远峰：《成人教育学科建设：进展、问题和前景》，载《河北大学成人教育学院学报》，2005(2)。

③ 李中亮：《中国成人教育学发展的指导原则》，载《河北师范大学学报(教育科学版)》，2007(5)。

④ 孙龙存：《中国成人教育学科体系结构研究的进展与前瞻》，载《河北大学成人教育学院学报》，2008(1)。

    肖菲和白露从学科互涉的视角对成人教育学学科发展展开研究，认为在学科互涉的今天，成人教育学科研究疆域正逐渐遭到蚕食，理论体系遭受外界质疑，学术共同体声音不一。为此，基于学科互涉的本质，成人教育学学科应该以问题研究导向来拓展疆域，通过科际整合来提升理论信度，实现话语整合来推进成人教育学学科的发展。①

    王欣欣和朱静然认为，我国的成人教育学作为一门年轻的学科，是在借鉴教育学及国外成人教育学理论的基础上迅速发展的，但脱离本土化的借鉴也给学科发展带来了诸多困境。今后成人教育学学科发展必须在观照"成人"、立足本土的基础上，增强理论的原创性与学科实践的吻合度，必须注意夯实理论研究，彰显"成人"特质，凸显中国特色，均衡成人教育学科体系结构，完善研究方法。②

    李丛从成人教育学科发展的方法论视角展开研究，认为方法论并不是简单的方法集合或方法总结，而是一种以解决成人教育学科发展问题为重心，对成人教育学科发展中的具体方法进行分析研究和系统总结，并最终提出较为一般性原则的思维体系。由此，成人教育学学科发展需要以"实践先行"推进学科发展；以"问题导向"促进学科发展变革；以"理论自信"支撑学科发展创新。③

（六）成人教育学学科基础研究

    当代科学既高度分化又高度综合，学科之间的联系正日益紧密，某一学科体系的科学建构，离不开其他相关学科的基础和支撑。成人教育学学科是从教育学学科母体中"脱胎"而来的，其学科基础有教育学学科的共性，当然也有自己的个性。我国关于成人教育学学

---

① 肖菲、白露：《学科互涉视阈下成人教育学科发展的思考》，载《职教论坛》，2015(9)。

② 王欣欣、朱静然：《我国成人教育学科建设的困境与对策》，载《中国成人教育》，2016(6)。

③ 李丛：《成人教育学科发展的方法论原则》，载《中国成人教育》，2017(9)。

科基础问题研究取得的成果主要表现在以下方面。

叶立群认为,成人教育学学科是由多门学科互相联系、互相渗透或交叉而形成的一门新兴学科,因而特别强调成人教育学学科的哲学基础、管理学基础、经济学基础、心理学基础和社会学基础。①

窦春玲和韩钟文认为,从成人教育学研究史看,成人教育学科群作为新兴的、年轻的学科,相关学科特别是自然科学、社会科学、人文科学中的成熟学科,对成人教育学科的学科建制规范、学科体系结构、学科理论基础、学科研究方法、学科深化拓展及解决实际问题的思路等方面,都产生了很大影响。相关学科如哲学、心理学、社会学、经济学、政治学、管理学等,给成人教育提供了有关的知识、理论、研究方法技术等,有助于成人教育研究从经验式的问题研究提升到理论体系与学科体系建设的水平,成人教育学科的规范也是参照相关学科中的成熟学科规范而建立的。②

侯怀银和吕慧总结了以往研究者的相关研究,指出:一方面,成人教育学以哲学作为其最高原则的世界观与方法论指导,因而它把中国化的马克思主义作为自己的哲学基础;另一方面,成人教育学与教育学既有联系,成人教育学是成人学校教育,是教育学的二级分支学科或特殊表现形式;也有区别,教育学是以儿童为研究对象的普通教育学,不能将其作为成人教育学的母体学科或学科基础。除此之外,很多研究者都强调要把政治学、经济学、文化学、社会学、心理学、管理学、生态学、人类学和伦理学等作为成人教育学的学科基础。③

当前,成人教育学学科基础的多元化已经成为研究者们的共识,

---

① 张维:《成人教育学》,45页,福州,福建教育出版社,1995。
② 窦春玲、韩钟文:《成人教育学科与相关学科的关系研究》,载《继续教育研究》,2006(5)。
③ 侯怀银、吕慧:《20世纪我国成人教育学学科建设的本土探索》,载《教育理论与实践》,2013(3)。

成人教育学学科与外部相关学科之间的关联性和互动性的研究，不仅有助于成人教育学学科理论视野的拓展，能够开辟更多更广的新兴问题领域；而且有助于成人教育学学科理论层次的不断深化，能够使成人教育学学科向纵深方向发展；同时也有助于成人教育学学科内容结构和理论体系的逐步优化和完善。

(七)成人教育学学科本土化研究

从世界范围的成人教育学学科发展历史来看，成人教育学学科最早产生于西方，我国的成人教育学学科建设是在吸收和借鉴西方成功经验的基础上逐步发展起来的。正因如此，很多学者提出了成人教育学学科的"本土化"或"中国化"问题，我们认为这是成人教育学学科在中国发展和成熟过程中的必然。我国关于成人教育学学科本土化问题研究取得的成果主要表现在以下方面。

韩钟文和杜以德站在宏观的立场，对中国成人教育学学科本土化和中国化进行了深入分析。他们认为，中国成人教育研究者学习、借鉴、参照欧美诸国成人教育学科建设的成功经验是应该的，也是必须的，但不能将这种学习、借鉴与参照当作"以外为准、以西为准"的引进或加工，更不能只抱附从的心态简单移植欧美诸国的成人教育学学科，使中国的成人教育学理论研究与学科体系建设成为"西方式"的翻版。中国成人教育学学科体系的构建，应该而且必须植根于中国文化土壤之中，植根于中国具体的、真切的成人教育实践活动的地基上。中国成人教育学学科，是指从中国成人教育实践的自身问题入手，在研究本土的成人教育问题的基础上逐渐创建中国风格、中国气派的成人教育理论，进而拓展中国成人教育学学科体系的建设。[1]

李中亮指出，中国成人教育学是以中国成人教育为研究对象，

---

[1] 韩钟文、杜以德：《中国成人教育学科发展构想》，载《中国成人教育》，2005(7)。

采取科学的研究方法，揭示中国成人教育的属性、特点和发展趋势，以指导中国成人教育发展的一门社会科学。中国成人教育学应该具有自己的鲜明个性，这种个性是中国成人教育学永葆生命力的根本所在，是中国成人教育学得以独立的制胜法宝，是衡量中国成人教育学是否具有中国特色的根本指标。中国成人教育学的个性表现民族个性、实践个性、语言个性、学派个性、学科体系个性等不同方面。中国成人教育学个性的展现策略在于：发扬传统是中国成人教育学个性展现的基础；深入实践是中国成人教育学个性展现的重要形式；批判性继承是中国成人教育学个性展现的重要手段；勇于创新是中国成人教育学个性展现的原始动力；学家成长是中国成人教育学个性展现的重要载体。[1]

　　李中亮和焦峰首先批判了中国成人教育学学科本土化建设的移植化倾向：推崇西方文化现象，缺失中国文化个性；推崇西方成人教育的成功经验，消解中国成人教育的实践个性；推崇西方成人教育学的语言魅力，忽视中国成人教育学的语言个性。他们在此基础上提出了中国成人教育学学科本土化建设的推进策略：坚持本土化基础上的国际化和现代化，把握正确的民族立场；立足文化背景，寻找中国的文化意义；立足中国成人教育问题，寻找解决方法；运用充满智慧的东方语言，保留表达风格；推进成人教育学科体系建设，重塑学科自信；培育新秀人才，建设科研队伍。[2]

　　杨楚校认为，推进现代成人教育学学科的"本土化"构建，建设具有中国特色的现代成人教育学学科，是现代成人教育对新时代的积极应答。为此，研究者必须有三个深刻认识：第一，"本土化"是

---

　　① 李中亮：《中国成人教育学的个性及展现策略》，载《江苏技术师范学院学报》，2008(7)。

　　② 李中亮、焦峰：《中国成人教育学本土化建设的省思》，载《河北大学成人教育学院学报》，2016(1)。

现代成人教育学历史脉络的赓续；第二，"本土化"是现代成人教育学重大问题的探索；第三，"本土化"是现代成人教育学实践经验的蕴意。在研究方法上，尤其需要强调以马克思主义科学方法论为指导，在深入研究现代成人教育学学科"本土化"基本结构的基础上，把握好现代成人教育学学科"本土化"构建的科学性、协同性、创造性等几个关键环节。[①]

(八)成人教育学学科研究范式研究

成人教育学学科的科学建构，离不开正确的研究方法和研究范式的运用，可以说研究方法和研究范式已经成为成人教育学学科发展和走向成熟的重要标志之一。从我国成人教育学学科研究的发展历程来看，其研究方法和研究范式在不同的研究阶段表现出很大的差异，这种差异也恰恰反映了成人教育学学科的发展走向。我国关于成人教育学学科研究范式问题研究取得的成果主要表现在以下方面。

曾青云和闻天铭从历史发展的视角指出，中国成人教育学学科研究范式变革大致经历了四个不同时期，即自然化变革时期、学术化变革时期、社会化变革时期和规范化变革时期。在当代，作为维系成人教育学学科发展的方法论选择，成人教育学学科研究范式变革不再是一种习惯研究方法的改变与调整，或一种成熟研究模式的充实与完善，而是"精微分析与宏观建构相合，定性描述与定量描述相适，过程研究与发展过程相实"，是由"一种科学研究传统过渡到另一种科学研究传统"。在网络化和"互联网＋"的时代背景下，中国成人教育学学科研究范式变革走向既要注重建立"大数据"的研究平台，又要建立"大联网"的实践系统，还要建立"大文化"的研究

---

① 杨楚校：《现代成人教育学的"本土化"建构》，载《中国成人教育》，2018(8)。

环境。①

彭琦认为，从构建要素上看，中国成人教育学学科研究范式已经得到初步构建，对事关成人教育学科发展的一些重大现实问题与现象，已拥有了相当的洞察与诠释能力。但从整体和长远上看，它还存在一些问题，其中以构建主体、构建理念、构建方式等方面的问题最为突出。为此，今后中国成人教育学学科研究范式必须注意实现构建主体的回归、构建底蕴的完善和构建行动的规范。②

李中亮从制约成人教育研究科学化的角度出发，指出了成人教育实践的复杂属性、社会属性、生成属性和价值属性，学者的研究素质、研究动机、研究方法、模仿意识与个体意识的限制以及管理者评价和考核机制的滞后，是目前制约成人教育学学科研究科学化的基本因素。今后成人教育学学科需要进一步构建实践导向的研究范式，加强培训力度，端正研究动机，凸显创新意识，优化研究方法，打造研究团队，完善成果评价和学者考核机制。③

随国栋在分析范式及范式构成和成人教育学学科范式发展演变的基础上，概括总结出我国成人教育学学科研究范式经历了由"经验导向研究范式"到"理论导向研究范式"的转变，由此提出了"问题导向研究范式"的理论预设，它是成人教育学学科理论发展和创新的必然要求和题中之意。为此，构建"问题导向研究范式"的成人教育学学科，需要加快形成多方联动的社会支持体系，实施以实证研究为核心的问题导向研究新模式，塑造积极主动的话语关系。④

① 曾青云、闻天铭：《成人教育研究范式的变革与走向》，载《中国成人教育》，2016(7)。
② 彭琦：《成人教育学科研究范式构建的基础与态势》，载《中国成人教育》，2016(21)。
③ 李中亮：《成人教育研究科学化的制约因素及应对策略》，载《河北大学成人教育学院学报》，2017(4)。
④ 随国栋：《成人教育学科新范式的构建理路——兼论问题导向研究范式》，载《中国成人教育》，2018(11)。

二、成人教育学学科发展的反思

回溯中华人民共和国成立 70 年我国成人教育学学科的发展过程，梳理中华人民共和国成立 70 年成人教育学学科发展取得的研究成果，成人教育学学科已经实现了从无到有、从初创到成熟、从成人教育学到成人教育学学科群的历史跨越。站在今天这个崭新的时代，科学技术的突飞猛进、"互联网＋"引发的时代变革、终身教育和学习化社会理念的逐步确立、成人学习心理学的日益深化、成人教育实践的深入推进，对成人教育学学科发展提出了更多更高的要求，只有在对一些重要问题进行批判性反思的基础上，才能促进成人教育学学科发展的继续深化和高质量发展。

（一）成人教育本质内涵与定位的厘定问题

成人教育学研究的是成人教育现象领域的特有矛盾，目的在于揭示成人教育的规律，这一点是学术界一致认同的。然而，从成人教育学学科发展历程来看，学者们对成人教育内涵的争论却一直未曾停止过，形成了"对象说""内容说""目的说""行为说""综合说"等不同观点。成人教育学学科研究的逻辑起点就是成人教育概念的澄明，唯其如此才能揭示成人教育学学科及其学科体系构建的本质和规律。如果说人们对成人教育的内涵和定位仍存在争论，甚至连一些常识性的关系都不能加以厘定，那么成人教育学学科建设要想取得根本性突破就是不可能的了。其实，早在 1972 年，联合国教科文组织国际教育发展委员会就已指出："对今天世界上许许多多成人来说，成人教育是代替他们失去的基础教育。对于那些只受过很不完全教育的人们来说，成人教育是补充初等教育或职业教育。对于那些需要应付环境的新的要求的人们来说，成人教育是延长他们现有的教育。对于那些已经受过高级训练的人们来说，成人教育就给他们进一步的教育。"①我们认为，成人教育的核心意涵是指成人为满足自身工作、学习、生活及个性发展需要，所开展的一种有目的、有计划、有组织的实践活动，其对象是需要接受再教育的成人，其目的是促进成人的学习和个性发展，

　　成人教育要进行准确定位，就需要辨清其与函授教育、继续教育、职业教育、终身教育等的关系。在我国，成人教育是由函授教育发展而来的，20 世纪 90 年代之前更多的是使用函授教育的概念来指代成人教育。函授教育主要是一种运用通信方式开展的远距离教育活动，其教学环节包括自学、面授、答疑、作业、考试、毕业设计(论文)等。函授教育属于成人教育的一个下位概念，是成人教育的一种特殊教学形式。继续教育概念的使用始于教育部 2012 年发布的《关于加快发展继续教育的若干意见》，它是我国经济社会发展达到一定历史阶段的必然产物，既是由成人教育向继续教育转型发展的必然要求，也是科技进步和经济社会发展对人才培养的客观需要。职业教育重在提高劳动者的职业素质和能力，它与成人教育在教育的目的、要求、对象、内容、形式等方面既存在不同程度的交叉，也分别有着各自的独特个性，二者"呈现出和谐共促的发展态势，将长期处于交叉发展状态，共同为终身教育发展铺平道路，融合发展可能是二者未来发展的主流趋势"②。终身教育是指个体从出生到死亡的人生全程的教育，它更多表现为一种教育思想或教育理念，因而是成人教育的上位概念，对成人教育发挥着理论引领作用，二者紧密联系，不可分割。综上所述，在倡导构建终身教育体系的当下，必须坚持以成人及其学习为对象，以继续教育为主导，以职业教育为主要内容，以函授教育特别是远程教育为发展方向，把成人教育

---

　　① 联合国教科文组织国际教育发展委员会：《学会生存——教育世界的今天和明天》，上海师范大学外国教育研究室译，263 页，上海，上海译文出版社，1977。

　　② 李金：《成人教育与职业教育关系研究的回顾与展望》，载《成人教育》，2015(12)。

定位于一种全民化教育。

(二)成人教育学学科边界的廓清问题

从一定意义上来说,学科的形成不仅是某一特定研究领域走向成熟的重要标志,而且是特定研究领域进入"制度化"和"建制化"的必然结果。也就是说,学科的形成意味着其自身研究对象和领域"边界"的划定与明确,由此也就自然地规定了该学科研究的学术规范,即"学科构成了话语生产的一个控制体系,它通过同一性的作用来设置其边界。而在这种同一性中,规则被永久地恢复了活动"①。由此可以看出,学科边界的界定和廓清问题,应当是成人教育学学科研究和建设的根本性问题,也是攸关成人教育学学科未来科学发展的关键之所在。正因如此,我国研究者们以往一直十分关注对该问题的分析和探究。高志敏等人在 2005 年对成人教育学学科发展进行回顾与展望时,就已经清楚地看到了成人教育学学科边界的模糊问题,认为:"作为学科的成人教育学,由于在发展中始终未完成'话语生产体系'的建构任务,致使研究工作缺乏内部的同一性和学术规则,研究选题随心所欲、研究成果千姿百态,导致严重缺乏对话与交流的基本平台。"②仔细分析成人教育学学科边界模糊的原因,一方面主要是成人教育自身所具有的特殊性,它虽然脱胎于教育学学科,但却与以青少年儿童为研究对象的教育学有着巨大的差异,致使其难以形成一些相对成熟的问题研究领域;另一方面是成人教育学学科研究缺乏与专业人员、研究群体之间的积极对话和有效沟通,由此很容易形成自我封闭或者自我欣赏,失去了对丰富鲜活的前沿认知以及先进成熟的实践经验的吸收与借鉴。

---

① [美]华勒斯坦等:《开放社会科学》,刘锋译,35 页,北京,生活·读书·新知三联书店,1997。

② 高志敏、纪军:《在"成人"与"教育"之间——成人教育学科发展的回顾与展望》,载《教育研究》,2005(2)。

　　我国学者高兴华曾经指出："科学学科的划分标准有四个方面：一是具有确定的研究对象；二是具有特色的科学方法和工具；三是有研究方向明确的科学家群体或队伍和相应的教育、学术机构和出版刊物；四是各种不同社会实践的需要。"[①]这种学科标准的划分，对成人教育学学科边界的确定提供了认识方向，具有一定的启发意义。葛敏和缪建东在全面分析了成人教育学学科面临的"母子"争议的学科设置、"边界"模糊的学科场域和"孤立"研究的学科视野三个方面边界问题的基础上，提出了解决我国成人教育学学科边界问题的应对策略。[②] 首先，要确保成人教育学学科的独立定位。法国社会学家和道德教育家迪尔凯姆认为："一门科学只有在真正建立起自己的个性并真正独立于其他学科时，才能成为一门真正的科学。一门科学之所以能成为特别的学科，是因为它研究的现象是其他学科所不研究的。"[③]由此可见，成人教育学学科只有具备了独立的定位，才能在此基础上不断实现自身的可持续的深化发展。其次，必须充分彰显成人教育学学科自身的特色。从我国成人教育学学科发展历程来看，虽然成人教育学仍属于一门新兴学科，但其以"'成人性'作为独特的研究对象和研究角度为起点"的特色却非常鲜明，在教育实践中"成人教育这一研究对象比传统的学校正规教育领域更广泛、内容更丰富、现象更繁复"。[④] 最后，要珍视并切实坚守"学科互涉"的研究取向。我国有学者指出："任何科学只有当其尝试用其自己的方式，并与其邻近科学一样有力地说明自己方向的时候，它们之间才

---

①　高兴华：《论划分科学学科的标准》，载《社会科学研究》，1987(4)。

②　葛敏、缪建东：《基于学科"边界"视角的成人教育学科发展困境及对策》，载《中国成人教育》，2018(1)。

③　[法]埃米尔·迪尔凯姆：《社会学方法的规则》，胡伟译，74 页，北京，华夏出版社，1999。

④　张维：《世界成人教育概论》，46 页，北京，北京出版社，1990。

能产生取长补短的交流。"①成人教育学学科不能孤立于其他学科之外，它必须在与相关学科密切联系、取长补短的过程中，才能实现自身的良好发展，也才能真正走向成熟。

（三）成人教育学学科体系的均衡构建问题

任何一门学科的发展和完善，学科体系基本结构的均衡构建往往发挥着基础和关键性的作用。均衡完善的学科体系既是成人教育学学科建设的一项基础性工程，也是成人教育学学科不断发展并趋于成熟的重要标志。"学科体系基本架构是学科研究对象、范畴等的具体化展示，是学科'有机体'各部分相互连接、相互支撑的立体化组合，是学科体系理论建树、实践拓进的方向性指导。"②成人教育与普通教育有着根本性不同，教育学学科的基本原理及其规律并不能机械照搬到成人教育学学科之中。因此，成人教育学学科必须研究和构建具有自身话语体系和成人特色的理论体系。其实，我国学者在这方面已经做出了有益的探索，成人教育学、成人课程与教学论、成人德育论、成人教育管理、成人教育史、成人心理学、成人学习学、成人教育哲学、成人教育社会学等分支学科纷纷问世。它们或者用成人教育原理来研究某一领域的现象，或者是与其他学科交叉而产生的边缘学科，虽然稍显稚嫩，远未成熟，但却扩展了成人教育学学科研究的视域，极大地丰富了成人教育学学科体系。

成人教育学学科体系的均衡构建，是一项十分繁杂的"系统工程"，必须注意把握以下几个方面：其一，坚定不移凸显"成人"价值取向和学科特色，应契合成人身心发展的特点和实际需求，立足成人教育实践的现实需要，充分考虑成人教育与经济、政治、文化、道德发展等的关系，聚焦成人教育学学科的独特性质和本质规律，

---

① 孟翔君、黄静：《成人教育学科建设大家谈——华东师大、浙江工大、南京师大访谈录》，载《中国成人教育》，2011(13)。

② 朱涛：《成人教育学学科体系建设自论》，载《西北成人教育学报》，2004(3)。

精心设计成人教育学学科架构，科学搭建成人教育学学科体系。其二，积极吸收其他相关学科的丰富营养。成人教育学学科需要敞开自己的胸怀，不断地从诸如哲学、社会学、教育学、心理学、人类学、文化学、管理学等学科中汲取养分，才能建构出符合时代和社会发展需要的学科体系。其三，坚持系统整体的学科建设原则。成人教育学学科体系结构复杂，分支众多，影响因素多样，形成一个彼此依存、相互支撑的"学科群"。为此，一方面要注意契合时代变化和成人教育改革与发展的需要，把已经形成和完善的分支学科纳入成人教育学学科体系中去；另一方面对于那些尚处于萌芽阶段的分支学科，也要给予特别关注，积极创造条件，促使其尽快成为能够丰富成人教育学学科体系的新的分支学科。

(四)成人教育学学科的本土化和中国化问题

成人教育学在我国是一个"舶来品"，它是在借鉴甚至是移植西方成人教育学学科体系的基础上发展起来的。这种单纯模仿和机械照搬的弊端在于：推崇西方文化现象，缺失中国文化个性；推崇西方成人教育的成功经验，消解中国成人教育的实践个性；"推崇西方成人教育学的语言魅力，忽视中国成人教育学的语言个性"；"如果这种移植化思想在中国成人教育学建设中成为主流思想，那么中国成人教育学建设将丧失自己的本土阵地和本土个性"[1]。正因为如此，共和国70年来特别是改革开放40年来，"本土化"和"中国化"一直是中国成人教育学学科研究者集中关注和孜孜以求的重要问题。中国成人教育学学科学习和借鉴西方的经验和成果是应该的，也是必须的，但需要注意不能盲目照搬，更不能不加甄别地全盘接受，必须在充分考虑西方成人教育学学科形成的哲学观、价值观、文化

---

① 李中亮、焦峰：《中国成人教育学本土化建设的省思》，载《河北大学成人教育学院学报》，2016(1)。

观以及适用条件，并密切联系自身实际的基础上，取其精华，去其糟粕，古为今用，洋为中用。

成人教育学学科"本土化"和"中国化"要立足于我国传统文化的丰厚土壤，提炼和形成中国成人教育学学科的核心意涵和精神品格，表现出鲜明的"中国特色"和"中国气派"。其一，要注意对中国传统文化进行重新审视和创造性转化，以使成人教育学学科建设具有文化之源与民族之根，从历史的维度深入挖掘和提炼成人教育学学科思想，培养成人教育学学科发展和完善的"土壤"。其二，要重视中国传统"道统文化"与成人教育学学科相结合，把经典的儒家文化教育思想融入成人教育各个分支学科内容体系之中，凝聚和模塑成人教育学学科浓墨重彩的"中国特质"。其三，要大力倡导成人教育学学科理论的变革与创新。理论创新是学科发展的不竭动力，研究者必须进一步解放思想，要将"现代""未来"和"中国特色"作为成人教育学学科理论创新的核心内容和根本追求，以前瞻性战略发展的眼光，审视成人教育实践及其成人教育理论的发展，把握时代脉搏，体现当代精神，推动中国成人教育学学科的发展和进步。

（五）成人教育学学科研究范式的转变问题

学科的顺利发展，一刻也离不开科学有效的研究范式的支撑。正所谓"事必有法，然后可成"。成人教育学学科发展也离不开正确方法的支撑，只有精心设计和科学运用符合自身特点的独特的研究范式，才能推动成人教育学学科逐渐走向成熟和完善。然而，我国传统成人教育学学科在研究范式方面却不尽如人意，还存在诸多的问题，制约和限制了其对成人教育学学科建设所能发挥的积极作用。"举凡成人教育研究所涉及的矛盾或问题，或近或远，无不与研究范式的缺陷关联。比照其他教育的学术研究，研究范式的滥化、僵化和虚化对成人教育学科建设和研究范式变革所产生的阻碍则更为纠结。"①可以毫不夸张地说，研究范式的革新与转变，不仅是关乎当下成人教育学学科建设的关键问题，而且是攸关成人教育学学科未来发展的核心课题。

从发展历程上看，成人教育学学科研究范式经历了由"唯方法论主义"向"问题与方法论相统一"的历史转变，它更为强调学科本身的实践价值取向，更加重视学科现实基本问题的解决，亦即学者普遍认同的"问题导向"。这一导向的实质在于回答人类生存实践活动中矛盾与困境，即问题是什么，问题从哪里来，问题如何解决，问题最终将要到哪里去。"'问题导向'研究范式是一种理论预设，成人教育学科研究应强化问题意识，要有去粗取精、去伪存真的辨识能力。"②为此，首先，要注意厘清成人教育学学科研究的对象主体和参与主体，以便形成"政府主导、协会实施、学位点支持、社会参与"的四位一体、多方联动的社会支持体系。其次，要加强成人教育学学科研究方法的重整，实施以实证研究为核心的问题导向研究新模式，从而不断增强成人教育学学科研究的客观性，筑牢成人教育学学科理论的深厚根基。最后，要重视成人教育学学科话语体系的重塑，话语场域不仅要有大视野，也要有小情怀；话语要能客观真实地反映日新月异、丰富多彩的时代诉求；话语实践必须根植于真实的成人教育问题情境，由消极被动走向积极主动。

（六）成人教育理论研究者的学科自信问题

中国共产党十八届六中全会明确提出，要"坚持中国特色社会主义道路、中国特色社会主义理论体系、中国特色社会主义制度、中国特色社会主义文化"，要"坚定对中国特色社会主义的道路自信、

① 曾青云、闻天铭：《成人教育研究范式的变革与走向》，载《中国成人教育》，2016(7)。
② 随国栋：《成人教育学科新范式的构建理路——兼论问题导向研究范式》，载《中国成人教育》，2018(11)。

理论自信、制度自信、文化自信"。自信才能自强，自强才能有为，有为才能最终实现中华民族伟大复兴的中国梦。成人教育学学科建设，也需要研究者们表现出高度的学科自信。在科学技术日新月异、气象万千的当下，应当坚信成人教育学学科自身的独特价值，应当坚信成人教育学学科必须有所作为；成人教育学学科应当在研究方法上走向严谨科学，坚信一定能够探索出符合自身特色的方法论体系；成人教育学学科在学术价值上应当融通成人教育研究的相关成果，充分发掘成人教育及学习的价值，自信能够具备引领一批学科发展成长的动力。可以毫不夸张地说，学科自信的缺失或者不足，往往会成为影响成人教育学学科全面快速发展的重要因素。

学科自信从根本上说是人的问题，是成人教育学学科研究者的问题。只有重视成人教育学学科研究者队伍建设，激发成人教育学学科研究者的积极性、主动性和创造性，才能更好地促进成人教育学学科的建构。首先，要重视成人教育学学科高层次专业人才的培养。要"改进相应的培养模式，完善培养课程，做到理论课程与实践课程相结合、教学指导与科研训练相配合、校内学习与校外实训相补充，打造一支经过系统训练、具有深厚理论功底与实践经验的高层次专业人才队伍，为成人教育学学科建设注入源源不断的人才资源"①。其次，要通过举办各类成人教育学术活动，加强成人教育学学科研究人员之间的沟通和联系。全国成人教育协会、行业成人教育理论研究会、成人教育学专业研究会等学术机构，要有计划和有顺序地联手或单独组织各种学术活动，为不同区域、不同层次、不同需求的学科人员构建各种相互认识、相互联系的平台，选择的活动当以相关学科人员共同的文化倾向、学术取向、研究方向、课题导向为基础，吸引各类成人教育学学科人员参与学科发展活动。最

---

① 张泽：《成人教育学科发展的方法论原则》，载《中国成人教育》，2017(9)。

后，要注意通过一些有意义的学术事件，激发成人教育学学科研究人员的团队精神。有些学术事件，特别是诸如重大科研项目的申报、重要学术成果的评审等重大学术事件，是强化成人教育学学科人员联系的重要纽带，它可以促进学科人员之间的彼此了解，发挥各自的学术优势与研究特质，建立多类型的学术合作关系，共同探索和解决学科发展的热点问题，是培植和发扬成人教育学学科研究者学术自信和学科自信的重要契机。

第五章

教育学主要分支学科的
发展（下）

本章将详细阐述职业技术教育学、特殊教育学、教育技术学学科的发展情况，并在对 10 个二级学科进行总结的基础上，揭示中华人民共和国成立 70 年来教育学分支学科发展的特征。

第一节　职业技术教育学学科的发展

世界上一切事物都是在特定的社会背景和历史条件下产生，同时也必须遵循人类社会的历史规律向前发展，其发展过程不可避免地会深深地打上时代烙印。职业技术教育学学科的产生与发展也是如此。考察中华人民共和国成立 70 年来职业技术教育学学科的发展历程，其兴衰起落是与中国经济社会发展、教育特别是职业技术教育的国家政策以及职业技术教育丰富多彩的实践变革等休戚相关的。70 年来，职业技术教育学学科从承传中国近代形成的职业教育思想到引介外国职业教育理论和方法；从改革开放之初职业技术教育学的恢复重建，到 20 世纪 90 年代的快速发展；从对自己的"母体"——教育学学科的简单模仿，到独立学科体系的创建形成；从在职业技术教育实践中形成理论体系，到科学理论反哺职业技术教育实践，时间虽然短暂，道路虽然曲折，但却不断发展、完善并走向成熟。对中华人民共和国成立 70 年来职业技术教育学学科的发展历程进行回顾、梳理和反思，既能厘清职业技术教育学学科发展的脉络，明晰职业技术教育学学科建设取得的进步，也能在此基础上探寻中国职业技术教育学学科发展的历史逻辑和内在规律，对形成具有"中国特色"和"中国气派"的职业技术教育学学科，无疑具有十分重要的理论意义和现实价值。

一、职业技术教育学学科的进展

回溯中华人民共和国成立 70 年来职业技术教育学学科的发展历史，在诸如学科地位及其学术合法性、研究对象和学科体系、研究方法和研究范式等方面，取得了很多的研究成果。这些攸关职业技术教育学学科建设与发展的重要问题的深入探究，必然促进了职业技术教育学学科不断走向成熟和完善。具体而言，中国职业技术教育学学科研究的主要问题表现在以下一些方面。

(一)职业技术教育学学科研究对象研究

任何一门学科都有自己的研究对象，都有自己特定的研究范围和领域。如果学科研究对象不明确、不科学，也就无从对这门学科进行研究，这门学科也便不能成为一门真正的科学。对此，毛泽东同志就曾明确指出："科学研究的区分，就是根据科学对象所具有的特殊的矛盾性。因此，对于某一现象的领域所特有的某一种矛盾的研究，就构成某一门科学的对象。"①职业技术教育学学科的研究对象是什么？这是进行职业技术教育学学科研究必须首先弄清的根本性问题，学者们对此进行了多视角的分析和探讨，形成了以下几种具有代表性的观点。

第一，现象说。现象说认为职业技术教育学学科的研究对象就是客观的职业技术教育现象。如有学者指出："职业技术教育学作为

① 《毛泽东选集》(第 1 卷)，329 页，北京，人民出版社，1991。

一门独立的学科，它特有的领域就是客观的职业技术教育现象，这就是它的研究对象。"①

第二，关系说。关系说认为职业技术教育学学科就是研究职业技术教育内外部各种关系的一门学科。如有学者指出，"职业技术教育学研究的主要对象是：职业技术教育与经济和社会发展、科技进步之间的联系，即外部关系；职业技术教育内部各要素之间的关系，即内部关系"②。

第三，规律说。规律说认为职业技术教育学学科的研究对象是职业技术教育的基本规律。如有学者认为："职业技术教育原理是从研究社会职业（职业岗位或职业群）在一定历史时期对人的发展的要求与人对职业的需求出发运用教育手段，达到培养社会职业所需的生产或工作一线的应用性人才、满足公民对职业需求的这一特定目标的教育规律的理论著述。"③

第四，问题说。问题说认为职业技术教育学学科的研究对象就是职业技术教育领域的各种问题。如有学者指出："科学的职业技术教育学……是以马克思主义者的立场、观点和方法来分析、研究我们所面临的职业技术教育问题。"④也有学者认为，职业技术教育学学科"是一门研究职业教育领域中种种教育问题，分析职业教育内部各要素之间联系，并寻求解决问题方法的学问"⑤。

关于职业技术教育学学科研究对象的不同观点，一方面表明了这一问题的重要性，另一方面也表明了学术界对职业技术教育学学

---

① 刘鉴农、李澍卿、董操：《职业技术教育学》，4 页，济南，山东教育出版社，1986。

② 纪芝信：《职业技术教育学》，19、20 页，福州，福建教育出版社，1995。

③ 国家教委职业技术教育中心研究所：《职业技术教育原理》，1 页，北京，经济科学出版社，1998。

④ 张家祥、钱景舫：《职业技术教育学》，12 页，上海，华东师范大学出版社，2001。

⑤ 刘合群：《职业教育学》，8 页，广州，广东高等教育出版社，2004。

科研究对象还没有形成比较一致的看法。其实，职业技术教育学学科研究对象的界定可以借助教育学研究对象的"综合性"表述方式，即职业技术教育学学科是研究职业技术教育现象和职业技术教育问题，揭示职业技术教育关系和规律的一门科学。

(二)职业技术教育学学科性质研究

学科性质是一门学科所具有的区别于其他学科的最根本属性，它直接关系到学科研究问题的领域以及研究问题的方向，是学科理论体系科学建构的关键因素之一。教育科学的功能分类主要是以自然科学的功能分类为依据，并结合自身的学科特点，一般划分为基础理论学科和实践应用学科。基础理论学科是学科推进的"思想发动机"，其主要目的在于揭示、描述和解释事物的现象及过程，弄清事物内在的、本质的、普遍的规律性，它主要回答的是"是什么"和"为什么"的问题。实践应用学科的主要目的是运用基础理论学科探明的基本原理，解决具体领域或特殊情境中的各种问题，并形成具有较强操作性的策略、建议、方案等，它重点回答了"怎么办"的问题。关于职业技术教育学的学科性质问题，正是从上述学科功能分类以及内涵的基础上展开的，它主要回答职业技术教育学是基础理论学科还是实践应用学科的问题。关于职业技术教育学学科性质，目前主要的观点有以下几种。

第一，基础理论学科说。作为职业技术教育学"母体"的教育学，是一门基础理论学科，职业技术教育学作为其二级学科，要想得到良好发展，就必须承担起理论建设的任务，按照学科逻辑结构和学科成长规律，确立基础理论学科的性质，揭示职业教育的一般规律，构建其严密的学科理论体系。

第二，应用学科说。职业技术教育学学科需要解决的是职业技术教育实践中的具体问题，它本身就具有很强的实践性和应用性，因而应确立其应用学科的性质。

第三，交叉学科说。职业技术教育学是教育学与技术学相互交叉、相互渗透而产生的学科，具有明显的跨行业、跨部门、跨学科的特性，因而表现出交叉学科的属性。

第四，应用理论学科说。有学者认为，对任何一门学科性质的界定，都应紧密结合其所研究对象的客观实际，反过来讲，学科的性质应由所研究对象的本质特征来决定。"职业技术教育学的学科性质也一样，应以其所研究对象的本质特征来决定。从这个意义上讲，职业技术教育学是一门应用理论性质的学科，这是由它所研究的主要对象——教育者、受教育者和办学主体三个要素的基本特征决定的。"①

第五，多重特质人文学科说。有学者认为："职业技术教育学是一门介于社会科学与人文学科之间的跨界性学科，其中具有科学特质的部分应该将其归入社会科学的范畴，而职业技术教育学中具有人文特质的部分则属于人文学科的范畴。"②

作为人文学科的职业技术教育学，一是表现出科学性的特点，即研究对象具有科学性、采用了科学的研究方法、其理论和原则源于实践并指导实践；二是表现出人文性的特点，即职业技术教育学是一门关于人的学问，关注人的尊严与价值是职业技术教育学的应有之义，职业技术教育学离不开人的价值判断；三是表现出实践性的特点，即职业技术教育学具有客观性、情境性和有效性；四是表现出开放性的特点，即它要打破学科的疆界，根据学科发展的需要，不断地借鉴各相关学科的理论和知识成果，不断地充实和完善自身理论建设。

----

① 高权德：《论职业技术教育学的学科性质与建设目标》，载《中国职业技术教育》，2014(3)。

② 马君、谢勇旗：《职业教育学定位与性质之辨析》，载《职教论坛》，2012(2)。

（三）职业技术教育学学科逻辑起点研究

任何一门学科的理论体系都要自己独特的、内在的系统性和结构性，都有自身区别于其他学科的基本的逻辑起点。逻辑起点问题研究是对职业技术教育学学科起始范畴的研究，它关系着职业技术教育学学科体系发展的独立性问题。职业技术教育学学科理论体系的建构也是如此，它也必须首先确立自身学科建构的逻辑起点，明确学科建构的逻辑系统，否则学科理论体系就不可能得以科学建构。从目前中国学术界对于职业技术教育学学科建构的逻辑起点的已有成果来看，比较具有代表性的观点有以下几种。

第一，经济发展需要说。即把职业技术教育学学科建构的逻辑起点定位于经济社会发展的实际需求。例如，有学者基于"人力资本理论"和"人力规划理论"，认为与其他教育类型相比，职业技术教育与经济社会发展的联系是最为紧密的，因而经济社会发展是研究职业技术教育的决定性因素。[①]

第二，技能训练需要说。即把职业技术教育学学科建构的逻辑起点定位于职业技能训练的实际需要。例如，有学者在对逻辑起点的内涵和外延进行了充分的分析和论证基础上，认为职业及职业技术教育所具有的特殊属性与功能，决定了技能训练必然成为职业技术教育学学科的逻辑起点。[②] 也有学者基于职业技术教育与普通教育差异比较，提出了职业技术教育的研究必须是建立在其应用性和实用性的基础上，进而得出了应当把"术科导向"作为职业技术教育学学科构建的逻辑起点。[③]

第三，职业起点说。即把职业技术教育学学科建构的逻辑起点定位于职业。例如，有学者主张把能够成为基本合格的岗位人员作

---

① 徐国庆：《职业教育的研究范式》，载《职教论坛》，2005(10)。
② 王川：《试论职业教育学的逻辑起点》，载《职业技术教育》，2005(16)。
③ 张振元：《论职业教育的术科导向》，载《职业技术教育》，2005(25)。

为逻辑起点来定义职业技术教育。① 也有学者主张应当采用文本分析的方法，在系统比较和分析同时期比较有代表性的职业技术教育学学科理论著作的基础上，提出职业技术教育学学科应以从业素质为基本的逻辑起点②。

从学科发展来看，无论是辨析以往的学科理论体系是否符合客观实在，还是建构一个合规律性和合目的性的学科体系，都不能不从分析其逻辑起点开始。从中国的实际情况来看，大部分学者以及职业技术教育学学科著作，都比较认同第三种观点，即主张以职业作为职业技术教育学学科建构的逻辑起点。当然，逻辑起点问题研究对职业技术教育学学科来说依然是非常薄弱的，还远未形成比较深入的、能反映职业技术教育学学科本真的逻辑起点，这恰恰也是制约职业技术教育学学科独立性和可行性的重要因素之一，需要在今后的研究中得到进一步加强。

(四)职业技术教育学学科定位研究

第一，教育学归属说。一般认为，教育学是职业技术教育学的"母体"，因而在职业技术教育学学科定位上很多学者倾向于将它归属于教育学，是教育学学科的分支学科之一。例如，有研究者认为，尽管"职业技术教育作为一种特殊的教育活动，突出职业性是对其研究的一个基本要求，但这并不意味着职业技术教育研究只有与具体行业或职业相结合才有意义，更不意味着职业技术教育学应定位于技术学科，因为职业技术教育首先是'教育'，然后才是'职业技术教育'"③。也有学者主张把职业技术教育学归为教育学学科三个系统("第一系统"是在传统教育学知识体系下分化出来的不同学科；"第

---

① 申家龙：《社会学视野下的职业教育——内涵与特征》，载《职业技术教育》，2003(16)。

② 刘春生、张宇：《职业教育的问题研究与学科理论建设——兼论职业教育研究的学术规范》，载《职教论坛》，2006(8)。

③ 徐国庆：《职业教育原理》，9页，上海，上海教育出版社，2007。

二系统"是教育学与其他学科相结合而产生的学科,旨在探讨教育领域中某一专门问题;"第三系统"是根据现代教育发展,对教育实践中的某个专门问题或领域进行研究而形成的学科①)中的"第三系统"。也有学者更直接地把职业技术教育学归结为"教育学一级学科下的一门二级学科"②。

第二,技术学归属说。有研究者在充分考虑职业技术教育所表现出的职业性、技术性、实践性、操作性等突出特征的基础上,主张把职业技术教育学划归于技术学科。他们认为,职业技术教育学应当作为技术学的分支学科,职业技术教育学的研究对象和内容要与具体的行业、职业、技术、实践结合起来,必须反对职业技术教育学研究对教育学学科成果的过分依赖乃至简单移植,因为这样会使职业技术教育学黯然失色,因而必须从技术学的视域和范式来考察和研究职业技术教育学③。

第三,独立学科说。有研究者指出,"19世纪末至第二次世界大战,职业技术教育理论成果日趋丰富并逐步系统化,职业技术教育学从教育学中分离出来,形成独立学科"④,职业技术教育学"逐渐成为一个具有'一级学科'地位的'正当的学科领域'"⑤。职业技术教育学"是涵盖关于职业的研究与教学的综合理论,包括了职业、职业科学和职业教学论的内容。因此,从职业教育作为一种教育类型来考虑,现代职业技术教育学的基本学科架构应是'职业—职业技术科学—职业技术教学论—职业技术教育学'这样的形式"⑥。据此,应

---

① 王坤庆:《20世纪西方教育学科的发展与反思》,5页,上海,上海教育出版社,2000。

② 贺祖斌、李强:《职业教育学》,2页,北京,北京师范大学出版社,2010。

③ 马君:《职业教育学导论》,113页,北京,中国人民大学出版社,2014。

④ 李向东:《职业教育学的产生与发展》,载《职业教育研究》,2005(1)。

⑤ 姜大源:《职业教育学基本问题的思考》,载《职业技术教育》,2006(1)。

⑥ 姜大源:《基于职业科学的职业教育学学科建设辨析》,载《中国职业技术教育》,2007(11)。

该把职业技术教育学建设成与普通教育学相平行或具有同等地位的一级学科，是源于教育学，但又相对独立的一门学科，从职业技术教育学学科事实来看，教育学学科是涵盖不了职业技术教育学学科的。事实上，"大多数的学者在言及'职业技术教育学'这一名词时内心感到不踏实，对职业技术教育学能否成为独立学科缺乏足够的信心"①。

（五）职业技术教育学学科理论体系研究

所谓理论体系，"是指该学科的概念和连接这些概念的判断，通过推理、论证、形成一个层次分明、结构严密的逻辑系统，它的建立是一门学科成熟的标志"②。共和国成立以来，职业技术教育学学科理论体系的发展和形成经历了一个长期的、复杂的过程，学者们从不同视角、采用多种方法进行了深入探索和分析。由于职业技术教育学是职业技术教育学学科的基础和主干学科，我们可以通过对中国具有代表性的职业技术教育学教材和著作的分析，来把握职业技术教育学学科理论体系问题研究所取得的主要成果。

第一，高奇主编的《职业教育概论》（天津职业技术师范学院内部发行，1984）理论体系。该书共分为 9 章内容：第一章职业教育的定义、范畴与任务；第二章中国职业教育的产生和发展；第三章职业心理与教育；第四章职业教育的体制；第五章职业教育的基本内容（职业道德、知能、体育、卫生和美学教育）；第六章职业道德教育；第七章职业教育的教学工作；第八章职业教育的教师；第九章比较职业教育。该书作为中国比较早的职业技术教育学教材，初步建构起了职业技术教育学学科的理论体系，具有十分重要的奠基作用。

第二，刘鉴农、李澍卿、董操主编的《职业技术教育学》（山东教

---

① 徐国庆：《关于职业技术教育学的若干基本问题》，载《常州技术师范学院学报》，2001(3)。

② 周明星：《职业教育学对象、体系与范式的反思》，载《职业技术教育》，2006(25)。

育出版社,1986)。该书共分为 20 章内容:第一章绪论(职业教育的概念和特点、职业技术教育的研究对象和主要内容等);第二章中国职业技术教育的发展;第三章职业技术教育在社会主义现代化建设中的地位;第四章职业技术教育与劳动就业;第五章建立有中国特色的职业技术教育体系;第六章职业技术教育的经济效益;第七章职业技术教育计划;第八章职业技术教育的培养目标和方针;第九章职业技术学校的学生;第十章职业技术学校的教师;第十一章职业道德教育;第十二章职业技术教育的教学过程;第十三章职业技术教育的教学内容;第十四章职业技术教育的教学原则;第十五章职业技术教育的教学方法;第十六章职业技术教育教学组织;第十七章职业技术教育的实习教学和设计教学;第十八章职业技术教育管理;第十九章国外职业技术教育的现状和趋势;第二十章中国职业技术教育展望。该教材以职业技术教育学来命名,其体系宏大,内容丰富,论述全面,结构严谨,并且已经开始关注职业教育经济学方面的问题。因此,该书可以说是中国当代第一本职业技术教育"学",它标志着中国当代职业技术教育学学科理论体系在恢复重建的基础上,逐渐走向系统化和完整化。

第三,国家教委职业技术教育中心研究所编著的《职业技术教育原理》(经济科学出版社,1998)。该书共分为 9 章内容:第一章职业技术教育原理研究的对象和任务;第二章职业教育的社会功能;第三章职业技术教育与人的全面发展;第四章职业技术教育体系;第五章职业分析与专业设置;第六章职业技术教育课程开发;第七章职业技术教育教学的一般原理;第八章职业技术教育的理论教学与实践教学;第九章职业技术教育管理。该书是中国第一部职业技术教育学学科原理性的著作,它虽然内容结构比较简单,但已经触及职业技术教育学研究对象以及职业技术教育体系及其教育管理等问题,体现了作者对于职业技术教育这一特殊的教育形式在一般原理方面的思考，对后面职业技术教育学学科理论体系建构发挥了积极的影响作用。

第四，周明星著的《职业教育学通论》(天津人民出版社，2002)。该书共分为 12 章内容：第一章职业教育学科论；第二章职业教育历史论；第三章职业教育本质论；第四章职业教育结构论；第五章职业教育德育论；第六章职业教育课程论；第七章职业教育教学论；第八章职业教育学习论；第九章职业教育师资论；第十章职业教育研究论；第十一章职业教育法制论；第十二章职业教育未来论。该书把职业技术教育学分为 12 个专题，分别进行了独到而深入的研究。从整体上看，该书是按照历史、现实、未来这个时间发展作为纵向顺序展开的，各个部分的组成内容通过从原理到内容、方法、实施这样的线索融合在一起，这样便可以使各部分内容很容易在理论体系中找到自己的位置。同时，这个体系结构也能充分彰显职业技术教育学学科所应有的系统性，能为职业技术教育学学科理论体系的建构提供一种新的思考问题和组织结构的方法，为研究者们的思路拓展提供了有益的参考。

第五，黄尧主编的《职业教育学——原理与应用》(高等教育出版社，2009)。该书共分为上、下 2 篇共 16 章内容：上篇原理研究部分，包括第一章职业教育学科论；第二章职业教育本质论；第三章职业教育价值论；第四章职业教育体系论；第五章职业教育制度论；第六章职业教育课程论；第七章职业教育管理论；第八章职业教育发展论。上篇在广泛吸收和借鉴哲学、经济学、社会学、教育学、心理学、管理学等相关学科的基本理论，以及国内外现代职业教育理论研究最新成果的基础上，对职业教育的基本理论以及职业教育事业发展所迫切需要解决的若干理论问题进行了全面研究、深入探讨和系统阐述。下篇实践探索部分，包括第九章职业教育与中国现代化；第十章中国特色职业教育体系建设；第十一章职业教育人才培养模式创新；第十二章职业教育基础能力建设；第十三章职业教育的法制与制度建设；第十四章职业道德与职业指导；第十五章职业教育服务体系；第十六章职业教育国际交流与合作。下篇总结了中华人民共和国成立以来中国职业教育事业改革与发展进程中所取得的有益成果与经验，并结合当前中国经济社会发展的实际，对中国特色职业教育发展道路进行多方面的探讨。

上述这些著作和教材的共同之处在于：都是以职业技术教育现象和问题为研究对象，都致力于揭示职业技术教育学的本质和规律，都期望能从更为广泛、更为科学的视角建构职业技术教育学理论体系，也都能遵从从理论到实践的价值取向，以便能够发挥职业技术教育学理论对实践的指导意义。当然，它们也存在很大的差异和不同：早期的职业技术教育学著作和教材逻辑起点比较模糊，学科建构意识不够明确，理论体系还比较松散；后来的职业技术教育学著作和教材，特别是以周明星的《职业教育学通论》和黄尧的《职业教育学——原理与应用》为代表，都已经具有了清晰和明确的学科建构意识，能够遵循着职业技术教育学学科的内在逻辑系统，按照"职业技术教育学科论—职业技术教育本质论—职业技术教育价值—职业技术教育体系—职业技术教育制度论—职业技术教育课程—职业技术教育管理论—职业技术教育发展论—职业技术教育实践论"的顺序进行理论建构，使得职业技术教育学学科不断走向规范、科学和深化。

(六)职业技术教育学学科科学发展研究

任何一门学科的形成和发展，从来都不是一蹴而就或一帆风顺的，总会遇到来自学科内部以及经济社会发展和时代进步等外部因素的影响和制约。当代中国职业技术教育学学科的形成与发展也是如此。作为以职业技术教育现象和职业技术教育问题为研究对象的一门学科，职业技术教育学学科只有敢于直面这些来自学科内部和外部的挑战，认准方向，明确目标，科学分析，综合施策，才能不断实现职业技术教育学学科的科学建构和高质量发展。中国在职业技术教育学学科科学发展问题方面的研究成果表现为以下几个方面。

有学者在总结和分析中国职业教师教育学学科在学科体系、学科队伍、学科成果、学科平台和学科反思等方面取得的良好建设成果基础上，指出职业技术教育学学科今后科学发展应当确立谋划学科布局、明确主攻方向、构建学科体系、完善规训制度、创建研究学派的主要任务，并坚持运用以下五种发展策略：第一，遵循着眼价值学科，丰满学科事实。作为一门价值学科——内在建制还未成熟的职业教育学科，如果放弃为实践服务，闭门制造理论内核，其结果肯定就是学科得不到社会的认同，学科建设有可能陷入恶性循环而被长期拖延，最终有损学科的进步。第二，着重应用研究，催生学科理论。作为一门价值学科，如果在学科外在制度已经建立的情况下，一开始就把重心放在基本理论研究上，则很难在短时间内达到学科基本理论成熟的目的。如果我们把重心放在应用研究上，就能为学科赢得支持，并有可能在应用研究的基础上创新职业教育理论。第三，着力人才培养，彰显学科功能。学科建立后，它的发展必须依靠一大批高层次的专门人才，因此培养职业技术教育学科专门人才成为学科建设的一项带有根本意义的工作。第四，着实合作研究，打造学科精品。职业技术教育学科建设是一项需要付出长期艰苦努力的社会性工程，应该大力开展合作研究，其一是主研牵头机制，其二是多边合作机制，其三是市场运作机制。第五，着手学科整合，构建学科文化等建设策略。职业教育学科文化是职业教育研究的学者以学术为本原，以学科为载体的各种语言符号、理论方法、价值标准、伦理规范以及思维与行为方式的总和，它是学者身份、学科知识和学术范式的集合体。可以毫不夸张地说，只有形成良好的学科文化，职业技术教育学学科建设才能获得丰厚的土壤，才能得以扎实构建和发展。①

　　有学者指出，职业技术教育学学科建设要进一步深入思考三个问题：一是建设一个什么样的职业技术教育学学科体系；二是怎样来构建职业技术教育学学科体系；三是职业技术教育学学科是否可以成为一级学科。完善的学科体系是一个学科成熟的标志，成熟的学科有利于相关知识的管理，有利于催生理论指导职业技术教育实践，有利于学科的健康成长与发展。从某种意义上而言，职业技术教育学学科是指职业技术教育学学科群，职业技术教育学学科体系就是指职业技术教育学学科群中的经纬与结构，以及各分支学科之间的关系。进而指出，在多元文化背景下仅靠单维的标准难以划分职业技术教育学学科体系，只有借助多学科划分理论，同时遵循事实性、科学性、发展性的原则，才能构建职业技术教育学学科的体系与框架。②

　　有学者指出，随着学科的重建、发展、转型与成熟，职业技术教育学学科的研究使命更为重大，研究视野更为开阔，研究范式更趋复杂，研究理论更趋创新，仅依靠个体研究者的"单打独斗"显然无法适应新的学科学术研究要求，迫切需要形成众多学派，汇聚集体智慧，组织集体攻关，从不同角度为学科建设积淀深厚的理论基础。当代学术研究必须经由依赖个人能力转向凝聚集体智慧，由强调个人突破转向组织集体攻关。学派形成既是一门学科理论研究不断创新的必要条件，也是一门学科是否成熟的重要标志。我国职业技术教育研究有着浓郁的学科情结，一直致力于建立自己的话语体系、理论框架和概念体系。职业技术教育学学派的创生、发展和丰富，有利于建构起一个兼容百家、学术争鸣的充满生机与活力的学

---

　　①　周明星、刘晓：《我国职业教育学科建设：使命与方略》，载《高等教育研究》，2008(3)。

　　②　程宇：《职业技术教育学学科建设：方向与策略》，载《职业技术教育》，2009(6)。

科生态环境。职业技术教育学学派的形成可以通过学术争鸣的激发，开拓思维，变革创新，建构起符合学科特点的、充满活力的学术生态环境，探讨和解决影响学科发展的基本理论问题，从整体上推进职业技术教育学学科的繁荣兴旺。①

有学者指出，长期以来，中国职业技术教育学学科发展存在依附教育学"母体"、移植相邻学科，人才培养不顾市场需求，生源和导师不考虑专业背景等缺陷，使得学科发展缺乏独立性和鲜明特色，难以获得社会和市场认可，与经济社会和职业技术教育的发展越来越不相适应。由此提出职业技术教育学学科今后发展必须准确定位，引入专业学位教育，形成学科特色；以市场为导向，培养满足市场需求的应用研究型人才；严格准入制度，着力解决生源和导师的专业背景问题而获得学科发展的生机，从而为经济社会和职业技术教育的发展发挥应有作用。②

有学者认为，职业技术教育学是教育科学中就人们在获取就业和生存的资格与能力，并使其在社会公众生活中采取对社会和生态负责任态度的过程进行科学研究的子科学，它既是系统化的职业技术教育知识体系，又是被职业技术教育学科共同体、教育学乃至更大的学术共同体所认同的学术建制。目前，教育学下设二级学科职业技术教育学使教育学本身处于尴尬境地，也使二者关系错乱，更造成职业技术教育理论体系特色的缺失。职业技术教育学学科进一步科学发展的策略在于：在学科建制上，增设职业技术教育学一级学科；在学术研究上，实现对现有理论体系的超越；在学科认同上，兼修内外以不断提高认同度。③

---

① 吴结：《论学派培育与我国职业技术教育学学科发展》，载《职业技术教育》，2012(1)。
② 苏重来：《尴尬与误区：职业技术教育学走向何方》，载《教育与教学研究》，2013(11)。
③ 唐林伟：《作为二级学科的职业技术教育学：困境与突围》，载《职教论坛》，2018(1)。

（七）职业技术教育学学科研究范式研究

美国科学哲学家托马斯·库恩最早对"范式"进行了科学阐释和理论建构，是指"一个共同体成员所共享的信仰、价值、技术等等的集合，是常规科学所赖以运作的理论基础和实践规范，是从事某一科学的研究者群体所共同遵从的世界观和行为方式"①。职业技术教育学学科无论是其理论的建构还是实践的探究，都离不开科学有效的研究范式的支撑，不同的研究范式之下就会出现不同的职业技术教育学学科的侧重点和内容体系。如果研究范式出现这样或那样的问题，就很可能会导致职业技术教育学学科发展误入歧途。可以毫不夸张地说，有效而独立的研究范式，是职业技术教育学学科独立乃至走向成熟的重要条件和标志。中华人民共和国成立以来，关于中国职业技术教育学学科研究范式问题，主要观点有以下5种。

第一，基本研究范式说。南海指出，职业技术教育研究的范式是职业技术教育研究共同体所共有的"研究传统""理论框架""理论和方法上的信念"，以及对职业技术教育的根本看法或根本观点。职业技术教育研究范式体系的建立与完善，是职业技术教育作为一门相对独立的学科而存在及其完善程度的标志。职业技术教育研究的基本范式应该是与职业技术教育的概念、本质属性和基本问题等和职业技术教育观直接相关的概念构成。②

第二，工作过程研究范式说。中国学者肖化移认为，职业技术教育学学科的形成和发展需要有特定的研究方法或研究范式，即针对职业技术教育培养人才的动手特点，遵循工作过程的逻辑对职业技术教育学学科进行研究，倡导"任务分析研究法"和"功能分析研究

① ［美］托马斯·库恩：《科学革命的结构》，金吾伦、胡新和译，22页，北京，北京大学出版社，2003。
② 南海：《论职业教育研究的基本"范式"》，载《山西大学学报(哲学社会科学版)》，2003(6)。

法"的有效运用。职业技术教育学学科研究需要特别考虑本土取向、实践取向和范围取向等关键问题，这是普通教育科学研究中所不具备的，是职业技术教育学学科研究中特有的方法。①

第三，问题研究范式说。职业技术教育学学科研究的传统范式基本上可归纳为两种：一种是演绎范式，即试图从一般理论中演绎出职业技术教育理论；另一种是经验范式，即局限于经验层面对职业技术教育实践问题进行探讨。前者使得职业技术教育研究缺乏自身特色，后者使得职业技术教育研究的理论性不够突出。为弥补两种范式的不足，石伟平提出了问题研究范式，主张开展"以问题为中心"的职业技术教育学学科研究，彻底突破传统教育学框架，不求体系上的完整，但求以职业技术教育实践问题为中心，力图在理论建构上有所突破，以生成真正具有学术价值的职业技术教育学学科理论。②

第四，技术学研究范式。徐国庆认为，要在人的本质的意义上理解职业技术教育，建立本体论的职业技术教育理论，就必须首先理解"技术"，即遵循技术学研究范式。这种研究范式不是指在与具体技术相结合的过程中研究职业技术教育，而是指在吸收技术学科丰富理论营养的基础上，所获得的关于职业技术教育基本问题的系统共识，这些共识能整合职业技术教育领域的大量研究力量，长时间地聚焦于某些基本问题，达到拓宽研究领域，并获得对职业技术教育问题的更为深刻理解的目的。技术学研究范式应当成为未来职业技术教育学学科研究的主流范式。③

第五，复杂科学研究范式。吴言认为，当前职业技术教育学学科研究正呈现出趋向复杂科学研究范式的变化，即在固有的逻辑演

---

① 肖化移：《职业教育学及职业教育的研究取向》，载《职教论坛》，2005(7)。
② 石伟平：《时代特征与职业教育创新》，1 页，上海，上海教育出版社，2005。
③ 徐国庆：《职业教育的研究范式》，载《职教论坛》，2005(10)。

绎、自然类比、实证分析和人文理解等范式的基础上，职业技术教育学学科研究要想进一步创新和发展，就必须关注科学与人文、技术与艺术、历史与逻辑等方面的有机结合。方法论意义上的复杂科学越来越多地影响职业技术教育学学科研究乃至对职业技术教育本身的看法，因而路径与视角的多元取向将成为职业技术教育学学科研究发展的趋势。①

中国学者关于研究范式所进行的不同视角的分析和研究，一方面体现了职业技术教育学学科研究者对这一问题领域的重视，另一方面也为探寻科学而有效的研究范式做出了有益的尝试，提供了多样而广泛的视野，是推动职业技术教育学学科研究不断走向深入的重要基础。当然，这些研究范式还远未成熟，在科学性、针对性以及可操作性等方面还存在值得商榷之处，有待于学者们在今后的研究过程中做进一步的推敲和完善。

二、职业技术教育学学科发展的反思

中华人民共和国成立 70 年来是科学技术和经济社会快速发展的时期，也是职业技术教育学学科发展比较迅速的时期，职业技术教育学学科研究的深度与广度不断扩大，职业技术教育学学科理论体系和学科体系逐步建立并日趋完善。但是，也应该看到，作为一门脱胎于教育学学科体系的一门年轻学科，职业技术教育学学科发展还存在一些不成熟之处，如职业技术教育学学科独立性问题、职业技术教育学学科群的构建问题、职业技术教育学跨学科研究问题、中国特色职业技术教育学学科建设问题等。这些问题往往直接制约着职业技术教育学学科向更深的理论层次扩展，影响着职业技术教育学向更规范、更成熟的学科体系演进。职业技术教育学学科发展对这些问题不能消极回避，必须加以直面和批判性反思，唯其如此

---

① 吴言：《范式转型：多元化路径与视角》，载《职业技术教育》，2006(7)。

才能促使职业技术教育学学科健康发展。

（一）职业技术教育概念的界定问题

概念的确立和准确界定，是学科建设与发展的基石和逻辑起点。职业技术教育学学科以职业技术教育领域现象的特有矛盾为研究对象，因而必须首先明晰职业技术教育的内涵、本质及特征，以此为基础才能廓清职业技术教育学学科的其他相关问题。从历史上来看，在职业教育出现之前，中国一般称之为"实业教育"，到了 1922 年，在中华民国颁布的壬戌学制中，"职业教育"首次取代了"实业教育"。这主要是反映了那个时代教育观念的变化，即教育开始由"社会本位"转向"个人本位"。中华人民共和国成立之初到 1978 年改革开放，职业教育又被"专业教育"所取代，在各级各类通向社会的学校中，"专业"成了教学的基本组织形式，职业教育被融入于教育之中。改革开放为中国职业教育发展带来了良好的契机，但它又被"职业技术教育"所代替。自此之后，人们围绕着这两个名称展开了旷日持久的争论。1996 年《中华人民共和国职业教育法》虽然从法律地位为"职业教育"正名，但这场以法律形式形成的裁决，并没有使得这一争论得以平息。直到今天，"职业教育"和"职业技术教育"仍然成为代表不同观点的学者的常用术语。其实，即使在西方，"职业教育"也是一个充满争议的概念。正因为如此，联合国教科文组织才用"技术与职业教育与培训"这样一个冗长繁杂的词语来称谓"职业教育"。由此可见，与"职业技术教育"相关的概念就有"职业教育""实业教育""专业教育""技术教育""技术与职业教育与培训"，名称的不一致甚至混乱，必然会给职业技术教育学学科研究带来消极影响。正因为如此，有学者主张在"名称"上，应将"职业技术教育"规范为"职业教育"；在内涵上界定为"职业教育是以人的生存及发展为指向，以受教育者具备从事某一职业所必需的实际能力为标准，所开展的文化教育、理论科学教育及相关技能训练教育活动的总称"；"在形式外延范围看，职业教育包括普通教育中的职业教育、针对专门化职业的职业教育和继续教育性质的职业教育三种类型”；“从内容外延范围看，职业教育包括职业技育、素质能力教育和创业教育。”①

（二）职业技术教育学学科的价值取向问题

任何一门学科要想得以产生并不断发展，在很大程度上依存于两个基本条件：即经济社会发展的客观需要和学科自身发展逻辑规律的必然要求。由此，学科研究和建设就会表现出“以问题为中心”和“以学科为中心”两种截然不同的价值取向。前者主要是指职业技术教育学学科建设与发展必须针对职业技术教育改革与发展过程中所遇到的实际问题或困惑，做到适应并服务于经济社会发展的客观需要；后者主要是指职业技术教育学学科建设和发展必须遵循学科自身所具有的、不以人的意志为转移的逻辑规律，做到保持自己的学科独立和学科边界。传统研究更多地强调“以问题为中心”的研究取向，因为“职业技术教育学科是在发现、探讨和解决职业技术教育实际问题的过程中获得其生命力的，职业技术教育实践赋予和发展了职业技术教育学科的独立性和独特性”②。但是，重视学科研究与建设的“问题导向”，并不是说以问题为唯一，而是指在研究实际问题的同时，一定要把它置于学科的视野之上，反对完全脱离学科建设而“就问题研究问题”，因为这有可能会造成对学科发展本质和规律的僭越或违背。也就是说，切记不能简单地对二者进行“孰轻孰重”或“孰主孰次”的主观判断，如果单纯强调问题而忽视学科，或者单纯强调学科而忽视问题，都很有可能会造成职业技术教育学学科研究和建设的迟滞甚至阻碍，是我们必须注意加以避免的。我们应当把“问题取向”和“学科取向”辩证地结合起来，因为“从职业技术教

①　皮江红：《论职业教育的名称、内涵与外延》，载《职教论坛》，2015(34)。
②　吴结：《职业技术教育学研究中若干问题的思考》，载《现代教育管理》，2012(8)。

育学科自身建设来讲，判定标准应该牢牢立足于是否增强职业技术教育学的实践指导价值，以及是否推进职业技术教育学科的繁荣"①。唯其如此，才能推动职业技术教育学学科的发展和繁荣。

（三）职业技术教育学学科与相关学科的关系问题

当代科学既高度分化又高度综合，学科之间的联系日益紧密，一门学科要想得到良好的发展，就必须协调处理好与其他相关学科之间的关系。职业技术教育学学科建设也是如此，只有加强与教育学、经济学、社会学、管理学、教育心理学等相关学科的关系，积极吸收和创造性转化这些学科的基本原理和方法，才能使职业技术教育学学科建设建立在坚实的理论基础上，才能形成具有自身特色的学科体系。首先，要协调处理好与教育学学科之间的关系。从学科属性上来看，职业技术教育学是教育学学科的分支学科，是与学前教育学、普通教育学、高等教育学、成人教育学、教育管理学、教育技术学等相并列的概念，二者之间是个体与总体、局部与整体的关系。教育学学科逻辑、学科结构、学科体系、学科方法等对职业技术教育学学科建设具有良好的启发和借鉴价值，这也是职业技术教育学学科建设的捷径或必由之路。当然，职业技术教育学学科内容的丰富和学科体系的完善，也会反过来促进整个教育学学科的发展。其次，要协调处理好与经济学、社会学等学科的关系。职业技术教育的培养目标是经济社会发展所需要的各级各类职业人才和技术人才，它与经济社会发展的联系最为密切，因而经济学、社会学的理论和方法对职业技术教育学学科建设也具有积极的影响作用。"从经济学的角度、人力资本论的角度研究职业技术教育对经济增长的贡献、投入产出效益、需求供给、价格机制、市场竞争以及某些经济规律等；从社会学的角度研究职业教育的社会功能，职业教育

---

① 吴结：《职业技术教育学研究中若干问题的思考》，载《现代教育管理》，2012(8)。

与社会角色、社会群体、社会组织、社会分层、社会流动、社区、社会保障、社会舆论、社会心理等的相互关系等，由此产生诸如职业教育经济学、职业教育社会学等学科"①，在一定程度上反过来会促进职业技术教育学学科的发展和完善。最后，要协调处理好与管理学、教育心理学等学科的关系。借助管理学的基本理论和技术方法，能够促使职业教育在管理体制、机构设置、办学模式、运行机制、质量监控等方面得以优化，从而为职业技术教育学学科建设提供坚实的理论支撑；借助教育心理学，能够把握职业技术院校学生的心理、学习、发展以及职业教育教学等，从而为职业技术教育学学科发展提供良好的科学基础。

(四)职业技术教育理论与实践的关系问题

职业技术教育的理论研究和学科建设，从根本上离不开职业技术教育实践所发挥出的基础和支撑作用。在不同的历史时期，职业技术教育理论与实践之间存在三种关系：一是职业技术教育理论"被动适应"职业技术教育实践；二是职业技术教育理论"主动跟进"职业技术教育实践；三是职业技术教育理论"先行引领"职业技术教育实践。中华人民共和国成立70年来，特别是改革开放40年来，职业技术教育在国民经济以及社会发展中扮演着越来越重要的角色，职业技术教育理论研究者在推进理论建设和完善的同时，也在努力促使职业技术教育实践正确有效的开展，二者之间已经逐步建立起相互联系、相互促进的紧密关系，职业技术教育理论已经逐步摆脱了对职业技术教育实践"被动适应"的不利局面。今后职业技术教育理论研究和学科建设一定要"主动跟进"职业技术教育丰富多彩的鲜活实践，在此基础上发现问题，科学谋划，总结经验，积极推进职业

---

① 国家教委职业技术教育中心研究所：《职业技术教育原理》，24页，北京，经济科学出版社，1998。

技术教育理论走到职业技术教育实践的前面，发挥对职业技术教育实践的正向引领作用。从理论方面来看，职业技术教育理论研究在沿用固有的研究方法时，一方面要主动追求与职业技术教育实践的紧密结合，直面职业技术教育实践，关注职业技术教育实践中的复杂现象，积极推动职业技术教育理论向实践的转化，如"可以采用叙事的方式积极推进职业技术教育理论对其实践的诠释"①；另一方面也要注重"把职业技术教育理论研究成果进行适当的语言转换，综合职业技术教育实践者的需求推进理论研究话语的生活化，以使理论研究成果获得一线实践场所的话语空间"②。从实践方面来看，要注重职业技术教育实践的理论含量，采用多种方法如阅读相关职业技术教育理论书籍、接受职业技术教育理论培训、邀请职业技术教育理论工作者亲临一线进行针对性指导等，推进职业技术教育实践者积极学习和运用职业技术教育理论研究成果。除此之外，也要注意适当提升职业技术教育实践工作者对职业技术教育理论研究的参与热情，鼓励他们积极加入职业技术教育理论研究活动中来，加强职业技术教育理论研究成果在一线实践场合的科学和高效运用，以此达到职业技术教育理论与实践的和谐统一，从而推动职业技术教育学学科发展的不断完善和成熟。

(五)职业技术教育法规政策研究的支持问题

职业技术教育学学科发展既是一个理论性问题，也是一个实践性问题，它与中国职业技术教育方面的法规政策有着密切联系，或者说法规政策往往会成为职业技术教育学学科建设的风向标。"职业教育政策是指由国家权威机构、政党及其他政治集团、团体制定的，旨在调整职业教育领域各主体的利益关系从而达成特定历史阶段的

---

① 王川：《试论职业教育的逻辑起点》，载《职业技术教育(教科版)》，2005(16)。
② 张振元：《论职业教育的术科导向》，载《职业技术教育(教科版)》，2005(25)。

职业教育目的、解决特定时期的公共职业教育问题的,具有强制性
和权威性的政策文本及其动态实践活动和过程。"①中华人民共和国
成立 70 年来,中国出台的职业技术教育法规政策都是根据各个时期
政治经济社会所呈现出的不同特点,以及当时职业技术教育发展的
状况及面临的各种问题来制定的。例如,《中华人民共和国职业教育
法》(1996)、《关于大力推进职业教育改革与发展的决定》(2002)、
《关于进一步加强职业教育工作的若干意见》(2004)、《关于大力发展
职业教育的决定》(2005)、《现代职业教育体系建设规划(2014—2020
年)》(2013)、《国务院关于加快发展现代职业教育的决定》(2014),
《国家职业教育改革实施方案》(2019)等。正是在这一系列法规政策
的实施和指导下,中国职业技术教育才能够在正确的发展道路上昂
首阔步,取得了显著的成绩,为中国经济社会建设做出了巨大贡献。
与之相适应,中国职业技术教育学学科建设和研究也因之更加成为
职业技术教育发展的必需,也因之能够得到全社会特别是专家学者
们的关注,也因之得以不断完善和成熟。因此,关注并深刻领会不
同历史时期的职业技术教育法规政策,及其对职业技术教育学学科
建设的支持,必将成为今后职业技术教育学学科发展必须重视的一
个重要领域。

(六)中国特色职业技术教育学学科的建构问题

职业技术教育学学科发展既离不开对外国职业技术教育学学科
科学理论的引介和借鉴,也离不开对近代以来中国职业技术教育学
学科优秀传统和先进经验的传承和发扬。中华人民共和国成立 70 年
来职业技术教育学学科发展历程表明,只有在遵守国际学术规范的
前提下,立足于本国国情,坚持从本国实际出发,充分彰显"中国气
质"和"中国个性",建构起具有中国特色的职业技术教育思想、理论

---

①　孙翠香:《改革开放 40 年我国职业教育政策体系述评》,载《职教论坛》,2018(2)。

和方法，才能使中国职业技术教育学学科建设实现突破并得以可持续发展。为此，职业技术教育学学科建设要充分体现出鲜明的中国的时代特征，紧密契合中国当前经济社会发展与变革的现实诉求。一方面，职业技术教育学学科建设要坚持正确的发展方向。当前中国职业技术教育学学科发展的一个重要命题就是职业技术教育与城乡统筹发展，因而必须充分关注"以就业为导向，以服务为宗旨，以质量为重点"的思想，准确把握时代脉搏，充分体现和谐社会中职业技术教育的理论价值及其实践意义。另一方面，职业技术教育学学科建设要彰显实践价值取向，这是职业技术教育学学科的一个重要的生长点。正是在这个意义上，如何全面而正确地认识并处理职业技术教育学学科理论体系建设与丰富多彩的实践之间的关系，使职业技术教育学学科理论发展牢牢扎根于实践，并以较为完善的理论体系对中国正在大力发展的职业技术教育改革与实践担负起解释、指导和预测的神圣职责，是中国特色职业技术教育学学科建设的中心工作和核心任务。

(七)职业技术教育学跨学科研究的问题

跨学科，也称综合学科、交叉学科或复杂性学科。所谓跨学科研究，主要是指研究者立足于问题的有效解决，打破不同学科之间的界线，跨越不同的研究领域，将各学科方法、手段和技术组合成有机的方法体系，所进行的一种整合性和创造性研究活动。在当代，跨学科研究作为一种新的研究范型，已经成为各门学科特别是人文社会科学研究的重要趋势和根本表征。"人们越来越多地认识到，许多社会现象和问题(包括教育)不是一门科的学者能单独解决的，而需要会同相关学科的学者，并以此为基础才能发展出相关学科间基本是共同的工作假设、共同的理论模型、共同的研究方法和共同的语言。这就构成科学整合的基础，也使得科学研究取得更令人满意的成绩，许多新学科应运而生。"①就职业技术教育学学科研究来说，跨学科研究主要是指对与职业技术教育学相邻学科的方法、策略、技术、手段等所进行的综合、提炼与超越，能够从不同视角、不同维度审视和思考职业技术教育学学科建设问题，进而获得一些创新性研究成果。职业技术教育学跨学科研究的有效实施，一方面要注意加强研究者跨学科意识的培养，它能使研究者了解职业技术教育学的学科性质，使其明确职业技术教育学学科研究的复杂性和深刻性；另一方面要特别注意研究者跨学科研究能力的提升，亦即基于研究者自身的素质结构和优势能力，紧紧围绕职业技术教育"一体化"目标要求，促进其对问题系统性、整合性和完整性能力的形成。除此之外，也要注意跨学科研究制度保障的确立，因为跨学科研究离不开科学先进的科研管理体制，它能够从人、财、物、信息、政策、环境等各方面，给予跨学科研究良好的关照，从而保证职业技术教育学跨学科研究针对性和实效性。

第二节　特殊教育学学科的发展

中华人民共和国成立 70 年来，党和政府在大力推动教育事业改革与发展的过程中，与学前教育、基础教育、高等教育、成人教育、职业教育等教育家族其他成员一样，特殊教育也获得了突飞猛进的发展和进步。"特殊教育是人类社会进步的产物，它使聋人能够感知有声世界，盲人能够感觉五彩缤纷，哑人能够张口说话，弱智能够趋于常态，使弱势群体不再弱势，残疾人群残而不废。"②"特殊教育

---

① 孟卫青：《教育研究的跨学科取向》，载《教育评论》，2003(2)。
② 郭卫东：《论中国近代特殊教育的发端》，载《教育学报》，2007(3)。

是新中国为残疾人提供的最早和最基本的公共服务之一。"①我国特殊教育从教育地位的确立，到教育体系的完备；从学校规模与类型的增多，到办学质量与效率的提升；从师资队伍培训制度的优化，到教学方法手段的完善，从早期为残疾儿童提供特殊学校教育，到现在约有 52% 的残疾儿童可以在普通学校随班就读，取得了举世瞩目的伟大成就。特殊教育实践和改革的日益深化，一方面会催生出丰富而鲜活的经验，需要及时进行总结和升华；另一方面也会出现各种各样的问题与挑战，需要及时开展研究和解决，这些都必然会成为促进特殊教育理论进步、进而推动特殊教育学科发展的重要力量。可以说，中华人民共和国成立 70 年来，特殊教育学学科就是伴随特殊教育事业发展、特殊教育研究深化和特殊教育理论完善而逐步形成和发展起来的。这是一个从无到有、从稚嫩到成熟、从自在到自为的过程：特殊教育学学科研究对象逐步明确，特殊教育学学科理论体系渐趋丰富，特殊教育学学科自主意识日益增强，特殊教育学学科研究方法逐步优化，特殊教育学学科外在建制不断得以完善。

一、特殊教育学学科的进展

中华人民共和国成立 70 年来，伴随着特殊教育实践的不断深化，特殊教育学学科研究经历了一个从无到有、由浅入深的过程。攸关特殊教育学学科建构与发展的一些基本问题，如研究对象、学科定位、学科体系、中国化与本土化、研究范式等，都得到了研究者们的重视。具体分析，我国特殊教育学学科研究的主要问题具体表现在以下方面。

(一)特殊教育学学科的研究对象问题

任何一门学科都有自己的研究对象，都有自己特定的研究范围

---

① 郭春宁：《特殊教育应是国家基本公共教育服务优先保障的领域》，载《中国特殊教育》，2011(5)。

和领域。如果学科研究对象不明确、不科学，也就无从对这门学科进行研究，这门学科也便不能成为一门真正的科学。毛泽东指出："科学研究的区分，就是根据科学对象所具有的特殊的矛盾性。因此，对于某一现象的领域所特有的某一种矛盾的研究，就构成某一门科学的对象。"也有学者认为："研究对象是确立学科的基本问题，研究对象的转换反映学术界研究范式和理论变迁的倾向。"①对于特殊教育学学科研究对象问题，主要有以下几种不同观点。

我国特殊教育学家、北京师范大学的朴永馨教授认为："特殊教育学是研究特殊教育现象及其规律、原则和方法的科学。"②这是我国比较早的、较为流行的一种对特殊教育学研究对象的观点。当然，今天看来，这种观点也有值得商榷的地方，因为现象是表面的、可知可感的，规律是隐藏在现象背后的本质的、必然的联系，而原则和方法则是属于实践应用领域的。把这三个方面并列在一起，容易造成人们理解的困难。

有学者认为："特殊教育学是研究特殊教育现象，揭示特殊教育规律的科学。"③这一界定主要借鉴了特殊教育学的"母体"——教育学研究对象的认识，它反映了特殊教育学的研究对象是特殊教育现象，特殊教育学的研究目的在于揭示特殊教育的本质及规律。

也有学者着眼于对特殊教育对象的不同理解，主张从广义和狭义两个维度区分特殊教育学的研究对象，认为："广义的特殊教育学指研究各种特殊教育需要儿童教育的现象与规律；狭义的特殊教育学指研究各类残疾儿童教育现象与规律。"④

---

①　郭卉：《"学科"标准的审视与超越：对我国高等教育管理学学科建设的思考》，载《现代教育科学》，2005(1)。

②　朴永馨：《特殊教育学》，4页，福州，福建教育出版社，1995。

③　雷江华：《中国特殊教育学学科论初探》，载《华中师范大学学报(人文社会科学版)》，2005(4)。

④　朴永馨、顾定倩：《特殊教育辞典》，43页，北京，华夏出版社，2006。

也有学者指出："特殊教育学应以各类特殊儿童的特殊教育活动、现象为研究对象……特殊儿童范围的变化决定了特殊教育学的研究范畴。"①特殊教育学研究的根本目的在于探寻特殊教育现象背后所隐藏的本质联系即规律,并借此寻求更为有效的特殊教育方法。

(二)特殊教育学学科的性质问题

任何一门学科的建立,首先必须从理论上对学科的性质做出准确的分析与界定,必须搞清楚它是研究什么问题的一门学科,是一门什么性质的学科,是基础性学科还是应用性学科;是独立学科还是交叉性或综合性学科。只有确认了这个根本问题和核心问题,才能科学而有效地构建特殊教育学学科体系。关于特殊教育学学科的性质问题,我国学者形成的观点主要表现出以下方面:

陈云英教授认为,作为教育学的分支学科,尽管特殊教育学是"一门应用学科",但其应用性不能仅仅停留于技术操作层面,更要奠定牢固的理论根基,否则特殊教育学就沦落为"特殊教育技艺学"的危险。②

有学者认为:"特殊教育学是一门自然科学和社会科学相结合的综合学科,它要依赖医学、工程学和心理学等自然学科的研究成果,同时,它还依赖社会学、普通教育学等社会科学的研究成果,但它不是这些学科的大杂烩,而是有机地按照自己的系统和规律来组织相应的内容,从而形成自己的体系,它本身就是科学。"③

有学者指出,作为教育学的一门分支学科,特殊教育学既具有较强的应用性,同时其理论体系正处于建构和完善之中,其理论性气息也十分浓厚。"特殊教育学作为一门独立学科,其体现的应用性

---

① 邓猛、肖非:《特殊教育学科体系探析》,载《中国特殊教育》,2009(6)。
② 陈云英:《建构特殊教育理论》,载《中国特殊教育》,2003(1)。
③ 刘全礼:《特殊教育导论》,27页,北京,教育科学出版社,2003。

第五章 教育学主要分支学科的发展(下)　　　　　　　397

与理论性将为学科的建设和发展带来广阔的发展空间。"①

　　有学者认为:"特殊教育学是一门多学科、多层次相互交叉和渗透的综合性学科。"②一方面,特殊教育学是教育学的分支或子学科,是教育学一级学科之下的一个二级学科。另一方面,特殊教育学具有交叉性特点,来自医学、心理学、教育学、社会学等学科的理论奠定了特殊教育学科最核心的理论基础,语言学、管理学、经济学、哲学、人类学、脑科学乃至电子计算机科学等学科相关内容,也必然能够为特殊教育学学科发展提供有力支撑。

　　也有学者指出:"特殊教育学是一门以各种生理、心理有障碍或有特殊才能的儿童的身心发展特点和教育教学为研究对象的学科。"因为特殊教育学与教育学、心理学、生理学、社会学、医学、法学等诸多学科之间存在不可分割的紧密联系,这就决定了其所具有的典型的"交叉边缘学科"的特质。③

　　(三)特殊教育学的知识结构问题

　　作为特殊教育学学科的基础和核心,特殊教育往往先于特殊教育学学科的发展,它在特殊教育专业实践和人才培养过程中应运而生,其对特殊教育研究对象和研究问题的深入剖析,以及在此基础上所构建、形成的知识结构和内容体系,对特殊教育学学科的建设和发展具有特别重要的价值和意义。关于特殊教育学的知识结构问题,我们可以通过对中华人民共和国成立至今几部比较有影响的著作和教材的内容分析加以考察。

　　朴永馨主编的《特殊教育学》(福建教育出版社,1995)的知识结

---

① 雷江华:《中国特殊教育学学科论初探》,载《华中师范大学学报(人文社会科学版)》,2005(4)。

② 邓猛、肖非:《特殊教育学科体系探析》,载《中国特殊教育》,2009(6)。

③ 吴春艳、罗娜、秦艳芳:《论特殊教育研究方法的发展特点及趋势》,载《四川民族学院学报》,2015(8)。

构：第一部分是特殊教育的基本问题，包括特殊教育的对象与分类、特殊教育对象的鉴定、特殊教育的产生与发展、特殊教育的体系、特殊教育的理论基础、特殊教育的基本观点、中国特殊教育的立场、特殊教育的发展动向；第二部分是各级各类特殊教育，包括智力落后儿童的教育、听力残疾儿童的教育、视力残疾儿童的教育、学习困难儿童的教育、言语和语言障碍儿童的教育、情感与行为障碍儿童的教育、肢残与病弱儿童的教育、残疾儿童的早期教育、特殊儿童义务教育后教育；第三部分是特殊教育的组织与管理，包括特殊教育机构的建立与任务、特殊教育机构的领导与管理、特殊教育机构工作的评价、特殊教育师资的培养。

陈云英等著的《中国特殊教育学基础》（教育科学出版社，2004）的知识结构：第一部分为特殊教育学的理论基础，包括特殊教育概论、特殊教育的发展、特殊教育师资的培养、特殊教育的研究；第二部分为各类残疾儿童的教育，包括听觉障碍儿童教育、发展障碍儿童教育、视觉障碍儿童教育、超常儿童教育；第三部分为残疾儿童职业教育和康复教育；第四部分为全纳教育与随班就读。该书填补了我国特殊教育领域中缺乏高层次、高学术性研究的空白，开创了我国特殊教育学研究的先河，对我国特殊教育学学科形成与发展意义重大。

方俊明主编的《特殊教育学》（人民教育出版社，2005）的内容结构：上篇为总论，阐述了特殊教育的基本问题，包括特殊教育概述、特殊教育的产生和发展、特殊教育的法律法规、特殊教育的体系与模式、特殊教育的评估；下篇为分论，包括视觉障碍儿童的教育、听觉障碍儿童的教育、智力障碍儿童的教育、言语与语言障碍儿童的教育、肢体障碍与病弱儿童的教育、自闭症儿童的教育、多重障碍儿童的教育与训练、学习障碍儿童的教育、情绪与行为障碍儿童的教育、超常儿童的教育、特殊儿童的职业教育、特殊教育教师的培养与培训、特殊儿童的家长教育、高等特殊教育、特殊教育研究的理论与方法。

潘一主编的《特殊教育学基础》(高等教育出版社,2006)内容结构:主要论述了特殊教育的基本理论、特殊教育的发展、特殊教育的政策与法律法规、特殊教育的研究方法、各类特殊需要儿童的心理特点与教育方法、特殊需要儿童的康复、特殊需要儿童的测量与评估、特殊需要儿童的随班就读与全纳教育、特殊需要儿童不良行为常用的矫正方法、特殊需要儿童家长的教育、特殊需要儿童师资的培训等。该书在理论方面充分满足了课程教学对知识点的基本要求,同时又引入了大量的案例及相关文献资料,突出了教学对象的针对性与教学过程的实用性。

盛永进的《特殊教育学基础》(教育科学出版社,2011)的内容结构:该书包括特殊教育概述、特殊教育的发展、特殊教育的功能、特殊需要学生、特殊教育教师、特殊教育体制、特殊教育课程、特殊教育教学、特殊教育合作等部分,力图在吸收和借鉴国内外已有研究成果的基础上,从学科建设出发,结合当代特殊教育的发展,尝试为构建具有中国特色的比较完整的特殊教育学基本理论框架做出基础性探索。

(四)特殊教育学学科的体系问题

从一定意义上来说,成熟的理论以及理论体系往往是一门学科得以安身立命的根本。特殊教育学学科体系是一个多序列、多维度的立体网状结构体系,也可称之为"特殊教育学学科群",它是由学科基本概念、基本原理、基本方法等按照一定的逻辑结构所组成的一个学术研究框架系统,是由特殊教育的个体学科所构成的群体学科的范畴与框架。我国学者在特殊教育学学科体系方面的研究,主要取得了以下突出成果。

有学者指出:"特殊教育学作为一门独立的学科,其应有自身的学科体系，包括教材体系和著作体系。"①其中，特殊教育学的"教材体系"包括"作为一门学科的特殊教育学的教材体系"和"作为一个学科群的特殊教育学的教材体系"两个方面；相应地，特殊教育学的"著作体系"则包括"作为一门学科的特殊教育学的著作体系"和"作为一个学科群的特殊教育学的著作体系"。由此，特殊教育学学科体系可以划分为以下三类：第一类是特殊教育学的分支学科，如特殊教育概论、特殊教育课程与教学论、特殊教育德育论、特殊教育班级管理论等；第二类是由特殊教育学与其他学科结合形成的一些交叉学科，如特殊教育史、特殊教育哲学、特殊儿童心理学、特殊教育管理学、特殊教育社会学、特殊教育经济学等；第三类是针对不同研究对象而形成的某些学科，如特殊基础教育学、特殊中等教育学、特殊职业教育学、特殊高等教育学等。

蒋云尔主编的《特殊学校管理学》(南京大学出版社，2007)，论述了特殊教育管理学产生的背景、特殊教育管理学的性质以及研究的对象和方法，探讨了特殊教育管理学的理论基础，并从操作层面上分别探讨了特殊教育行政管理、特殊教育学校管理和普通学校随班就读管理等方面的内容。

陈秀敏主编的《特殊教育从业人员伦理学》(黑龙江大学出版社，2011)，主要面向特殊教育专业的师范生，旨在培养和提高他们职业道德素质的教材，内容涵盖了特殊教育专业导论、中外伦理思想与特殊教育的发展、特殊教育从业人员职业道德、特殊儿童预防中的伦理问题、特殊儿童评估中的伦理问题等。

王培峰主编的《特殊教育哲学》(山东人民出版社，2012)，从本体论和价值论的角度，对我国目前特殊教育现状进行了审慎的哲学思考，并结合国外特殊教育理论和事件发展的现状，对我国特殊教

① 雷江华：《中国特殊教育学学科论初探》，载《华中师范大学学报(人文社会科学版)》，2005(4)。

育发展的未来之路何去何从提出了一些合理化的建议。

张文京主编的《特殊教育课程理论与实践》(重庆出版社，2014)，对特殊教育课程理论建构、特教课程编制与运用等进行指导，同时还对特殊教育发展性、适应性、职业教育和生态课程、教康整合课程、融合教育课程、盲聋培智教育课程，以及特教新课改等进行深入研究。

黄培森主编的《中国特殊教育史略》(西南交通大学出版社，2015)，基于特殊教育产生发展的内在逻辑，系统分析中国特殊教育的历史演进，以"特殊教育的实践"和"特殊教育思想"为线索，从中国古代特殊教育的萌生、特殊教育在中国近代的确立、国外现代特殊教育的发展、当代中国特殊教育的发展等方面，分析并展示我国特殊教育的流变轨迹以及经验和问题。

张文京主编的《特殊教育班级管理与建设》(重庆大学出版社，2017)，介绍了班级管理绪论、班级常规管理、班级环境与时空管理、班级人际关系、家庭教育与家长成长、班级安全教育与管理、班级卫生健康管理、班级心理辅导、班级资源及资料运用与管理、义工管理等内容。

丁勇建构了高等特殊教育学的主要研究内容和基本框架，具体包括高等特殊教育历史论、高等特殊教育价值论、高等特殊教育发展论、高等特殊教育改革论、高等特殊教育目的论、高等特殊教育教学论、高等特殊教师教育论、高等特殊教育未来论，为高等特殊教育学的形成和建立奠定了良好的学理基础。①

(五)特殊教育学学科的发展策略问题

特殊教育学从教育学"母体"分离出来之后，就必然面临一个如何不断发展进步并走向完善成熟的问题。这既是一个关涉特殊教育

---

① 丁勇：《关于建构高等特殊教育学的初步探讨》，载《中国特殊教育》，2005(3)。

学学科教师的理论问题，也是一个关涉特殊教育实践质量和效率的问题。只有准确把握特殊教育学学科发展过程中存在的诸多问题，明晰影响和制约特殊教育学学科发展的各种因素，在此基础上探索和确立促进特殊教育学学科发展的策略及路径，才能实现成人教育学学科的高质量发展。学术界关于特殊教育学学科发展策略与路径方面的研究主要取得了以下成果。

周全以黑龙江省重点学科特殊教育学为案例，探索并提出特殊教育学学科发展的路径与策略。[①] 第一，要厘清特殊教育学学科建设的内涵。特殊教育学科是教育学学科的组成部分之一，一方面普通学科的基本理论与方法适合特殊教育学科，另一方面在理论、原则和研究方法选择上有其自身的本质规定性，因此特殊教育学科建设的综合化、开放性、协同性、服务性以及资源的集聚性趋势会越来越明显。第二，要明确特殊教育学学科建设的重要意义。学科与专业密不可分，要想办出特色鲜明的特殊教育学专业，培养出高素质特殊教育专业人才，必须重视特殊教育学学科建设，以学科支撑专业。第三，要大力推进特殊教育学学科协同创新。从宏观来看，特殊教育是人类服务、社会服务专业，具有伦理性、专业性、服务性与非营利性的特点，协同创新理念及其体制机制恰恰与特殊教育的这种学科特性高度契合，由此可以更好地推动特殊教育学学科建设。第四，要加强特殊教育学学科建设的顶层设计。既要遵循传统与现实兼顾、重点发展、突出特色和适应性的宏观层面的建设原则，也要充分考虑社会需求、学者治学、学术自由、创新性和发展性等微观策略的原则，只有做好顶层制度设计，才能推动特殊教育学学科获得良好发展。

邓猛和颜廷睿在批判和反思长期以来特殊教育领域忽视社会理

---

① 周全：《对黑龙江省特殊教育学学科建设的思考》，载《教育探索》，2014(7)。

论分析与探讨的基础上指出，特殊教育学作为社会科学的一个分支学科，其建设和发展需要跳出"就特殊教育来看特殊教育"狭隘视角，要善于从社会理论的维度和高度对之展开深入的探索与反思。"社会理论范式影响并推动特殊教育学理论与实践的变迁，具体表现为：实证主义推动着特殊教育学的科学化，解释主义体现特殊教育学的人本化，批判主义社会学则通过对传统的批判将特殊教育学引向理想化的目标。这三大理论传统及其分支理论，从不同视角和路径解释特殊教育，共同构成特殊教育学的社会理论框架体系。"①

　　李勇则立足于我国高校转型发展的宏大背景，深入分析和探讨了特殊教育学学科建设与发展的基本策略，认为：第一，特殊教育学学科建设要坚守教学底线，聚焦特殊教育人才培养质量的提高，唯其如此，作为二级学科的特殊教育学学科，才能在高校转型发展过程中要找准自己的位置。第二，要确保特殊教育学学科领导层和学科(学术)带头人的稳定，如果没有高校校长和管理人员的高效实践活动，缺乏特殊教育学学科(学术)带头人的引领，特殊教育学学科要想得到多快好省的发展也是不可能的。第三，坚持抓特殊教育学学科内涵建设，走持续发展之路。特殊教育学作为二级学科，其建设离不开一级学科的支撑，也离不开交叉学科的融合支持。特殊教育学学科必须以高校转型发展为契机，坚持走内涵式和可持续发展之路。第四，科学规划特殊教育学学科发展，打造学科特色发展之路。特殊教育学学科在改革发展中首要转变的是思想理念，这是柔性的而非刚性的，搞模块化复制仿效只会导致学科建设的同质化，在失去自身个性和特色的同时，也就失去了获得发展的宝贵契机。②

---

① 邓猛、颜廷睿：《社会理论视野下的特殊教育学探讨》，载《教育学报》，2016(6)。
② 李勇：《高校转型发展视野下的特殊教育学学科建设研究》，载《绥化学院学报》，2019(1)。

(六)特殊教育学学科的理论基础问题

任何一门学科建设与发展，都离不开与之密切联系的相关学科的支持与支撑，特别是在今天科学高度综合化，边缘学科、交叉学科、横断学科大量涌现的时代，特殊教育学学科不能超然于世外，必须重视理论基础研究，必须注意积极而及时地吸收相关学科的最新研究成果，才能使重视发展获得源头活水和不竭动力。我国在特殊教育学学科理论基础研究方面主要取得了以下认识。

在 20 世纪 80 年代，关于我国特殊教育学学科的理论基础问题，学术界有着激烈的争论，形成了两种截然不同的观点。一种观点认为，特殊教育学"没有自己专业的理论，指导特殊教育的理论是从其他学科借来的，如医学心理学、教育学、社会学等的学科理论是特殊教育经常引用，近代脑科学研究和电子计算机学的研究也被特殊教育充分引用"[①]。另一种观点则认为，特殊教育学有自己的理论基础，"一个是与普通教育相同的哲学世界观和方法论，这是人们认识特殊教育和进行特殊教育活动的总的理论基础；另一个是与普通教育不全相同的，在其哲学思想指导下的相关学科的具体理论，如有关心理学、医学、社会学等方面的理论以及特殊教育本身的理论"[②]。

上述两派观点争论的结果，逐渐趋于后者，并在此基础上指出可以从三种不同路向，来分析和探讨特殊教育学学科的理论基础。第一，主张从学科学的视野确定特殊教育学学科的理论基础，认为应当包括哲学基础、心理学基础、社会学基础、康复学基础和教育学基础。[③] 第二，主张从特殊教育实践的视角认识确定特殊教育学学科的理论基础，认为应当包括人道主义基础、科学基础和经济学

---

① 陈云英：《建构特殊教育理论》，载《中国特殊教育》，2003(1)。
② 朴永馨：《特殊教育学》，61 页，福州，福建教育出版社，1995。
③ 钱志亮：《谈盲校课程设置的理论基础——兼探索我国特殊教育学科的理论基础》，载《中国特殊教育》，1999(1)。

基础。① 第三，主张从学科与活动的双重视角确定特殊教育学学科的理论基础，认为应当包括马克思主义关于教育的理论和唯物辩证法基础和补偿理论基础。②

也有学者认为，在认识特殊教育学学科理论基础的时候，需要进一步关注理论背后的理论、理论背后的学科以及学科背后的学科。"从活动的角度来看，可根据活动的组织程度与发展水平来分析特殊教育活动的理论基础与特殊教育模式的理论基础；从学科的角度来看，可根据学科的归属与独立特性来分析特殊教育的理论基础；特殊教育活动的理论基础与特殊教育学科的理论基础之间是彼此密切联系的系统。"③

(七)特殊教育学学科的研究方法问题

学科的形成与发展也不能离开研究方法或研究范式的运用或转变，对于同一问题的不同研究方法或研究范式的探讨，可能会得出不一样的、更有价值的认识和理解，因此，可以毫不夸张地说，研究方法或研究范式，不仅影响着特殊教育学学科发展的方向，影响着特殊教育学学科话语体系的形成，而且影响着特殊教育学学科理论体系的成熟与完善。我国关于特殊教育学学科研究方法或研究范式方面取得的成果主要有以下方面。

雷江华主张，对特殊教育学学科方法论的认识和把握，可以着眼于三个不同层次，即哲学方法论、一般学科方法论和具体研究方法。④ 所谓哲学方法论，是指从事实材料出发，根据逻辑规律法则形成概念、做出判断和进行推理，包括比较与对照、分析与综合、

① 卢子洲:《特殊教育培养目标的理论基础》，载《教育研究与实验》，1999(4)。
② 李勇:《高校转型发展视野下的特殊教育学学科建设研究》，载《绥化学院学报》，2019(1)。
③ 雷江华:《特殊教育理论基础的多维视角辨析》，载《中国特殊教育》，2012(2)。
④ 雷江华:《中国特殊教育学学科论初探》，载《华中师范大学学报(人文社会科学版)》，2005(4)。

抽象与概括、归纳与演绎等；所谓一般学科方法论，主要是指质性研究法和量化研究法，前者是从大量社会现象出发，对所拥有材料经过分析和综合，找出其中规律的方法；后者是对事物和社会现象的存在、发展变化以及构成事物和社会现象的成分关系、空间排列等，用数量表示其规定性的研究方法。所谓具体研究方法，是指包括观察法、文献法、测验法、调查法、统计法比较法、个案法等在内的各种具体方法。

邓猛和肖非认为，特殊教育的发展受社会科学范式变迁的影响。实证与建构主义、现代性与后现代的冲突与交融改变了特殊教育的理论模式与实践方式。特殊教育发展经历了从心理—医学、社会学、组织学范式的变迁，现行特殊教育实践则主要体现了功能主义的观点；后现代主义思潮的发展则孕育了融合教育的哲学理论基础。在融合教育日益垄断特殊教育领域话语权、建立其强大的伦理与政治霸权的背景下，应该以理性的态度反思特殊教育发展的轨迹及其范式变迁，我国特殊教育范式的生成与发展应扎根于我国传统的历史文化背景之上。①

王培峰在详细分析"特殊教育研究经历着全纳教育与传统教育的抵牾、多学科的参与对特殊教育学科地位的质疑、丰富多样的特殊教育实践对特殊教育研究回应能力的质疑"等特殊教育学学科研究方法的后现代境遇的基础上，着重阐述了以"经验—分析"为主的实证主义、以"归纳—演绎"为主的教育学和以"批判—理解"为主的社会学三种特殊教育学学科研究范式的基本内涵及其显著特征，为更好地发挥这些研究范式的作用提供了有效策略。②

邓猛和关苏慧基于"社会科学研究正经历着从实证主义向建构主

---

① 邓猛、肖非：《隔离与融合：特殊教育范式的变迁与分析》，载《华中师范大学学报(人文社会科学版)》，2009(4)。
② 王培峰：《特殊教育研究的范式与困境》，载《现代教育科学》，2011(6)。

义范式变迁"的事实，全面深入地剖析了质性研究范式与特殊教育研究之间的紧密联系，指出："特殊教育研究应该走向多元的研究范式，即在坚守实证科学精神的同时，纳入建构与人文主义的情乐，在进一步规范逻辑验证性质的量的研究的过程中，加强对归纳探索性质的质的研究范式的探索与运用。"在此基础上，提出了自己的倡议："特殊教育研究者积极转变研究范式，加强行动研究、叙事研究和个案研究等质的方法的运用，借此丰富特殊教育的实践，探索丰富多彩的、具有本土化特征的特殊教育理论与模式。"①

二、特殊教育学学科发展的反思

中华人民共和国成立 70 年来，我国特殊教育实践不断深化，特殊教育理论研究不断深入，特殊教育学学科建设取得了巨大的进步和成就。但是，也应该清醒地意识到，由于特殊教育学学科的"特殊性"，以及人们对特殊教育本质和规律的认识尚存在某些局限，致使特殊教育学学科建设还存在问题和不足。只有重视并厘清这些问题，在此基础上探寻问题解决的有效对策，才能推动特殊教育学学科向更加完善的方向发展。

(一)特殊教育内涵与本质的澄明问题

特殊教育学学科的研究对象既然是特殊教育领域的现象和问题，那么对特殊教育的内涵与本质、特殊教育区别于其他教育形式的特殊性和界限等攸关特殊教育最基本学科立场与立论基础的问题的理解和把握，就成为特殊教育学学科建设的基本逻辑起点。然而，在特殊教育学学科发展过程中，人们对于该问题一直存在争论，尚未形成普遍接受的观点。早期的观点认为，特殊教育的对象是"缺陷"与"异常"儿童，旨在为他们提供普通教育不能满足的、经过特别设

---

① 邓猛、关苏慧：《质的研究范式与特殊教育研究：基于方法论的反思与倡议》，载《中国特殊教育》，2011(10)。

计的教育教学。随着脑科学、神经学、医学等学科进一步发展，融合教育理论大行其道，对特殊教育内涵及本质属性的认识随之发生了根本性变化。有学者认为，特殊教育的特殊性主要在于其教育对象是"残疾人"或"特殊需要的儿童"；有学者指出，特殊教育的本质在于其独特而专业的教育教学设计，因为特殊教育对象存在较大的不确定和动态发展性特点；也有学者认为，特殊教育学学科是以"缺陷""残疾""特殊教育需要"为基础的三个相互联系而又层次不同的特殊教育学科体系，"缺陷"仍处于特殊教育学学科的核心，"特殊教育需要"则反映了宏观的特殊教育视野，意味着特殊教育与普通教育的交叉与融合。

回溯我国特殊教育发展的历史可以看出，特殊教育经历了从仅仅承认残疾人的存在和为其提供基本的生存需要，到对残疾人进行隔离式的教育与系统训练，再到逐渐实现融合性发展的历史转变。在此过程中，由于生理学、心理学、医学、康复学、社会学乃至宗教学等学科的共同参与，形成了特殊教育独特的发展脉络和鲜明特征，由此也奠定了特殊教育特有的内在气质和精神品格。据此可以认为，特殊教育就是以特殊需要儿童为对象，运用经过特别设计的一系列具体的方法、课程、教学形式及教学设施等，对其所开展的有针对性教育活动。特殊教育的本质属性就是特殊教育所表现出来的特殊性，其根本目标在于促使所有特殊教育需要儿童能够接受到高质量的教育，实现平等接受教育的权利。

(二)特殊教育学学科核心价值的聚合问题

所谓核心价值，是指作为学科的特殊教育学所独有的最为本质和最为持久的思想意识，包括学科价值目标、学术价值取向以及研究价值要求等基本要素。学科核心价值不仅是特殊教育学学科内部必须恪守的行为准则，而且是特殊教育学学科与外部社会进行互动与交流的评价标准；不仅是特殊教育学学科形成的基础和成熟的标志，而且是特殊教育学学科践行自身使命的重要条件。长期以来，学术界或者缺乏对特殊教育学学科所具有的核心价值给予足够的重视，未能准确清晰地凝练和表述特殊教育学学科的核心价值；或者囿于对学科母体教育学学科核心价值的认识和理解，更多的从理论建构、体系分析、内容结构等方面，探讨和研究特殊教育学学科应当具有的理论价值，由此可能致使特殊教育学学科问题及问题解决功能难以得到顺利实现。纠正这一偏向，必须特别重视并充分彰显特殊教育学学科的问题导向，把它作为特殊教育学学科核心价值体系重塑的关键，在明确特殊教育学学科目标、学科性质、学科信念、学科定位、学科边界及学科体系的基础上，使得特殊教育学学科核心价值要素得以聚合。

以问题导向聚合特殊教育学学科核心价值，需要特别注意两个重要环节：首先，特殊教育学学科理论研究者和实践工作者要具有良好的问题意识。在科学技术突飞猛进和教育改革日新月异的当下，能够准确把握特殊教育和特殊教育学学科发展面临的机遇和挑战，并把它贯穿于人才培养、学科建设、学科实践和科学研究的全过程，不断创造出具有我国特殊教育学学科鲜明特色的价值元素。其次，要敢于直面问题、分析问题和解决问题。理论不断丰富，实践不断深化，问题就会层出不穷。面对这些理论疑难或实践困惑，我们不能消极回避，而必须敢于面对，善于做多层面、多维度的原因剖析，不仅能从世界范围去探寻特殊教育问题产生原因，也能立足本土去发现问题出现的根源，特别是要敢于揭示特殊教育学学科改革发展过程中的深层问题和隐性矛盾，抓住事关特殊教育学学科发展的根本性、全局性问题，在确定科学有效的解决之道的同时，特殊教育学学科核心价值由此也能够得以整合和凸显。

(三)特殊教育学学科体系结构的架构问题

"学科体系是由相互关联的个体学科按照一定的标准和逻辑结构

组成的研究框架系统，这个系统不仅包含学科的学术规范、人才培养方案，还包含学科机理、学科气韵和各自风采。"①"学科体系基本架构是学科研究对象、范畴等的具体化展示，是学科'有机体'各部分相互连接、相互支撑的立体化组合，是学科体系理论建树、实践拓进的方向性指导。"②然而，由于我国特殊教育学科发展时间较短，并且受相对滞后的学科理论及功利化倾向影响较大，致使其学科体系难以得到均衡发展。比如，特殊教育学、特殊课程与教学论、特殊学校教育管理学、特殊教育哲学等部分特殊教育基础性学科虽然已经初具形态，但有些学科伴随着科学技术的进步、经济社会的发展以及特殊需要儿童研究的深化而出现的，诸如学前特殊教育学、特殊教育心理学、特殊教育社会学、特殊教育传播学等一些新兴交叉学科或边缘学科，则仍然处于萌芽状态或孕育之中。

学科发展的均衡性，是特殊教育学学科体系结构完善乃至学科成熟的重要标志。因此，顺应时代变化和特殊教育现实诉求，丰富和完善我国特殊教育学学科体系，促使其得以均衡构建和健康发展，自然成为特殊教育学学科建设的首要任务。特殊教育学学科体系的均衡建构，一方面要在保持和维系好特殊教育自身特殊性本质的基础上，以敢为人先的气魄，强化学科结构的顶层设计，树立学科建设的全局意识，既要重视西方特殊教育学学科精华的借鉴，也要注意本土化探索过程中先进经验的吸收；既要重视普通教育学学科优势的传承，也要加强自身学科内部各个板块之间的互动，实现特殊教育学学科由自为到自觉的飞跃。另一方面也要从特殊教育自身机制和规律出发，规避普教化影响以及对西方特殊教育的机械沿用，使特殊教育学学科扎根于自身丰富多彩的实践沃土，高屋建瓴，按照不同的分类基础、分类标准和层次组合，构建多维度、多层次的

① 王龙、刘超：《我国成人教育学科体系建设研究》，载《中国成人教育》，2016(22)。
② 朱涛：《成人教育学科体系建设自论》，载《西北成人教育学报》，2004(3)。

学科架构，充分彰显特殊教育学学科的气韵风采和精神气质。

(四)特殊教育学学科建制的完善问题

任何学科都属于历史的范畴，都是一个伴随着学科实践活动不断丰富和发展的概念。考察和审视学科发展的历史，可以看出，学科形成其实就是自身研究领域制度化和建制化的必然结果。学科建制是一门学科发展到一定历史阶段的必然产物。所谓学科建制，是指"以一定的组织机构为依托，为学科从业者提供的一种基本的社会身份或社会标识范畴，是学科研究者的生存依附"①。特殊教育学学科的生存和发展，同样也离不开学科建制的建立和完善，它不仅为特殊教育学学科提供了重要的组织基础和制度保障，而且为特殊教育学学科人员、物质、财力、平台等不可或缺的基本条件，成为特殊教育学学科发展的助推器。然而，由于我国特殊教育学学科产生与发展的历史不是太长，同时它又是一个舶来品，是在学习、吸收和借鉴西方特殊教育学学科思想和体系的基础上建立起来的，因而无论其内在的学科制度还是外在的学科建制，都还存在某些欠缺和不足，影响和制约了特殊教育学学科的科学化和规范化发展。

根据我国著名学者费孝通先生的研究，一门学科的建制主要有5个方面：一是专业学会或学术团体，即包括专业人员在内的群众性组织；二是在这门学科中起带头、协调、交流作用的专业研究机构；三是高校设置的专业与学系，这是培养该学科人才的不可或缺的重要场所；四是图书资料中心，用于收集、流通该学科的研究成果以及有关的报刊书籍资料；五是学科专门出版机构，包括专业刊物、教材和通俗读物等。② 依此进行分析和判断，我国虽然有中国教育学会特殊教育分会、中国高等教育学会特殊教育研究会等全国性、

---

① 吉标：《开放以来我国课程与教学论学科建制的历程》，载《西南大学学报(社会科学版)》，2016(1)。

② 费孝通：《略谈中国的社会学》，载《社会学研究》，1994(1)。

群众性学术团体，但相较于其他类型教育，省、市、县级特殊教育学会还不够健全，特殊教育专业研究机构数量较少。从特殊教育专业的设置和人才培养来看，目前我国共有56所高校开设特殊教育学专业，培养本科特殊教育专业人才，但具有硕士学位授权的高校不足一半，只有北京师范大学、华中师范大学、浙江大学、东北师范大学、南京师范大学、华东师范大学、西北师范大学、华南师范大学、西南大学9所高校拥有博士授权点，高层次特殊教育专业人才还比较缺乏。目前我国只有《中国特殊教育》《残疾人研究》《现代特殊教育》等少量的专业杂志，特殊教育方面学术讨论和交流的平台较少。这些都是我们在今后特殊教育学学科建设方面需要加以优化和完善的方面。

（五）特殊教育学学科本土化发展问题

从我国教育学学科发展历史来看，近代受欧美教育学的影响较大，中华人民共和国成立后则深受苏联教育学学科体系的制约，甚至这种影响至今犹存。因此，有人说中国没有自己的教育学，没有形成自己独立的教育学学科话语体系和理论体系，缺少"中国气派"和"中国特色"。作为教育学之下的二级学科，特殊教育学学科也是如此，也面临着"本土化"和"中国化"改造和构建的紧迫问题。"近些年来，我国特殊教育迅猛发展，成绩斐然，但犹有乱象。舶来话语无限挤占本土概念，科学愈发成为商业的噱头，循证成为打击异见的武器，多学科成为学科倾轧的借口，机械训练取代丰富鲜活的教育。""所有这些乱象，均源自缺乏文化与专业自信，源自本土化的特殊教育学科话语体系的缺失。"[①]特殊教育学学科如果不能立足本国特殊教育实际，不能充分彰显本土传统与特色，也就难以获得自身

---

① 邓猛：《重读〈着力发展有中国特色的特殊教育学科〉——兼论我国特殊教育学科建设》，载《现代特殊教育》，2017(12)。

发展的源头活水和生命活力。因此，如同教育学和其他分支学科一样，特殊教育学学科如何实现自身本土化发展，既非常紧迫又任重而道远。

其实，早在 1998 年，北京师范大学的朴永馨教授就旗帜鲜明地发出了"发展有中国特色的特殊教育学科"的时代呼声，明确提出"把特教工作者从经验型提到科研型""借他山之石与发展民族特色""百花齐放与团结协作"等学科建设的策略与设想。[①] 北京师范大学的另一位特殊教育学者邓猛教授则从"丰富中国特殊教育学科的传统文化及哲学基础""构建中国特色的特殊教育话语体系""探索中国特殊教育的实践方式"等方面，对我国特殊教育学学科本土化和中国化的发展路径进行了全面而深入的阐述和剖析。[②] 除此之外，我们认为，特殊教育学学科本土化发展还必须充分考虑新科技革命给学科发展带来新视角和新思维。随着"互联网＋"、人工智能、云计算等新科技的不断涌现，带来了诸如深度学习、教育神经学、教育大数据等新兴、交叉教育领域的应运而生。这些崭新领域的出现，在极大地拓展了特殊教育学学科既有边界的同时，也必然使得运用更多科技元素、更先进技术手段对特殊教育的根本性问题展开深入探究成为可能，进而能从更为科学的视角对"特殊需要儿童是如何学习的""哪些因素影响他们的学习效果"等问题做出正确回答。这对于特殊教育学学科本土化和中国化发展，无疑也是十分必要和有益的。

第三节　教育技术学学科的发展

教育技术学是教育学领域技术学层次的学科，目前已成为教育

---

① 朴永馨：《努力发展有中国特色的特殊教育学科》，载《特殊教育研究》，1998(1)。
② 邓猛：《重读〈着力发展有中国特色的特殊教育学科〉——兼论我国特殊教育学科建设》，载《现代特殊教育》，2017(12)。

学分支学科中发展较快的学科之一。本节探讨了教育技术学学科研究的主要问题，对教育技术学这一学科的研究经验进行了总结，同时也对学科研究中存在的问题进行了反思。

一、教育技术学学科的进展

教育技术学是教育学分支学科中比较年轻的二级学科。几十年来，大家一直在开展教育技术学的逻辑起点、学科定位和学科基础等问题的研究，这些学科核心问题的研究，又直接影响到学科体系、学科专业建设、人才培养等各方面。本节主要针对逻辑起点、学科定位、学科基础、理论体系、学科建设、研究范式等学科研究的主要问题展开论述。

（一）教育技术学的逻辑起点

逻辑起点是一门学科逻辑结构的起始范畴，是该学科理论体系的始自对象。[①] 学科逻辑起点是确定一门学科研究对象，正确定位学科的前提，也是学科体系构建的基础。教育技术学学科研究对象和学科定位的确立一直伴随着对教育技术学学科逻辑起点的思考。2004 年，冯秀琪提出了研究教育技术学学科逻辑起点问题，认为"'教育中的技术'"是教育技术理论研究的逻辑起点。[②]

2005 年，何克抗在《电化教育研究》第 11 期撰写了《关于教育技术学逻辑起点的论证与思考》，引起了很大反响。他依据黑格尔《逻辑学》一书中曾为逻辑起点提出的三条质的规定性作为基础，把部分学者补充的两条规定性作为参考，从教育学的逻辑起点为"教育活动"逻辑推理导出教育技术学的逻辑起点是"借助技术的教育"，同时也从上述质的规定性的五个方面进行了验证。

除了何克抗的观点之外，也有很多学者在论述教育技术学学科

---

①　瞿葆奎、喻立森：《教育学逻辑起点的历史考察》，载《教育研究》，1986(11)。

②　冯秀琪：《教育技术理论研究逻辑起点的思考》，载《电化教育研究》，2004(7)。

定位、学科理论体系时探讨过逻辑起点问题,归纳起来有:以"传播"为逻辑起点;以"教育信息的传播"为逻辑起点;以"借助媒体的学习"为逻辑起点;以"借助于技术的学习"(或"借助工业技术的学习")为逻辑起点;以"如何教育"为逻辑起点;以"教学问题"或"解决教育、教学问题"为逻辑起点;以"现代教育媒体的研究和应用"为逻辑起点;以"教育中的技术"为逻辑起点;以"教育和技术的双重结构"为逻辑起点;以"借助技术的知识经验共享"为逻辑起点;以"教育软技术创新"为逻辑起点;以"设计教育技术"为逻辑起点;"借助现代教育技术的教与学的方法"为逻辑起点等。[①] 其中,刘瑞儒、黄荣怀对逻辑起点进行综述研究,从四个层次绘制了教育技术学的"逻辑之塔"。[②]

目前,还有一些观点认为,交叉学科的发展使得跨学科研究已成为当今科学发展的一大趋势,在此情况下,不同学科研究同一领域,甚至同一研究对象的现象越来越多,为这些学科都确立逻辑起点非常困难;我们需要反思目前业界探寻逻辑起点的思维方式,克服由逻辑起点而理论体系的单向思维模式,树立由理论体系而逻辑

① 主要参考章伟民、曹揆申:《教育技术学》,5页,北京,人民教育出版社,2000;桑新民:《现代教育技术学基础理论创新研究》,载《中国电化教育》,2003(9);江北战:《探寻教育技术学的逻辑起点》,载《电化教育研究》,2005(3);郑旭东:《教育技术学的逻辑起点及其理论结构》,载《电化教育研究》,2004(8);刘美凤:《教育学科群中的教育技术学——从事"如何教育"研究和实践的领域》,载《中国电化教育》,2003(7);杨开城:《对我国教育技术研究领域发展现状的反思》,载《北京师范大学学报(人文社科版)》,2000(4);南国农:《信息化教育理论体系的形成与发展》,载《电化教育研究》,2009(8);李龙:《教育技术学科的定位——二论教育技术学科的理论与实践》,载《电化教育研究》,2003(11);赵剑:《教育技术学逻辑起点再探》,载《电化教育研究》,2006(6);陈勇勤:《教育学的逻辑起点和教育技术学的逻辑起点》,载《电化教育研究》,2006(3);李政涛:《为人的生命成长而设计和发展教育技术——兼论教育技术学的逻辑起点》,载《电化教育研究》,2006(12);刘瑞儒、黄荣怀:《也谈教育技术学的逻辑起点》,载《电化教育研究》,2006(8);等等。

② 刘瑞儒、黄荣怀:《也谈教育技术学的逻辑起点》,载《电化教育研究》,2006(8)。

起点的逆向思维。①

(二)教育技术学的学科定位

学科定位即确定一门学科在整个学科体系中的位置，一门学科的成熟在于其有明确的学科定位。教育技术学学科定位问题是从电化教育姓"电"还是姓"教"的讨论开始的，归纳起来主要有两种定位观。

1. 技术定位观

2000 年，冯秀琪在《教育技术学的概念与学科定位》一文中阐述了教育技术、教学技术、电化教育、电化教学之间的关系。他认为，教育技术学是在教育科学理论指导下，运用技术方法改善教育过程、优化教育结果的知识体系，在教育科学领域内属于技术层次的综合性应用学科，与尹俊华和梅家驹的观点相似②③。2003 年，刘美凤结合当前教育技术及其学科发展中出现的一些问题，论述了研究教育技术及其学科定位问题之必要性④，并在专著《教育技术学学科定位问题研究》(教育科学出版社，2006)详细论证了和确立了教育技术学的广义技术定位，也在广义技术定位下，对教育技术学学科的知识构成进行了研究。

2. "教育—技术"双重定位观

李龙对教育技术学学科做出了双重定位，他认为教育技术学既是教育学学科的分支学科，同时也是技术学学科的分支学科。⑤ 南国农赞同双重定位，他认为双重定位能较好地体现学科的本质，认清自我，有助于形成自己的特色和优势，同时也有助于培养复合型

---

① 陈宝军：《关于教育技术学逻辑起点研究的一点探讨》，载《现代教育技术》，2008(1)。
② 尹俊华：《教育技术学导论(第二版)》，66 页，北京，高等教育出版社，2002。
③ 梅家驹：《教育技术的定位与错位》，载《陕西电教》，2000(1)。
④ 刘美凤：《研究教育技术及其学科定位问题之必要性》，载《中国电化教育》，2003(1)。
⑤ 李龙：《教育技术学科的定位——二论教育技术学科的理论与实践》，载《电化教育研究》，2003(11)。

人才。①

除了上述两种主要定位观之外，有学者从不同视角开展研究，出现学科的"工程"定位观。② 也有学者通过研究认为，"信息化教育"或"技术化教育"的术语概念更贴近学科的实质。③ 要解决教育技术学学科定位问题，需要从更改教育技术学学科名称开始，提出改名为"信息化教育"，它不仅可以概括该学科领域的研究与实践，又能保持中国特色，凸显时代的特征④。

(三)教育技术学的理论基础

教育技术学学科作为规定性学科，它需要教育学、心理学、哲学、传播学等学科的支撑；作为一门交叉学科，需要教育学和技术学的学科支撑；作为一门综合性学科，还需要其他相关学科的有力支撑。因此，教育技术学学科的理论基础研究一直在教育技术学学科基础理论中占据重要位置，在专业教材中也占了不小的篇幅。1981 年，萧树滋在《电化教育的理论基础》一文中提出，哲学、教育心理学和物理学是电化教育的理论基础。包国庆等学者的系列论文论述了电化教育的理论基础是系统科学、哲学、传播学、心理学、课程论。⑤

归纳起来，教育技术学学科的理论基础主要包括系统科学、传播理论、学习理论、教学理论，部分学者也把多元智能理论、哲学

---

① 南国农：《教育技术学究竟应该怎样定位》，载《北京大学教育评论》，2013(11)。
② 石新茂：《从泛技术学走向工程学——对教育技术学科定位的思考》，载《电化教育研究》，2009(6)。
③ 李康：《对教育技术学科名称及定位的反思》，载《电化教育研究》，2008(9)。
④ 南国农：《教育技术学科究竟应该怎样定位》，载《北京大学教育评论》，2013(3)。
⑤ 包国庆：《电化教育的理论基础及其系统论评析》，载《电化教育研究》，1993(4)；包国庆、童培君：《电教课程论及其当代信息科技背景——电教理论基础研究之四·课程论》，载《电化教育研究》，1995(4)；包国庆、童培君：《网络传播学·理论框架与应用前景——电教理论基础研究之五·传播学》，载《电化教育研究》，1996(3)；包国庆：《远程教育的哲学思辩——电化教育理论基础之七·哲学》，载《电化教育研究》，1999(4)。

观、技术基础等纳入教育技术学学科的理论基础中。同时，这些学科理论基础的不断发展和创新，也补充和完善了教育技术学学科的理论。

(四)教育技术学的学科体系

南国农等人提出，学科专业建设需要满足两个条件，一是需要建立学科理论体系，二是需要培养本学科专业人才。[①] 我国教育技术学学科专业建设的发展经历了一个"从事业到学科专业"的阶段，相应的理论体系与学科建设也在逐步完善。

1. 理论体系

李康对我国教育技术学理论体系进行了分类，他认为：一是"要素构成"体系，即以其发展历史、媒体设备、教学资源、教学设计、教学应用、教学管理等构成理论体系；二是"操作构成"体系，即以其工作环节，设计、开发、应用、管理和评价等构成理论体系；三是将前两者有机结合起来，取其合理部分，排除其重复累赘部分，作合理的整合[②]。

"要素构成体系"体现在南国农、李运林撰写的《电化教育学(第二版)》(高等教育出版社，1998)一书中，该教材构建了电化教育的学科知识体系，包括：电化教育的概念、过程和原则；电教媒体及其在教育、教学中的应用；电教理论和技术在教学设计、课堂教学、远距离教学、电教研究与实验、电教管理中的应用。2004 年，南国农又出版了《信息化教育概论》(高等教育出版社，2004)一书，涉及信息化教育的基本概念、基本理论、技术与方法，涉及现代教学媒体、现代教学设计的理论，信息化教育理论和技术的应用等内容。

美国教育传播与技术协会(AECT)1994 定义的颁布给我国教育

---

① 南国农：《中国电化教育(教育技术)史》，345 页，北京，人民教育出版社，2013。

② 李康：《论我国教育技术学科的形成与发展》，载《电化教育研究》，2012(1)。

技术学界带来了深远的影响，该定义侧重于学科性定义，明确指出了教育技术的目的、研究对象、基本内容、研究方法。何克抗结合我国教育技术的发展特征和 AECT 定义，2005 年提出了我国教育技术学的定义：教育技术学(技术化教育学)是通过设计、开发、利用、管理、评价有合适技术支持的教育过程与教育资源来促进学习并提高绩效的理论与实践。①　其编著的《教育技术学》(北京师范大学出版社，2008)依据此定义所确定的学习过程和学习资源两大研究对象，以及这两大研究对象的"设计、开发、利用、管理、评价的理论与实践"五个研究范畴而展开，是"操作构成"体系的重要体现。

尹俊华等编著的《教育技术学导论(第 3 版)》(高等教育出版社，2011)主要从学科和专业的角度，构建了教育技术学学科内容。包括：教育技术及其学科发展、教育技术学的理论基础、教育技术学的技术基础、教育技术学研究方法、教育技术学的专业方向、教育技术学的新兴研究方向。

2. 学科建设

我国有教育技术学国家级重点学科 2 个：北京师范大学和华南师范大学(注：2014 年，教育部取消国家重点学科审批)，国家级特色专业建设点 8 个(华南师范大学、北京师范大学、华中师范大学、江苏师范大学、四川师范大学、浙江师范大学、黄冈师范学院、渭南师范学院)。教育技术学学术型硕士学位授予单位 71 所，现代教育技术专业硕士学位授予单位 84 所，博士学位授予单位 12 所。教育技术学专业可以授予教育学(专业代码：040110)和理学(专业代码：078401)两种学位。

教育技术学学科研究方向有几十个，且日趋多元化。通过对各高校学术型硕士研究生招生方向的分析发现，学科研究方向主要集

---

①　何克抗：《关于教育技术学逻辑起点的论证与思考》，载《电化教育研究》，2005(11)。

中在：教育技术基本理论、教学系统设计、信息技术与教育、数字媒体技术、网络教育研究与应用、数字化学习、绩效技术、教育信息化、教育软件工程、知识科学与工程、外语教育技术、数字媒体教育资源设计与开发、远程教育研究、教育游戏、移动学习与泛在学习、智能评价与学习分析、大数据与教育智能、教育传播理论与技术、多媒体技术开发及应用、网络（远程）教育平台开发技术、理解性学习与认知、学习科学与智慧教育、教育技术学理论与体育课程信息化建设（天津体育学院）等。

围绕教育技术学学科建设方面的研究，这里通过对全国教育科学规划课题中与教育技术相关的课题立项（2001—2018）进行分析说明。

3. 课题研究

据不完全统计，全国教育科学规划课题与教育技术相关的课题立项（2001—2018，2002 年课题规划办网站未查到）555 项，占全部国家课题立项数目 8131 项的 6.83％。其中，国家重点课题 9 项，国家一般课题 120 项，其他课题 426 项。笔者把这些课题按照研究领域分为教育技术理论、教学设计、教育信息化、信息技术/媒体素养教育、远程教育、信息技术在教育教学中的应用、资源/系统的设计/开发、学习科学、STEAM 和其他（注：无法归为前述某一类的课题），详情如表 5-1 所示。

教育技术理论。此类研究占立项课题总数的 10％，主要关注教育技术理论体系的构建。随着信息技术在教育教学中的应用，研究者开始关注信息技术环境下与具体教育教学问题相关的理论研究，包括高校教师信息技术能力建构、中小学教师教育技术能力结构、网络学习社区的理论与机制建设、混合教学的理论体系建构等。

教育信息化。教育信息化的研究一直与国家教育信息化战略密切相关，占立项课题总数的 12.5％。在教育信息化研究领域，研究

表 5-1　全国教育科学规划课题简要统计表（2001—2018）

立项时间	研究主题										合计
	教育技术理论	教育信息化	信息技术/媒体素养教育	现代远程教育	信息技术在教育教学中的应用	资源/系统的设计/开发	学习科学	教学设计	STEAM	其他	
2001	8	8	10	6	10	6	0	9	0	1	58
2002	缺失	缺失	缺失	缺失	缺失	缺失	缺失	缺失	缺失	缺失	缺失
2003	4	7	2	3	3	14	2	3	0	1	39
2004	0	1	2	0	0	1	0	1	0	0	5
2005	1	3	0	7	2	0	0	2	0	1	16
2006	3	1	0	3	1	4	0	1	0	0	13
2007	1	3	2	6	2	2	1	1	0	0	16
2008	1	1	2	2	3	8	3	4	0	0	24
2009	3	4	2	2	3	3	2	5	0	0	24
2010	5	6	5	3	4	4	4	2	0	0	33
2011	5	3	0	4	3	5	7	1	0	1	29
2012	3	2	0	4	5	11	5	2	0	1	33
2013	6	2	1	3	6	6	10	3	1	0	38
2014	3	6	1	3	9	7	6	4	0	0	39
2015	3	0	0	0	15	8	7	4	1	1	39
2016	4	7	2	1	17	6	8	5	1	0	51
2017	1	6	0	3	13	3	9	3	3	0	41
2018	6	9	1	3	6	6	7	7	12	0	57
合计	57	69	28	53	102	94	71	57	18	6	555

者特别关注宏观的教育信息化的理论、教育信息化的国际比较、教育信息化的投入机制、教育信息化的资源与平台建设、教育信息化的评价与评估等；中观的区域教育信息化、县域教育信息化、学校教育信息化等；微观的学生信息化能力评价指标、教师的信息技术能力提升、校长的信息化领导力提升等。

信息技术/媒体素养教育。此类研究占立项课题总数的 5%，主要关注信息技术课程与教学、信息素养、大中小学生的媒体素养教育、小学生数字化阅读写作能力培养、学生网络学习方式等。

现代远程教育。此类研究占立项课题总数的 10%，主要关注现代远程教育的理论体系构建、远程教学质量保证、成人远程学习策略、网上课程绩效评价、农远工程、资源共享共建、精品课程与慕课、学分银行、学分认证等。

信息技术在教育教学中的应用。此类研究占立项课题总数的 18%，特别关注新技术在教育教学中的应用，如早期的 LOGO 技术、手持式电子教科书、数字教育电视节目、"1＋1"数字学习技术；中期的移动学习技术、微博、网络交互工具、网络平台、电子书包；近期的云课堂、智能感知、可视化大数据分析技术、智慧学习环境、互联网＋、区块链等。

资源/系统的设计/开发。此类研究占立项课题总数的 17%，主要关注学习资源、教学平台、学习平台、教育系统等的设计或开发。

学习科学。此类研究占立项课题总数的 13%，主要关注网络环境下与学习科学相关的问题，如网络学习、在线学习、协作学习、情境学习、转化学习、学习投入、学习分析、深度学习、问题解决、认知风格、认知模型等。

教学设计。此类研究占立项课题总数的 10%，主要关注教学设计理论模型、课程设计与开发、培训模式设计与开发、教学模式的有效应用等，尤其是信息技术环境下的教学设计与教学评价。

STEAM。2013 年开始出现与 STEAM 相关的研究课题,2018 年有 12 项 STEAM 课题立项。

4. 课程教材

教育技术学相关课程教材的设计与开发主要围绕两个方面展开:一是作为教育技术学专业的系列课程教材;二是作为师范生公共必修课程的"现代教育技术"。教育技术学建设过程中,有三次比较重要的教育技术学专业课程教材建设,这对我国教育技术学学科建设起到了重要的作用。

(1)教育技术学学科专业系列课程教材

1985 年 9 月,由南国农担任组长,李运林担任副组长的全国电化教育课程教材编审组组织编写并审定出版了南国农主编的《电化教育学》(高等教育出版社,1985),梁育腾、丁学儒主编的《电化教育基础》(高等教育出版社,1985)。之后,根据专业建设需要,又陆续出版了李运林、李克东编著的《电化教育导论》(高等教育出版社,1986),杨改学、抗文生编著的《电教美术》(高等教育出版社,1989),李运林编著的《电视教材编导与制作》(高等教育出版社,1991),南国农、李运林主编的《教育传播学》(高等教育出版社,1995),乌美娜主编的《教学设计》(高等教育出版社,1994),尹俊华主编的《教育技术学导论》(高等教育出版社,1996)等系列教材。这些教材的出版满足了专业教学的需要,为学科专业建设做出了重大贡献。

1998 年,何克抗承担教育部"高等师范教育面向 21 世纪教学内容和课程体系改革"项目中的"教育技术学专业改革的研究与实践"子项目。该子项目的成果之一,就是编写了 21 世纪教育技术学专业主干课程系列教材(共 8 本)。具体包括:丁兴富编著的《远程教育学》(北京师范大学出版社,2001),傅德荣、章慧敏编著的《教育信息处理》(北京师范大学出版社,2001),何克抗、李文光编著的《教育技术学》(北京师范大学出版社，2002)，何克抗等编著的《教学系统设计》(北京师范大学出版社，2002)，黄荣怀编著的《信息技术与教育》(北京师范大学出版社，2002)，李克东编著的《教育技术学研究方法》(北京师范大学出版社，2003)，李运林、徐福荫编著的《教学媒体的理论与实践》(北京师范大学出版社，2003)，祝智庭、王陆编著的《网络教育应用》(北京师范大学出版社，2004)。这套教材概括了国内外教育技术领域最新的理论、方法、技术，有利于培养教育技术学专业人才。

2005 年，教指委构建了教育技术学专业课程体系的 5 个模块：①学校平台课程；②专业主干课程，包括教育技术导论、教学系统设计、学与教的理论、媒体理论与实践、信息技术与课程整合、教育技术项目实践、教育技术研究方法、远程教育基础；③专业基础课程，包括公共基础课模块、计算机基础模块、方向核心课程模块三个模块；④专业任选课；⑤实践课程。此次专业课程体系模块的确定仍是目前高校制定教育技术学专业教学大纲的依据。2007—2012 年，教育部高等学校教育技术学专业教学指导委员会又组织编写了普通高等教育"'十一五'国家级规划教材——教育技术学专业系列教材"，共 24 本，由高等教育出版社出版。这一时期，北京师范大学出版社在"21 世纪教育技术学专业主干课程系列教材"的基础上，也对课程内容体系进行了更新，出版了"'十一五'国家级规划教材——教育技术学专业主干课程系列教材"。

(2)"现代教育技术"公共课程教材

培养师范生或者教育硕士的高校围绕师范生或教育硕士的教育技术能力提升都开设了"现代教育技术"公共课程，部分高校也根据本校特点开发了"现代教育技术"公共课程教材。"现代教育技术"公共课程教材一般包括面授教材和实验教材，教师除了讲授理论知识之外，也会安排相应的教育技术实验。此类教材立足教师拟从教的学科，聚焦信息技术与课程整合；重在理论联系实际，面向教师教育技术能力培养。以张剑平主编的国家精品课程主讲教材、"十一五"规划教材《现代教育技术(第 4 版)》(高等教育出版社，2016)为例，内容主要包括：教育技术与教师能力、教育技术应用的理论基础、信息化教学环境及其应用、多媒体辅助教学、开放教育资源与远程教育、教学设计、教学评价、技术促进教育变革。

(五)教育技术学的研究范式

在中国教育学界"学科建设"思维方式的引导下，教育技术学研究者一方面在实践领域中按照"研究领域"的逻辑进行研究，另一方面还在理论领域试图将教育技术建设成为一个独立的学科。[①] 在理论领域开展研究的过程中，科学共同体通常遵循一定的研究范式展开。"研究范式作为区分同一层次不同类别研究对象的方法方面的综合性判断标准，是依据不同的方法论观点所形成的研究方法相对稳定的结构性组合。"[②]目前，教育技术学研究范式主要有科学主义研究范式、人文主义研究范式以及教育技术学研究新范式。

1. 科学主义研究范式

研究方法通常是指为了达到研究目的而采用的程序、工具、途径、手段和技术等，它与具体的作用对象有关，有详细的操作过程和步骤，是价值无涉的。科学主义研究范式更多采用量化方法，如实验法、调查法等，通过对研究资料的定量分析，发现客观规律。我国教育技术学研究一直有实证主义的基因，在 20 世纪 50 年代，萧树滋就在西北地区开展了大量的媒体实验，应用电教媒体改进学科教学，提升学校的教育教学水平。20 世纪 60 年代以来，我国学校开始进行大规模的教育技术实验，以教育信息化带动教育现代化。

---

① 杨开城：《论教育技术学的两种研究取向》，载《现代教育技术》，2009(4)。
② 蔡建东：《现实、历史、逻辑与方法：教育技术学研究范式初探》，56 页，北京，科学出版社，2010。

1990—2000 年，国家层面的规模较大、影响较广的教育技术实验主要有五个：电化教育促进中小学教育优化的课题实验、小学语文"四结合"教改实验、电化教育促进中小学由应试教育转向素质教育的实验研究、全国所中小学现代教育技术实验学校教改实验、高等学校课程电化教育试验。① 这些研究已经开始从某一种或几种电教媒体的实验转向系统的教育技术实验。

21 世纪以来，我国又开展了大量的实验研究，比较有影响力的大规模实验研究主要有：基于 Web 的协作学习平台（WebCL）实验研究、基础教育跨越式发展创新实验、农村中小学现代教育工程、交互白板在学科教学中的应用实验研究、手持式网络学习系统在学科教学中的应用研究、大数据背景下的在线学习分析技术与应用研究、教师在线实践社区实验研究、MOOCs 背景下的地方高校通识教育课程改革探索、智慧学习环境下学生科学探究心智技能培养的实验研究、"一对一"数字化学习提升小学生跨文化交际素养的实验研究、智慧教室环境下小学数学课堂教学互动行为特征实验研究、教师网络研修模型的研究与实践、百所数字校园实验研究等近 20 项。②

2. 人文主义研究范式

人文主义研究范式通过对研究资料的质性分析，解释研究现象，诠释研究问题人文主义研究范式坚持主观主义的认识论，主要采用人文社会科学领域的定性研究方法，如理论思辨、个案研究、访谈、历史研究等，人文主义研究范式在教育技术学领域的研究中一直占据重要地位。研究者在 1995—2004 年《电化教育研究》和《中国电化教育》两种杂志中随机抽取了 480 篇文章对教育技术学研究方法进行

---

① 南国农：《90 年代以来我国的五大现代教育技术实验》，载《电化教育研究》，1999(6)。

② 余胜泉等：《中国教育改革开放 40 年：教育技术卷》，298—323，北京，北京师范大学出版社，2019。

分析，发现定性与思辨的方法总体上略有下降，定量与实证的方法总体上略有上升，但变化不显著。①

3. 教育技术学研究新范式

教育技术学研究人员主要来源于技术(包括企业)领域、心理学领域和教育学领域，这些研究者所遵循的研究范式不仅受其自身共同体理念和目标的制约，同时也受到专业背景实践的影响，因而他们的研究范式也有所不同。目前，研究者提出了一些教育技术学研究的新范式。

混合方法研究范式，又被称为多元方法或整合研究，是研究者在同一研究中综合调配或混合定量研究和质的研究的技术、方法、手段、概念或语言的研究类别。② 它区别于科学主义和人文主义研究范式的核心在于，在同一研究中采用两种以上质的研究和定量研究的方法与手段。

基于设计的研究范式，又称设计研究或设计试验，"是学习科学家的方法论工具集，它的研究对象是特定环境中的学习过程，研究目的是通过对一个简单学习环境进行细致深入的研究，以发展新理论、产品和可以在其他学校或者班级实施的实践纲领。这种深入的研究通常经过多次的迭代，并发生在真实情境中"③。基于设计的研究有"实用性、务实性、迭代性、整合性、情境性"等特征④，通常产生两大类输出结果：理论性成果与实践性成果。

二、教育技术学学科发展的反思

担负促进教育信息化责任使命的教育技术学逐渐从弱小走向强

① 胡来林、安玉洁：《近十年来我国教育技术学研究方法的回顾与反思》，载《电化教育研究》，2006(2)。

② 姚巧红、于晶双、徐冲：《教育技术研究范式述评》，载《电化教育研究》，2009(6)。

③ 李海峰、莫永华：《瞰与思：学习科学研究的最新进展兼热点——以〈学习科学杂志〉(JLS)近十年的文献为例》，载《中国电化教育》，2013(1)。

④ 祝智庭：《设计研究作为教育技术的创新研究范式》，载《电化教育研究》，2008(10)。

大，在学科建设上也取得了一定的成绩。纵观中华人民共和国成立以来教育技术学学科 70 年的发展历程和相关研究，总结教育技术学学科研究经验，反思教育技术学学科研究存在的问题，是促进教育技术学学科良性发展的重要途径。

（一）教育技术学学科建设的经验

加涅（Robert Mills Gagné）认为，教育技术学的发展受到了两种因素的影响。一种因素是新事物、新方法和新思想的持续而明显的增长，他们构成了我们所说的技术；第二种同等重要的因素是日益增多的具有健全才智的人的影响，这些人具有一种分析气质、用于献身于人类事业并持有如何促进人类知识传播的观点。① 学科发展史和研究史表明，"教育·技术·人"是教育技术学学科发展中不可或缺的要素。

1. 实现教育现代化的责任担当

教育技术学的发展和研究与中国教育现代化的进程密不可分。早期的电化教育人员担负着救国救民、普及民众教育的责任，他们把幻灯、投影、电影、录音等电教媒体引入民众教育中，为大范围内宣传和普及教育起到了一定的作用。中华人民共和国成立后，国家进行教育教学改革，统编的《教育学》公共教材中增加了"电化教育"一章，采用唱片、录音带、幻灯片、电影、广播电视进行教育教学活动的电化教育手段受到了广泛重视，教育技术学开始担负起促进教育教学手段现代化的重任。

教育信息化是衡量一个国家和地区教育发展水平的重要标志，实现教育现代化，创新教学模式，提高教育质量，迫切需要大力推进教育信息化。随着 21 世纪信息社会的到来，现代教育技术成为教

---

① ［美］罗伯特·M. 加涅：《教育技术学基础》，张杰夫主译，1 页，北京，教育科学出版社，1992。

育改革和发展的制高点与突破口，为教育教学现代化提供了更强大的支撑，这些支撑不仅包括硬件和软件的更新，还包含了教育理念、教学理念、学习理念的革新。如何把先进的理念和技术应用到教育教学中，引起了教育技术学研究者的重视，也吸引了大批其他学科的研究者进入教育技术学领域开展研究。多媒体技术、网络技术、大数据、"互联网＋"、区块链、建构主义、联通主义、分布式认知、认知神经网络等，它们与教育的结合，有力地推动了教育系统的改革甚至是整体变革。在历届全国教育科学规划课题的 9 项重点课题(2001—2018)中，与教育信息化直接相关的有 6 项。2018 年，国家颁布了《教育信息化 2.0 行动计划》；2019 年，国家提出了《中国教育现代化 2035》，教育信息化推动教育现代化的战略目标也在不断地促进着教育技术学学科创新发展。

表 5-2　国家重点课题一览表(2001—2018)

课题批准号	课题名称	负责人姓名	工作单位	立项年度
AYA010034	信息化进程中的教育技术发展研究	于云秀	中国教育技术协会	2001
AYA010035	教育信息化理论与实践模式	祝智庭	南京师范大学信息化教育研究所	2001
ACA050002	西部地区农村中小学现代远程教育可持续发展中的成本效益问题研究	杨晓宏	西北师范大学教育技术与传播学院	2005
ACA090008	学生网络生活方式的现状调查与对策研究	王珠珠	中央电化教育馆	2009
ACA100004	青少年网络生活状况的调查研究	金盛华	北京师范大学	2010
ACA120005	信息化促进优质教育资源共享研究	黄荣怀任友群	北京师范大学、华东师范大学	2012

续表

课题批准号	课题名称	负责人姓名	工作单位	立项年度
ACA140009	教育信息化与大型开放式网络课程（MOOCs）战略研究	陈 丽	北京师范大学	2014
ACA160012	我国与发达国家的教育信息化比较和推进战略研究	顾小清	华东师范大学	2016
ACA170010	以教育信息化推进教育精准扶贫研究	左明章	华中师范大学	2017

2. 解决教育教学问题的技术情怀

教育技术人以提高教育教学效果为己任，不断研究和改进新媒体新技术在教育教学中的应用，在教育技术学发展史上，创造性地提出了多种技术在教育中应用的模式与方法。21 世纪多媒体技术、网络技术、大数据与人工智能的发展不断改善着中国各级各类教育的硬件环境和软件环境，也转变着教育管理者的管理方式、教师的教学方式和学生的学习方式。如何应用技术解决教育教学问题以提升教师的教育教学水平，促进学生学习效果的提高，一直是教育技术研究者执着的追求。

从 1950—1978 年幻灯、投影、电影、录音、电视等电教媒体在教育教学中的应用，到 1978 年后计算机在教育教学中的应用，到 21 世纪以来各种新媒体新技术在教育各领域（医学教育、理工科教育、人文社会科学教育等），各层次（高等教育、中小学教育、学前教育等），教学的各要素（教师、学生、内容、环境、资源等），各环节（预习、上课、复习、评价等）的应用，每一次引入和应用都有教育技术人深入的研究，这些研究不仅关注应用，更关注构建基于新媒体新技术的教育教学理论。通过前面对近 20 年全国教育科学规划立项课题的梳理我们也可以看到，有近五分之一的课题研究关注新媒体新技术在教育教学中的应用。

3. 不断学习与反思的开拓进取精神

纵观我国教育技术学学科的初创、建设与发展，一方面，社会的需求促使了教育技术的产生，专业人才的需求孕育了教育技术学；另一方面，教育技术人在应用、发展和创新使用技术的过程中，更加深刻地认识了学科的本质与学科的未来发展，构建了学科的理论和实践体系，为我国的教育技术事业培养了多方向、多层次的专业人才。教育技术学是一门交叉性很强的综合性学科，它要求研究者要拥有广博的知识。教育技术人不仅要具备本专业的知识，而且要具有哲学、技术学、教育学、管理学、设计学、心理学、学习科学等方面的知识，才能够更好地开展教学和研究工作。

21世纪以来，随着信息技术的在教育教学中的应用，学生是如何学习的、技术能够为学生的学习创设什么样的学习环境、信息技术如何与学习科学相融合等受到了教育技术学学者的关注。2006年，杨南昌发表了《走向统合的学习科学与教学设计》、赵建华发表了《学习科学与教学系统》，他们对学习科学与教学设计研究的异同、造成分立研究的缘由以及方法论上的统合的桥梁进行了分析，并提出学习科学中的"基于设计的研究"能够促进教学设计与学习科学的统合，并建议在我国教育技术学中开辟针对学习科学研究的相关领域，以促进教育技术学学科体系与理论的完善与发展。学习科学的研究成果开始不断地与教育技术学学科的传统研究领域之一——教学设计交叉融合，成为我国教育技术学学科重要的研究领域。几十年来，教育技术人一直在不断地学习和吸收其他学科的最新研究成果并应用于学科研究中，不仅拓宽了学科研究的视野，拓展了学科研究的范围，同时自身也在不断提升和完善，这是教育技术学学科得以发展壮大的重要原因。

(二)教育技术学学科发展反思

经过几十年的发展，教育技术学学科已经建立了中国特色的学科理论体系和人才培养体系，取得了丰硕的成果。但是，当前教育技术学学科和专业"衰落"的趋势已逐渐显现，教育部公布的普通高等学校本科专业备案和审批结果显示，2016—2018 年，已有 17 所学校撤销教育技术学本科专业（以综合性大学为主）。反思教育技术学学科发展现状，合理定位教育技术，是学科未来发展中需要思考的重要问题。

1. 合理定位教育技术学学科，促进学科成功转型

"教育技术领域前景广阔、越来越好，但教育技术学学科和专业前景堪忧，路越走越窄的问题已为大多数人所认识。学科专业'衰落'的原因可概括为传统职能日益削弱、学科转型尚未成功。"①于是，有更多的学者提出，要解决教育技术学学科专业的问题，发挥教育技术的重要作用，教育技术学应该晋升为一级学科②③，对信息化时代的教育技术学学科进行合理定位。陈丽认为，教育技术学是用新理念、新技术，破解教育问题，推动教育变革的创新实践领域。它不是一个有自己独特的、独立的知识体系的领域，而是一个推动教育变革的实践领域。④

张舒予借逻辑起点问题的探讨，剖析了我国教育技术学理论的建构与更新存在"食洋不化，创新不足，传承缺乏"的弊病，提出如果教育技术学一定要有一个逻辑起点，那么这个逻辑起点应该是"从解决自身教育实践中的问题出发而建立我们自己的理论"。⑤ 面对

---

① 王竹立：《衰落，还是兴盛？——关于教育技术学科前景的争鸣与反思》，载《电化教育研究》，2017(1)。

② 包国庆：《教育信息化的学科归类及其与现行教育学的关系——试论教育技术学科晋升为一级学科的合理性与迫切性》，载《中国电化教育》，2011(5)。

③ 汪基德、朱书慧、韩舒波：《关于提升教育技术学为一级学科的论证与思考》，载《电化教育研究》，2010(6)。

④ 陈丽、王志军、郑勤华：《"互联网＋时代"教育技术学的学科定位与人才培养方向反思》，载《电化教育研究》，2017(10)。

⑤ 张舒予：《"改革创新"与"继往开来"——兼论教育技术的逻辑起点问题》，载《电化教育研究》，2006(4)。

"互联网＋时代"教育改革与发展的新趋势与新需求，教育信息化的深层次发展，如何对中国教育技术学进行重新定位，构建适应我国国情的学科理论体系，确定人才培养的目标，是未来学科的努力方向。

2. 有效应用多元化研究方法，推动学科发展完善

教育技术学研究范式与方法的探讨一直伴随着教育技术学学科的发展。教育技术学作为一门交叉学科，目前的科学主义和人文主义研究范式的分类存在单维不合理性，导致"理论思辨的失真及实证研究的乏力"①已成为教育技术学研究的主要症结，这就需要从其他学科领域引入新的范式，以为教育技术学学科发展服务。教育技术学研究范式需要"以问题解决的实际需要为出发点，通过协商合作以及个人探索等方式，采用一切有利于问题解决的方法、技术、手段和策略来解决问题，进而形成灵活且融合的研究方法体系的研究策略"②。

教育技术学学科是否有独特的研究方法，也一直是学者们关注的问题，甚至是作为教育技术学学科独立成熟的重要标志。教育技术研究方法本身是一个专业术语，但该术语的使用并非意味着教育技术学一定要有自己原创性的研究方法，其所谓独特的研究方法的探寻，更主要依赖于对既有研究方法的改造。③ 面对教育技术学理论基础的多元性和发展性、研究内容的多样性和整合化，教育技术学研究方法的困境日益凸显，教育技术学研究呼吁多元研究方法，如现象学研究方法、扎根理论等，以弥补教育技术学研究中实践基

① 刘斌、张文兰：《对当前教育技术学多元化研究范式的思考——兼论现象学研究方法对教育技术学研究的意义》，载《开放教育研究》，2009(2)。
② 任翔、田生湖、赵学敏：《对教育技术学研究范式的思考——兼论教育技术学采用跨学科研究范式的必要性》，载《现代教育技术》，2010(11)。
③ 钟柏昌、李艺：《中国教育技术学基础理论问题研究——关于研究方法的评述》，载《电化教育研究》，2014(9)。

础的缺失，促进教育技术学领域教师的成长与专业发展，推进学科研究方法的融合与互补。

3. 积极关注多学科交叉融合，培养学科创新人才

无论从教育技术学学科自身发展的历史逻辑、研究人员构成角度，还是从教育技术学学科的研究内容、未来趋势角度，教育技术学一直都受到其他学科的关注和支撑。美国国家科学委员会在 20 世纪 80 年代提出了"科学(Science)、数学(Mathematics)、工程(Engineering)和技术(Technology)教育集成"的建议，并将之作为国家战略大力推行。进入 21 世纪，弗吉尼亚理工大学的学者雅克曼(Yakman)将艺术(Art)作为一个重要的人文社会因素加入 STEM 教育，发展并形成 STEAM 教育理念。

"STEAM"教育强调信息技术支持下的创新创造，它综合了各相关学科的特点，将知识的获取、方法与工具的应用、创新生产的过程以及情感、态度进行了有机的统一，在培养学生创新思维与实践能力的同时，体现了一种多元学科文化的融合创新。从 2018 年 12 项与 STEAM 教育相关的课题被立项为国家级课题，约占当年 57 项立项课题的 20%，可见一斑。STEAM 已在中小学信息技术课程教学、校内外科技实践、高校教育技术课程教学中占据了一定的地位，对于促进信息技术与学科课程的深度融合、培养学生跨学科创新思维能力都有积极的作用，也是教育技术学学科未来发展和人才培养的重要方向。

第四节　教育学主要分支学科发展的特点

通过前面的内容，我们全面梳理了教育学原理、课程与教学论、教育史学科、比较教育学、学前教育学、高等教育学、成人教育学、职业技术教育学、特殊教育学和教育技术学 10 个二级学科 70 年的

发展史,对每个学科发展史梳理基本上采用三步走的思路。第一步是纵观学科发展历程,依据学科内涵及学科建制的标准,结合学科自身发展的逻辑,对每个学科 70 年发展历程进行阶段划分,并尝试概括出各个阶段发展特征;第二步紧紧抓住学科发展、学科建设的关键问题,总结各个学科 70 年发展取得的成就;第三步是反思,对每个学科 70 年发展中存在的问题进行揭示,然后依据一定的学理,对每个学科未来的走向或发展趋势进行描述,或者是对学科未来发展提出一些新的对策与建议,以便更好地促进学科健康发展。

教育学分支学科的研究遵循总体—部分—整体的逻辑,第一节是整体上介绍共和国教育学分支学科的形成,从第二节开始进入部分研究内容,具体探索教育学 10 个二级学科的发展情况,最后再回到整体,鸟瞰教育学主要分支学科发展的总体特征,这样有利于我们形成整体的视野。

整体来看,共和国教育学及其分支学科在引进与创生的 70 年发展历程中,面对传统与现实、外来与本土、学科内部与外部异常繁杂的关系碰撞[1],经历了一个"苏化的教育学及分支学科—中国化的教育学及分支学科—中国教育学及其分支学科"的曲折发展过程,教育学分支学科在发展过程中呈现出以下一些基本特点。

一、引进借鉴与自主创生交织进行

中国有着丰厚的教育思想,但没有教育学这门学科。教育学学科在中国的出现是西学东渐的结果,由此导致教育学及其分支学科在中国的形成与发展呈现出借鉴与创生的特征。1949 年以前,我们先是从日本引进了大量的教育学科,其后由于学习对象的转变,我们开始学习欧美,大量引进欧美的教育学及其分支学科,最终形成

---

[1]　刘燕楠、涂艳国:《中国教育学学科的历史演进与价值选择》,载《教育理论与实践》,2016(7)。

了一大批教育学的分支学科。在学习国外教育学及其分支学科的同时，国人发现国外的未必适应中国，于是开始了教育学及其分支学科中国化的探索，国人结合中国实际，自己编写教育学及其分支学科。民国时期，教育学及其主要分支学科基本都有所涉及，这在第一节的内容中有所阐述，这里不再赘言。

中华人民共和国成立后，我们借鉴老解放区的教育经验，在1951 年年底基本完成了对旧教育、旧学校的改造。怎样建设和发展社会主义国家的教育学科，我们没有经验，限于当时的形势，我们选择学习苏联，一时间大量翻译出版苏联的教育学著作与教材成为教育界的主流。在教育学著作与教材方面，凯洛夫主编的《教育学》成为学习的主要内容，麦丁斯基编著的《世界教育史》、康斯坦丁诺夫主编的《世界教育史纲》、沙巴也娃的《教育史》都被我国翻译过来，作为教育史教材。由于当时苏联的教育学是"大教育学"，对教育学科没有进行严密的分类与细化，我们在学习苏联教育模式的过程中接受了这种模式，当时学校的教育学学科，除教育学之外，教育学科还有教育史、学科教学法、教育心理学、教育行政、教育测验与统计、教育政策法规、职业教育概论等课程。① 由于当时高校教育学科存在两个本科专业，一个是学校教育专业，一个是学前教育专业，与之相对应，还有一些学前教育学的科目，如学前教育组织与领导、幼儿教育史、学龄前卫生学、幼儿教育学、学前教育专题、幼儿科目教学法等。② 后来，我们基本上完全接受了苏联的教育学科体系，教育科学主要包括教育学、心理学、教学法、教育史等。曹孚教授在其起草的《关于 1956—1967 年发展教育科学的规划草案

① 侯怀银：《建国后十七年中国教育学科体系建设和发展的基本历程初探》，载《山西大学学报(哲学社会科学版)》，1998(3)。

② 郑金洲、瞿葆奎：《中国教育学百年》，325－332 页，北京，教育科学出版社，2002。

（初稿）》中谈到，我们的教育科学研究工作，要分教育学(包括教学法)、心理学、教育史三个方面进行。[1]

　　1956年，中苏关系发生变化，我们开始反思学习苏联教育经验中存在的问题，开始了教育学中国化的探索。特别应该提到的是潘懋元先生，他在这一时期呼吁建立高等教育学这门学科，并编写了共和国成立以来第一本《高等学校教育学讲义》，但由于受到反右斗争扩大化和"教育革命"的影响，中国教育学的探索中出现曲折，结果形成了"教育政策汇编形式"的教育学。[2] 尽管20世纪60年代初期，我国对教育领域一些问题进行矫正，也形成了刘佛年教授主编的《教育学(讨论稿)》《西方资产阶级教育论著选》等有影响的教材和教学参考资料，但教育工作中的"左"倾思想始终没有得到解决。"文化大革命"中，教育学完全变成教育经验的总结，教育政策的汇编，最终形成"语录化""政策化"教育学的出笼。

　　1978年，党的十一届三中全会召开，会议确定以经济建设为中心，实行改革开放。随着高考制度的恢复，高等院校的教育学开始恢复与重建，为了给师范生和教育学专业学生开课的需要，教育学及其分支学科也相继恢复与重建，这项工作一直持续到20世纪末，共和国的教育学及其主要分支学科都得到的了恢复、重建和快速发展。随着教育学科的恢复与重建，我国仍然是坚持引进与创生相结合。这一时期，我们翻译了国外大量的教育学及其分支学科的书籍。例如，哈尔拉莫夫的《教育学教程》(教育科学出版社，1983)、巴拉诺夫等人的《教育学》(人民教育出版社，1983)、大河内一男的《教育学的理论问题》(教育科学出版社，1984)、范斯科德和克拉夫特的《美国教育基础——社会展望》(教育科学出版社，1984)、奥恩斯坦

　　① 瞿葆奎：《曹孚教育论稿》，689页，上海，华东师范大学出版社，1989。
　　② 侯怀银：《建国后十七年中国教育学科体系建设和发展的基本历程初探》，载《山西大学学报(哲学社会科学版)》，1998(3)。

的《美国教育学基础》(人民教育出版社，1984)、休金娜的《中小学教育学》(人民教育出版社，1984)、巴班斯基的《教育学》(人民教育出版社，1986)、筑波大学教育学会的《现代教育学基础》(上海教育出版社，1986)等。这一时期，引进借鉴与自主创生交织在一起，有的学科是在引进的基础上逐步建立起来，有的学科是自主创生之后再引进，还有一些学科是中国人的智慧，只有自主创新，没有看到引进的相关著作。共和国 70 年来的发展历程，教育学及其主要分支学科是在引进借鉴与自主创生交织中发展的，这个特点特别突出。

中国教育学科是在异域理论的驱动下，在其他学科的挤压下，在意识形态的控制中艰难行进的。挣脱依附的生存处境，谋求自主的发展空间，是支撑它们前进的不竭动力①。自 20 世纪 80 年代以来，人们重提教育学中国化，开始了教育学中国化与中国教育学的探索。21 世纪以来，教育学及其主要分支学科都在不同程度上进行中国创新，逐步建立了中国教育学科体系，为人类教育学科的发展贡献了中国人的智慧。

二、学科逻辑与外在逻辑的统一

一般说来，学科的发展要遵循学科内生与外生辩证统一的逻辑，学科发展的内生逻辑，是指学科随着时代的发展，自身知识体系进行内部分化，形成一些二级学科或三级学科等，这都属于学科发展的内生逻辑。学科发展的外生逻辑是指学科与学科的交叉与融合，产生许多交叉学科或边缘学科，从而丰富教育学分支学科的"家族"成员，这是学科发展的外在逻辑。

近代"科学"教育学形成于 19 世纪初期，进入 20 世纪以后，它同其他许多基本理论学科一样，开始转向。即一方面学科内部发生分化，产生越来越多的分支学科；另一方面同相邻学科联系，形成

---

① 瞿葆奎、郑金洲、程亮：《中国教育学科的百年求索》，载《教育学报》，2006(3)。

各种边缘学科。这是各门基本理论学科建设的共同经验，也是科学发展的一个趋势。① 教育学学科在中国的发展，在 1949 年以前就已经达到多样化，形成了众多的教育学分支学科。共和国成立后，我们主要学习苏联的教育学，教育学的许多分支学科、边缘学科基本上被消除，仅仅保留了教育学、教育史、教育心理学、学前教育、教育行政、各科教学法等学科。尽管在不同时期一些学者主张开展教育学分支学科研究，但始终都未形成气候。例如，学者认为教育科学是很复杂又广泛联系的科学，应大力把教育科学做一番分类，要研究教育心理学、学校管理、家庭教育、校外教育、学校卫生等，特别是要把"教育科学研究方法"作为一门知识来教，它还是"一个未开垦的处女地"。② 主张恢复停开的教育统计学、教育行政学、比较教育学等学科。③ 但在当时的背景下，这些思想不仅没有受到重视，反而受到批判。

　　"文化大革命"后，我国的教育科学迎来了发展的春天，顺应国际科学发展的趋势，教育学及其主要分支学科迅速得到恢复与重建。教育学通过自身的分化，产生了众多的教育学子学科，如教育学原理、教育原理、教育概论、教育通论、教育功能论、教育本质论、教育目的论、教育制度论、课程论、教学论、教学设计、教学策略、教学方法论、教育过程论、教学模式论、德育论(德育原理)、学校管理、班主任工作、课外教育等，这是顺应学科深入研究的需要。教育学顺应学科交叉与融合的趋势，产生了众多的交叉学科与边缘学科，如教育哲学、教育社会学、教育文化学、教育未来学、教育经济学、教育逻辑学、教育美学、教育政治学、教育人口学、教育

　　① 　侯怀银、刘光艳：《中国教育学学科体系的构建及其特征——以 20 世纪下半叶为中心》，载《华中师范大学学报(人文社会科学版)》，2006(2)。
　　② 　陈友松：《怎样拿出最大的力量报答党的恩情》，载《人民教育》，1956(2)。
　　③ 　陈友松：《教育工作中的教条主义和官僚主义》，载《文汇报》，1957-04-30。

信息论、教育系统论、教育统计学、教育测量学、教育评价学、教育伦理学、教育卫生学、教育生理学、教育心理学、教育生态学、教育法学、教育管理学、教育史学、教育人学、教育学史等。

为了加强教育学科的建设，国家一方面通过培养研究生学科、专业目录整理教育学科与培养专业人才，这里主要开设 10 个二级学科，即教育学原理、课程与教学论、教育史、比较教育学、学前教育学、高等教育学、比较教育学、职业技术教育学、特殊教育学、教育技术学。1992 年颁布的《学科分类与代码表》(国家标准)，列出的有 18 个教育学科，特别是第 18 个学科，用了"教育学其他学科"一词，其涵盖面甚广。

学科的发展一方面要遵从自身的逻辑，按照知识进行分类，通过自身的分化，有利于问题研究的集中和深化。学科发展的外部逻辑是适应社会发展的需要，在不断发展的社会改革中，教育问题层出不穷，对这些问题的解决有时只需要单学科就可以解决，但更多的问题需要多学科联合，才有利于问题解决，教育学与其他学科要不断交叉融合，进而产生众多综合学科。

三、教育实践的发展是教育学科发展的动力

就实践与理论的关系而言，实践是第一性的，理论是对实践经验的抽象和概括，只有达到理性认识的经验才能形成理论。学科是指知识的分类，是相对独立的知识体系。中华人民共和国成立以后，我国只有老解放区的教育经验，对于全面建设和发展社会主义教育学及其分支学科，我们没有成熟的经验，我们选择了苏联作为学习的榜样，因为苏联是社会主义国家，已有 30 多年的社会主义建设经验，苏联的教育学及主要分支学科也是建立在马克思主义认识论基础上的学科，有着较强的党性和科学性，比较符合共和国的需要。在学习苏联初期，我们一方面翻译苏联的教育学科著作与教材，另一方面一些学者结合国情开始对社会主义教育学及其分支学科进行

探索，国内学者也编写出大量的教育学著作与教材，还撰写了一些
教育学分支学科的著作、教材与文章，如在爱国主义教育、共产主
义道德教育、教育史、教学法、学前教育、特殊教育等方面，既有
论文的发表又有一些学术著作与教材的出版。这些都是共和国教育
实践发展的需要。1957 年至 1976 年，我国社会主义建设在曲折中探
索，教育学及其分支学科也在曲折中艰难发展。

　　党的十一届三中全会后，我国进入改革开放的新时期，由于这
一时期世界各国都把发展科学技术、解放生产力作为主要任务，我
们顺应时代发展的潮流，教育学及其分支学科经历了短暂的恢复与
重建，迅速走向发展创新阶段，教育学科的发展紧紧围绕国家科教
兴国发展战略，大力发展教育学科。随着我国改革开放逐步深入，
经济建设的持续发展和社会的转型，教育领域出现许多新的问题，
需要一些分支学科来研究，教育学科顺应时代发展的需要，通过自
身的分化和学科间的综合，逐步形成的庞大的教育学科群。

　　推动教育学科发展的动力主要是教育实践的发展，自改革开放
以来，共和国的教育改革持续不断，从 1985 年《中共中央关于教育
体制改革的决定》颁布开始，我国政府持续颁布教育改革文件，学校
层次涉及小学、中学和高等学校，内容涉及德育、课程、教学、办
学体制、教育制度、办学理念等各个方面，特别是一些有影响的教
育思想大讨论，诸如素质教育与应试教育、创新教育、教育本质与
功能等，更是直接影响着教育学及其分支学科的发展。21 世纪的基
础教育改革，是共和国成立以来影响最大、持续时间最长的一次教
育改革，从教育理念到课程内容，以至于教学方式、评价方式等全
方位发展巨变。实践的发展推动理论的创新，理论的系统化催生教
育学科的发展。

四、教育学分支学科发展的不平衡性

　　综观共和国 70 来的教育学科发展，我们可以看到，教育学的分

支学科发展是不平衡的。在改革开放以前的 30 年，教育学的发展是主流，教育学的分支学科发展比较缓慢，有些教育学科还出现了中断。1949—1979 年，共和国的教育学科，主要发展是的教育学、教育史、各科教学法、教育心理学、学前教育学、教育政策等一些分支学科，这些学科的存在与发展，与当时高等学校设置教育学系有关，教育系主要存在两个专业，一个是学校教育专业；一个是学前教育专业。为了满足给学生开设课程的需要，一些分支学科会继续存在。但 1949 年以前的许多教育学科，有的被融入"大教育学"之中，有的被取消。

改革开放以后，随着人们思想的解放，教育学科迎来了发展的勃勃生机。一是为了满足教育系学生开课的需要，一些学科得以恢复与重建，如教育哲学、教育社会学、教育经济学、高等教育学等；二是国家确立学位制度，开始系统地培养教育学科的研究生，为了招收学生和开设研究专业，教育学学科逐步形成今天的 10 个二级学科；三是随着学科的发展与繁荣，为了更好地管理与理顺学科发展的关系，国家在 1992 年颁布了《学科专业分类与代码表》，为进一步促进学科发展提供了标准依据。

改革开放 40 年来，教育学的主要分支学科都得到相应的发展，但不同的教育分支学科之间存在严重的不平衡现象。这种现象主要表现在：一是部分教育学的分支学科成为教育领域的显学。例如，课程与教学论、高等教育学、教育技术学、学前教育学、比较教育学等，这些年发展成为人们研究和探讨的热点学科；二是部分学科发展处于不热不冷的状态，如教育学原理、职业技术教育学；三是部分学科一直没有受到人们的普遍关注，如教育史、成人教育学、特殊教育学等；四是一些学科的研究还是比较薄弱的，如教育法学、教育人类学、教育政治学等。针对这些现象，需要国家在宏观层面整体规划，合理分配资源，建立组织和制度保障，以促进弱学科的发展，整体提高共和国教育学科发展实力，真正繁荣教育科学。

五、教育学科原创性与中国特色有待提升

叶澜教授在《中国教育学发展世纪问题的审视》一文中提到，中国教育学百年，以中华人民共和国成立为界可划分为两大时期，两大时期又可根据教育学科发展呈现出的基本状态和主要特征分为 6 个阶段，其中，教育学发展世纪问题有 3 个方面：政治、意识形态与学科发展的关系问题，教育学发展的中外关系问题，教育学的学科性质问题，这些问题是影响教育学科发展的根本性问题。① 叶澜教授的观点十分中肯，她看到了制约中国教育学科发展的根本性问题。从现实的教育学科发展情况来看，这三个问题确实是制约中国教育学科发展的主要问题。共和国成立以后，限于当时国内的教育状况，我们首先对旧教育、旧学校进行接管与改造，改造基本完成后，怎样发展社会主义教育学科，我们选择了学习苏联教育学，但在学习中出现教条主义现象，脱离中国实际。后来，由于中苏关系的变化，导致我们开始批判苏联的教育学，开始提出教育学中国化的命题，于是进行教育学中国化的探索，在探索中我们经历了曲折的历程，在"文化大革命"期间，教育学的发展遭到了严重挫折。改革开放后，我们的视野被拓宽，放眼看世界，西方教育学大量涌入国门，我们在学习借鉴中开始恢复与重建共和国的教育学及其分支学科，但在学习借鉴中我们没有独立意识，学习借鉴有余，自主创生不足，对教育学科的恢复与重建原创性研究不够，这是制约共和国教育学科发展的一大障碍。20 世纪末，我国学者认识到问题的严重性，开始进行元教育学研究，目的是梳理教育学科的发展情况，找到发展学科的问题和症结，进而提出中国(特色)教育学科的创建。

共和国教育学科的发展，我们可以清楚地看到教育学科的发展

---

① 叶澜：《中国教育学发展世纪问题的审视》，载《教育研究》，2004(7)。

受政治、意识形态影响太多。作为一门社会科学，要坚持社会的主流价值观这没有错，但忽视学科自身的逻辑性与科学性，一味强化意识形态，其学科发展必然要受到影响，这被历史经验所证明。1957 年的反右斗争扩大化及 1958 年的"教育大革命"，使我国的教育学科出现"政策化"；"文化大革命"时期过于强化阶级斗争，使得教育学科"语录化"，教育学科的科学性都受到不同程度的影响。

改革开放以后，随着思想的解放，意识形态对教育学科的影响逐渐减弱，我们又旗帜鲜明地提出四项基本原则教育，社会科学的发展必须坚持马列主义、毛泽东思想的指导地位。所以，教育学科的发展既要解放思想，坚持原创性，又要注重中国特色，始终坚持马列主义、毛泽东思想的指导，平衡二者的关系非常重要。

教育学科的发展既要注重普遍规律的探讨，又要坚持中国特色，即注重个性化的发展。因为我们要建构的教育学科是中国的教育学科，它要有中华民族的文化基因，要有中国当下的教育实践，要用中国的语言，解决中国的教育问题，这样最终才能建构中国的教育学科，为世界教育学科发展贡献中国的力量。

六、增强学科反思意识加强元教育学研究

共和国教育学科发展 70 年，取得了伟大的成就。今天我们在教育学学科视野内，可以看到教育学的专门学科、交叉学科、边缘学科和元教育学学科等，教育学科已初步形成近百门二、三级学科，一个庞大的教育学科群已经形成，教育学科的发展呈现出异彩纷呈、百花齐放的局面。

自改革开放以后，随着教育学学科的恢复与重建，我们学者以饱满的热情，鼓足干劲，在短短的十几年的时间内，就编写了大量的教育学科著作与教材。据统计，我国在 1977—2000 年，就编写了 2200 多本教育学著作与教材。但若从学科标准的视角来审理这些教育学科著作与教材，还会发现一些问题。有的学科发展还不够成熟，

甚至还是比较脆弱的。难怪有些学者发出"教育学迷惘"①的感叹，甚至发出"教育学终结"②的声音。所以，自 20 世纪八九十年代以来，教育学科的自我反思不断增强，一些学者发表文章，阐明教育学科发展的自身问题，如叶澜的《关于加强教育科学"自我意识"的思考》[《华东师范大学学报(教育科学版)》，1987 年第 3 期]、鲁洁的《建设具有中国特色的社会主义教育学管窥》(《教育评论》，1988 年第 1 期)、成有信的《简论教育学的形成和发展——兼论教育经验、教育思想、教育政策和教育科学的关系》(《教育研究》，1990 年第 3 期)、陈元晖的《中国教育学七十年》[《北京师范大学学报(社会科学版)》，1991 年第 5 期]、瞿葆奎的《建国以来教育学教材事略》[《华东师范大学学报(教育科学版)》，1991 年第 3 期]等，为了深入开展"元教育学"研究，《华东师范大学学报(教育科学版)》从 1995 年第 1 期到 1996 年第 4 期，还专门开辟专栏，进行为期两年的"元教育学"讨论，有力地促进了教育学科的反思意识，增强了人们对教育学科的反思能力，大大地促进教育学科发展问题。

相对于教育学的反思研究或元教育学研究，其他教育学科都在不同程度上进行反思研究。但在反思研究方面，学科发展具有不平衡性。像公共课教育学教材建设方面反思研究比较强烈，对教育学学科的一些本体问题反思研究比较多，如关于教育学的研究对象问题、教育学的学科性质问题、教育学的研究范式与研究方法论问题、教育学的逻辑起点问题等，都属于研究的热点问题。再就是在高等教育学领域，人们对建立高等教育学是学科还是研究领域问题、高等教育学的学科属性问题、逻辑起点等问题进行充分的讨论。对高等教育学的一些理论问题进行多方面的系统研究与反思，如高等教

---

① 陈桂生：《教育学的迷惘与迷惘的教育学——建国以后教育学发展道路侧面剪影》，载《华东师范大学学报(教育科学版)》，1989(3)。
② 吴钢：《论教育学的终结》，载《教育研究》，1995(7)。

育大众化问题，高等教育规模与效益问题，高等教育结构问题，高等教育体制问题，大学理念、制度、精神和文化等问题。但在反思研究与加强学科自我意识方面，有些学科反应比较迟缓，研究成果比较薄弱。今后，我们要进一步强化元教育学研究，元学科的诞生在某种意义上说，它标志着一门学科正在走向成熟。

七、学科发展在研究方法上注重定量与定性的互补

学科的发展与走向成熟，离不开研究方法。古语说"工欲善其事，必先利其器"。这就是说，方法对于目的和任务达成具有重要意义。1949 年以前，我们从国外引进了教育学科中的研究方法类学科，如教育统计学、教育测量学、教育实验学、教育评价学、教育科学研究方法等。但共和国成立后，我们学习苏联，在学校的课程表中取消了这些课程，在相当长的时间内，我们坚持用马克思主义哲学思想与方法、毛泽东思想来研究社会科学，研究中主要使用辩证唯物主义和历史唯物主义方法，这对于我们建立马克思主义的社会主义的教育学发挥了巨大作用。在教育学科的研究中，定性研究成为主导的研究方法，大量的研究文章是解释或综述性的，实证性研究成果比较少，经验总结是我国教育研究的一大特点。[①] 随着教育学科自身反思意识的增强，人们对教育学科的科学性需要不断增强，定量研究成为人们热衷的话题。但由于教育问题的复杂性，许多问题无法定量，纯粹的定量研究也有局限性。后来人们受到现象学、解释学的影响，重整定性研究，由于定性研究具有较多的主观性，其研究结论的信度与效度往往使人们产生疑虑。于是我们又强化定量研究，袁振国教授专门撰文《实证研究是教育学走向科学的必要途径》，再次强调量化之于实证研究的重要作用，在定性与定量之间的

---

① 郑日昌、崔丽霞：《二十年来我国教育研究方法的回顾与反思》，载《教育研究》，2001(6)。

这种"钟摆"现象，自从自然科学兴起之后就一直存在。正确的做法是两者的有机统一，至于是用什么方法，关键看问题的性质，问题解决与研究方法之间具有一定的适当贴切性，用适当贴切的方法解决适当贴切的问题，不管是定性研究还是定量研究，其研究结论同样具有科学性。

第六章

中华人民共和国成立 70 年来
教育系科的发展

1949 年中华人民共和国成立至今，我国教育系科也走过了 70 年的发展历程。70 年间，随着国家政策的演变、吸收国外教育系科的发展经验、国人的不断探索等，我国教育系科的发展规模、培养目标、课程设置、师资力量、人才培养等方面均有所变化，也取得了一定的成绩。本章对中华人民共和国成立 70 年来教育系科的发展历程、发展特征进行研究，达到清晰把握 70 年来教育系科的发展脉络，以期对当前我国教育系科的发展提供一些合理建议。

第一节　教育系科的发展历程

中华人民共和国成立 70 年以来，我国教育系科的发展规模、课程设置等均根据时代和社会变迁而变化、发展。依据教育系科的不同发展情形，中华人民共和国成立 70 年来教育系科的发展历程大致分为仿苏改造期、独立探索期、严重破坏期、恢复重建期、深入前进期、繁荣发展期 6 个阶段。

一、仿苏改造期(1949—1956 年)

1949 年中华人民共和国成立，我国教育系科也在社会制度的变革中改造，开始借鉴苏联经验进行调整。

（一）仿苏改造的原因

第一，建设、发展新教育的需要。中华人民共和国成立后，《中国人民政治协商会议共同纲领》明确指出，当前的迫切任务是实现半殖民地半封建教育向新民主主义教育的转变，完成对旧中国教育的根本改造。1949 年 12 月 23 日至 31 日，第一次全国教育工作会议同样明确指出，旧中国的教育是帝国主义、封建主义和官僚资本主义统治下的产物，随着中华人民共和国的成立，代替这种旧教育的应该是反映新政治新经济的新教育。会议重申了中华人民共和国的教育是新民主主义的教育，新教育要"以老解放区新教育经验为基础，吸收旧教育某些有用的经验，特别要借助苏联教育建设的先进经验"[1]。旧中国的教育系科是帝国主义、封建主义和官僚资本主义统治下的产物，为适应建设、发展新教育的需要，需要进行改造、重构。

第二，大力发展师范教育的推动。1949 年 12 月，第一次全国教育工作会议提出，改进北京师范大学和各地区大学中的师范学院、教育学院，以更好地改进师范教育落后的状况。[2] 1951 年 8 月，第一次师范教育会议在北京召开，决定建立由师范大学和师范学院、师范专科学校、中等师范学校及初级师范学校构成的独立师范教育系统，确定每一大行政区至少建立一所健全的师范大学，以培养高级中等学校师资为主要任务；各省和大城市原则上设立健全的师范专科学校一所，以培养初级中等学校师资为任务；大学中的师范学

---

① 何东昌：《中华人民共和国重要教育文献（1949～1975）》，7—8 页，海口，海南出版社，1998。

② 李宇铭：《中华人民共和国史词典》，663 页，北京，中国国际广播出版社，1989。

院或教育学院，以逐渐独立设置为原则。① 1951 年 10 月 1 日，《关于学制改革的决定》规定开设中等专业学校，中等专业学校包括技术学校和师范学校，这进一步为高等师范院校中教育系科的勃兴提供了前提。为适应中等师范学校的发展，1952 年 7 月 16 日颁布的《关于高等师范学校的规定（草案）》指出高等师范学校培养中等学校师资，应根据中等学校教学计划设置教育（得分设学校教育及学前教育等组）系科等。② 此后，因培养师资和中等师范学校的兴起，教育系科陆续调整、重建，至 1953 年，全国共有 23 所高等师范学校设有教育系，学生共计 3660 名，约占当时高等师范学校学生总数的 10%。③

第三，全面学习苏联的经验。1949 年 10 月 5 日，中苏友好协会总会成立大会上，刘少奇同志提出"我们只有从苏联才能学到哲学科学知识。例如，经济学、银行学、财政学、商业学、教育学等等"④。在全面学苏的大背景下，教育领域也将学习的目标转向了苏联。1952 年 11 月，《人民教育》发表社论《进一步学习苏联的先进教育经验——迎接中苏友好月》。社论强调了学习苏联教育经验的原因及重要性，提出要建设新民主主义教育，首先必须彻底系统地学习苏联的先进教育经验。在全面学习苏联经验、全面学习苏联教育学中，我国教育系科开始仿照苏联经验进行改造。不仅如此，1949 年至 1954 年年底，我国一些高等师范学校还聘请了苏联专家，自学苏联的教育建设经验，为重构和调整教育系科做出了一定努力。

第四，高校院系调整的影响。随着国家经济建设的开展，高等

---

① 宋嗣廉、韩力学：《中国师范教育通览》，223 页，长春，东北师范大学出版社，1998。
② 中华人民共和国教育部办公厅：《教育文献法令汇编（1949—1952）》，146 页，1958。
③ 郑金洲：《我国教育系科发展史略》，载《华东师范大学学报（教育科学版）》，1999(4)。
④ 王焕勋：《对于师范学院实行教育系教学计划中几个问题的认识》，载《人民教育》，1954(4)。

教育暴露出一系列问题。有鉴于此，1951 年 11 月，教育部在苏联专家的参与下召开了全国工学院院长会议，会议按照苏联工科院校的模式，拟订了工学院调整方案。这些调整方案经政务院第 113 次政务会议批准于 1952 年 4 月公布，由此启动了 1952 年到 1953 年的高等学校院系的大规模调整。1952 年，教育部以培养工业建设人才和师资为重点，进行全国高校院系调整工作，相继新设钢铁、地质、航空、矿业、水利等专门学院和专业，并把私立大学全部改为公立。[①] 1955 年，教育部又调整部分高等学校院系专业设置和分布，以改变高等学校过于集中在大城市和沿海地区的状况。经过两次大调整，初步形成了新的高等教育框架格局，民国时期仿照美国而设的拥有文、理、商、法、教育（师范）、农等多学科的综合性大学调整为仿照苏联模式的文理综合大学。此时，大多数综合性大学教育系科或被取消，或被合并，或被调整到师范大学、师范学院之中，改变了民国时期教育系科集中于综合性大学中的局面。

（二）仿苏改造的表现

此阶段教育系科进入改造和全面仿苏时期，具体表现为以下方面。

第一，教育系科集中于高等师范院校。全面学习苏联高等教育体系，在大力发展师范学院、逐步恢复师范院校的独立设置以及培养师资的需求下，高等师范院校教育学科开始勃兴。[②] 20 世纪 50 年代的院系调整，又进一步使得大多数综合性大学被调整，其教育系科或被合并，或调整到师范院校之中，如大夏大学、复旦大学等校教育系科被合并到华东师范大学，辅仁大学、燕京大学的教育系科被合并到北京师范大学。至 1953 年，全国共有 23 所高等师范学校

---

①　教育部中华人民共和国教育史研究课题组：《中华人民共和国教育 50 年大事记》，载《人民教育》，1999(10)。

②　郑金洲：《我国教育系科发展史略》，载《华东师范大学学报（教育科学版）》，1999(4)。

设有教育系。当然，高等师范学校教育系科迅速发展，也出现了与中等师范学校发展不均衡的现象。有鉴于此，1953 年 7 月 20 日，《教育部关于高等师范学校教育、英语、体育、政治等系科的调整设置的决定》要求，自 1953 年起能设置教育系科的院校限定为华东师范大学、北京师范大学、东北师范大学、华中师范学院、西南师范大学、西安或西北师范学院，其他院校的教育系科一律不招生，维持在现有水平。[①] 这一时期教育系科集中设置在师范院校，民国时期教育系科主要存在于综合大学的局面因政策要求合并或取消设置等不复存在。到"文化大革命"之前，仅有杭州大学、山西大学、河北大学等为数不多的综合性大学设置教育系科。

第二，培养目标为中等师范学校教育学师资。1949 年 10 月 11 日，《各大学专科学校文法学院各系课程暂行规定》正式公布，确定教育系的任务是"根据新民主主义的教育方针及马克思主义的理论与方法，培养为人民服务的中级教育工作者的知识与技能"[②]。1952 年全面学苏之后，我国模仿苏联在教育系设置学校教育专业和学前教育专业，并对学校教育专业和学前教育专业的培养目标进行了规定。根据《关于高等师范学校的规定（草案）》(1952 年 7 月 16 日)、《师范学院教学计划（草案）》(1952 年 7 月)、《师范学院暂行教学计划》(1954 年 4 月)等，高等师范教育系科学校教育组培养目标为中等师范学校教育学及心理学教员，教育系科学前教育组的培养从事中等师范学校学龄前教育学和心理学的教员。[③]

第三，专业设置主要为学校教育专业。1952 年 7 月 16 日，教育

---

①　何东昌：《中华人民共和国重要教育文献(1949～1975)》，221 页，海口，海南出版社，1998。

②　［日］大冢丰：《现代中国高等教育的形成》，黄福涛译，189 页，北京，北京师范大学出版社，1998。

③　《当代中国》丛书教育卷编辑室：《当代中国高等师范教育资料选（上）》，22、289、293、441－444 页，上海，华东师范大学出版社，1986。

部颁布《关于高等师范学校的规定（草案）》，要求高等师范学校应根据中等学校教学计划设置教育系科，教育系分学校教育组和学前教育组。因此，那时我国模仿苏联设置学校教育组和学前教育组的方式，在教育系设置学校教育专业和学前教育专业，中华人民共和国成立前学习美国等设置的教育心理、教育行政等专业被取消。此后，随着教育系科毕业生供过于求，教育部开始对高等师范教育系科进行调整，于 1953 年 7 月 20 日做出《关于高等师范学校教育、英语、体育、政治等系科的调整设置的决定》，提出自 1953 年起，北京师范大学教育系设学校教育与学前教育两个专业，东北师范大学、华东师范大学、华中师范学院、西南师范大学、西安或西北师范学院五院校的教育系，只设学校教育专业。此外，南京师范学院幼儿教育系续招新生。①

第四，课程设置必选修结合，以教育学、心理学为主。中华人民共和国成立后，旧中国教育系课程的弊端，如照搬美国、理论和实践脱节等不足被认识到，教育系科课程改革势在必行。1949 年 4 月 23 日，北京师范大学教育系发起并举行了一次大规模的座谈会。会议重点讨论了教育系的课程改革问题，并决定成立"大学教育系课程座谈会"，每星期座谈一次，共开了 6 次座谈会。这 6 次座谈会的结果被整理成《大学教育系之办法与课程草案》，送交华北高等教育委员会。该委员会邀请了一个小组讨论这个草案。讨论结果提交给华北高等教育委员会全体会议讨论。1949 年 10 月 11 日，由华北高等教育委员会正式颁布《各大学专科学校文法学院各系课程暂行规定》。在具体实施的过程中，新民主主义教育概论后改设为教育学；职业教育概论因其内容不完整，教学有困难，后被取消；教育测验与统计起初因为测验多是些旧材料，而且是资产阶级的，改为教育

---

① 何东昌：《中华人民共和国重要教育文献》(1949～1975)，221 页，海口，海南出版社，1998。

调查与统计，后来索性被并入教育行政中，意在为教育行政课程的需要而统计；现代教育学研究被合并到中、外教育史。[①] 此后，20世纪 50 年代初，《师范学院教学计划（草案）》以及 1954 年《教育系暂行教学计划》、1956 年《教育系幼儿教育专业暂行教学计划》对教育系教学计划的修订，使教育系学校教育专业、学前教育专业的课程设置有所变化、调整。具体来说，1949—1956 年教育系课程设置情况如表 6-1 所示。

表 6-1　1949—1956 年教育系课程设置情况

1949 年教育系课程设置情况	
公共必修课	辩证唯物与历史唯物论、新民主主义论和政治经济学
基本课程	新民主主义教育概论、教育方法、教育心理学、中国近代教育史、西洋近代教育史、教育行政、教育测验与统计、现代教育学研究、职业教育概论、实习、政策法令、政治经济名著选读、苏联及新民主主义国家教育研究，此外，本系得分组修习，如教育行政、儿童教育、中等教育、社会教育、职业教育等，其课程由各校酌定
必修课程	马克思列宁主义基础，新民主主义论，政治经济学，体育，外国语（俄语或英语），世界史及中国通史，世界文学及中国文学，儿童文学，人体解剖及生理学（学龄儿童），学校卫生，心理学（包括教育心理学、普通心理学、儿童心理学），逻辑学，教育学，教育史，中华人民共和国教育政策与制度，教育学教学法，心理学教学法，中国语文，小学各科教学法，教育学专题课堂讨论，教育见习
选修课程	少年儿童队工作、家庭与学校、音乐与唱歌、巴甫洛夫高等神经活动学说、外国语（俄语或英语）
实习	教育实习（包括在小学、在师范学校、在国民教育机关）

---

① 金林祥：《20 世纪中国教育学科的发展与反思》，157 页，上海，上海教育出版社，2000。

续表

1952 年教育系学前教育专业课程设置情况	
必修课程	马克思列宁主义基础，新民主主义论，政治经济学，体育，外国语(俄语或英语)，世界史及中国通史，世界文学及中国文学，儿童文学，人体解剖及生理学(学龄前儿童)，学龄前卫生学，心理学(包括教育心理学、普通心理学、儿童心理学)，教育学(包括普通教育学和学龄前教育学)，教育史及学龄前教育史，幼儿语文，幼儿园自然，幼儿园活动性游戏及体操，幼儿园美术，幼儿园音乐与唱歌，幼儿师范教育科目教学法，学龄前教育专题课堂讨论，学龄前卫生学专题课堂讨论，教育见习
选修课程	图画，音乐与唱歌，幼儿园工作方法(幼儿语文、幼儿自然、幼儿园活动性游戏与体操、幼儿园美术)，外国语(俄语与英语)
实习	教育实习(包括在幼儿园、在幼儿师范学校、在文教机关)
1954 年教育系学校教育专业课程设置情况	
必修课程	中国革命史，马列主义基础，政治经济学，辩证唯物主义与历史唯物主义，体育，俄语，世界通史与中国通史，世界文学与中国文学，现代文选及写作，人体解剖生理学(学龄期)，学校卫生，逻辑学，心理学(普通心理学、儿童心理学)，教育学，教育史，小学各科教材及教学法，教育学教学法，心理学教学法，专题课堂讨论(教育学、心理学、教育史)，教育见习
选修课程	艺术(音乐、唱歌、跳舞)，儿童文学，巴甫洛夫高级神经活动学说，青年团及少先队工作，俄语
实习	教育见习(包括在小学、在师范学校、在文教行政机关)
必修课程	中国革命史，马列主义基础，政治经济学，辩证唯物主义与历史唯物主义，体育，俄语，世界通史与中国通史，中国文学，儿童文学，人体解剖生理学，幼儿卫生学，心理学(普通心理学、幼儿心理学)，教育学(教育学、幼儿教育学)，教育史与幼儿教育史，幼儿园语言教学法，艺术朗读与讲述练习课，自然与幼儿园自然教学法，幼儿园活动性游戏与体操教学法，音乐与幼儿园音乐教育教学法，美术与幼儿园美术教育教学法，幼儿师范学校教育科目教学法，专题课堂讨论(幼儿教育学、幼儿心理学)
选修课程	幼儿活动性游戏与体育，音乐(合唱、乐器练习)，绘画和泥工
实习	教养员实习(幼儿园)、幼师实习(幼儿师范)、视导实习(文教行政机关)

可见，中华人民共和国成立初期，教育系科课程设置依旧按照必修课和选修课进行，但无论是学校教育专业还是学前教育专业，其具体开设课程有所变化。教育系科的课程设置参照苏联教学计划和我国的具体情况进行调整，公共必修课在中国革命史、马列主义基础、政治经济学 3 门之外，加设辩证唯物主义与历史唯物主义、俄语，充分体现了教育系科课程批判旧教育、重视政治课教学和解决俄语师资缺乏的尝试。同时，教育学专业课主要为教育学、心理学，且加大教育实习，直接体现重视理论知识学习以及为师范学校培养教育学、心理学教师的努力。但是，与民国时期教育系科课程设置相比较，教育哲学、教育社会学、比较教育等学科已被取消，西方教育学科体系已开始被否定并逐渐被清除。[①]

第五，教材以照搬苏联教材为主。1952 年，教育部印发《师范学校教育学教学大纲》，规定教育学教材分为 17 章，分别是总论，教育的性质、目的和任务，学校教育制度，幼儿教育，学龄儿童身心发展的特征，教学原理，小学教学的内容，课堂教学，教学方法，德育，体育，美育，小学生的集体组织，课外活动，人民教师，学校与家庭，小学组织和领导。[②] 这与叶希波夫、冈察洛夫的《教育学》的体系大体一致。由此，我国教育系科的教育学教材或是直接采用译介的苏联教育学著作，如凯洛夫主编的《教育学》，叶希波夫、冈察洛夫的《教育学》，普希金的《教育学讲义》等，或是根据苏联教育学著作编著的教育学教材，如北京师范大学教育系教育学教研室编《教育学讲义》，陈友瑞、郑其龙编《教育学》，东北师范大学教育系教育学教研室编《教育学讲义》，哈尔滨师范学院教育学教研室编

---

①　侯怀银：《建国后十七年中国教育学科体系建设和发展的基本历程初探》，载《山西大学学报（哲学社会科学版）》，1998(3)。
②　《师范学校教育学教学大纲（未定稿）》，转引自人民教育出版社图书馆：《人民教育出版社书目(1950—1999)·教材卷》，304 页，北京，人民教育出版社，2000。

《教育学讲义》、开封师范学院教育学教研室编《教育学讲义》、张凌光和丁浩川等编的《教育学》、曾广惕的《教育学》。

第六，教师队伍整合且素养较高。限于没有全国的统计资料，仅以部分学校教育系的资料为例，据当时教育系学生回忆，北京师范大学教育系教师大多数"不是留美出身就是留苏出身，在国内教育界影响颇大"①。华东师范大学教育系教育学专业（含心理学专业）教师有孟宪承、刘佛年、左任侠、朱有瓛、沈百英、沈灌群、张耀翔、欧元怀、胡寄南、赵廷为、赵祥麟、曹孚、萧孝嵘、萧承慎、常道直、谢循初、廖世承、陈科美、张文郁、黄敬思、方同源、谭书麟、高君珊等。其中，1951 年华东师范大学教育学专业 19 位教授中，年龄以 50～59 岁居多，有 11 位，不足 40 岁的仅有 2 位；硕士 8 人，博士 5 人，且多具有留学经历。② 1953 年 8 月，西南师范学院共有四级以上的知名教授 41 人，在教育系工作的有 9 人，分别为叶磨、张敷荣、罗容梓、普施泽、邓胥功、张清津、段晶人、徐国繁、高振业，占教授总数的 21%。至 1954 年秋，全系共有教师 66 人。③南京师范学院 1952 年教育系教师共有 45 人，其中教授有 14 人，副教授 6 人，具有中级职称的 10 人，初级职称的 15 人，总体来看，具有高级职称的教师比例较高，占总人数的 44.4%。④

二、独立探索期（1956—1966 年）

1956 年到 1966 年，是我国社会主义教育全面建设和曲折发展阶段，我国开始探索适合中国国情的社会主义教育建设道路，这也为我国教育系科的独立建设和发展提供了新的契机。

---

① 于述胜：《中国教育口述史（第 1 辑）》，123 页，重庆，重庆大学出版社，2011。

② 陈桂生：《华东师范大学初期教育学系纪事（1951—1965）》，载《基础教育》，2018（1）。

③ 廖其发：《教育学部史》，44 页，重庆，西南师范大学出版社，2016。

④ 冯世昌：《南京师范大学志（上 1902—2002）》，124 页，南京，南京师范大学出版社，2002。

（一）独立探索的原因

第一，反对生搬硬套苏联经验。毛泽东在《论十大关系》中明确指出，苏联在社会主义建设过程中出现的缺点和错误，走过的弯路，我们应该"引为鉴戒"。对于外国的科学、技术和文化，不加分析地一概排斥或者是一概照搬，"都不是马克思主义的态度，都对我们的事业不利"①。为了贯彻《论十大关系》，1956 年 5 月 28 日至 6 月 1日，北京召开了部分省、市委宣传（文教）部长座谈会。在这次座谈会上，中共中央宣传部部长陆定一批评了有些地方和单位生搬硬套苏联教育经验的做法。他明确指出："学习苏联是很重要的，但是绝不能一概照搬过来。苏联的某些经验就不一定很好。"②中华人民共和国成立后，尤其是"全面学苏"之后，我国教育系科的设置基本照搬了苏联教育系科设置的模式。中苏关系发生变化，放弃对苏联教育经验的全面照搬，以及注重结合我国实际推动教育的发展，要求我国教育系科要进行自主的独立探索。

第二，教育学学科发展的需要。1956 年，周恩来在中共中央召开的关于知识分子问题的会议上发出了"向科学进军"的号召，与此同时，毛泽东提出"百花齐放、百家争鸣"的双百方针。受此影响，有学者指出"我们不能容忍教育科学的长期落后现象"，应改变我国教育科学状况远远落在我国社会主义建设后面，也远远落后于世界先进国家的水平的状况。③反思前一时期学习苏联建设教育学的经验及教训，建设符合中国国情的教育学学科，探索有中国特色的教育学学科体系势在必行。1957 年，孟宪承等人在《人民教育》7 月号上发表了《为繁荣教育科学创造有利条件》，提出了发展教育学科的

---

① 《毛泽东著作选读》（下册），742 页，北京，人民出版社，1986。
② 《陆定一文集》编写组：《陆定一文集》，622—623 页，北京，人民出版社，1992。
③ 金林祥：《20 世纪中国教育学科的发展与反思》，163 页，上海，上海教育出版社，2000。

意见，集中批评了学习苏联经验中的教条主义、机械主义倾向，指出"我国教育科学的发展方向，最迫切的是教育学的中国化问题"[①]，学习苏联教育学必须结合中国教育实践等。中国独立构建、自主发展教育学的尝试，要求教育系科进行适应性调整，一方面要求教育系科根据教育学的探索进行调整，以适应和促进教育学的进一步发展；另一方面教育学的变化对教育系科专业设置、课程设置、教材使用等都产生了影响。

第三，对凯洛夫主编的《教育学》的批判。1958 年 4 月，全国教育工作会议第一次明确批评凯洛夫主编的《教育学》，指出其忽视教育与生产劳动的结合，教育管理单一、死板，培养目标不切实际。1958 年之后，对凯洛夫主编的《教育学》进行了内部的批判，批判其书本中心、课堂中心和教师中心，试图对凯洛夫主编的《教育学》进行认真、系统、全面、彻底地批判。[②] 1964 年 6 月号的《人民教育》发表《社会主义教育学中的一个重要问题》和《资产阶级教育观点必须批判》等文章，不点名地批判了凯洛夫主编的《教育学》，揭开了公开批判凯洛夫主编的《教育学》的序幕。中华人民共和国成立后，尤其是"全面学苏"之后，我国教育系科的设置基本上照搬了苏联教育系科设置的模式，对以凯洛夫为代表的苏联教育学的批判，也要求我国教育系科进行自主的独立探索。

（二）独立探索的表现

第一，培养目标拓展为师资、教育科研和行政人员。中华人民共和国成立初期，我国教育系科仿照苏联教育系的培养目标，一直限定为培养中等师范学校的教育学和心理学教师。1961 年 4 月，全国高等学校文科教材选编会议根据北京师范大学和华东师范大学提

---

① 孟宪承等：《为繁荣教育科学创造有利条件》，载《人民教育》，1957(7)。
② 郑金洲、瞿葆奎：《中国教育学百年》，139－140 页，北京，教育科学出版社，2002。

出的草案，修改并通过了《教育系学校教育专业教学方案（修订方案）》。该方案提出学校教育专业不仅要培养中等师范学校和师范专科学校教育学科的师资，还要培养教育行政工作者和教育科学研究人才。这突出了教育系科注重培养师资的基本目标外，还注重培养为教育行政人才和教育学术人才，实现了教育学人才培养的多元化。同时，该方案还对学校教育专业毕业生提出了 6 方面的具体要求，其中之一是有一定的教育行政工作能力和研究能力。

第二，专业设置只设置学校教育和学前教育专业。1952 年，我国根据苏联教育制度，取消大学中院的一级，根据国家需要和教师状况设置专业，按专业培养人才。到 1953 年，全国高等学校设置的专业已达到 215 种，其中师范类专业 21 种。1952 年院系调整之后，师范院校独立设置，我们可以通过师范院校专业设置情况，考察教育系科的专业设置。1957 年，我国公布了高等学校的专业目录，以此为基础可以发现，一是教育系设置的专业主要有学校教育、学前教育和教育学，二是这 3 个专业只在本科阶段设置。1963 年 4 月，教育部召开高等学校专业调整会议，修订了 1957 年的《高等学校通用专业目录》，其中师范部分规定，高等学校师范教育设置 17 种专业，即汉语言文学、中国少数民族语言文学、俄语、英语、历史学、政治教育、学校教育、学前教育、心理学、数学、物理学、化学、生物学、地理学、体育、音乐、美术。1963 年的专业目录同 1957 年的专业目录相比，最明显的变化是取消了教育学专业的设置，只设学校教育和学前教育，增设了心理学专业。[1]

第三，课程设置必选修结合，以教育学、心理学为主。1961 年《教育系学校教育专业教学方案（修订方案）》在课程设置上也进行较大调整。针对五年制学校教育专业而言，5 年内除寒暑假之外的 225

① 《中国教育年鉴》编辑部：《中国教育年鉴（1949—1981）》，243 页，北京，中国大百科全书出版社，1984。

周，安排的课程主要分教学、教育实习和教育调查、生产劳动、科学研究四部分，课程分为必修课程和选修课程。根据该教学方案，北京师范大学、华中师范大学等院校四年制和五年制的学校教育专业对课程设置进行了调整。北京师范大学学校教育专业的课程设置情况如表 6-2 所示。

表 6-2　1961 年北京师范大学教育系学校教育专业课程设置情况表

	具体课程
必修课程	政治学、政治经济学、哲学、思想政治教育报告、毛泽东文化教育论著选、中国共产党的文化教育政策和方针政策报告、教育学、生理学、普通心理学、儿童心理学、教育心理学、中国教育史、外国教育史、中国教育论著选读、外国教育论著选读、中小学各科教材教法研究、教育行政、外国语、逻辑、文选与写作、体育
选修课程	教学原理研究、教育行政、中国教育现状研究、外国教育现状研究、中国近百年教育史研究、现代西方心理学流派研究、哲学史专题研究、基础学科分科选修等

此外，此阶段教育系科的实践课程比重较大。1958 年至 1960 年教育领域开始对以凯洛夫为代表的苏联教育学进行批判，强调教育与生产劳动相结合，教育系科课程设置方面也相应地有了适应性调整。1961 年《教育系学校教育专业教学方案（修订方案）》对不同课程的时间进行了详细安排，具体见表 6-3。

表 6-3　1961 年《教育系学校教育专业教学方案（修订方案）》课时安排

分　类	周数（周）	比例（%）
教学	149	66
教育实习和教育调查	20	9
生产劳动	44	20
科学研究	12	5
合计	225	100

从表 6-3 中我们可以看出，教育系科的课程设置中生产劳动课占到了所有课程总数的 20％，加上教育实习和教育调查，实践性课程占到了 29％，占较大的比重。实践性课程在课程机构中占到较大比重是教育与生产劳动相结合的具体表现，也是此阶段教育系课程设置表现出的特征。①

第四，教育系科的政治性逐渐凸显。此阶段，教育系科强调教育与生产劳动相结合，同时还强调党对教育事业的领导，教育系科的政治性逐渐加强，这可以通过当时的课程设置和教材内容进行说明。教育系科开设的课程中，开设了毛泽东文化教育论著选读、中国共产党的文化教育方针政策报告等课程，前者 50 学时左右，后者 80 学时左右，这些课程的开设是党加强教育领导的切实体现。这种政治性的凸显，同样体现在这一阶段编写的教育学著作中。有的教育学讲义明确指出，教育学教材应阐明"我们党的教育方针以及在教育工作中如何贯彻党的教育方针"②。这一时期编写的教育学教材往往是对方针政策的诠释或方针政策的直接引用，忽视了教育学科的理论性和独特性。1960 年上海《教育学》编写组编写的《教育学》宣称"以毛泽东思想为唯一的指导思想，以党的教育方针为红线，从理论和实践上来阐述毛泽东教育思想和党的教育方针"③。具体内容上，该书第一部分即为"毛泽东同志关于教育的基本理论"，第一章"教育为无产阶级政治服务，教育与生产劳动相结合"，第三章"加强党对教育工作的领导，贯彻教育工作的群众路线"。

三、严重破坏期（1966—1976 年）

"文化大革命"期间，我国教育系科遭到严重的破坏，招生工作

① 郑金洲、瞿葆奎：《中国教育学百年》，336 页，北京，教育科学出版社，2002。
② 河北北京师范学院教育学教研室：《教育学讲义》，1 页，河北人民出版社，1959。
③ 金林祥：《20 世纪中国教育学科的发展与反思》，169 页，上海，上海教育出版社，2002。

和教学活动几乎停滞，教育学术研究荒废，教育学图书和资料损失严重。此阶段，教育系科还编订了"语录化"的教育学教材，作为师范院校、综合大学教育系科的学习材料。如广西师范学院教育革命理论教研组编写的《教育学讲义》(1973 年)、广东师范学院教育学教研室编写的《教育学讲义(讨论稿)》(1974 年)、内蒙古师范学院教育教研室编《共同教育理论课专题讲义》(1973 年)、北京师范大学教育系短训班组编《教育学专题(内部使用稿，征求意见稿)》(1976 年)，破坏了原有的教育学体系，成为革命斗争的工具。表 6-4 为这一阶段两本《教育学讲义》的目录。

表 6-4　广西师范学院和广东师范学院各自编写的《教育学讲义》目录

广西师范学院《教育学讲义》目录	广东师范学院《教育学讲义（讨论稿）》目录
实现无产阶级教育革命，必须由工人阶级领导	教育与阶级斗争
教育必须为无产阶级政治服务，必须同生产劳动相结合	毛主席的无产阶级教育路线
培养有社会主义觉悟的有文化的劳动者	社会主义时期的青少年
五七指示	学生思想政治教育
对学生进行思想和政治路线方面的教育	社会主义文化课教学
改革旧的教学方针和方法	学工、学农、学军
人民教师	体育
	革命教师

四、恢复重建期(1976—1985 年)

"文化大革命"结束后，我国教育事业迎来了发展的春天。随着教育学科的恢复，师范教育和我国教育学术研究的恢复重建，对教育学人才需求的逐渐增加，大学的教学、科研活动步入正轨，教育系科也得以恢复重建。经教育部批准，1978 年 5 月，厦门大学成立高等教育研究室，使厦门大学设置教育学科的传统得以恢复和延续，继续为教育学人才培养和教育科学研究做出贡献。

此后，一些大学陆续设置高等教育研究室、教育科学研究所等，或恢复原来的教育系科，教育系科开始恢复、重建。1978 年，杭州大学教育系恢复；1978 年 9 月，山西大学教育科学研究室成立；1979 年，北京师范大学教育系恢复了教育理论研究室(农村教育研究室)；清华大学于 1979 年成立理工教育研究室，1985 年扩充为教育研究所；1979 年 3 月，经河北省高教局批复同意，河北大学设立"教育研究室"，开始正式恢复教育科学研究工作；1980 年，北京大学高等教育研究室成立、河南大学教育系恢复；同年 10 月，华中科技大学设立高等教育研究室；湖南大学于 1981 年建立高等教育研究室；等等。

(一)恢复重建的原因

第一，对教育事业的恢复和重视。1978 年 4 月 22 日，全国教育工作会议在北京召开。此次会议认真总结正反两方面的经验，讨论研究有关发展全国教育事业规划和大、中、小学工作条例等问题，明确了今后要提高教育质量、教育事业必须同国民经济发展的要求相适应以及尊重教师等教育工作中的方向。1979 年，中共中央撤销《全国教育工作会议纪要》的决定，推倒了"两个估计"，全面推翻了"文化大革命"时期有关教育工作的指示，调动了广大教育工作者搞好教育工作的积极性。为进一步促进教育事业的恢复和发展，1982 年 9 月，中共十二大报告提出，"在今后二十年内，一定要牢牢抓住农业、能源和交通、教育、科学这些根本环节，把它们作为经济发展的战略重点"①。从中共十二大把教育确定为经济发展的战略重点

---

① 张民选、丁念金：《中国教育改革大系(中小学教育卷)》，38 页，武汉，湖北教育出版社，2016。

之一，到中共十三大把教育提升到"突出的战略地位"和"首要位置"，表明随着我国现代化建设的发展，党和政府越来越认识到教育在整个经济和社会发展中发挥着基础性、全局性的关键作用，教育系科也被重视并开始恢复、重建。

第二，师范教育、高等教育的恢复。中共十一届三中全会以来，为了适应社会主义现代化建设对人才的迫切需求，中国共产党和人民政府十分重视发展教育和教师队伍的建设，把发展师范教育放在优先地位。邓小平在 1978 年全国教育工作会议上指出，为社会主义建设培养合格的人才，"关键在教师"，并提出"要采取切实有效的措施""大力培养师资"。1980 年 6 月，教育部召开了全国师范教育工作会议。这是中华人民共和国成立以来又一次规模较大的全国师范教育工作会议。中共中央书记处对这次会议十分关心，于 6 月 27 日，邀请出席会议的部分代表座谈了师范教育问题。胡耀邦、方毅、胡乔木、周扬等发表了重要讲话。胡耀邦强调指出，师范教育对教育事业和培养人才都有着重要作用，轻视师范教育是错误的、不对的。这次会议总结了 1949 年以来师范教育的历史经验，分析了师范教育面临的形势，讨论了师范教育在社会主义现代化建设新时期的方针、任务，提出了发展和加强师范教育的措施。会后，教育部颁布了一系列有关文件，促使全国师范教育走上蓬勃发展的道路。师范教育的恢复，对教育学人才的需求增加，推动了教育系科的恢复。不仅如此，随着高考恢复，国家对高等教育的重视，高等教育也开始恢复、发展，这也使得大学教育系科开始恢复、重建。

第三，教育学术研究的恢复。1978 年的《政府工作报告》指出，必须开展包括教育学在内的哲学、历史学等学科的科学研究工作。[①]这标志着教育科学研究开始受到党和政府的重新重视，教育学科和

---

① 《中国教育年鉴》编辑部：《中国教育年鉴（1949—1981）》，75 页，北京，中国大百科全书出版社，1983。

教育学术研究开始恢复，这推动了教育学术研究机构的恢复。1978
年 10 月，教育部重建了在"文化大革命"中被解散的中央教育科学研
究所，其后又相继建立了国家教育发展研究中心和职业技术教育研
究所。此后，全国各省、自治区、直辖市和计划单列市也陆续建立
了教育科学研究所(院)，并逐渐辐射到市(地)、县(区)和基层学校。
1978 年 11 月，教育部成立了全国教育科学规划领导小组。1979 年 3
月 23 日，教育部、中国社会科学院联合召开了全国第一次教育科学
规划会议。与此同时，各个高等师范学校和一些综合性大学发挥理
论基础雄厚、学科门类齐全、文献资料丰富的优势，在其设置教育
系科的已有传统之上，开始恢复教育系科，并逐渐成为我国教育学
术研究和教育科研体系中理论研究和学科建设的骨干。

(二)恢复重建的表现

"文化大革命"期间，教育系科受到重创。1978 年后，我国教育
学者、广大教师为教育系科的建设积极努力，教育系科得到恢复和
重建。

第一，综合大学、师范院校共同设置教育系科。民国时期，教
育系科在综合性大学、师范大学、师范学院都有所设置。中华人民
共和国成立后，根据苏联发展教育的经验，我国独立设置师范学院。
经过 1952 年院系调整，综合性大学的教育系科基本独立出去或者合
并，或者被取消，教育系科大多设置在师范学院。至"文化大革命"
前，师范院校成为教育系科设置的主要阵地。1978 年之后，为满足
当时教育系科培养人才的需求，厦门大学、杭州大学、山西大学等
一些综合大学也开始恢复或设置教育系科，摆脱原有的仅有师范院
校设置教育系科的状况，并逐渐形成了综合性大学、师范院校共同
设置教育系科、培养教育人才的格局。

第二，培养目标拓展，培养合格的教育专业人才。1961 年，《教
育系学校教育专业教学方案(修订方案)》将教育系科的培养目标由原

来的培养中师师资扩大为培养师资、教育科研人员和教育行政人员，由一个扩大为三个。1978 年 8 月，教育部公布了《高等师范院校教育系学校教育专业学时制教学方案（修订草案）》。该方案把教育系学校教育专业的培养目标规定为"德智体全面发展的教育学科师资、教育科学研究人员和教育行政工作者"①。1978 年公布的教育系学校教育专业的培养目标对学生德、智、体三方面都做出了具体要求，如对"智"的具体要求是，正确理解马克思、列宁、毛主席教育思想和党的教育方针、政策；具有本专业所必需的基础知识和一定的专门知识，了解国内外教育的历史和现状；有较好的语言表达和书面表达能力；学会并掌握一门外语，能运用外语阅读专业期刊；具有从事教学、科学研究和教育工作的能力。

　　第三，专业设置在学校教育、学前教育基础上拓宽。1978 年 9 月教育部向有关学校和部门发出了《高等学校文科教学工作座谈会纪要》，对文科专业调整提出了如下意见，"被撤销的院、系、专业，凡有条件恢复的，要尽快恢复；被削弱的专业，要创造条件充实、加强；有些急需而缺少的专业要增设；对行将'断线'而又需要的专业，要采取有效措施予以'挽救'。还要努力办好一批重点专业"②。经过初步调整，到 1980 年，全国高等学校共设有专业 1039 种，其中师范 40 种。据 1981 年统计资料显示，1981 年共有 186 所高等师范学校，设置专业 37 种，分别是政治教育、学前教育、学校教育、教育学、电化教育技术、机械制造、工业自动化、政史、史地、理化、艺术等。其中，教育学类专业有学校教育、学前教育、教育学和电化教育技术 4 个，学校教育专业点 5 个，学前教育专业点 5 个，

---

①　《当代中国》丛书教育卷编辑室：《当代中国高等师范教育资料选（上）》，767 页，上海，华东师范大学出版社，1986。

②　《中国教育年鉴》编辑部：《中国教育年鉴（1949—1981）》，256 页，北京，中国大百科全书出版社，1984。

教育学专业点 14 个，电化教育技术专业点 1 个，4 个专业均为本科，没有专科。

第四，加强课程建设，扩展教学内容。1978 年公布的《高等师范院校教育系学校教育专业学时制教学方案（修订草案）》对学校教育专业的课程设置做了详细规定，课程分为必修课和选修课，如表 6-5 所示。此外，其对教育系学校教育专业学生的生产劳动、教育调查和实习也做了相关规定，4 年内学生应参加生产劳动 10 周，结合专业进行的社会调查、教育调查和教育实习 12 周。

表 6-5　1978 年教育系学校教育专业课程设置情况

		具体课程
必修课程		时事政治学习、中国共产党历史、辩证唯物主义与历史唯物主义、政治经济学、国际共产主义运动史、文选与习作、外语、体育、生理学、马列、毛主席教育论著选、普通心理学、儿童心理学、教育心理学、教育学、中国教育史、外国教育史、小学教材教法
选修课程	教育理论	教育哲学、教学论、现代教学技术、思想政治教育
	外国教育	比较教育、外国教育论著选、外国教育现状与思想流派
	中国教育史	中国教育论著选、中国学制史
	心理学	学科心理学、实验心理学、心理学史与西方心理学流派、心理生理学、心理学专题研究
	小学教育	小学各科教材教法研究
	幼儿教育	学前教育学、幼儿园教材教法研究
	其他	教育统计、民族教育研究、学校卫生学、教育行政与管理、逻辑学、数学、自然科学概论、自然辩证法、其他专业有关课程

第五，教材自主编著和译介引进双向进行。改革开放之后，随着教育系科逐渐恢复重建，教育学、心理学、教育史、教学论等课程逐渐恢复，开始重新设置或调整。这一时期教育系科各专业使用

的教材既有我国自主编写的，也有引进国外的。教育系科使用的我国自主编写的教材主要有两种，一种是经历了"文化大革命"后重新修订出版，另一种是"文化大革命"后编写、出版的。重新修订的教材有由北京师范大学教育系教育研究室 1978 年编写的《教育学讲授提纲(征求意见稿)》，1980 年修订为《教育学讲授纲要(上、下册)》出版、使用；1962 年由刘佛年主编的《教育学提纲(初稿)》，1979 年修订为《教育学(讨论稿)》出版使用。

表 6-6　1979 年刘佛年主编《教育学(讨论稿)》目录

		前言	
上册	第一章	教育与政治经济的关系	教育学的一般原理
	第二章	教育与儿童身心发展的关系	
	第三章	教育目的和教育方针	
	第四章	学校教育制度	
	第五章	课程与教材	
	第六章	教学过程与教学原则	
	第七章	教学方法与教学形式	
下册	第八章	思想教育的意义、任务和内容	普通学校中的教学工作、思想教育工作、生产劳动、体育卫生工作等
	第九章	思想教育的过程与原则	
	第十章	思想教育的途径与方法	
	第十一章	生产劳动	普通学校中的教师及学校行政
	第十二章	体育卫生	
	第十三章	教师	
	第十四章	学校行政	
	附录一	教育与经济发展	
	附录二	电化教育	
	附录三	美育	

"文化大革命"后，除了重新修订出版的教材，我国组织一批专

家学者重新编写了一些教育学教材，部分教材见表 6-7。

表 6-7　1976—1984 年我国教育学者编写的教育学教材(部分)

书名	编著者	出版社	出版时间
教育学	华中师范学院五院校	人民教育出版社	1980
教育学	刘寿祺	湖南人民出版社	1980
教育学浅说	秦和鸣	上海教育出版社	1981
教育学简编	吴亚君、樊兴华	教育科学出版社	1983
普通教育学	北京教育行政学院教育学教研室	知识出版社	1983
教育学	唐文忠	黑龙江人民出版社	1983
教育学	南京师范大学教育系	人民教育出版社	1984
简明教育学	孙喜亭	北京师范大学出版社	1984
教育学	华东六省一市教育学院	浙江教育出版社	1984

此外，我国还引进、编译了一批教育学教材供教育系科各专业使用，主要有苏联巴拉诺夫等编，李子卓等译的《教育学》(人民教育出版社，1979)；苏联休金娜著，华东师范大学比较教育研究所译的《中小学教育学》(人民教育出版社，1984)；美国奥恩斯坦著，刘付忱等译的《美国教育学基础》(人民教育出版社，1984)；日本大河内一男等著，曲程、迟凤年译的《教育学的理论问题》(教育科学出版社，1984 年)等。

可见，此阶段我国教育系科使用的教育学教材，有我国学者修订、编写的，也有引进苏联、美国、日本等国家的，教育学教材逐渐丰富。同时，教育哲学、教育心理学、教育经济学等学科逐渐发展，相应学科或专业的教材也不断被引进或由我国学者自主编写，保证了教育系科教学的正常进行。

第六，注重教育学术研究。改革开放之后，在历史发展、转型的重要时期，我国教育系科适应社会发展变革，抓住历史机遇，进行了适应性调整。相对中华人民共和国成立之初的发展状况，现阶段教育系科对教育理论的重视程度日益提高。比如，教育系科使用的教材不再是语录式或政策性文本的照搬或重复，教材的编排切实体现教育学发展规律，教材的语言符合学术规范。同时，教育系科还注重承办教育学术会议，成立教育学术研究团体和创办教育学术刊物，积极开展教育学术交流和研究等。改革开放后，我国教育系科对学术研究的重视程度提高有两方面的原因，一方面是因为长达 10 年的"文化大革命"期间，语录式教材、政治性极强的学习和研究方式对教育系科的发展产生了破坏性影响，"文化大革命"结束后，教育系科为改变这一状况而加强理论研究，是教育系科在新时期发展的必然趋势；另一方面是因为新的历史时期，教育系科的培养目标不再局限于原有的教师培养，教育理论工作者也成为教育系科培养的方向，并得到切实执行，教育理论工作者素养的养成需要理论研究，反过来，教育理论工作者的发展壮大又进一步推动了理论研究的发展。

　　第七，师资不足且结构不合理。"文化大革命"结束及此前历史遗留问题的解决，为教育系科师资队伍恢复和发展奠定了前提条件。但是，随着高考制度的恢复和教育系科、师范院校招生工作的正常进行，对教育系科教师的需求逐渐增加，这使得教育系科师资不足。以原西南师范学院教育系各教研室为例，教育学教研室、教育史教研室室、学前教育教研室、小学各科教材教法教研室、心理学教研室、教育科学研究室分别缺员 8 人、3 人、12 人、5 人、3 人、5 人。不仅如此，由于历史原因，"文化大革命"结束后，教育系科的教师队伍在年龄结构、学历结构也较为不合理，根据西南师范学院档案资料中对教师年龄的统计，截至 1978 年 3 月，教育系专职教学科研人员以 49 岁以上的居多，有 39 人，占总人数的 97.5%。[①] 以南京

---

　　① 廖其发：《教育学部史》，114 页，重庆，西南师范大学出版社，2016。

师范学院教育系为例,1978—1984 年,教育系教授、副教授的年龄以 65～75 岁为主,且以中级、初级职称为主,有研究生学历的共 5 人,其余除 1 人为大专学历外,均为大学本科学历。[①]

此外,本阶段教育系科的本科教育开始恢复,研究生的培养也开始起步,以原西南师范学院为例,1982 年,张敷荣、高振业、徐国紫任导师的教学论方向开始招收硕士研究生,首批招收学生 1 名。1984 年,经国务院学位委员会批准,教育系教学论专业获得博士学位授予权,以张敷荣教授为导师的教学论专业于 1985 年下学期开始招收第一届博士研究生。[②]

五、深入前进期(1985—1999 年)

1985 年后,在教育系科恢复重建的基础上,随着国家政策的支持、教育学科的不断发展,教育系科不断进行自我调整,得以不断发展。

(一)深入前进的原因

第一,教育改革的进一步深化。1985 年,我国的改革进入全面深化时期,颁布了《关于教育体制改革的决定》,指出我国教育体制改革的正确方向,确定根本目的、指导方针,明确了我国教育事业发展的方向和战略目标。中共中央在颁布《关于教育体制改革的决定》之后,又颁布了更为详细的《中国教育改革和发展纲要》,指导我国教育改革的进一步深入推进。不仅如此,随着对苏联模式的不断反思,受国际教师教育体制以师范院校为主、综合性大学积极参与教师培训模式的不断影响,1993 年《教师法》和 1998 年《面向 21 世纪教育振兴行动计划》等鼓励非师范学校参与教师培训、提升中小学

---

① 冯世昌:《南京师范大学志(1902—2002)》,124－125 页,南京,南京师范大学出版社,2002。

② 廖其发:《教育学部史》,133 页,重庆,西南师范大学出版社,2016。

教师学历等政策，又进一步促使我国教育系科以及综合性大学教育系科的发展。中共中央有关教育的一系列举措，吹响了教育领域深化改革的号角，对教育系科而言，既是我国教育系科得以发展的大好机遇期，又要求教育系科需做出相应的改革和调整，适应教育改革的深入发展。总而言之，随着教育改革的进一步深化，教育系科的变革、深化势在必行。

第二，教育学学科发展的推动。1976 年"文化大革命"结束之后，我国教育学学科建设取得了一定的发展，但仍有一些学科的学科基础不扎实，需要进一步完善发展，也有一些与时代紧密联系的学科尚未建立，急需在短时间内得以建立，补充完善教育学学科体系。1985 年之后，我国教育学科建设进一步深入进行，传统的、基础教育的教育学科结合我国教育实践、其他学科研究成果对学科进行优化、提升，基础较差、较薄弱的学科，比如一些新的交叉学科教育政治学、教育文化学、教育法学等学科，在借鉴学习国外经验的基础上，不断补充、充实教育学科的发展，教育学学科体系得以完善并初具规模。教育学学科的不断发展，要求外在建制的教育系科应随之做出适应性调整，为教育学学科的发展提供学科发展的场所和人员保障。教育学学科的不断发展既为教育系科的发展提供了理论基础，也对教育系科的发展提出了新的要求。

（二）深入前进的表现

1985 年后，随着《关于教育体制改革的决定》和《中国教育改革和发展纲要》等颁布，我国教育开始进入新的发展阶段，教育系科也进入了新的前进时期，一些大学教育系科恢复了学院系所的建制。教育系科在专业设置、课程设置、教材使用等方面都做出了一定的努力，在诸多方面取得了重要进展。

第一，综合性大学和师范院校培养目标各有侧重。1989 年，国家教委制定的《高等学校教育系教育专业改革的意见》指出，高等学

校教育学科必须拓宽培养目标，培养合格的教育专业人才。1985 年
之后，随着教育改革的逐步深化和调整，不同类型的院校开始重新
认识自身的使命，定位发展的方向。高等学校教育学科必须密切联
系社会发展的需求，其培养目标主要为教育学科师资、教育科学研
究人员、普通教育领域各类学校的管理干部和教育行政人员。① 在
这一过程中，综合性大学和师范院校根据自身的特点和优势也进行
了一定的调整，综合性大学利用自身大学其他学科的优势和理论发
展基础较好的传统，积极进行学术研究，重视理论探索和研究，着
重培养教育理论工作者、教育行政人员；师范院校则利用自身积累
的、良好的传统，重视教学技能的养成和教学实践的锻炼，着重培
养具有一定理论知识的教学实践工作者。综合性大学和师范院校利
用各自的优势与特长进行自身建设，实现了一定的优势互补和资源
的合理调配。

　　第二，专业设置根据学科、社会发展等逐渐拓展。1985 年，国
家教委决定对高等师范院校的专业目录进行修订，提出了《普通高等
师范院校本科基本专业目录(草案)》，经过 1986 年和 1987 年的两次
修订，最终于 1987 年 5 月形成了《普通高等师范院校本科基本专业
目录(征求意见稿)》。此次修订的专业目录有学校教育、学前教育、
特殊教育、教育管理、心理教育、电化教育、汉语言文学教育、少
数民族语言文字教育、思想品德和政治教育、历史教育、英语教育、
俄语教育、日语教育、数学教育、计算机科学教育、物理教育、化
学教育、生物教育、地理教育、音乐教育、美术教育、体育教育 22
个。② 其中，教育学类专业由先前的 4 个变为 5 个，分别是学校教
育、学前教育、特殊教育、教育管理和电化教育，原先的"教育学专

---

① 杨放：《教育法规全书》，海口，南海出版公司，1990。
② 《中国教育年鉴》编辑部：《中国教育年鉴(1989)》，184 页，北京，人民教育出版
社，1989。

业"称谓不见。该专业目录颁布后，各高等师范院校根据此目录对专业设置进行了调整。到 1988 年，我国共有 32 所高等学校设置了教育专业，其中学校教育专业 29 个，在校生 5160 人；学前教育专业 18 个，在校生 2200 人；教育管理专业 10 个，在校学生 2300 人；特殊教育专业 2 个，在校生 50 余人。[①]

1989 年 1 月，针对 1988 年专业设置调整和改革中存在的问题，国家教委制定了《高等学校教育系教育专业改革的意见》，以利于培养多层次、多规格的教育专门人才，提高我国教育科学水平。根据该意见，高等学校教育系设置的教育专业有 5 种，分别是幼儿教育、小学教育、特殊教育、中等教育（含职业技术教育）和高等教育。1997 年国务院学位委员会办公室和国家教委研究生工作办公室，联合制定了新的学科专业目录。这次的调整幅度颇大，教育学的专业缩减为教育学原理（其中包括教育学原理、德育原理、教育科学研究法），课程与教学论（包括教学论和学科教学论），教育史（包括中国教育史和外国教育史），比较教育学，学前教育学，高等教育学，成人教育学，职业技术教育学，特殊教育学，教育技术学 10 个。教育经济学、教育管理学调整到公共管理之中，不再属于教育学的学科门类。

第三，课程设置注重根据院校特色进行设置。课程设置是教育系科人才培养规划的具体体现，对人才培养质量、教育系科的发展都有着重要影响。1989 年《高等学校教育系教育专业改革的意见》进一步拓展了教育系科的课程设置，指出教育系科应该把教育原理、教育社会学、教育史、教育心理学及教育研究方法和技术，作为各专业的专业基础课。同时，教育系科还需要切实加强教育统计、教育测量、教育评估、教育哲学、比较教育、教育经济学、教育人类

---

① 郑金洲、瞿葆奎：《中国教育学百年》，343 页，北京，教育科学出版社，2002。

学等课程的开设。同时，一些教育系科改变了 20 世纪 80 年代初期
"划专业为牢""划系为牢"的问题，开始淡化专业、强化专业基础教
育。例如华东师范大学教育系，学校教育、学前教育和教育管理 3
个专业的专业基础课程已经全部统一起来；北京师范大学则改专业
为专业方向，由教育基本原理、教育学、心理学、教育研究方法等
课程群构成各专业方向统一的核心基础课程。另外，逐步开始落实
学生在教育中的主体地位，增加选修课的比例，提供更多自由选修
课程的条件，强化、优化选修课程。①

　　我国教育系科除了在专业基础课程和选修课程方面共同的一些
努力之外，一些具有优良传统的教育系科开始根据自己学校的传统
设置独具特色的课程。北京师范大学注重教育科学理性精神的养成，
在其课程中结构中，以"教育基本原理"为核心，结合"文化基础课"
类、"教育史"类、"心理学"类和"教育研究与技术"等学科课程，构
建了各专业的专业基础课程群。其中，"教育一般原理""德育原理"
"教学论"等教育基本原理类课程多达 26 个学分，占到课程学分总数
的 23.42%。华东师范大学强调人文科学精神和意识，在其课程结构
中，"教育史"类学科课程占据核心地位，在选修课程中，设置了"西
方教育思想流派""中国考试制度""中国近代高等教育史""外国教育
名著选读""中国教育名著选读""中国教育行政管理史""书院制度研
究""中国幼儿教育史""外国幼儿教育概况"等教育史学科类课程。②

　　第四，教材以使用国人自编教育学教材为主。1985 年之后，我
国教育系科得到了快速发展。为了适应新时期教育发展的需求，教育
系科在专业设置、课程设置等方面都有所调整，教材的选编也进行了
深入的思考和探索，教育系科各专业的教材以国人自编的教育学教材
为主。除了教育学，教育系科其他学科的教材建设也取得了长足发展。

---

① 黄甫全：《我国高师教育系课程改革路向初探》，载《吉林教育科学》，1996(5)。
② 同上。

表 6-8 为 1985—1999 年我国教育系科使用的部分教育学教材。

表 6-8　1985—1999 年我国教育系科使用的部分教育学教材

名称	编著者	出版社	出版时间
教育学	王顺兴、韩永昌	山东教育出版社	1985
教育学	陈友松	湖北人民出版社	1985
教育学	储培军、夏瑞庆	江苏教育出版社	1986
教育学	孙震、吴杰	吉林教育出版社	1986
教育学新编	陈育辛	上海教育出版社	1986
新编教育学	关达	广西人民出版社	1986
教育学	罗正华	东北师范大学出版社	1986
中国社会主义教育学	常春元、黄济	江苏教育出版社	1987
教育学	陈修、游正伦、许文杰	甘肃教育出版社	1987
教育学	孙喜亭	中央广播电视大学出版社	1987
教育学	王道俊、王汉澜	人民教育出版社	1988
教育学	睢文龙、冯忠汉	人民教育出版社	1988
教育学	罗林	华中师范大学出版社	1989
教育学	邵宗杰	华东师范大学出版社	1990
教育学	叶上雄	人民教育出版社	1991
新编教育学教程	叶澜	华东师范大学出版社	1991
简明教育学教程	陆亚松	上海科学普及出版社	1992

这一时期我国教育系科使用的教材不仅在数量上猛增,教材的质量也得到了极大提升。这一时期使用的教育学教材大多已经突破了苏联教育学教材四大块(总论、教学论、德育理论、学校行政管理)的结构模式,开始按照教育学自身发展规律编写教材。

第五,师资充实且学生培养步入正轨。随着我国学位制度的完善和发展,教育系科教师队伍开始壮大且师资队伍的力量逐渐夯实。

以南京师范大学为例，1992 年教师队伍中具有研究生学历的共 33 人（5 人为博士学位）。① 原西南师范大学制订了相关文件，鼓励教师不断发展，提升学历，且注重引进博士生导师等。通过努力，1991—1995 年，教育系共有教授 4 人，副教授 15 人，讲师 19 人，助教 4 人，出国进修 1 人，攻读博士学位 2 人，攻读硕士学位 11 人。② 以全国高等教育学博士生导师为例，1992 年仅有 2 位博士生导师，到 1998 年已增加至 10 多位。教育系科教师队伍的不断充实，使教育系科人才培养、教育学术研究进一步发展。

此外，教育系科的学生培养步入正轨，形成了本、硕、博完善的培养体系，有助于教育学术研究队伍的夯实、更新。1988 年国务院学位委员会办公室和国家教育委员会研究生司发布了《授予博士、硕士学位和培养研究生的学科、专业目录（修订草案）》，其中共包括教育学专业 16 个。1992 年，《学科分类与代码表》（GB/T13745—1992）规定教育学学科共设有教育史（包括中国教育史、外国教育史等），教育学原理，教学论，德育原理，教育社会学，教育心理学，教育经济学，教育统计学，教育管理学，比较教育学，教育技术学，军事教育学，学前教育学，普通教育学（包括初等教育学、中等教育学等），高等教育学，成人教育学，职业技术教育学，特殊教育学，教育学其他学科。此阶段，教育系科的硕博点逐渐增多，教育学科专门人才数量日渐增加。以高等教育学为例，到 1991 年年底，共招收研究生 214 名，其中博士生 8 名，硕士生 166 名，研究生班学生 40 名；已毕业的研究生 113 名，其中获博士学位 2 名，硕士学位 82 名；在学研究生 96 名，其中博士生 6 名，硕士生 90 名。③

① 冯世昌：《南京师范大学志（1902—2002）》，124 页，南京，南京师范大学出版社，2002。

② 廖其发：《教育学部史》，156—157 页，重庆，西南师范大学出版社，2016。

③ 潘懋元：《总结交流经验，加强高等教育学科研究生培养工作》，载《高等教育研究》，1997(2)。

六、繁荣发展期(1999 年至今)

高等教育大众化、建设高水平教师教育体系的要求和创建综合性大学热潮以改变计划经济时期综合性大学只设有文理两科而限制人才培养质量的不足,又使大多数高校通过合校、增加学科门类、升格、合并办学等方式走向综合性大学,这些因素直接促使教育系科的增加和发展,且教育系科存在的载体大多为大学教育学院或教育科学学院、教育研究院等。

(一)繁荣发展的原因

第一,高等教育跨越式发展的推动。教育部 1998 年 12 月 24 日制定,国务院 1999 年 1 月 13 日批转《面向 21 世纪教育振兴行动计划》指出,"到 2010 年,高等教育规模有较大扩展,入学率接近 15%,若干所高校和一批重点学科进入或接近世界一流水平;基本建立起终身学习体系,为国家知识创新体系以及现代化建设提供充足的人才支持与知识贡献"[1]。据相关统计资料显示,1999 年全国共有普通高等学校 1071 所,到 2017 年,全国高校数量增加到 2914 所,其中普通高等学校 2631 所(含独立学院 265 所),成人高等学校 283 所。[2] 与此同时,高等学校在校人数不断增加。从数量上看,我国高等教育实现了跨越式发展,一举由精英教育阶段进入大众化教育阶段。随着高等教育跨越式发展地推动,一些高等学校开始合并、重组等,开始升格或是增设教育系科,推进了教育系科不断繁荣发展。

第二,完善教师教育体制的要求。1952 年以来,我国建立起了定向的师范教育体系。随着社会不断发展,这一体系存在的弊端逐

---

　　① 中华人民共和国教育部:《深化教育改革,全面推进素质教育:第三次全国教育工作会议文件汇编》,北京,高等教育出版社,1999。

　　② 中华人民共和国教育部:《全国高等学校名单》,见教育部网站 http://www.moe.gov.cn/jyb_xxgk/S5743/S5744/201906/t20190617_386200.html[2020-01-09].

渐暴露出来,不能适应社会对各种规格类型新教师的需求。建立高水平、有活力的教师教育体系被提上了重要日程。1999 年《中共中央 国务院关于深化教育改革,全面提高素质教育的决定》提出,"调整师范学院的层次和布局,鼓励综合性高等学校和非师范类高等学校参与培养培训中小学教师的工作,探索在有条件的综合性高等学校中试办师范学院",进一步推动了教育系科的发展。2002 年,教育部颁布《关于"十五"期间教师教育改革与发展得意见》,进一步指出要形成以现有师范教育为主体、其他高校共同参与的教师培养体系,鼓励其他高等学校尤其是高水平综合性大学参与教育培养与培训。在此之后,《国家中长期教育改革与发展规划纲要(2010—2020 年)》,明确提出要"构建以师范院校为主体、综合大学参与、开放灵活的教师教育体系"。2018 年 1 月 20 日,《中共中央 国务院关于全面深化新时代教师队伍建设改革的意见》提出,建立以师范院校为主体、高水平非师范院校参与的中国特色师范教育体系。高等教育跨越式的发展以及鼓励各类高校参与教师培训,试办师范学院,直接促成了教育系科的不断繁荣发展。

(二)繁荣发展的表现

第一,教育系科数量急剧增加。1999 年我国开始实行以实现高等教育大众化为目的的高校扩招,大学招收的学生数量迅速增长,大学规模随之不断扩大,系级组织已经不能满足迅速增长的学生规模,很多系级组织开始向学院扩展,教育系科也不例外,纷纷向教育类学院发展。更为关键的是,1999 年,《中共中央 国务院关于深化教育改革,全面推进素质教育的决定》,提出,"调整师范学院的层次和布局,鼓励综合性高等学校和非师范类高等学校参与培养培训中小学教师的工作,探索在有条件的综合性高等学校中试办师范学院"①。这是为了顺应教师教育大学化的国际趋势，鼓励综合性大学参与师资的培养工作。在高校扩招的大背景和该决定的鼓舞之下，1999 年以来，教育系科的数量增长迅速，尤其是综合大学教育系科的数量翻倍增加，数量上有赶超师范大学教育系科的趋势。根据教育部发布的 2017 年《全国高等学校名单》，目前设置有教育系科的高等学校有 426 所，占全国高等学校设置教育学科总数的 16.2%。

　　第二，教育系科进行重新整合。随着高等教育不断发展，一些大学开始对教育系科、教育科研机构等相关组织机构进行整合重组，将其整合或是扩充为教育类学院、教育学部等。1999 年以后，各个大学相继组建或成立了教育学院，开始实现教育系科的升格。此后，一些教育学院组建为教育学部，如北京师范大学教育学部于 2009 年组建，学部设有教育基本理论研究院、国际与比较教育研究院、教育历史与文化研究院、教育技术学院、教育管理学院、课程与教学研究院、教师教育研究所、教育经济研究所、学前教育研究所（系）、特殊教育研究所（系）、职业与成人教育研究所、高等教育研究所、教育统计与测量研究所、教育心理与学校咨询研究所等，承担着学科建设、科学研究、人才培养、社会服务等重要职责。2014 年 10月，为进一步整合华东师范大学教育学科的研究资源，提升教育学科在国内外的学术影响力，华东师范大学教育学部在原有教育科学学院、学前教育与特殊教育学院、公共管理学院教育管理系、教育部中学校长培训中心、开放教育学院的基础上组建。教育系科通过重新整合，实现了教育学科的优势力量聚集。

　　第三，教育系科的职能多元。此阶段，教育系科除注重培养师资、教育学术和教育行政人才外，积极深化社会服务功能。以北京师范大教育学部为例，首先，教育学部是国家重大教育政策的咨询

---

　　①　刘捷、谢维和：《栅栏内外：中国高等师范教育百年省思》，188 页，北京，北京师范大学出版社，2002。

中心，通过 17 个综合交叉平台，以国家重大理论和现实问题为导向，立足学术前沿，紧扣国家需求，服务公众需要，为国家的重大教育决策提供极具价值的"智库"支持。其次，教育学部还是国际学术交流的高端平台。教育学部已经与 30 多所国际著名大学和机构签订了多边或双边合作协议；作为倡导者之一，与 9 所世界著名教育学院组建了世界顶尖教育学院联盟。学部每年召开数次高水平国际学术会议，年均 200 余位国际知名学者前来讲学。学部在校内率先开设国际硕士课程并采用全英文授课方式，为开拓学生视野、培养国际高端人才奠定了坚实基础。最后，教育学部（教育部小学校长培训中心、华北教育管理干部培训中心）是全国校长和教师培训的重要基地。教育学部培训学院、校长培训学院、教育家书院作为全国示范性的校长和教师培训基地、全国中小学校长和教师培训的研究中心以及校长和教师培训的国际交流平台，积极开展教育行政干部、示范性校长、港澳台校长、培训者的培训和骨干教师培训，为我国基础教育的发展做出了卓越贡献，广受教育同行和社会各界的赞誉。①

第四，教育学术研究飞跃发展。此阶段，教育系科尤为重视教育科研，开始采取多种举措促进教育学术研究。如《西南大学教育学院 2006—2020 年总体发展战略规划》提出，在建设好重庆市重点文科基地"基础教育研究中心"的基础上，成功申报国家级重点文科研究基地；争取建立并成功申报"西南大学国际教育比较研究中心""西南大学教师教育研究中心"和"西南大学教育法学研究中心"为重庆市重点人文社会科学研究基地；继续抓好重点学科建设，争取申报高等教育学、学前教育学、教育管理学、教育史等学科为重庆市重点学科；进一步加强课程与教材建设，推出更多的精品课程与在国内

---

① 北京师范大学教育学部，资料来源：http：//fe.bnu.edu.cn/t002-c-1-49-0.htm，2020-01-09。

具有相当影响的专业教材。① 在学科建设和注重教育学术研究的推动下，教育系科的科研成果逐渐增加，立项课题、学术著作和论文等大幅增加，质量不断提高，研究方法综合化，研究成果类型多样且社会影响日益显著。全国教育科学规划 2006—2009 年度立项重点课题总数分别增长为 228 项、279 项、342 项、459 项，北京师范大学、华东师范大学等校于 2006—2008 年总立项数达 30 项左右。2006—2008 年，华东师范大学、北京师范大学发表 CSSCI 论文 1300篇以上，南京师范大学、华中科技大学、华南师范大学、东北师范大学、浙江大学、华中师范大学、西南大学等校发 CSSCI 论文 340篇以上。这些研究成果涉及基本理论探讨，也有的着力解决教育实践问题。②

　　不仅如此，本阶段师资队伍更加充实、壮大，职称、学历和年龄等结构日益合理，以湖北大学教育学系为例，教师队伍中博士、博士后 2 人，硕士 9 人；教授 5 人，副教授 8 人。③ 西南大学教育学院 2005 年年底，专职教师中 80％达到硕士、博士学历，45 岁以下人员 50％以上获得博士学位，45 岁以下人数为 44 人，其中有 22 人获得博士学位。2011 年组建教育学部前夕，博士生导师 18 人，硕士生导师 26 人，专任教师 80％以上具有博士学位。④ 北京师范大学教育学部目前教学科研人员 216 人，其中教授占 37％，副教授占35％，91％的教学科研人员拥有博士学位。

　　此外，教育系科的硕士、博士学位授予点增长速度更快，覆盖省份更多，实现了教育学术人才培养数量和质量的大幅提升。以高

---

　　① 廖其发：《教育学部史》，227 页，重庆，西南师范大学出版社，2016。

　　② 中国教育科研成果新进展（2006—2008）课题组：《中国教育科研成果新进展（2006—2008）》，33—46 页，北京，教育科学出版社，2010。

　　③ 湖北大学教育学系办公室：《发展中的湖北大学教育学系》，载《湖北大学成人教育学报》，1999(1)。

　　④ 廖其发：《教育学部史》，207—208 页，重庆，西南师范大学出版社，2016。

等教育学为例，2003 年共有 56 个硕士点，有 33 个是 2000 年后新增的，占 59％。仅 2003 年就新增硕士点 19 个，河北、黑龙江、山东、安徽、广西、重庆、四川、云南等省份于 2003 年实现了高等教育学硕士点零的突破。2003 年，全国 10 个高等教育学博士点分布在 7 个省市，56 个高等教育学硕士点分布在 22 个省、自治区、直辖市，全国各大区均有高等教育学硕士点，江苏、北京、湖北、湖南、上海、广东等省市甚至有 4 个以上的高等教育学硕士点。[①] 截至 2018 年年底，教育学博士点共有 37 所。同时，教育系科还办有学术刊物，如《比较教育研究》《教育学报》《教师教育研究》《北京大学教育评论》《清华大学教育研究》《高等教育研究》《教育研究与实验》等，有助于传播中国教育学术思想，展示最新教育科研成果。

第二节　教育系科的分布

教育系科作为承载教育学科的载体，一般来讲，主要是指教育系科的空间分布。科学合理的分布格局对教育系科乃至教育学科的发展都有着重要作用。教育系科必须关注不同性质生态圈的变化，即中国改革开放和实现现代化的社会生态圈、全国教育系科分布格局及具体院校教育系科所在地的教师培养机构的格局变化、教育系科所在院校的生存环境构成。[②] 分析中华人民共和国教育系科的分布情况，有利于明确教育系科的分布现状和发展规模，有助于思考今后教育系科的发展路径。

一、教育系科的分布状况

教育系科的分布依托高等学校进行。从中华人民共和国成立至

---

① 李均：《中国高等教育研究史》，300—301 页，广州，广东高等教育出版社，2005。

② 叶澜：《"面向 21 世纪教育系科改革研究与实践"结题总报告》，载《华东师范大学学报（教育科学版）》，2000(3)。

今，教育系科的数量逐渐增多，依据 2017 年教育部颁布的《全国普通高等学校名单》①，全国共有 2631 所普通高等学校，通过对各大高校官网搜索，逐一排查，当前教育系科的分布情况如表 6-9 所示。

（一）教育系科在各省的分布

表 6-9 各省教育系科的分布情况

地区	省、自治区、直辖市	系科数（所）	总计（所）
东部地区	北京市	18	168
	天津市	3	
	河北省	20	
	辽宁省	17	
	上海市	6	
	江苏省	30	
	浙江省	12	
	福建省	16	
	山东省	26	
	广东省	18	
	海南省	2	
中部地区	山西省	17	140
	吉林省	14	
	黑龙江省	15	
	安徽省	21	
	江西省	19	
	河南省	17	
	湖北省	20	
	湖南省	17	

---

① 普通高等学校包括本科院校与专科院校。

续表

地区	省、自治区、直辖市	系科数(所)	总计(所)
西部地区	重庆市	8	118
	四川省	17	
	贵州省	15	
	云南省	16	
	西藏自治区	3	
	陕西省	15	
	甘肃省	11	
	宁夏回族自治区	3	
	青海省	2	
	广西壮族自治区	14	
	内蒙古自治区	7	
	新疆维吾尔自治区	7	
总计			426

通过表 6-9 可以得知,目前我国设有教育系科的大学数量共有
426 所,约占全国普通高等学校的 16.2%。其中东部地区 168 所,
占比 39%;中部地区 140 所,占比 33%;西部地区 118 所,占比
28%,如图 6-1 所示。

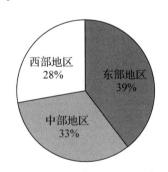

图 6-1 东中西部教育系科分布图

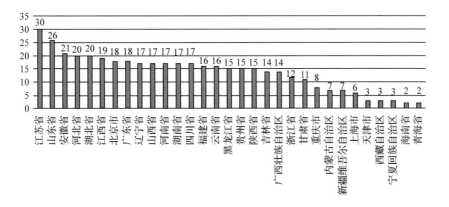

图 6-2　各省(区、市)教育系科分布数量图

由表 6-9 和图 6-2 可以得知，当前我国教育系科数量最多的省份（不含港、澳、台地区）为江苏省，共有 30 所，海南省与青海省的数量最少，都只有 2 所。拥有 20 所及以上的教育系科省份共有 5 个，分别是江苏省、山东省、安徽省、河北省和湖北省；10～20 所的省份共有 17 个；10 所以下的省份共有 9 个，其中天津市、西藏、宁夏、海南和青海的教育系科设置数量不足 5 所。

（二）教育系科的院校分布层次

根据《中国教育年鉴》《中国教育统计年鉴》及教育部公布和出版的各种关教育事业发展的统计资料，依据高等学校分类的标准，我国主要使用五种分类方法，第一，按学科结构分为综合性院校、多科性院校、单科性院校；第二，按行政隶属关系分为部属院校、省属院校、地方院校；第三，按办学主体分为公办院校、公有民办院校及民办院校；第四，按科研规模分为研究型、教学研究型及教学型，其中教学型又分为技术应用教学型、一般本科院校和技能应用教学型、高职高专；第五，按政府认定的办学水平分为重点大学、计划时期的 96 所全国重点院校、"211 工程"及"985 工程"院校、一般本科院校、高等专科学校、高等职业技术学院等。

　　依据上文中的分类标准，我们拟从本科或专科的办学层次、公办或民办的办学性质以及部属或省属的主管部门分类得出以下数据。

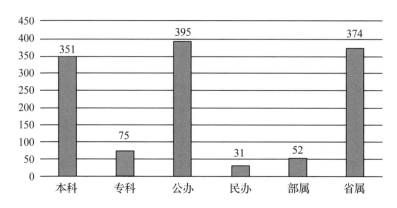

图 6-3　我国教育系科分布院校层次

　　由图 6-3 可以看出，我国普通高等学校的 426 所教育系科中，本科层次院校 351 所，公办性质院校 395 所，省属院校 374 所，占比分别为 82.4%、92.7%、87.8%；属于专科层次的教育系科院校有 75 所，属于民办性质的院校 31 所，属于部属院校 52 所，占比分别为 17.6%、7.3%、12.2%，相较于前三种层次院校，比例过低。

　　由图 6-4 可知，我国教育系科在各省（区、市）的本科层次、公办性质及省属院校中均有所分布，但 6 个省（区、市）的专科层次院校中设有设置教育学科，14 个省（区、市）的民办院校中设有设置教育系科，14 个省（区、市）的部属院校中设有设置教育系科，其中，海南省与青海省是三类院校中均未设置教育系科。

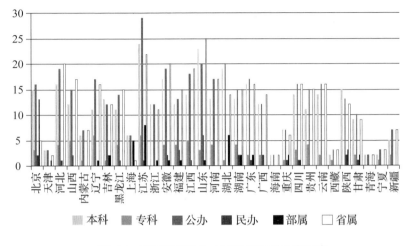

图 6-4　我国各省(区、市)教育系科分布层次

（三）教育系科的院校分布类型

为了研究的深入，我们把综合性院校、多科性院校、单科性院校划分为传统的 14 类院校，即综合院校、理工院校、农业院校、林业院校、医药院校、师范院校、语言院校、财经院校、政法院校、体育院校、艺术院校、民族院校、女子院校、高职高专类院校。各省教育系科所在的院校类型分布如图 6-5 所示。

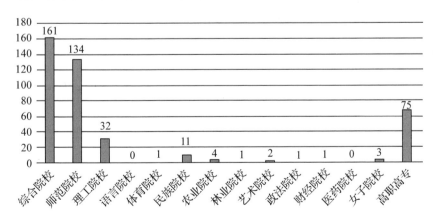

图 6-5　我国教育系科所在院校类别分布情况

由图 6-5 可得知，我国教育系科所在院校除语言学校与医药院校未有分布外，其余 12 类院校均有分布，主要分布在综合院校及师范院校之中，其中，161 所综合院校设有教育系科，占比 37.8％；134 所师范院校设有教育系科，占比 31.5％；此外，75 所高职高专设有教育系科，占比 17.6％。这三类高校的教育系科占比约 87％。

（四）综合院校与师范院校的本科院校分布

在图 6-5 的基础上，就教育系科存在的综合院校和师范院校进行了进一步分析，如表 6-10 所示。

表 6-10　各省(区、市)本科层次综合与师范院校的分布(单位：所)

省份	省属综合	省属师范	部属综合	部属师范
北京	1	1	3	1
天津	0	2	1	0
河北	8	7	0	0
山西	7	4	0	0
内蒙古	2	2	0	0
辽宁	5	3	1	0
吉林	3	7	1	1
黑龙江	7	3	0	0
上海	0	1	3	1
江苏	6	8	4	0
浙江	7	3	1	0
安徽	8	8	0	0
福建	6	4	1	0
江西	3	7	0	0
山东	17	4	1	0
河南	5	8	0	0
湖北	6	4	2	1
湖南	2	6	2	0
广东	7	6	1	0

续表

省份	省属综合	省属师范	部属综合	部属师范
广西	4	7	0	0
海南	0	2	0	0
重庆	1	3	2	0
四川	5	7	1	0
贵州	4	6	0	0
云南	8	5	0	0
西藏	1	0	0	0
陕西	6	3	0	1
甘肃	3	4	1	0
青海	0	1	0	0
宁夏	1	1	0	0
新疆	3	2	0	0
总计	136	129	25	5

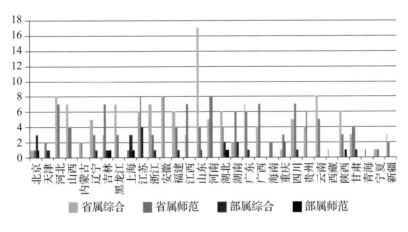

图 6-6 我国各省(区、市)本科层次院校教育系科分布

可见，高校教育系科主要分布于综合院校与师范院校之中，我们有必要对这两类院校教育系科在各省(区、市)的分布进行了解。由表 6-10 及图 6-6 可知，整体上，我国教育系科分布在省属综合院校达 136 所，省属师范院校 129 所；分布在部属综合院校达 25 所，部属师范院校 5 所，总计 295 所。具体到各个省(区、市)，除海南、

西藏、青海三省区仅有单一的层次种类分布外，其余省（区、市）都含有至少两个层次种类的分布。

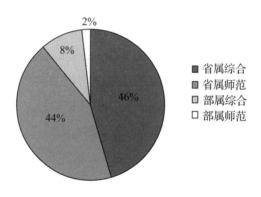

图 6-7　我国本科层次院校分布比例

二、教育系科的分布特征

综观我国高校教育系科的分布状况，可以得出以下结论。

（一）教育系科的地区分布全面但不均衡

第一，教育系科分布比较全面。目前，我国省级行政区（不含港、澳、台地区）包括 22 个省、4 个直辖市、5 个自治区，共 31 个省级行政区。在这 31 个省级行政区中，教育系科均有设置。在 426 所高校教育系科的分布省份中，设置 5 所及以上教育系科的有 26 个省（区、市），占比高达 83.9％，设置 10 所及以上教育系科的省（区、市）有 22 个，占比达 71％。东部、中部、西部地区的教育系科数目分别为 168 所、140 所、118 所，虽然逐渐递减，但数量过百的教育系科数基本能保证东中西部地区的教育系科发展。

第二，教育系科地域分布不均衡。虽然我国 31 个省级行政区或直辖市均有教育系科的分布，但教育系科的分布不均衡。由图 6-2 可知，一方面，各省（区、市）教育系科数的分布可以分为四个层次，第一层次的江苏、山东、安徽、湖北、河北和江西在 19 所（含 19 所）以上；第二层次的北京、广东、辽宁、山西、河南、湖南、四川、福建、云南、黑龙江、贵州、陕西的教育系科数为 15～18 所；第三层次的吉林、广西、浙江、甘肃、重庆为 8～14 所；第四层次的内蒙古、新疆、上海、天津、西藏、宁夏、海南、青海的教育系科数在 8 所以下。数目在 15～18 所的教育系科省份居多，教育系科数最多的省份为江苏省，高达 30 所，而分布最少的海南省和青海省仅有 2 所，与江苏省相比差了 28 所，第一层次与第四层次之间的差距过大。另一方面，从分布的地区看，西部地区与东部地区的教育系科数目相差过大，教育系科分布表现出在空间上集聚的特性，具体的东中西部教育系科数据也是有明显的递减趋势，可见分布不均衡。

(二)教育系科的院校分布丰富但较为集中

第一，我国教育系科的分布主要集中于师范院校与综合院校。由图 6-9 可知，我国教育系科院校分布种类多样，在 14 类院校的 12 种中均有分布。与其他类型的院校相比，设有教育系科的综合院校(161 所)与师范院校(134 所)数量明显高于其他种类的院校，两者共占比约 70%，这两类院校也是教育系科设立的主要聚集地。高职高专 75 所，占比 17%，设置较为合理。设有教育系科的理工院校 32 所，民族院校 11 所，两者共占比约 10%。而设有教育系科的农业院校、女子院校、艺术院校、林业院校、政法院校、财经院校、体育院校均不足 5 所，这些院校的占比不足 3%，相比之下，寥寥无几。语言院校与医药院校更是没有教育系科的分布，由此可见，教育系科在不同院校的分布集中，但比例失调。

第二，我国教育系科主要分布在省属综合院校之中。根据前文得知教育系科主要分布于综合院校与师范院校之中，在本科的办学层次之中，目前教育系科的分布层次主要集中于省属综合院校中，设有 136 所，省属师范院校的教育系科数紧随其后，设有 129 所。部属综合院校 25 所，部属师范院校有 5 所(原西南师范大学改名为西南大学，现为部属综合大学）。

具体到各个省（区、市），31 个省级行政区中（不含港澳台地区），每一省（区、市）的所属院校均设有教育系科，分布全面，可见各省（区、市）都认识到设置教育系科的重要性与必要性，教育系科的重要性越来越得到人们的关注。然而，内蒙古、海南、西藏、青海、宁夏、新疆 6 个省（区）不仅没有部属综合及师范院校的教育系科，而且所属综合院校及师范院校的教育系科数也在 5 所以下，分布有明显的聚集倾向。

第三，我国教育系科分布主要集中于公办本科之中。分析教育系科的院校办学层次性质，公办本科 323 所，占比 76％，民办本科 28 所，占比 7％，公办专科 72 所，占比 17％，民办专科 3 所，占比 1％。公办性质的院校占比超过了 90％，在民办院校的分布不足 10％，分布层次差距明显。具体到各个省（区、市），每个省（区、市）设有教育系科的公办本科院校数也是高于其他三类的，由此可知设置教育系科公办本科院校的庞大，但随着民办教育的发展，设有教育系科的民办院校比例会逐渐增加。

第三节　教育系科发展的特征

历史是现实的前身，现实是历史的延伸。通过回顾 70 年来我国教育系科的发展历程，我们不仅要清晰把握我国教育系科的发展历程，还要在此基础上对我国教育系科进行反思，从而为我国教育系科的发展起到借鉴作用。回顾我国教育系科 70 年的发展历程，可以总结出我国教育系科发展的总体特征。

一、教育系科的独立性增强

教育系科在借鉴与创生、模仿与创建中不断发展，逐渐摆脱以苏联为代表的外国教育模式的影响，教育系科的独立性逐渐增强。

具体表现在如下几方面。

（一）专业设置的独立性增强

中华人民共和国成立初期，我国教育系科学习苏联教育系科的模式，仅设置学校教育和学前教育两个专业，我国教育系科没有根据我国的现实需要设置专业。1985 年 12 月至 1986 年 5 月，国家教委委托北京师范大学，对高等师范院校本科基本专业目录的有关问题进行了调查研究，在调查研究的基础上，提出了《普通高等师范院校本科基本专业目录（草案）》，1987 年 4 月形成了《普通高等师范院校本科基本专业目录》的初稿。1987 年 5 月，国家教委师范司在天津召开了专业目录审订会，对初稿进行了审订，会后经再次加工整理，形成了征求意见稿。1989 年，针对 1988 年专业设置调整和改革中存在的问题，国家教委制定了《高等学校教育系教育专业改革的意见》，这一系列专业目录或专业改革的举措都表明，我国正根据我国教育学的发展及教育实践的发展设置教育系科的专业，形成自己设置专业的方法和规范。可以说，我国教育系科经过 70 年的发展，逐渐摆脱苏联模式的影响，开始独立设置教育系科的相关专业。

（二）教材使用的独立性增强

中华人民共和国成立初期，我国教育系科转向学习苏联教育系科的经验，引进苏联教育学教材成为当时特定历史条件下的选择。不仅如此，对旧教育的改造和完成向新教育的转变等，我国教育系科也不再使用民国时期引进和编著的教育学教材，加之我国教育系科短时间内没有能力编写符合社会主义教育思想的教材，我国教育系科的教育学教材主要是直接使用苏联的教育学教材。改革开放后，我国学者开始根据我国教育实践和教育学科发展编写教育学及其他教育学分支学科的教材，这些教材基本上摆脱了苏联教育学教材的影响，形成了我国的教育学教材体系。70 年来，我国教育系科各专业使用的教材逐渐由引进、模仿、照抄，到自我编写、独立著作，表明我国教育系科教材使用的独立性不断增强。

二、教育系科的自主性增强

中华人民共和国成立初期，我国教育系科基本上由政府完全主导，课程设置、专业设置、教材使用等都由国家总体规划和安排，各高校负责依照国家政策具体实施和进行。改革开放以来，教育系科逐渐关注社会对教育人才的需求和各高校的实际情况，教育系科的自主性不断增强。

教育系科课程设置的调整体现了中华人民共和国成立至今我国教育系科自主性的不断增强。中华人民共和国成立初期，我国教育系科的课程设置受国家政策的影响学习苏联模式，按照苏联教育系科课程设置状况，参照其教育系科课程设置计划设置我国教育系科的课程，各高校基本上根据国家颁布的课程目录、教学计划开设课程，教育系科发展的自主性明显不足。改革开放后，尤其是 1985 年教育体制改革之后，我国教育事业获得了一定的发展，教育系科开始重新思考应开设哪些课程，以更好地发展教育系科。1985 年之后，许多高校开始根据学校的历史传统、教育人才的实际需求状况、教育系科各专业的基本课程要求、教育学科的体系，开设富有特色的教育系科专业课程。例如，北京师范大学注重教育基本原理类课程，以养成学生教育科学理性意识和精神；华东师范大学注重教育史学科类课程，以培养学生的人文科学精神；东北师范大学则注重教育基础课程和教育方法等课程，以培养实用型的教育人才。可见，教育系科的课程设置方面，高校不但拥有更多的自主权，而且自主性也在持续增强。

三、教育系科的规范性增强

中华人民共和国成立至今，我国教育系科在摸索中慢慢发展，不断探索适合中国国情的教育系科生存方式，在发展过程中，一些合理的课程设置方式、专业设置方式、培养目标设定方式等逐渐稳定下来，形成一些规范性的文本或要求，教育系科设置的规范性不断增强。

(一)培养目标的规范性增强

中华人民共和国成立至今，我国教育系科的培养目标逐渐趋于稳定，切实体现了我国教育系科设置规范性增强的特征。1949 年，教育系的任务比较单一，这一时期的教育系科主要是在新民主主义和马克思主义的指导下，培养教育工作者的教育理论知识和操作技能。1952 年全面学苏之后，教育系设置学校教育专业和学前教育专业，这两个专业都是为师范学校培养具有一定教育学和心理学素养的合格教师，只是后者更侧重幼儿师范教师的培养。此时教育系科培养目标只是"教育工作者的知识"这一个笼统概述，具体包含哪些知识、"教育工作者的技能"具体包括哪些技能，师范学校的学校教育学、心理学教员和学龄前教育学、心理学教员需要具备哪些素质，需要达到什么样的标准都没有具体说明。1961 年，教育系科的培养目标由培养师资扩大为培养中等师范和师范专科学校的师资、教育科学研究人员、教育行政人员三个，并要求学生掌握教育史、教学基础知识、学科知识等，对教育系科培养目标做了比较细致的规定。1978 年，各院校教育系科仍然将培养目标设定为师范师资、教育行政人员和教育研究人员三种，相较"文化大革命"前并没有特别大的变化，但对培养目标从学生德、智、体三方面都做出了具体要求，对培养目标的描述更为详细、清楚。教育系科的培养目标从简单概述到多方位的细致要求，是教育系科培养目标不断走向规范化的进程，也是教育系科规范性不断增强的具体体现。

(二)课程设置的规范性增强

1949 年《各大学专科学校文法学院各系课程暂行规定》颁布，对教育系的课程设置进行了明确说明。1952 年我国颁布了第一份教学计划《师范学院教学计划(草案)》，对教育系各专业的课程设置、课时数、考试等都做了规定，此后，我国教育系科开始对各专业的课程结构、课程选择、课程安排等进行关注，课程设置的规范性不断增强。我国教育系科课程设置的规范性增强具体表现在两个方面，一方面从课程结构方面来说，1949 年将教育系的课程分为公共必修课和基本课程，1953 年首次将课程分为必修课程和选修课程，1978 年之后基本延续了必修课程和选修课程的分类，同时对必修课和选修课的比例权重、学时数等做了说明，教育系科各专业的课程体系趋于规范、合理；另一方面从具体课程安排来说，1952 年的《师范学院教学计划（草案）》，1954 年和 1956 年对该计划进行的修订，以及 1961 年和 1978 年的教学计划都对教育系的具体课程做了规定，不同的是，1952 年的《师范学院教学计划（草案）》试图从多方面全面地设置课程，对课程之间的相关性和差异性、课程设置的必要性及课程安排的时间方面的说明不够清晰，1978 年的教学计划则对课程之间的关系进行了细致分析，具体课程、课程性质更加清晰，更加符合教育学科的规范。

（三）教材使用的规范性增强

中华人民共和国成立至今，我国教育系科各专业使用的教材不断修正和补充，教材编写的过程、教材内容的选择等方面不断进行规定和调整，教育系科教材使用的规范性不断增强。中华人民共和国成立初期，我国教育系各专业使用的教育学和其他科目教材都具有不同程度的政治色彩，反映了国家政策和意识形态对教育学教材的影响。特别是"文化大革命"时期，教育系科使用的教材政治性更加凸显，语录化特征明显增强。改革开放后，特别是 20 世纪 90 年代，教育领域的改革不断深化，教育学学科教材的编写和内容的选择更加注重学科逻辑和学科规范，更加符合高等学校教材编写的规范。教育系科教材编写过程中减少了国家行政和国家政策的干预和影响，减少了教材编写的内容语录化、政治性倾向，注重符合教育学的学科规范，从一个侧面体现了教育系科学科规范性增加的特征。

四、教育系科的多样性增强

中华人民共和国成立至今，中国大学教育系科逐渐摆脱单一模式，呈现出多样性增强的特征。

(一)培养目标的多样性增强

中华人民共和国成立初期，因学习苏联模式和师资力量缺乏，所以我国教育系科设置的培养目标是培养中师师资。1961 年，培养目标逐渐扩大为培养师范师资、教育科学研究人员和教育行政人员，由一个变为三个，之后各个时期虽各有侧重，但三方面培养目标基本得以确定并延续，成为我国教育系科培养目标设置的基本要求。我国教育系科培养目标的转变不仅仅是数量上由单变多的变化，更重要的是体现了我国教育系科职能的变化和多样性的增强。

(二)专业设置的多样性增强

中华人民共和国成立初期，我国教育系科设置的专业主要是学校教育和学前教育两种，1989 年高等学校教育系设置的教育专业有 5 种，分别是幼儿教育、小学教育、特殊教育、中等教育(含中等职业技术教育)和高等教育，专业设置的范围得以扩展，专业设置更加多样化，几乎包括了教育发展的各个层次，更符合教育发展的实际状况。1992 年《学科分类与代码表》(GB/T 13745—1992)规定教育学学科共设有教育史(包括中国教育史、外国教育史等)，教育学原理，教学论，德育原理，教育社会学，教育心理学，教育经济学，教育统计学，教育管理学，比较教育学，教育技术学，军事教育学，学前教育学，普通教育学(包括初等教育学、中等教育学等)，高等教育学，成人教育学，职业技术教育学，特殊教育学，教育学其他学科。教育系科根据教育学学科分类，专业设置更加全面和多样化。

(三)设置院校的多样性增强

中华人民共和国成立初期，我国学习苏联教育发展模式对我国高等院校进行重新调整。1952 年院系调整之后，我国学习苏联独立设置师范院校，只有北京师范大学等师范院校设有教育系，原本设有教育系科的综合大学、独立学院或将教育系科独立设置或并入其他学校。"文化大革命"之后，为适应教育事业的发展，部分综合大学重新设置教育系科，如浙江大学、南京大学、天津大学等，教育系科重新开始在综合大学和师范院校共同设置。当前，我国教育系科由师范院校为主导的单一设置模式逐渐转变为综合大学、师范院校共同设置，且不同院校各有侧重的多元设置模式。

五、教育系科的体系化增强

中华人民共和国成立至今，我国教育系科的培养层次和设置机构渐成体系，表现出体系化增强的特征。

(一)设置机构渐成体系

1952 年，我国模仿苏联发展教育的经验，在全国范围内开始进行大规模的院系调整，具体在教育领域则体现为师范院校独立设置。院系调整结束后，我国只在北京师范大学等师范院校设置教育系。改革开放后，特别是 20 世纪 90 年代后，在国家政策的支持和鼓励下，一些综合大学重新开始设置教育系科，逐渐恢复中华人民共和国成立前综合大学、独立学院和师范院校共同设置教育系科的状况。在发展的过程中，逐渐形成了综合大学侧重培养教育理论和教育科研人员，师范院校更加侧重具有教育素养的教学人才的格局，各有侧重，互相补充，教育系科逐渐形成了综合大学和师范院校共同设置的设置体系，教育系科设置机构渐成体系。

(二)课程设置渐成体系

1949 年 10 月，华北高等教育委员会公布了《各大学专科学校文法学院各系课程暂行规定》，对新时期我国教育系科的专业设置进行了规定。之后，在教育系科发展的不同时期，教育系科的专业设置不断调整、改进，课程设置呈现出渐成体系的特征。我国教育系科在课程设置方面渐成体系的变迁特征可以通过以下三个方面进行说明。

第一，必修课程和选修课程的设置趋于合理。1949年的《各大学专科学校高层学院各系课程暂行规定》将课程分为公共必修课和基本课程，1952年的《师范学院教学计划（草案）》将课程分为公共必修课程和选修课程，并对选修课做出了一系列的规定，但是此时的选修课很具有强制性的味道。1978年之后的教学计划中仍然保留了必修课程和选修课程的整体设置结构，对必修课的具体课程和选修课程的范围进行了明确的规定，必修课程和选修课程的设置趋于合理，反映了课程设置体系化增强的特征。

第二，理论课程和实践课程的设置趋于合理。"文化大革命"的特殊历史时期内，教育领域强调教育与生产劳动相结合，重视实践课程的设置，教育实习、教育见习、劳动等实践课程在课程设置结构中占到较大比重。改革开放后，我国正确分析理论课程和实践课程的性质和作用，合理安排理论课程和实践课程的比重，理论课程和实践课程的结构逐渐形成完整的体系，反映了课程设置体系化增强的特征。

第三，公共课程和专业课程的设置趋于合理。中华人民共和国成立初期，各教学计划中规定的必修课程和选修课程中，基本都是将公共课程和专业课程放在一起进行说明，教育系科设置课程时也较少对二者进行严格划分。1978年之后，特别是20世纪90年代以来，教育系科在设置课程时将公共课程和专业课程进行分类设置和说明，并对两种课程包含的具体课程、构成比例、设置阶段进行详细的说明，公共课程和专业课程的设置结构渐成体系，反映了教育系科课程设置体系化增强。

第四节   教育系科发展的反思

中华人民共和国成立至今，我国教育系科变迁经历了"文化大革命"时期的严重破坏，也经历了改革开放后的迅速发展期，有对苏联模式的模仿，也有我国的独立探索。梳理中华人民共和国成立至今我国教育系科的发展历程，总结其发展的特征，力图探索其努力方向。具体来说，教育系科今后更好地发展应从以下几方面努力。

一、教育系科应准确定位系科职能

当前，教育系科开始了"自觉转型、主动发展性的变革"①，需要重新思考、定位自己的职能，有助于为教育系科的发展找到正确的发展方向。教育系科准确定位职能需要考虑多方面因素，具体如下。

第一，根据社会需求合理定位职能。首先，教育系科应关注经济发展的需求。国家发展特别是国家经济的发展，对作为社会系统一部分的教育不断提出新的要求。在这种形势下，教育系科要改变过去等、靠、要的状态，结合教育发展的大环境，重新思考教育系科在新的经济发展形势下需要做出的改变，思考能为经济发展服务什么，结合经济发展的趋势调整教育系科的教学和科研。其次，教育系科应关注区域经济的需求。我国现有设置教育系科的高等院校，大多是省属大学。省属大学在资金来源上更多地依赖于地方财政，在发展定位上应更多关注区域发展。因此，占绝大多数的省属大学教育系科应考虑区域经济对教育系科的需求，结合区域经济发展的现实状况设计教育人才培养规划和教育科研规划。最后，教育系科

---

① 叶澜：《"面向 21 世纪教育系科改革研究与实践"结题总报告》，载《华东师范大学学报（教育科学版）》，2000(3)。

应关注教育实践。教育系科培养的人才最终走向教育实践，接受实践的检验。因此，教育系科应根据教育实践的需求定位其职能。

第二，根据院校特色定位教育系科的职能。全国设置教育系科的高等院校有综合性大学，也有师范院校；有历史悠久的，也有新近建立发展的；有处于经济发达地区的，也有处于经济欠发达地区的，这些差异都直接影响了教育系科的职能定位。设置在综合性大学、师范院校等不同类型学校的教育系科在进行职能定位时，应仔细分析所在院校的具体情况。教育系科分析院校情况确定职能时应注意两点，其一，分析院校现在和未来发展的方向和职能定位，教育系科的职能定位应尽量和所处院校一致；其二，教育系科在确定职能的过程中应考虑能为学校的发展承担的任务，思考教育系科在所处院校的职能定位。

二、教育系科应合理构建设置模式

第一，符合国情的设置模式。中华人民共和国成立初期，在全面学苏的大背景下，教育系科的设置模式也随之进行了调整，仅在师范院校设置教育系科。20 世纪 90 年代开始，综合性大学和师范院校共同设置教育系科成为我国教育系科设置的基本模式，但受 50 年代苏联模式的影响，师范院校仍然是教育系科设置的主要阵地。由此可见，苏联教育模式对我国教育系科设置的深远影响。在新的历史时期，我国教育系科的设置模式要针对我国教育发展的状况和社会对教育人才的需求，构建符合国情的教育系科发展模式。

第二，注重多元设置模式。20 世纪 90 年代，综合性大学教育系科不断发展，既是当时教育系科发展的趋势，也是对 20 世纪上半叶教育系科设置模式的复归。新的历史时期，教育系科的发展仍应注重综合性大学和师范院校的多元建设和发展。坚持综合性大学和师范院校性多元建设，一方面是因为综合性大学和师范院校共同发展的模式有利于不同类型教育高层次人才的培养；另一方面是因为综合性大学和师范院校的任何一方都难以独立承担起对方教育人才培养的任务，多样建设的原则不变，有利于高质量、高层次教育人才的培养。

第三，注重传统进行特色设置。目前，我国教育系科的设置模式基本是综合性大学和师范院校共同发展。综合性大学和师范院校教育系科共同发展并不意味着综合性大学和师范院校的发展模式完全一致，二者应根据自身在长期历史发展过程中形成的历史传统进行特色发展。综合性大学和师范院校的教育系科必须"选择特色，设计特色，创造特色，保持特色，强化特色"。据此，综合性大学利用本校多学科的优势进行交叉学科、边缘学科、新兴学科的研究和发展，形成多元化的教育学科群，同时可以借鉴综合性大学发展中形成的学术研究传统，侧重进行学术研究，提升教育研究的理论水平。师范院校则应充分利用师范类院校的特殊优势，突出师资培训的作用，形成职前培训、职中培训和职后培训相贯通的师资培训体系，同时可以进行来源于实践并能指导实践的教育理论研究。

三、教育系科应合理确定培养目标

培养目标影响着教育系的课程结构、生源、毕业生走向等一系列关系教育系发展的重要方面，深刻影响着教育系发展的走向。因此，教育系科必须合理确定其培养目标。

第一，参考国家政策制定培养目标。中华人民共和国成立初期，我国模仿苏联模式，将教育系科的培养目标设定为培养中等师范教育学、心理学师资。培养中等师范师资的规定是国家政策层面对教育系科培养目标所做出的规定，这一规定为中等师范教育学、心理学培养了大量高素质的师资，对当时中等师范的发展起到了一定的积极作用。从国家层面对教育系科的培养目标进行规定，是我国教育系科发展需要面对的客观现实，国家能更加全面地了解全国教育系科的发展状况，能从更高的视角进行分析和判断，能比较及时地了解教育系科的变化，能制定出较合适的培养目标，因此，我国教育系科培养目标的确定同样需要考虑国家政策的指导。

第二，依据学科发展制定培养目标。1961 年，教育部颁布的《教育系学校教育专业教育方案（修订案）》将教育系的培养目标设定为培养中师与师专的教育学师资、教育行政人员和教育科学研究人员。这种培养目标的设定，一直延续到 20 世纪 90 年代中期，不同的是不同时期或不同学校教育系科培养目标的三个方面各有侧重。教育系科培养教育科研人才的目标对我国大学有着重要的借鉴和启示意义。当前教育系科同样需培养具有一定教育科研能力的人才，通过教育科研人员的培养，为教育和教育学的发展培养具有深厚理论素养和研究能力的后备力量。

第三，适应社会需求制定培养目标。中华人民共和国成立至今，我国教育系科由培养师资的单向度目标发展为培养师资、科研人才、管理人员的多向度目标，这不仅仅是由单变多的数量变化，其背后显示了社会需求变化对教育系科培养目标的影响，这种变化启示我们，当今教育系科培养目标的设定也应考虑社会需求状况。市场经济体制下，我国教育事业的发展方向更加多元，教育咨询、教育服务、教育新媒体等产业应运而生，这些新兴的教育产业需要相应的具有专门知识的人才，为适应社会需求的变化，教育系科的培养目标也要做出调整，在目标设定中添加相应教育咨询、教育服务等相关要求。

四、教育系科应科学设置专业

中华人民共和国成立至今，我国教育系科为适应时代发展或政策指示的变化，在设置何种专业、如何设置专业等方面都进行了一些适应性的调整。如 20 世纪 80 年代初期电化教育专业的建立和快速发展，这些调整大部分在一定程度上有效推动了教育系科的改革和发展。专业设置是教育系科发展的重要形式，教育系科应科学、合理地设置专业。

第一，教育系科的专业设置应符合学科规范。教育系科是一种外在建制的构建，它需要在内在上保证符合教育学科的规范，实现内外机制的互通与一致，才能实现教育系科的长远发展。中华人民共和国成立初期，我国教育系科在专业设置上模仿苏联模式，仅设置学校教育专业和学前教育专业，在当时历史条件下促进了这两个专业的快速发展，但也造成了其他专业发展的缺失，破坏了教育系科整体性的发展。我国教育系科专业设置的情况表明大学教育系科的专业设置应与教育学科的学科规范、学科逻辑保持一定的一致性，以学科为基础，依托学科分类，对大学教育系科进行合理性设置。

第二，教育系科的专业设置应符合时代需求。教育系科的专业设置除内在符合学科规范的逻辑和要求之外，外在还需要满足社会变化的需求。教育系科是在社会大环境背景下生存发展的，社会需求的变化直接影响教育系科的专业设置，同时要求其进行针对性的调整。20 世纪 80 年代初期，我国技术革命进入了新的历史发展时期，为适应这一历史变化，教育系科在专业设置时增设电化教育专业，体现时代需求。电化教育专业的设置，既符合了当时社会大环境的要求，也培养了符合时代需求的电化教育专业人才。当前，教育系科需要抓住时代的脉搏，对现有专业进行谨慎选择和调整，符合时代发展变化的应认真规划、加快发展，不符合时代发展变化的则应减少发展力度，甚至不再设置完全不符合时代需求的专业，有所侧重地进行专业的调整或增减，才能保证教育系科专业设置旺盛的活力和生命力。

第三，教育系科的专业设置应坚持多元发展。中华人民共和国成立初期，我国教育系科设置的专业仅有学校教育和学前教育，到了 20 世纪 90 年代，幼儿教育、小学教育、中等教育、高等教育、特殊教育、教育管理等都得到不同程度的发展，教育系科的专业设置更加多元，多元建设、多元发展已经成为教育系科专业设置的基本要求。多元发展并不是盲目发展，而是各院校应根据自身的办学传统、现有的其他学科所设专业的情况，合理规划教育系科的专业设置，形成百家争鸣、百花齐放的良性互动机制。

五、教育系科应厘清名称隶属

教育系科的生存环境对于更好地发挥它的学科功能、发展方向以及自身定位有着至关重要的意义。教育系科究竟应该隶属于哪种类型的院校？在院校上应该是一个独立机构还是从属于其他院系？

70 年来，我国教育系科的名称和隶属关系并不统一、较为混杂，教育系科设置机构有综合性大学、师范大学、各省（区、市）的教育学院、教师进修学校等多种，教育系科的名称繁多，通过查阅和整理一些设有教育系科的院校，发现教育系科的名称有教育学部、教育系、教育科学系、教育科学与技术系、教育学院、教育科学学院、教育科学与技术学院、教育研究院、教育科学研究院、教育科学研究学院、教师教育系、教师教育学院、教育与教师发展学院、教育与心理科学系、教育与心理学院、教育与心理科学学院等多种。

教育系科究竟怎么隶属是一项长期的工程，一直以来我们对教育系科的改革总是"另起炉灶"或"修修补补"，没有从教育系科发挥的功能和其所处的社会环境进行考虑，更没有一个完善的理论进行指导，这也是我们今后进行教育系科隶属关系改革时需要规避的地方。

在处理教育系科的隶属关系和名称时，我们必须把握以下三点，第一，教育系科首先必须独立存在，独立发挥培养师资和专业养成的功能。第二，教育系科不能简单地隶属于某种院校。我们不能认为脱胎于师范学院并一直存在于综合大学就为教育系科隶属于这类院校正名和辩护。有学者指出应建立独立的教育学院对大学教育学院、师范大学教育学院等进行整合，建立配套的学校机构、研究机构。这种方案究竟是否可行还是需要进行论证。第三，教育系科隶属院校应体现出此院校的特色和模式。教育系科隶属于综合大学就应利用综合大学的学术研究优势，隶属于师范大学就应该体现出专业基本技能训练的优势。①

六、教育系科应合理规划分布

中华人民共和国成立至今，我国教育系科的分布呈现时间、地区和院校的差异。我国教育系科数量增加、分布区域增大，一些边远地区开始设置教育系科但仍集中在发达地区、院校分布呈现综合大学和师范学院"二元"分布。我国教育系科在院校分布、地区分布上同样不均衡。当今我国教育系科究竟如何分布是教育系科发展中一个亟须解决的问题。

第一，教育系科的分布应进行合理的规划。教育系科作为教育资源的一种，其分布的合理与否关乎教育资源能否实现优化配置，关乎教育学科能否健康发展。自 1999 年教育部颁布《关于师范院校布局结构调整的几点意见》始，政府开始持续颁布各项政策法令对师范院校布局进行宏观调控，这些政策法令深深影响了教育系科的地域分布与院校分布，也体现了国家对教育系科的合理规划。当前，国家应针对教育系科地区、院校分布不均衡的现象，制定相关政策合理规划教育系科分布。

第二，教育系科的分布应与高等教育整体发展相协调。教育系科的设置与分布受到高等教育整体发展的制约与影响。国家和地方政府应高瞻远瞩，在推进高等教育大众化与师范教育转型的同时，合理分布与设置高等院校，优化教育资源配置，制定或出台相关政策支持新建本科院校的发展，使教育系科更好地设置在这些院校中。

---

① 李艳莉：《20 世纪上半叶中国大学教育系科变迁研究》，硕士学位论文，山西大学，2012。

特别指出的是，国家和地方政府应在师范教育或者教师教育体系转型变革的前提下，依据各地实际，使教育系科的分布更加均衡，避免出现省市间、院校间分布过于密集或者过于稀疏的状况，使教育系科的分布更加合理科学。

第三，国家应对教育系科进行评估。国家应组织专门人员制定相应的评估指标体系、评估标准等，开展对既有和新设教育系科的质量评估工作，促进我国教育系科的合理分布。

七、教育系科应强化师资队伍

教育系科的教师队伍是教育系科发展的中坚力量，推动着我国教育系科的不断发展。中华人民共和国成立至今，我国教育系科的师资队伍逐渐壮大，具有博士学位的教师比例较高，教师职称比例合理，有些教育系科教师还具有留学经历。教育系科强化师资队伍，提高其学术素养可以从以下三方面努力。

第一，通过攻读博士、出国深造等提升素养。我们教育系教师队伍的素质正在逐渐提高，但是出国深造、汲取国外先进理论知识的教师人数较少。教育系科应加强教师学历提升，派遣教师出国深造。

第二，教师应走出大学校园，带领学生参与实践。教育学科是一门实践性较强的学科，一味地局限于校园之中有碍于教师视野开拓，也不能锻炼学生的实践能力。教育系科的教师不仅应注重自身素养的提升，还应带领学生走出校园，参与到广泛的社会实践当中。在师生共同参与社会实践活动中做到理论与实践相沟通。

第三，密切与学生的交流，做到既教书又育人。教育系科中教师的学识、实践能力是其教书、发展的前提，他们在此基础上还应加强与学生的联系，如通过师生联谊会、座谈会、例会等形式感染学生。

第七章

信息技术时代背景下
中国教育学的建设

大数据、"互联网+"、人工智能等信息技术在日益影响着新时代教育的发展，并使教育学学科的未来既充满机遇，又面临挑战。我们有必要对信息技术时代背景下中国教育学的建设进行研究，这既有助于教育学学科的建设，又有助于推进中国的教育实践。

第一节　信息技术时代背景下中国教育学建设的挑战和机遇

我们要研究信息技术时代背景下的中国教育学建设，必须把握时代背景，厘清信息技术对教育实践的影响，进而去探究信息技术对中国教育学学科的影响，明确中国教育学建设面临的挑战和机遇。这是揭示教育学学科未来走向与探究建设路径的前提。

一、"信息技术时代"解读

第二次世界大战后，信息技术广泛应用，推动三大产业发展，计算机技术更新换代，"信息战"愈演愈烈，人类进入一个新的时代。这一时代我们可称之为"信息技术时代"。

（一）何谓信息技术时代

所谓"信息技术时代"，是指人类生产方式、生活方式、思维方

式因信息技术广泛应用而产生深刻变革的时代。这一时代具有以下
几方面的内涵。

第一，这一时代缘起于科学技术革新。科技加速社会进程。没
有科学知识的更新、科学技术的革新，信息技术不会取得更大的突
破，不会影响到人类物质实践活动，不会成为这一时代的关键影响
因素。

第二，信息技术居于核心地位。信息技术，指人类在物质生产
过程中利用现代科学原理与方法对信息进行获取与加工处理，构建
信息系统，对信息进行科学管理与有效传递，从而实现信息功能最
大化运用的技术。如果仅有科技革新，无信息技术对社会的应用，
"信息技术时代"的到来将成为空话。信息技术应用是关键环节。信
息技术已成为当代世界范围内新技术革命的核心。[①]

第三，人类生产方式、生活方式、思维方式产生深刻变革。这
种变革体现在以下几方面：生产力与生产关系变革；社会、群体与
个人生活方式变革；思维主体、思维客体与思维工具变革。信息技
术应用于生产过程中，生产工具得以更新，产生了先进生产力，推
动物质资料生产方式发展。因信息技术在现实生活中的应用，使大
到社会、群体，小到个人的劳动、消费、闲暇、交往等生活方式均
产生大的变革，这种变革的深刻程度已超越蒸汽时代与电气时代。
信息的高速传播、文化的多元化、人工智能研究的深入等，使人类
思考问题的方式发生变化，人类思维的创新性、逻辑性、批判性特
征更为突出。

在我们看来，信息技术时代不单指"信息技术的时代"。自第二
次世界大战后，人类开始的第三次科技革命所掌握的全部科学技术，
包括新能源技术、生物技术、海洋技术、航天空间技术等，均包含

---

① 刘乃琦、湛黔燕：《生活在信息时代——信息技术发展》，58 页，成都，电子科
技大学出版社，2007。

于信息技术时代内。"信息时代""信息化时代""计算机时代""数字时代"等，都包含在信息技术时代。

(二)信息技术时代的特征

信息技术时代具有以下几方面的特征。

第一，信息技术革新呈现高速化与规模化。得益于信息传播与转化的加速推进，新技术下科学知识得以生产，知识倍速创造。信息高速传播的过程中，集约建设与集中管理的建设理念得以推广，资源进行有效整合与合理配置，新技术的产生与应用呈现出规模化的特征，最终达到体系式的发展。

第二，信息技术探索呈现多元化与综合化。蒸汽时代的技术探索囿于机械动力技术，电气时代的技术探索止步于电力与燃气动力技术，信息技术时代并不局限于发展一种或某几种技术的探索，而是尽可能多地进行技术探索，使技术朝向多元化的方向发展，其中包括多种技术的综合应用与探索。

第三，信息技术发展呈现全球化与开放化。信息的传播与应用已不再被局限于某一局部内，垄断信息成为历史，全球正在走向共享信息。技术发展的开放，是为了博采众长，为我所用，在开放中竞争，在竞争下开放，均是为技术革新谋求发展之路。

第四，信息技术应用呈现渗透化与可持续化。信息技术的广泛应用使社会各个领域发生全面而深刻的变革，这种影响渗透在社会物质层面与人类精神层面。信息技术对人类的影响深远持久，技术可谓用之不尽，社会的发展必然使技术持续作用于人类、影响人类。

二、信息技术时代背景下中国教育学建设面临的挑战和机遇

为了建设中国教育学，我们需要全面、深入和系统地去研究信息技术背景下中国教育学学科建设面临的挑战与机遇。

(一)信息技术时代背景下中国教育学建设面临的挑战

教育学自引入中国后，教育学人历经一个世纪的努力，推动着教育学中国化向中国教育学的转变。中国教育学在信息技术时代背景下的学科建设中，面临的挑战突出表现在如何适应时代的发展上。具体而言，既表现在中国教育学的元研究问题上，又表现在中国教育学的学科发展上。

一方面，中国教育学的元研究在信息技术时代应如何开展。这一挑战涉及中国教育学的研究对象、学科性质、学科功能、学科特征、学科立场、学科地位、逻辑起点、学科体系、研究方法等问题，还包括中国教育学史、元教育学的研究。如何从信息技术的特征中去把握中国教育学的诸多学科问题，确立中国教育学的学科范畴，明确中国教育学的建设目标与使命，从而实现教育学在中国的自主、独立发展，这是亟待学者去思考与解决的问题。

另一方面，中国教育学在信息技术时代背景下如何实现自身的发展。这一挑战涉及如下问题：第一，中国教育学著作及教材的编写问题。如何使教育学的著作教材反映出信息技术时代的特征，反映出中国的教育实践问题，并将信息技术与教育理论进行融合。第二，研究机构和研究队伍的建设问题。包括信息技术时代下的研究成果的加速推广问题、大数据下研究刊物的精准定位与功能扩展问题、网络信息化下学术交流的影响力问题等。第三，学科人才的培养问题。包括中国教育学的专业设置和学位点建设如何服务教育实践、课程学习如何结合信息技术、培养方案如何切合信息技术时代的人才观等问题。中国教育学学科的发展需要学者对这些挑战进行积极应对。

(二)信息技术时代背景下中国教育学建设面临的机遇

技术是人的本质力量对象化的产物，信息技术的不断革新，在推动学者应对中国教育学面临的挑战的同时，也为中国教育学的建设提供了机遇。信息技术的革新推动着中国教育学学科的研究进展，进而推动了中国教育学的学科建设进程。

信息技术，尤其是人工智能渗透到教育过程的各方面，影响教育实践，进而促使学者对中国教育学的诸多问题进行新的思考，如有研究者认为"互联网＋"时代的教育学正在发生"由教向不教"的颠覆性创新。① 有研究者认为在通用人工智能的启迪下，教育学将在更宽广的"人—机"二元主体视角下探究教育与学习的一般性规律。② 有研究者提出了信息技术时代下教育学理论的想象力问题。③ 有研究者提出了信息技术时代下教育学的娱乐性和生产性特征。④ 有研究者认为面对人工智能，教育学的学科使命将从顺应转向解放，其核心概念将由可塑转向自觉。⑤ 有研究者指出，信息技术带给教育学理论的改变，在浅层的意义上，表现为形成了多元化的存在方式、多维化的表述方式和多样化的传播方式；在深层的意义上，表现为带来了新的"价值尺度"，拓展了原有的"理论边界"，生成了新的理论生产机制和改变了理论主体的生存方式。⑥ 这些观点是对中国教育学学科元研究与理论问题的新思考，将推动中国教育学的学科研究进展。

有研究者指出，人工智能带给当下社会变革的深远影响迫使教育学要对自身展开全面深入的反思以谋求创新发展。⑦ 学者将抓住

---

① 谭维智：《不教的教育学——"互联网＋"时代教育学的颠覆性创新》，载《教育研究》，2016(2)。

② 刘凯、胡祥恩、王培：《机器也需教育？论通用人工智能与教育学的革新》，载《开放教育研究》，2018(1)。

③ 李栋：《信息技术时代教育学理论的想象力——基于知识生产与理论重建的视角》，载《华东师范大学学报(教育科学版)》，2019(4)。

④ 马和民、王德胜、尹晗：《信息技术时代的教育学是一门"娱乐学"》，载《华东师范大学学报(教育科学版)》，2019(5)。

⑤ 伍红林：《技术时代的教育学发展——兼议人工智能背景下教育学的两种可能》，载《华东师范大学学报(教育科学版)》，2019(5)。

⑥ 李政涛、罗艺：《面对信息技术，教育学理论何为？》，载《华东师范大学学报(教育科学版)》，2019(4)。

⑦ 王兆璟：《新文科建设与教育学的时代变革》，载《西北师大学报(社会科学版)》，2019(5)。

机遇，利用信息技术的高速化与开放化，在对中国教育学进行研究的基础上，生成并传播中国的教育学知识，通过著作出版、研究机构建设、学术交流开展和学科人才培养等活动，使中国教育学学科在信息技术时代下谋求发展，进而推动中国教育学学科的建设。

第二节　信息技术时代背景下中国教育学的走向

研究对象、学科性质与方法论，是一个学科发展必须深入思考和做出回答的问题。[①] 信息技术时代背景下建设中国教育学，需在考虑研究对象、学科性质、研究方法的同时，将体系构建和研究视角纳入考察范围，以全面关照中国教育学建设的走向。

一、研究对象重视人的存在

信息技术对人类的影响，突出表现在对思维方式的影响，人类摆脱现实文本来思考新的社会情境，思维的创造性特征更为凸显。在此背景下，人工智能的研究步伐加快，云计算、传感技术等领域的创新，促使人工智能领域掀起了新一轮的发展高潮。人工智能密切关注人的存在，教育学研究教育问题，教育作为人类活动，人工智能下的教育将涉及人这一主体的诸多方面，教育学与人会产生更为密切的关系。如此，在信息技术时代背景下，在人工智能高速发展的当下，教育学将更加关注人、关注生命主体。

（一）重视主体研究，以追求生命自觉

审视教育学研究对象研究的历程，研究者多是就"教育"言"教育"，虽能关注到教育学中人的问题，但深入程度不足，多是兼及生命、主体实践与活动。在教育学研究中如果只见事物不见人，没有

---

① 叶澜：《回归突破："生命·实践"教育学论纲》，143 页，上海，华东师范大学出版社，2015。

人这一主体的参与，则会失去其本质，个体生命自觉的教育目的将无法达到。生命自觉是指个体对自己生命存在状态的觉知、成长目标的清晰、理想人格的确立和矢志不渝的追求。① 研究者要将固化存在的学科视角转移至人的视角，关注教育活动中的个体生命，感悟生命，获取对教育学研究对象的全新理解，以重新反思教育学的建设问题。

（二）重视对研究者本身的关注

研究者本身就是一个个独立存在的生命个体，研究者通过对自己进行审视与反思，同样是对教育实践及教育学学科建设进行的有益探索，可以预见，中国教育学中关于教育研究者的研究将会不断增多，走向多元。

二、学科性质趋向系统综合

学科性质，是一门学科所呈现出的本质属性。如何将教育学置于"主位"的视角来关照教育学的学科性质，最大限度地接近教育学知识的内在特质、教育学研究对象的本真和教育学的本质来探究教育学的学科性质，是未来努力的重要方向。② 信息技术时代下中国教育学的建设需要打破单一学科性质的模式，走向学科性质综合的趋势。

信息技术时代促进知识的交叉与融合，表现在信息技术时代下知识生产的系统综合性愈发突出，由此带来的未来的信息技术将是多种技术融合的交叉学科技术，未来的信息技术时代将是多种技术综合的产物。反言之，多种技术的综合融合，将进一步促进知识的综合化与交叉融合。

---

① 叶澜：《回归突破："生命·实践"教育学论纲》，287 页，上海，华东师范大学出版社，2015。

② 许丽丽、侯怀银：《教育学学科性质在中国的研究：历程、进展和展望》，载《教育理论与实践》，2016(34)。

未来科学发展，不同学科之间有交互作用，各学科间的壁垒将被打破。而且它们和人类活动之间也有交互作用，不过把科学划分为若干部门，它们彼此之间的横的联系就大部分看不见了。[①] 贝塔朗菲认为，各种不同的学科，包括自然科学和社会科学，有着走向综合的普遍趋势；这样的综合以系统的一般理论为中心。[②] 在此背景下的中国教育学，其学科性质不应仅仅局限于某一科学，而是具备多种知识交叉融合的多科学性质，从单一将走向综合，这种综合是在学科独立基础上的综合，尤其重视理论与应用层面的综合、人文科学与社会科学层面的综合。淡化学科性质的单一取向，教育学学科的综合科学性就会展现出来。

三、体系构建凸显中国特色

21 世纪初，有的学者就提出："到目前为止，我国教育学并未完成自立的过程，在它前面还有很长一段路要走。"[③]在信息技术时代下，知识信息高速更新，如果不把握教育学的本质，彰显中国教育学的特色，最终有可能成为西方教育学的附庸。教育学人探索教育学自立的过程，就是探索中国教育学体系构建的过程，也就是扎根中国，开展教育实践，进行教育学研究的过程。

（一）学科体系与学术体系凸显中国特色

得益于信息技术的发展，传统的教育理论在新的社会环境下得以改造，出现了新基础教育、人工智能教育等教育实践活动，这些教育实践将在中国大地生成中国教育理论，尤其将教育信息化与教育现代化理论融入其中，摆脱了传统教育学理论的束缚，形成了对

---

① ［英］J. D. 贝尔纳：《科学的社会功能》，陈体芳译，461 页，北京，商务印书馆，1982。

② ［美］冯·贝塔朗菲：《一般系统论：基础、发展和应用》，林康义、魏宏森等译，35 页，北京，清华大学出版社，1987。

③ 郑金洲、瞿葆奎：《中国教育学百年》，268 页，北京，教育科学出版社，2002。

教育的新认识、新见解、新观点。富有创新性的教育理论将丰富教育学的学术理论体系，使现代中国教育学将未来教育作为理论研究和教育实践的重点，同时在学习型社会建设中加强对家庭教育与社会教育的关注。这种对不同教育活动的研究，将有助于开拓教育学建设的新思路，并通过对理论知识的生成与创新，重新构建起完善的、独属中国的教育学学科体系，使之更具科学性。

（二）话语体系出现中国声音

在话语体系构建中，得益于信息技术的飞速发展，大数据和互联网将推动研究者们形成各具内涵的教育学学派，培养致力于争取中国教育话语权的教育学人，改变在信息技术时代下少有中国教育声音的现状，实现教育学人在全球教育领域的憧憬，未来"出现更多的'中国声音'与'中国经验'，让更多的国家和人民分享和借鉴"①。为世界教育做出中国的贡献。

四、研究方法融合技术创新

技术进步的表现形式包括技术知识的增加、技术人工物的数量和种类的增长以及由知识和技术人工物构成的技术系统效能的提升。② 信息技术的进步与创新，将推动研究者对研究方法进行多元选择与综合应用。有研究者指出，如今的教育研究越来越需要混合式的研究方法，信息技术的介入为两大传统研究方法的并举提供了可能。定性研究帮助发现问题、形成假设，信息技术支持下的定量研究又能为检验假设提供全面丰富的数据支持。③ 在此背景下的教育学研究，应充分强调"信息技术"的应用。

① 李政涛：《人工智能时代的人文主义教育宣言——解读〈反思教育：向"全球共同利益"的理念转变〉》，载《现代远程教育研究》，2017(5)。
② 吴国林、程文：《技术进步的哲学审视》，载《科学技术哲学研究》，2018(1)。
③ 陈明选、俞文韬：《信息化进程中教育研究范式的转型》，载《高等教育研究》，2016(12)。

(一)信息技术广泛运用于教育学学科研究

传统的对教育学学科开展的研究,大多采用思辨、归纳或演绎的方法,来探究教育学的研究对象、学科性质、学科功能、学科体系、研究方法等问题。研究者的不同立场、不同视角,使得研究具有较强的主观性,未必能很好地揭示教育学学科的研究内容。从当前看,有研究者认为,教育学研究活动的两个趋向已经十分明显:一是自然科学基金正在引导脑科学、心理学、软件工程、人工智能等多学科研究者的融合交叉,解决教育学科研究存在的短板;二是推动自然科学研究范式向教育科学的迁移,推动教育学研究对象与范围向网络虚拟空间的延伸。[①] 今后开展的教育学学科研究,将开展教育学的语言数据处理、内容解构分析、意识思维分析,生成对教育学科学性与人文性相统一的认识,使教育学的学科立论根基更为稳固。

(二)信息技术广泛运用于教育实践研究

信息技术背景下的教育实践研究,将使信息技术融入其中,运用好信息化科研工具,针对作为实践主体的研究者、教师与学生,及具体的教育学课程与教学,推广应用行为认知科学分析、情绪表达分析、信息交互感应分析、信息反馈分析、教学数据处理技术、虚拟学习技术等,实现教育实践研究成果最大化,提高理论实践转化的实时性、有效性,从实践论层面推动中国教育学的建设。

五、研究视角注重民族特征

中国文化传统滋养了中国教育传统的形成与发展,同时,又通过教育使文化传统得以延续和发扬。[②] 如何改造中华民族传统教育

---

　　① 郭绍青:《"互联网＋教育"对教育理论发展的诉求》,载《华东师范大学学报(教育科学版)》,2019(4)。

　　② 叶澜:《回归突破:"生命·实践"教育学论纲》,263页,上海,华东师范大学出版社,2015。

思想，并提升为现代教育智慧，是需要我们进行思考的问题。当下，信息的无序传播，快餐式的文化体验，使得教育领域出现了不理解、不尊重、不认可本民族优秀文化传统的现象，这些现象已对教育研究的开展、教育学的建设造成消极影响。在中国教育学学科建设中搞全盘西化、搞民族虚无主义是不可取的，立足中国的教育学学科，不仅应融入全球趋势，吸收借鉴，更应从本民族实际出发，从本民族文化传统出发，总结本民族经验，具有本民族特点，只有这样学科才能得到长足发展。

第三节　信息技术时代背景下中国教育学建设的途径和策略

在信息技术时代背景下，为使中国教育学展现新面貌，呈现新内容，表现新形式，教育学人须探究中国教育学建设的途径和策略。探究的前提是把握好学科立场，即由学科研究主体确立的，观察、认识、阐明与该学科建构与发展相关的一系列前提性问题的基本立足点。[①] 中国教育学的学科立场表现在三个方面，第一，始终是立足中国的学科；第二，始终是独立的教育学学科而非其他学科；第三，始终是研究教育问题而非其他问题的学科。从这三个方面出发，我们去寻找中国教育学建设的途径和策略，建设属于中国自己的、独具中国特色的教育学。我们应基于中国教育学的立场，处理好以下三方面关系。

一、中西关系

信息技术时代背景下，国际国内学术合作增多，学术竞争也日趋激烈。信息传播加速中国各学科间的融合，也加速了中国学科与

---

① 叶澜：《当代中国教育学研究学科立场的寻问与探究》，转引自叶澜：《"生命·实践"教育学论丛：立场》，桂林，广西师范大学出版社，2008。

国外学科的交流，审视当前时代，我们在中国教育学建设中不仅应合理吸收国外有益经验，更应立足本土，中西会通，以我为主，为我所用。

（一）批判借鉴西方教育学

习近平总书记在哲学社会科学工作座谈会上指出："解决中国的问题，提出解决人类问题的中国方案，要坚持中国人的世界观、方法论。"①未来的中国教育学，是扎根本国本土的教育学，是充满创新创造活力的教育学，是作为独立存在的教育学。但独立性的探求不意味着完全排斥西方，中国教育学的建设从来都不应是闭门造车，搞封闭主义是无法实现学科发展的，尤其是在如今的开放性时代。西方教育学为我们提供了丰富"质料"，我们应合理利用。

（二）中西交融，建设中国教育学

我们应在中西交融基础上，去建设中国教育学。第一步，扎根本土实践与教育传统，探寻中国教育学的历史脉络及学科建设的可能性空间，寻找到借鉴西方教育学的基本立足点。第二步，审视西方教育学理论，即对照中西方教育学理论的形成背景及基本内涵，探寻出二者的"重叠共识"，分析理论融合的可能性，并寻找到理论融合的切入点。第三步，基于"重叠共识"，进行理论整合。② 即将中西方教育学理论体系中的"重叠共识"作为二者融合的基础，以中国教育学建设为目标指向，使理论为我所用，进一步促进中国教育学的自主创造创新。

二、传统与现代化的关系

传统于历史中形成，中国教育学的民族文化传统，"不在片段的教育知识之中，而在其中体现的连续的人文精神之中、表达的对人

① 习近平：《在哲学社会科学工作座谈会上的讲话》，载《人民日报》，2016-05-19。
② 侯怀银、王喜旺：《中国教育学未来发展趋势探析》，载《当代教育与文化》，2013(1)。

心、人性、人文的无时不在无处不在的信任、关怀之中"①。教育学
的现代化建设，离不开对传统的传承。中国教育学要接着中国古代
教育思想传统讲，接着 20 世纪上半叶中国的教育学传统讲，接着当
代中国马克思主义教育学传统讲，接着以西方人文科学和社会科学
为范式的中国教育学传统讲。② 这种面向传统、剖析传统、回归生
命、超越生命的"接着讲"，使教育学饱含人文气息。因此，中国教
育学的建设，既需要纳入民族文化传统的内涵，又需要镌刻现代化
的特征。中国教育学的体系是传统与现代化结合的重要方面，其中
既有传统的理论内容，又包括时代发展形成的新理论成果，应着手
对中国教育学体系进行整合与重构。

这里的重构，不是推翻现有的一切努力，而是反思现有的教育
学体系构建现状，结合信息技术时代的特点进行构建方式的转变，
使教育学体系下的教育理论和教育实践活动适应时代发展并从教育
层面引领时代进步。须明确，顺应时代推进学科建设现代化是教育
学学科自立的途径，是构建中国教育学体系的过程。具体而言，包
括学科体系、学术体系、话语体系三个方面。

（一）学科体系的重构

国务院学位委员会、教育部发布的学科目录对教育学一、二级
学科进行了规定，使中国教育学学科具有制度化特征，然而学界对
学科体系的讨论并没有因目录的颁布而停止，目录外自设学科的开
设及不同教育领域的学科化使中国教育学学科体系的研究更为广泛。
信息技术的规模化发展，使知识得以有效整合，知识综合化的同时，
知识分类趋于明确细化，在此基础上，重构学科结构体系，就是梳
理教育学结构，实现学科知识的有序流动，或实现学科体系的高度

---

① 石中英：《教育学的文化性格》，357 页，太原，山西教育出版社，1999。
② 侯怀银：《中国教育学领域的"接着讲"》，载《教育理论与实践》，2009(12)。

综合，或实现高度分化，整合教育学学科，发挥教育学学科的整体
功能。

　　实现教育学整体化的一个思路是按大教育学的思路，基于系统
论观点，将教育学作为一个系统，对其开展系统性、整体性、动态
性研究，从教育知识的生产传播层面去探讨一般意义和本质意义上
的中国教育学的内涵与体系，以实现学科的高度综合。这种综合将
淡化教育学各分支学科界限，以实现从教育学的一般理论出发达到
对事物的认识。另一思路是在现有基础上，再强化学科群建设，以
实现学科的高度分化。应定位学科知识，补齐学科间空白，对传统
学科进行革新，将各工科技术教育学、社会教育学、教育学史、文
化教育学、学习学、信息技术教育学等纳入学科群建设中。推动一
流而全面的教育学学科群建设，已是中国教育学学科应对信息技术
的综合应用的重要任务。

　　在信息技术时代背景下的学科体系构建，应将教育技术学列为
重点研究的对象。教育技术学因其实践性的特征，与时代的关系最
为密切，应是与各分支学科均保持良好沟通的学科。然而，现有的
二级学科分类，将教育学下设学科限制在自己的边界内，很少互相
联动，对于研究问题，首先不是跨二级学科研究，而是跨一级学科
开展研究，各学科各行其道，除与教育技术学密切相关的课程与教
学论外，鲜有其他学科与之互动，更缺少对自身教育技术理论的关
切。我国的学科目录中规定教育技术学专业可授予教育学或理学学
士学位，部分高校直接将教育技术学专业放在计算机学院，作为一
门技术性学科来建设，教育技术学陷入了技术论误区，成为纯技术
操作的学问。教育技术学对教育学的无归属感，各分支学科与教育
技术学的关系淡漠，致使信息技术对教育学学科建设的作用发挥，
以及教育学对信息技术的推动受到影响。

　　教育技术学在当代的学科立场与学科价值偏移，迫使教育学人

思考教育技术学的存在问题。教育技术学，一方面应重新定位自身，重新确立学科范畴，明确在教育学中的位置，将自己置于教育学学科之下，作为具有较强实践性的教育学学科存在；另一方面，加强教育技术理论研究，将理论作为立足之本，不至于使一门学科沦为工具性存在，更应成为理论实践兼具的应用型学科。

(二)学术体系的重构

一方面，我国传统的教育学重点关注当代的教育理论，对方法论重视不足，对未来的教育缺少研究，如此难以适应现代化教育需要。信息技术的应用使人类准确预测未来的可能性加大，在教育领域同样如此，教育技术如何应用，教育理论如何演绎，教育实践如何开展，均能得以预测。因此，在人类超前把握社会发展的时代，我们所需要的教育学，不仅能反映中国的当下，而且应能镜鉴中国的未来，对未来的教育能够给予方法论上的指导。

另一方面，信息技术时代下，教育知识的广泛传播，使得教育走出学校，家庭与社会应然成为教育的重要一环，在我国大力推广终身教育理念、建构终身教育体系、建设学习型社会的当下，社会教育重要性凸显，所占比重增大，在理论体系的研究中应显示其地位。现代化的教育学体系在社会、家庭中传播教育知识，更能适应未来教育活动的需要。

(三)话语体系的重构

话语体系的重构，关键在于转变我们建设中国教育学的思路，由西方教育学能为我们提供什么转变为我们能在世界视野下做些什么，由教育学在中国转变为在世界中的中国教育学。话语体系的构建重任，将落在一大批为教育学传承创新而奋斗的教育学人身上，这批教育学人寓传统与现代于一身，既继承民国以来的教育学传统风范，又立足当代，把握学科特性，创新理论研究成果，以自身教育实践形成系统理论，重构中国教育学话语体系。需明确，教育学人对话语体系的重构，不是在国内国际对话语权的争夺，一切努力应以完善教育学体系为最终旨归，学派式的努力应成为话语体系建构的首倡方式。

学派的创建是理论体系化后的必然，学派的形成与发展是理论得以系统丰富的重要途径。学派的建设是学科建设的一个方面，除关乎理论探索外，也关乎实践走向。于内，中国教育学学派的建设，将增加教育学在中国各学科中的影响力，提升教育学在人文社会科学中的地位；于外，中国教育学学派的建设，将在信息技术作用下，推广中国教育学的理论，推广中国教育实践经验，在世界教育领域发出中国声音，为全世界教育发展贡献力量。在信息技术时代下，教育学研究者应立足现代化，利用互联网加强研究队伍的整合、研究人才的挖掘，聚焦学科生长点，积极推进研究中国教育学学科的诸多学派的创建。已有学派的建设应立足时代，一方面，将信息技术、大数据技术等应用于学科理论研究之中，着力明晰中国教育学学科的核心概念、命题、理论体系，并形成一系列研究成果；另一方面，利用互联网技术，加强同国内外教育学研究团体开展积极对话，进一步探究中国教育学内涵式建设的路径及教育学人的共生共享共长机制。

三、虚拟与现实的关系

信息技术时代下的虚拟，是仿实物和伪实物技术应用的新型信息互动方式，虚拟技术持久性地革新了科学技术，影响着人类生产生活方式。由于虚拟技术的不当使用，易使人类无法立足现实思考问题，对技术产生情感上的依赖和迷恋，沉迷于虚拟世界，教育活动将脱离生命，脱离实际，教育问题的研究、教育系科的建设将随之陷入空想而失去存在意义。虚拟的滥用，是信息化的消极影响，中国教育学在建设中处理好虚拟与现实的关系，须立足现实来把握虚拟，关注现实生命，回归教育实践。

（一）掌握人工智能，关注、体验、感悟生命

信息技术时代下，互联网的普及易使人失去自我，沦为虚拟的"奴隶"。在教育领域同样如此，如何关注和解放被信息技术"裹挟"下的人的生命，从而实现人的自由完善的教育目标，是信息技术时代下世界教育和中国教育共同的本质诉求。

第一，就研究对象而言，我们强调的生命，是指每一个作为独特生命现象存在于教育活动中的个体。当前时代更强调人的个性发展，每个人的教育实践不尽相同，如果从一般意义上来研究人的教育，并不能将时代的多元性特征融入其中，易导致教条主义的弊端，对教育发展无益处。因此，我们开展中国教育学的研究，应运用好大数据与人工智能，从关注一般意义上的人，转向关注每一个独特发展着的生命个体，致力于将中国的教育由刻板的传道学道印象向知识对独特个体的身心德智的系统关照转向，开展精准教育、精准研究，以此体验个体独特的教育实践，感悟人的存在、感悟生命活动，生成教育理论，内化为学科知识，提高学科品味。

第二，就研究者这一生命个体而言，我们应给予密切关注。"科学本身就是人类发展的一个分支……每一个学者都本能地要求进一步发展科学，特别是发展他们所选定的那部分科学。这种愿望是学者本来就有的，也是每一个从事专业的人所具有的，但学者的这种愿望要大得多。"[①]信息技术的革命，人工智能的发展恰恰也是研究者生命力量的积极呈现，是研究者个体生命的充盈和丰富。就教育学研究来说，它孕育着科学与技术的创新之源，中国的研究者更需要树立教育学学科自信、学科自尊和学科责任，从自身出发，立足中国，研究人工智能下的生命与教育，以自己的亲身实践来生成中

---

① ［德］费希特：《论学者的使命、人的使命》，梁志学、沈真译，41 页，北京，商务印书馆，1984。

国的教育知识，构建中国教育学理论，研究中国教育学学科，实现中国教育学的时代价值。只有积极的生命参与，才能有所感，有所思，有所作为。

(二)回归教育实践

教育学立足现实，应强调回归到中国教育实践之中。在信息技术时代下，教育活动的开展更加注重教育主体的参与，实践性愈发凸显，我们如何把握教育问题，开展教育学学科的研究，以探寻教育学建设路径，使学科充分发挥自身功能，这取决于教育实践的开展。信息技术的发展开辟了实践的纵深领域，从而更全面、更深刻地呈现出实践的问题和诉求，引导着学科建设的新方向。

在中国教育学建设中，要将教育实践作为理论研究的出发点与落脚点。即从中国的教育实践出发，生成学科知识，寻求与教育实践的沟通，最终走向信息技术关照下的全景式的教育实践。我们强调回归教育实践，更多地要与信息技术时代做沟通，思考人工智能与教育的有机融合，能够在创新的教育活动中建构起符合教育学特性的理论体系，进而对实践予以宏微观相结合的指导，发挥出教育学的功能。研究者可创建虚拟学术社区，相互沟通，并运用信息云处理技术、互联网技术、模拟实验技术，深入中国的大中小学、家庭、社区开展教育实验、开创教育实验区。

主要参考文献

[1]凯洛夫:《教育学》(上、下册),沈颖、南致善等译,北京,人民教育出版社,1950,1951。

[2]祁焕森:《中国教育史》,临汾,山西师范学院,1953。

[3]陈元晖、曹孚等:《教育学(上、下册)》,北京,人民教育出版社,1956。

[4]张焕庭:《西方资产阶级教育论著选》,北京,人民教育出版社,1964。

[5]联合国教科文组织国际教育发展委员会:《学会生存 教育世界的今天和明天》,上海师范大学外国教育研究室译,上海,上海译文出版社,1979。

[6]张渭成:《国外教育学科发展概述》,北京,教育科学出版社,1982。

[7]J. D. 贝尔纳:《科学的社会功能》,陈体芳译,北京,商务印书馆,1982。

[8]中央教育科学研究所:《中华人民共和国教育大事记(1949——1982)》,北京,北京教育出版社,1983。

[9][日]大河内一男、海后宗臣等:《教育学的理论问题》,曲程、迟凤年译,北京,教育科学出版社,1984。

[10]潘懋元:《高等教育学(上)》,北京,人民教育出版社,福州,福建教育出版社,1984。

[11]《中国教育年鉴》编辑部:《中国教育年鉴(1949~1981)》,北京,中国大百科全书出版社,1984。

[12][美]罗伯特·梅逊:《西方当代教育理论》,陆有铨译,北京,文化教育出版社,1984。

[13]中国大百科全书出版社编辑部：《中国大百科全书·教育》，北京，中国大百科全书出版社，1985。

[14]李泽厚：《中国现代思想史论》，北京，东方出版社，1987。

[15]中央教育科学研究所：《中国现代教育大事记》，北京，教育科学出版社，1988。

[16]瞿葆奎、马骥雄、雷尧珠：《曹孚教育论稿》，上海，华东师范大学出版社，1989。

[17]孙喜亭：《教育学问题研究概述》，天津，天津教育出版社，1989。

[18][英]伯特兰·罗素：《教育论》，靳建国译，北京，东方出版社，1990。

[19]张诗亚、王伟廉：《教育科学学初探——教育科学的反思》，成都，四川教育出版社，1990。

[20]毛祖恒：《从方法论看教育学的发展》，重庆，重庆出版社，1990。

[21][苏联]阿图托夫、斯卡特金、图尔博夫斯基：《教育科学发展的方法论问题》，赵维贤、叶玉华译，北京，教育科学出版社，1990。

[22]顾明远：《教育大辞典1》，上海，上海教育出版社，1990。

[23]顾明远：《教育大辞典3》，上海，上海教育出版社，1991。

[24][法]米亚拉雷等：《教育科学导论》，思穗、马兰译，北京，教育科学出版社，1991。

[25]陈燮君：《学科学导论——学科发展理论探索》，上海，生活·读书·新知三联书店上海分店，1991。

[26][德]雅斯贝尔斯：《什么是教育》，邹进译，北京，生活·读书·新知三联书店，1991。

[27]袁振国：《中国当代教育思潮》，上海，生活·读书·新知三联书店上海分店，1991。

[28]瞿葆奎：《教育学卷》，上海，上海人民出版社，1992。

[29]吴洪成：《中国近代教育思潮研究》，重庆，西南师范大学出版社，1993。

[30]张斌贤、褚洪启等：《西方教育思想史》，成都，四川教育出版社，1994。

[31]金铁宽、唐关雄、李玉非：《中华人民共和国教育大事记》，济南，山东教育出版社，1995。

[32]方展画:《教育科学论稿》,上海,上海教育出版社,1995。

[33][美]郭颖颐:《中国现代思想中的唯科学主义(1900—1950)》,雷颐译,南京,江苏人民出版社,1995。

[34]田东平、张春茹、王酉梅:《中国教育书录(1949—1990)》,北京,北京师范大学出版社,1996。

[35]陈桂生:《"教育学视界"辨析》,上海,华东师范大学出版社,1997。

[36]陆有铨:《躁动的百年——20 世纪的教育历程》,济南,山东教育出版社,1997。

[37]安文铸:《教育科学学引论》,南昌,江西教育出版社,1997。

[38][美]华勒斯坦等:《开放社会科学:重建社会科学报告书》,刘锋译,北京,生活·读书·新知三联书店,1997。

[39]何东昌:《中华人民共和国重要教育文献(1949~1975)》,海口,海南出版社,1998。

[40]杜成宪、崔运武、王伦信:《中国教育史学九十年》,上海,华东师范大学出版社,1998。

[41]陈桂生:《"教育学"辨——"元教育学"的探索》,福州,福建教育出版社,1998。

[42]陈桂生:《历史的"教育学现象"透视——近代教育学史探索》,北京,人民教育出版社,1997。

[43]陈桂生:《教育学的建构》,长沙,湖南教育出版社,1998。

[44]胡德海:《教育学原理》,兰州,甘肃教育出版社,1998。

[45]黄济:《教育哲学通论》,太原,山西教育出版社,1998.

[46][日]大塚丰:《现代中国高等教育的形成》,黄福涛译,北京,北京师范大学出版社,1998。

[47]龙华军等:《中国教育书录(1991~1995)》,北京,北京师范大学出版社,1999。

[48][瑞士]皮亚杰:《人文科学认识论》,郑文彬译,北京,中央编译出版社,1999。

[49]郑金洲、瞿葆奎:《中国教育学百年》,北京,教育科学出版社,2002。

[50]瞿葆奎：《元教育学研究》，杭州，浙江教育出版社，1999。

[51]叶澜：《教育研究方法论初探》，上海，上海教育出版社，1999。

[52][美]华勒斯坦等：《学科·知识·权力》，刘健芝等编译，北京，生活·读书·新知三联书店，1999。

[53]毛祖桓：《教育学科体系的结构研究》，北京，中央民族大学出版社，1999。

[54]单中惠、杨汉麟：《西方教育学名著提要》，南昌，江西人民出版社，2000。

[55]金林祥：《20世纪中国教育学科的发展与反思》，上海，上海教育出版社，2000。

[56]王坤庆：《教育学史论纲》，武汉，湖北教育出版社，2000。

[57]王坤庆：《20世纪西方教育学科的发展与反思》，上海，上海教育出版社，2000。

[58]赵万里：《科学的社会建构——科学知识社会学的理论与实践》，天津，天津人民出版社，2002。

[59][德]舍勒：《知识社会学问题》，艾彦译，北京，华夏出版社，2000。

[60]陈元晖：《中国教育学史遗稿》，北京，北京师范大学出版社，2001。

[61]石中英：《教育学的文化性格》，太原，山西教育出版社，2001。

[62]李政涛：《教育学科与相关学科的"对话"——从知识、科学、信仰和人的角度》，上海，上海教育出版社，2001。

[63][德]沃尔夫冈·布列钦卡：《教育科学的基本概念：分析、批判和建议》，胡劲松译，上海，华东师范大学出版社，2001。

[64]唐莹：《元教育学——西方教育学认识论剪影》，北京，人民教育出版社，2002。

[65][美]托马斯·库恩：《科学革命的结构》，金吾伦、胡新和译，北京，北京大学出版社，2003。

[66]瞿葆奎：《教育学的探究》，北京，人民教育出版社，2004。

[67]叶澜：《二十世纪中国社会科学·教育学卷》，上海，上海人民出版社，2005。

[68]王铭铭：《西学"中国化"的历史困境》，桂林，广西师范大学出版社，2005。

[69][美]朱丽·汤普森·克莱恩：《跨越边界——知识 学科 学科互涉》，南

京，南京大学出版社，2005。

[70]毛礼锐、沈灌群：《中国教育通史》，济南，山东教育出版社，2005。

[71]陈桂生：《中国教育学问题》，福州，福建教育出版社，2006。

[72][德]沃尔夫冈·布列钦卡：《教育知识的哲学》，杨明全、宋时春译，上海，
    华东师范大学出版社，2006。

[73]龙华军：《中国教育书录(1996~2000)》(上、下册)，北京，北京师范大学
    出版社，2007。

[74]陈桂生：《中国教育学问题》，福州，福建教育出版社，2006。

[75]雷通群：《西洋教育通史》，北京，东方出版社，2007。

[76]齐梅：《教育学原理学科科学化问题研究》，北京，中国社会科学出版
    社，2007。

[77]叶澜：《教育学原理》，北京，人民教育出版社，2007。

[78][俄]克拉耶夫斯基：《教育学原理》，张男星、曲程等译，北京，教育科学
    出版社，2007。

[79]侯怀银：《中国教育学发展问题研究——以 20 世纪上半叶为中心》，太原，
    山西教育出版社，2008。

[80]全国十二所重点师范大学：《教育学基础(第 2 版)》，北京，教育科学出版
    社，2008。

[81]全国教育科学规划领导小组办公室：《全国教育科学"十五"规划学科发展报
    告》，北京，教育科学出版社，2008。

[82]李政涛：《教育学的智慧》，合肥，安徽教育出版社，2008。

[83]方文：《学科制度和社会认同》，北京，中国人民大学出版社，2008。

[84]侯怀银：《教育研究方法》，北京，高等教育出版社，2009。

[85]侯怀银：《中国教育学之路》，合肥，安徽教育出版社，2009。

[86]郑金洲：《中国教育学 60 年(1949—2009)》，上海，华东师范大学出版
    社，2009。

[87]叶澜：《基础教育改革与中国教育学理论重建研究》，北京，经济科学出版
    社，2009。

[88]苏力、陈春声：《中国人文社会科学三十年》，北京，生活·读书·新知三

联书店，2009。

[89]李润洲：《教育学研究的价值生成》，太原，山西教育出版社，2010。

[90]侯怀银：《20世纪中国教育学发展问题研究》，北京，北京师范大学出版社，2011。

[91]侯怀银：《西方教育学在20世纪中国的传播和影响》，长春，东北师范大学出版社，2011。

[92]张斌贤、楼世洲：《当代中国教育学术思想研究(1949—2009)》，北京，中国社会科学出版社，2011。

[93]全国教育科学规划领导小组办公室：《全国教育科学"十一五"规划学科发展报告》，北京，教育科学出版社，2011。

[94]冯建军：《教育基本理论研究20年(1990—2010)》，福州，福建教育出版社，2012。

[95]齐梅、马林：《学科制度视野下的中国教育学学科发展研究》，北京，人民出版社，2012。

[96]吴黛舒：《生成中的中国教育学研究》，北京，中国社会科学出版社，2012。

[97][法]加布里埃尔·孔佩雷：《教育学史》，济南，山东教育出版社，2013。

[98]顾明远：《中国教育大系　21世纪初中国教育》，武汉，湖北教育出版社，2015。

[99]叶澜：《回归突破："生命·实践"教育学论纲》，上海，华东师范大学出版社，2014。

[100]周志平：《时代需求：中国教育学的转型与创生》，上海，华东师范大学出版社，2014。

[101]廖其发：《教育学部史》，重庆，西南师范大学出版社，2016。

[102][德]马克斯·韦伯：《社会科学方法论》，北京，商务印书馆，2013。

[103]侯怀银：《德国教育学在中国的传播和影响》，北京，商务印书馆，2018。

[104]廖泰初：《中国教育学研究的新途径》，载《教育学报》，1938(3)。

[105]王秀南：《教育学的研究和实践》，载《中华教育界》，1948(8)。

[106]瞿葆奎：《关于教育学"中国化"问题》，载《华东师范大学学报(教育科学版)》，1957(4)。

[107]张健：《教育科学研究必须为社会主义四个现代化服务》，载《教育研究》，1979(2)。

[108]于光远：《关于教育科学体系问题——在全国教育科学规划会议上的讲话》，载《教育研究》，1979(3)。

[109]徐毅鹏、王绍海、张方旭等：《当前我国教育学研究中的一些问题——全国教育学研究会第三届年会讨论综述》，载《教育研究》，1983(11)。

[110]雷尧珠：《试论我国教育学的发展》，载《华东师范大学学报(教育科学版)》，1984(2)。

[111]潘懋元：《在〈高等教育学〉教材听取意见座谈会上的发言》，载《高等教育研究》，1984(1)。

[112]瞿葆奎、喻立森：《教育学逻辑起点的历史考察》，载《教育研究》，1986(11)。

[113]叶澜：《关于加强教育科学"自我意识"的思考》，载《华东师范大学学报(教育科学版)》，1987(3)。

[114]高兴华：《论划分科学学科的标准》，载《社会科学研究》，1987(4)。

[115]陈桂生：《教育学的迷惘与迷惘的教育学——建国以后教育学发展道路侧面剪影》，载《华东师范大学学报(教育科学版)》，1989(3)。

[116]肖川：《建立"教育科学学"刍议》，载《教育研究》，1989(11)。

[117]陈元晖：《中国教育学七十年》，载《北京师范大学学报(社会科学版)》，1991(5)。

[118]王坤庆：《论教育学史研究的基本问题》，载《教师教育研究》，1991(6)。

[119]邢永富：《马克思主义与中国教育科学》，载《首都师范大学学报(社会科学版)》，1992(6)。

[120]鲁洁：《试论中国教育学的本土化》，载《高等教育研究》，1993(1)。

[121]潘懋元：《关于高等教育学科建设的若干问题：在全国高等教育学科建设研讨会上的报告》，载《高等教育研究》，1993(2)。

[122]王坤庆：《"教育学史"研究刍议》，载《教育理论与实践》，1993(5)。

[123]章清：《重建"范式"：胡适与现代中国学术的转型》，载《复旦学报(社会科学版)》，1993(1)。

[124]王坤庆:《论西方教育学的发展及其方法论启示》,载《教育研究》,1994(7)。

[125]侯怀银:《我国新时期教育研究方法论研究的回顾与展望》,载《教育研究》,1994(4)。

[126]侯怀银:《建国后十七年马克思主义哲学对中国教育科研指导的历史反思》,载《山西大学学报(哲学社会科学版)》,1994(4)。

[127]陈桂生:《略论教育学"中国化"现象》,载《教育理论与实践》,1994(4)。

[128]王坤庆:《论西方教育学的发展及其方法论启示》,载《教育研究》,1994(7)。

[129]郭元祥:《教育学逻辑起点研究的若干问题思考——兼与有关同志商榷》,载《教育研究》,1995(9)。

[130]郑金洲:《教育学终结了吗?——与吴钢的对话》,载《教育研究》,1996(3)。

[131]陈桂生:《关于教育学"独立"的学科地位问题》,载《教育学术月刊》,1996(1)。

[132]石中英:《评20世纪我国教育学史研究中的"西方中心主义"现象》,载《高等师范教育研究》,1996(4)。

[133]石中英:《简论教育学理论中的隐喻》,载《北京师范大学学报(社会科学版)》,1997(2)。

[134]钱立群:《论经验是教育学的逻辑起点》,载《北京师范大学学报(社会科学版)》,1997(2)。

[135]周浩波:《论教育学的命运——与吴刚、郑金洲商榷》,载《教育研究》,1997(2)。

[136]陈桂生:《略论教育学日益离题的现象》,载《教育评论》,1997(3)。

[137]靳玉乐、师雪琴:《课程论学科发展的方向》,载《课程·教材·教法》,1998(1)。

[138]侯怀银:《建国后十七年中国教育学科体系建设和发展的基本历程初探》,载《山西大学学报(哲学社会科学版)》,1998(3)。

[139]侯怀银:《我国新时期高等教育学科体系建设和发展的回顾与反思》,载

《中国高教研究》，1998(5)。

[140]黄济、陆有铨：《我国教育哲学建设的回顾与前瞻》，载《教育研究》，
　　　1998(11)。

[141]瞿葆奎、郑金洲：《教育学逻辑起点：昨天的观点与今天的认识(一)》，载
　　　《上海教育科研》，1998(3)。

[142]瞿葆奎、范国睿：《当代西方教育学的探索与发展》，载《教育研
　　　究》，1998(4)。

[143]孙喜亭：《中国教育学近 50 年来的发展概述》，载《教育研究》，1998(9)。

[144]郑金洲：《我国教育系科发展史略》，载《华东师范大学学报(教育科学
　　　版)》，1999(4)。

[145]石鸥：《艰难的发展——被边界困住了的教育学》，载《高等师范教育研
　　　究》，1999(2)。

[146]侯怀银：《中国教育学史学科建设初探》，载《教育理论与实践》，2000(2)。

[147]叶澜：《"面向 21 世纪教育系科改革研究与实践"结题总报告》，载《华东师
　　　范大学学报(教育科学版)》，2000(3)。

[148]侯怀银：《20 世纪上半叶教育学在中国引进的回顾与反思》，载《教育研
　　　究》，2001(12)。

[149]刘庆昌：《论教育学的性质》，载《山西大学师范学院学报》，2002(1)。

[150]侯怀银：《关于教育系在综合大学发展的若干问题思考》，载《集美大学学
　　　报(教育科学版)》，2003(1)。

[151]冯建军：《教育研究范式：从二元对立到多元整合》，载《教育理论与实
　　　践》，2003(10)。

[152]田正平、肖朗：《教育史学科建设的回顾与前瞻》，载《教育研究》，
　　　2003(1)。

[153]劳凯声：《中国教育学研究的问题转向——20 世纪 80 年代以来教育学发
　　　展的新生长点》，载《教育研究》，2004(4)。

[154]叶澜：《中国教育学发展世纪问题的审视》，载《教育研究》，2004(7)。

[155]吴康宁：《"有意义的"教育思想从何而来——由教育学界"尊奉"西方话语
　　　的现象引发的思考》，载《教育研究》，2004(5)。

[156]吴黛舒：《论"教育学"的学科立场——探索"教育学"学科独立性问题的另一个思路》，载《华东师范大学学报（教育科学版）》，2004(3)。

[157]石中英：《本质主义、反本质主义与中国教育学研究》，载《教育研究》，2004(1)。

[158]顾明远：《关于比较教育学科建设的几个问题》，载《比较教育研究》，2005(3)。

[159]侯怀银、刘光艳：《中国教育学学科体系的构建及其特征——以20世纪下半叶为中心》，载《华中师范大学学报（人文社会科学版）》，2006(2)。

[160]瞿葆奎、郑金洲、程亮：《中国教育学科的百年求索》，载《教育学报》，2006(3)。

[161]靖国平：《从"学科立场"到"学派立场"：论中国教育学的学派意识及其实践路向》，载《高等教育研究》，2006(1)。

[162]张忠华：《教育学中国化百年反思》，载《高等教育研究》，2006(6)。

[163]吴黛舒：《中国教育学学科危机探析》，载《教育研究》，2006(6)。

[164]李政涛：《论教育学的基本指向及其灵魂》，载《教师教育研究》，2007(2)。

[165]汤广全、王坤庆：《论教育学的形而上追求》，载《湖南师范大学教育科学学报》，2008(2)。

[166]侯怀银：《教育学中国化——一个世纪以来中国学者的探索和梦想》，载《教育科学》，2008(6)。

[167]于述胜：《改革开放三十年中国的教育学话语与教育变革》，载《教育学报》，2008(5)。

[168]侯怀银：《中国教育学领域的"接着讲"》，载《教育理论与实践》，2009(12)。

[169]石中英：《教育学研究中的概念分析》，载《北京师范大学学报（社会科学版）》，2009(3)。

[170]侯怀银、杨琳：《20世纪下半叶教育学在中国引进的回顾与反思》，载《山西师大学报（社会科学版）》，2010(3)。

[171]李政涛：《生命自觉与教育学自觉》，载《教育研究》，2010(4)。

[172]范涌峰、刘梅：《论元教育理论研究的"无效"现象——兼论教育学和教育

学者的"真独立"》，载《当代教育科学》，2010(13)。

[173]侯怀银、刘楠：《论教育学学科规训》，载《教育理论与实践》，2011(13)。

[174]侯怀银、李艳莉：《民国时期教育系科的分布及其特征》，载《高等教育研究》，2011(10)。

[175]张楚廷：《教育学属于人文科学》，载《教育研究》，2011(8)。

[176]侯怀银、辛萌：《论马克思主义教育学传统》，载《西北师大学报(社会科学版)》，2012(3)。

[177]侯怀银、张小丽：《论"教育学"概念在中国的早期形成》，载《教育研究》，2013(11)。

[178]侯怀银、王喜旺：《中国教育学未来发展趋势探析》，载《当代教育与文化》，2013(1)。

[179]王霞、侯怀银：《20 世纪中国马克思主义教育学的理论传统》，载《高等教育研究》，2013(11)。

[180]周洪宇：《重论教育史学的学科体系》，载《中国教育科学》，2013(2)。

[181]张小丽、侯怀银：《论 20 世纪上半叶"教育科学"概念在中国的形成》，载《教育学报》，2014(3)。

[182]刘楠、侯怀银：《论教育学的学科规训功能》，载《湖南师范大学教育科学学报》，2014(2)。

[183]侯怀银、史慧敏：《凯洛夫主编〈教育学〉的中国面孔》，载《当代教育与文化》，2015(2)。

[184]侯怀银、王喜旺、李艳莉：《中国教育史学科建设的百年求索》，载《陕西师范大学学报(哲学社会科学版)》，2015(4)。

[185]张忠华、贡勖：《教育学"中国化""本土化"和"中国特色"的价值取向辨析》，载《高校教育管理》，2015(6)。

[186]冯建军：《构建教育学的中国话语体系》，载《高等教育研究》，2015(8)。

[187]许丽丽、侯怀银：《教育学学科性质在中国的研究：历程、进展和展望》，载《教育理论与实践》，2016(12)。

[188]庞国辉、扈中平：《逻辑与问题：教育学真理和价值的源泉》，载《教育研究》，2016(7)。

[189]刘庆昌：《论教育学的变革》，载《西北师大学报(社会科学版)》，2016(1)。

[190]辛萌、侯怀银：《教育学传统解读》，载《华东师范大学学报(教育科学版)》，2017(1)。

[191]侯怀银、王霞：《20世纪中国马克思主义教育学传统的继承和理论创新》，载《西北师大学报(社会科学版)》，2017(2)。

[192]刘楠、侯怀银：《忧思与践行：论教育学者的使命》，载《广西社会科学》，2017(8)。

[193]刘通、扈中平：《论教育学的本源性危机》，载《教育研究与实验》，2017(3)。

[194]袁振国：《实证研究是教育学走向科学的必要途径》，载《华东师范大学学报(教育科学版)》，2017(3)。

[195]李政涛：《人工智能时代的人文主义教育宣言——解读〈反思教育：向"全球共同利益"的理念转变〉》，载《现代远程教育研究》，2017(5)。

[196]韩晓飞、侯怀银：《"教育理论"解析》，载《教育理论与实践》，2018(1)。

[197]侯怀银：《关于20世纪中国教育学史的思考》，载《中国教育科学》，2018(1)。

[198]柳海民、邹红军：《教育学原理：历史性飞跃及其时代价值——纪念改革开放40周年》，载《教育研究》，2018(7)。

[199]李政涛：《教育学的边界与教育科学的未来——走向独特且独立的"教育科学"》，载《教育研究》，2018(4)。

[200]李政涛、文娟：《教育学中国话语体系的世界贡献与国际认同》，载《北京大学教育评论》，2018(3)。

[201]李政涛：《走向世界的中国教育学：目标、挑战与展望》，载《教育研究》，2018(9)。

[202]姜勇、柳佳炜、庞丽娟：《中国教育学的文化根基：基于文化、为了文化、创新文化》，载《湖南师范大学教育科学学报》，2018(2)。

[203]刘庆昌：《寻找教育学的历史逻辑——兼及"教育学史"的研究》，载《西北师大学报(社会科学版)》，2018(1)。

[204]侯怀银、李艳莉：《综合性大学教育学科在中国：历程、现状和未来》，载

《国家教育行政学院学报》，2019(6)。

[205]W. F. Connell，*A History of Education in the Twentieth Century World*，Canberra，Teachers College Pr. ，1980.

[206]Frank Ankersmit，"Historism and Postmodernism：A Phenomenology of Historical Experience,"in *Hisitory and Tropology：The Rise and Fall of Metaphor*，Berkeley & Los Angeles，University of California Press，1994.

[207]Glen Peterson，Ruth Hayhoe & Yongling Lu，*Education，Culture，and Identity in 20th-Century China*，Ann Arbor University of Michigan Press，2001.

[208]Malcolm Vick，Fay Gasparini，"Picturing the history of teacher education：photographs and methodology,"*History of Education Review*，2006(2)，pp. 13-17.

[209]Janet Reusser，Loren Butler，Matthew Symonds，et al，"An assessment system for teacher education program quality improvement,"*International Journal of Educational Management*，2007(2)，pp. 36-39.

[210]Jaana Seikkula-Leino，Elena Ruskovaara，Markku Ikavalko，et al，"Promoting entrepreneurship education：the role of the teacherz,"*Education ＋ Training*，2010(2)，pp. 10-15.

[211]Rachel Lofthouse & David Wright，"Teacher education lesson observation as boundary crossing," *International Journal of Mentoring and Coaching in Education*，2012(2)，pp. 45-50.

[212]Yin Cheong Cheng & Allan Walker，"Multi-functions of school-based teacher education," *International Journal of Educational Management*，1997(2)，pp. 57-63.

[213]Joyce Pittman，"Converging instructional technology and critical intercultural pedagogy in teacher education,"*Multicultural Education & Technology Journal*，2012(4)，pp. 89-93.

附　录　本学科发展大事记^①

1949 年

10 月 5 日，中苏友好协会总会召开成立大会，总会会长刘少奇在会上讲话，指出："我们要建国，同样也必须'以俄为师'，学习苏联人民的建国经验。现在苏联有许多世界上所没有的完全新的科学知识，我们只有从苏联才能学到这些科学知识。例如：经济学、银行学、财政学、商业学、教育学等等。"

10 月 11 日，华北高等教育委员正式公布《各大学、专科学校、文法学院各系课程暂行规定》，确定教育系的任务是"根据新民主主义的教育方针及马克思主义的理论与方法，培养为人民服务的中级

---

① 本书的附录部分主要参考了以下资料。中央教育科学研究所：《中华人民共和国教育大事记(1949—1982)》，北京，教育科学出版社，1984。金铁宽：《中华人民共和国教育大事记(1949—1962)第 1 卷》，济南，山东教育出版社，1995。金铁宽：《中华人民共和国教育大事记(1963—1980)第 2 卷》，济南，山东教育出版社，1995。金铁宽：《中华人民共和国教育大事记(1981—1993)第 3 卷》，济南，山东教育出版社，1995。何东昌：《中华人民共和国重要教育文献(1949—1997)》，海口，海南出版社，1998。中华人民共和国教育部：《共和国教育 50 年(1949—1999)》，北京，北京师范大学出版社，1999。《中国教育年鉴》编辑部：《中国教育年鉴(1949—1981)》，北京，中国大百科全书出版社，1984。《中国教育年鉴》编辑部：《中国教育年鉴(1982—1984)》，长沙，湖南教育出版社，1986。《中国教育年鉴》编辑部：《中国教育年鉴(1985—1986)》，长沙，湖南教育出版社，1988。《中国教育年鉴》编辑部：《中国教育年鉴(1988—2015)》，北京，人民教育出版社，1990—2016(每年出版上一年的年鉴，均由人民教育出版社出版)。

教育工作者的知识与技能"。该文件规定了教育系 3 门公共必修课程
和 13 门基本课程。教育系 3 门公共必修课程为：新民主主义论、辩
证唯物主义与历史唯物论、政治经济学。13 门基本课程为：新民主
主义教育概论、教育心理学、教育方法、中国近代教育史、西洋近
代教育史、教育行政、教育测验与统计、现代教育学研究、职业教
育概论、实习、政策法令、政治经济名著选读、苏联及新民主主义
国家教育研究。教育哲学课程被取消。此外，该文件还规定教育系
要分组修习，如教育行政、儿童教育、中等教育、社会教育、职业
教育等，但具体课程则由各校自行酌定。

该年底，第一次全国教育工作会议召开，教育部部长钱俊瑞首
次向全国教育工作者明确提出把学习苏联教育作为建设新教育的
方向。

该年底，中央教育部提出了改进北京师范大学和各地区大学中
的师范学院或教育学院的任务。

1950 年

5 月 1 日，《人民教育》杂志创刊，该杂志对中华人民共和国成立
后，特别是 1967 年前我国教育学学科体系的发展产生了重要影响和
作用。《人民教育》创刊号开宗明义，宣布教育理论工作者的任务之
一是学习苏联的教育科学。

6 月 1 日至 9 日，第一次全国高等教育会议在北京召开，通过了
《高等学校暂行规程》《专科学校暂行规程》等五项草案，讨论修正了
各系科课程改革的方案。

9 月，新华书店出版发行了凯洛夫主编，沈颖、南致善等译的
《教育学（上册）》初版；1951 年 5 月出版发行了《教育学（下册）》初版。
1951 年 3 月的《教育学（上册）》第 2 版和 1951 年 12 月的《教育学（下
册）》第 2 版改由人民教育出版社出版，南致善做过部分修订。1951

年 12 月和 1952 年 12 月又分别出版了由南致善、陈侠共同修订的《教育学(上册)》和《教育学(下册)》。1953 年 10 月,人民教育出版社又出版了第 3 版,此版合上下两册为一册。凯洛夫主编的《教育学》到 1956 年共印 10 次,印数为 291516 册。1957 年 3 月,人民教育出版社又出版了陈侠、朱智贤等译的《教育学》,之后共印 8 次,总印数为 193897 册。

1951 年

8 月 27 日至 9 月 11 日,教育部召开第一次全国初等教育会议和第一次全国师范教育会议。会议就师范学校教育学、心理学课程标准进行了讨论。

10 月,《政务院关于改革学制的决定》公布,对各级各类教育都做了较为严格的规定,其中对中等师范学校的一系列规定为高等师范院校中教育系科的勃兴提供了前提依据。

1952 年

7 月 16 日,《关于高等师范学校的规定(草案)》正式颁布施行,要求高等师范学校应根据中等学校教学计划设置教育(分学校教育和学前教育)等系科。截至 1953 年,全国共有 23 所高等师范学校设有教育系。

该年秋,根据"以培养工业建设人才和师资为重点,发展专门学院,整顿和加强综合性大学"的方针,全国范围内的院系调整开始。到 1957 年年底,高等院校的院系调整基本结束。

11 月 1 日,《人民教育》1952 年 11 月号发表社论《进一步学习苏联的先进教育经验——迎接中苏友好月》。文章进一步强调了学习苏联先进教育经验的原因及重要性,提出建设新民主主义教育必须彻底地、系统地学习苏联的先进教育经验。其中提出:"苏联的教材、教法以及教育理论、教育制度等各方面的内容，不只在社会性方面和我们最接近，而且在科学性方面也是最进步的。"

11 月 5 日，《中央人民政府教育部关于试行师范学院教学计划（草案）的通知》发布，制定了本科教育、外语、历史、地理、数学、物理、化学、生物等 12 个系和专科学校各科的教学计划。

该年，教育部师范教育司印发了供中等师范学校教学参考用的《师范学校教育学教学大纲（未定稿）》。

1953 年

6 月，教育部召开第二次全国教育工作会议，指出幼教机构也要从实际出发，在整顿巩固的基础上有计划有重点地发展。

7 月 20 日，《教育部关于高等师范学校教育、英语、体育、政治等系科的调整设置的决定》发布，根据重点稳进的原则，对教育系做出调整；提出自 1953 年起，只限北京师范大学教育系、东北师范大学教育系、华东师范大学教育系、华中师范学院教育系、西南师范学院教育系、西安或西北师范学院教育系继续招收本科生；其中北京师范大学教育系设学校教育和学前教育两个专业，其他五院校的教育系只设教育专业；此外，南京师范学院幼儿教育系续招新生。除上述七院校的教育系及幼儿教育系外，一律不招新生，维持原状；其中现有的一年级生即开学后的二年级生，如有意愿转系科者，亦可斟酌批准。

9 月 28 日至 10 月 13 日，教育部召开了全国高等师范教育会议。会议提出：发展和提高高等师范教育，应认真系统地学习苏联先进经验，密切结合我国实际情况，进行高等师范教育的改革。

该年，苏联苏罗金娜的《学前教育学》（上下册）等几十种书籍陆续翻译出版，它们成为我国师范院校学前教育专业的主要教学用书，对我国学前教育影响极大。

　　该年，教育部对高等师范院校各系科的设置和中等学校师资的需求进行了大范围的实际调查。

　　因 1952 年颁布的《师范学院教学计划（草案）》存在诸多问题，教育部对该教学计划进行了修订。此次修订由北京师范大学的教师协同苏联专家完成，并在全国高等师范教育会议上进行了讨论。修订工作从 1953 年 3 月开始，大致在 1954 年 3 月结束。

1954 年

　　11 月至 12 月，为了解各师范院校贯彻 1953 年的全国高等师范教育会议精神的情况及一些系科调整的情况，教育部协同苏联专家先后视察了南京师范学院、华中师范学院、浙江师范学院等院校，要求教育系根据苏联经验进行进一步的调整。

　　该年，教育部编订了《初级师范学校教育学教学大纲（草案）》，由人民教育出版社出版。

　　该年，《教育系暂行教学计划》颁布，对教育系的学校教育专业进行了调整，在《教育系暂行教学计划》中，教育系学校教育专业的培养目标、主修学科及学制都没有改变，制定了新的必修科目学程表。

　　该年，人民教育出版社出版了苏联康斯坦丁诺夫主编，邵鹤亭等译的《世界教育史纲》（共三册）。此书实际上是俄罗斯联邦教育科学院出版社 1952 年出版的论文集。

1955 年

　　4 月 11 日至 6 月 5 日，为了改进教育学、心理学这两门学科的教学大纲、教科书的编辑工作，并帮助教师提高教育学、心理学的教学水平，教育部中等师范教育司和人民教育出版社组织了 6 人教学调查组，组长为王铁，成员为曹孚、王忠祥、陈元晖、惠兆良和徐淑敏，先后赴南京师范学校、南京晓庄师范学校、南京幼儿师范学校、无锡师范学校、新苏师范学校、上海第一师范学校、上海第二师范学校、上海幼儿师范学校八所师范学校开展调查。后曹孚根据集体调查材料执笔整理，并经集体讨论，写出了调查报告《我们对于几个中等师范学校教育学、心理学教学工作的意见》，于《人民教育》11 月号发表。

《人民教育》5 月号发表社论《批判唯心主义思想的重大意义》，开始批判杜威实用主义教育思想。

1955 年夏，教育部在上海召开高师教育学教学大纲讨论会，并通过了大纲草案，明确提出要"创建和发展新中国教育学"。

8 月 4 日，团中央和教育部共同发布了《中国新民主主义青年团中央委员会关于协助中华人民共和国教育部在高等师范学校开设"青年团和少年先锋队的工作"课程的通知》，决定"从 1955 学年度起，全国高等师范学校的政治系（或政治教育系）、政治教育专修科和教育系一律开设'团队工作'课程"。这门课程被列为选修课，安排在第五学期学习。

11 月 4 日，中共中央转发教育部党组《关于实用主义思想在中国教育中的影响和批判实用主义教育思想的初步计划》。1955 年 5 月至1957 年 11 月，《人民日报》《光明日报》《新建设》及各种教育刊物连续发表文章，对杜威的"教育无目的论""儿童中心主义"等实用主义教育理论进行批判。

该年，高等教育部发出《1955—1956 年高等师范学校院系调整有关事项的通知》。高等师范院校根据该文件精神，对专业设置进行了调整。

1956 年

1 月，《教育译报》双月刊由人民教育出版社发行，该刊主要介绍

苏联和东欧社会主义国家的教育理论和经验；在发行第 27 期后，于
1960 年停刊。

1 月 14 日，中共中央关于知识分子问题的会议召开，向全党、
全国人民发出了"向现代科学进军"的号召，在全国范围内掀起了向
科学进军的热潮。会后，以陈毅为主任的国家科学规划委员会成立，
编制 1956 年至 1967 年全国科学发展的远景规划以及若干方面的具
体规划。与此相应，教育部副部长董纯才主持制定了《关于 1956—
1967 年发展教育科学的规划草案》。规划的中心有二：一为 12 年内
教育科学研究的中心问题；二为 12 年内培养干部问题。该规划由戴
伯韬负责，"前言"和"教育学"部分委托曹孚起草；"心理学"部分委
托陈元晖起草；"教育史"部分委托许椿生起草。参加讨论的有：董
纯才、林砺儒、戴伯韬、丁洁川、吴研因、张凌光、张腾霄、王铁、
王焕勋、汪通棋、曹孚、陈元晖、许椿生等。

2 月，《教育部关于颁发师范学院教育系幼儿教育专业暂行教学
计划及其说明的通知》发布，对各专业科目的设置目的和主要内容做
了说明。说明的专业科目有：世界通史与中国通史、中国文学、儿
童文学、人体解剖及生理学、幼儿卫生学、普通心理学、幼儿心理
学、教育学、幼儿教育学、教育学史与学前教育史、幼儿园语言教
学法、艺术朗诵和讲述练习课、自然与幼儿园自然教学法、幼儿园
活动性游戏与体操教学法、美术与幼儿园美术教育教学法、音乐与
幼儿园音乐教育教学法、幼儿师范教育科目教学法、专题课堂讨论、
教育见习、教育实习、选修科目。此时，高师学前教育专业增加了
两处：东北师范大学、华中师范学院。

3 月 14 日，曹孚在教育科学规划草案第一次座谈会上提出《关于
1956—1967 年发展教育科学的规划草案（初稿）——"前言"和"教育
学"部分》，认为教育科学包括教育学、心理学、教学法、教育史等
部门；教育科学以年青一代教育为研究对象，研究的任务在于找出

教育的规律，从而制定教育的原则和方法。该稿具体提出了 12 年内教育学(包括教学法)、心理学、教育史三方面的重要研究任务以及具体研究中的中心问题，该稿还对教育科研人员的培养、教育科学研究机构的发展等进行了规划。

6 月 2 日，中共教育部党组会议决定成立中央教育科学研究所筹备处，由戴伯韬负责筹备工作(1957 年 1 月 26 日，国务院批准进行筹建工作；1960 年 10 月，中央教育科学研究所正式成立；1971 年 1 月，该所被遣散；1978 年 7 月，教育部又批准重建中央教育科学研究所)。

7 月 9 日，《人民教育》7 月号发表评论《略论教育科学中的百家争鸣》。

该年，教育部参照 1954 年俄罗斯苏维埃联邦社会主义共和国教育部批准的师范学院教育学教学大纲，并结合我国过渡时期教育建设的实际情况，组织制定了《师范学校教育学教学大纲(试用)》和《师范学院、师范专科学校教育学试行教学大纲》，由人民教育出版社出版。

该年，厦门大学教研组开始在学校试开"高等学校教育学"课程，并着手筹划编写《高等学校教育学讲义》。

该年，《人民日报》先后发表了《关于无产阶级专政的历史经验》《再论无产阶级专政的历史经验》，明确提出反对修正主义，中苏关系开始发生变化。

该年，《教育部关于颁发师范学院教育系幼儿教育专业暂行教学计划及其说明的通知》发布，修订了学前教育专业(当时也称幼儿教育专业)的教学计划和课程设置，对学前教育专业的必修科目及教学时数都做了规定。

1957 年

1 月 5 日，苏联对外文化协会代表团团长、俄罗斯苏维埃联邦社会主义共和国教育科学院院长凯洛夫应中央教育科学研究所筹备处邀请，来华做关于苏联教育科学研究工作的讲演。

2月，人民教育出版社出版了捷克教育家夸美纽斯《大教学论》一书，该书由傅任敢译，是夸美纽斯的代表作，是近代比较系统的教育学著作，通常也被视作西方教育学第一本"教学论"专著。

1957年春，曹孚应中央教育行政学院之邀，做了题为《教育学研究中的若干问题》的学术报告。应《新建设》杂志编辑部的要求，这个报告经整理刊载于《新建设》1957年6月号上。

4月30日，陈友松在《文汇报》上发表了题为《教育工作中的教条主义和官僚主义》的文章。文章对教育统计学、教育行政学、比较教育学等学科在教育系停开提出了不同意见，提出要恢复开设这些学科。

6月9日，《人民教育》6月号发表了刘梦华的文章《评师范学校〈教育学〉课本》。这是1949年后我国学者发表的一篇重要的研究教育学体系问题的文章，文章对改进从苏联搬来的教育学体系提出了许多具体意见。

7月9日，《人民教育》7月号以《为繁荣教育科学创造有利条件》为题，发表了上海、南京的高等师范院校的部分教授对教育科学研究工作的意见。

7月，潘懋元等编写的《高等学校教育学讲义》初稿完成，后由厦门大学教务处教材科印刷成册，并作为校际交流讲义，分送至全国综合大学和师范院校进行交流。

8月，《华东师范大学学报（人文科学版）》1957年第4期发表了瞿葆奎的文章《关于教育学"中国化"问题》。

该年，我国公布了高等学校的专业目录，其中师范院校设置专业有21种。

1958 年

3 月 30 日，国务院科学规划委员会教育组召开了教育科学研究者座谈会，号召从实践中建立教育科学。教育部部长杨秀峰、副部长董纯才在会上指出：教育科学应该有计划地进行安排，从理论上研究新形势中出现的新问题。国务院科学规划委员会教育组组长柳湜在会上提出，各级教育事业必须建立在科学研究的基础上，必须建立从教育实践中来，又回到教育实践，指导教育实践的教育科学；要在两三年内建立我们的教育科学。

4 月 1 日，《教师报》发表社论《为教育实践服务的教育科学必须来个大跃进》；同日还发表了柳湜的文章《教育科学必须为生产大跃进服务》。

4 月 15 日至 24 日，中央召开教育工作会议，会上第一次明确批评凯洛夫主编的《教育学》，认为其从反对"教育即生活"走向另一个极端，强调基础知识，忽视教育与生产劳动相结合，尤其忽视党的领导，教育行政管理制度过分死板地统一，教育方法不能因材施教，能担任任何职业的培养目标是空想主义。

4 月 23 日，教育部发出通知，师范学校三年级教育学课原有教材停授，改授有关我国教育方针、政策的内容。

7 月，《红旗》杂志第 7 期发表中共中央宣传部部长陆定一的文章《教育必须与生产劳动相结合》，文章在谈到教育学时指出，教育学是社会科学，一切社会科学都要跟政治走，教育学也不例外；在教育工作中，正在进行着大破大立的过程；资产阶级思想和教条主义思想正在被破除，新的适合于我国情况的马克思主义的教育学理论、教育制度、教育方法、课程、学制等等正在被创造出来。

8 月 14 日，北京师范大学邀请京津有关高等院校和科研机关的教师、研究人员举行座谈会，批判心理学教学中的"资产阶级方向"。15 日，《光明日报》报道了座谈会的情况，并发表社论《拔掉资产阶级

教育科学中的一面白旗》。从此以后，各地师范院校及综合大学的心
理学专业相继开展对心理学的批判，心理学被说成"伪科学"。30 日，
《人民日报》发表社论《学术批判是自我革命》，提出高等院校的领导
者要大胆地发动群众，帮助资产阶级学者们进行学术思想批判。在
此前后，全国高校开展了学术批判的群众运动，在文学、历史、哲
学、政治、财经、教育等学科领域内开展了学术批判。

9 月，《人民日报》发布了《中共中央、国务院关于教育工作的指
示》，指出：党的教育方针，是教育为无产阶级政治服务，教育与生
产劳动结合，为了实现这个方针，教育工作必须由党来指导。

该年，高等院校青年教师和学生集体著书、编写讲义、教材的
活动进入高潮。不少高等师范院校教育系的本科生参加或单独编写
了教育学教学大纲，甚至教育学教材。

1959 年

5 月 11 日到 15 日，中国科学院心理研究所、北京大学、北京师
范大学等单位联合举办了心理科学讨论会。会议对 1958 年批判心理
学的运动所涉及的心理学的学科性质、心理学的研究对象和任务、
心理学的方法等问题展开了讨论。

6 月 5 日，教育部发出通知，规定师范学校的教育学、心理学课
程必须开设。

9 月，经教育部批准，20 所高等师范院校与中国科学院心理研
究所协作，进行心理学的研究工作。自此时起至 1960 年 7 月，学者
们以"学制改革问题的心理学研究"为中心，通过调查研究、心理实
验等方式，写出有关语文教学心理、数学教学心理、发展心理、劳
动教育心理的专题论文、报告等 47 种。

1960 年

3 月 7 日至 12 日，中央文教小组召开了各省市委文教书记会议。

中共中央宣传部部长陆定一在会上提出：要在哲学、社会科学和文艺方面批判修正主义，挖 18、19 世纪资产阶级学术思想的"老祖坟"，并在教学战线进行教学革命。会后，各省市在文艺界、教育界、学术界开展了以反对现代修正主义为中心的学术批判运动。

4 月 8 日，在第二届全国人民代表大会第二次会议上，教育部部长杨秀峰做了题为《积极进行教学改革，多快好省地发展教育事业》的发言。发言提出，教育学科要精简集中、切合实用。

4 月 9 日，在第二届全国人民代表大会第二次会议上，国务院副总理陆定一做了题为《教学必须改革》的发言。他在发言中提出，批判资产阶级教育学是进行教学改革的必备思想条件。他认为，经过教学试验，新的教学法、新的教科书必将从实践中产生出来，并逐渐配成新的一套，形成新的教育学和心理学的理论。

4 月 23 日至 5 月 2 日，教育部在河南省新乡市召开了师范教育改革座谈会。会议提出，教育学科课程应根据精简集中、切合实用的原则，以教育学为主，把心理学和教学法与教育学结合起来进行教学，也可以分开设置。

该年，苏联政府照会中国政府，单方面决定召回全部 1390 名在华苏联专家，中苏关系不断恶化。

1961 年

4 月 11 日至 25 日，中共中央在北京召开全国高等学校文科和艺术院校教材编选计划会议。中共中央宣传部副部长周扬在会上做了题为《关于高等学校文科教材编选的意见》的报告。会议拟订了包括教育学在内的七种专业教学方案及教材编选计划。这次会议确定由刘佛年主编一本教育学教材。

6 月，人民教育出版社出版了苏联学者姆·阿·达尼洛夫和勃·朴·叶希波夫编著的《教学论》一书，该书由北京师范大学外语系

1955 级学生翻译，这是我国翻译出版的第一本苏联教育学的教学论著作。

该年，根据北京师范大学和华东师范大学提出的草案，全国高等学校文科教材选编会议修改并通过了《教育系学校教育专业教学方案（修订草案）》。参加方案起草的单位还有中央教育科学研究所、中国科学院心理研究所、吉林师范大学、河北大学、南京师范学院、华中师范学院等。此次调整力度较大，涉及了培养目标的问题。

1962 年

2 月 20 日至 28 日，中国心理学会在北京召开了教育心理专业会议。会议的中心议题是如何积极开展教育心理学（也包括一部分儿童心理学）的研究以配合当时教育事业发展的需要。

5 月 23 日，中共中央宣传部转发了《周扬同志关于高等学校文科教材编选情况和今后工作意见的报告》。

6 月 13 日，曹孚在吉林师范大学做学术报告《教育学的性质和任务》。

该年，教育部文科教材编选办公室决定设立以曹孚为主编的《外国教育史》编写组，成员有滕大春、马骥雄、吴式颖，着手编写《外国教育史》教材。

1963 年

4 月，教育部召开高等学校专业调整会议。

6 月 19 日，曹孚在吉林师范大学关于教育学编写问题的座谈会上，就教育学体系等问题做了发言。20 日，曹孚在吉林师范大学做了学术报告《关于外国教育史问题》。

10 月 31 日，中共中央宣传部基本同意《教育部党组关于中央教育科学研究所的基本情况和今后方针任务的请示报告》。

该年，以 1957 年的专业目录为基础，国家计划委员会、教育部修订了《高等学校通用专业目录》。其中师范部分规定，高等师范学校设置 17 种专业，即汉语言文学、中国少数民族语言文学、俄语、英语、历史学、政治教育、学校教育、学前教育、心理学、数学、物理学、化学、生物学、地理学、体育、音乐、美术。此前与学校教育专业、学前教育专业并列的教育学专业被删除。

1964 年

2 月，教育部批准了在北京大学设立外国高等教育情报资料室，在清华大学设立外国技术教育情报资料室。

5 月，华东师范大学设西欧北美教育研究室，河北大学设日本研究室，吉林师范大学设日本教育研究室和朝鲜教育研究室。

6 月，《人民教育》6 月号发表《社会主义教育学中的一个重要问题》和《资产阶级教育观点必须批判》等文章，对凯洛夫主编的《教育学》进行了不点名的批判。此后，教育界掀起批判这本书的浪潮，这次批判持续到 1965 年。

1965 年

2 月，《人民教育》发表社论《坚决做教学改革的促进派》。社论提出，我们在教育战线上要树雄心、立壮志，破除对资产阶级的迷信，建立我们自己的教育学和教学论。

该年，《外国教育动态》创刊，发行 5 期后停刊，1973 年开始内部发行，1980 年经教育部批准正式复刊并扩大对象，在国内外公开发行，1992 年改名为《比较教育研究》，是我国改革开放以后恢复最早的杂志之一。刊首语：在我国无产阶级教育革命深入发展的新形势下，根据上级指示精神，特出版不定期的内部刊物《外国教育动态》，为在教育领域内彻底批判资产阶级和修正主义，深入开展斗批改，给领导和有关单位提供一些参考资料。

1966 年

5 月，《中国共产党中央委员会通知》指出："彻底批判学术界、教育界、新闻界、文艺界、出版界的资产阶级反动思想，夺取在这些文化领域中的领导权。"

6 月，《外国教育动态》停刊。

8 月，"改革旧的教育制度，改革旧的教育方针和方法"被视为"文化大革命"的一个极其重要的任务。

9 月，辽宁省组织学校师生和工人、农民一起批判凯洛夫主编的《教育学》。

1967 年

7 月 18 日，《人民日报》发表《打倒修正主义教育路线的总后台》一文，批判苏联凯洛夫的教育思想，全面否定了新中国的教育工作。

9 月，《红旗》发表文章《沿着毛主席的无产阶级教育革命路线胜利前进》，掀起了批判中华人民共和国成立后的教育路线的浪潮。

1969 年

9 月 12 日，《辽宁日报》发表了题为《凯洛夫〈教育学〉必须彻底批判》的社论。

1970 年

1 月 30 日，《红旗》第 2 期发表文章《谁改造谁？——评凯洛夫的〈教育学〉》。该年全国范围内批判凯洛夫《教育学》的文章还有很多。

1971 年

4 月 15 日至 7 月 31 日，国务院在北京召开全国教育工作会议。

会议全盘否定了 1949—1966 年的教育工作。

1972 年

11 月，国务院科教组邀请了北京师范大学、吉林师范大学、上海师范大学（华东师范大学于该年改名为"上海师范大学"）、河北大学等几所高校有关人员对外国教育研究问题进行座谈；上海师范大学的西欧北美教育研究室改名为"外国教育研究室"。

该年，《外国教育资料》创刊。

1973 年

该年，上海师范大学外国教育研究室译的《教育过程》一书由上海人民出版社出版。

1976 年

该年，上海师范大学外国教育研究室翻译了联合国教科文组织 1972 年编著的教育报告《学会生存——教育世界的今天和明天》，该书于 1979 年由上海译文出版社出版，介绍了 20 世纪 60 年代产生的重要的教育思潮——终身教育。

1978 年

2 月 26 日，在第五届全国人民代表大会第一次会议上，《政府工作报告》提出必须积极开展哲学、经济学、政治学、军事学、法学、历史学、教育学等方面的研究。

2 月 28 日，《人民教育》第 2 期发表特约评论员的文章《要积极开展教育科学的研究》。文章提出，要建立起以马克思列宁主义、毛泽东思想为指导的，具有我国具体特点和完整科学体系的无产阶级教育科学。

3月4日，国务院决定恢复评定和提升高等院校教师职称的工作。

4月17日，经国务院批准，教育部发出《关于恢复或建立教育学院或教师进修学院报批手续的通知》，规定恢复或建立教育学院或教师进修学院，由省、自治区、直辖市审批，报国务院备案，抄送教育部。

5月27日，潘懋元先生在厦门大学建立了我国第一个以高等教育为研究对象的专门研究机构——厦门大学高等教育科学研究室，这是中国最早成立的以高等教育为研究对象的专门机构。该年，杭州大学教育系恢复、山西大学教育科学研究室成立。

6月8日至29日，教育部在武汉召开全国高等学校文科教学工作座谈会。会议肯定了1961年确定的文科教学方针和此后取得的经验，并制订了教育学等专业的学时制和学分制教学方案以及文科教材编选、教师培训的计划。

7月，国务院批准重建中央教育科学研究所，同时设幼儿教育研究室，这是我国第一个国家级的学前教育研究机构。

8月，教育部颁布了《高等师范院校教育系学校教育专业学时制教学方案（修订草案）》，对教育系学校教育专业的培养目标、学制、课程设置、时间分配等问题都做了较为详细的规定。该方案规定，学校教育专业培养德、智、体全面发展的教育学科师资、教育科学研究人员和教育行政工作者，开设教育学、教育心理学、中国教育史、外国教育史、小学教材教法等必修课。该方案还要求开设中国教育论著选读、中国学制史等选修课。

9月，教育部向有关学校和部门发出了《高等学校文科教学工作座谈会纪要》，对文科专业调整提出了意见："被撤销的院、系、专业，凡有条件恢复的，要尽快恢复；被削弱的专业，要创造条件充实、加强；有些急需而缺门的专业要增设；对行将'断线'而又需要的专业，要采取有效措施予以'抢救'。还要努力办好一批重点专业。"

10 月，《教育部关于加强和发展教师教育的意见》出台，明确指出，大力发展师范教育，建设一支又红又专的师资队伍，是发展教育事业、提高教育质量的百年大计；加强师范教育，积极地、有计划地发展高等师范教育，是十分重要、十分紧迫的任务。该文件提出要统筹规划，建立包括中等师范学校、高等师范专科学校、高等师范学院在内的多层次的师范教育体系。

该年，《厦门大学学报（哲学社会科学版）》第 4 期刊发了厦门大学高等教育科学研究室的文章《必须开展高等教育的理论研究——建立高等教育学科刍议》，这是我国学者撰写的第一批关于高等教育学学科建设的文章之一。

该年，教育部发布了《关于做好高等学校专业设置和改造工作意见的通知》，强调对专业设置的领导。

该年，重建后的中央教育科学研究所成立了教育制度研究室（成人教育研究中心的前身）。

该年，《中小学学校管理》创刊，它是由中国人民大学主办的中小学管理资料刊物。

该年，商务印书馆出版了法国卢梭著、李平沤译的《爱弥儿·论教育》（上、下卷）。

1979 年

3 月 19 日，中共中央做出撤销 1971 年 8 月 13 日转发的《全国教育工作会议纪要》的决定，批判了"两个估计"，全面推翻了"文化大革命"时期有关教育工作的指示，调动了广大教育工作者搞好教育工作的积极性。

3 月 23 日至 4 月 13 日，教育部、中国社会科学院在北京联合召开全国教育科学规划会议。会议讨论了 1978 年至 1985 年的《全国教育科学发展规划纲要(草案)》,确定了教育科学研究的主要门类和重点研究项目,包括教育理论、教育制度、教育行政和教育管理、儿童心理与教育心理、幼儿教育、教材教法、现代化教育手段、学校教育与卫生、少数民族教育、教育史、外国教育共 11 个方面;正式提出要建立我国的教育经济学;将学前教育纳入国家教育科研规划,由此,学前教育进入国家教育科研规划,从"七五"规划开始有了独立的研究课题;提出恢复教育哲学课,并委托北京师范大学和上海师范大学(现华东师范大学)进行教材建设。

4 月 11 日,《教育研究》编辑部邀请部分教育工作者座谈教育科学如何为四个现代化服务和如何使教育科学研究现代化的问题。

4 月 12 日,中国教育学会在北京成立。

4 月 15 日,中央教育科学研究所编辑、人民教育出版社出版的《教育研究》杂志创刊。这是中华人民共和国成立以来第一个教育科学理论刊物。

4 月,中国教育学会教育学分会成立。

4 月,孟宪承编的《中国古代教育文选》由人民教育出版社出版发行。该书与孟宪承、陈学恂等编的《中国古代教育史资料》(1961)一起,在新时期教育史文献资料书籍编纂方面提供了优秀的范例。

6 月,上海师范大学(现华东师范大学)成立高等教育研究会。

9 月 24 日至 25 日,全国教育史研究会成立大会暨第一届年会筹备会议召开。会议的主要内容包括确定全国教育史研究会成立大会暨第一届年会的会议日期,起草研究会章程,讨论确定第一届年会的会议主题,等等。关于第一届年会的主题,与会者认为第一届年会应以"实践是检验真理的唯一标准"为指导,研讨中外教育史教材编写和研究工作中的若干问题,交流中外教育史研究的具体成果。

10 月 15 日至 17 日,全国高等教育科学研究会筹备工作会议在上海举行。上海师范大学高等教育研究会、厦门大学高等教育科学研究室、北京师范大学高等教育研究会筹备组、南京大学教学顾问组、兰州大学高等教育研究室、清华大学教育科学研究组筹备组、上海交通大学教学法委员会和上海市高等教育研究会筹备组等 8 个单位参加了这次会议，共同作为全国高等教育研究会的发起单位。

11 月 3 日，中国教育学会幼儿教育研究会在南京正式成立并召开第一届年会。陈鹤琴任名誉理事长，左淑东任理事长。1992 年 2 月经民政部批准，更名为中国学前教育研究会，成为国家一级学会。

11 月，上海市高等教育研究会召开成立大会，推举上海市高教局副局长余立为会长。这是新中国成立以来第一个由多所院校参加的地区性高等教育研究组织。

12 月 12 日至 18 日，全国教育史研究会成立大会暨第一届学术年会在浙江杭州召开。此次会议坚持"实践是检验真理的唯一标准"这个根本原则，讨论了中外教育史研究中的若干理论问题，总结了教学与科研中的经验教训，宣读了学术论文，进行了学术交流。来自中央教育科学研究所、北京师范大学、上海师范大学（现华东师范大学）、吉林师范大学（现东北师范大学）、杭州大学等校的 61 名代表参加了会议。成立大会通过了研究会会章，产生了第一届理事会。刘佛年任理事长，刘松涛、王越、陈景磐、陈学恂、赵祥麟、滕大春为副理事长，陈元晖为顾问，江铭为秘书长。

该年，中国教育学会比较教育研究会正式成立，并创办了会刊《外国教育》。

该年，教育部所属中央教育科学研究所下设成人教育研究中心，标志着成人教育专门研究机构和专职理论工作者产生。

该年，张宪宏教授出席第一次世界继续工程教育大会，"继续教育"这一概念被引入我国。

该年，教育部批准北京师范大学、上海师范大学（现华东师范大学)成立现代教育技术研究所。

该年,上海师范大学(现华东师范大学)外国教育研究室经教育部批准改建为外国教育研究所,1993年又更名为国际与比较教育研究所。

该年,北京师范大学开始招收比较教育硕士研究生。

该年,清华大学成立理工教育研究室,河北大学设立教育研究室。

该年,第二届全国外国教育学术研讨会在上海师范大学(现华东师范大学)召开。

该年,《外国教育动态》正式复刊。

1980 年

2月12日,第五届全国人民代表大会常委会第十三次会议审议通过《中华人民共和国学位条例》,于1981年1月1日起施行,标志着我国学位制度正式建立。

3月至6月,北京师范大学教育系邀请美国哥伦比亚大学比较教育学学者胡昌度教授来校讲学。同时教育部高教司组织了比较教育教师研修班,学员是来自全国10所高等院校的10多名教师,他们一方面跟随本科生听课,同时又请胡昌度教授介绍国外比较教育学科发展的情况和趋势。在此基础上,这10多名教师,在王承绪、朱勃、檀仁梅教授的指导下,编写出了中华人民共和国成立以后第一部大学本科生使用的《比较教育》教材,初步恢复了比较教育学在我国的重建。

4月,《电化教育》(双月刊)创刊。

6月13日至28日,教育部在北京召开全国师范教育工作会议,这是中华人民共和国成立以来召开的第四次全国范围的师范教育工作会议,也是"文化大革命"结束后召开的第一次全国范围的师范教育会议。会议在认真总结师范教育发展的历史经验的基础上，分析了当时所面临的形势，明确了师范教育在整个教育事业中的"工作母机"地位，提出要把发展师范教育作为发展整个教育的基础性建设工作。中共中央书记处对这次会议十分关心，于6月27日，邀请出席会议的部分代表座谈了师范教育问题。

8月26日至29日，全国高等教育学会筹备会在厦门鼓浪屿举行了第二次筹备会议。

8月，中央教育科学研究所在北京召开了全国教育经济学研究工作交流会，于光远、许涤新、董纯才等著名经济学家和教育家倡导建立我国的教育经济学。

10月14日，教育部颁布《幼儿师范学校教学计划试行草案》。这是1968年后，教育部颁发的第一个幼儿师范学校教学计划。

10月27日，教育部发出了《关于大力办好高等师范专科学校的意见》。该文件明确指出，高等师范专科学校是我国高等师范教育体系中的重要组成部分，它担负着为初级中学培养合格师资的任务。

10月，华中工学院（现华中科技大学）设立高等教育研究室。

10月，在我国著名教育家、教育学家、时任华东师范大学校长刘佛年教授的倡导和关心下，华东师范大学组建了全国大学中第一所教育科学学院，刘佛年任首任院长。

10月，上海市高等教育研究所成立。

11月，《电化教育研究》第一期在甘肃师范大学（现西北师范大学）创刊发行，南国农任主编。

11月，华东师范大学教育系、杭州大学教育系编译的《现代西方资产阶级教育思想流派论著选》由人民教育出版社出版。

12月12日至17日，以"中国教育史学科体系"为主旨的专题研讨会在华东师范大学召开。

该年，河南师范学院教育系恢复，北京大学和华中工学院（现华中科技大学)设立高等教育研究室。

该年,由华中工学院(现华中科技大学)主办的《高等教育研究》创刊,面向国内外公开发行。

该年,《职业技术教育》创刊。

该年,教育部重新设立特殊教育处,由初等教育司领导。

1981 年

1月,中央教育科学研究所教育理论研究室和北京师范大学教育系、教育科学研究所联合举办以"进一步解放思想、搞好教育科研"为题的座谈会。

1月,华东师范大学出版社出版了赵祥麟、王承绪主编的《杜威教育论著选》。该书是我国改革开放后第一本杜威教育著作选集。1985年获上海市哲学社会科学著作奖。

1月,北京教育行政学院学校管理教研室编写的《学校管理》由教育科学出版社出版。

3月,丁酉成等翻译的苏联学者科斯塔年的《教育经济学的对象和方法》出版,这是改革开放后我国学者翻译的第一本外国教育经济学著作。

4月,中国成人教育协会成立,臧伯平任会长。中国成人教育协会是全国成人教育群众性、学术性社会团体,开创了我国群众性成人教育学研究的先河。其宗旨是团结全国各类成人教育研究组织和成人教育工作者,以马列主义、毛泽东思想为指导,坚持党的基本路线,坚持理论联系实际的原则,面向基层,开展成人教育理论与实际问题的研究。

5月20日,国务院批准实施《中华人民共和国学位条例暂行实施办法》。其中第二条规定了学位按十个学科的门类授予,包括哲学、经济学、法学、教育学、文学、历史学、理学、工学、农学、医学。

由此形成了我国学科、专业目录的基本框架。

6 月，人民教育出版社出版了曹孚、滕大春、吴式颖、姜文闵所编的《外国古代教育史》。该书是新中国成立后我国外国教育史专家独立编写的有关外国古代教育史的教材。

8 月，教育经济学研究会筹备组在北京举办讲习班，邱渊教授系统介绍了西方和苏联教育经济学的产生、发展和基本内容。

12 月，中央教育科学研究所《教育研究》杂志编辑部与中国社会科学院社会学研究所联合召开"教育与社会"座谈会，探讨教育社会学学科的恢复重建问题。

该年，教育部对 186 所高等师范学校进行了调查和统计，教育学类专业有学校教育、学前教育、电化技术教育和教育学，这四个专业均为本科，不在专科进行设置。

该年，湖南大学高等教育研究室成立。

该年，第三届全国外国教育学术研讨会在河北大学召开。

该年，经国务院学位委员会批准，北京师范大学、华东师范大学获批教育学原理二级学科博士学位授予权；北京师范大学、华东师范大学、东北师范大学、山东师范大学获批教育学原理二级学科硕士学位授予权。

该年，《课程·教材·教法》创刊。

该年，西北师范学院教学论学科被批准获得博士点，这是我国首个具有招收教学论博士研究生资格的高校。

该年，北京师范大学和华东师范大学最先获批比较教育学学科硕士点，比较教育学正式成为二级学科。

该年，厦门大学高教研究室招收了国内的第一个高等教育学专业研究生。

该年，华东师范大学在我国高校中最早设立了成人教育研究机构——成人高等教育研究室。

1982 年

1 月，北京师范大学根据教育部的意见，在教育系成立了特殊教育研究室，成为我国第一个特殊教育理论研究基地。

2 月，南京师范学院率先开设教育社会学课程，揭开了重建教育社会学学科制度的序幕。北京师范大学也在 1982 年开设了教育社会学课程，此后华东师范大学也开设了此课程。

3 月下旬，东北师范大学教育系邀请东北地区高等师范院校公共教育学课教师，就教育学教材建设和教育学教师有关问题进行了座谈讨论。

3 月，北京师范大学教育经济学研究组编写的《教育经济学讲座》出版，这是改革开放后我国学者自主撰写的第一本教育经济学著作。

5 月 14 日至 15 日，全国教育史研究会第二届学术年会由陕西师范大学教育科学学院承办。这届年会以马克思列宁主义、毛泽东思想为指导，贯彻"古为今用""洋为中用"和"百花齐放，百家争鸣"方针，开展对孔子、陶行知、杜威、赫尔巴特教育思想的评价，并组织对杨贤江、徐特立教育思想以及老解放区教育经验的研究和讨论，收到论文近 200 篇。会议产生了第二届理事会。刘佛年为理事长，陈元晖、刘松涛为顾问，陈景磐、王越、任炎、陈学恂、赵祥麟、滕大春为副理事长，江铭为秘书长，韩达、郑登云为副秘书长。

6 月，教育科学出版社出版游正伦编著的《教学论》一书，该书是改革开放后，教学论成为高校相关专业的一门独立课程后，依据该课程的讲义编著而成的第一本教学论教材。

7 月，辽宁教育学院、大连教育学院承办了全国教育学院学校管理学研究会。会后在全国以及地方相继成立了教育管理学学术组织和专业性研究机构。

7 月，黄济的《教育哲学初稿》由北京师范大学出版社出版，这是教育学恢复重建以来第一本教育哲学著作。

8月，教育部经国务院批准，将此前设置的工农（业余）教育司改建为成人教育司。这是我国历史上首个以"成人教育"概念命名的政府职能部门。

8月，经国务院同意，教育部中等专业教育司改设为职业技术教育司。

10月21日，国务院批准了教育部《关于加强教育学院建设若干问题的暂行规定》。该文件首先明确了教育学院的地位："教育学院是承担培训中学在职教师、教育行政干部的具有师范性质的高等学校，是我国社会主义师范教育体系的重要组成部分。"该文件还就教育学院的任务、学员、师资队伍建设、办学条件、领导体制及组织机构等一系列问题做了规定。

11月11日，中国教育学会特殊教育研究会在江西南昌成立。它是我国特殊教育的群众性专业学术团体。其宗旨是：团结和组织全国特殊教育工作者，以马克思列宁主义、毛泽东思想为指导，研究盲、聋、弱智教育理论和实践问题，促进特殊教育科学的发展，提高特殊教育工作质量。第一届理事会推举李掬为理事长，李枚子、朴永馨、银青络为副理事长，李宏泰为秘书长。

12月2日，国家教育部正式启用"南京特殊教育师范学校"印章，中华人民共和国第一所中等特殊教育师范学校宣告成立。

12月，由王承绪、朱勃、顾明远主编的中华人民共和国第一本比较教育学教材——《比较教育》出版。

该年，《华东师范大学学报（哲学社会科学版）》第 3 期设置"教育科学专辑"（代试刊）。

1983 年

3月15日，国务院学位委员会第四次会议决定公布试行《高等学校和科研机构授予博士和硕士学位的学科、专业目录（试行草案）》。国务院学位委员会公布的学科专业目录，将高等教育学、职业教育学正式列为教育学门类下的学科。

3月，《华东师范大学学报（教育科学版）》创刊。

5月24日至30日，教育部在北京举行第二次全国教育科学规划会议。会议明确提出，要坚持以马克思列宁主义、毛泽东思想为指导，以研究我国教育事业的发展与改革过程中的重大现实问题为中心，逐步建立具有中国特色的社会主义教育学科体系。

5月28日至30日，在北京召开了中国高等教育学会成立大会。

6月3日，教育部批准华南师范大学、华东师范大学开设电化教育本科专业，学制为四年。

6月12日，经国际成人教育理事会批准，中国成人教育协会作为会员，正式加入国际成人教育理事会。

6月24日，《中国社会科学》杂志社在北京召开了以"教育科学的现状与发展"为主题的学术座谈会，并邀请各地学者进行笔谈。《中国社会科学》第5期、第6期刊登了这次座谈会的发言摘要。

7月21日至27日，第四届全国比较教育学术年会在东北师范大学召开。会议围绕比较教育如何为开创我国教育新局面服务这一中心课题，结合国内外的理论和实践，进行了认真的讨论。"外国教育研究会"正式更名为"比较教育研究会"，顾明远被选为理事长。

8月20日至26日，全国教育学研究会在长春举行了第三届年会。会议就教育学研究在新的历史时期如何开创新局面等问题进行了讨论。

9月26日，全国教育科学规划领导小组成立。

9月，以"外国教育史学科体系"为主旨的专题研讨会在安徽黄山召开。讨论会本着坚持四项基本原则，解放思想，实事求是，提出问题，交流看法，不作结论的精神，就建立新的外国教育史学科体系这个总题目，着重讨论了学科名称、学科研究对象和范围、学科体系中的"中心"和"主线"、学科体系历史分期等方面的问题。

9 月，南京师范大学开始招收教育社会学方向的硕士研究生。

10 月 1 日，邓小平为北京景山学校题词：教育要面向现代化，面向世界，面向未来。

10 月 17 日至 22 日，华东、华北地区七院校教育学第三次学术讨论会在天津举行。会议就如何建立具有中国特色的教学论科学体系等问题进行了讨论。

10 月，中国教育学会学校管理研究会成立大会及首届学会年会在西安召开。

10 月，英国伦敦大学国王学院著名比较教育学专家埃德蒙·金教授，应我国教育部中央教育科学研究所和北京师范大学外国教育研究所的邀请，偕同夫人前来我国进行访问和讲学。他在北京师范大学做了"教育如何适应科学技术的迅速变革""从学校到工作的过渡：对一个世界性问题的研究""教师作用的变化和师范教育对此做出的反应""高等教育：改革、趋势和研究"共四个专题报告，受到与会者的欢迎。

11 月 14 日至 19 日，《高等教育学》教材听取意见座谈会在华中工学院（现华中科技大学）召开。

该年，潘懋元著的《高等教育学讲座》一书由人民教育出版社出版；熊明安编著的《中国高等教育史》一书由重庆出版社出版；李冀主编的《普通高等学校管理》一书由广东科技出版社出版。

该年，北京大学设立高等教育学硕士点。

该年，在第二次全国教育科学规划会议上，成人教育课题首次被纳入"全国教育科学规划"，两项课题分别是：张腾霄的"干部教育问题研究"、王文林和余博的"成人教育概论"。

该年，职业教育在全国教育科学规划办公室立项了首个科研项目。

该年，在关于设置普通高等师范院校本科专业目录的会议上，以顾明远、瞿葆奎教授等为代表的教育技术学及教育学专家正式提出确立"教育技术学"专业，并将其确定为教育学中的二级交叉学科。

该年，北京教育行政学院首开教育管理专业，教育管理成为一门独立的学科，它的独立地位重新被人们确认。

该年，博士和硕士学位的学科专业目录中，教育学一级学科下设 14 个二级学科，分别是：教育基本理论、教学论、德育原理、中国教育史、外国教育史、比较教育学、特殊教育学、幼儿教育学、成人教育学、高等教育学、教材教法研究、教育科学研究法、教育经济学、学校管理与领导。其中教学论是普通教育学中的教学论，教材教法研究是学科中的教材教法研究。

1984 年

4 月，南国农等编著的《电化教育基础》由甘肃人民出版社出版。

5 月 14 日，国际成人教育协会和中国成人教育协会在上海联合举办了国际成人教育讨论会。

6 月，北京师范大学的王天一、夏之莲、朱美玉编著的《外国教育史·上册》由北京师范大学出版社出版。

7 月，潘懋元主编的《高等教育学（上）》由人民教育出版社和福建教育出版社联合出版，这是中华人民共和国高等教育学的第一部系统著作。

9 月，《学位与研究生教育》创刊。

10 月，全国教育经济学研究会在黄山成立。

11 月 26 日至 12 月 1 日，中国高等教育管理研究会在北京召开成立会暨学术讨论会。

秋季起，华东师范大学、北京师范大学及杭州大学（现浙江大学)等校陆续开始招收教育社会学方向的硕士研究生。

该年,经国务院学位委员会批准,南京师范大学获批教育学原理二级学科博士学位授予权。

该年,山西大学开始招收课程论专业的研究生。

该年,华东师范大学的教育史学科被批准为博士点,北京师范大学首设外国教育史硕士点。

该年,北京师范大学和浙江大学通过了比较教育学专业的博士点审批。

该年,北京师范大学学前教育专业开始招收和培养硕士研究生,标志着我国学前教育研究生教育的开始。1993 年,北京师范大学学前教育专业开始招收和培养博士研究生。1994 年,南京师范大学学前教育专业拥有了我国第一个幼儿教育学博士点。2001 年华东师范大学也开始招收学前教育专业博士研究生。

该年,经教育部批准,北京大学设立高等教育科学研究所,下辖教育经济与管理、教育评估、中国高等教育与国际比较教育三个研究室和高等教育情报室,汪永铨任所长。

该年,中国高等教育学会高等教育管理专业委员会成立,后于 2003 年更名为中国高等教育学会高等教育管理研究会。

该年,中国教育学会比较教育分会加入世界比较教育学会;世界比较教育学会联合会会议主题为"教育中的从属性与相互依赖性";北京师范大学、浙江大学比较教育学博士点通过审批,顾明远成为第一位比较教育学博士生导师。

1985 年

1 月,由华东师范大学瞿葆奎教授主持的全国哲学社会科学"七五"规划国家级重点研究课题的重点工作之一——《教育学文集》的选编工作开始。这是中华人民共和国第一部大型、成套、专题分卷的教育学资料，由人民教育出版社陆续出版，共 26 卷，1996 年 9 月全部完成出版。

2 月，由潘懋元主编的《高等教育学(下)》一书由人民教育出版社和福建教育出版社联合出版；由郑启明、薛天祥主编的《高等教育学》一书由华东师范大学出版社出版。

2 月，华东师范大学教育系、杭州大学(现浙江大学)教育系合编的《西方古代教育论著选》由人民教育出版社出版。

4 月，《外国教育史教学参考资料》由华东师范大学教育系外国教育史教研室编写。

6 月，中国教育学会教育学分会教学论专业委员会成立。

7 月 5 日，《国务院批转国家科委、教育部、中国科学院关于试办博士后科研流动站的报告的通知》发布。

7 月，首届中国教育学会教育学分会教育基本理论专业委员会学术会议在北京召开。会议主题为：当前教育基本理论研究中的几个问题。会议主要议题有：关于改革传统教育思想和方法问题；关于教育和经济的关系问题；普通教育与职业教育的关系问题；关于教育研究的方法论问题。

7 月，全国学校管理研究会在贵州省贵阳市召开了第二次学术年会，主题是以"三个面向"和《中共中央关于教育体制改革的决定》为指针，探讨和交流学校管理改革的理论和实践问题，会后精选论文 33 篇，编辑成《学校管理的科学与艺术》一书。

8 月 4 日至 10 日，中国高等教育学会在哈尔滨召开了第一届理事会暨学术讨论会。

8 月，北京师范大学的王天一、夏之莲、朱美玉编著的《外国教育史·下册》由北京师范大学出版社出版。

9 月，《教育与经济》(季刊)杂志创刊。

10 月 15 日至 22 日，全国教育史研究会第三届学术年会由西南师范大学教育学院承办。年会主题为：按照邓小平同志提出的"教育要面向现代化，面向世界，面向未来"的指示，和《中共中央关于教育体制改革的决定》的精神，结合教育史学科的特点，探讨历史上教育发展和改革的经验与教训，为我国教育事业提供可资借鉴的经验。年会共收到论文 80 余篇。

11 月，第一届全国教学论专业委员会学术年会在黑龙江省哈尔滨市召开。会议对教学论的教学和研究现状与问题进行了深入的讨论。会议期间，成立了全国教学论专业委员会。

11 月，潘懋元编著的《高等教育学讲座（增订本）》由人民教育出版社出版。

11 月，《德育原理》编写组编写的《德育原理》由北京师范大学出版社出版，这是中华人民共和国成立后第一本《德育原理》教材。

该年，南国农主编的《电化教育学》、梁育腾和丁学儒主编的《电化教育基础》，由高等教育出版社出版。

该年，《中共中央关于经济体制改革的决定》和《中共中央关于科技体制改革的决定》颁布后，《中共中央关于教育体制改革的决定》颁布。该文件指出了我国教育体制改革的正确方向，确定根本目的、指导方针，提出了新的历史时期我国教育事业发展的战略目标。

该年，国家教育委员会决定对高等师范院校的专业目录进行修订，1985 年 12 月至 1986 年 5 月，国家教育委员会委托北京师范大学，对高等师范院校本科基本专业目录的有关问题进行了调查，在调查研究的基础上提出了《普通高等师范院校本科基本专业目录（草案）》。

该年，《中国教育通史》第一卷出版，至 1989 年出齐六卷，是 20 世纪 80 年代最具代表性的《中国教育通史》。

该年，《职教论坛》《职教通讯》相继创刊。

该年，华东师范大学设立教育管理学硕士点，萧宗六教授招收了中华人民共和国成立后第一个教育管理学硕士研究生。

该年，张济正、吴秀娟、陈子良编著的《学校管理学导论》被国家教育委员会列为高等学校教育类专业教材，是师范院校系统第一本本科使用的学校管理学教材。

1986 年

6月，傅统先、张文郁著的《教育哲学》由山东教育出版社出版。

6月，普通高等师范院校本科基本专业目录修订工作研讨会在北京召开，会后对提交的《普通高等师范院校本科基本专业目录（草案）》进行了修订，于 1987 年 4 月形成了《普通高等师范院校本科基本专业目录》的初稿。

7月，全国学校管理研究会在黑龙江省哈尔滨市召开了学校管理学研讨会，就学校管理学的主要概念及体系进行了研究。

8月，王茂荣、朱仙顺、李元海合编的《成人教育学基础研究——理论与实践》（上下册），由上海第二教育学院、上海市成人教育研究室出版。

9月15日至19日，第五届全国比较教育学术年会在华中师范大学召开。会议分组为：教育思想、教育理论小组，普通教育小组，职业技术教育小组，高等教育小组，比较教育学教材编写小组。

9月，北京师范大学开始招收教育经济方向的博士研究生。

10月，在全国教育科学规划领导小组之下，职业技术教育学科规划组建立，标志着我国正式将职业技术教育研究纳入国家教育科学研究规划体系，职业教育科研事业开始走向系统化和规范化的道路。

11月14日至18日，中国教育经济学研究会一届二次学术年会在江苏省南京市召开，全国 20 个省（自治区、直辖市）的 70 多名代表参加了会议。这次会议以"教育必须为社会主义建设服务，社会主义建设必须依靠教育"为指导思想，集中讨论了普及九年制义务教育问题、农村教育经济问题及教育投资利用效率问题。

11 月，全国教育哲学专业委员会筹备会议在山东省济南市召开。

12 月 1 日至 5 日，国家教委、国家计委、国家经委、劳动人事部、中共中央组织部、全国职工教育管理委员会在山东省烟台市联合召开全国成人教育会议。会议总结了成人教育工作经验，研究了成人教育的改革和发展问题，讨论修改出《关于改革和发展成人教育的决定（草案）》，以及成人教育的若干条例及工作制度。

该年，经国务院学位委员会批准，东北师范大学获批教育学原理二级学科博士学位授予权。

该年，华中师范大学的廖哲勋教授开始在国内招收课程论硕士研究生。

该年，浙江大学中国教育史学科被批准为博士点。

该年，河北大学设立外国教育史专业博士点，滕大春为博士生导师。

该年，华中师范大学教育史硕士点被批准设立。

该年，陈学恂、张瑞璠申请的全国哲学社会科学国家重点研究课题"多卷本中国教育史第一卷"立项。

该年，经国务院学位委员会批准，厦门大学获批高等教育学二级学科博士学位授予权。华东师范大学和华中工学院（现华中科技大学）获教育学一级学科授权，可招收高等教育学专业研究生。北京航空航天大学和北京科技大学开始招收培养教育管理学硕士研究生（高等教育方向）。

该年，国务院学位委员会批准北京师范大学、河北大学、华南师范大学招收教育技术学硕士研究生。

该年，北京师范大学成立了全国第一个教育管理学院，在教育系设立教育管理专业，并获得教育管理学硕士学位授予权。

该年，布卢姆、克拉夫斯基应华东师范大学的邀请来华讲学。

1987 年

1 月，中国教育学会幼儿教育研究会与湖南长沙师范学校联合创办《学前教育研究》（双月刊），为研究会会刊。《学前教育研究》后被评为"中文核心期刊""全国学前教育理论核心期刊"。

3 月 23 日至 30 日，全国教育科学规划预备会议在北京召开。与会代表在回顾"六五"规划期间教育科学研究成绩的基础上，对教育科学研究"七五"规划期间的目标、教育科研的指导思想、教育科研队伍的建设等问题进行了讨论。

4 月 13 日至 18 日，全国高等教育管理理论体系研讨会在华东师范大学召开。

5 月，国家教委师范司在天津召开了专业目录审定会，再次修订《普通高等师范院校本科基本专业目录》，对初稿进行了审定，会后经过加工整理，最终形成了征求意见稿。此次修订后教育类专业变为 5 个，分别是：学校教育、学前教育、特殊教育、教育管理和电化教育。根据该专业目录，全国各高等师范学校对专业设置开始进行调整。

6 月 25 日至 29 日，全国教育史研究会第四届学术年会暨会员代表大会由华中师范大学教育学院承办。会议的主要任务为：讨论和修改研究会章程，选举第三届理事会，进行学术讨论。讨论的中心问题有：如何以马克思主义的历史唯物主义观点去正确地评价中国传统教育与西方文化教育；如何在教育史研究与教学的实际中继续贯彻好"古为今用""洋为中用"的方针，从而使教育史学科更好地为建设社会主义精神文明服务。

6 月，全国首届学习科学学术讨论会在南京召开。这次会议的召开标志着我国学习科学的研究开始走向自觉的、有组织的研究阶段。

7 月中旬，第三次全国教育科学规划会议在北戴河召开。会议讨论了教育科学"七五"总体规划等。

8 月 14 日，中国高等教育学会第二届会员代表大会暨学术年会在北京召开。

8 月 25 日至 30 日，全国首届中青年教育理论工作者研讨会在辽宁省大连市召开，会议主题为：教育改革的理论与实际问题。本次会议由中国教育学会、辽宁师范大学和辽宁省教育学会联合举办，来自全国 20 多个省（自治区、直辖市）的 70 余位代表参会。会议主要议题有：十一届三中全会以来我国在教育理论研究方面所取得的进展；我国教育改革中存在的主要问题；关于当前教育改革的对策思考。

8 月，安徽教育出版社出版了单中惠编译的《杜威传》。该书是中华人民共和国成立后出版的第一部有关美国教育家杜威的传记性著作。

9 月 20 日，《华东师范大学学报（教育科学版）》第 3 期发表了叶澜的文章《关于加强教育科学"自我意识"的思考》。

9 月 20 日至 23 日，全国学校管理研究会第三届学术年会在四川省成都市举行，并进行了换届，会后出版了《学校管理新论》。

9 月 26 日至 30 日，第二届全国教学论学术年会在华中师范大学召开。与会代表围绕"加强教学理论与实际的结合、深化普通教育改革"这一主题，展开了热烈的讨论。

10 月，《中小学管理》（双月刊）创刊。

11 月 7 日，学校管理研究会更名为中国教育学会教育管理研究会。

11 月，江苏省教育学研究会在南京举行了关于"教育学的现代化、科学化"的学术讨论会，专题研讨教育学自身发展的问题。

12 月 15 日，国家教委等部门联合发出《关于开展大学后继续教育的暂行规定》。

12 月 21 日至 26 日，德育论专业委员会第二届年会在成都举行，会议主题有：社会主义初级阶段德育的特点；社会主义初级阶段对德育的要求与德育的价值；社会主义初级阶段德育目标与内容。

该年，我国第一位中国教育史博士俞启定毕业。

该年，我国成为世界比较教育学会执委会常务成员国。

该年，中国第一个职业教育学硕士点在华东师范大学创设。

该年，中国教育学会教育学分会教育哲学专业委员会（又称全国教育哲学专业委员会）正式成立。

1988 年

1 月，辽宁教育委员会创办《特殊教育》（季刊），这是我国首个特殊教育期刊。

3 月 28 日，国家教委发出《关于加强电化教育教材建设的意见》。

7 月，厦门大学高等教育研究所经国家教委批准，成为全国高等教育学重点学科点。

9 月 23 日，国家教委发布《关于招收和培养外国来华留学研究生的暂行规定》。

9 月，在世界学前教育组织（OMEP）于布拉格举行的理事会上，我国被接受为正式会员，成立了世界学前教育组织中国委员会。该组织是与联合国教科文组织有咨询关系的非政府机构。

9 月，世界未来研究联合会第十届大会在北京召开。此届大会是由该联合会与中国科学院、中国社会科学院等单位共同主办的。大会主题是：发展的未来——文化、经济、科学、政治展望。项宗萍、方意英和赵寄石等应邀出席了此次大会。

10 月 13 日，经国家教委批准，北京师范大学特殊教育研究中心正式成立，属于国家级特殊教育科研机构。

10 月 16 日至 20 日，中国教育经济学研究会二届一次学术年会在辽宁省丹东市召开，全国 20 个省（自治区、直辖市）的 60 多名代表参加了会议。与会代表们围绕"教育如何适应社会主义初级阶段商品经济发展的需要"这个中心议题，就教育投资和教育发展战略、教育与商品经济的关系、农村经济发展与教育改革等问题进行了热烈讨论。

10 月 24 日至 27 日，全国教育科学规划领导小组（扩大）会议在北京召开。会议强调，我国教育科学应加强宏观研究。

10 月 29 日至 11 月 2 日，第二届大学教育思想研讨会在南京召开。

12 月 21 日至 25 日，由北京师范大学学科教育学研究中心发起、28 所高等师范院校参加的学科教育学理论研讨会在北京举行。

12 月，遵照党中央关于在全国理论界开展纪念党的十一届三中全会召开十周年活动的部署，《教育研究》编辑部特约我国教育界、教育理论界的一些著名学者，分别就教育科学的总体研究、教育基本理论、教育分支学科、教育专题论争、教育科研指导思想、方针政策等几方面撰写文章，编辑成书《党的十一届三中全会以来中国教育科学的回顾与展望》，由教育科学出版社出版，《教育研究》1988 年第 11、12 期和 1989 年第 1 期发表了书中的一些文章。

12 月，《中国现代教育大事记》由教育科学出版社出版。

该年，中央教育科学研究所特殊教育研究室成立，陈云英博士担任研究室主任。

该年，国务院学位委员会办公室和国家教育委员会研究生司发布了《授予博士、硕士学位和培养研究生的学科、专业目录（修订草案）》。该本件包括教育学专业 16 个，分别是：教育学原理、德育原理、教育科学研究法、教学论、学科教学论、中国教育史、外国教育史、比较教育学、幼儿教育学、高等教育学、成人教育学、职业技术教育学、特殊教育学、教育技术学、教育经济学和教育管理学。

1989 年

4 月 7 日至 10 日，我国第一个教育社会学学术团体——中国教育学会教育学分会下属的教育社会学专业委员会在杭州大学(现浙江大学)召开成立大会暨学术研讨会。首任主任委员为华东师范大学的张人杰教授。会议首先交流了各高等学校教育社会学课程的开设情况，代表们相互交流了教学大纲，并就课程建设进行了研讨；在交流课程建设情况的基础上，还着重讨论了我国当时教育社会学应当研究的主要课题，大致包括三个方面：教育问题的社会学分析，如教育危机的社会学分析，学业成败的社会学分析，青少年学生犯罪的社会学分析，教育价值观的社会学分析等；学科理论自身的建设，如教育社会学的研究对象，学科性质与研究方法，教育与个体社会化，学校文化，班级群体，教育民主化等；针对地区特点的研究，如教育与社区文化建设，区域文化对教育的影响等。此外，会议代表还就教师的社会地位与"隐蔽课程"进行了专题讨论。经过代表们认真讨论，会议初步决定将"教育危机的社会学分析"作为首项全国协作研究课题。

5 月 24 日至 28 日，第二届中国教育学会教育学分会教育基本理论专业委员会学术会议在华中师范大学召开。会议主题为"教育与人"。

5 月，德育论专业委员会在南京举行第三届年会，会议主题是：社会主义初级阶段与德育学科建设。

8 月 15 日至 19 日，全国教育理论刊物第一次协作会议在山西省太原市召开。

秋季起，南京师范大学与华东师范大学相继开始招收教育社会学方向的博士研究生。

11月，针对 1988 年专业设置调整和改革中存在的问题，国家教委制定了《高等学校教育系教育专业改革的意见》，教育专业调整为幼儿教育、小学教育、特殊教育、中等教育（含职业技术教育）和高等教育，体现专业设置与社会需求的联系，突出教育专业的实用性。另外，该文件指出今后对较高层次的教育管理人员、高校师资和科研人员，应主要通过研究生教育进行培养。

12月，滕大春主编的六卷本《外国教育通史》的第一卷由山东教育出版社出版，到 1996 年出齐。

该年，第三届全国教学论专业委员会年会在广西师范大学召开。

该年，《教育史研究》创办，成为我国教育史界唯一的专业性权威学术期刊，是中国教育学会教育史研究会的会刊。

该年，天津大学设置职业技术教育学院。

1990 年

4月10日，国家教委召开全国首届教育科学优秀成果评选结果新闻发布会。

4月23日至28日，由全国教育科学规划领导小组办公室召开的全国教育科研工作座谈会在天津教科院举行。

5月18日至24日，以"教育、科技和人"为主题的跨学科全国第一次学术研讨会在北京师范大学召开。会议就如何建立新的教育科学体系等问题进行了讨论。

7月10日，国家教委职业技术教育中心研究所在北京成立。

7月16日至21日，第二次全国中青年教育理论工作者学术研讨会在四川省成都市召开，会议主题为：教育与社会发展。顾明远主持会议，刘佛年、吕型伟、潘懋元等出席会议并讲话。此次会议由中国教育学会和四川教育出版社联合举办，来自全国各地 80 余位代表参会，其中中青年教育理论工作者约 50 人，提交论文 50 余篇。

会议主要议题有：教育对社会发展影响的双重性；提高教育的社会吸引力；教育与经济发展的关系；教育与文化关系的研究；教育与人口优化；教育的国防功能；等等。

8月11日至15日，全国教育科学规划领导小组（扩大）会议在大连召开。

8月17日至22日，第三届中国教育学会教育学分会教育基本理论专业委员会学术年会在呼和浩特召开。会议主题为"教育·社会·人"。

9月，在芜湖召开的学术会议酝酿成立了教育管理学科专业委员会筹备组；10月25日筹备组报请中国教育学会教育管理研究会审批。

11月13日至16日，中国教育经济学研究会成立十周年纪念大会暨二届二次学术年会在华中师范大学召开，来自全国21个省份的58名代表出席了此次会议。此次会议有两项议程：一是庆祝中国教育经济学研究会成立十周年；二是进行学术讨论，与会者围绕着教育投资的使用效率和社会效益这一中心议题进行了热烈讨论。

11月27日至30日，第六届全国比较教育学术年会在天津市教育科学院召开。大会选举产生了第五届全国比较教育理事会理事46名，顾明远继续担任理事长。大会决定以《外国教育动态》为会刊，并建议易名为《比较教育研究》。

11月，德育论专业委员会第四届年会在杭州举行，会议讨论的主题有：德育科学化问题；正确对待我国传统和西方优秀文化传统道德的问题。

该年，经国务院学位委员会批准，北京大学获批高等教育学二级学科博士学位授予权。

该年，《授予博士、硕士学位和培养研究生的学科、专业目录》公布，教育学学科门类即教育学学科设3个一级学科：教育学、心理学和体育学。其中教育学一级学科下设了 16 个二级学科，包括：教育学原理、教学论、学科教学论、德育原理、教育经济学、教育管理学、中国教育史、外国教育史、幼儿教育学、特殊教育学、高等教育学、成人教育学、比较教育学、教育科学研究法、教育技术学、职业技术教育学。

1991 年

1 月 10 日，中国教育学会教育管理研究会的下属组织教育管理学科专业委员会获批成立，且于 3 月 19 日至 21 日在北京召开了预备会议。

3 月 10 日至 14 日，为加强师范院校教育学科教材建设，国家教委师范司在北京召开了全国师范院校（含教师进修院校）公共课教育学教材改革研讨会。会议在总结 40 多年来师范院校公共课教育学课程、教材建设的经验、教训以及分析公共课教育学状况的基础上，着重对中华人民共和国成立后公共课教育学课程、教材建设的评价，公共课教育学的性质、任务、地位和作用，公共课教育学教材改革的目标、任务及其指导思想开展了讨论。

3 月 12 日，中国教育学会会长张承先在北京主持召开关于编写有中国特色的社会主义教育学的座谈会。《中国教育学刊》第 3 期对这次座谈会做了报道，并刊登了与会人员的发言（包括书面发言）。

5 月，中国教育学会教育社会学专业委员会第二届年会在安徽师范大学举行，会议主题为"中小学生的学业成败：社会学分析"和"教育社会学的学科建设及今后研究重点"。

6 月，《华东师范大学学报（教育科学版）》开辟"教育学改革"讨论专栏。这场讨论持续到 1992 年第 2 期，共发表了 28 篇文章。

8 月 18 日，中国社会学会教育社会学专业研究会成立大会暨学术研讨会在天津召开。成立之初名称为中国社会学会教育社会学研究会，由中华人民共和国民政部批准成立，是中国社会学会的第一个专业研究会，负责人为厉以贤教授。2012 年，经民政部批准，研究会的名称改为中国社会学会教育社会学专业委员会，业务范围为理论研究与学术研讨。

9 月，江西教育出版社出版了"战后国际教育研究丛书"的第一本，至 1996 年 1 月出齐。该丛书以国别史为体裁，选取第二次世界大战后这一独特视角，是研究 1945 年至 20 世纪 80 年代西方各国教育发展的重要著作。该丛书是全国哲学社会科学"六五"规划国家重点课题的研究成果。

10 月 14 日至 17 日，中国教育学会教育哲学专业委员会第五届年会在华中师范大学召开，出席会议的 38 位正式代表，来自全国 20 多所高等师范院校、教育学院及教育科研机构。与会代表就"教育哲学（理论）与教育实验和教育实践的关系"这一主题进行了较为广泛深入的讨论。会议的主要议题有：教育实验是联结教育理论与实践的中介；关于教育理论与教育实践的关系；关于教育哲学研究的问题。

10 月，中国教育学会教育管理研究会教育管理学科专业委员会成立大会暨首届学术年会在华中师范大学举行，年会围绕"教育管理学科的理论体系"这一主题，就学科建设的基本理论与现实问题进行了探讨和研究，标志着教育管理学科专业委员会的正式成立。

10 月，德育论专业委员会在武汉华中师范大学召开第五届年会，讨论主题为：学校德育的传统与变革，关于民族文化传统的继承与发展问题，建立学校德育新格局问题，等等。

11 月 6 日，第三次全国中青年教育理论工作者学术研讨会在云南省昆明市召开，会议主题为：弘扬民族文化，深化教育改革。顾明远、吕型伟等出席。此次会议由中国教育学会和云南教育出版社联合举办。会议主要议题有：关于弘扬民族文化对教育的意义；关于如何弘扬民族文化；关于弘扬民族文化与教育改革的关系。

11 月 9 日，中国社会学会教育社会学研究会秘书长会议在北京师范大学召开，会议讨论了研究会的活动类型、试办研究会通讯、发展会员、开展教育社会学的普及工作和学术培训工作、秘书处的分工等议题。

11 月 12 日至 16 日，国家教委师范司在北京召开全国师范院校公共课教育学教材改革调查研究座谈会，旨在为搞好调查研究工作做准备，以切实结合我国的教育实际，编写出体现中国特色社会主义的教育学。

该年，第四届全国教学论专业委员会年会在天津师范大学召开。

该年，北京师范大学获得外国教育史博士学位授予权，开始招收博士生，吴式颖为博士生导师。

该年，经国务院学位委员会批准，北京师范大学获批高等教育学二级学科博士学位授予权。

1992 年

3 月 1 日至 8 日，国家教委在北京举办《教育学教学指导纲要》高级研讨班。与会人员就《教育学教学指导纲要》的性质和任务、教育学的学科性质和任务及其在师范院校课程体系中的地位、教育学的任务、教育学学科建设的方法论等问题展开了讨论。

5 月，中国职业技术教育学会学术委员会成立。

8 月 6 日至 9 日，中国教育学会教育学分会第四届代表大会暨学术年会于沈阳举行。与会代表以"面向 21 世纪的中国教育理论发展"为主题，进行了广泛探讨。

8 月，江苏教委主办的《现代特殊教育》（双月刊）创刊。

10 月中旬，中国社会学会教育社会学研究会 1992 年学术会议在湖北省襄樊市召开。会议就"教育社会学学科建设与基本理论"等问题进行了讨论和探索。

11月11日至15日，教育管理研究会在广东省珠海市召开了第三届会员代表大会暨学术年会，并改选换届。会后出版了论文集《教育管理理论与实践的新探索》。

11月12日至17日，第四次全国中青年教育理论工作者学术研讨会在浙江省杭州市召开，会议主题为：教育与社会主义市场经济的关系、教育与科技是第一生产力。吕型伟、顾明远、王承绪、缪进鸿、金锵、肖文、曾成军等出席会议。此次会议由中国教育学会、浙江教育出版社和浙江省教育学会联合举办，来自全国各地的50余位代表参会。会议主要议题有：在计划经济体制下形成的某些教育观念要彻底变革；在讨论教育产业特征的同时，要强调教育事业；能否建立教育市场，还需论证；尽快建立能对教育发展起推动作用的教育运行机制。

11月18日至22日，第六届全国教育哲学专业委员会暨学术讨论会在湖南省长沙市举行，来自全国各地的30多位代表参加了会议，这次会议的主题是"当代教育观念的更新与教育哲学理论构架"。会议的主要议题有：教育的主体性；教育哲学学科建设。

11月，成人教育学被纳入《中华人民共和国国家标准学科分类与代码》，成为教育学二级学科。

12月19日至22日，全国高等教育学科建设研讨会在厦门大学召开。与会代表从过去、现在及未来三个方面，对高等教育学科建设问题进行了热烈而深入的探讨。厦门大学高教所潘懋元教授在这次会议上做了题为《关于高等教育学科建设的若干问题》的专题报告，《高等教育研究》1993年第2期发表了这篇报告。

该年，《外国教育动态》正式更名为《比较教育研究》。

该年，全国性成人教育报刊创刊发行，如《中国成人教育》（中国成人教育协会、山东省成人教育协会、山东省教育厅主办）、《中国成人教育信息报》（中国成人教育协会与北京市教委主办）、《中国培训》(中国职工教育和职业培训协会主办)等。

该年，由四川教育出版社出版的"现代教育丛书"历经五年，终于出齐。"现代教育丛书"以有创见、有新意，从边缘学科、交叉学科的角度进行探索的教育科学著作为主体，同时注意挖掘我国传统教育的瑰宝，并适当介绍国外教育理论的新成果。

该年，《中华人民共和国国家标准学科分类与代码》下发至各地执行，其中规定教育学学科共设有 19 个专业或二级学科，分别是教育史(包括中国教育史、外国教育史等)、教育学原理、教学论、德育原理、教育社会学、教育心理学、教育经济学、教育统计学、教育管理学、比较教育学、教育技术学、军事教育学、学前教育学、普通教育学(包括初等教育学、中等教育学等)、高等教育学、成人教育学、职业技术教育学、特殊教育学、教育学其他学科。

1993 年

1 月 12 日，国务院批准转发了国家教委《关于加快改革和积极发展普通高等教育的意见》，该文件指出，教育行政管理部门要通过修订专业目录和专业设置条例等，加强对教学工作的宏观管理和指导。

3 月，国家教委颁发《中等特殊教育师范学校专业课教学大纲(试行)》，科目有聋童心理学、聋童教育学、手语基础、耳聋预防及康复、聋校小学语文教学法等。

5 月，中国教育学会教育社会学专业委员会第三届年会在广西师范大学举行，会议主题为"国家(地区)现代化与教育变革"。

6 月 8 日，国际成人教育协会在沈阳召开 1993 年国际成人教育研讨会。来自 13 个国家和地区的 155 名外籍代表和我国 160 余名成人教育工作者参加了大会。会议以成人教育与经济发展为主题，讨论了终身教育思想理论、扫盲教育、环境保护教育及卫生保健教育等问题，交流了各国成人教育经验。

6月，《中国职业技术教育》杂志创办。

10月8日至12日，第四届中国教育学会教育学分会教育基本理论专业委员会学术年会在四川师范大学召开。会议主题有两个，分别为"教育学研究的方法论"和"教育与市场经济"。

10月19日至22日，高等教育学研究会成立大会暨第二届学术研讨会在华东师范大学召开。这次会议由中国高等教育学会、上海高等教育学会、华东师范大学高等教育科学研究所和研究会筹备组主持。在这次会议上，正式成立了"中国高等教育学会高等教育研究会"。本次会议主题是：建设有中国特色的社会主义高等教育理论体系。

10月，德育论专业委员会在福州召开第六届年会，讨论主题包括传统道德文化与德育观念更新、市场经济与德育、德育原理学科建设等问题。

11月12日至17日，中国教育学会中青年教育理论工作者研究会成立大会暨第五次学术研讨会在广东省广州市召开，会议主题为：社会主义市场经济与教育改革。王屏山、顾明远等出席，来自全国各地100余位代表参会。会议主要议题有：教育是否具有商品属性，教育能否商品化、市场化；如何看待民办学校的兴起和实现办学体制的多元化；如何实现政府教育职能的转变，改革教育的管理体制；如何更新教育理论研究的指导思想，提高中青年教育理论工作者自身的素质；进一步树立科学的教育理论研究工作的指导思想。大会选举史静寰为第一届理事长。

11月23日至26日，中国比较教育研究会第七届学术年会在北京师范大学召开。此届年会的主题是：面向21世纪的比较教育。与会代表围绕这一主题就以下几个问题进行了集中、热烈的讨论：比较教育的学科建设；文化与教育；市场经济与教育；教育教学改革。

12月，国际教育学研究大会暨第四届日本国际教育学年会在苏州大学举行。

12 月，陆有铨的《现代西方教育哲学》由河南教育出版社出版，这是改革开放后我国学者编写的第一本研究西方教育哲学的专著。

该年，国家教委颁布了《普通高等学校本科专业设置规定》，对专业设置的权限、审批程序、监督检查等都做了相关规定。

该年，《国家教委关于印发〈普通高等学校本科专业目录〉等文件的通知》发布，颁布了《普通高等学校本科专业目录》，专业数量由 671 种减少为 504 种。

该年，经国务院学位委员会批准，华东师范大学获批高等教育学二级学科博士学位授予权。

该年，华东师范大学获批成立了成人教育学专业硕士学位授予点，这是我国第一个成人教育学专业硕士学位授予点。

该年，国务院学位委员会批准在北京师范大学设立教育技术学博士学位点。

该年，在南宁召开的全国教育管理学科专业委员会第二届学术年会围绕"社会主义市场经济体制与学校管理改革"这一主题，对社会主义市场经济体制与学校管理改革的理论和实际问题进行了热烈的讨论。

1994 年

3 月 31 日至 4 月 2 日，全国教育科学规划办公室与天津教育科学研究院联合举办的全国教育科研成果转化学术研讨会在天津举行。

4 月 22 日至 26 日，全国教育科学规划领导小组扩大会议暨全国第二次教育科研工作座谈会在石家庄召开。

4 月，中央教科所特教室主办的《特殊儿童与师资研究》(季刊)创刊，1996 年 4 月更名为《中国特殊教育》。

5 月 7 日至 10 日，第五届全国教学论专业委员会年会在重庆西南师范大学召开。会议围绕教学论学科建设、教学论研究的趋势等问题展开了热烈的研讨。

7月4日至7日，中国教育学会教育哲学专业委员会第七届年会在广东教育学院举行，出席此次年会的代表近50人。除来自大陆（内地）各高校的代表外，大会还特邀了台湾大学、台湾师范大学、高雄师范大学、香港大学教育哲学工作者与会。会议围绕"市场经济条件下的时代精神与教育哲学"这一主题展开了热烈的讨论。会议的主要议题有：市场经济与教育价值观念更新；时代精神的科学概括；教育哲学的历史使命。

7月26日，中国学位与研究生教育学会在北京成立。

7月，黄济主编的《中国传统教育哲学思想概论》由河南教育出版社出版，开启了中国传统教育哲学研究的先河。

10月24日至28日，德育论专业委员会第七届年会在曲阜召开，会议围绕"我国传统道德与德育的批判继承""德育学科建设"等问题展开讨论。

10月25日至29日，全国中青年教育理论工作者研究会第六次学术研讨会在湖北省宜昌市召开，会议主题为：教育改革与区域发展。郭永福到会祝贺。来自全国各地60余位代表参会。会议主要议题有：为什么提出区域发展与教育改革问题；区域教育与区域发展是什么关系；如何缩小教育的区域差异性；教育怎样为促进区域发展服务。

该年年底，根据全国哲学社会科学规划办公室关于开展哲学社会科学各学科研究状况与发展趋势调查的统一部署，全国教育科学规划领导小组办公室在全国教育科学规划领导小组组长、副组长的领导下，组织了全国范围内的关于教育学学科研究状况和发展趋势的调查。调查过程分三个阶段：1994年年底至1995年1月为部署、准备阶段，确定了教育基本理论、德育、高等教育、基础教育、职

业技术教育、教育发展战略 6 个学科规划组所对应的 6 个二级学科，
北京、上海、天津、吉林、辽宁、甘肃、山东、江苏、浙江、河南、
广东、湖北、四川 13 个省、市为主要调查对象，先后召开了上述有
关学科规划组组长和省、市教育科学规划办公室负责人会议，进行
了部署；1995 年 2 月至 4 月为调查阶段；1995 年 4 月至 6 月为调查
分报告汇总及撰写总调查报告阶段。采用文献检索、专家咨询、座
谈讨论、问卷调查等方法进行调查，共形成各类报告 30 份，合计
57.3 万字。关于教育学学科研究状况与发展趋势的总体情况的报告
于《教育研究》杂志 1995 年第 9、10 期发表。总体情况的报告是在汇
总各类分报告基础上写成的。

1995 年

1 月，《电化教育研究》杂志发表了高利明的《教育技术学的
AECT1994 定义及启示》，开启了有关教育技术的大讨论。

3 月 27 日至 31 日，全国高等教育学研究会第三届学术研讨会在
汕头大学召开。会议由全国高等教育学研究会、广东省高等教育学
会和汕头大学高教研究所联合举办。此届学术研讨会的会议主题为：
在新形势下需要重新认识的基本理论问题。

4 月 29 日至 30 日，国务院学位委员会第 14 次会议在北京举行。
会议决定设置和试办教育硕士学位。

5 月 13 日至 15 日，全国教学论专业委员会在北京师范大学召开
了题为"跨世纪思考"的学术研讨会。与会代表在世纪交替之际，认
真地回顾和总结了我国 20 世纪教学论走过的道路，并就教学论的未
来走向进行了讨论。

5 月 28 日至 31 日，中国社会学会教育社会学研究会及全国社区
教育委员会年会在上海召开，来自全国 20 多个省份的近 90 位代表
参会，会议围绕教育同社会、社区协调发展的问题展开了深入的

探讨。

7 月，《教育研究》第 7 期发表了吴钢的《论教育学的终结》一文，文中提出了"教育学终结说"。此文引起了教育理论界的普遍关注。据《教育时报》报道，天津市教科院部分理论工作者以"教育学走向"为题，对教育学的学科定位及发展动力、教育学的分支学科与教育理论交叉学科、教育学的走向与发展等问题进行了深入的学术探讨。《教育研究》1996 年第 3 期又发表了郑金洲的文章《教育学终结了吗？——与吴钢的对话》，对吴钢文中的许多观点提出了不同意见，进行争鸣。

10 月 24 日，中国比较教育研究会第八届学术年会在济南大学召开。会议主题为：亚太地区教育和经济文化发展。

10 月，国家教育委员会师范教育司组编的《教育学学科建设指导性意见》由人民教育出版社出版。

10 月，中国教育学会教育社会学专业委员会第四届年会在华中理工大学召开，会议主题为"社会转型与教育改革"。社会主义市场经济的迅速发展给教育发展变革带来的机遇受到关注，教育"商品化""市场化""产业化"问题成为反思的主题。"整体优化"与"教育重组"成为探讨教育改革问题的重点，有关教育功能的问题也引起了进一步的讨论。

11 月 1 日至 5 日，第五届中国教育学会教育学分会教育基本理论专业委员会学术年会在湖南省张家界市召开。年会主题为"教育与文化的关系"。

11 月，全国中青年教育理论工作者研究会第七次学术研讨会在福建省福州市召开。

该年，在西南师范大学召开的全国教育管理学科专业委员会第三届学术年会围绕"我国教育管理学科的学科建设和教学改革"这一主题，从"我国教育管理学的现状与发展"和"教育管理学科建设"两方面进行了讨论，认为我国教育管理学科正进入一个深入反思和理论完善的阶段。

该年，北京师范大学创立了我国第一个教育管理学博士学位点。

该年，经国家教委批准，全国高等师范院校电化教育（教育技术）教材编审委员会更名为全国高等师范院校教育技术学教学指导委员会。

1996 年

3 月 21 日，全国教育科学"九五"规划课题申报工作结束，共申报 2153 项，比"八五"规划期间增长了 65%。

3 月，由潘懋元主编、国家教育委员会人事司组织编写的《新编高等教育学》一书由北京师范大学出版社出版。

10 月 21 日至 24 日，中国教育经济学会四届一次学术年会在湖北省宜昌市召开，全国 21 个省份的 51 名代表参加了会议。与会者围绕社会主义市场经济与教育改革这一主题，重点讨论了以下问题：社会主义市场经济条件下教育资源的配置方式问题；社会主义市场经济条件下的义务教育机会均等问题；教育投资的总量和管理体制问题；教育资源的利用效率问题。

11 月，德育论专业委员会第八届年会在杭州召开，会议围绕"世纪之交的德育改革""德育现代化"等问题进行了研讨。

12 月 11 日至 16 日，中国教育学会教育史研究会第五届学术年会暨会员代表大会由广西师范大学教育系、广西雷沛鸿教育思想研究会承办。会议议题有：中外教育史的回顾与展望；中外教育史研究的原则与问题；中外教育史学科建设问题；中外教育史学科课程和教学改革问题；深入认识和宣传教育史学科在现时期的作用。来自全国有关高校、研究机构、出版社的百余位代表出席了会议。著名教育家雷沛鸿先生的夫人马清和女士到会祝贺并讲话。会议收到论文 51 篇。会员代表大会进行了理事会换届选举，产生了第四届理事会。孙培青任理事长，王炳照、田正平、单中惠任副理事长，杜成宪任秘书长，张斌贤任副秘书长。中国教育学会秘书长郭永福到会。根据中国教育学会规定，中国教育学会教育史研究会更名为中国教育学会教育史专业委员会(二级学会)。

该年，经国务院学位委员会批准，华中师范大学获教育学原理二级学科博士学位授予权；湖南师范大学获教育学原理二级学科硕士学位授予权。

该年，中国教育学会教育哲学专业委员会第八届年会在济南召开。会议围绕教育现代化、人的主体性与主体教育、现代教育与人文精神等问题开展了热烈的讨论。

1997 年

4 月 27 日至 29 日，全国高等教育学研究会第四届学术研讨会在天津举行，由天津市教育科学研究院承办。此届学术研讨会的会议主题是：高等教育理论研究如何更好地为高等教育发展与改革实践服务。

5 月 26 日至 29 日，第六届全国教学论专业委员会学术年会在陕西师范大学召开。会议围绕我国教学论学科面临的主要问题及其发展选择、学校教育课程改革和课程理论的建设、主体教育的理论与实验研究、教学活动理论与活动课程四个主题，进行了广泛的研讨与交流。

5 月 27 日至 30 日，全国中青年教育理论工作者专业委员会第八次学术研讨会在河南省焦作市召开，会议主题为：中国教育现代化的理论探讨。顾明远、赵闾先到会指导，来自全国各地 50 余位代表参会。会议主要议题有："教育现代化"的概念；教育现代化的基本内容和特征；教育现代化与民族文化传统；我国教育现代化过程中的若干具体问题；区域教育现代化。此次会议进行了理事会换届，张斌贤当选为第二届理事长。

5 月，由瞿葆奎主编、吕达副主编的"教育科学分支学科丛书"开始由人民教育出版社出版。

6 月，国务院学位委员会、国家教育委员会重新下发《授予博士、硕士学位和培养研究生的学科、专业目录》，将教育管理和教育经济两个学科合并为"教育经济与管理"，并从教育学一级学科划到公共管理一级学科下，属于管理学门类。

8 月，张瑞璠、王承绪主编的《中外教育比较史纲》由山东教育出版社出版，此书第一次将中国教育史、外国教育史和比较教育学的研究队伍集结在一起，开展跨学科的综合、交叉研究。

9 月 8 日，国家教委和中国教育学会在北京联合召开中国师范教育创办一百周年纪念会。

9 月，华东师范大学教育系学前教育专业、心理系特殊教育专业和上海幼儿师范高等专科学校合并成立华东师范大学学前教育与特殊教育学院，成为全国学前教育领域率先成立的二级学院。

10 月，中国教育学会特殊教育分会第四次全国代表大会召开。

10 月，潘懋元著、黄赞发、陈梓权主编的《潘懋元高等教育学文集》一书由汕头大学出版社出版。

11 月 13 日至 18 日，首届全国课程学术研讨会暨全国课程专业委员会年会在广州召开，主题为"课程教材现代化：背景、现实与展望"，分别就课程现代化的实质、课程理论与课程实践的关系、课程编制与课程评价、义务教育课程教材和普通高中课程教材、综合课程的理论与实践、活动课程的理论与实践、课程论的学科建设以及其他重要问题进行了多层次、多方面的充分交流和深入研讨。

12 月，叶忠海等著的《成人教育学通论》由上海科技教育出版社出版。

该年，第六届全国教育基本理论专业委员会学术年会在华中师范大学召开。年会主题为：邓小平教育思想及中国社会主义现代化与教育改革的深化。

该年，国务院学位委员会公布新的学科调整规划，将课程论、教学论、学科教学论融合，设立新的二级学科"课程与教学论"。

该年，国务院学位委员会与国家教育委员会联合颁布的《授予博士、硕士学位和培养研究生的学科、专业目录》将成人教育学位列入。

该年，新颁布的《授予博士、硕士学位和培养研究生的学科、专业目录》中，教育学学科门类的一级学科的数量没有变化，仍然有 3 个一级学科，教育学一级下设 10 个专业，包括教育学原理、课程与教学论、教育史、比较教育学、学前教育学、高等教育学、成人教育学、职业技术教育学、特殊教育学、教育技术学。其中，相较于 1990 年的专业目录，撤销了教学论、学科教学论，新设课程与教学论，包括：教学论、课程论、学科教学论。

1998 年

4 月 11 日至 15 日，中国教育学会教育史专业委员会 1997 年学术研讨会由江西师范大学教育科学学院承办。会议主题为：外国中等教育的历史与现状。来自全国有关高校和科研机构的从事外国教育史教学和研究的学者、教师和研究生 60 余人出席了会议。

4 月，王道俊、扈中平主编的《教育学原理》由福建教育出版社出版。

5 月 28 日至 30 日，第九届全国中青年教育理论工作者专业委员会学术研讨会在山西省太原市召开，会议主题为：社会转型期的基础教育改革。会议主要议题有：基础教育的体制改革；课程改革是当前教育改革的一个重点；教师素质是制约基础教育改革的一个重要因素；学生观；不同人对素质教育有各自不同的理解；区域性基础教育发展战略问题；农村基础教育发展问题；基础教育教学质量监控问题；家庭教育问题；等等。

5月，全国教育系科主任工作会议召开。利用此次会议，"面向21世纪教育系科改革研究与实践"课题组采用问卷法对参加会议的29所设有教育系的学校进行了调查，了解全国高校教育系科状况。

6月，杜成宪、崔运武、王伦信著的《中国教育史学九十年》由华东师范大学出版社出版。

8月24日至27日，中国教育经济学会四届二次学术年会在郑州召开，全国21个省份的53位代表出席了会议。与会者围绕着"优化教育资源配置，提高教育资源利用效率"这一主题展开了广泛而热烈的讨论，议题包括教育发展目标与效率、教育成本与效率、学校规模与效率、教育体制与效率、教育公平与效率。

9月，《教育研究》发表了孙喜亭的《中国教育学近50年来的发展概述》一文。该文就中国教育学发展的历程、影响教育学科学化的因素分析、教育学科学化的几个问题进行了研究。

10月13日至18日，中国教育学会教育史专业委员会第六届学术年会由山东师范大学教育系和教科所、曲阜师范大学教育系联合承办。会议主题有"世纪之交：教育史研究的回顾与展望""社会转型与教育变革""中外教育历史传统与中国教育和社会的现代化"。来自全国有关高校、科研机构和出版社的60多位代表出席了会议。大会开幕式及会议在山东师范大学举行，大会闭幕式在曲阜师范大学举行。

10月19日，中央教科所迎来国务院批准重建20周年纪念日，举办了以"贯彻十五大精神，高举邓小平理论旗帜，进一步发展教育科研事业"为题的纪念研讨会。

10月，中国教育学会教育社会学专业委员会第五届年会在沈阳师范学院举行，会议主题为"教育与社会可持续发展""教育社会学学科发展"。

12月，胡德海著的《教育学原理》由甘肃教育出版社出版。

12月，《教育研究》杂志发表了瞿葆奎先生的文章《中国教育学百年(上)》。1999年第1、2期分别刊载了该文章的中、下两部分。

该年，经国务院学位委员会批准，西南师范大学获教育学原理二级学科博士学位授予权；徐州师范大学获批教育学原理二级学科硕士学位授予权。

该年，曲阜师范大学获批成为成人教育学专业硕士学位授予点。

该年，国务院学位委员会批准在华南师范大学、华东师范大学设立教育技术学专业博士学位点。

该年，在呼和浩特召开的全国教育管理学科专业委员会第四届学术年会围绕"我国教育管理理论与实践——21世纪的展望"这一主题，从教育管理体制改革、教育管理学的学科建设和教育管理的展望等方面展开讨论。

该年，德育论专业委员会第九届年会在陕西师范大学召开，会议围绕德育学课程建设、德育改革与发展问题进行研讨。

1999 年

1月13日至16日，中国教育学会教育哲学研究会第九届学术会议在哈尔滨召开。来自全国各地的50多位教育哲学专业工作者出席了这次年会。会议围绕着素质教育的哲学思考、知识经济与创新教育、世纪之交教育哲学的回顾和前瞻等问题，展开了讨论。

3月16日，教育部印发《关于师范院校布局结构调整的几点意见》，提出我国要坚持独立设置的师范教育体制，同时进一步拓宽中小学教师来源渠道，鼓励一批高水平综合性大学参与培养中小学教师。

5 月 5 日至 7 日，全国高等教育学研究会第五届学术研讨会在山东省烟台市召开，由全国高等教育学研究会主办、烟台师范学院协办，并获得联合国教科文组织亚太地区办事处和中国联合国教科文组织全国委员会的支持。会议主题是：知识经济与大学教育改革和发展的关系。

5 月 20 日，中国教育学会召开学会成立 20 周年纪念会。

6 月 30 日至 7 月 4 日，教育部举办了第二届教育科学优秀成果评奖活动。这次活动的举办是对中国 10 年里教育科研工作的一次检阅，是进一步推动我国教育科学事业繁荣发展的重要措施。评奖活动共评出一等奖 27 项，二等奖 161 项。

6 月，由叶澜教授主编的"教育学科元研究"丛书开始出版。该丛书由 6 本专题性著作组成，是全国哲学社会科学"八五"规划重点课题"教育学科体系的建设与发展"研究的产物，是我国第一套以教育学科自身为研究对象的学术性丛书。

6 月，《中共中央、国务院关于深化教育改革全面推进素质教育的决定》发布，指出："把提高教师实施素质教育的能力和水平作为师资培养、培训的重点。加强和改革师范教育，大力提高师资培养质量。调整师范学校的层次和布局，鼓励综合性高等学校和非师范类高等学校参与培养、培训中小学教师的工作，探索在有条件的综合性高等学校中试办师范学院。"

7 月 19 日，国务院学位委员会、教育部发出《关于成立全国教育硕士专业学位教育指导委员会的通知》。

7 月，中国教育学会教育管理分会第四次代表大会在天津召开，会议进行了学术交流、工作总结和换届选举工作。贺乐凡同志当选为中国教育学会教育管理分会第四届理事长。

8 月 9 日至 12 日，第七届全国教学论专业委员会年会在西北师范大学召开。此届年会围绕课程与教学的关系、当前重大教学改革和课程改革、课程改革与人的可持续发展、教学理论与教学实践等主题，展开了深入的讨论。

8月17日至19日，中国教育学会教育史专业委员会1999年学术研讨会由沈阳师范学院教育系承办。会议主题为：中国教育传统与当代中国教育的变革；20世纪的中国教育与教育史学。来自全国有关高校和科研机构的60多位教师和研究生参加了会议，提交了40余篇论文。

8月，北京师范大学吴式颖教授联合全国多所院校外国教育史中青年学者编写的《外国教育史教程》由人民教育出版社出版，并成为普通高等教育"九五"国家级重点教材，在北京师范大学、华东师范大学、浙江大学等高校广泛使用。

10月26日至29日，跨世纪创新人才培养的国际比较大会暨中国比较教育研究会第十届学术年会于西南师范大学召开。此次会议的主题为：跨世纪创新人才培养的国际比较。

11月22日至24日，中国教育学会教育基本理论专业委员会第七届年会在华东师范大学举行。大会以"教育理论世纪回顾与展望"为题，对教育理论的历史发展、当时的状况及未来趋向展开了讨论。

12月21日至24日，全国第二届课程学术研讨会暨全国课程专业委员会年会在桂林召开，主题为"21世纪中国课程研究和改革发展"，分别就课程论知识体系的构建与课程研究方法的转型、我国基础教育课程体系的建构、基础教育课程教材改革的条件与策略、以学校为本位的课程改革、课程的学术标准及其评价、国际国内课程教材比较研究等议题进行了广泛而深入的交流与研讨。

该年，山西大学设立教育科学学院，河南大学设立教育科学学院，湖北大学设立教育学院，苏州大学设立教育学院，首都师范大学设立初等教育学院，天津师范大学设立初等教育学院，浙江师范大学设立教育科学与技术学院，福建师范大学设立教育科学与技术学院，四川师范大学设立教育科学学院，云南师范大学设立教育科学与管理学院，西南师范大学设立教育学院。

2000 年

1 月，中国学前教育研究会第二次会员代表大会在辽宁省大连市召开，此次会议产生第五届理事会，北京师范大学冯晓霞教授为理事长。

4 月 19 日至 23 日，中国社会学会教育社会学研究会第六次年会在江苏省扬州市举行，会议主题是"学习社会的建构"和"21 世纪教育与社会热点问题"。

9 月，哈尔滨工业大学成立远程教育学院。

10 月 14 日至 15 日，中国教育学会教育政策与法律研究专业委员会成立暨学术研讨会在北京大学国家高级教育行政学院召开。

10 月，中国教育学会教育社会学专业委员会第六届年会在南京师范大学举行，会议主题为"教育社会学研究的国际化与本土化"，台湾教育社会学学会会长陈伯璋先生率团参会。海峡两岸教育社会学专业委员会商定，今后海峡两岸会议互派代表参加，以密切学术交流。

11 月 6 日至 10 日，中国教育学会教育哲学专业委员会第十届学术年会在广西师范大学召开，会议围绕着教育与教育哲学的建设和发展、教学改革的哲学视界、教育理论与实践的关系进行了探讨。

11 月 23 日至 27 日，全国中青年教育理论工作者专业委员会第十次学术研讨在江苏省苏州市召开，会议主题为"教育公平"。来自全国各地 60 余位代表参会。会议主要议题有：教育公平的界定；对教育不公平现象的揭示；对妨碍教育公平因素的分析；对促成教育公平途径的探索。大会选举张斌贤为第三届理事长，石中英为秘书长。

该年，吉林教育出版社出版"世界教育大系"系列丛书（顾明远主编）。该丛书从历史的角度对外国初等、中等、高等教育，师范教育，以及各国教育的发展，做了非常详细的介绍、分析与评价。

该年，北京语言大学成立网络教育学院。

该年，北京大学高等教育科学研究所、北京大学电教中心合并，成立北京大学教育学院。

2001 年

2 月，重庆大学成立网络教育学院。

3 月，北京师范大学教育学院成立。

5 月 26 日至 28 日，全国高等教育学研究会第六届学术年会在华中科技大学召开。会议主题为：21 世纪中国高等教育质量及其保障。

6 月，郑州大学成立远程教育学院。

9 月，在陕西师范大学召开的全国教育管理学专业委员会第五届学术年会，围绕"世纪之交：中国教育管理学的回顾与展望"这一主题进行了讨论。

10 月 10 日至 12 日，教育部职业教育与成人教育司在济南召开了全国社区教育实验工作研讨会，以此推动社区教育实验工作的进一步深入。

10 月 16 日至 19 日，第十一届全国中青年教育理论工作者分会学术研讨会在山东省济南市召开，会议主题为：21 世纪初期中国基础教育改革与发展问题。此次会议由山东师范大学教育科学学院主办，来自全国各地 160 余位代表参会。会议主要议题有：创设良好的教育外部环境；稳定与优化基础教育教师队伍；沉着应对世界贸易组织对基础教育的冲击；热情而理智地对待基础教育课程改革；改革基础教育办学与管理体制；正确对待基础教育科研。

10 月 23 日至 25 日，第八届全国教学论专业委员会学术年会在

湖南师范大学召开，来自全国 30 所高校、60 多家教育科研机构的
110 多名代表，围绕全球化与中国教学论发展的走向、现代教学论发
展的理论基础问题、课程改革的理论与实践问题、当代西方教学论
的新发展四个议题展开了热烈的讨论。

10 月 27 日至 30 日，第八届全国教育基本理论专业委员会学术
年会在广西师范大学召开。年会主题为：教育与交往。

11 月 2 日，中国比较教育研究会第十一届学术年会在广西桂林
召开，会议主题是"终身学习在中国"。

11 月 4 日，中国高等教育学会第四次会员代表大会在北京召开。

11 月 5 日至 8 日，中国教育学会教育史专业委员会第七届学术
年会暨会员代表大会由华南师范大学教育科学学院承办。会议主题
为"挑战与应对：教育史学科在新世纪的发展""血脉相连：台港澳教
育发展与祖国教育传统"。来自全国有关高校、研究机构的 110 余位
学者、教师和研究生参加了会议，会议共收到论文 60 余篇。加拿大
著名学者许美德教授应邀到会做专题报告。会员代表大会进行了理
事会换届选举，产生了第五届理事会。孙培青任理事长，王炳照、
田正平、单中惠任副理事长，杜成宪任秘书长，张斌贤任副秘书长。

11 月，中国教育学会教育社会学专业委员会第六届年会在南京
师范大学举行，大会围绕着"教育社会学本土化与国际化"和"世纪之
交教育社会学研究方法的改变"展开。

11 月，德育论专业委员会在西南师范大学召开第十届年会，会
议围绕学校德育概念、学校德育的有限性与有效性、学校德育改革
进行讨论。

12 月 25 日至 26 日，中国高等教育学会在北京科技大学召开了
全国教育科学研究机构工作座谈会。

12 月，浙江教育出版社出版了王承绪任总主编的"汉译世界高等
教育名著丛书"。

　　该年，经国务院学位委员会批准，山东师范大学获教育学原理二级学科博士学位授予权；天津师范大学、山西师范大学获教育学原理二级学科硕士学位授予权。

　　该年，经国务院学位委员会批准，南京师范大学获高等教育学二级学科博士学位授予权。

　　该年，中国人民大学教育科学研究所合并至公共管理学院，2003年更名为公共管理学院教育研究所，2005年恢复高等教育研究室。

　　该年，华东师范大学获教育经济与管理专业的博士学位授予权。

　　该年，第三届全国课程学术研讨会暨课程专业委员会第一届第三次年会在东北师范大学召开。

　　该年，由中华人民共和国教育部主管、华东师范大学主办、教育部普通高等学校人文社会科学重点研究基地华东师范大学课程与教学研究所承办的学术期刊《外国教育资料》正式更名为《全球教育展望》。

　　该年，我国第一个职业技术教育学博士点在华东师范大学设立。

　　该年，华东师范大学建立了特殊教育学博士学位点。

　　该年，教育部成立新一届（2001—2005年）高等学校教育技术学专业教学指导委员会，由何克抗任主任。

2002 年

　　1月，中国学前教育研究会在北京召开了理事长和专业委员会主任联席会议，会上决定正式启动"百年幼教纪念活动"的准备工作，成立了筹备组，确定了系列活动的内容。

　　3月，《教育部关于"十五"期间教师教育改革与发展的意见》明确指出："教师教育是我国教育的重要组成部分，是基础教育师资来源和质量提高的重要保证。""加快教师教育的发展，提高教师教育的水

平，对建设一支高素质的教师队伍，扎实推进素质教育，具有重大
的战略意义。"国家鼓励其他高等学校特别是高水平的综合大学参与
教师培养、培训，或与师范院校联合、合作办学，为中小学教师特
别是高中教师来源的多元化做出积极贡献。

4 月 25 日至 28 日，中央教育科学研究所、中国成人教育协会、
全国教育科学规划领导小组办公室、北京教育科学研究院等单位在
北京联合举办了 21 世纪中国成人教育发展论坛。论坛以"构建终身
教育体系"和"成人教育创新"为主题。

5 月 14 日至 16 日，由中国成人教育协会成人高等教育理论研究
专业委员会和河南大学成人教育学院联合举办了全国首届成人教育
学专业研究生培养工作交流研讨会。来自华东师范大学、同济大学、
南京师范大学、北京师范大学、曲阜师范大学、山西大学、四川师
范大学、西南师范大学、华南师范大学、福建师范大学、河南大学
等 15 所高校的成人教育学专业学科带头人或专职研究人员参加了
会议。

5 月 23 日至 24 日，全国高等教育研究机构协作组在湖北鄂州召
开了全国高等教育学科硕士、博士学位授予点研讨会。

5 月 26 日至 28 日，全国高等教育学研究会第六届学术年会在华
中科技大学召开。会议主题为：21 世纪中国高等教育质量及其保障。

6 月 14 日至 16 日，全国高等教育学研究会 2002 年学术年会在
广西师范大学召开。26 位与会专家就当时我国高等教育发展过程中
的若干热点问题和女性高等教育发展问题展开了深入的讨论。

6 月 22 日至 25 日，由北京师范大学、华东师范大学、华南师范
大学、南京师范大学等大学发起，华南师范大学主办的全国教育管
理协作研究首届学术会议在广州举行。

7 月 16 日至 20 日，中国教育学会教育哲学专业委员会第十一届
学术研讨会在内蒙古师范大学召开。与会者围绕"知识经济与教育"

"知识经济与教育哲学"两个议题进行了讨论。

9月27日至29日，中国教育学会教育史专业委员会第八届学术年会召开，由云南师范大学教育科学与管理学院承办。会议主题有"经验与反思：中国现代学制100年(1902—2002)""借鉴与创新：杜威与现代教育"。来自全国各大专院校和教育科研单位的教育史专家、学者和研究生共百余人参加了会议，会议共收到论文60余篇。

10月18日至20日，中国教育学会中青年教育理论工作者分会第十二次学术研讨会在湖北省武汉市召开，会议主题为：变革时代的教师专业发展和教师教育。

10月20日至21日，中国成人教育协会第三届理事会在北京举行。教育部部长陈至立，副部长王湛，原国家教委副主任何东昌、王明达等同志出席了会议。陈至立部长在会上发表了讲话。朱新均当选会长。

10月，中国电化教育协会正式更名为中国教育技术协会(简称CAET)。

11月，中国教育学会教育社会学专业委员会第七届年会在广州举行，由广东教育学院和广州大学承办。会议主题为"社会变迁中的教育公平问题"和"后现代主义与教育社会学"。进入20世纪80年代，中国的社会转型首先在思想层面开始，到20世纪90年代，中国的社会转型在实践层面有所拓展，其最主要标志是市场化所引起的观念与制度的变化以及社会结构的变化，由此引起的社会公平和教育公平问题已持续多年，因而成为这次会议深入讨论的主要话题。具体论题包括：社会转型视野中的教育公平；中国高校收费、高校分流与教育公平；从文化视角看教育公平；教师与教育公平；后现代主义与教育社会学。

12月，中国比较教育研究会更名为"中国教育学会比较教育分会"。

该年，北京师范大学举办了对 21 世纪中国教育管理学的走向专题研讨。

该年，北京体育大学体育教育系更名为教育学院。

2003 年

4 月 1 日至 4 日，全国高等教育学研究会在云南大学召开当代高等教育前沿问题学术研讨会，与会代表围绕高等教育前沿问题进行了探讨和交流。

9 月 21 日，第九届全国教育基本理论专业委员会年会在东北师范大学召开。年会主题为"教育理论研究的新视域"。

10 月 25 日至 27 日，德育论专业委员会第十一届年会在山东省青岛市召开，会议围绕"全球化、多元化价值观与中国道德教育改革的理论与实践""中小学品德课程改革"进行了讨论。

11 月 15 日至 17 日，全国高等教育学研究会 2003 年学术年会在中山大学珠海分校召开。此次年会由全国高等教育学研究会与中山大学共同举办。此次年会是全国高等教育学研究会第七届年会，恰逢全国高等教育学研究会成立 10 周年，中国高等教育学会成立 20 周年。会议的主题是"现代大学精神、大学文化与大学制度创新"。

11 月 22 日至 23 日，由中国高等教育学会、国务院学位委员会高等教育学科评议组主办，河海大学承办的全国高等教育学研究生培养工作学术研讨会在南京西苑宾馆召开。

12 月 9 日至 12 日，全国教育管理学科学术委员会暨第二届全国教育管理协作研究学术年会在南京召开，会议围绕"教育管理学：历史・现状・未来"主题进行了探讨。

该年，教育科学出版社开始出版图书《中国教育管理评论》（至 2015 年共 10 卷）。该书对教育管理的研究范式、研究方法、管理思想、中小学和大学的内部管理、管理者的职业发展及教育政策和法律等方面进行了分析与论述。

　　该年，经国务院学位委员会批准，北京大学、陕西师范大学、西北师范大学、辽宁师范大学获教育学原理二级学科博士学位授予权；山西大学、华中科技大学获教育学原理二级学科硕士学位授予权。

　　该年，经国务院学位委员会批准，西南大学、华南师范大学、华中师范大学获教育学一级学科博士学位授予权，即已具有招收高等教育学博士研究生资格；清华大学、苏州大学、湖南师范大学获高等教育学二级学科博士学位授予权。

　　该年，武汉大学、中国人民大学、华南师范大学、厦门大学、东北师范大学的教育经济与管理专业获得博士学位授予权。

2004 年

　　3 月，高校学前教育专业学科建设学术研讨会暨中国学前教育研究会学术委员会扩大会议在北京师范大学召开。此次会议的宗旨是加强高校之间学术研究的交流和合作，研讨高校学科建设和学术发展问题。

　　4 月，第九届全国教学论专业委员会年会在北京师范大学召开。

　　6 月 16 日至 18 日，第四次全国课程学术研讨会暨全国课程论学术年会以"基础教育课程改革的反思和评价"为题，在云南师范大学隆重召开。

　　6 月，中国教育学会教育社会学专业委员会第八届年会在曲阜师范大学举行，会议主题为"社会转型时期教育社会学的学科使命"和"当下知识分子的身份认同"。

　　8 月 2 日至 4 日，中国高等教育学研究会在贵州师范大学召开2004 年度学术年会。与会代表围绕"科学发展观和高等教育改革"这一会议主题进行了热烈的讨论。

8 月 22 日至 24 日，中国教育学会教育学分会教育哲学专业委员会第十二届学术年会暨教育哲学国际研讨会在东北师范大学召开。来自中国、英国、日本等国家的 50 余所高等院校的百余名代表参加了会议。这是中华人民共和国成立后主持召开的首次教育哲学国际研讨会。与会代表以"变革时代教育哲学研究的新视域"为主题展开了讨论。会议的主要议题有：教育哲学的基本问题；知识、教师与课程改革；教育中的现代性问题；教育改革与教育政策。

10 月 9 日至 10 日，2004 年中国教育经济学学术年会在北京召开，大会主题为中国教育经济学 20 年的回顾与展望。来自全国 24 个省份的 140 名代表，围绕教育经济学学科建设与人才培养、教育成本与教育效率、基础教育财政、高等教育财政、教育制度变革与创新、教育与劳动力市场、教育与经济增长及收入分配、教育服务贸易及学校经营等专题展开了热烈深入的研讨，回顾了中国教育经济学研究 20 年里取得的成就，展望了中国教育经济学的发展。

10 月 31 日至 11 月 2 日，中国教育学会教育史分会第九届学术年会暨会员代表大会由福建师范大学教育科学与技术学院承办。会议主题为"我国教育史学科建设百年回顾与反思"。全国教育史专业的学者、教师和研究生 200 余人出席了会议。会员代表大会进行了理事会换届选举，产生了第六届理事会。田正平任理事长，单中惠、俞启定、杜成宪、张斌贤任副理事长，杜成宪兼任秘书长，周谷平任副秘书长。根据中国教育学会规定，中国教育学会教育史专业委员会更名为"中国教育学会教育史分会"（二级学会）。

11 月 20 日至 22 日，中国教育学会比较教育分会第十二届学术年会在北京师范大学珠海分校召开。年会主题为"全球视野下的中国教育改革"。

11 月，中国教育学会中青年教育理论工作者分会第十三次学术研讨会在陕西省西安市召开，会议主题为"中国农村教育的发展路向"。会议主要议题有：农村教育的目的与价值取向；农村教育经费与条件保障问题；农村教育的体制改革与政策保障。会议选举产生了第四届理事会，北京师范大学博士生导师石中英教授当选为理事长，程斯辉、唐玉光、司晓宏、王本陆当选为副理事长。

该年，华东师范大学职业教育与成人教育研究所获批成人教育学专业博士学位授予点。这是我国第一个成人教育学专业博士学位授予点。

该年，在东北师范大学举行的全国教育管理学科学术委员会第七届学术年会围绕"变革社会中的教育管理"这一主题展开了研讨。

该年，中华女子学院成立继续教育学院。

2005 年

8 月 20 日，第十届中国教育学会教育学分会教育基本理论专业委员会年会在内蒙古师范大学召开。年会主题为"教育学的学科立场"。

9 月 24 日至 25 日，中国教育学会中青年教育理论工作者分会第十四次学术研讨会在安徽省芜湖市召开，会议主题为"多学科视野下的课堂教学"。顾明远、金汉杰到会祝贺。此次会议由安徽师范大学教育科学学院主办，来自全国各地的 300 余位代表参会。会议主要议题有：课堂教学研究领域的最新研究成果；课堂教学研究领域的最新进展动态；课堂教学研究领域的发展方向。

10 月 21 日，中国高等教育研究会特殊教育研究分会在郑州成立。

10 月 29 日至 30 日，2005 年中国教育经济学学术年会在广西师范大学召开，全国 24 个省份的 170 余名代表参加了会议。与会代表围绕"教育财政体制改革""教育成本、效率与教育收益""教育与劳动力市场"等主题展开了广泛而热烈的讨论。

10 月 31 日至 11 月 2 日，中国教育学会教育史分会 2005 年学术研讨会由浙江省高校师资培训中心、浙江师范大学教育学院承办。会议主题为"争鸣与交锋：中国教育史上的思想论争"。与会者围绕科学与人文之争、当今"读经"问题之争、现代教育学的"走向"之争、诸子教育思想之争进行了"争鸣和交锋"。全国教育史专业的百余位教师和研究生参加了会议，共提交论文 65 篇。

11 月 3 日至 5 日，中国高等教育学会高等教育学专业委员会 2005 年学术年会在上海交通大学举行。会议主题是"全球化背景下的高教改革与发展"。

11 月 4 日至 7 日，在广西师范大学举行的全国教育管理学科学术委员会第八届学术年会围绕"交流、协作、责任"的主题，进行了广泛而深入的探讨。

11 月 5 日至 7 日，德育论专业委员会第十四届年会在河南大学召开，会议围绕"建构和谐社会的道德教育"和"'十五'期间我国德育理论与实践存在的问题"进行了研讨。

11 月，中国学前教育研究会第三次会员代表大会暨"十五"课题成果交流与表彰大会在桂林召开。此次会议产生了中国学前教育研究会第六届理事会，冯晓霞教授连任理事长。

12 月，中国教育学会教育管理分会学术年会在北京召开，会议以"科学发展观推进学校发展"为主题。

该年，经国务院学位委员会批准，河南大学获批教育学原理二级学科博士学位授予权。

2006 年

3 月 18 日至 19 日，北京大学首届教育社会学国际研讨会举办，来自英国、美国、中国的学者就全球化背景下的教育改革、农村教育、民族教育、教育平等、学科发展等多方面的研究问题进行了广泛交流。

3月，北京大学在中国社会发展研究中心下成立了教育社会学研究所。

6月23日至24日，中国高等教育学研究会在浙江师范大学召开全国高等教育学硕士点学科建设专题研讨会。

8月16日至19日，第五届全国课程学术研讨会以"课程理论发展与实践进展"为题，在新疆师范大学隆重召开。

9月8日至9日，中国教育学会教育哲学专业委员会第十三届学术年会暨教育哲学国际研讨会在北京师范大学举行，会议主题为"教育公平与社会变革"，来自日本和中国的100余位学者对涉及教育公平的诸多问题进行了广泛、深入研讨。会议主要议题有：教育公平内涵的哲学思辨；社会变革中的教育公平；教育公平视野下的教育实践。

9月23日至25日，中国教育学会教育管理分会第五届第三次全体理事会在沈阳召开，会议以"教育公平与办学效益"为主题。大会宣布正式建立教育行政学术委员会和教育效能学术委员会。

10月13日，第七届海峡两岸继续教育论坛在北京大学隆重召开，来自香港大学、香港中文大学、澳门大学、台湾大学、台湾东吴大学、清华大学、浙江大学、复旦大学、南京大学、四川大学等23所大学的近百位继续教育专家参加了会议。

10月13日至15日，中国教育学会教育史分会第十届学术年会由陕西师范大学教育科学学院和网络教育学院承办。会议主题有：教育交流与中国教育变革；中国教育在海外的影响；世界近代教育交流与变革中的赫尔巴特（赫尔巴特教育思想在各国的传播与影响）；教育交流与美国近代教育发展。全国中外教育史专业学者、教师以及硕士、博士研究生共200余人参加了会议，共提交论文140余篇。

10月15日至17日，由首都师范大学教育科学学院主办的现象学与教育学国际学术研讨会在北京举行。来自中国、加拿大、美国、挪威、以色列、意大利、瑞典、日本等国家的 300 多名专家学者参加了会议。与会者围绕着"多元世界的教育学意义"这一主题进行了研讨。

10 月，中国教育学会教育社会学专业委员会第九届年会在海南师范大学举行，会议主题为"教育社会学学科发展的回顾与反思"。吴康宁教授提出了"学科之眼与学科视野"的问题，认为学科之眼是学科相对独立的一个前提条件，并且是先于学科独特的研究对象与独特的研究方法的。有学者认为，"发现"社会是社会学研究的精神，是社会学发展的动力，也是社会学知识进步的标志，教育社会学秉持"发现"教育中的"社会"这种研究气质，即注重揭示教育差别，关注教育弱势，企求教育公平。有学者将思考定位在教育社会学的可能空间方面，认为"跨界"已经成为当代学科发展的一种"文化现象"，学科互涉与边界跨越既是一种实践，也是一种意识，只有在互涉、渗透、综合的学术胸襟与研究视野下，把握本学科的魂之所在，才有可能在不失去本学科研究精髓的基础上，放大本学科的研究理路，产生新的生长点，从而培养一种"新的关注方式"，一种社会学的眼光。

11 月 3 日至 7 日，德育论专业委员会第十五届年会在福建师范大学召开，会议围绕"德育与和谐社会建设""德育学科建设""教师专业化"等问题进行了研讨。

11 月 12 日至 14 日，中国教育学会比较教育分会第十三届学术年会在上海师范大学召开。年会主题为"教师教育·课程改革·国际合作"。

11 月 24 日至 27 日，中国教育学会中青年教育理论工作者分会第十五次学术研讨会在福建省厦门市召开，会议主题为：多学科视野中的教育和谐与均衡。此次会议由集美大学教师教育学院主办，来自全国各地的 160 余位代表参会。会议主要议题有：和谐、和谐教育与和谐社会；实践层面还存在着不和谐教育；和谐的教育需要制度保障和制度变革。

12 月 8 日至 9 日，由中央教育科学研究所、南京师范大学和江苏省高等教育学会教师教育研究委员会主办的全国教师教育学科建设研讨会在南京师范大学召开。会议对教师教育学科的构建基础、目标指向、方法路径、研究领域做了详细探讨。

12 月 23 日至 24 日，中国高等教育学研究会在北京师范大学珠海分校召开全国高等教育学博士点学科建设专题研讨会。

该年，经国务院学位委员会批准，首都师范大学获教育学原理二级学科博士学位授予权；武汉大学、哈尔滨师范大学、吉林师范大学、河南师范大学、湖北大学、江南大学获教育学原理二级学科硕士学位授予权。

该年，第十届全国教学论委员会年会在西南大学召开。

该年，经国务院学位委员会批准，东北师范大学、西北师范大学、浙江大学获教育学一级学科博士学位授予权；南京大学获高等教育学二级学科博士学位授予权。

该年，中山大学教育科学研究所主办了全国教育经济与管理学科建设与发展首次研讨会，与会代表围绕教育经济与管理专业的定位、建设与发展进行了深入探究，为我国教育管理学未来的发展提出了许多建设性意见。

2007 年

1 月 3 日至 6 日，中国高等教育学会高等教育学专业委员会 2007 年学术年会在齐齐哈尔职业学院召开。此次会议由中国高等教育学会主办、齐齐哈尔职业学院承办。会议的主题是：回顾与展望中国高等教育改革。

3月，克拉耶夫斯基著，张男星、曲程等译的《教育学原理》一书由教育科学出版社出版。

7月，叶澜主编的《教育学原理》一书由人民教育出版社出版。

10月12日至14日，第十一届中国教育学会教育学分会教育基本理论专业委员会学术年会在陕西师范大学举行。会议的主题是"教育与幸福"。

10月12日至14日，德育论专业委员会在北京召开第十六届年会，会议主题是"和谐社会与中国公民教育"。

11月3日至5日，全国教育管理学科学术委员会第九次学术年会在浙江省金华市召开。会议以"面向实践的教育管理研究"为主题，旨在以实践研究为取向，交流教育管理的最新研究成果。

11月4日至5日，中国教育学会教育史分会2007年学术研讨会由安徽师范大学教育科学学院承办。年会主题为"探索外国教育史研究的新领域和新方法"。来自北京师范大学、华东师范大学、浙江大学、华中师范大学、河北大学、南京师范大学等几十所高校的百余位外国教育史专业的学者、教师和研究生参加了会议。

11月16日至18日，北京师范大学教育学院举办了北京师范大学首届教育社会学论坛，该论坛以"和谐社会与教育公平""教育社会学的新视野"为主题，来自教育学、社会学、人类学等学科的100余名专家学者就教育公平与学校教育、教育人类学与民族教育、农村教育与农民工子女教育等问题展开交流和探讨。

11月29日至30日，中国教育学会中青年教育理论工作者分会第十六次学术研讨会在广西壮族自治区桂林市召开，会议主题为"传统文化与学校文化建设"。此次会议由集美大学教师教育学院主办，来自全国各地的170余位代表参会，提交论文100多篇。会议主要议题有"学校文化建设的现状：'五重五轻'""当代学校文化的价值取向：生命化""学校文化建设：机制与制度影响""传统文化与教育：

内涵与继承""少数民族地区的文化与教育：现状、意义与方式"。此次会议进行了理事会换届，石中英当选为第五届理事长，侯怀银、程斯辉、唐玉光、高金岭、郑航、于伟当选为副理事长。

该年，中国高等教育学会院校研究分会成立。

该年，浙江大学开始招收教育学原理二级学科博士研究生。

该年，《中华人民共和国教育史》（何东昌主编）出版。

该年，我国第一个职业技术教育学博士后流动站落户于华东师范大学。

2008 年

1 月 19 日至 20 日，中国首届成人教育学科推进与导师队伍职业能力建设高级研讨会在湖北省武汉市召开。此次会议由中国成人教育协会成人教育科学研究机构工作委员会主办，华中师范大学承办。来自全国成人教育学专业硕士学位授予点与成人教育科研机构的 70 余位成人教育学专业博士生和硕士生导师、成人教育专家学者参加了会议。

6 月 22 日至 23 日，中国教育学会教育学分会教学论专业委员会第十一届年会暨第二届课程与教学论专业博士生论坛在福建师范大学召开。此次会议的主题是"教学改革与学校创新"。

10 月 9 日至 12 日，中国教育学会教育史分会第十一届学术年会暨会员代表大会由河北大学教育学院承办。年会主题为"教育史研究与当代教育改革：视野、观念和方法""国外教育史学科新进展"。全国中外教育史专业的学者、教师和研究生共 270 余人参加了会议。教育史国际常设会议前任会长、英国伦敦大学教育学院荣誉教授里卡德·奥德里奇和来自日本、韩国部分大学的学者作为特邀代表出席了此次年会。提交的论文有 170 余篇。会员代表大会进行了理事会换届选举，产生了第七届理事会。田正平任理事长，刘海峰、杜成宪、张斌贤、周洪宇、贺国庆任副理事长，杜成宪兼任秘书长，周谷平、王保星任副秘书长。

10 月 9 日至 15 日，德育论专业委员会第十七届年会在华中师范大学召开，会议主题有：和谐社会、价值多元与德育变革问题研究；德育学科建设问题研究；改革开放以来的德育理论与实践的总结与反思。

10 月 15 日至 18 日，第六届全国课程学术研讨会以"课程理论与实践创新"为题，在聊城大学隆重召开。

10 月 17 日至 19 日，2008 年中国教育经济学学术年会在华东师范大学召开，近 300 名专家学者及研究生参会。年会的主题是"改革开放三十年来中国教育经济学的回顾与展望：理论、方法及其在国家与地区发展中的作用"以及"教育经济学与优先发展教育，建设人力资源强国"。会议议题包括：教育事业发展、教育政策与教育公平；教育财政投资、成本负担与学生资助；教育与人力资本、教育供求与招生就业；学校财务管理、教师管理及学生管理；教育经济学学科建设问题。

10 月 24 日至 26 日，中国高等教育学会高等教育学专业委员会 2008 年学术年会在三峡大学召开。年会的主题是：改革开放 30 年与中国高等教育改革和发展。

10 月 28 日至 29 日，中国教育学会教育哲学专业委员会第十四届学术年会在上海师范大学举行，会议主题为"教育与民主"，来自 50 多所高校的近 300 名学者参加了会议。会议主要议题有：教育民主的概念；学校教育民主；民主政治与教育民主。

11 月 21 日至 22 日，中国教育学会比较教育分会第十四届学术年会在浙江省温州市召开。此次年会的主题为：中国教育改革与比较教育研究。大会选举产生了新一届比较教育分会理事会。

11 月 21 日至 24 日，中国教育学会中青年教育理论工作者分会第十七次学术研讨会在山东省曲阜市召开，会议主题为：社会转型与教育变革。此次会议由曲阜师范大学主办，来自全国各地的 164 位代表参会。会议主要议题有：关于中国 30 年教育变革的总体研究与思考，包括教育改革阶段的划分、教育改革的特征及趋势、教育改革存在的问题、教育研究者的角色定位、教育改革的动力机制、教育改革的阻力研究；关于中国 30 年教育变革几个具体问题的研究与思考，包括农村教育改革问题、新课程改革问题。

11 月 25 日，亚欧会议终身学习论坛在北京举行。此次论坛的主题是"探索支持终身学习的框架"。会议由北京大学教育经济研究所主办、亚欧会议终身学习教育与研究中心协办。来自世界 20 多个国家的 260 余名学者、大学代表、政府机构代表和研究生围绕此次论坛的四个主题，即"终身学习的概念框架""终身学习的制度或组织创新""终身学习的法律环境和立法支持"以及"终身学习的财政支持"进行了深入的探讨和研究。

11 月，中国教育学会教育社会学专业委员会第十届学术年会在广西师范大学举行，会议主题为"教育社会学研究的反思""面向和谐社会的教育问题"。

2009 年

1 月 10 日至 11 日，中国成人教育协会社区教育专业委员会 2008 年年会在黑龙江省哈尔滨市召开。年会由中国成人教育协会社区教育专业委员会主办，黑龙江省教育厅承办，黑龙江省成人教育学会协办。年会的主要任务是：以科学发展观为指导，认真总结 2008 年社区教育专业委员会工作，交流推广全国社区教育示范街道（乡镇）和示范项目的经验，共商 2009 年社区教育工作大计。

6 月 29 日，中国教育学会教育哲学专业委员会高层学术论坛在陕西师范大学举行，主题为"当代中国教育价值哲学的变革"。来自全国各地的专家、学者近 200 人参会。论坛主要议题有：当代中国教育价值哲学变革趋势；当代中国社会价值观变革对教育价值观变革的影响；当代中国德育价值哲学的变革；当代中国教育课程与教学价值哲学的变革；当代中国教育价值观变革对教育实践的影响。

9 月 27 日至 29 日，中国高等教育学会高等教育学专业委员会 2009 年学术年会在昆明召开。此次会议由中国高等教育学会高等教育学专业委员会主办，云南大学高等教育研究院协办。会议主题是：高等教育改革开放 30 年发展基础上进一步创新的理论与实践探讨。

10 月 18 日，由教育部职业教育与成人教育司、中国成人教育协会、中国教科文全委会秘书处以及北京、上海、太原等 25 个城市共同举办的"2009 年全民终身学习活动周"总开幕式，在山西省太原市举行。

10 月 24 日至 25 日，裴斯泰洛奇教育思想国际学术研讨会由中国教育学会教育史分会和瑞士裴斯泰洛奇协会联合主办，浙江大学中外教育现代化研究所承办。来自德国、瑞士、日本、中国等国的教育史学者共 50 多人参加了会议。

10 月 31 日至 11 月 2 日，德育论专业委员会第十八届年会在湖南师范大学召开，主题有：科学发展观与学校德育研究；改革开放 30 年学校德育理论与实践的历史回顾；德育学科体系建设问题。

11 月 7 日至 8 日，中国教育学会教育管理分会第十次学术年会在芜湖召开，与会者围绕"中小学学校改进研究"这一主题进行了讨论和交流。会议选举产生了新一届教育管理分会理事会。

11 月 21 日至 24 日，中国教育学会中青年教育理论工作者分会第十八次学术研讨会在广东省广州市召开，会议主题为：义务教育质量的提升。此次会议由广州大学主办，来自全国各地的 170 余位代表参会，提交论文 150 多篇。会议主要议题有：义务教育质量的内涵、要素及其特性；影响义务教育质量的因素；区域义务教育现状及其发展；流动人口子女义务教育；留守儿童义务教育；少数民族地区的文化与教育——现状、意义与方式。

11 月 27 日至 28 日，2009 年中国成人教育协会年会在北京召开，主题为"成人教育发展 60 周年：回顾与展望"。

11 月 28 日至 30 日，第十二届中国教育学会教育学分会教育基本理论专业委员会学术年会在华南师范大学召开。会议主题为：教育与人性。

12 月 5 日至 6 日，2009 年中国教育经济学学术年会在广州大学召开，共 240 多名专家学者和研究生参会。会议主题为"教育财政与相关政策"。会议议题包括：教育与经济的关系，教育公平与教育均衡发展，人力资本与劳动力市场，教育财政与教育经费，教育资源使用效率与效益，教育政策与教育规划，等等。

该年，北京师范大学在原有教育类学院的基础上组建了教育学部。

该年，清华大学教育研究院正式成立。

2010 年

7 月 9 日至 11 日，中国高等教育学会院校研究分会第四届国际学术研讨会暨 2010 年年会在苏州召开，此次会议的主题是"全球化时代的高校人力资源管理"。

7 月 19 日至 20 日，中国教育学会教育哲学专业委员会 2010 年专题会在北京师范大学召开，主题为"中国教育哲学 30 年：回顾与展望"，学者们对中国教育哲学所走过的 30 年历程进行了反思，对中国教育哲学的未来发展进行了探讨，讨论的议题包括：多元理解"教育哲学"；教育哲学关注的问题；教育哲学存在的问题及未来走向。

7 月，第四次全国教育工作会议召开，中共中央、国务院印发

《国家中长期教育改革和发展规划纲要（2010—2020 年）》（简称《教育规划纲要》），从我国现代化建设的总体战略出发，规划了我国 10 年的教育改革发展的宏伟蓝图。这是进入 21 世纪后我国第一个教育改革和发展规划纲要。

9 月，中国教育学会教育社会学专业委员会第十一届年会在石河子大学举行，会议主题为"社会学视野中的学校文化"和"多元视角下的教育社会学研究"。

10 月 9 日至 10 日，中国教育学会比较教育分会第十五届学术年会暨庆祝王承绪教授百岁华诞国际学术研讨会在杭州召开。来自国内外比较教育领域的专家、学者围绕"国际视野下的教育均衡发展"的大会主题，以及"基础教育均衡发展""高等教育均衡发展""创新人才培养与教育改革""比较教育学科建设""王承绪先生比较教育思想研究"等分主题，展开了热烈的探讨。

10 月 12 日至 14 日，中国教育学会教育史分会第十二届学术年会由西南大学教育学院、教育科学研究所承办。年会主题为"社会大变革下的教育史研究"。大会还围绕教育史的范式问题、孔子的"学而优则仕"、教育史研究怎样为现实服务、中国教育近代化问题、教育史的学术性与社会现实的关系、外国教育史的应用价值、中国教育活动史、杜威教育民主主义思想等问题进行了深入的研讨。全国中外教育史专业的学者、教师和研究生 200 余人参加了会议，提交论文 120 余篇。

10 月 14 日至 16 日，首都师范大学召开第二届现象学与教育学国际学术研讨会。来自中国、美国、加拿大、挪威、瑞典、意大利等国家的 200 多位学者参加了会议。与会者围绕"体验与实践"这一主题进行了深入研讨。

10 月 16 日至 17 日，德育论专业委员会第十九届年会在上海师范大学召开，主题有"德育研究：理论与现实对话"等。

　　10 月 22 日至 25 日，中国教育学会中青年教育理论工作者分会第十九次学术研讨会在辽宁省锦州市召开，会议主题为：高中教育的普及与发展。此次会议进行了理事会换届，石中英当选第六届理事长，余清臣为秘书长，高金玲、冯建军、李政涛、蒲蕊、朱成科、蒋凯为副理事长。

　　11 月 4 日至 5 日，中国教育学会教学论专业委员会第十二届学术年会在南京师范大学召开。此次大会的主题是"中国本土教学思想与当代教学改革"。

　　11 月 6 日至 9 日，第七届全国课程学术研讨会在华中师范大学召开。大会以"新世纪课程改革十年：趋向与愿景"为主题，对"十年课改"进行了总结和反思。

　　11 月 17 日下午，中国教育学会教育哲学专业委员会举行了仪式，纪念教育哲学的先驱傅统先先生 100 周年诞辰，就傅统先先生的心路历程、学术人生及学术影响进行了深入的探讨。

　　11 月 17 日至 19 日，中国教育学会教育哲学专业委员会第十五届学术年会在山东师范大学召开。会议围绕"教育理想与教育现实"的主题，进行了广泛而深入的讨论。来自中国和美国教育哲学界的 260 余位专家、学者参会，会议提交论文的数量和质量都超过往届。会议主要议题有：学校改革与教育理想；古典智慧与教育理想；教师教育与教育理想；全球伦理与教育理想。

　　12 月 3 日至 5 日，2010 年中国教育经济学学术会议在华中科技大学召开。

　　12 月 12 日至 14 日，中国高等教育学会高等教育学专业委员会 2010 年学术年会在上海师范大学召开。会议主题是：现代大学制度建设。

　　该年，经国务院学位委员会批准，首都师范大学、天津师范大学、哈尔滨师范大学、山东师范大学、上海师范大学、陕西师范大学、辽宁师范大学、河南大学、四川师范大学、北京理工大学获教育学一级学科博士学位授予权。

2011 年

4月23日至25日，中国教育学会教育管理分会第六届代表大会在北京举办，与会者听取了第五届理事长贺乐凡做的第五届理事会工作报告。

7月12日至13日，第四次全国院校研究学术研讨会暨中国高等教育学会院校研究分会2011年年会在北京理工大学召开。会议主题是"现代信息技术与院校研究"。

9月17日至18日，由石河子大学师范学院承办的中国高等教育学会高等教育学专业委员会2011年小型学术年会在戈壁明珠石河子市召开。基于探索我国高等教育研究范式的需要和高等教育学学科建设面临的新形势，此次年会以"高等教育研究的使命与挑战"为主题。

9月25日至26日，第十三届中国教育学会教育学分会教育基本理论专业委员会学术年会在北京师范大学召开。年会主题为：教育与生活。

10月，教育部召开了全国教师教育课程改革工作会议，《教育部关于大力推进教师教育课程改革的意见》印发。经过7年的研究与论证，《教师教育课程标准（试行）》在会议上通过。

11月11日至13日，2011年中国教育经济学学术年会在南京农业大学召开，330多名学者和研究生参加了此次会议。会议就"保障教育优先发展的公共财政体制与投入机制""教育经济学硕士与博士研究生培养方式""教育与劳动力市场"等主题进行了热烈讨论。

11月11日至14日，中国教育学会中青年教育理论工作者分会第二十次学术研讨会在浙江省宁波市召开，会议主题为：教育变革与教育学的重建。此次会议由宁波大学主办，来自全国的 150 余名中青年学者参与了此次学术年会。会议主要议题有：教育变革实践与教育学发展的关系；20 世纪中国教育学理论传统的时代命运；知识社会学视野中的中外教育学派研究；教育学知识的公共性问题研究；教育学研究中的客观性问题；教育学术组织案例研究。

该年，在江西师范大学召开的全国教育管理学科学术委员会第十一届学术年会围绕"新目标、新使命、新问题"的主题进行了研讨。

该年，德育论专业委员会第二十届年会在西南大学举行，会议主题有：时代精神与道德教育，德育理论与实践问题，中小学德育问题研究，等等。

该年，西南大学在原有教育类学院的基础上组建了教育学部。

该年，对 1998 年颁布的《普通高等学校本科专业目录》进行全面修订的工作开始。

2012 年

7 月 14 日至 15 日，中国高等教育学会院校研究分会第五届国际学术研讨会暨 2012 年年会在华中科技大学召开，此次会议的主题是"院校研究：'以学生为中心'的本科教育变革"。

7 月 19 日至 20 日，由中国教育学会教育学分会教学论专业委员会主办、东北师范大学教育学部承办的中国教育学会教育学分会教学论专业委员会第十三届学术年会在东北师范大学召开。会议以"教学质量和教学改革"为主题，分别就"教学质量与教师专业发展""教学质量与课程、教材、学科教学研究""教学质量与课堂教学""教学质量提升的理论模型与实践策略"等具体议题展开了全面而深入的学术研讨。

8 月 11 日至 12 日，由吉林大学高等教育研究所承办的中国高等教育学会高等教育学专业委员会 2012 年学术年会在吉林大学召开，立足于我国高等教育改革实践与探索高等教育制度建设的需要，此届年会以"大学治理的理论与实践"为主题。

9月15日至16日，中国教育学会比较教育分会第十六届学术年会在东北师范大学召开。此届年会的主题为"教育改革创新与比较教育的时代使命"。

9月22日至23日，中国教育学会教育管理分会在北京师范大学举行了全国教育管理学术研讨会暨第六届常务理事会扩大会议。

10月11日至12日，第八届全国课程学术研讨会在福建师范大学隆重召开。以"课程改革再出发：下一个十年"为主题，专家学者共同聚首，探讨之后十年课程改革的路如何走。

10月15日至18日，中国教育学会教育史分会第十三届学术年会暨会员代表大会由湖南师范大学教育科学学院承办。年会主题为"转型期教育史研究的国际化与本土化""教育史研究的新成果与新问题"。教育史专业研究者、教师和学生共300余人参会，提交论文200余篇。会员代表大会进行了理事会换届选举，产生了第八届理事会。张斌贤任理事长，刘海峰、杜成宪、周洪宇、贺国庆、肖朗任副理事长，徐勇任秘书长，王保星、王晨任副秘书长。

10月27日至28日，中国教育学会教育哲学专业委员会第十六届年会在首都师范大学召开，主题是"实践、实践哲学与教育"，来自全国102家单位的235名代表参会。

10月，德育论专业委员会第二十一届年会在辽宁师范大学召开，会议主题是：社会文化困境与道德教育。

10月，中国教育学会教育社会学专业委员会第十二届学术年会在福建师范大学举行，会议主题为"教育社会学的传统与现代"和"教育质量与教育公平"。

11月2日至4日，教育经济学高层国际论坛暨2012年中国教育经济学年会在北京会议中心隆重开幕。此届教育分论坛以"世界经济变化中的教育发展：质量、公平与效率"为主题，近 600 名国内外专家学者参加了此次学术盛会。年会探讨的主要议题有"教育、劳动力市场与经济增长""高等教育财政：成本分担和学生资助""教育质量""教育发展和责任""教育管理与政策""高等教育财政：国家或地区经验""教育资源配置的公平与效率"。

该年，东北师范大学组建教育学部。

2013 年

8 月，苏渭昌、雷克啸、章炳良主编的《中国教育通史·中华人民共和国卷(上、下)》由北京师范大学出版社出版。

9 月 21 日至 22 日，第十四届中国教育学会教育学分会教育基本理论专业委员会学术年会在西南大学召开。年会的主题为：教育与国民性。

10 月 25 日至 27 日，中国高等教育学会高等教育学专业委员会成立 20 周年庆典暨 2013 年学术年会在华中科技大学举行。此次学术年会以"变革中的高等教育：理论、动向与趋势"为主题，与会人员基于高等教育学专业委员会成立 20 周年的背景，围绕变革中的高等教育及其对高等教育研究的挑战等议题各抒己见，展开了较为深入的探讨。

11 月 9 日至 10 日，德育论专业委员会第二十二届年会在安徽师范大学召开，会议主题是：道德教育与中国人的道德精神基础重建。

12 月 6 日至 7 日，北京师范大学第二届教育社会学论坛举行，论坛主题是：教育改革——中国问题与中国经验。

12 月 14 日至 16 日，中国教育学会教育史分会第十四届学术年会由深圳大学师范学院承办。年会主题为"学校与教育组织机构的历史变革"。来自全国 88 所高校及科研和出版单位的 197 位专家学者，90 多位研究生代表参加了此次年会。教育史国际常设会议主席埃克哈特·福克斯教授应邀参加了此次年会，并为大会开幕做了主旨发言。

2014 年

1 月 10 日至 12 日，2013 年中国教育经济学学术年会在西南大学召开，来自全国 25 个省份的 170 多名代表参加了会议。会议围绕"十八届三中全会经济与社会发展及其教育改革""城乡统筹背景下教育资源配置问题与改革探索""教育与劳动力市场相关专题"等主题，进行了广泛交流和研讨。

3 月 29 日至 30 日，中国人类学民族学研究会教育人类学专业委员会首届年会暨"教育与文化：教育人类学的理论、方法与应用研究"学术研讨会在中央民族大学召开。与会专家学者就此次会议的议题，于"人类学视野中的教育研究""教育人类学的本体论与学科史""教育人类学的理论与学术前沿""教育人类学的研究方法与技术""教育人类学的本土研究与田野工作"五个分会场进行了广泛研讨和评议。会议选举成立了以滕星教授为理事长的首届教育人类学专业委员会理事会，讨论通过了《中国人类学民族学研究会教育人类学专业委员会章程（草案）》。

5 月 16 日至 18 日，由杭州师范大学主办、杭州师范大学教育学院承办的亚洲比较教育学会第九届学术年会在杭州召开。此次会议的主题为"教育、公平和社会和谐"。

5 月 24 日至 25 日，中国社会学会教育社会学研究会 2014 学术研讨会在北京举行，由北京物资学院承办。厉以贤教授做了题为《社会发展、经济发展与教育发展》的主旨发言。教育公平问题是与会代表讨论的一个热点话题，与会者还在教育与社会相互作用的大视角下探讨了诸如教育领域综合改革等多方面的教育热点问题。

7 月 17 日至 18 日，由中国高等教育学会高等教育学专业委员会主办，兰州大学教育学院承办的中国高等教育学会高等教育学专业委员会2014年学术年会如期举行。此次年会以"全面深化高等教育改革的理论与实践"为主题，旨在深化高等教育改革的相关研究，进而推动我国高等教育改革。

9月27日至28日，第五届世界比较教育论坛于北京师范大学召开。此届论坛的主题是"全球教育改革：国际化·区域化·本土化"。

9月，中国教育学会教育社会学专业委员会第十三届学术年会在东北师范大学举行，会议主题为"教育社会学的想象力"和"困境中的学校"。

10月16日，华东师范大学国际与比较教育研究所50周年庆典暨全球教育改革趋势高峰论坛在华东师范大学召开。

10月17日至18日，德育学术委员会（原德育论专业委员会）第二十三届年会在四川师范大学召开，与会代表围绕多元文化与学校德育、德育研究的实践关怀、德育范式的现代转型、学校德育的社会责任和德育教师的培养等课题展开了深入讨论。

10月17日至20日，第二届全球教师教育峰会在北京师范大学召开，峰会主题是"教师教育质量与学习：实践、创新与政策"。

10月25日至26日，"正义、责任与教育"国际研讨会暨第十七届全国教育哲学学术年会在华东师范大学顺利召开。来自英国伯明翰大学、美国范德堡大学以及中国部分高校的代表共200多人参加了会议。

11月1日至2日，第九次全国课程学术研讨会在上海师范大学召开。会议主题为"课程改革在路上——向着《国家中长期教育改革和发展规划纲要（2010—2020年）》迈进"。

11月，湖南师范大学举办了全国教育管理学科学术委员会第十三届学术年会，与会者围绕"教育治理体系与治理能力的现代化"的主题进行了讨论。

12 月 19 日至 21 日，中国教育学会教育史分会第十五届学术年会由浙江师范大学教师教育学院承办。年会主题为：课程与教学内容的历史变革。来自全国 80 多所高校、科研单位、出版社的教育史专家、学者及研究生近 350 人参加了此次年会，提交论文 200 多篇。教育史国际常设会议主席埃克哈特·福克斯应邀出席此次年会，并为大会开幕做了主旨发言。

12 月 20 日至 21 日，中国教育学会比较教育分会第十七届年会在华南师范大学召开。会议总主题为"全球视野下的教育治理"。

该年，华东师范大学组建教育学部。

2015 年

5 月 16 日至 17 日，第十四届全国教学论专业委员会学术年会在河南省开封市召开，此次年会由河南大学教育科学学院承办。此次年会的主题是"数字化时代的教学理论与实践"，四个具体议题分别是：数字化时代对教学的影响与冲击，数字化时代教学变革的逻辑理路，数字化时代教学改革的支持系统，数字化时代教学改革的实践创造。

6 月 12 日至 14 日，2015 年中国教育经济学学术年会在北京召开，来自全国 27 个省份的专家学者和研究生共 370 人参会。会议主题为"新常态下的教育资源配置"，与会者围绕着"政府的教育供给""高等教育改革与发展""教育资源的投入与产出""教育经费的投入与保障"等议题展开了热烈讨论。此次大会也是教育经济学理事会换届大会，王善迈教授任新一届理事会名誉理事长，北京师范大学杜育红教授当选新理事长。

6 月 27 日至 28 日，中国社会学会教育社会学研究会常务理事会扩大会议在河北师范大学教育学院举行。此次扩大会议的主题是：开展学术研讨，增强彼此了解，促进学会发展，形成研究合力。

7月10日至12日，"院校研究与高校综合改革"学术研讨会暨中国高等教育学会院校研究分会2015年年会在山东省济南市召开。

7月11日，教育社会学专业委员会组织的中国社会学会年会"考试招生制度改革与社会公平"分论坛在中南大学铁道校区举行。

9月18日至20日，第三届现象学与教育学国际学术研讨会在首都师范大学召开。来自国内十余所高校、加拿大阿尔伯塔大学、英国斯卡伯勒心理咨询与治疗机构、丹麦VIA大学、瑞典哥德堡大学等学术研究机构的100多名专家学者，围绕"现象学与专业实践"的主题进行了深入的研讨。

9月19日至20日，第十五届中国教育学会教育学分会教育基本理论专业委员会学术年会在山西大学举行。会议的主题是"教育学的传统与变革"。

10月10日至11日，中国教育学会教育史分会第十六届学术年会由河南大学教育科学学院承办。年会主题为"教师与学生史"。此外，2015年是我国科举制度终结110周年，年会专门设立了"科举制度终结110周年论坛"，与会者进行了热烈研讨。教育史专业的学者、教师和研究生共300余人参会，提交论文260余篇。年会还颁发了教育史首届优秀博士学位论文奖。

10月23日至25日，中国高等教育学会高等教育学专业委员会第六届会员代表大会暨2015年学术年会在安徽工业大学隆重召开。围绕"高等教育改革发展的新思维、新常态与新趋势"这一大会主题，与会学者深入探讨了大学内部治理、大学治理的外部环境、依法治校等议题。

10月24日，国务院印发《统筹推进世界一流大学和一流学科建设总体方案》。

10月，全国教育管理学科学术委员会第十四届学术年会在辽宁师范大学举办，主题为"教育管理的民主化与法制化"。

10 月，德育学术委员会第二十四届年会在河南师范大学召开，会议主题是：我国新时期道德教育的困境与出路。

11 月 14 日至 15 日，中国人类学民族学研究会教育人类学专业委员会第二届年会暨"文化多样性与教育"学术研讨会在广西民族大学成功召开。

2016 年

3 月 5 日，中国社会学会教育社会学专业委员会理事会 2016 年第一次工作会议暨学术研讨会在北京物资学院召开。会议围绕专业委员会定位、发展路径的拓展、2016 年重点工作等事宜展开讨论与研讨。大家形成的共识是：教育社会学专业委员会要紧紧定位于社会学的研究视角与方法，加强与全国各地大学社会学系的联系，多吸收和接纳社会学学者加入，以此为突破口，定位并扎根于社会学。与会者还就教育公平问题、基础教育择校问题、教育社会学边界问题等话题展开了学术交流与研讨。

6 月 17 日至 19 日，2016 年中国教育经济学会学术年会在山东师范大学召开，来自全国 25 个省份的 300 余人参加了此次年会，与会者围绕"经济转型与教育改革"的主题，分别就"教育领域的供给侧结构改革""后 4% 投入时代的挑战与应对""完善促进大学生就业创业的教育体系""教育经济学的发展与期待"等问题进行了深入研讨。

6 月 28 日，《教育部等九部门关于进一步推进社区教育发展的意见》下发。

7 月 9 日至 10 日，"院校研究与高等教育质量提升"国际学术会议暨中国高等教育学会院校研究分会 2016 年年会在长沙召开。

8 月 28 日至 29 日，中国高等教育学会高等教育学学科建设座谈会在厦门大学召开。

9 月 1 日，《高等学校预防与处理学术不端行为办法》正式在全国各高校施行。该文件将七类行为认定为学术不端，包括：剽窃、抄袭、侵占他人学术成果；篡改他人研究成果；伪造科研数据、资料、文献、注释，或者捏造事实、编造虚假研究成果；未参加研究或创作而在研究成果、学术论文上署名，未经他人许可而不当使用他人署名，虚构合作者共同署名，或者多人共同完成研究而在成果中未注明他人工作、贡献；在申报课题、成果、奖励和职务评审评定、申请学位等过程中提供虚假学术信息；买卖论文、由他人代写或者为他人代写论文；其他根据高等学校或有关学术组织、相关科研管理机构制定的规则，属于学术不端的行为。

9月23日至24日，中国教育学会教育学分会教育基本理论学术委员会第十六届学术年会在南京师范大学召开，年会主题为：儿童成长与教育变革。

9月24日至25日，中国教育学会教育史分会第十七届学术年会由山西大学教育科学学院承办。年会主题为：教育政策与管理史。

10月14日至16日，中国社会学会教育社会学专业委员会2016年学术年会在曲阜师范大学举行。会议主题为"全面建成小康社会目标下教育与社会的关系研究""新的发展理念下教育质量与教育公平问题研究""教育社会学学科建设与学科发展研究"。

10月15日，全国教育哲学学术委员会第十八届学术年会在河南师范大学召开，主题为"教育哲学的教学与研究"。来自英国格拉斯哥大学和中国40多所高校的200多位代表参加了会议。

10月，全国特殊教育学科发展三十周年研讨会在湖北省十堰市成功举行。

11月12日，中国教育学会教育管理分会2016年年会暨学术委员会年会在岭南师范学院开幕。此次会议以"五大发展理念"和国家"十三五"规划纲要为引领，以"创新人才培养与学校管理变革"为主题。

11 月，中国教育学会教育社会学专业委员会第十四届学术年会在云南民族大学举行，会议主题为"教育创造健康社会：涂尔干遗产与中国经验"。会议围绕主题开设"教育创造健康社会""教育社会学前沿探索""教育改革与社会变迁""研究生专场"四个分论坛，深度交流了教育的正向社会功能，重新检视教育变革与社会秩序的关系，反思探讨教育在创造健康社会过程中的经验和问题。

12 月 3 日至 4 日，中国教育学会比较教育分会第十八届年会在海南师范大学召开，年会主题是"扩大教育对外开放与比较教育的时代使命"。

12 月 16 日至 18 日，中国高等教育学会高等教育学专业委员会 2016 年学术年会在汕头大学召开。此届年会主题是"'双一流'建设背景下高等教育学学科发展"。

2017 年

4 月 21 日至 23 日，第十五届全国教学论学术年会在陕西师范大学召开。此届年会研讨的主题为"学生发展与教学改进"。

5 月，中华职业教育社成立 100 周年庆祝大会在北京举行。

6 月 22 日至 24 日，首届中国教育学史论坛在山西大学召开，主题为"民国时期教育学发展问题研究"。

7 月 19 日至 20 日，中国人类学民族学研究会教育人类学专业委员会第三届年会暨"一带一路"倡议与民族教育研究学术研讨会在西北师范大学召开。

9 月 16 日，中国教育学会教育哲学专业委员会在沈阳师范大学举办高层论坛，主题为"教育哲学的未来：全球视野"。

9 月 23 日至 24 日，第十次全国课程学术研讨会在广州召开。此次会议由人民教育出版社主办，广州大学教育学院承办。此次研讨会正值课程学术委员会成立 20 周年，各位代表齐聚广州，共话 20

年课程改革所取得的理论与实践成果，积极探究课程论研究中出现的新问题，展望课程改革的发展趋势。

10 月 15 日，由中国社会学会教育社会学专业委员会主办，郑州大学教育学院、全球化与教育政策研究中心承办的"涂尔干逝世百年纪念学术研讨会"在郑州大学举行。

10 月 18 日，中国共产党第十九次代表大会召开。习近平总书记在报告中指出："推动城乡义务教育一体化发展，高度重视农村义务教育，办好学前教育、特殊教育和网络教育，普及高中阶段教育，努力让每个孩子都能享有公平而有质量的教育。"

10 月 18 日至 20 日，中国高等教育学会高等教育学专业委员会 2017 年学术年会在信阳师范学院隆重召开。此次学术年会以"面向 2030 的高等教育现代化：国家行动和高校发展"为主题。

10 月，《中国教育活动通史》(8 卷本)由山东教育出版社出版。

11 月 4 日至 5 日，德育学术委员会第二十六届年会在曲阜师范大学召开，会议主题是：儒家文明与道德教育。

11 月 24 日至 25 日，中国教育学会教育史分会第十八届学术年会在北京师范大学召开，会议主题是"教育史：学科建设与人才培养"。

11 月 24 日至 26 日，首届社会教育论坛在山西大学召开，主题为"社会教育传统的传承与创新"。

11 月，全国教育管理学科学术委员会第十六届学术年会在西南大学举办，主题为"教育现代化背景下的教育管理变革"。

12 月 9 日至 10 日，2017 年中国教育经济学学术年会在广州大学顺利举行，来自全国 25 个省份的 350 余人参加了此次年会。此次年会以"全面建成小康社会与教育改革发展"为主题，议题涉及"提高教育经费保障水平研究""教育公平和均衡发展""教育、人才培养与劳动力市场关系"及"家庭、学校与社会教育"等。

12 月，高志敏著《成人教育学科体系论》由上海教育出版社出版。

该年，第十届全国课程论学术年会在广州大学召开。

该年，经国务院学位委员会批准，天津大学、河北大学、福建师范大学、安徽师范大学、广西师范大学、广州大学、江西师范大学、曲阜师范大学、云南师范大学获教育学一级学科博士学位授予权。

2018 年

6 月 30 日至 7 月 1 日，德育学术委员会在贵州师范大学召开会议，会议主题是：人类命运共同体与学校德育的使命、民族文化与道德教育。

7 月 16 日至 17 日，"大数据时代的院校研究与个性化教育"国际会议暨中国高等教育学会院校研究分会 2018 年年会在桂林举行。

9 月 10 日，全国教育大会在北京召开。习近平总书记强调，要把立德树人融入思想道德教育、文化知识教育、社会实践教育各环节，贯穿基础教育等各领域，学科体系、教学体系、教材体系、管理体系要围绕这个目标来设计，教师要围绕这个目标来教，学生要围绕这个目标来学。

9 月 22 日至 23 日，中国教育学会教育哲学学术委员会第十九届年会在山西大学召开，主题为"教育评价与质量改进中的哲学问题"。

10 月 11 日至 12 日，第四届现象学教育学国际学术研讨会在首都师范大学召开。来自荷兰乌特勒支大学、德国洪堡大学、英国伦敦大学、美国田纳西大学查塔努加分校以及中国的高校、研究机构的专家学者 50 多人参会。此届研讨会的主题为"现象学教育学的时代际遇：自识与反思"。

10 月 12 日至 14 日，中国社会学会教育社会学专业委员会 2018 年学术年会在哈尔滨师范大学召开。会议主题为"社会学视域下公平而有质量的教育"。

10 月 19 日至 21 日，中国教育学会教育社会学专业委员会第十五届学术年会在南京师范大学举行，会议主题为"新时期的教育公平与学校变革"及"教育社会学：国际比较与跨学科视野"。

10 月 26 日至 28 日，中国教育学会比较教育分会在陕西师范大学召开了以"人类命运共同体构建与比较教育新使命"为主题的第十九届学术年会。

11 月 2 日至 4 日，中国教育学会教育史分会第十九届学术年会在南京师范大学召开，会议主题是"跨学科视野下的教育史研究"。

11 月 2 日至 4 日，2018 年中国教育经济学术年会在北京举行，来自全国 25 个省份、96 所高校及科研机构的从事教育经济理论和教育经济实践改革的专家学者与研究生共 340 余人参加了此次年会，会议共收到学术论文 200 余篇。此次年会的主题为"教育发展与经济发展：改革开放 40 年回顾与展望"，会议的议题有"基础教育财政与政策""教育与经济社会发展""高等教育财政及劳动力市场""教育公平和效率""教师发展""家庭教育投资"等。

11 月 3 日至 4 日，全国教育管理学科学术专业委员会 2018 年学术年会在北京师范大学召开，会议以"教育管理研究的规范化与多元化"为主题。

12 月 14 日至 16 日，第二届中国教育学史论坛在山西大学召开，主题为"改革开放后中国教育学学科发展的回顾与展望"。

12 月 15 日至 16 日，由厦门大学教育研究院与华中科技大学教育科学研究院联合主办的首届全国高校高等教育学研究生学术论坛在厦门大学举行。

该年，中国石油大学（北京）、南京理工大学的高等教育学二级学科硕士学位授权点被调整撤销。南开大学、中国矿业大学、中山大学、华南理工大学、西安交通大学教育学一级学科硕士学位授权点被调整撤销。

该年,《中共中央 国务院关于全面深化新时代教师队伍建设改革的意见》提出:"加大对师范院校支持力度。实施教师教育振兴行动计划,建立以师范院校为主体、高水平非师范院校参与的中国特色师范教育体系,推进地方政府、高等学校、中小学'三位一体'协同育人。"

2019 年

3 月,马克思主义理论研究和建设工程重点教材《教育哲学》由高等教育出版社出版。

4 月 19 日至 20 日,第十一届全国课程学术研讨会在河南大学召开。此次研讨会的主题为:未来课程变革的挑战与方向。

4 月 20 日至 21 日,德育学术委员会第二十七届年会在南京师范大学召开,会议主题是:回顾与前瞻——新中国德育 70 年。

6 月 14 日至 16 日,第十六届全国教学论学术年会在山西大学召开,年会主题为:学校教学的时代变革及其理论应答。

后　记

　　2018年，本人作为首席专家申请的2018年度国家社会科学基金教育学重点项目"中华人民共和国教育学史"（课题批准号：AOA180016）获得立项。按照课题的预期目标及相关专家的意见和建议，课题的研究内容包括四个方面：中华人民共和国成立后外国教育学的引进及其影响；中华人民共和国教育学发展的历程及其特征；中华人民共和国教育学主要分支学科发展史；中华人民共和国教育系科史。这四方面的研究内容组成了本课题的四个子课题，分别由山西大学张小丽副教授、山西大学孙杰副教授、江苏大学张忠华教授、山西大学李艳莉副教授承担。

　　按照课题预期目标，本课题旨在系统研究中华人民共和国教育学史，而系统研究的抓手就是教育学的各个分支学科。故而，北京师范大学出版社依托本课题，出版"共和国教育学70年"丛书，共计12本，包括《共和国教育学70年·教育哲学卷》《共和国教育学70年·教育社会学卷》《共和国教育学70年·德育原理卷》《共和国教育学70年·教育史学卷》《共和国教育学70年·课程与教学论卷》《共和国教育学70年·比较教育学卷》《共和国教育学70年·学前教育学卷》《共和国教育学70年·高等教育学卷》《共和国教育学70年·成人教育学卷》《共和国教育学70年·特殊教育学卷》以及本书——

《共和国教育学 70 年 · 总论卷》(上、下卷)。《共和国教育学 70 年 · 总论卷》旨在运用整体史观对中华人民共和国成立以来的中国教育学发展进行整体观照,并展望中国教育学的未来发展趋势。

教育学是对教育学史的总结,教育学史是教育学的展开。我们应该把教育学史,既作为教育学学科体系的重要组成部分,又作为教育学的重要研究领域,自觉并有效地开展研究。从史学角度来研究教育学学科的发展,这是"共和国教育学 70 年"丛书的要求。系统梳理中华人民共和国成立以来教育学的发展史,一方面是站在共和国 70 年的时间节点上回顾 70 年来教育学发展的历程和进展;另一方面是试图为中国教育学未来更好地发展提供历史借鉴。

正是基于上述想法,我们对中华人民共和国成立 70 年来教育学的学科发展史进行了研究,并形成了本卷书稿,作为"共和国教育学 70 年"丛书的"总论卷"。我们试图达到以下"五个厘清"。

第一,厘清外国教育学在中国的引进及其影响。对于中华人民共和国成立 70 年来外国教育学引进的历程、特征及其影响,本卷做了比较系统的研究。

第二,厘清中华人民共和国成立 70 年来教育学的发展历程及其特征。这是本卷的"底线"。就学科发展而言,中华人民共和国成立 70 年来教育学的发展分哪几个阶段,每个阶段都有什么特征,本卷都进行了一定程度的回答。

第三,厘清中华人民共和国成立 70 年来教育学分支学科的发展。本卷在对教育学分支学科形成和发展历程进行考察的基础上,不仅研究了教育学原理、课程与教学论、教育史、比较教育学、学前教育学、高等教育学、成人教育学、职业技术教育学、特殊教育学、教育技术学 10 个学科的发展,而且揭示了中华人民共和国成立 70 年来教育学分支学科发展的特征。

第四,厘清中华人民共和国成立 70 年来教育系科的发展。本卷不仅对中华人民共和国成立 70 年来教育系科的发展历程及其特征进行了研究，以达到清晰把握教育系科发展脉络的目的，而且对当前我国教育系科的发展提供了历史的借鉴。

第五，厘清教育学的未来发展趋势。信息技术的发展使中国教育学学科的未来既面临挑战，又充满机遇。本卷对信息技术时代背景下中国教育学的建设进行了研究，这既有助于教育学学科的建设，又有助于推进中国的教育实践。

我们编制了中华人民共和国成立以来中国教育学发展大事记，以工具性质的附录进行呈现。

用文字并有逻辑地去呈现中华人民共和国成立 70 年来教育学学科的发展状况，这是我们煞费苦心的事情。我们试图通过以上工作，去研究和展现教育学学科发展的历史、现实和未来。根据这一框架，很可能对中华人民共和国成立 70 年来教育学学科发展的事实和史实有遗漏之处，敬请鉴谅！

本书是集体智慧的结晶。第一章由山西大学张小丽副教授以及温辉、马丽娅、连子惠撰写；第二章由山西大学侯怀银教授撰写；第三章第一节、第二节，第四章第三节，第五章第四节由江苏大学张忠华教授撰写；第三章第三节由江苏大学钟勇为副教授撰写；第三章第四节由江苏大学武翠红副教授及赵梦雅撰写；第四章第一节由江苏大学史嫒嫒副教授撰写；第四章第二节由江苏大学许游撰写；第四章第四节，第五章第一节、第二节由徐州工程学院张典兵教授撰写；第五章第三节由江苏大学康翠副教授撰写；第六章由山西大学李艳莉副教授撰写；第七章由山西大学侯怀银教授和王耀伟撰写。附录由山西大学侯怀银教授编制。山西大学侯怀银教授负责了全书的策划、组织和统稿工作，郭建斌协助了本卷的统稿，在此一并致谢！

作为学科史的研究成果，我们特别注重文献资料的收集、整理、选取，参考了不少相关研究成果和文献资料，直接引用的已以脚注形式标明，由于时间仓促，阅读量大，有的文献并未注出，在此一并表示感谢！感谢北京师范大学出版社鲍红玉编辑的大力支持，感谢各位责任编辑的辛勤工作。由于本人水平有限，本书难免会有疏漏和错误之处，恳请专家和读者批评和指正。

侯怀银

2019 年 8 月 30 日

图书在版编目(CIP)数据

共和国教育学 70 年·总论卷：上、下 / 侯怀银主编；侯怀银等著.
—北京：北京师范大学出版社，2020.5
ISBN 978-7-303-25809-3

Ⅰ．①共… Ⅱ．①侯… Ⅲ．①教育史－中国－现代
Ⅳ．①G529.7

中国版本图书馆 CIP 数据核字(2020)第 062428 号

营 销 中 心 电 话　010-58802135　010-58802786
北师大出版社教师教育分社微信公众号　京师教师教育

GONGHEGUO JIAOYUXUE 70 NIAN·ZONGLUNJUAN
出版发行：北京师范大学出版社　www.bnupg.com
　　　　　北京市西城区新街口外大街 12-3 号
　　　　　邮政编码：100088
印　　刷：北京盛通印刷股份有限公司
经　　销：全国新华书店
开　　本：710 mm×1000 mm　1/16
印　　张：42
字　　数：525 千字
版　　次：2020 年 5 月第 1 版
印　　次：2020 年 5 月第 1 次印刷
定　　价：210.00 元

策划编辑：郭兴举　鲍红玉　　　　责任编辑：齐　琳　张筱彤
美术编辑：王齐云　　　　　　　　装帧设计：王齐云
责任校对：段立超　王志远　　　　责任印制：马　洁

版权所有　侵权必究
反盗版、侵权举报电话：010-58800697
北京读者服务部电话：010-58808104
外埠邮购电话：010-58808083
本书如有印装质量问题，请与印制管理部联系调换
印制管理部电话：010-58805079